Galbraith · Leben in entscheidender Zeit

John Kenneth Galbraith

Leben in entscheidender Zeit

Memoiren

Aus dem Amerikanischen von
Christl Rost und Till Lohmeyer

C. Bertelsmann Verlag

Titel der amerikanischen Ausgabe: »A Life in our Times«,
erschienen bei Houghton Mifflin Company, Boston

Gesamtherstellung: Mohndruck Graphische Betriebe GmbH, Gütersloh
ISBN 3-570-05648-1 · Printed in Germany

Inhalt

I
Über den Seen

Die Landschaft im Süden Ontarios ist topographisch, ethnisch und historisch uninteressant. Das mehr oder weniger flache Gebiet erstreckt sich über eine Breite von ungefähr 320 Kilometern vom Detroit River im Westen bis zum Niagara im Osten. Reiche Böden und sandiges, schlecht entwässertes oder aus anderen Gründen nicht kultiviertes Gelände wechseln sich ab. Erwähnenswerte Naturformationen fehlen. Nur wenig mehr Abwechslung bietet die ethnische Zusammensetzung der Bevölkerung: Sie besteht im wesentlichen aus Schotten oder, wie wir uns selber dort nannten, aus »Scotch«. Unsere Vorfahren wurden zwischen 1790 und 1830 aus dem schottischen Hochland vertrieben, als die dortigen Gutsherren herausfanden, daß Schafe mehr Geld einbrachten und auch besser in die hügelige Landschaft paßten. Der Mantel der Geschichte streifte diesen gesegneten Landstrich erst, als Colonel Richard Airey, der Neffe von Thomas Talbot, der Talbot Settlement auf halbem Wege zwischen den beiden Flüssen gegründet hatte, ins britische Mutterland zurückkehrte, um im Krimkrieg für Königin und Vaterland zu kämpfen. Sein Name stand nämlich unter den Befehlen, die die Leichte Brigade in Marsch setzten.[1] Weniger dramatisch ging es im Ersten Weltkrieg zu. Die Bevölkerung war im großen und ganzen gegen das Gemetzel. Mein Vater, der bei der Einberufungsbehörde diente, opponierte dagegen, indem er jeden, der nicht in den Krieg ziehen wollte, vom Militärdienst freistellte.

Ein letztes Mal streifte uns der Atem der Geschichte, als mein heimatlicher Regierungsbezirk Elgin County – und in gewissem Maße auch mein Vater in seiner Eigenschaft als höherer liberaler Parteifunktionär – Mitchell Frederick Hepburn ins Parlament entsandten, der dann Premierminister von Ontario wurde. Seine Regierung erwies sich als derartig katastrophal, daß nun schon seit dreißig Jahren nahezu unangefochten die Konservativen im Amt sind.

Die Schotten sind, selbst wenn sie in so starker Konzentration wie in Elgin County auftreten, die einzige Rasse, um die sich zu bemühen kein Politiker für lohnend hält. Bei Iren, Juden, Frankokanadiern, Walisern, Deutschen, Skandinaviern, Ukrainern, Schwarzen und Chicanos wird mit blumigen Reden, nicht gerade überzeugenden Identifikationsbemühungen und einfallsreichen Banalitäten um Wählerstimmen geworben. Keiner dieser Stimmenfänger zieht jedoch jemals einen Kilt an, preist den Dudelsack oder sagt auch nur einen einzigen Satz auf gälisch. Nicht, daß solcherlei Aktivitäten rundweg als lächerlich empfunden würden; es hat eher den Anschein, als ob unsere politische Selbsteinschätzung so gering ist, daß sich der Aufwand nicht lohnt.

In meiner Jugend umfaßten die Farmen in Ontario durchschnittlich vierzig bis achtzig Hektar Ackerland, dem man sorgfältige Pflege angedeihen ließ. Weniger hielt man auf das Haus, den Obstgarten und den Rasen. Das Vieh war ausgezeichnet und wurde für Kunden in den USA und sogar in Argentinien gezüchtet. Die kleinen Waldungen boten im Herbst ein farbenfrohes Bild, und im tiefen Winter zeigte sich das Land nach starken Neuschneefällen in wunderschönem, kontrastreichem Schwarzweiß. Die Leute waren fleißig, zogen gern über die physischen und psychischen Gebrechen ihrer Nachbarn her oder erfreuten sich an einer Vielzahl anderer harmloser Vergnügungen. Darüber hinaus respektierten sie das Gesetz. Niemand verschloß seine Haustür, in manchen Fällen allerdings wohl nur deshalb, weil es kaum etwas zu stehlen gab. Im Nachbardorf Dutton war ein Polizeibeamter stationiert, doch wurde dessen Job weitgehend als Ehrenamt betrachtet. In Aktion trat er meist nur bei Gewalttätigkeiten, zu denen sich manche meiner Landsleute in betrunkenem Zustand bemüßigt fühlten. Über die Schotten habe ich an anderer Stelle ausführlich berichtet.[2]

Der Begründer des kanadischen Zweiges unserer Familie wurde – seiner Grabinschrift auf Black's Friedhof unweit des Dorfes Wallacetown im Bezirk Dunwich zufolge – 1771 in Argyllshire geboren und starb 1874 in Ontario. Allerdings geht aus den Recherchen eines Familienhistorikers hervor, daß er, wenn diese Daten stimmen, ein oder zwei Jahre, bevor sich seine Eltern zum erstenmal sahen, auf die Welt gekommen sein muß. Mein Vater, ein ehemaliger Lehrer, der seinem Beruf niemals völlig abschwor, leitete eine genossenschaftliche Versicherungsgesellschaft, die er – wie auch den ersten Telefondienst in dieser Gegend – mitbegründet hatte, und war für eine verhältnismäßig gute Bezahlung in der Verwaltung der Gemeinde und des Regierungsbezirks tätig. Meine Mutter, eine schöne, liebevolle und starke Frau, starb noch bevor die jüngeren ihrer vier Kinder – mein Bruder, meine beiden Schwestern und ich – das zehnte Lebensjahr erreicht hatten. Unsere beiden Farmen umfaßten sechzig Hektar größtenteils bebaubaren Landes. Dazu kamen in manchen Jahren die brachliegenden Felder alter, kränkelnder oder durch Verletzungen vorübergehend arbeitsunfähiger Nachbarn. Es handelte sich in jeder Hinsicht um selbst bewirtschaftete Farmen, was man damals nicht besonders betonen mußte, weil es keine anderen gab. Den Mittelpunkt unserer Landwirtschaft bildete eine hervorragende, wenn auch nicht gerade berühmte Herde reinrassiger Shorthorn-Rinder. Die Arbeit auf dem Hof, die

Shorthorns und die dominierende Stellung meines Vaters in der Gemeinde beeinflußten mein späteres Leben ganz erheblich.

Farmer - nicht nur in Amerika, sondern überall auf der Welt - kann man nur dann verstehen, wenn man weiß, daß sie alle, von ganz seltenen Ausnahmen abgesehen, unter einem bedrückenden Gefühl der Unterlegenheit leiden, also dem, was man einst einen Minderwertigkeitskomplex nannte. Sie kompensieren viel dadurch, daß sie die ökonomische Bedeutung der Landwirtschaft, vor allem aber die geistigen und moralischen Qualitäten, die aus der engen Verbundenheit mit der Scholle erwachsen, immer wieder mit Nachdruck betonen. Stadt- und Großstadtbewohner glauben, ihnen von vornherein an Kultur und Bildung überlegen zu sein. Farmer kämpfen - im Gegensatz zu nicht selbst arbeitenden Großgrundbesitzern - beständig mit der Vorstellung, sie seien Hinterwäldler. Ich werde später noch darauf zurückkommen, wie sehr sich diese Geisteshaltung auch auf alles auswirkt, was in akademischer, berufsständischer und politischer Hinsicht mit der Landwirtschaft zu tun hat.

Durch die Anerkennung, die unsere Familie im gesellschaftlichen und öffentlichen Leben genoß, wurde bei mir das Gefühl der Unterlegenheit und das Bedürfnis, dies durch aggressives Verhalten zu kompensieren, möglicherweise noch verstärkt. Die Galbraiths wurden, wie wir zu Recht glaubten, für intelligenter als andere gehalten. Außerdem waren wir, wenn auch nur in bescheidenem Maße, wohlhabender. Viele unserer Nachbarn hatten keine Meinung zu wichtigen politischen und wirtschaftlichen Problemen - zum Beispiel den praktischen Vorteilen niedrigerer Zölle, genossenschaftlich organisierten Einkäufen von Kunstdünger und Bindegarn, dem Fernstraßennetz der Region oder der Opposition gegen den Marsch in die Schützengräben des Ersten Weltkriegs -, bis mein Vater sie mit einer solchen versorgte. Die angeborene Unsicherheit des Bauernjungen, kombiniert mit einem aggressiven Sendungsbewußtsein, allen Menschen, die mir über den Weg liefen, den Horizont erweitern zu müssen, war also mein Erbe.

Ein gründlicher Einblick in das Wesen der körperlichen Arbeit ist eine andere, geläufigere Konsequenz der frühzeitigen Konfrontation mit der Landwirtschaft. Jeder, der auch nur über ein Mindestmaß an Sensibilität verfügt, wird nie vergessen, wie hart diese Arbeit ist. Wer einen ganzen Tag lang hinter der Egge und einem zunehmend widerspenstigen Gespann hergetrottet und in endlosem Hin und Her die nicht eben anregende Krume Ontarios beackert hat, ist danach überzeugt davon, daß jede andere Arbeit ungleich leichter sein muß. Es gibt kaum einen größeren Kontrast zwischen einer Kindheit wie dieser und dem Leben in Harvard, wo mehr als sechs Unterrichtsstunden pro Woche oft schon als ernste Beeinträchtigung der akademischen Freiheit angesehen werden. Seitdem ich an der Universität bin, werde ich in regelmäßigen Abständen im Professorenzimmer, bei gesellschaftlichen Anlässen und sogar auf dem Campus von scheinbar besorgt dreinblickenden Kollegen gefragt: »Ken, arbeiten Sie auch nicht zu viel?« Ein Buch im vergangenen Jahr, ein weiteres in Aussicht, der Lehrbetrieb, politische Aktivitäten ... Hinter diesen Fragen steht die natürliche Sorge um die Einhaltung der Tarifbestimmungen. Nur mit Mühe habe ich mir in solchen Fällen die Antwort verkniffen: »Dein Problem, mein Lieber, ist nur, daß du nie auf einer Farm gearbeitet hast.«

Verglichen mit der Schufterei auf einer Farm wirkt die Arbeit am Fließband einer Automobilfabrik, auf dem Bau und möglicherweise sogar bei der Müllabfuhr – alles in der Gesellschaft von Kollegen und durch bessere Bezahlung versüßt – geradezu wie ein Vergnügen. Nicht zuletzt aus diesem Grunde kommen Türken aus den Bauerndörfern Anatoliens nach Berlin und machen es zu einer der größten türkischen Städte der Welt, übernehmen Italiener und Spanier die harte körperliche Arbeit der Schweizer, stehen Algerier und Portugiesen an französischen Fließbändern, kommen die Leute aus den ländlichen Gebieten der Südstaaten nach Detroit. Dabei ist Detroit gewiß kein Paradies – außer für diejenigen, die das Pächterdasein im »Tiefen Süden« oder die mageren Erträge der armseligen Höfe auf dem Hochplateau der Appalachen aus eigener Erfahrung kennen. Falls die hochentwickelten Industrieländer überleben, werden in den USA die von Routinearbeit abhängigen Industriezweige von Mexikanern gerettet werden.

In meiner Jugend war es auf dem Lande in Ontario die Regel, daß die Söhne der »besseren« Familien länger zur Schule gingen und später in den Schuldienst abwanderten oder – seltener – Geistliche, Mediziner oder Juristen wurden. Dies galt auch für die Galbraiths. Die anderen wurden schon in jungen Jahren aus der Schule genommen, da man, völlig zu Recht, davon ausging, daß Bildung und Arbeitsethik sich nicht miteinander vertrügen. Nach einem gemächlichen Intermezzo in einer Oberschule war ein Junge für die schwere Farmarbeit verloren. Und einem lokalen (möglicherweise allgemeingültigen) Sprichwort zufolge war Schulbildung ohnehin überflüssig: »Ein guter Farmer braucht einen starken Rücken und einen schwachen Geist.«

Viele von denen, die auf diese Art und Weise für das Leben auf einem Bauernhof vorbereitet wurden, gingen dann oft nach Detroit, häufig nur für einen Winter, manchmal aber auch für immer. Das Hin und Her über den Detroit River war durchaus üblich und basierte auf der Gewißheit, daß kein Beamter der Zoll- oder Einwanderungsbehörde allein vom Anblick her einen Kanadier von einem Amerikaner zu unterscheiden vermochte.

Kein anderes Volk der Welt hatte sich von nationalistischen Leidenschaften so sehr emanzipiert wie das unsere. Unsere Schulbücher trugen zwar den Union Jack auf dem Einband und priesen Generalmajor James Wolfe, William Lyon Mackenzie King, Louis Joseph Papineau, Sir John Alexander Macdonald und König Georg V., doch vermochte dies alles gegen die kürzere Arbeitszeit, die erheblich höhere Bezahlung und die angenehmeren Arbeitsbedingungen in den USA nichts auszurichten.

In jenen zivilisierten Zeiten gab es sogar Leute, die der Ansicht waren, verantwortungsbewußter Bürgersinn sei nicht unbedingt an das hingebungsvolle Wirken im politischen Leben Kanadas gebunden. Kanada war vielleicht eine Mutter - Michigan aber eine Geliebte. In Kanada finden Wahlen nicht zu festgesetzten Terminen statt. Je nachdem, ob eine Regierung gerade zum Rücktritt gezwungen worden ist oder eine Chance sieht, ihr Mandat zu verlängern, können sie im Frühjahr, Sommer, Herbst oder, wie erst kürzlich geschehen, im kanadischen Winter abgehalten werden. Die amerikanischen Wahlen dagegen fanden und finden immer im November statt, also nachdem in Kanada die Ernte eingebracht ist und die saisonale Wanderung zu den Fließbändern bereits begonnen hat. Dank der Zuvorkommenheit der Detroiter Parteiorganisation der Demokraten, die ihm - möglicherweise nach Rücksprache mit den örtlichen Bestattungsunternehmen - einen Namen aus der Wählerliste zuteilten, konnte ein Mann daher im Sommer in Kanada und im Herbst in Michigan seine Stimme abgeben. An Korruption dachte dabei keiner. In beiden Ländern wünschten sich die Leute den jeweils besten Bewerber im öffentlichen Amt. Ich habe niemals verstanden, warum man seine Gunst - so wie früher nur einer Frau - nur einem einzigen Land schenken soll.

Es gibt aber auch noch andere Vorteile. Im Mai 1963 trafen sich Präsident John F. Kennedy und Premierminister Lester B. (Mike) Pearson in Hyannisport, um unter anderem auch über das seit langem anstehende Problem kanadischer Flugverbindungen in die USA zu reden. Seit zehn oder mehr Jahren wurden kanadische Fluggesellschaften, die um die Erlaubnis nachgesucht hatten, Kanadier nach Miami, Los Angeles oder in andere Wirtschafts-, Kultur- und Erholungszentren zu fliegen, gefragt, welche Routen sie als Gegenleistung anzubieten hätten. Die wichtigsten Städte Kanadas liegen nur ein paar Kilometer hinter der Grenze, und in Amerika gab es keine große Nachfrage für Flüge nach Moonsonee an der James Bay oder in die noch weiter nördlich gelegene Metropole Yellowknife. Das fehlende *quid pro quo* hatte zu einem nun schon seit Jahren bestehenden Patt geführt. Kanadier, die in die tiefer im Landesinneren gelegenen Orte der USA reisen wollten, waren gezwungen, in Detroit, Buffalo oder allenfalls noch in New York in eine amerikanische Maschine umzusteigen.

Die beiden Regierungschefs kamen überein, eine Zwei-Mann-Kommission einzusetzen, die die Angelegenheit untersuchen und Vorschläge erarbeiten sollte, damit der tote Punkt überwunden werde. Kennedy, der sich daran erinnerte, daß ich mich des öfteren als Kanadier bezeichnet hatte, ernannte mich zum amerikanischen Bevollmächtigten. Pearson, mit dem ich seit vielen Jahren befreundet war, meinte, ich solle die kanadischen Interessen vertreten. Beide waren sie sich einig darüber, daß ein so rationelles Verfahren wie dieses ein gewisses Maß an Vertraulichkeit erfordere. Ich traf mich zunächst in Washington und dann in Ottawa mit Vertretern der Fluggesellschaften und der Behörden und fand dabei heraus, daß die bestehenden Umsteigepraktiken aufgrund der Einführung von Langstreckenjets keinen der Beteiligten mehr zufriedenstellten. Im Gegensatz zu den meisten anderen internationalen Auseinandersetzungen ging es darüber hinaus ausschließlich um die potentiellen Einkünfte, und diese ließen sich gleichmäßig aufteilen. Nachdem ich mit mir selbst über die wenigen ernstzunehmenden Streitfragen verhandelt hatte, kam ich zu einem Urteil, das die Fluggesellschaften in beiden Ländern zufriedenstellte. Sie behandelten mich im übrigen während der gesamten Dauer meines Auftrags mit betonter Zuvorkommenheit. Meine Vorschläge wurden dann von Vertretern beider Nationen in Verhandlungen eher orthodoxer Prägung weiter erörtert. Es erübrigt sich zu sagen, daß diese Verhandlungen sehr viel mehr Zeit in Anspruch nahmen. Meine doppelte Loyalität war zweifellos von Vorteil gewesen.

Der Einfluß der Landwirtschaft und besonders der Shorthorns – ich galt mittlerweile als Shorthorn-Fachmann – hatte im Frühherbst 1926 eine weitere Konsequenz. Ich war damals achtzehn Jahre alt und immatrikulierte mich am Ontario Agricultural College. Vom zehnten Lebensjahr an hatte ich die High School besucht, doch wurde meine Ausbildung häufig durch Farmarbeit und einmal auch durch etwas, das meine Familie für schlechte Gesundheit hielt, unterbrochen. Meine schulischen Leistungen waren mittelmäßig, obwohl aus den Zeugnissen hervorgeht, daß ich schon früh einen Hang zu extensivem, wenngleich undiszipliniertem Lesen entwickelte. Wie viele meiner Zeitgenossen und junge Leute dieser Altersgruppe überhaupt, hielt ich mich für erhaben über weiterführende geistige Anstrengungen. Aber in jenen Tagen war die Zulassung zu einem College – egal zu welchem –, vorausgesetzt man besaß einen High-School-Abschluß, ausschließlich eine Frage des Geldes. Dafür sorgte unsere Farm. Darüber hinaus war man in unserer Familie übereingekommen, die Altersunterschiede zwischen den Kindern so zu staffeln, daß die Älteren einen Beitrag zu den College-Kosten der Jüngeren leisten sollten.

Das Ontario Agricultural College (OAC), an das eine Hauswirtschaftsschule, eine tierärztliche Hochschule und seltsamerweise auch eine Akademie zur Unterweisung in der Wissenschaft und Kunst des Backens angeschlossen war, befand sich damals – wie auch heute noch – in der Stadt Guelph, etwa achtzig bis neunzig Kilometer westlich von Toronto. Die akademischen Grade wurden uns von der University of Toronto verliehen. Mittlerweile ist aus dem OAC die University of Guelph geworden, und aus Anlaß dieser Statuserhöhung lud man mich ein, um mir die erste Ehrendoktorwürde zu verleihen. In der Laudatio wurde ich als »unser hervorragendster Absolvent« bezeichnet. Als mir der Präsident dies am Abend zuvor vorlas, glaubte ich einen Moment lang, »unser *einziger* hervorragender Absolvent« verstanden zu haben. Dies wäre nicht korrekt gewesen, denn zu den Studienabgängern meiner Generation zählte – neben anderen – Thomas H. Jukes, eine der wichtigsten jüngeren Kapazitäten auf dem Gebiet der Vitaminforschung. Am Morgen der Feier stand ich früh auf und machte einen Spaziergang über den vertrauten, schattigen, mit Sträuchern bestandenen, einmalig schönen Campus. Alles wirkte, als sei es gerade frisch vom Himmel gefallen. Da traf ich einen Professor aus meinen Studententagen, einen rüstigen Agrarwissenschaftler, der mich, obwohl seitdem dreißig Jahre vergangen waren, sofort wiedererkannte. Er blieb stehen, gab mir die Hand und sagte: »Ich habe in der Zeitung gelesen, daß man Ihnen eine dieser Ehrendoktorwürden verleiht, Galbraith.«

Ich verneigte mich zustimmend.

Mit einer drohenden Gebärde schwang er seinen Spazierstock und sagte: »Also, wenn es nach mir ginge, dann hätte man Ihnen den Titel weggenommen, den Sie schon haben.« Das Ansehen, das ich in meinen College-Jahren genoß, war offensichtlich nicht sonderlich hoch gewesen.

Die Studentenschaft am OAC ließ sich zu meiner Zeit grob aufteilen in *farmer* und *countrymen*, obwohl diese Wortwahl eher den Unterschied als solchen denn die damals übliche Terminologie wiedergibt. Die »Farmer« kamen überwiegend von Höfen in Ontario, daneben aber auch aus den Küstenprovinzen am Atlantik, deren einheimische Landwirtschaft so großartige Colleges wie das unsere nicht rechtfertigte. Sie studierten nahezu ausnahmslos Landwirtschaft, um eben dieser zu entrinnen. Ihr höchstes Ziel bestand darin, in der Bezirksbehörde als landwirtschaftlicher Berater – »agricultural representative« nannte man es in Ontario – eingestellt zu werden. Ein solcher Posten verschaffte seinem Inhaber ein Auto und ein Büro in der Bezirkshauptstadt; außerdem befreite er ihn auf elegante Weise von harter körperlicher Arbeit. Man fuhr in der Gegend herum und erzählte den praktizierenden Farmern, wie sie alles besser machen könnten. Allerdings war damals eine erstaunlich große Zahl von Farmern an derartigen Informationen überhaupt nicht interessiert. In Kanada und jenseits der Grenze kursierte zu jener Zeit unter landwirtschaftlichen Beratern die Geschichte von dem Farmer, der einem der Ihren vergnügt die klassische Antwort erteilt hatte, er wirtschafte schon jetzt nur halb so gut, wie er seinem Wissen nach eigentlich solle.

Wenn es mit der Einstellung als »ag. rep.« nicht klappte, bestand immer noch die Hoffnung – eventuell nach einem Zusatzstudium – als Lehrer an einer Berufsschule oder im Viehhof von Toronto als Qualitätsprüfer für Schweinefleisch, wie er vom kanadischen Gesetz vorgeschrieben war, unterzukommen.

Im Gegensatz zu den »Farmern« hatten die »Countrymen« von vornherein die Absicht, Farmer zu werden. Sie waren Söhne wohlhabender Familien in Toronto, die irgendwo in der Nähe der Stadt Ländereien besaßen. Der betreffende Sohn hatte an Pferden, Rindern und ererbtem Grund Gefallen gefunden und den Entschluß gefaßt, damit sein Glück zu versuchen. Nicht selten war allerdings auch seine Familie zu dem Schluß gekommen, er tauge zu nichts Besserem. Entsprechend motivierte oder unmotivierte »Countrymen« kamen auch aus anderen Gegenden Kanadas, aus England und gelegentlich auch von Plantagen in der Karibik oder von argentinischen Haziendas. Die »Farmer« trugen schwere Anzüge aus blauem Serge oder grauem Kammgarn, weiße Hemden und Krawatten und repräsentierten in diesem ungewöhnlichen Aufzug unmißverständlich die Kultur der Farm. Sie – ich könnte auch sagen: wir – studierten mit großem Eifer. Die »Countrymen« dagegen gefielen sich in Hose und Pullover, trugen – wenn überhaupt – ein flatterndes Tuch um den Hals und hatten für unsere Seminare nur Verachtung übrig. Aufgrund ihrer überlegenen gesellschaftlichen, sexuellen und sportlichen Erfahrungen nahmen sie eine unangefochtene Vorrangstellung unter den Studenten ein, okkupierten alle Ämter in der Studentenvertretung und beanspruchten sämtliche nicht-akademischen Ehren, während sich der Rest von uns danach sehnte, wenigstens mit einem Bruchteil ihrer Souveränität auftreten zu können. Sonntags besuchten sie die Gottesdienste der Anglikanischen Kirche in Guelph, und einige von ihnen renommierten damit, sich bei festlichen Anlässen betrunken zu haben. Ich selber genehmigte mir in all den Jahren am OAC nicht ein einziges Glas Bier. Alkohol in jeder Form – das hatte man uns zu Hause beigebracht – war ein ausschließlich den Mißratenen vorbehaltenes Laster.

Die »Countrymen« beeinflußten mich nachhaltig. Nie habe ich mir abgewöhnen können, Zugeständnisse an Leute zu machen, die sich im gesellschaftlichen Leben mit größerer Selbstsicherheit und Eleganz bewegten.

Der OAC-Campus liegt auf einem breiten Hügel jenseits des Flusses oberhalb der City von Guelph, mit der er damals durch eine Straßenbahn verbunden war, die während der Fahrt in geradezu genialer

Weise auf- und niederschaukelte. Aufgrund irgendeiner mechanischen Unlogik hatte man die Räder nicht außen an den Enden, sondern alle zusammen in der Mitte der Wagen angebracht. Der Eindruck, den die teils aus Kalkstein, teils aus rotem Klinker errichteten Universitätsgebäude erweckten, lag irgendwo zwischen angenehmer Exzentrik und gedämpftem Charme. Etwas weiter entfernt und ein wenig versteckt befanden sich die Scheunen und die Versuchsfelder. Die bewundernswerte gärtnerische Gestaltung des Geländes entsprach bester englischer Tradition.

Jenseits der Straßenbahnschienen gegenüber vom Campus lagen die Gebäude, in denen Studentinnen die Anfangsgründe der Hauswirtschaftslehre beigebracht wurden, wobei auch Wert auf damenhafte Umgangsformen und weibliche Tugend gelegt wurde. Nach dem führenden kanadischen Tabakfabrikanten hieß dieser Teil des Colleges Macdonald Institute, was jedoch nicht bedeutete, daß auf die Produkte des Namenspatrons irgendwelche Rücksichten genommen wurden. Die *girls*, wie sie sich selbst nannten, pflegten vielmehr bei festlichen Anlässen im Chor zu skandieren:

Rootely toot, rootely toot,
We are the girls of the Institute.
We don't smoke. And we don't chew.
And we don't go out with boys who do![3]

1800 bis 2400 Studenten waren zu meiner Zeit in den diversen Instituten und Seminaren des OAC eingeschrieben. Ihre Grundeinstellung war – wie die des Lehrkörpers – zutiefst antiintellektuell. Das geistig anspruchsloseste Fach, das es gab, war Tierzucht. Es zog die meisten Studenten an und wurde auch mein erstes Spezialgebiet.

Die ersten landwirtschaftlichen Hochschulen entwickelten sich im vergangenen Jahrhundert zunächst aus Musterfarmen. Studenten und Farmer von Höfen mit durchschnittlichem oder unterdurchschnittlichem Niveau konnten dort die besten Methoden – oder was man damals dafür hielt – bei der Bodenbearbeitung, Saatgutauswahl, Tierzucht und Tierernährung studieren. Bald begann man auch zu experimentieren. Verschiedene Varietäten, Rassen, Anbau- und Fütterungsmethoden wurden ausprobiert, um herauszufinden, auf welche Weise sich die besten Resultate erzielen ließen. Daher die immer wiederkehrende Bezugnahme auf landwirtschaftliche Versuchsfarmen. In einem nächsten Stadium wurden die Experimente wissenschaftlicher Beobachtung unterworfen. Nach einem erfolgversprechenden Anfang hatte sich das OAC irgendwo zwischen dem zweiten und dem dritten Entwicklungsschritt angesiedelt. Es gab zwar Experimente, aber nur wenig wissenschaftliche Forschung. Man brachte uns die bewährten landwirtschaftlichen Techniken bei, ohne daß man uns dazu ermutigte zu fragen, weshalb sie so bewährt waren. Abstrakt gesehen, mochte Wissenschaft ja ganz gut sein, große praktische Bedeutung billigte man ihr jedoch nicht zu. Höhere akademische Grade galten als unnötig – vielleicht weil kaum ein Mitglied des Lehrkörpers dergleichen besaß.

Präsident des Colleges war während des größten Teils meiner Zeit dort ein gewisser G. I. Christie, ein Kanadier, der an der Purdue University und im amerikanischen Landwirtschaftsministerium Karriere gemacht hatte. Er war der Prototyp jener Sorte von Universitätspolitikern, die das »Land-grant«-College-System in den USA und sein kanadisches Pendant aufbauten. Die Grundstücke, die sie erhielten, und die Gebäude, die darauf entstanden, sind ihre Denkmäler.[4] Ihre besondere Fertigkeit bestand in der Wahrung eines Gleichgewichts zwischen den eher rückschrittlichen Vorurteilen von Farmern und Abgeordneten und der gegenläufigen, im Lehrkörper verbreiteten Neigung zu intellektuellen Eskapaden, die freilich nicht in politischen, sondern in landwirtschaftlichen Ketzereien bestanden. Noch im Jahre 1943 wurden am Iowa State College Wirtschaftswissenschaftler heftig attackiert, die eine Untersuchung veröffentlicht hatten, derzufolge Margarine, vom Nährwert her gesehen, in Kriegszeiten einen guten Buttterersatz darstellte. Francis Johnson, der Chef des Iowa Farm Bureau – des Bauernverbandes – verkündete, Iowa wolle »kein Harvard im *corn belt*«.[5] Theodore Schultze, damals Dekan der Fakultät, die den Fauxpas begangen hatte, und später Nobelpreisträger für Wirtschaftswissenschaften, begab sich selber aus der Schußlinie, indem er in die tolerantere Umgebung der University of Chicago umsiedelte.

Den fähigen Politikern, die den Frieden zwischen der Fakultät und den Farmern bewahrten, gebührt großer Dank. Wenn die Colleges erst einmal errichtet waren, konnte sich auch akademische Freiheit entwickeln. Alle Dinge und alle Menschen müssen aus ihrer Zeit heraus beurteilt werden. Allerdings hatte es G. I. Christie leichter als die meisten anderen: Der Lehrkörper seiner Universität war unabhängigem Denken ebenso abgeneigt wie er selbst.

An einem goldenen Herbstabend erreichte ich mit Hilfe von Eisen- und Straßenbahn das College. Am hinteren Ende des Campus trainierte gerade das Football-Team, denn in jener grauen Vorzeit gab es natürlich noch kein Stadion. Ich sah dieses Spiel zum erstenmal. Zusammen mit den College-Uniformen schien es meine Erwartungen vom College-Leben vollauf zu bestätigen. Das Football-Spiel ist in meiner Wertschätzung seitdem ständig gesunken. Mir wurde ein Zimmer im Wohnheim der Studienanfänger zugewiesen – ein selbst für damalige Verhältnisse unaussprechlich verdreckter Raum. Zum Zimmergenossen erhielt ich einen charmanten Mann namens Sydney Howe, der etwas älter war als ich und später in der kanadischen Milchwirtschaft eine wichtige Rolle spielte. An einem langen Abend ließ er sich von mir meine persönliche Geschichte erzählen und meine politische Überzeugung darlegen. Unmittelbar darauf beantragte er einen Zimmerwechsel. Der Vorstand des Wohnheims – zu seinen Vorgängern gehörte u. a. auch John McCrae, der Verfasser des bekannten Gedichts »In Flanders Fields« – beeilte sich, ihm seinen Wunsch zu erfüllen. Mein nächster Zimmergenosse hielt es bis Weihnachten bei mir aus.

Zu den pädagogischen Grundsätzen des OAC gehörte es, daß man sich zwar auf ein bestimmtes Fach, wie zum Beispiel die Tierzucht, spezialisieren durfte, darüber hinaus jedoch nach Abschluß der Ausbildung in allen Bereichen des Farmlebens versiert sein sollte. Zu diesem Zweck studierte ich in den nächsten fünf Jahren – ein Jahr verbrachte ich damit, meine mangelhafte High-School-Bildung zu vervollkommnen – allgemeine Tierzucht, Ackerbau, Hühnerzucht, Milchviehzucht, Butter- und Käseherstellung, Schlachterei und Metzgerei, Bienenzucht, Botanik, Chemie, Zoologie, Embryologie, Bakteriologie, Physik, Mathematik, Agrarwirtschaft, Landwirtschaftliche Betriebslehre, Agrartechnik, Bodenkunde, Gartenbau, Forstwirtschaft, Landvermessung, Tiermedizin sowie eine Reihe anderer Fächer, die – für mich – nützlicher waren. Die nützlichsten und die, von denen ich am längsten profitierte, waren Englischer Aufsatz und Klempnerei, wobei das letztere in der eher legeren Ausdrucksweise meiner Kommilitonen unter der Bezeichnung *pumps and shithouses* fungierte. Da meine Kommilitonen völlig zu Recht davon ausgingen, daß sie niemals in die Verlegenheit kommen würden, schreiben zu müssen, erfreute ich mich der besonderen Aufmerksamkeit zweier talentierter Englischlehrer, die auch als Autoren einen gewissen Ruf hatten: O. J. Stevenson und E. C. McLean. Neben vielen anderen Pflichten mühten sich diese beiden bedeutenden Männer damit ab, meine Grammatik und Interpunktion zu verbessern und meine Prosa auf Normalmaß zu reduzieren.

Die Lehrer waren jedoch nicht die einzigen, die mir damals den Reichtum unserer Sprache erschlossen. Ich entsinne mich in Dankbarkeit und Bewunderung des Hausmeisters von Mills Hall, dem Wohnheim des Abschlußjahrgangs. Er hieß einfach »Hausmeister Bill«, einen anderen Namen hatte er, glaube ich, gar nicht. Die Perfektion, mit der er seine Arbeit erledigte, die Disziplin, die er zu diesem Zweck durchzusetzen verstand, sowie ganz allgemein seine starke Persönlichkeit und sein angenehmes Wesen führten dazu, daß man ihm großen Respekt entgegenbrachte. Hausmeister Bill war in jedem einzelnen dieser Punkte außergewöhnlich. Mir jedoch ist er vor allem aufgrund seiner Fähigkeit, immer den treffenden Ausdruck zu finden, im Gedächtnis geblieben. Ein Beispiel dafür habe ich mir bis heute gemerkt – ein sorgfältig handgemaltes Schild in der Eingangshalle, auf dem stand: DIE BEWOHNER WERDEN FREUNDLICHST ER-

SUCHT, KEINE APFELBUTZEN MEHR IN DIE PISSOIRS UND SCHISSOIRS ZU WERFEN, DA DIESE IN DEN ABFLUSSROHREN NICHT DIE KURVEN KRATZEN.

Zum Teil mag es auf diesen Sprachunterricht zurückzuführen sein, daß ich damit begann, allwöchentlich für die Lokalzeitung meiner Heimatstadt St. Thomas/Ontario einen Artikel mit praktischen Hinweisen für Landwirte zu schreiben. Das verschaffte mir ein wenig Taschengeld, und nach einiger Zeit wurde ich auch Herausgeber der neuen College-Zeitung. Ich steuerte einen mittleren Kurs zwischen so viel Kritik an unserem Lehrbetrieb, wie mir zulässig erschien, und übervorsichtiger Vermeidung von allem, was nachteilige Folgen hervorrufen konnte. Wenn ich mir die alten Zeitungen heute genauer ansehe, wird mir klar, daß ich immer auf Nummer Sicher gegangen bin. Nach meiner Abschlußprüfung nahmen meine Nachfolger weniger Rücksichten, und prompt wurde die Zeitung von Präsident Christie verboten.

Im Klempnerhandwerk unterrichtete uns Rodney Graham, ein Mann von eher bescheidenen Talenten, aber durch und durch ein Praktiker. Großzügig, wie er war, erlaubte er mir die weitere Teilnahme an seinem Kurs auch dann noch, nachdem ich ihn einmal gefragt hatte, ob eine bestimmte Pumpe, die er für sehr gut hielt, sowohl hartes als auch weiches Wasser zu pumpen vermöge. Er überlegte lange und sagte dann ja. Erst danach merkte er, daß ich die Frage nur gestellt hatte, um ihn hereinzulegen. Bis heute bin ich in der Lage, normale Installationsprobleme selbstbewußt und oft auch kompetent zu bewältigen, was bei Gastgeberinnen und Freunden stets großes Erstaunen auslöst.

Eine derart breitgefächerte Ausbildung erforderte einige Abstriche an der Gründlichkeit. Und bei vielen Fächern war Gründlichkeit schon von ihrer Struktur her gar nicht möglich. Alles, was über die korrekte Art und Weise der Beförderung von Heu in eine Futterkrippe gesagt werden kann, läßt sich innerhalb einer Stunde ohne weiteres umfassend abhandeln. (Es gab tatsächlich einen Kurs, den wir »Prinzipien der Heuverfütterung« nannten.) Unseren Professoren ging in solchen Fächern der Stoff bis zum Semesterende nur dann nicht aus, wenn sie selbst Binsenweisheiten bis ins Detail vor uns ausbreiteten. Diejenigen, die diese Kunst beherrschten, erfreuten sich allgemeiner Bewunderung. Besonders populär war der Dekan des Fachbereichs Milchviehhaltung, Professor Henry Hochel Dean, den die Studenten seinem Hauptstudiengebiet gemäß in Henry Holstein Dean umgetauft hatten. Er war englischer Herkunft und besaß eine wohltönende Stimme. Noch heute kann ich seine Anweisungen hören – metaphorisch, praktisch und unwiderlegbar:

»Die Milchkuh ist die Ziehmutter der menschlichen Rasse.«

»Die Mauern des Milchviehstalls sollten stark genug gebaut sein, um das Dach tragen zu können.«

Daß es den praktischen Unterweisungen in den agrarischen Künsten an Inhalt und daher auch an der Fähigkeit gebrach, die Zeit auszufüllen, war mehr oder minder allen bekannt. Eine praktische Lösung gab es jedoch. Sie bestand darin, uns mit der Klassifizierung von Vieh zu beschäftigen, und mit jedem weiteren Jahr am College drangen wir tiefer in dieses Geheimnis ein. Fleischvieh, Milchvieh, Pferde, Schafe und Schweine wurden in vier bis acht Güteklassen eingeteilt und vom besten bis zum schlechtesten Tier aufgelistet. In jeder Kategorie gab es mehrere Rassen – beim Fleischvieh zum Beispiel Shorthorns, Herefords und Aberdeen Angus (fälschlicherweise oft Black Angus genannt). Und für jede dieser Rassen existierten traditionelle und oft sehr mysteriöse Beurteilungskriterien, die bei männlichen und weiblichen Tieren und je nach Altersstufe unterschiedlich waren. Da sie alle in verschiedenen Klassen beurteilt werden mußten, konnte man nahezu unendlich viel Zeit mit der Klassifizierung verbringen. Als weiterer Vorteil kam noch hinzu, daß die Beurteilungskriterien dermaßen subjektiv waren, daß man sie nicht erlernen konnte. Sie existierten nur in den Augen der Juroren und führten zu Entscheidungen, bei denen keine zwei Richter, so qualifiziert sie auch sein mochten, jemals voll übereinstimmen konnten.

Die Kriterien waren auch nicht leistungsbezogen. Eine Ayrshire-Kuh oder eine Holsteiner konnte in jenen Tagen aufgrund ihrer Schönheit – der Fachausdruck war *conformation* (Gestalt) – hervorragend beurteilt werden, selbst wenn ihre Milchleistung nur im Rahmen des Üblichen lag. Es war der Triumph der Ästhetik über das reine Nutzdenken. Viele Jahre später kehrte einer meiner Doktoranden in Harvard vor seiner Prüfung an die Universität von Missouri zurück. Im Laufe der Zeit avancierte er dort zum Dekan der landwirtschaftlichen Fakultät, doch bewegte er seine Doktorarbeit nach wie vor in seinem Herzen. Im Rahmen seiner Forschungen ließ er schließlich von seinem Hauswirtschaftlichen Institut Fleischstücke der ältesten, schwächsten oder sonstwie mangelhaften Tiere aus der niedrigsten amerikanischen Güteklasse zusammen mit Fleisch von Rindern der höchsten Güteklassen zubereiten und setzte beides einer Jury aus Feinschmeckern vor. Keiner von ihnen war in der Lage, das Fleisch der hochdekorierten Tiere von dem der minderwertigen allein nach dem Geschmack verläßlich zu unterscheiden. Als ich dem Autor die Veröffentlichung seiner Doktorarbeit vorschlug, war ihm unbehaglich zumute. Das Vordringen des Leistungsprinzips war für seine Rindviehspezialisten noch immer ein heikles Thema.

Wenn keine erkennbaren Leistungskriterien existieren, gerät auch niemand in die Gefahr anzunehmen, er nähere sich bereits der Perfektion und brauche sich daher nicht mehr anzustrengen. So konnten wir mehrere Stunden am Tag damit verbringen, unser Urteilsvermögen zu üben, ohne jemals das Gefühl zu haben, die Möglichkeiten dieses Wissensgebietes voll auszuschöpfen. Die Viehklassifizierung und das Zuschauen dabei war zu jener Zeit am OAC – ebenso wie an anderen Landwirtschaftlichen Hochschulen – so wichtig, daß wir einen besonderen Pavillon dafür hatten.

Die Sache lohnte sich noch aus einem anderen Grund. Im Herbst unseres Abschlußjahres wurden vier oder fünf von uns dazu bestimmt, das College bei einem Wettbewerb auf der Internationalen Viehausstellung in Chicago zu repräsentieren. Ich zählte zu den Auserwählten. Es war der größte Triumph meiner College-Zeit. Sollte dabei etwas anderes als Glück eine Rolle gespielt haben, so war es der Umstand, daß ich nicht die Rinder, sondern die Präferenzen der maßgeblichen Juroren – das heißt unserer Professoren – studiert hatte. Dort, wo die Richter nicht unsere eigenen Professoren waren, half mir dieses Studium gar nichts, und so war meine Leistung, als wir an den Universitäten Michigan State, Purdue und Illinois unter den dortigen Lokalmatadoren in diesem Handwerk trainierten, so schwach, daß ich als Ersatzmann auf die Bank verbannt wurde.

Die Internationale Viehausstellung 1930 in Chicago war ungemein aufregend, und da ich jeglicher Verantwortung ledig war, konnte ich sie in vollen Zügen genießen. Auf großen Schildern wurde die hervorragende Qualität der Herden aus allen Teilen des Landes gepriesen. Reihenweise berichteten Siegerschärpen von früheren Triumphen. Eine pulsierende Menge von Städtern kam aus dem Staunen nicht mehr heraus. Vier-H-Burschen und -Mädchen[6] geleiteten ihre Tiere mit jenem eigenartigen Selbstbewußtsein in die Arena, das auf die Erkenntnis zurückzuführen war, daß ihre robuste Gesundheit und ihre unbeschreibliche Tugendhaftigkeit ebenso zur Schau standen wie ihre preisgekrönten Stiere.

Das OAC hatte als wissenschaftliches Zentrum, von den geringen Studiengebühren abgesehen, nur wenige Verdienste, dafür aber große Schwächen, doch wurden letztere geschickt kaschiert. Später sollte ich erfahren, daß die dabei angewandten Praktiken allgemein verbreitet sind. So wurde zum Beispiel vom Augenblick unseres Eintreffens in Guelph an von uns erwartet, eigenständiges Denken durch Loyalität gegenüber der Institution zu ersetzen. Das nannte man den »College-Geist«, und die Hartnäckigkeit, mit der die Studenten auf dieser Tugend bestanden, wurde nur noch von der des Lehrkörpers übertroffen. Kritik war gleichbedeutend mit Charakterfehlern oder Illoyalität. Wer seine Universität kritisierte, bewies damit, daß er die Liebe, die die Institution rechtmäßig von ihm erwarten durfte, nicht aufbrachte. Dies war ein nahezu perfekter Freibrief für Unfähigkeit, und es war gut, diese Lektion in solcher Ausführlichkeit bereits in jungen Jahren erteilt zu bekommen. Wir haben es hier mit einem der großen Schutzmechanismen des akademischen Lebens zu tun. Die Eindeutigkeit, mit der das in Guelph der Fall war, war eine ausgezeichnete Vorbereitung auf die subtilere Art und Weise, in der diese Mechanismen in Harvard funktionierten.

In den späten sechziger Jahren verfestigte sich in mir die Überzeugung, daß Harvard nur schlecht auf die Studentenunruhen vorbereitet war, die sich damals an anderen Universitäten bereits entwickelten. Die Verwaltung war geistig träge und hatte den Kontakt sowohl zum Lehrkörper als auch zu den Studenten verloren. Im Dezember 1968 erwähnte ich die daraus resultierende Gefahr in einem Brief an das *Harvard Magazine*. Ich wurde ungnädig zurechtgewiesen: So etwas sagte man über Harvard einfach nicht. Ich kam mir noch immer wie ein geprügelter Hund vor, als 1969 die Studentenunruhen auch in Cambridge ausbrachen und die Universitätsverwaltung mit planloser Unfähigkeit und unnötiger Brutalität reagierte.

Ein zweites Mittel gegen akademische Inkompetenz besteht darin, aggressiv antiintellektuelle Verhaltensweisen zu kultivieren. Brillanz darin wird zum allgemein anerkannten Erfolgsmaßstab, und Unfähigkeit im akademischen Bereich bleibt unbemerkt. Am OAC hatte sich dieses System bereits zu einer wahren Kunst entwickelt, und wenn wir Studenten darin auch führend waren, so wurden wir doch vom Lehrkörper eifrigst unterstützt. Sport, Festivitäten, dumme Streiche an der Uni sowie die angemessene Bestrafung derer, deren Bereitschaft, an solchen Aktivitäten teilzunehmen, zu wünschen übrigließ, galten weit mehr als akademische Erfolge, bewiesen echten College-Geist. Bei allen zeremoniellen Anlässen stimmten wir lauthals das beliebte College-Lied an:

Put on your old red and blue sweater
For there isn't any better
And we'll open up another keg of beer.
For 'twas not for knowledge
That we came to the college
But to raise hell all the year.[7]

Auch diese Lektion vergaß ich nicht. Vor dem Zweiten Weltkrieg in Princeton waren die unfähigsten meiner Kollegen am Wirtschaftswissenschaftlichen Institut samstagnachmittags stets die ersten im Stadion. Und noch viele Jahre nach meiner Ankunft in Harvard gab es dort einen Professorentyp, dessen Hauptverdienst keineswegs auf akademischem Gebiet lag, sondern eher in seiner superben Selbstidentifikation mit der Harvard-Tradition. Oft wurde er zum »Hausvater« eines Colleges bestellt und zwang dann den Studienanfängern die höchst unverständlichen Traditionen seines Hauses auf. Auf Sitzungen des Lehrkörpers ließ er sich über die sogenannte Hausordnung aus, die im wesentlichen darin bestand, die Gelegenheiten zum Geschlechtsverkehr der Studenten seines Hauses in zulässige und unzulässige aufzuteilen.

1930, im ersten Jahr der Weltwirtschaftskrise, ging ich mit einem Gedanken schwanger, der am OAC natürlich fehl am Platze war. Damals konnte praktisch überhaupt kein Vieh verkauft werden. Wenn sich das Vieh aber nicht zu einem anständigen Preis verkaufen ließ, war es auch nicht nötig, es qualitativ zu verbessern.

Ich beschloß, mein Hauptinteresse nun der Agrarökonomie zuzuwenden. Dabei würde ich das eigentliche Problem verstehen lernen, und die gewonnenen Erkenntnisse würden mir vielleicht sogar zu einem Posten verhelfen. Je länger die Depression andauerte, desto größer würde logischerweise die Nachfrage nach Leuten werden, die eine Lösung anzubieten hatten. Bis heute bin ich über diese Erkenntnis, die ich ja nicht erst *post eventum* hatte, überrascht.

Die Volkswirtschaftler und Agrarökonomen in Guelph erwiesen sich als nicht sehr hilfreich. Sie bildeten ein liebenswertes Grüppchen, das seine Zeit mit nettem Geplauder vertat. Von ihnen kam keinerlei Hinweis darauf, woran es wohl liegen mochte, daß das Wirtschaftssystem nicht mehr funktionierte, und was sich tun ließe, um es wieder in Ordnung zu bringen. Der Leiter des Instituts meinte allerdings, vielleicht seien kooperative Farmen die Lösung. Damals kamen bei mir die ersten Zweifel an der Kompetenz der Wirtschaftswissenschaftler auf.

Im Sommer 1930 erhielt ich die Aufgabe, landwirtschaftliche Pachtbetriebe in Ontario zu studieren. Man stellte mir einen Wagen zur Verfügung – in jenen Tagen ein unvorstellbarer Vorteil –, und ich fuhr über Land und suchte Pächter auf, die ich über Pachtbedingungen, Mieten und andere Probleme befragte. Die Pächter waren gar nicht so leicht zu finden, denn Grund und Boden waren überall so wenig wert, daß kaum jemand zu arm war, selbst welchen zu erwerben. Später entband man mich von dieser Aufgabe und ließ mich die Beiträge des Colleges für die Kanadische Nationalausstellung entwerfen, jenes große Fest, das jeden Spätsommer in Toronto stattfindet. Man war der Ansicht, ich hätte zuvor bei einer universitären Ausstellung in dieser Richtung Talent bewiesen.

Meine hervorragendste Leistung war ein Appell an die Farmer von Ontario, Buch zu führen. Auf einem großen, hübsch bemalten Schild stand: DER BETRIEB EINER FARM OHNE BUCHFÜHRUNG IST WIE EINE UHR OHNE ZEIGER! Oberhalb des Schildes war eine große Uhr mit einem eindrucksvoll hin- und herschwingenden Pendel und einem blanken Zifferblatt angebracht. Während der Ausstellung betreute ich den Stand selbst. Die Leute blieben stehen und fragten mich verwirrt oder manchmal auch verärgert, warum die Uhr keine Zeiger habe.

1931 bestand ich meine Diplomprüfung mit Auszeichnung. Ich nahm an der Abschlußfeier teil, mußte aber feststellen, daß die Bargeldprämie, mit der ich fest gerechnet hatte, einem weniger renitenten und daher würdigeren Kandidaten verliehen wurde. An dem anschließenden geselligen Beisammensein nahm ich nicht mehr teil und wurde dort wohl auch kaum vermißt. In Gedanken weilte ich schon längst an der Universität von Kalifornien, an der ich in Kürze weiterstudieren wollte.

Der Korpsgeist und die schon erwähnten Selbstschutzmechanismen fordern auf diesem Kontinent, daß man seine Alma mater liebt. Aber außer den schönen Rasenflächen und Gärten liebte ich an meiner nichts. Einige Jahre nach meiner Diplomprüfung schrieb ich für die in Toronto erscheinende Zeitschrift *Saturday Night* eine Artikelserie über die landwirtschaftliche Ausbildung in Ontario. Mein College bezeichnete ich darin praktisch als akademischen Slum. Aber das ist lange her. Die Kanadier haben einen besseren Instinkt für gutes Management an öffentlichen Institutionen als die Amerikaner, und es kann kaum Zweifel daran bestehen, daß sich die Situation inzwischen enorm verbessert hat.

Für den Umstand, daß ich meine Lehrer nicht leiden konnte, gibt es auch noch eine andere Erklärung. Ein langjähriger Freund von mir, der Schauspieler David Niven, berichtet in seiner Autobiographie, wie sehr er in seiner Jugend die Schule, die Lehrer und seine Mitschüler verachtete. Alle waren ihm zutiefst zuwider. Doch dann beschlich ihn plötzlich der Gedanke, daß er vielleicht selbst ein ziemlich böser Bube gewesen sein könnte.

2
Berkeley und die höhere Bildung in Amerika

Den Großteil meines Lebens verbrachte ich in mehr oder weniger enger Verbindung mit fünf Hochschulen. Zwei von ihnen, Guelph und Princeton – die Universität mit der geringsten und die mit der stärksten aristokratischen Tendenz –, vermochten mich nicht zu begeistern. Zwei andere, die University of California in Berkeley und die University of Cambridge, hatte ich sehr gern. Harvard, wo ich die längste Zeit verbrachte, läßt sich nur schwer einordnen. An allen fünf Universitäten litten meine persönlichen Beziehungen an einem Problem, das ich nie ganz überwunden habe. Es rührte nicht so sehr daher, daß ich vielseitiger, sorgfältiger oder vielleicht fähiger war als meine Kollegen. So etwas wird noch hingenommen. Nachteiliger wirkte sich vielmehr jene niemals ganz unterdrückte Furcht aus, die ich bereits einmal angesprochen habe: das unbehagliche Gefühl, meine Überlegenheit könne nicht anerkannt werden.

Princeton war ein besonders ernster Fall. Dort war ich unmittelbar vor und nach Ausbruch des Zweiten Weltkriegs drei Jahre lang angestellt, davon zwei Jahre beurlaubt. An vieles in Princeton erinnere ich mich nur mit Widerwillen, und selbst jemandem, der für gesellschaftliches Dekorum und soziale Anpassung einen größeren Sinn hat als ich, mag es beim Gedanken an diese Jahre nicht anders ergehen. Die Wirtschaftswissenschaftliche Fakultät war damals auf Lehren eingeschworen, die sich nach einem Jahrzehnt des ökonomischen Niedergangs längst als irrelevant erwiesen hatten. Es gab allerdings auch Ausnahmen. Zu ihnen gehörte Frank D. Graham, Professor der Finanzwirtschaft und Chronist der großen Inflation in Deutschland zu Beginn der zwanziger Jahre. Auch Frank A. Fetter, einen unverwüstlichen Liberalen der alten Schule, der damals schon emeritiert war, lernte ich sehr schätzen. Er erzählte mir einmal, daß er die Beförderung eines Ökonomen in eine Dauerstellung an seinem Institut niemals zugelassen habe, wenn der Mann zuvor in einem Antitrust-Prozeß zugunsten eines Konzerns ausgesagt hatte. Ein solches Verhalten zeige nämlich, daß der Kandidat käuflich sei.

Meiner Meinung nach hatte Fetter recht.

Das geringe Niveau der Wirtschaftswissenschaftlichen Fakultät in Princeton war jedoch weniger deprimierend als die wissenschaftlichen und gesellschaftlichen Strömungen, die unter den Studenten vorherrschten. Sie waren, wenngleich in subtilerer Art und Weise, noch intellektuellenfeindlicher als in Guelph. In Kanada gab es noch einen gewissen Aufsteiger-Ehrgeiz; die Studenten in Princeton glaubten – von wenigen Ausnahmen abgesehen –, daß sie bereits alles erreicht hätten. Als gewissenhafter junger Dozent versuchte ich von Zeit zu Zeit einige der schlimmsten Anachronismen zu korrigieren, die meine dortigen Kollegen in einer Reihe kleiner Lehrbücher mit grünem Einband schriftlich festgehalten hatten. In Ausnutzung eines finanziell unerheblichen Interessenkonflikts hatten sie diese »kleinen grünen Schrecken« in ihren Kursen zur Pflichtlektüre erklärt. Ich wurde mehrfach von indignierten Studenten gefragt, ob auch wirklich die Lehrbuchversion – und nicht etwa meine Korrekturen – in den Prüfungen verlangt würden. Und wenn dem so sei, warum ich sie dann mit der Wahrheit verwirre?

Die Leute, die in Princeton für die Zulassung von Studenten verantwortlich waren, hatten eine Vorliebe für den sogenannten »Princeton-Typ«. Soweit dieser Typ jemals irgendwie definiert war, verstand man darunter das gleiche wie unter einem Princeton-Absolventen. Er war wohlhabend, weißer Hautfarbe, angelsächsischen Geblüts und normalerweise Protestant. Er hatte eine einigermaßen akzeptable Schule besucht, kam aus einer soliden Familie oder einer »besseren« Wohngegend und war sehr auf seine persönliche Hygiene bedacht. Wissenschaftliche Begabung war weder unbedingt erforderlich noch nachteilig. Demgegenüber waren die Dozenten von den Instinkten, Ambitionen oder familiär bedingten Vorurteilen geprägt, mit denen Nachkommen von Lehrern, Geistlichen, jüdischen Einwanderern oder noch exzentrischeren Vertretern der amerikanischen Mittelklasse akademische Karrieren zu betrachten pflegen. Viele stammten aus weit weniger erlauchten Häusern als ihre Schüler. So kam es, daß in Princeton vor dem Zweiten Weltkrieg eine ganze Reihe von Dozenten die größere gesellschaftliche Selbstsicherheit und die geschliffeneren Umgangsformen ihrer Studenten bewunderte.

Für die Dauer von ungefähr einer Woche kam in Princeton jedes Frühjahr jegliche akademische Tätigkeit, so nichtig sie auch sein mochte, total zum Erliegen. In dieser Zeit wurde der gesellschaftliche Rang der jeweiligen Neuzugänge aufs genaueste festgelegt. Die Einstufung erfolgte in einer abstoßenden Prozedur, dem sogenannten *bicker,* bei der die Studenten den verschiedenen Speiseclubs zugeordnet wurden, die sich unweit des Campus in »subgeorgianischen Gebäuden«[1] beiderseits der Prospect Avenue befanden. Jeder Club hatte seine genaue Position innerhalb der allgemeinen Rangordnung. Der Ivy-Club stand an der Spitze. Welcher der letzte war, ist mir nie ganz klargeworden. Juden und andere Geächtete waren rigoros von sämtlichen Clubs ausgeschlossen. Anfangs waren mir diese widerlichen Riten ziemlich gleichgültig. Später suchten mich dann einmal zwei oder drei Studenten auf, um mir anzuvertrauen, wie sehr sie sich davor fürchteten, nicht zu den Auserwählten zu gehören. Trotz blendender Leistungen im College machte man ihnen in aller Form klar, daß sie unerwünscht seien. Man konnte nichts dagegen tun. Ich erfuhr später, daß auch Woodrow Wilson während seiner Zeit als Universitätspräsident über diese Zustände entsetzt war. Aber auch er hatte es nicht vermocht, das System zu ändern.

Nach dem Zweiten Weltkrieg übten Frauen sowie die Toleranz gegenüber rassischen Minderheiten und ein allgemeines Mißtrauen gegen althergebrachten Standesdünkel einen gewissen zivilisatorischen Einfluß auf das Leben der unteren Semester aus. Und das Wirtschaftswissenschaftliche Institut brachten zwei talentierte junge Ökonomen, Richard A. Lester und Lester V. Chandler, auf das Niveau des 20. Jahrhunderts. Die Universität machte – zweifellos zur tiefsten Betrübnis vieler, die von ihr in althergebrachter Weise erzogen worden waren – Fortschritte. Meine Erinnerungen stammen leider aus der Zeit davor.

Die beiden akademischen Institutionen, die meine Zuneigung gewannen, Berkeley und Cambridge, taten dies nicht zuletzt aufgrund ihrer Schönheit. Cambridge in England – Trinity Great Court, die Wren Library, King's Chapel und andere, intimere Winkel, die Anlagen hinter den Colleges – ist einmalig in Europa, vor allem im Frühjahr, wenn zunächst die Krokusse und dann die Narzissen die großen Rasenflächen bedecken. In Cambridge kann man allerdings auch den Niedergang der Architektur, sowohl in geschmacklicher als auch in qualitativer Hinsicht, beobachten. Seit den Tagen der ersten Elisabeth wurde sie jedes Jahrhundert immer um etwa die Hälfte schlechter. In Cambridge ist vieles noch schön, weil es so wenig Neues gibt.

Berkeley bezaubert weniger durch seine Architektur – obwohl auch diese keineswegs abstoßend ist – als vielmehr durch seine Lage. Der Campus liegt so, daß man von zahlreichen Plätzen aus die Bucht überblicken und fern im Dunst die Golden Gate Bridge und die Marin Mountains sehen kann. Die immergrünen Eichen und kleinere Gewächse ergeben eine reiche Mischung hellerer und dunklerer Grüntöne, und über allem schwebt ein besonders intensiver Eukalyptusduft. Den Campus überragt der elegante neugotische Campanile und amüsiert sich über die weißen bis cremefarbenen Fassaden mit ihren Ziegeln und Bögen im maurischen Stil, eine Marotte, der man sich in Kalifornien einst nicht entziehen konnte. Diese Gebäude heben auch das Erscheinungsbild der aggressiv rationellen Neubauten.

Ich erreichte Berkeley an einem Spätsommerabend im Jahre 1931, zehn Tage, nachdem ich in Ontario das Linienschiff bestiegen hatte, das den zwanzig Meilen von unserer Farm entfernten Ort Port Stanley mit Cleveland verband. Alle Welt hielt das Tanzorchester, das in meiner Jugend im Casino von Port Stanley spielte, für ausgezeichnet.

Das Urteil war gerechtfertigt. Das Orchester kam aus der Nachbarstadt London und wurde von dem damals noch nicht berühmten Guy Lombardo geleitet.

Die Reise von Ohio nach Kalifornien unternahm ich gemeinsam mit einem anderen graduierten Studenten in einem uralten, schwächlichen Oakland, der sich durch einen unersättlichen Appetit auf Benzin und Öl auszeichnete. Da jedoch die Depression schwer auf dem Land lastete, gaben sogar die Ölgesellschaften dem unnachgiebigen deflationären Druck nach, indem sie aufmerksam die jeweiligen Schlachtfelder der Benzinkriege, die damals überall im Lande ausgebrochen waren, im Auge behielten. Das ermöglichte es uns, den Tank und einen Ersatzkanister für nur knapp mehr als zehn Cents pro Gallone zu füllen. Im übrigen waren die Hauptverbindungsstrecken nach Kalifornien im Jahre 1931 westlich von Lincoln/Nebraska bis zur kalifornischen Grenze noch ungeteert.

Meine Reise nach Berkeley diente dem Erwerb des Doktortitels und der Übernahme einer Stellung als Forschungsassistent an der Giannini Foundation of Agricultural Economics. Mein Wohltäter dort war in letzter Instanz Amadeo Peter Giannini, ein kalifornischer Bankier und Unternehmer, der ein oder zwei Jahre zuvor (nach dem vorübergehenden Verlust der Verfügungsgewalt über seine Unternehmen) mit großem Eifer begonnen hatte, sein ethnisches und politisches Image aufzupolieren. Zur ethnischen Wandlung gehörte unter anderem die Umbenennung seiner »Bank of Italy« in »Bank of America«, während die politische Aufwertung vor allem dadurch vollzogen wurde, daß er die Muttergesellschaft Bancitaly Corporation dazu veranlaßte, in einer möglicherweise nicht ganz astreinen Transaktion der University of California für die Errichtung der A. P. Giannini Foundation of Agricultural Economics zu Ehren ihres Präsidenten eineinhalb Millionen Dollar zu spendieren. Schon sehr früh in seiner Karriere hatte sich Giannini als bedeutender finanzieller Förderer der kalifornischen Farmer hervorgetan und dabei auch gelernt, deren politische Macht nicht in Zweifel zu ziehen.

Jahre später revanchierte ich mich für den Gefallen, den Giannini mir erwiesen hatte, indem ich als *Fortune*-Redakteur einen ausführlichen Bericht über sein Leben und seine Unternehmungen schrieb. Die Recherchen für den Artikel stammten von einer hochgewachsenen, schlanken und überaus intelligenten Frau namens Janet McEnany, die auf Giannini eine große Anziehungskraft ausübte, obwohl er damals schon weit über siebzig war. An einem regnerischen Abend, so erzählte Janet, als sie nach New York zurückgekehrt war, sei sie mit ihm zum Abendessen verabredet gewesen. Es war unklar, ob der Wagen des großen Bankiers schon vorgefahren war. Aus diesem Grund bat die Sekretärin einen würdig aussehenden Graukopf, der sich im Vorzimmer aufhielt, ihren Chef zur Straße hinunter zu geleiten und ihm, falls nötig, ein Taxi zu besorgen. Ein Taxi wurde in der Tat gebraucht, und als der Mann mit dem Fahrzeug zurückkam, gab Giannini ihm eine 25-Cent-Münze. Der Empfänger war sichtlich peinlich berührt und erklärte Giannini, er sei ein Angestellter des Konzerns, genauer gesagt: der Chef der Bank of America in Los Angeles und als solcher einer der bedeutendsten Bankiers der Nation. Giannini entschuldigte sich, nahm die Münze zurück und gab dem Mann statt dessen einen Dollar.

Ich verbrachte in Berkeley drei Jahre, die für mich in jeder Hinsicht zufriedenstellend waren.[2] Vom dritten Jahr an fuhr ich regelmäßig nach Davis im Sacramento-Tal, wo sich die Landwirtschaftliche Fakultät der Universität befindet, die inzwischen – wie Guelph – zu einer eigenständigen Universität avanciert ist und sich kürzlich mit dem Versuch, den streitbaren Allan Bakke aus dem Medizinischen Institut zu vertreiben, zusätzliche Meriten erwarb. In Davis betreute ich die Fächer Volkswirtschaft, Agrarökonomie, Betriebswirtschaft und Buchhaltung und war, sieht man von der Unterstützung eines älteren Dekans ab, die einzige Lehrkraft. In diesem Jahr schrieb ich auch meine Doktorarbeit über die Agrarpolitik der kalifornischen Regierungsbezirke. Sie war nichts Besonderes; Zweck der Übung war der Titelerwerb.

Das College of Agriculture der University of California war damals zwischen Davis und Berkeley aufgeteilt. Eine weitere Zweigstelle befand sich in Riverside. Die Abteilung in Berkeley bestand aus drei Gebäuden, deren Architektur dem neomaurischen Stil nachempfunden war. Sie bildeten drei Seiten eines Rechtecks. Eines davon war das prachtvolle neue Haus der Giannini Foundation. Ein älteres Gebäude schmückte der folgende Wahlspruch: »Der Rettung gewachsener Werte des heimischen Landlebens für die menschliche Gesellschaft«. Häufig wurde darüber spekuliert, warum hier die menschliche Gesellschaft gegenüber anderen besonders hervorgehoben wurde, was unter den »gewachsenen Werten des heimischen Landlebens« zu verstehen sei und warum diese in einem Staat, in dem es keinen Grund und Boden gab, der länger als drei oder vier Generationen landwirtschaftlich genutzt wurde, bereits der Rettung bedurften.

An der University of California herrschte in jenen Tagen ein einzigartiges politisches Gleichgewicht, an dem meine Kollegen von der landwirtschaftlichen Fakultät nicht geringen Anteil hatten. Die Haltung der Mitglieder der geistes- und naturwissenschaftlichen Institute war im allgemeinen liberal; die Professoren verhehlten nicht ihre Sympathie für die Landarbeiter, einschließlich der Okies und Arkies[3], die damals in großen Scharen nach Kalifornien strömten, um der Trockenheit und der Wirtschaftsdepression zu entgehen, die die Gebiete des südlichen Mittelwestens heimsuchte. Paul Taylor, ein Reformer an der Wirtschaftswissenschaftlichen Fakultät, der eine geradezu phänomenale Ausdauer an den Tag legte, drang tapfer auf die strikte Einhaltung eines Gesetzes, das Farmen von mehr als 65 Hektar Größe die Zuteilung von Wasser untersagte, das von der Bundesregierung mit Steuergeldern gefördert wurde. Da jedoch seit langem ein Großteil dieses Wassers Besitzern sehr viel größerer Güter zugeflossen war, galten alle Vorschläge, die auf die Durchsetzung dieses Gesetzes abzielten, als subversiv. Noch 1977, als der Innenminister die Ansicht vertrat, das Gesetz solle, solange es Gültigkeit habe, auch beachtet werden, war die Reaktion die gleiche.

Andere Professoren äußerten sich wohlwollend über die Gewerkschaften, die im Verbreitungsgebiet der *Los Angeles Times* damals als Vehikel extremistischer Aufrührerei angesehen wurden. Außerdem sprachen sie sich für die Verstaatlichung von Versorgungsbetrieben aus und lobten die Schriften von Lincoln Steffens. Wenn sich schon Mitglieder des Lehrkörpers auf ein so gefährliches Terrain vorwagten, war es unvermeidlich, daß die graduierten Studenten der Wirtschaftswissenschaften noch weiter gingen. Meine hervorragendsten Kommilitonen waren infolgedessen Kommunisten. Wir blickten insbesondere zu Gregory Silvermaster auf, der etwas älter war als die meisten von uns und am nahe gelegenen St. Mary's College, einer katholischen Hochschule, die sowohl auf religiösem als auch auf sportlichem Gebiet hohes Ansehen genoß, einen Lehrauftrag hatte. Silvermaster zog später nach Washington, wo ihn Whittaker Chambers als einen Führer des kommunistischen Untergrunds der Stadt feierte. Ein anderer Zeitgenosse, Robert Merriman, war von der University of Nevada nach Berkeley gekommen. Gutaussehend und beliebt, wie er war, hatte er auf dem Campus in Nevada eine wichtige Rolle gespielt. Außerdem war er eine Säule der dortigen Reservistenvereinigung gewesen. In Berkeley wurde er Volkswirtschaftsdozent unter Professor Ira B. Cross, einem unverwüstlichen Konservativen, der sich zu Recht seine Toleranz gegenüber den irrigen politischen Ansichten der Jugend zugute hielt. Demzufolge erhielt Merriman auch später eines der seltenen Auslandsstipendien der Universität - Auslandsreisen waren damals keineswegs üblich. Er machte sich sowohl dieses wie auch sein Reserveoffiziers-Training in unerwarteter Weise zunutze, indem er später nach Spanien ging, um dort während des Bürgerkrieges zunächst das Kommando des Abraham-Lincoln-Bataillons zu übernehmen. Zuletzt Generalstabschef der XV. Internationalen Brigade, fiel er 1938 in Aragon beim Rückzug aus Belchite. In Hemingways *Wem die Stunde schlägt* lebt er in der Person des Robert Jordan weiter. Ich gedenke seiner in Bewunderung.

Man hätte damit rechnen können, daß die liberale bis revolutionäre Grundstimmung, die in jenen Jahren an der Universität herrschte, den Widerstand konservativer kalifornischer Bürger und Steuerzahler heraufbeschwor. Die Reaktion blieb jedoch weit hinter dem zurück, was durchaus vorstellbar gewesen wäre. Eine gewisse – wenn auch keinesfalls entscheidende – Rolle spielte dabei die dortige Tradition der akademischen Freiheit. Im Grunde ließen sich jedoch kalifornische Konservative von derart abstrakten Werten nicht beirren. Der Freiraum, den die Universität genoß, war eher auf die Tatsache zurückzuführen, daß die liberalen Strömungen großenteils und die revolutionären gänzlich ohne ernstzunehmende praktische Konsequenzen blieben. Sie erschöpften sich im Verbalen und innerhalb einer geschlossenen Gesellschaft. Das, was nach draußen durchsickerte, wurde nicht verstanden. Für die Situation an den Universitäten in Amerika ist dies nicht außergewöhnlich. Bis vor relativ kurzer Zeit wurden an keiner größeren Wirtschaftswissenschaftlichen Fakultät in den Vereinigten Staaten radikalere Ansichten vertreten als an der University of Texas. Um die Mitte dieses Jahrhunderts duldete man dort sogar aktive Marxisten. Ein paar hundert Meter vom Campus entfernt befand sich das texanische Parlament. Die betreffenden Wissenschaftler konnten sich behaupten, weil die Abgeordneten bei aller politischen Gegnerschaft intellektuell zu träge waren und die Ignoranz deshalb eine große, hilfreiche Barriere zwischen den Feinden der akademischen Freiheit und ihrer Beute bildete.

Dies war natürlich nicht immer so. Es kam im Parlament wiederholt zu Ausfällen sowie zu ein oder zwei Versuchen, Robert H. Montgomery und Clarence E. Ayers, die angesehensten und angefeindetsten Wirtschaftsprofessoren, loszuwerden. Im Verlauf einer parlamentarischen Untersuchung wurde Montgomery einmal gefragt, ob er für das Privateigentum sei. »Das bin ich«, antwortete er, »und zwar so sehr, daß ich jedermann in Texas etwas davon wünsche.« Aber es fehlte dem Institut auch nicht an distinguierten Fürsprechern. Als er Vizepräsident war, bemerkte ich Lyndon Johnson gegenüber einmal, nach meinem Dafürhalten sei die Wirtschaftswissenschaftliche Fakultät der University of Texas die interessanteste ihrer Art im ganzen Land. Er antwortete: »Haben Sie das auch schon gemerkt?«

Die akademische Freiheit in Berkeley hatte jedoch noch einen wirksameren Schutz. Meine Kollegen am Landwirtschaftlichen Institut waren hochgeachtete Praktiker der, wie Thorstein Veblen es nannte, »exoterischen Bildung«. (Veblen unterschied zwischen esoterischem Wissen, das das höchste akademische Prestige genießt, aber ohne wirtschaftliche oder industrielle Auswirkung bleibt, und exoterischer Bildung, deren akademisches Prestige trotz hohen Nutzeffekts gering ist.) Meine Kollegen in Berkeley und Davis waren von dem einfachen Empirismus der alten landwirtschaftlichen Colleges abgekommen und dazu übergegangen, mit wissenschaftlich fundierten und gleichzeitig praktikablen Vorschlägen auf die zahlreichen Probleme und Möglichkeiten der kalifornischen Landwirtschaft zu reagieren. Bei Tier- und

Pflanzenkrankheiten, sinkenden Grundwasserpegeln, Bodenproblemen, verrotteten Bewässerungsnetzen, ja, selbst bei Niedrigpreisen entwickelte das College sehr schnell Alternativvorschläge, die meistens für Abhilfe sorgten. Die politisch konservative und sehr einflußreiche Farmervereinigung California Farm Bureau Federation und der schamlos reaktionäre und sogar noch einflußreichere Kalifornische Farmerverband waren diesem Teil der Universität daher zu großem Dank verpflichtet. Revolutionäre, Liberale und ihre Rhetorik waren der Preis, den die Farmer für die exoterische Hilfe zahlen mußten. So kam es zu dem Gleichgewicht zwischen Freiheit und Nützlichkeit.

Niemand sollte dies für ein theoretisches Hirngespinst halten. In den frühen dreißiger Jahren befanden sich die Staatsfinanzen Kaliforniens in sehr schlechter Verfassung. Die Gehälter der Beamten wurden mit Steuervorauszahlungszertifikaten gedeckt; die entsprechenden Bescheinigungen verkaufte der Empfänger mit Rabatt. Die Staatsausgaben wurden gekürzt, und auch der Haushalt der Universität blieb davon nicht verschont. Die Universität verkündete daraufhin prompt, daß die erforderlichen Kürzungen in der Landwirtschaftlichen Fakultät vorgenommen würden; der Landwirtschaftliche Beratungsdienst müsse eingestellt werden. Sofort zeigten sich die Abgeordneten großzügiger und nahmen die Budgetkürzungen zurück. Wie Veblen andeutete, waren die Diplom-Landwirte an der University of California tatsächlich Bürger zweiter Klasse. Aber wir beschützten die Bürger erster Klasse und gaben nie die Hoffnung auf, eines Tages selbst mehr Anerkennung zu finden.

Auch innerhalb der Giannini-Stiftung gab es eine gewisse Balance zwischen der esoterischen und der exoterischen Welt. Chef der Stiftung war Howard R. Tolley, der noch kurz zuvor im US-Landwirtschaftsministerium für die Abteilung Landwirtschaftliche Betriebswirtschaft verantwortlich gezeichnet hatte. Er war ein liebenswerter, beliebter und nicht gerade attraktiver Mann, der von seiner Haltung und von seiner äußeren Erscheinung her etwas an einen in die Länge gezogenen Frosch erinnerte. Schon bald rief man ihn nach Washington zurück, wo er im Landwirtschaftlichen Ausgleichsamt (Agricultural Adjustment Administration) arbeitete und später auch dessen Leitung übernahm. Als der Krieg die Preise für landwirtschaftliche Erzeugnisse wieder anhob und sich die Aktivitäten dieses Amtes somit erübrigten, kam er ganz friedlich zu mir und überwachte Lebensmittelpreise.

Unter den Professoren der Stiftung befand sich eine ganze Reihe von Neuankömmlingen, die ihre Einstellung der Großzügigkeit Gianninis verdankten. Man kann sich heute nur darüber wundern, wieviel damals mit einer Summe von eineinhalb Millionen Dollar getan werden konnte. Reguläre Professoren erhielten drei- oder viertausend

Dollar Gehalt im Jahr, arbeiteten in engen Büros ohne Sekretärinnen und eilten im Laufschritt durch die Flure ins Zentralbüro, wenn die Summer sie ans Telefon riefen. Obwohl alle nach ihrer Nützlichkeit beurteilt wurden, waren nicht alle wirklich nützlich. So wurde den Anbauern von Pfirsichen, Pflaumen, Wein, Avocados, Artischocken und Zitrusfrüchten mitgeteilt, mit welchen Preisen sie zu rechnen hätten, wie sie durch eine Begrenzung des Angebotes im Prinzip höhere Preise erzielen und das Management ihrer Genossenschaften, Obstkulturen und Farmen verbessern könnten. Ein voller Erfolg war dieser Beratungsdienst jedoch nicht, da die Wirtschaft damals wie heute alles andere war als eine Wissenschaft, die genaue Prognosen zuließ. Unsere Preisvorhersagen basierten fast ausschließlich auf Markteinflüssen, die zunächst einmal sichtbar werden mußten. Bemühungen um Beschränkungen des Angebots zum Zwecke der Durchsetzung von Preiserhöhungen scheiterten, da die Farmer ihre Nachbarn verdächtigten, mehr als die vereinbarten Mengen zu verkaufen, und danach selber die Quoten überschritten. Was man einem Farmer in puncto Betriebswirtschaft Sinnvolles beibringen konnte, war nicht ganz klar. Immerhin wurden dahingehende Anstrengungen unternommen und auch akzeptiert.

Meine sechzig Dollar monatlich verdiente ich mir zunächst als Mitarbeiter von Edwin C. Voorhies, einem charmanten Junggesellen, der zwar bar jeder Kenntnis auf ökonomischem Gebiet war, als der einzige gebürtige Kalifornier an der Fakultät für Agrarökonomie jedoch einen gewissen Sonderstatus genoß. Unsere Aufgabe bestand darin, Möglichkeiten zur Verbesserung der wirtschaftlichen Lage der kalifornischen Imker zu finden. Ich hielt es zu diesem Zwecke für ratsam, Einzelhändler in San Francisco, Los Angeles und Umgebung nach dem Geschmack und der Vorliebe ihrer Kunden zu befragen. Danach konnten sich die Imker dann richten. Wir veröffentlichten schließlich zwei umfangreiche Monographien, die meines Erachtens jedoch beide nicht zur Hebung des Lebensstandards der Bienenzüchter beitrugen.

Was ich dabei allerdings lernte, war, daß die Veröffentlichung als solche – selbst wenn es sich um ein so exoterisches Thema wie die Verbraucherpräferenz für Orangeblütenhonig gegenüber Salbeihonig geht – ein Hauptkriterium für die akademische Beurteilung eines jungen Ökonomen ist. Wer einen Wissenschaftler begutachtet, widmet seine Aufmerksamkeit der Qualität der Publikationen, obwohl sich die meisten letztlich damit zufriedengeben, die Druckseiten zu zählen.

Die Agrarökonomie hinterließ bei mir die bleibende Überzeugung, daß die Wissenschaften, die einen konkreten Bezug zur Gesellschaft hatten, nach ihrer Nützlichkeit beurteilt werden sollten.[4] Dies ist, wie Veblen betont, ein beträchtliches berufliches Handicap. Die Wirtschaftswissenschaftler, die zu ihren Lebzeiten das höchste Ansehen genossen, waren fast immer diejenigen, die sich, unbeeinträchtigt von gesellschaftlich relevanten Zielen, auf abstrakte Spekulationen beschränkten. Joseph Schumpeter, der in späteren Jahren in Harvard zu den angesehensten meiner Kollegen zählte, beschuldigte einmal John Maynard Keynes, er habe sich wie David Ricardo dem Fluch (sic!) der Nützlichkeit unterworfen. Auch hier steht das Prestige des Esoterikers gegen den Exoteriker.

Für den Lehrenden ergeben sich aus dem Nützlichkeitsdenken eigene Probleme. In Berkeley war der Unterricht in Agrarökonomie, landwirtschaftlicher Betriebslehre, Marketing, Genossenschaftswesen und Preisentwicklung streng praxisbezogen. Dabei ergab sich oft die gleiche Schwierigkeit, die sich bereits in Guelph gezeigt hatte: Es war nicht genügend Unterrichtsstoff vorhanden. Alle für Studenten brauchbaren Informationen, über die der ebenso hochgewachsene wie selbstbewußte Betriebswirtschaftsprofessor R. L. Adams verfügte, hätten in ein oder zwei Stunden vermittelt werden können. In Marketing, Genossenschaftswesen und anderen praktischen Fächern war es nicht anders. Was blieb, waren oft langweilige Zustandsschilderungen, deren Inhalt man sich viel leichter durch Lesen hätte aneignen können. Wir verbrachten unsere Unterrichtsstunden daher mit Diskussionen. Diskussionen sind jedoch überall im universitären Bereich ein Vakuum, das dazu dient, ein Vakuum zu füllen.

An einige Kurse erinnere ich mich dennoch in Dankbarkeit. Howard Tolleys Statistik-Vorlesungen verschafften seinen Studenten die einzige wirklich unabdingbare Voraussetzung, über die ein Ökonom verfügen muß: den Sinn für Größenverhältnisse. Er befähigt einen dazu, die Einkommensteuer wegen des Geldes, das sie einbringt, zu respektieren und die Zollgebühren zu vergessen, weil sie unbedeutend sind. Im Privatleben führt er dazu, daß man sich auf wichtige Einnahmequellen konzentriert und unwichtige Ausgaben ignoriert. Von Tolley lernte ich auch, Zahlenkolonnen auf einen Blick zusammenzurechnen, und erfuhr, daß die dabei auftretende Fehlerquote von zehn Prozent in der Praxis nahezu immer vernachlässigt werden kann. George M. Peterson, ein aus sehr grobem Holz geschnitztes Gewächs aus dem Farmland von Minnesota, bleute uns das Wesen der Produktionsfunktion ein, worunter in groben Zügen die Kostenentwicklung bei unterschiedlichen Relationen von Arbeit, Kapital und Land zu verstehen ist. Selbst die praktischen Informationen erwiesen mir langfristig gute Dienste. Der Umstand, daß ein Harvard-Professor über ein reichhaltiges Detailwissen auf Gebieten wie dem Reisanbau im Tal des Sacramento oder dem Marketing von Zitronen im Regierungsbezirk Ventura verfügte, verblüffte bei Vorträgen und politischen Reden, die ich in späteren Jahren in Kalifornien hielt, mein Publikum immer wieder aufs neue.

Die Agrarökonomie war vor fünfundvierzig Jahren ein Fach, das noch in der Aufbauphase steckte. Die finanziellen Zuschüsse für Lehre und Forschung übertrafen die verfügbaren Themen und Talente bei weitem. Gegenüber meinen Professoren in Guelph hatten die Agrarökonomen in Berkeley einen besonderen Vorteil: Sie spürten, daß sie Anfänger waren und noch eine Menge zu lernen hatten.

Volkswirtschaft im engeren Sinne wurde in jenen Jahren in South Hall, einem hohen, unattraktiven roten Klinkerbau unterhalb des Glockenturms, gelehrt. Zwei Richtungen übten auf mich einen bleibenden Einfluß aus. Zum einen war dies die Lehre Alfred Marshalls, in die uns E. T. Grether, mit dem ich zeit seines Lebens befreundet blieb, mit großem Fleiß und großer Präzision einführte. Marshall, der von 1842 bis 1924 lebte und fast die gesamte Zeit an der Universität von Cambridge verbrachte, war der führende Vertreter jener Schule, die man inzwischen als die »neoklassische« bezeichnet. In diesem System existieren zahlreiche, miteinander konkurrierende Firmen, von denen jede einzelne sorgsam auf die Maximierung ihrer Profite bedacht ist und auf dem Markt der noch größeren Zahl von Verbrauchern begegnet, die allesamt ihr Einkommen rational auf Produkte verteilen, die ihnen einen maximalen Lustgewinn verschaffen. Dieser Vorgang wird durch einen ebenso rationalen Staat erleichtert, der die Führungsrolle des Marktes anerkennt und sich selbst auf die Bereitstellung von Dienstleistungen beschränkt, die über die Möglichkeiten des Marktes hinausgehen – also zum Beispiel das Erziehungswesen, die Rechtspflege und die gemeinsame Landesverteidigung. Die Preise in diesem System ergeben sich aus den Kosten und einem notwendigen Minimalprofit. Arbeiter finden Beschäftigung, indem sie ihre Lohnforderung etwas niedriger ansetzen und den Arbeitgebern somit einen Anreiz bieten, sie einzustellen. Gelegentlich kommt es zur Bildung von Monopolen, doch bleibt dies eine Ausnahme. Die Welt Marshalls ist eine hübsche Sache ohne Arbeitslosigkeit, Inflation und Depression oder doch kaum etwas von alledem. Kein Wunder, daß viele Marshall-Schüler Gefallen daran fanden, ihr ganzes Leben in seiner Welt zu verbringen.

Marshalls *Principles of Economics* hatten zu der Zeit, als ich mit ihnen konfrontiert wurde, bereits ihre achte Auflage erreicht und umfaßten 871 inhaltsreiche Seiten. Von uns wurde mehr oder weniger die Kenntnis des gesamten Werkes verlangt. Das Gefühl, ich sei zum Ökonomen bestimmt, entwickelte sich bei mir, als ich entdeckte, daß ich die Grundlagen der Marshallschen Lehre verstanden hatte, ohne dabei wie viele meiner Zeitgenossen zu verzweifeln.

Als ich 1937 nach meiner Promotion meine Studien in Cambridge fortsetzte, war Alfred Marshall schon seit dreizehn Jahren tot. Mary Marshall, seine Witwe, lebte jedoch noch und pflegte das Haus des Propheten in der Madingley Road wie ein Heiligtum. Das Studierzimmer, in dem Marshall gearbeitet hatte, lag im Garten. Es war auf einer Seite offen, um Luft hereinzulassen, und befand sich wie eine holländische Windmühle auf einem Sockel, der sich zur Sonne oder zum Licht hin drehen ließ. Mary fuhr damals noch mit gefährlicher Sorglosigkeit auf ihrem Fahrrad durch den Stadtverkehr von Cambridge, bis es ihr eines Tages von John Maynard Keynes, der selber ein Schützling Marshalls gewesen war, weggenommen wurde.

Noch heute dient Marshalls Welt aus konkurrierenden Unternehmern, ständig mehr verbrauchenden Konsumenten und einem angemessen zurückhaltenden Staat den Zielen der selbstzufriedenen Orthodoxie. Eine realistische Welt ist das nicht. Die modernen Großkonzerne – tausend von ihnen sind für ungefähr die Hälfte aller wirtschaftlichen Aktivitäten in Amerika verantwortlich –, die Gewerkschaften, die Landwirtschaftsverbände, der Wohlfahrts- und Garnisonsstaat haben sich der Realität bemächtigt und werden eines Tages auch das ökonomische Denken beherrschen.[5] Marshalls Lehre durchgearbeitet zu haben, war jedoch auf jeden Fall gut. Um zu wissen, was richtig ist, muß man eine klare Vorstellung von dem haben, was falsch ist.

Während meiner Jahre in Berkeley lernte ich auch Adam Smith, David Ricardo, Karl Marx, den frühen John Maynard Keynes und die großen deutschen Ökonomen kennen, die die Wahrheit in der Geschichte suchten. Von den letzteren prägte sich mir lediglich Werner Sombart ein. Den Unterricht leitete Leo Rogin, ein Lehrer, der bei allen Studenten meiner Generation sehr beliebt war. Den nach Marshall wichtigsten Einfluß übte in jenen Jahren jedoch Thorstein Veblen auf mich aus.

Veblen ist der interessanteste Gesellschaftswissenschaftler, den die Vereinigten Staaten hervorgebracht haben. Zusammen mit Henry George ist er auch einer der wenigen Autoren, die im vergangenen Jahrhundert verwurzelt sind und trotzdem auch heute noch über ein großes und aufgeschlossenes Publikum verfügen. 1931 war Veblen bereits seit zwei Jahren tot. Seine letzten Jahre hatte er unweit der Stanford University verbracht, von der man ihn zwei Jahrzehnte zuvor wegen seines – nach damaligen Maßstäben – »demonstrativen Liebeslebens« verwiesen hatte.

Für einen Menschen meiner Herkunft war Veblen vielleicht sogar gefährlich attraktiv: Die Schotten in Ontario besaßen das Land, das sie bearbeiteten, bestimmten das politische Leben, und in den angeseheneren Familien gab es durchaus eine gewisse Begeisterung für weiterführende Bildung. Aber die Städter, die überwiegend englischer Herkunft und stolze Anhänger der Church of England waren, betrachteten ihre höhere gesellschaftliche Stellung als Selbstverständlichkeit. Sie waren eben Städter, keine Hinterwäldler. Die Veblens waren eine hochintelligente und gebildete Familie, die über einen relativen Wohlstand verfügte, während man sonst allgemein zu ihrer Zeit die norwegischen Farmer in Minnesota für linkisch, ungehobelt, unanständig und sogar leicht verblödet hielt. Veblens wissenschaftliche Leistung war ein Ausbruch gegen alle diejenigen, die aufgrund ihres Wohlstands, ihres Berufs, ihrer ethnischen Herkunft oder wegen ihrer eleganten Umgangsformen »neidvollen Anspruch« (*invidious claim*, ein Ausdruck Veblens) auf eine gehobene Position ableiteten. Diese Gesinnung war mir nur allzu vertraut.

Veblen beschäftigte sich mit den Sitten und Gebräuchen der reichen Amerikaner, mit ihrem Wohnstil, ihren Vergnügungen und ihrer Kleidung wie ein Anthropologe, der die orgiastischen Gebräuche und Zeremonien eines primitiven Eingeborenenstammes auf Neuguinea untersucht. Er gestand den Reichen keine Überlegenheit zu, indem er sie zu einem Neidobjekt machte, sondern er gab sie der Lächerlichkeit preis. Der Veblensche Spott lebt in der Sprache weiter. Am bekanntesten ist die noch immer geläufige Bezeichnung »demonstrativer Konsum« *(conspicuous consumption)* für augenfällige gesellschaftliche Extravaganz. Im Gegensatz zu Frankreich und Italien gilt in den Vereinigten Staaten eine allzu deutliche Zurschaustellung von Reichtum mittlerweile als etwas anstößig. Dieses Naserümpfen angesichts des »demonstrativen Konsums« ist Veblens Verdienst.

Er war keine konstruktive Persönlichkeit; kein alternatives Wirtschaftssystem und keine durchschlagenden Reformen sind mit seinem Namen verknüpft. Hierin lag eine gewisse Gefahr. Veblen war ein Skeptiker und ein Feind von Angeberei. Wer zu viel von seinen Lehren in sich aufsog, konnte an allem und jedem zweifeln und zu der Überzeugung gelangen, sämtliche Reformbemühungen seien unsinnig. Ich glaube, dieser Neigung widerstanden zu haben, doch war Veblens Einfluß auf mich in anderer Hinsicht sehr nachhaltig. Zu meinen größten Freuden beim Schreiben zählte immer der Gedanke, ich könne mit meiner Arbeit vielleicht irgendeinen saturierten Angeber ärgern. Worauf allerdings stets die ernüchternde Erkenntnis folgte, daß solche Leute nur selten lesen. Dafür gibt es sogar einen Lehrsatz. 1934 übernahm ich in Harvard den Kurs für Agrarökonomie, den zuvor der als konservativ bekannte Thomas Nixon Carver gehalten hatte. Wenn man sich seiner noch erinnert, so allenfalls des »Carverschen Gesetzes« wegen: »Das Problem bei den Radikalen ist, daß sie nur radikale Literatur lesen. Und das Problem bei den Konservativen ist, daß sie überhaupt nichts lesen.«

In den Kriegsjahren wurde ein führender Veblenianer, Robert Brady, vom Office of Price Administration angeheuert. Brady kam auf den vernünftigen Gedanken, man könne Motoröl einsparen, indem man es nicht, wie damals von den Ölgesellschaften gefordert, alle tausend Meilen wechsele. Ich stimmte seinem Vorschlag nicht zu, weil ich sein Konzept wegen des enormen Arbeitsdrucks überhaupt nicht zu sehen bekam. Bob warf mir daraufhin nicht etwa Nachlässigkeit vor, sondern beschuldigte mich – wie es jeder gute Veblen-Jünger getan hätte –, die Ölgesellschaften in Schutz zu nehmen.

Und noch etwas: Der Nominierungsausschuß der American Economic Association (AEA) trug sich 1970 mit dem Gedanken, mich für sein Präsidentenamt vorzuschlagen. Bei der AEA ist die Nominierung gleichbedeutend mit der Wahl – demokratischer Zentralismus ist also nicht auf die Sowjetunion beschränkt. Gegen meine Wahl sprach sich Professor Milton Friedman aus, und zwar mit dem zwingenden Argument, daß Veblen nie Präsident gewesen sei. Nach der Wahl erfuhr ich, daß dieser Einwand den Ausschlag zu meinen Gunsten gegeben hatte. Später schrieb ich für Houghton Mifflin und Penguin Classics die Einleitung zu einer Neuausgabe von *The Theory of the Leisure Class*[6] und engagierte mich dafür, das schöne Haus, das Thorstein Veblens Vater auf dem Hof der Familie südlich von Northfield/Minnesota eigenhändig gebaut hatte, vor dem Verfall zu retten, an dessen Rand es der Zahn der Zeit und gelegentliche Bewohner gebracht hatten.

In den Weihnachtsferien 1933 gab ich einen Teil meines durch die Lehrtätigkeit erworbenen neuen Wohlstands für meine erste Heimreise nach Kanada seit zweieinhalb Jahren aus. (Einen anderen Teil verwendete ich, entsprechend der schon erwähnten familiären Übereinkunft, auf die Collegeausbildung meiner jüngeren Schwester Catherine.) Danach begab ich mich nach Philadelphia, um dort an der Konferenz der American Economic Association teilzunehmen. Sah man einmal von den Agrarökonomen ab, so bestand dort im Kreise der Etablierten eine vehemente Opposition gegen den New Deal. Der Haushalt war nicht ausgeglichen. Der Wert des Dollars an den internationalen Devisenmärkten wurde durch das Goldkauf-Programm bewußt nach unten getrieben. Das Nationale Wiederaufbau-Programm erlaubte es den Geschäftsleuten, sich zusammenzutun, um die Preise und Löhne zu stabilisieren. Das Landwirtschaftliche Ausgleichsamt schränkte die Agrarproduktion ein. All dies war ein eklatanter Verstoß gegen die Marshallschen Marktprinzipien. Und jede einzelne dieser Aktionen verletzte die anerkannten kanonischen Regeln der nationalökonomischen Weisheit. Alle wurden sie rigoros abgelehnt. Allerdings gab es in den Sitzungen auch eine starke unterschwellige Erregung über das, was in Washington vorging.

In den Jahren der Depression beschäftigte die Suche nach einem Job die graduierten Studenten mehr als alles andere. Sex, Alkohol und sogar die Revolution traten demgegenüber in den Hintergrund. Nur wenige rechneten damit, eine Stelle zu bekommen. In Berkeley führte dies dazu, daß viele ihr Abschlußexamen immer wieder aufschoben, denn danach sank man von der bescheidenen gesellschaftlichen Stellung eines Studenten auf den gänzlich minderwertigen Status eines Arbeitslosen. Zusätzlich zu meiner monumentalen Arbeit über die Bienen hatte ich begonnen, Artikel für das *Journal of Farm Economics* zu schreiben und bemühte mich um die Veröffentlichung meiner Doktorarbeit. Ich machte mir somit einen Namen als fleißiger Wissenschaftler, und dieser Ruf führte im Frühjahr 1934, vollkommen ungetrübt durch irgendwelche Betrachtungen über die Qualität meiner Studien, dazu, daß man mir für den Herbst eine Dozentenstelle in Harvard anbot. Ich hätte glücklich und zufrieden im geliebten Berkeley und im erträglichen Davis bleiben können. Aber Harvard bot mir erheblich mehr Geld – 2400 Dollar anstelle der 1800, die mir für meine vielen Kurse in Davis gezahlt wurden.

Im Frühsommer des folgenden Jahres verließ ich, nun mit dem Doktortitel versehen, Berkeley und kehrte nach Osten zurück, um schließlich meine Stellung in Harvard anzutreten. Zusammen mit einem gleichfalls graduierten Kollegen – der, wie fast alle meine Kommilitonen, inzwischen eine Anstellung bei der Bundesregierung gefunden hatte – fuhr ich, wieder mit dem Wagen, quer durchs Land, diesmal durch den Yellowstone-Nationalpark und über die Großen Ebenen. In Chicago gab es eine – in diesem Jahr obligatorische – Unterbrechung: Wir sahen Sally Rand bei der »Century of Progress«-Ausstellung. Ihre Vorstellung war ein entscheidender zeitgenössischer Durchbruch der »soft-core«-Pornographie. Das Jahr 1934 fiel im übrigen in die große Dürreperiode, und in South Dakota türmte sich der Boden hinter den Zäunen wie Schneeverwehungen. Die Autos fuhren mit Zulassungsschildern aus dem vergangenen Jahr herum.[7] Auf einer der trockenen Schotterstraßen zerschlug uns ein aufgewirbelter Stein die Windschutzscheibe. Als wir in Illinois wieder grüne Felder sahen, waren wir geradezu überrascht. Da man mich in Harvard erst im Herbst erwartete, beschloß ich, meinen Freund nach Washington zu begleiten, um mir an Ort und Stelle ein Bild von den Vorgängen in der Hauptstadt des Landes zu machen, bevor ich mich auf den Weg nach Norden begab.

3
Ein erster Hauch von Größe

Die Attraktionen der Politik sind vielgestaltig; eine davon ist ihre Theatralik. Politiker stellen nicht sich selbst dar, sondern glänzen in überlebensgroßen Rollen. Ständig führen sie eine einstudierte Imitation von jemandem vor, der besser oder interessanter ist als sie. Oder sie polieren ihr öffentliches Image auf. Sie lesen oder hören, daß sie geradeheraus, aufrichtig und kompromißlos sind, und fühlen sich dementsprechend verpflichtet, auch so zu erscheinen. All dies ist sehr interessant zu beobachten.

Ein zweiter interessanter Aspekt ist die Tatsache, daß die Politik mittlerweile Football, Fußball, Baseball oder anderen publikumswirksamen Sportarten ähnelt. Wie in jedem Wettkampf läßt man sich vom Spiel und seinen Ereignissen mitreißen. Und in der Politik darf sich ein lupenreiner Amateur als Wahlkampfmanager oder -mitarbeiter für einen vollendeten Profi halten. Reporter werden ihm ehrfurchtsvoll zuhören, wenn er strategische Konzepte von höchst zweifelhafter Glaubwürdigkeit vorträgt und ohne zu erröten erläutert, »was der amerikanische Wähler eigentlich will«. Die Reduzierung der Politik auf einen Zuschauersport ist, wenn ich mir die Bemerkung erlauben darf, eine der übleren Begleiterscheinungen des Fernsehens. Das Fernsehen verlangt von seinen Reportern, unvoreingenommen zu erscheinen, und das bedeutet – verstärkt durch normale geistige Trägheit –, daß sie sich mit Problemen wie Krieg und Frieden, Steuern und Sozialleistungen nicht mehr intensiv auseinandersetzen. Mit Fragen nach politischen Taktiken und Strategien, nach Gewinnern und Verlierern kann man nichts falsch machen, außerdem sind sie leicht verständlich. Atemlos berichten Fernsehreporter daher über den Verlauf des Spiels, schweigen sich aber weitgehend darüber aus, worum es eigentlich geht. Am Morgen nach den Kongreßwahlen von 1978 wurde ich von einem NBC-Kommentator in dringlichem Ton gefragt, wer nach meiner Ansicht einen bis dahin noch nicht ausgezählten Wahlkreis in Ohio gewinnen würde. Ich sagte, dies sei eine dumme Frage; er brauche doch nur ein paar Stunden zu warten, dann wisse er es genau. Woraufhin der große Meister vor Entrüstung zitterte.

Für einen unmittelbar Betroffenen bedeutet die Politik auch ein psychologisches Therapeutikum. Im Kampf lösen sich die Aggressionen. Vor einem positiv eingestellten Publikum kann man sich in einer

Weise über Dritte äußern wie ansonsten nur im Privatgespräch. Das verbessert die persönlichen Umgangsformen. Bei Arthur Schlesinger stellte seine Familie fest, daß er immer unnatürlich umgänglich war, wenn er gerade Reden für Adlai Stevenson schrieb.

Zu alldem kommt schließlich der Gedanke, man könne dazu beitragen, die Welt zu verändern. Hierbei kommt einem ein gewisses Maß an Illusion entgegen. Man ist sich stets in viel stärkerem Umfange seiner eigenen Anstrengungen bewußt als der der vielen anderen, die sich in ähnlicher Weise engagieren. Daher rührt das angenehm übertriebene Gefühl, etwas vollbracht zu haben. Aus diesem Grund sollten politische Memoiren immer mit Vorsicht gelesen werden.

Meine eigene Einführung in die Verlockungen der Politik erfolgte bereits lange vor meinem zehnten Geburtstag. Mein Vater nahm mich zu politischen Veranstaltungen mit. Oft habe ich schon erzählt, wie ich ihn bei einer landwirtschaftlichen Auktion einen Misthaufen besteigen sah und dann hörte, wie er sich dafür entschuldigte, vom Tory-Podium aus zu sprechen. Bevor ich Kanada verließ, hatte ich bereits William Lyon Mackenzie King und diverse andere große Männer der damaligen Zeit in Aktion gesehen. Aber erst mit Franklin D. Roosevelt begann mich die Politik richtig zu faszinieren.

Am 4. März 1933 fand in der Nähe von Walnut Creek, damals eine heile Dorflandschaft ein paar Meilen jenseits der Berge von Berkeley und Oakland, eine Feldübung des Bodenrechtskurses von Professor David Weeks statt. Zweck der Übung war es, einige elementare Grundzüge der Landvermessung zu vermitteln. Ich gehörte eigentlich nicht zu dem Kurs, war aber der Ansicht, diese Kenntnisse könnten mir vielleicht irgendwann einmal von Nutzen sein, was sich jedoch als Fehlkalkulation erwies. Aus dem Radio in einem nahe gelegenen Bauernhaus konnte ich Roosevelts Antrittsrede und seinen mit klingender Stimme vorgetragenen, unsterblichen Satz hören: »Das einzige, was wir zu fürchten haben, ist die Furcht selbst.« Das war eine völlig falsche Darstellung der damaligen Lage, aber bei solchen Anlässen legen die Leute keinen Wert auf buchstabengetreue Wahrheiten.

Die liberale Linke neigte, was heute weitgehend vergessen ist, bei den Wahlen von 1932 dazu, Roosevelt und Hoover als gleichermaßen hoffnungslos abzutun. Die wahrhaft klugen Köpfe unterstützten Norman Thomas, und kompromißlose Intellektuelle waren für die Kommunisten oder wollten überhaupt nicht zur Wahl gehen. Während meiner Jugend in Kanada war mir etwas anderes beigebracht worden. Es gab zwei Parteien, und man wählte die eine oder die andere. Noch wahrscheinlicher war allerdings, daß man in eine von beiden hineingeboren war. So wie man von jeder Familie genau wußte, welcher Kirche sie angehörte, so kannte man auch ihre Partei: »Sie sind Presbyterianer und Liberale.« Als ich in die Staaten kam, war ich selbstverständlich Demokrat und bezeichnete mich auch als solcher.

Im Herbst 1932 war ich darüber hinaus einmal zu einer Veranstaltung gefahren, auf der Hoover sprach. Sie fand in den Außenbezirken von Oakland am Rande einer der größten Hoovervilles[1] Kaliforniens statt, wo die Leute in großen Abwasserrohren hausten, die planlos über die Landschaft verteilt liegengeblieben waren, nachdem der Stadt das Geld ausgegangen war. Hoover verkündete seinem aus armen Schluckern bestehenden Publikum, daß die Depression vorüber sei. Ich teilte die Zweifel seiner Zuhörer. Und auch Roosevelt war zumindest in diesem Punkte anderer Ansicht.

Im Frühjahr 1934 – Franklin D. Roosevelt war jetzt ein Jahr lang im Amt – hatten sich die Ansichten der jungen Professoren und besonders auch der graduierten Studenten in Berkeley geändert. Allen klugen Vorhersagen zum Trotz blieb in Washington nichts unversucht, und jetzt war Roosevelt plötzlich ein phantastischer, unwiderstehlicher politischer Führer. Außerdem hatte sich an der Universität herumgesprochen, daß jungen Ökonomen für unglaublich hohe Gehälter eine nahezu unbegrenzte Anzahl von Stellen im Regierungsdienst offenstand. Ihr Talent war in vielen neuen Behörden gefragt. Studenten, die jahrelang der Vollendung ihrer Doktorarbeit und der daraus resultierenden Arbeitslosigkeit widerstanden hatten, waren plötzlich innerhalb weniger Wochen fertig. Manche ließen sich nicht einmal dazu die Zeit. So begann ein neuer Goldrausch – diesmal in umgekehrter Richtung. Über den American River, Calaveras County hinauf, über die Gipfel der Sierras und der Rocky Mountains, quer über die Großen Ebenen bis hin zum Potomac. Als ich im Frühsommer 1934 nach Washington kam, waren viele meiner Freunde dort schon an der Arbeit.

Am ersten Tag begab ich mich zum Südgebäude des Landwirtschaftsministeriums. Wenn man vom National Airport über die Brücke auf die Vierzehnte Straße kommt, sieht man diesen großen Bau aus gelben Backsteinen rechter Hand vor sich, gegenüber dem Bureau of Printing and Engraving. Es besteht aus langen, einander kreuzenden Büroreihen. Die Büros der wichtigen Leute sahen hinaus auf die Vierzehnte Straße oder gen Norden, wo der Blick auf das viel kleinere, marmorverkleidete Gebäude fiel, in dem damals – wie auch heute noch – der Landwirtschaftsminister residierte. Das Südgebäude war 1934 noch nicht fertig. Die Korridore endeten teilweise noch im Freien, wo einen Absperrungen vor dem Absturz bewahrten. Ich ging in das Büro von Howard Tolley im Landwirtschaftlichen Ausgleichsamt, und er machte mir sofort den Vorschlag, den kommenden Sommer über für ihn zu arbeiten. Ich stimmte ebenso schnell zu. Zwar war ich kein amerikanischer Staatsbürger, doch in jenen zivilisierten Zeiten wurde nach solchen Kleinigkeiten kaum gefragt. Nachdem ich einige Formulare ausgefüllt hatte, verlangte man jedoch von mir immerhin, den Bevollmächtigten von James A. Farley, Postminister und Hüter des demokratischen Erbes, in seinem kleinen Raum im obersten

Stockwerk aufzusuchen. Dort versicherte ich, daß ich Demokrat war – man konnte eben Demokrat sein, ohne US-Bürger oder -Wähler sein zu müssen. Mein Gehalt belief sich auf 3200 Dollar im Jahr. In den nächsten Monaten zahlte ich meine College-Schulden ab, und seitdem hat es mir nie wieder an Geld gefehlt.

Das Büro teilte ich mit zwei anderen Beamten. Der eine von ihnen war ein gleichfalls an der University of California ausgebildeter Ökonom aus Maine. Er war ein Mann mit einer humorigen und ungezwungenen Lebenseinstellung und hörte auf den lateinisch klingenden Namen Rutilus Allen. Unser Stallgenosse, ein älterer und leicht korpulenter Herr, wurde von uns mit »Doktor« angeredet. Er verließ das Büro immer sehr früh, um an der American University an seiner Dissertation zu arbeiten. Zuvor war er Präsident eines kleinen College in Los Angeles gewesen, wo er sich, wie er uns eines Nachmittags erklärte, seinen gegenwärtigen Doktortitel selbst verliehen hatte. Er strebte nun einen weiteren an, da ein selbstverliehener Titel »doch nicht ganz das gleiche« war.

Ein paar Monate früher hatte Präsident Roosevelt mit dem Appell, dem Zustand des amerikanischen Bodens ernste Aufmerksamkeit zu widmen, einer Sorge Ausdruck verliehen, die ihn zeit seines Lebens beschäftigte. Im Südosten wurde die Erde vom Wasser fortgewaschen und auf den Ebenen vom Winde verweht. Andernorts lag Land brach oder wurde vernachlässigt. Die staatseigenen Landflächen umfaßten in den USA damals wie heute ein Gebiet, das größer ist als die Territorien von Deutschland, Frankreich, Italien, Belgien, Holland, der Schweiz, Dänemark, Österreich, Ungarn und Albanien zusammen. Was die Ausmaße staatlichen Grund und Bodens angeht, können lediglich die Sowjetunion, China und Brasilien noch mit den Vereinigten Staaten mithalten. Die Verwaltung dieser riesigen Territorien oblag dem General Land Office, einer Behörde, die bekannt dafür war, daß sie ein offenes Ohr für politische Einflüsterungen hatte und sich ausgemachtem Diebstahl gegenüber sehr tolerant verhielt. Unter der Homestead Act war es einem Neusiedler, wenn es ihm wirklich schlecht ging, noch immer möglich, sich auf diesem Land niederzulassen und sich eine Farm aufzubauen. (Erst im Herbst jenes Jahres wurden die Staatsländereien schließlich von der Inbesitznahme ausgeschlossen.) Charles W. Eliot II., ein Enkel des Harvard-Präsidenten Eliot und Freund und Günstling von Franklin D. Roosevelt, war gebeten worden, ein Gutachten darüber zu erstellen, was gegen die Wind- und Wasser-Erosion und für den Schutz der staatlichen Territorien unternommen werden konnte. Eliot hatte sich daraufhin an den Landwirtschaftsminister gewandt und ihn um Unterstützung gebeten. Dieser wiederum hatte die Angelegenheit an das Landwirtschaftliche Ausgleichsamt weitergeleitet, und für diese Arbeit hatte man u. a. mich eingestellt. Mein spezieller Auftrag bestand darin, politische Vorschläge für solches Land zu entwickeln, für das Steuern zu zahlen sich niemand leisten konnte bzw. keiner für lohnend hielt.

Auch dieses Steuerverweigerungs-Land umfaßte große Gebiete. Halb Florida hätte theoretisch wegen unterlassener Steuerzahlungen beschlagnahmt werden können. Anderswo, in großen Teilen des alten Südens, in Nord-Michigan, in Wisconsin, Minnesota und in den von Dürre betroffenen Präriestaaten waren Steuerhinterziehungen nicht etwa die Ausnahme, sondern die Regel.

Ich vertiefte mich in die Steuergesetzgebung der am meisten betroffenen Staaten - eine stumpfsinnige Aufgabe -, um herauszufinden, wie stichhaltig der Anspruch der öffentlichen Hand auf diese Ländereien war. Und ich fuhr hinauf nach Michigan und von dort aus zurück nach New York, um mir anzusehen, mit welch phantasievollen Bemühungen in diesen Staaten versucht wurde, armes und unversteuertes Land endgültig in Gemeineigentum überzuführen.

Mir schien derartiges Gemeineigentum die richtige Lösung zu sein. Ich schlug daher vor, die Bundesregierung solle überall dort, wo keinerlei Hoffnung auf effektive landwirtschaftliche Nutzung bestand - und dies war oft der Fall -, entweder selbst oder vertreten durch den Bundesstaat das Land zu dem durch die Summe der ungezahlten Steuern festgesetzten Preis aufkaufen und dem Staatsterritorium einverleiben. Mein Hintergedanke war dabei der, daß dieses zur Zeit verachtete Gelände eines Tages für den Staat ein Aktivposten werden könne.

In der Zwischenzeit würden dringend benötigte Einnahmen von Washington aus in die Bezirksregierungen und Schuldistrikte zurückfließen. Ich hatte keinen leichten Stand in dieser Angelegenheit. Heutzutage betrachtet man eine Wildnis als etwas Wertvolles; damals war es nichts anderes als eine Einöde. Hinzu kam, daß ich von vernünftigen Männern umgeben war, die den gesamten Plan für unverantwortlich hielten. Die Aufgabe von Steueransprüchen bedurfte einer besonderen gesetzlichen Grundlage. Gutes Geld würde für wertloses Land ausgegeben werden. Ich kämpfte nicht sehr darum, denn ich war darauf bedacht zu beweisen, daß ich trotz meiner Jugend ein sehr verantwortungsbewußter Bursche sei. Rückblickend betrachtet, wurde mein Plan bis hin zur Belanglosigkeit verwässert. Vielleicht machte das gar nicht viel aus. Gutachten zeitigen in Washington nie Wirkung oder allenfalls eine sehr geringe. Nur wenn jemand vom Glauben an seine Sache besessen ist und den Vorschlag durchficht, geschieht etwas. Aber das wußte ich damals noch nicht.

Die prominentesten unter meinen kalifornischen Zeitgenossen waren, wie ich bereits erwähnte, Kommunisten. Nun waren ausgerechnet sie in Washington, um das freie Unternehmertum zu retten. Bei einigen von ihnen führten die 3200 Dollar Jahresgehalt dazu, daß sich ihre Meinung über den Kapitalismus erheblich besserte. Andere waren standfester und versammelten sich nach wie vor, um über die bevorstehende Revolution zu diskutieren.

Die kalifornischen Revolutionäre trafen im Landwirtschaftsministerium auf verwandte, wenngleich gemäßigtere Gemüter von anderen Universitäten und Colleges, insbesondere auf Absolventen der Harvard Law School. Zu diesen zählten unter anderen Lee Pressman, John J. Abt, Nathan Witt und – von allen der bekannteste – Alger Hiss. Ebenfalls im Landwirtschaftsministerium beschäftigt waren damals Abe Fortas, später Richter am Supreme Court, dem Obersten Gerichtshof; Jerome N. Frank, später ein hochgeachteter Bundesrichter; Thurman W. Arnold, Juraprofessor, Richter, Beamter und höchst erfolgreicher Anwalt in Washington[2]; Paul A. Porter, Arnolds zukünftiger Partner im Rechtsanwaltsbüro, von dem später noch eine Menge zu sagen sein wird; George W. Ball, später Stellvertretender Außenminister, UNO-Botschafter und bei einer ganzen Reihe von Projekten mein Mitarbeiter; sowie Adlai Stevenson.

Es war eine bemerkenswerte Versammlung, weil das Landwirtschaftsministerium in jenen Tagen ein bemerkenswerter Ort war; eine Bürokratie, wie es sie möglicherweise in dieser Form noch nie gegeben hatte. Dies war zum Teil auf Henry Agard Wallace zurückzuführen, der, wie sein Vater ein Jahrzehnt zuvor, Landwirtschaftsminister war. Aber selbst unter Harding, Coolidge und Hoover war das Ministerium bereits ein Hafen liberaler Ökonomen, Wissenschaftler und anderer Vorkämpfer für gesellschaftliche Veränderungen gewesen. Es unterhielt seine eigene Graduiertenschule, und jede noch so radikale Idee wurde zumindest angehört. Wie auch an der University of California fand der exoterische Beitrag zur Landwirtschaft weithin Beachtung, wurde von Farmern und Abgeordneten akzeptiert und protegiert.[3]

Während meiner ersten Monate im Landwirtschaftsministerium begegnete ich keinem der berühmten Subversiven. Ich war nicht bedeutend genug. Hätte man mich zu einem ihrer Treffen eingeladen, wäre ich zweifellos auch hingegangen, da in Washington immer ein großes Bedürfnis besteht, »in« zu sein, das heißt, jene gut zu kennen, die an den Schalthebeln der Macht sitzen. Die Washingtoner Radikalen waren in jener Zeit von ihrer Rolle oder ihrer potentiellen Rolle zutiefst überzeugt. Sie versuchten nicht, andere zu bekehren, sondern betrachteten sich eher als Mitglieder eines elitären Kreises, in den nur ganz wenige, durch Erleuchtung und Engagement Qualifizierte aufgenommen wurden. Als sie nach dem Zweiten Weltkrieg heftig unter Beschuß gerieten, dankte ich zunächst dem Schicksal dafür, daß ich zufällig nicht dazugehört hatte. Dann allerdings fiel mir ein, daß man mich vielleicht nicht einmal auf meine Bitte hin in jenen Kreis aufgenommen hätte.

Weder ich noch irgend jemand, für den ich arbeitete, bekam Roosevelt in diesem Sommer zu Gesicht. Nichtsdestoweniger hatte ich eine genaue Vorstellung von ihm: Da saß er, groß und mächtig, hinter seinem Schreibtisch, Zigarettenspitze und Zigarette vornehm abgewinkelt in der Hand, und teilte einem mit, wie wichtig die Arbeit sei, mit der man gerade beschäftigt war, und wie sehr er mit den Ergebnissen zufrieden sei. Er erweckte den Eindruck großer physischer Stärke. Das lag daran, daß ich mich nicht erinnern kann, während seiner gesamten zwölfjährigen Amtszeit jemals ein Pressefoto gesehen zu haben, das ihn in seinem normalen Fortbewegungsmittel, dem Rollstuhl, zeigte.

Autoren, die sich mit Roosevelt beschäftigen, bezeichnen ihn geradezu zwangsläufig als »Vaterfigur«. Ich hielt ihn für einen Mann, der die Vereinigten Staaten mit den Augen eines wohlmeinenden Großgrundbesitzers sah, dem sowohl das Leben seiner Pächter in all seinen Aspekten als auch das Land, das sie bewohnten, am Herzen lag. Gewiß war er nicht im Besitz des Steins der Weisen, ja, er galt als sehr empfänglich für Bittgesuche, und niemand dürfte ihnen in größerem Maße ausgesetzt gewesen sein als er. Aber was er entschieden hatte, wurde zur Wahrheit. Ein paar Jahre später saß ich einmal an der University of Cambridge, wo ich einen sozialwissenschaftlichen Lehrauftrag hatte, mit einigen Rechtsanwälten an der High Table des Gonville and Caius College gemeinsam beim Abendessen. Wir trafen uns anschließend im Senior Combination Room und sprachen über den Vorschlag des Präsidenten, den Obersten Gerichtshof personell zu erweitern, eine Angelegenheit, die damals heiß umstritten war und viel diskutiert wurde. Ich verteidigte die Maßnahme als logisch unausweichlich. Ich hatte mir die Argumentation Roosevelts zu eigen gemacht und beherrschte sie vollkommen. Meine Gastgeber waren beeindruckt und erstaunt - kein Amerikaner hatte je zuvor auch nur ein gutes Wort darüber gesagt. Man lud mich ein, an der juristischen Fakultät einen Vortrag über dieses Thema zu halten. Zu Hause fiel mir dann ein, daß man mich vielleicht für einen Rechtsanwalt gehalten hatte. Als ich mich am nächsten Vormittag erkundigte, erwies sich diese Vermutung als richtig, und die Einladung wurde dankbar zurückgezogen.

Erst nach Roosevelts Tod wurde mir klar, daß auch Präsidenten irren können. Anläßlich eines Treffens in London mit William L. Clayton, einem brillanten, gebildeten und charmanten texanischen Geschäftsmann, der inzwischen in den Staatsdienst eingetreten war, erfuhr ich im Sommer 1945, daß Harry Truman den Lend-Lease-Vertrag gekündigt hatte. Es war dies eine vorschnelle, schlecht durchdachte und unkluge Entscheidung, die dem Präsidenten von jenen Leuten aufgeschwatzt worden war, die die Ansicht vertraten, wir verhielten uns unseren Alliierten und besonders den Russen gegenüber zu großzügig. Clayton war genauso entsetzt wie ich. Und ganz plötzlich befiel mich der Gedanke: Man kann den Präsidenten nicht mehr automatisch verteidigen. Man muß zuvor entscheiden, ob er recht hat oder nicht.

Als Franklin D. Roosevelt im März 1933 sein Amt antrat, war die Wirtschaftslage derart verzweifelt, daß er der Geschäfts- und Finanzwelt als rettender Engel erschien. Selbst das Haus Morgan tat öffentlich seine Begeisterung kund. 1934 hatte sich die Lage so weit gebessert, daß Roosevelts Bemühungen, den Farmern und Arbeitslosen zu helfen, sowie seine Neigung, sich um die orthodoxe Wirtschaftslehre nicht zu kümmern, bereits wieder auf Mißfallen, ja sogar Furcht stießen. Roosevelt war nunmehr »jener Mensch da im Weißen Haus« und galt als »Verräter seiner Klasse«.

Attacken wie diese hatten einen typisch amerikanischen Akzent. Italiener, Franzosen, Deutsche und sogar viele Engländer streben aufgrund des damit verbundenen Vergnügens nach mehr Einkommen und Eigentum. Wohlhabende Amerikaner streben nach mehr, weil sie damit einen guten gesellschaftlichen Zweck zu erfüllen vermeinen – der Anreize und Investitionen wegen, die dadurch gefördert werden. Roosevelt blieb von der Kritik derer, die gleich ihm privilegierter Herkunft waren, genauso unberührt wie von den moralischen oder funktionellen Argumenten, mit denen privater pekuniärer Zugewinn verbrämt wurde. Auf mich – und, wie ich glaube, auch auf andere Zeitgenossen – machten die Art und Weise, wie Roosevelt auf Kritik und die Vertretung von Sonderinteressen, in welcher Verkleidung auch immer, reagierte, einen tiefen Eindruck.

Die Angriffe der Geschäftswelt auf Roosevelt und dessen Reaktion darauf zeitigten wie kaum ein anderes Ereignis in der amerikanischen Geschichte weitreichende Konsequenzen. Wenn Roosevelt zum Gegenschlag ausholte, stand ihm eine ganze Generation zur Seite. Wenn die Privilegierten gegen Roosevelt waren, dann mußten wir eben gegen die Privilegierten sein. Wenn Roosevelt die moralische Position des *big business* für nicht überzeugend oder sogar für heuchlerisch hielt, so war sie es auch. Von Roosevelt wird behauptet, er habe eine feindselige Einstellung gegenüber Geschäftsleuten in Amerika zu einer intellektuellen Norm erhoben. Aber es waren die Angriffe der Geschäftswelt, die dies unvermeidlich machten.

Zusammen mit zwei anderen Ökonomen ähnlich subalterner Position lebte ich den Sommer des Jahres 1934 über außerhalb von Alexandria im Hause von Ernst H. Wiecking, einem Beamten mittleren Ranges im Landwirtschaftsministerium. Jeden Abend setzten wir uns zusammen und sprachen über die Arbeit des vergangenen Tages. Oder wir hielten ein mehr allgemeines Seminar über die Frage ab, wie die amerikanische Landwirtschaft und die Nation zu retten seien. Jeden Morgen gingen wir früh zur Arbeit. Es gab viel zu tun, und Wiecking wollte immer eine Stunde zum Nachdenken haben, bevor die tägliche Routine sich seiner bemächtigte. Ich hielt mich selbst für besonders wichtig, da der Präsident ja an den Landfragen sehr interessiert war. Vielleicht kam daher auch meine Vorstellung von Franklin D. Roosevelt als Großgrundbesitzer. Die Vereinigten Staaten waren eine Erweiterung seines Landsitzes in Hyde Park. Er würde sicher gerne diese der Steuer entzogenen Ländereien übernehmen wollen. Der Haken an der Sache war bloß der, daß meine Kollegen und Vorgesetzten sich seinen Zielen ebenso verschrieben hatten wie ich und ihn nicht mit wertlosen Immobilien belasten wollten.

Trotz all meiner Anstrengungen, jeden einzelnen Augenblick festzuhalten, ging der Sommer vorüber. Äußerlich sah Washington fast so aus wie heute, obwohl damals noch Straßenbahnen fuhren und es weniger Autos gab (wobei es unvorstellbar schien, es könnten noch mehr werden). Senat und Repräsentantenhaus verfügten nur über je ein Bürogebäude. Wenn man sie betrat, sah man Sekretärinnen und Angestellte in den Vorzimmern herumlungern. Das Commerce Building war neu, und das Federal Triangle näherte sich gerade seiner Vollendung. Von den neoklassizistischen Fassaden hielt man damals sehr wenig – teilweise, weil sie auf das Konto Hoovers gingen. Heutzutage besteht Übereinstimmung darüber, daß sie sich von den neuen funktionalen Monstrositäten südlich der Mall durchaus positiv abheben. Südöstlich in Richtung Kapitol war offenes Gelände; noch hatte Andrew Mellons Großzügigkeit, die durch seine Schwierigkeiten mit der Einkommensteuer noch gefördert wurde, keine National Gallery entstehen lassen.

Unter der Oberfläche war Washington indes ein weitaus weniger angenehmer Ort als heute. Auf dem Weg durch die hintersten Winkel des Südgebäudes, wo ich im Zusammenhang mit meinem unversteuerten Land einen Mitarbeiter von Rexford Tugwell suchte, sah ich einmal eine Schwarze an einer Schreibmaschine arbeiten. Im Washington des Jahres 1934 war es geradezu unvorstellbar, daß schwarze Frauen und Männer in derartige Positionen aufrücken konnten. Wenn ich nach langen Arbeitstagen manchmal mit dem Bus nach Hause zu unseren Seminaren in Alexandria fuhr, zogen sich Schwarze pflichtschuldig in den hinteren Teil des Fahrzeugs zurück, so wie es ein unmißverständliches Schild von ihnen verlangte.

Franklin D. Roosevelt gewann die Zuneigung und Unterstützung der Schwarzen in den Nordstaaten, weil er ihnen Arbeitsplätze verschaffte. Er tat jedoch nichts, was die großen Barone der Südstaaten im Senat – Joseph T. Robinson aus Arkansas, Pat Harrison aus Mississippi, Tom Connally aus Texas, Walter George aus Georgia – hätte aus der Ruhe bringen können. Vor allem diese Männer waren es, die aus Parteiloyalität, aufgrund ihrer Agrarinteressen und wegen gemeinsamer Vorstellungen von den Verpflichtungen der herrschenden Klasse die wichtigste Basis des Präsidenten im Kongreß darstellten – ein Schritt in Richtung Rassengleichheit, und diese Basis wäre verlorengegangen. Mrs. Roosevelt wurde, weil sie im Süden gelegentlich zusammen mit »Farbigen« gesehen worden war, heftig kritisiert. Der New Deal erinnerte sich der Vergessenen, aber nicht der Verlorenen. Im nachhinein wundert es mich, wie wenig uns das zu jener Zeit berührte.

Als ich schließlich nach Harvard und Cambridge ging, stellte es sich zu meiner Freude heraus, daß unser Bericht über die Rettung des Bodens noch erheblich mehr Arbeit erforderte. Und jedes einzelne Wort würde von einer höheren und weiseren Autorität genauestens überprüft und gegebenenfalls entsprechend abgeändert werden. Man war der Ansicht, ich könne bei diesem Geschäft behilflich sein – der einmalige Vorteil desjenigen, der schreiben kann. So versah man mich mit einem Gegenstand, der mir die Wunder dieser Welt eröffnete: einem Block mit Reiseanträgen. Alles, was man zu tun hatte, war, ein Formular auszufüllen und es an einem Schalter des Bostoner Südbahnhofs vorzulegen. Der Beamte behandelte einen mit Respekt und gab einem eine Fahrkarte nach Washington sowie eine Platzkarte für ein unteres Bett im Schlafwagen. Die Rechnung ging direkt an die Regierung. Ungefähr um Mitternacht wurde man dann aus dem Schlaf gerüttelt, draußen ertönten Stimmen, und man wußte, daß man in New York war. Kurz nach dem Morgengrauen schloß man sich der Gesellschaft an, die den Waschraum des Pullmans bevölkerte, vor den Spiegeln wurden erhobene Kinne rasiert, und dann brachte einen ein Taxi für zwanzig Cents zum Frühstück in die Cafeteria des Südgebäudes. Dort erzählte einem ein Kollege, was sich in der vergangenen Woche Großes ereignet hatte. In jenem Herbst und Winter konnte ich es fast jeden Freitagabend einrichten, den Zug nach Washington zu besteigen.

4
Harvard vor der Demokratie

Mitte September 1934 fuhr ich nach Baltimore und buchte – vielleicht weil ich bis dahin noch nie den Atlantik gesehen hatte – eine Schiffsreise nach Boston. Dies ermöglichte einen Tag Aufenthalt in Norfolk, von wo aus ich einen Ausflug nach Virginia Beach machte, um dort den unübertrefflichen Ausblick aufs Meer zu bewundern. Damals oder etwas später erhielt ich eine Art Schutzimpfung, die mich für immer vor dem Wunsch bewahrte, in einer derartigen Landschaft Ruhe und Erholung finden zu wollen. Ich habe mich als Erwachsener drei- oder viermal dazu durchgerungen, ein Wochenende auf Martha's Vineyard, in Wellfleet oder irgendeinem anderen jener Nistplätze für müde Literaten zu verbringen. Der Zwang, scheinbar intelligente Konversation treiben zu müssen, während man auf heißem Sand unter der sengenden Sonne sitzt, versandete Hamburgers verzehrt und die aus dem Strandkies hervorlugenden Reste von Mahlzeiten aus der vergangenen Woche betrachtet, gehört nach meinem Dafürhalten zu den entschieden negativen Vergnügungen des Lebens. Die Rückkehr in die Zivilisation bedeutete für mich jedesmal eine Erleichterung.

In Cambridge/Massachusetts quartierte ich mich im obersten Stock eines großen Holzhauses ein, das von zwei älteren Damen namens Bradford bewohnt wurde. Ich vereinbarte, bei meinen Gastgeberinnen zu frühstücken und zu Abend zu essen. Am Abend meiner Ankunft erzählte ich ihnen ausführlich von den Wundern Washingtons und meinen Erfolgen bei dem Versuch, das Land unserer Väter zurückzugewinnen. All dies interessierte sie nicht im geringsten, und am nächsten Morgen legten sie mir nahe, ihr Haus zu verlassen. Um den Schlag zu mildern, behaupteten sie, meine Art, die Treppen hinaufzuhasten, störe sie. In der Irving Terrace, ein paar Häuserzeilen weiter, fand ich eine grimmig dreinblickende irische Wirtin, die mich das akademische Jahr über in ihrem Hause ertrug. Seit dieser Zeit stehen die Bostoner Iren hoch in meiner Gunst. Viele von ihnen, darunter auch meine Wirtin, zählten damals zur Klasse der Grundeigentümer. Niemand zweifelte ihre dominierende Stellung an. Die Stadtregierung von Cambridge war ein irisches Lehen. Ebenso sah es in Boston aus, und die gleiche Situation bot sich auf Staatsebene unter Gouverneur James Michael Curley. Wenig später wurde die soziale Stellung der Iren mit dem Aufstieg der Kennedys und ihrer Freunde endgültig gefestigt.

Den Darstellungen einer umfangreichen und zum Teil hervorragenden Literatur zufolge blieben sie dennoch ein schwer mitgenommenes, ausgebeutetes Volk, die ewigen *underdogs* der Natur. Keine andere Rasse widersteht dem Erfolg so gut.

Nachdem ich eine Bleibe gefunden hatte, zeigte man mir mein Büro, einen großen, düsteren Raum im obersten Stock der Widener Library. Ein paar Jahre später zog ich von dort in die Räumlichkeiten des neu errichteten Littauer Center, die mir heute noch zur Verfügung stehen. In dieser Welt herrscht – trotz einiger Zwischenmieter – eine gewisse Stabilität. Mein Büro in der Widener Library wurde später von Archibald MacLeish übernommen. Als ich ihn ein- oder zweimal dort besuchte, dürfte ihm der Abscheu in meinem Blick nicht entgangen sein.

Bevor die Herren Jarvis und Gann sowie Professor Milton Friedman öffentliche Ausgaben für die Stadtreinigung zu einer Beeinträchtigung der persönlichen Freiheit erklärten, war die Stadt Berkeley blitzsauber. Überall blühten Geranien. Der Campus der University of California war, wie ich bereits erwähnte, großartig. Cambridge bot demgegenüber vor allem im schmutzigen Schnee des Winters einen kläglichen Kontrast. Harvards Zufallsarchitektur, die zusammenhanglos ins Stadtbild hineinwächst, war auch nicht gerade dazu angetan, die Seele zu erfreuen. Von alten Harvardianern heißt es, daß sie ihnen gefällt. Über Geschmack läßt sich nicht streiten.

In den späten vierziger und in den fünfziger Jahren erwarben sich die Wirtschaftswissenschaftler von Harvard einen Ruf als gefährliche Liberale. Für viele Graduierte und für das Aufsichtsgremium der Universität war dies Anlaß zu ernster Sorge. Da ich selber eine der Hauptursachen dieser Sorge war, werde ich darauf noch zurückkommen. 1934 gab es jedoch noch kaum Grund zur Beunruhigung.

Der anerkannte Mittelpunkt in Ökonomenkreisen war Frank W. Taussig, damals Mitte Siebzig, ein Mann von angenehmem Äußeren und aristokratischer Haltung (die Taussigs gehörten zu den führenden Familien von St. Louis). Nach seinem zweibändigen Lehrbuch wurden die Erstsemester unterrichtet; persönlich gab er Graduiertenkurse in Wirtschaftstheorie und war Herausgeber des *Quarterly Journal of Economics*. In letztgenannter Funktion kam er, der für die Bemühungen der Jugend stets ein offenes Ohr hatte, meinem Glauben, der Umfang der Veröffentlichungen sei Voraussetzung für eine aufstrebende Karriere als Wirtschaftswissenschaftler, sehr entgegen.

Taussig war das amerikanische Pendant zu Alfred Marshall. Auch seine Welt bestand, von der störenden Ausnahme der Monopole abgesehen, aus vielen Firmen, die auf allerlei Märkten miteinander konkurrierten. Die Produktion sorgte für das Einkommen, mit dem die Produkte gekauft wurden. In zyklischen Rhythmen gab es gelegentlich schlechtere Phasen, doch konnte das System sie aus eigener Kraft überwinden. Der Handel funktionierte am besten, wenn er frei war, obwohl sich allen Menschen guten Willens gewisse Maßnahmen anempfahlen, mit denen die Ausbeutung von Konsumenten oder Arbeitern verhindert werden sollte.

Frank Taussig war einer jener kultivierten Menschen, die die Welt, so wie sie ist, im wesentlichen für gut halten und dennoch gegenüber denjenigen, die glauben, sie könnte noch besser sein, große Toleranz an den Tag legen. Während des Ersten Weltkriegs war er für die Preisfestsetzung verantwortlich, die während jenes Konfliktes mit vergleichsweise primitiven Mitteln versucht wurde. Später wurde er dann Vorsitzender der Zollkommission. Die Erfahrungen, die er in diesen Ämtern gemacht hatte, beschäftigten auch später noch sein Denken und Reden. »Economics 11« war sein Graduiertenseminar. Seine Unterrichtsweise bestand in einem freundlichen Gedankenaustausch mit den Studenten, der als »Sokratische Methode« bezeichnet wird. Die Note, die ein Student in diesem Seminar erhielt, war ein Leben lang bestimmend für seine Qualität. Als Harry Dexter White, der Ende der vierziger Jahre zu einem sehr effektiven Mitarbeiter des Finanzministers aufgestiegen war, wegen angeblich subversiver Tätigkeit aufs schwerste unter Beschuß geriet (die Angriffe gegen ihn wurden noch nach seinem Tod im Jahre 1948 fortgesetzt), bemerkte einer der älteren Professoren, daß er bei dem Mann schon immer seine Zweifel gehabt habe: seine Leistungen in »Ec 11« seien nämlich nicht die besten gewesen.

Taussig war das, was man wenig später als »altmodischen Liberalen« bezeichnete. Charles J. Bullock, ein Konservativer, sorgte in der Fakultät wenigstens für ein Minimum an Polarisierung. Sein Kurs über die Geschichte der Wirtschaftstheorien lief bei den Studenten unter dem Titel »Wirtschaftsgeschichte von Adam bis Adam Smith«. Vorlesungen über dieses Thema und über Staatsfinanzen wurden nicht selten unterbrochen, wenn Bullock sich spontan an eine – seiner Ansicht nach – bolschewistische Verirrung Herbert Hoovers erinnerte. Roosevelt griff er nicht an, denn Roosevelt war ohnehin unter aller Kritik. »Hoover«, so verkündete Bullock einmal, wobei er eine begrenzte Begabung für bildliche Ausdrucksweise erkennen ließ, »Hoover hatte eine Motorsäge, aber er wußte nicht, wie man mit ihr umgeht. Roosevelt weiß nicht einmal, daß er eine Motorsäge hat.« Bullock verriet niemals, was er für richtig hielt, ließ aber nie jemanden im Zweifel darüber, was er für falsch hielt. Statistik unterrichtete William L. Crum. Er pflegte Doktoranden im Rigorosum zu fragen, wie der eine oder andere Wissenschaftler Zahlen manipuliert habe. Man hat mich gelegentlich wegen Unzulänglichkeiten in statistischer oder ökonometrischer Methodik kritisiert. Dafür ist Crum verantwortlich. Schon früh gewann ich bei ihm den Eindruck, daß keine Zahl und keine Kalkulation wirklich Hand und Fuß hat und daß es töricht ist, sich durch die Zitierung einer solchen eine Blöße zu geben. 1936 wurde Crum vorübergehend berühmt. In diesem Jahr schickte der *Literary Digest*, der damals auf dem Gipfel seines Ansehens stand, zehn Millionen Wahlzettel an amerikanische Wähler. Ungefähr jeder fünfte Zettel kam zurück. Demnach hätte Alf Landon mit einem Vorsprung, der in etwa dem Ergebnis des Tests entsprach (1 294 000 gegenüber 973 000), gewählt werden müssen.[1] Crum korrigierte die *Digest*-Zahlen aufgrund von Fehlern bei der Auswahl der Testpersonen und wies in einer Artikelserie nach, daß der Erdrutsch zugunsten Landons noch größer sein würde.

Landon selber litt, wie ich sehr viel später herausfand, nicht unter solchen Illusionen. 1971 nahm ich sein Ersuchen an, die alljährlich an der Kansas State University vorgetragene Landon-Lecture zu halten. Mein Vorgänger war Richard Nixon gewesen. Zu meinem Vergnügen erfuhr ich von Landon, daß man mich benötigte, um das moralische Gleichgewicht der Veranstaltung wiederherzustellen. Landon, inzwischen ein charmanter, heiterer und humorvoller Mann von 84 Jahren, erzählte mir von einem Gespräch mit dem Gouverneur von New Jersey, Harold G. Hoffman, das er am Vorabend der Wahl von 1936 unmittelbar vor einer großen abendlichen Kundgebung im Madison Square Garden geführt hatte. Die beiden saßen nach einem langen Tag in Hoffmans Hotelsuite in Newark.

»Was für Chancen rechnen Sie sich in New Jersey aus, Governor?« fragte Landon.

»Gar keine«, antwortete Hoffman. »Was für Chancen rechnen Sie sich im Land aus, Governor?«

»Gar keine, Governor.«

In diesem Moment fiel ihnen auf, daß ein Mann, den Landon für einen Mitarbeiter Hoffmans gehalten hatte, das Gespräch mitstenografierte.

»Arbeitet er für Sie, Governor?«

»Nein, ich dachte, er arbeitet für Sie, Governor.«

Der Mann war ein Reporter der Newarker *Evening News.* Hoffman sagte, es bestehe kein Anlaß zur Sorge, er kenne den Herausgeber.

Landon erwiderte darauf: »Nein, ich glaube, er weiß, daß wir keine Wahlen mehr brauchen, wenn er unser Gespräch veröffentlicht.« Der Reporter stimmte ihm zu.

Der Leiter der Wirtschaftswissenschaftlichen Fakultät in Harvard war zur Zeit meiner Ankunft dort schon seit einigen Jahren (und noch viele Jahre danach) Harold Hitchings Burbank, ein gebürtiger Neuengländer und als solcher an unserer Fakultät eine Seltenheit. »Burbie« war mittelgroß, untersetzt und hatte einen etwas bläulichen Teint. Er war tief verstrickt in einen aussichtslosen Kampf, Harvard von fremden intellektuellen Einflüssen freizuhalten, wobei er sich allerdings auch nicht gerade besonders um die heimischen kümmerte. Auswärtige Wissenschaftler waren häufig Juden, und das war ein weiterer Ablehnungsgrund. Nach dem Zweiten Weltkrieg gelang es Burbie in einem außergewöhnlichen Anfall von Entschlossenheit zu verhindern, daß Paul A. Samuelson – ein späterer Nobelpreisträger, der damals bereits auf dem Weg dazu war, der angesehenste amerikanische Wirtschaftswissenschaftler zu werden – eine Professur erhielt. Seine letzte Amtshandlung während der letzten Fakultätsbesprechung, bei der er als Vorsitzender fungierte, bestand 1950 darin, daß er vorschlug, »diverse Gelder, die der Fakultät zur Verfügung stehen« einzusparen, das heißt, den Rücklagen hinzuzufügen. Irgend jemand sagte angeödet: »Stelle den Antrag.« Ein anderer sagte: »Unterstütze den Antrag.« Es gab keine Gegenstimmen.

Als wir den Raum verließen, fragte ich einen meiner Kollegen, was der Antrag zu bedeuten habe. Er wußte es nicht. Niemand wußte es. Als ich der Sache tags darauf nachging, entdeckte ich, daß sich Burbie über Jahre hinweg mit der Begründung, es sei nicht genügend Geld vorhanden, gesträubt hatte, Spendenfonds, die für die Einladung von Gastdozenten bestimmt waren, auszugeben. Wieder der Fremdeinfluß. Nun, da seine Amtszeit zu Ende ging, sah er sich mit etwas konfrontiert, was in den Annalen behördlicher Fehlleistungen ohne Beispiel gewesen sein dürfte: der Entlarvung eines Anti-Verschwenders.

Trotz allem hatte Burbie auch viele gute Seiten. Im Gegensatz zu der meinen stand seine Tür immer offen. Wenn Studenten oder junge Dozenten ihm ihr Leid klagten, hörte er mit Anteilnahme zu, ohne sich dabei allerdings allzusehr den Kopf darüber zu zerbrechen, wie ihnen zu helfen sei. Und er verstand es besser als alle anderen Menschen, die ich je kennengelernt habe, Forschung und Lehre problemlos miteinander zu verbinden. Sein Fach waren die Öffentlichen Finanzen. Und sein besonderes Interessengebiet die Finanzierung der städtischen Haushalte in Massachusetts. Wenn er die Finanzen irgendeiner unbedeutenden kleinen Stadt studiert hatte, überprüfte er seine Schlußfolgerungen, indem er die Finanzen einer anderen studierte. Mit dieser Arbeit war er sein Leben lang beschäftigt.

Daß Burbie seit Jahren kein Buch mehr gelesen hatte, war an der Wirtschaftswissenschaftlichen Fakultät allgemein bekannt. Kurz vor meiner Ankunft zeitigte dies einige böse Folgen. Die Institutsmitglieder gingen jede Woche einmal gemeinsam essen. Ein junger Dozent namens Redvers Opie, damals Schwiegersohn des großen Taussig, später Fellow am Magdalen College in Oxford und während des Zweiten Weltkriegs Rechts- und Wirtschaftsberater an der britischen Botschaft in Washington, verwickelte Burbie in eine Diskussion.

»Ich habe gerade Austin Olneys Buch über die Körperschaftsteuer gelesen. Was meinen Sie denn dazu, Burbie?«

»Olney ist ein fähiger Mann, aber nicht gerade erstklassig. Streng wissenschaftlich gesehen, gibt es einige üble Schnitzer in dem Buch.«

In der nächsten Woche fing Opie wieder an: »Burbie, was sagen Sie zu Richard McAdoos Thesen über die Grundsteuerrate?«

»Interessant, aber mittelmäßig. Vom wissenschaftlichen Standpunkt her gesehen nicht gerade erstklassig.«

»Und was meinen Sie zu der neuen Arbeit von Andre Deutsch?«

»Halte sie für ganz interessant. Aber als Wissenschaftler ist Andre Deutsch nicht gerade ein Spitzenmann.«

Irgend jemand erzählte Professor Burbank schließlich, daß diese Wissenschaftler, ebenso wie einige andere, Phantasiefiguren von Opie waren, und Opie selbst führte später seinen eigenen Abschied von Harvard auf diese seine Späße zurück.

Meine persönlichen Gefühle für Harold Hitchings Burbank waren von menschlicher Zuneigung (hier im Gegensatz zu Bewunderung) geprägt, und dies um so mehr, als ich 1977 infolge der Freedom of Information Act Zugang zu meiner FBI-Akte erhielt. Geheimdienstagenten hatten 1940 Burbank über meine Eignung für ein verantwortungsvolles Amt in Washington befragt, worauf er – dessen Name in den Akten unkenntlich gemacht worden war, dessen Identität sich aber unschwer ermitteln ließ – dem Interviewer mitgeteilt hatte, daß

»... Galbraith ein ausgezeichneter Lehrer [ist]; daß er aufgrund seiner Größe von fünf Fuß sechs Inches (sic!) und seiner würdevollen Haltung eine imposante Erscheinung sei. Er [Burbank] bemerkte mit Nachdruck, daß Galbraith absolut loyal und patriotisch sei. Er sagte, das Observationsobjekt stehe zwar so weit links wie Präsident Roosevelt, doch könne an seiner Sympathie für eine demokratische Regierungsform keinerlei Zweifel bestehen ...«

Mehr oder weniger gleichzeitig mit meiner Übersiedlung nach Harvard verlegte Joseph A. Schumpeter seinen ständigen Wohnsitz an die Universität. Es gab viele, die ihn – und dies mit gutem Grund – für den interessantesten Wirtschaftswissenschaftler seiner Zeit hielten. Er war damals Anfang Fünfzig und hatte bereits mehrere Leben hinter sich. Als österreichischer Finanzminister hatte er in führender Position die große Nachkriegsinflation und den darauffolgenden Zusammenbruch miterlebt. Er war einer der Hauptbeteiligten bei einem riskanten Geschäftsprojekt gewesen, das mit einem totalen Fehlschlag geendet hatte. Als Juniorpartner eines Anwaltsbüros hatte er in Kairo gearbeitet und war als Professor an der Universität von Bonn eine sehr auffallende und beliebte Persönlichkeit gewesen. Seine Mißerfolge auf politischem und geschäftlichem Gebiet hatten in ihm eine tiefe Abneigung gegen die Praxis hervorgerufen, und Ökonomen, die sich erdreisteten, Ratschläge zu praktischen Fragen zu erteilen, wurden von ihm als intellektuell minderwertig abqualifiziert. Der Erfolg, den er mit seiner theoretischen Arbeit hatte, wurde indes durch nichts getrübt. Seine

Theorie der wirtschaftlichen Entwicklung, die 1912 in deutscher Sprache erschien, preist die Kraft des Unternehmers als Movens des gesellschaftlichen Wandels. Es ist der Unternehmer, der, indem er bislang unentdeckte Bedürfnisse oder bisher unentdeckte Möglichkeiten zur Bedürfnisbefriedigung aufspürt, eine Welle von Veränderungen und Innovationen auslöst, die bestehende Anlagen und Produktionsmethoden überflüssig machen und durch bessere ersetzen. Der Fortschritt im Kapitalismus entwickelt sich nach seiner Lehre in einem »Prozeß der schöpferischen Zerstörung«[2].

Joseph Alois Schumpeter war ein wenig kleiner als mittelgroß, von kräftiger Statur und relativ dunklem Teint. Sein ausdrucksvolles Gesicht wirkte stets leicht amüsiert. Er besaß einen unersättlichen Hang zu Gesellschaft und Konversation. Daraus, daß Cambridge der Stil des Wien aus den Zeiten Franz Josephs fehlte, machte er nie einen Hehl, doch war er entschlossen, das Beste daraus zu machen. In einer kleinen Kaffeestube auf der anderen Seite der Massachusetts Avenue gegenüber der Widener Library hielt er jeden Nachmittag hof. Seinen Schülern stellte er sich wiederholt als Mann von hoher Bildung dar und verschwieg dabei weder seine weltlichen Interessen noch seinen unerfüllten Ehrgeiz. Er erzählte, daß er sich als junger Mann vorgenommen hätte, der größte Wissenschaftler, der größte Liebhaber und der größte General seiner Generation zu werden. Unglücklicherweise hätten ihm dann aber die Zustände im Nachkriegsösterreich die Chancen auf eine militärische Karriere versagt. Ein Gentleman, so teilte er einmal seinen mittellosen Studenten mit, brauche mindestens 50000 Dollar im Jahr – die Zahl hat sich meinem Gedächtnis nachhaltig eingeprägt – zum Leben. Steuern und Preise eingerechnet, wären dies nach heutigen Maßstäben ungefähr 300000 Dollar. Vor die Wahl gestellt, recht zu haben oder etwas für seinen Nachruhm zu tun, zögerte Schumpeter nie.

Kein Ökonom in diesem Jahrhundert hat es verstanden, den Kapitalismus so plausibel zu rechtfertigen wie Schumpeter. Die anderen engagierten Konservativen der Zeit – ob Ludwig von Mises, Friedrich von Hayek oder die modernen Vertreter der sogenannten Chicagoer Schule – verteidigten das System, indem sie es dem auf das Konkurrenzdenken fixierten neoklassischen Credo anglichen. Großkonzerne und starke Gewerkschaften existierten für sie nicht, und ein aufgeblähter Staatsapparat galt als überflüssig und unerwünscht. Eine derartige Rechtfertigung hat den großen Nachteil, daß die Bosse der Großkonzerne – also jene Institutionen, von denen der moderne Kapitalismus mehr als von allem anderen geprägt wird – ihr Dasein in schmerzhafter Unvereinbarkeit mit der Theorie fristen, die sie verteidigt. Der Exxon-Chef muß bei einer Vorladung vor einem Kongreßausschuß bekennen, daß sein Konzern einen starken Einfluß auf Preise, Kunden, Zulieferer und Regierung ausübt – einen Einfluß, der den gesellschafts- und wirtschaftstheoretischen Vorstellungen jener Propheten, von deren Rechtfertigung er abhängt, total zuwiderläuft. Bei Schumpeter gab es dieses Problem nicht. Er akzeptierte den Kapitalismus, so wie er ist, und erklärte ihn zur Triebkraft von Fortschritt und Wandel. Selbst Monopole konnten geduldet werden, da sie ihren Inhabern im Gegensatz zum Konkurrenzmodell erlaubten, die Früchte ihrer Innovationstätigkeit auch zu ernten.

Schumpeter wurde trotz alledem nie zu einer Kultfigur des amerikanischen Konservatismus wie von Hayek, von Mises und die anderen Exponenten der traditionellen Irrelevanz. Dies lag zum Teil daran, daß ihm ein Sinn für feierliches Gehabe fehlte und daß er gerade seine eigenen natürlichen Verbündeten mit Vorliebe vor den Kopf stieß. Er pries Marx als Genie, Propheten und »sehr gelehrten Mann«[3]. Im Hinblick auf künftige Entwicklungen fragte er: »Kann der Kapitalismus weiterleben?« Und beantwortete seine eigene Frage: »Nein, meines Erachtens nicht.«[4] Leute dieser Art sind in begüterten Kreisen und in den höheren Etagen der Konzerne nicht wohlgelitten; jemand, der in kummervollem Pathos das wiederholt, was andere längst gesagt haben, kommt dort eher zum Zuge. In Harvard scharten sich um Schumpeter hauptsächlich solche Studenten, die seine Ansichten bestreiten wollten. Sein Assistent, Freund und größter Bewunderer in jenen Jahren war Paul M. Sweezy, der später zum bekanntesten marxistischen Wissenschaftler Amerikas wurde und mit dem mich, wie ich hinzufügen sollte, eine lebenslange Freundschaft verband.

Nach einem Jahr erhielt ich die Einladung, als Tutor in Winthrop House einzuziehen. Verglichen mit meinem Quartier in der Irving Terrace, war die mir dort zur Verfügung stehende Unterkunft mit Wohnzimmer, Kamin, Schlafzimmer, Bad und respektablen Möbeln ein großer Luxus. Sogar ein Telefon besaß ich. Die Verpflegung war hervorragend und wurde in jenen gesegneten Zeiten von einander an Tatkraft überbietenden Kellnerinnen serviert, die nach eigenem Bekunden den Unterschichten entstammten. Die Mahlzeiten waren ebenso wie die Unterkunft frei. Jeden Morgen traf ich mit den anderen im Hause lebenden Tutoren zusammen und bekam dabei oft zu hören, wie B. F. Skinner, der später einer der berühmtesten und erfindungsreichsten Sozialpsychologen werden sollte, Schilderungen seiner phantasievollen nächtlichen Ausschweifungen zum besten gab. Fred verliebte sich dann allerdings nach kurzer Zeit, und wir mußten auf die fesselnden Erzählungen verzichten. An der Decke meines Schlafzimmers befanden sich Abdrücke von nackten Füßen. Ich wunderte mich darüber, bis man mir erklärte, daß mein Vorgänger in der Wohnung, Glenn Millikan, ein Sproß der berühmten Wissenschaftlerfamilie Millikan, sich auf Spaziergängen an der Decke zu entspannen pflegte.

Zu den Harvard-Wohnheimen – es waren damals ihrer sieben – gehörten Studentenzimmer, Speisesäle, Aufenthaltsräume, kleine Bibliotheken, Wohnungen für die Tutoren, eine bestimmte Anzahl von Sportteams sowie die nicht überzeugende Bemühung, jedes Haus mit einem besonderen Stil und einer besonderen Tradition auszustatten. 1935 waren die Heime erst ungefähr fünf Jahre alt. Winthrop House war aus zwei nebeneinanderliegenden, mit hübschen roten Klinkern erbauten Studentenheimen entstanden, die jeweils drei Seiten eines Rechtecks ausfüllten, während die vierte Seite zum Charles River hin offen blieb. Es war damals gerade im Begriff, sich als eines der weniger prätentiösen Heime zu etablieren, wobei allerdings die Tatsache, daß es über eine überdurchschnittlich hohe Zahl von Sportlern verfügte, noch ein wenig zur Hebung seines Ansehens beitrug. Heimleiter war Ronald M. Ferry, ein warmherziger Neuengländer mit unzusammenhängender Redeweise, Biochemiker und »Assistenzprofessor auf Lebenszeit«. Mit diesem Titel verkündete Harvard in einzigartiger, brutaler Direktheit allen Kollegen die angeblich unzureichende Qualifikation seines Trägers und brandmarkte ihn somit fürs ganze Leben. Ronald Ferry war sich des niedrigen gesellschaftlichen Ranges seines Hauses durchaus bewußt und bemühte sich nach Kräften, ihn zu heben. Ich fand dies heraus, als ich ein Jahr später in das Zulassungskomitee, das heißt also in die Gruppe der Tutoren, die Gespräche mit neuen Applikanten führten, aufgenommen wurde. (Damals wie heute wohnten Studenten während des ersten Jahrs in etwas deprimierenden Quartieren in Harvard Yard.) Ferry gab uns zu diesem Zweck einen linierten Fragebogen, auf dem sich ganz oben die folgenden kabbalistischen Buchstabenkombinationen befanden: St.G.Ex.; E.&A.; O.P.; H.S. und X. Sie bezogen sich auf Privatschulen und waren nach deren gesellschaftlichem Rang geordnet – St.G.Ex. stand für St. Paul's, St. Mark's, Groton und Middlesex; E.&A. für Exeter und Andover; O.P. hieß »Other Private«; H.S. staatliche Oberschule *(public high school)*, und X. bedeutete »jüdisch«, egal von welcher Schule. Der Rang der Schule bestimmte den des Studenten. Man trug uns auf, alle Applikanten von »St. Grotlesex« und im großen und ganzen auch alle E.&A.s automatisch zuzulassen. O.P.s wurden geduldet, H.S.-Bewerbern wurde dringendst abgeraten, und die X unterlagen einer festgesetzten Höchstzahl, die nie überschritten werden durfte.

Ziemlich am Anfang meiner Tätigkeit nahm ich meinen besten Studenten, Theodore H. White, auf. Als Dr. Ferry sich noch am gleichen Tag die Liste ansah, verfinsterte sich seine Miene. Er deutete auf den Namen White und sagte, das Kontingent an Juden sei bereits erfüllt. Ich protestierte und erwiderte, daß White kein jüdischer Name sei. Er machte eine resignierende Geste, sah mich an und sagte, Namen hätten nichts zu bedeuten. Gegen meinen Widerspruch wurde Teddys

Aufnahme wieder zurückgenommen. Ich war tief betroffen, und meine Beziehungen zu Ferry blieben eine Zeitlang sehr gespannt. Was White anging, so hatte er in einem angeseheneren Heim mehr Glück und wurde in kultivierteren Zeiten später sogar Mitglied im obersten Aufsichtsgremium von Harvard, dem Board of Overseers.

In meinem zweiten Jahr erhielt ich den Auftrag, ein Anfängerseminar in Volkswirtschaft zu übernehmen, das damals unter der Bezeichnung »Economics A« lief. Hier empfand ich den Antisemitismus geradezu als segensreich. Eine Gruppe von Dozenten, der bald auch ich angehörte, entschied über die Zusammensetzung der Einzelseminare. Da man uns nicht dazu verleiten wollte, jeweils die besten Studenten in den eigenen Kurs zu holen, erlaubte man uns nicht, die Noten oder die akademische Qualifikation der Teilnehmer einzusehen.

Ich erreichte dieses Ziel aber trotzdem, indem ich meinen Gruppen immer eine größtmögliche Anzahl von echt jüdisch klingenden Namen zuordnete und davon ausging, daß ihre Träger erheblich besser als andere hatten sein müssen, um überhaupt aufgenommen zu werden. Aus diesem Grund hatte ich immer eine überdurchschnittlich leistungs- und ausdrucksfähige Gruppe in meinen Kursen. Die guten Noten fielen schließlich Burbie auf, der den Anfängerkurs überwachte. Er teilte mir daraufhin mit, daß er meine Notenbücher mit nach Maine nehme, um festzustellen, ob ich in meiner Benotung nicht zu nachsichtig wäre. Er kündigte diese Maßnahme ziemlich häufig an; wir wußten jedoch, daß die Bücher, die in einem Schrank in der Nähe seines Büros in Holyoke House lagerten, nie von ihm angerührt wurden.

Auch in Harvard herrschte während der dreißiger Jahre unter den noch nicht graduierten Studenten eine antiintellektuelle Stimmung. Sie war jedoch nicht so einseitig wie die in Princeton. Zwar gab es Studentenverbindungen, doch spielten sie keine große Rolle. Von ein oder zwei Ausnahmen abgesehen, habe ich nicht einmal ihre Namen erfahren. Die hervorragende Position des Porcellian Club, von dem es heißt, daß er zu den beliebtesten gehört, wurde mir erst bewußt, als Richard Whitney, der ehemalige Leiter der New Yorker Börse, 1938 wegen diverser Diebstähle und Betrügereien nach Sing Sing wanderte, wobei beobachtet wurde, daß er die Clubinsignien, ein Porcellianschwein, an seiner Uhrkette trug.

Das Prestige der nichtgraduierten Studenten setzte sich aus den folgenden Faktoren zusammen: Herkunft aus einer wohlbestallten und möglichst alteingesessenen Familie wie den Cabots, Lowells, Whitneys, Roosevelts oder Peabodys; entsprechender Schulbildung in einer der erwähnten Anstalten; einem sicheren Gespür für die Mode, die gerade en vogue und meist ziemlich zwanglos war; weißen Schuhen; sexuellem Selbstbewußtsein; einem vorzeigbaren Interesse an Sport und einem adäquaten Hang zu alkoholischen Getränken. Das Streben nach guten Noten war von Nachteil, denn die Wertschätzung galt einem »Gentleman's C«, einem Abschluß, der ohne unnötige Schwierigkeiten durch ein Magisterexamen in Soziologie und durch die vor den Prüfungen in Anspruch genommenen Dienste des einen oder anderen Tutorenbüros am Harvard Square zu bewerkstelligen war. Die dort archivierten ehemaligen Examensfragen sagten umsichtig künftige voraus und garantierten gegen Zahlung einer Gebühr praktisch den Prüfungserfolg. Natürlich gab es neben denjenigen, die von ihrem gesellschaftlichen Rang eingelullt waren, auch Ausnahmen, und nicht einmal wenige. Sie standen in sehr schlechtem Ruf; man schimpfte sie *greasy grinds* (schmierige Streber) oder »Manhattan-Indianer«, aber sie bereicherten das Leben der Gemeinschaft.

Winthrop House war zwar antisemitisch, aber immerhin schon so fortschrittlich, daß es nicht mehr antiirisch war. Mein zukünftiges Leben sollte dadurch maßgeblich beeinflußt werden, denn als die Söhne von Joseph P. Kennedy ihre Aufnahme beantragten, war der Empfang, den Ferry ihnen bereitete, alles andere als ungnädig. Es war der Anfang einer langen Zusammenarbeit.

Der erste von ihnen war Joseph P. Kennedy jr., der im Herbst 1935 in Winthrop House eintraf. Wir wurden schnell Freunde. Joe jr. war schlank und gutaussehend, hatte einen dichten Haarschopf und ein ernstes, etwas humorloses Wesen. Er interessierte sich sehr für Politik und öffentliche Belange und war der Lieblingsschüler aller Lehrkräfte. Ihre Aufmerksamkeit war teilweise auf seinen Vater zurückzuführen. Joseph P. Kennedy sen. war 1934 Vorsitzender der Security and Exchange Commission geworden und leitete 1937 die U. S. Maritime Commission. Aber Abstammung war nicht alles. Franklin D. jr. und John A. Roosevelt, Söhne des Präsidenten, waren damals ebenfalls in Harvard, zogen jedoch nicht in gleicher Weise wie Kennedy das erhabene Interesse der Fakultät auf sich, da man an ihrer Ernsthaftigkeit zweifelte. Ich erinnere mich an die Roosevelts hauptsächlich im Zusammenhang mit einem Autorennen, das eines Abends in der Mt. Auburn Street stattfand und an dem einer der beiden – ich weiß nicht mehr, welcher – teilnahm. Es ging unter anderem darum, daß man zwei Autos auf einer festgesetzten Strecke mit Höchstgeschwindigkeit aufeinander zurasen ließ, um herauszufinden, welcher Fahrer zuerst auswich.

John F. Kennedy wurde im Gegensatz zu seinem älteren Bruder keine große Aufmerksamkeit zuteil, als er 1937 in Winthrop House eintraf. Auch er war gutaussehend, anders als Joe jedoch sehr gesellig und den verschiedensten Vergnügungen aufgeschlossen, vor allem aber häufig wechselnden Frauen herzlich zugetan. Um solche Studenten bemühte man sich nicht.

Auch Joe Kennedy kritisierte seinen jüngeren Bruder. Ein paar Tage vor den Wahlen von 1936 besuchte er mich eines Abends in meiner

Wohnung. Er hatte lange und gründlich über die politische Lage nachgedacht und war dabei zu dem Schluß gekommen, daß viele Menschen ihrem Haß auf Roosevelt und ihren Hoffnungen auf Landon ihren gesunden Menschenverstand opferten. Aus einer solchen Situation konnte ein intelligenter Geschäftsmann Kapital schlagen. Er beabsichtigte, ein Wettbüro zu gründen und mit all den leidenschaftlichen Landon-Fans auf einen Sieg Roosevelts zu wetten.[5] Er rechnete sich große Chancen aus. Ich riet ihm zu, verzichtete aber selbst auf einen Einsatz. Er setzte seine Pläne an der Business School in die Tat um und machte so viel Geld, daß er sich einen neuen Wagen leisten konnte. Nach der Wahl fuhren wir in dem Auto gemeinsam zum Essen zu Freunden nach Wellesley. Seine Stimmung war gedrückt. Ein oder zwei Tage vorher hatte sich Jack, ohne seinen Vater zu fragen, einen neuen Wagen auf Raten gekauft. Wieso bekam sein Bruder ein neues Auto, das er sich nicht selbst verdient hatte?

Es war eine eher unbeabsichtigte Schicksalsfügung in der Geschichte Harvards, die 1927 den Professor für Agrarökonomie John Donald Black von der University of Minnesota nach Cambridge brachte. Zur Folge hatte es, daß Harvard zu einem Zentrum der Agrarwissenschaften wurde – nicht nur in den Vereinigten Staaten, sondern in der ganzen Welt. Aus den Staaten, aus Kanada, Australien, Lateinamerika und Europa strömten die Studenten herbei – viele von ihnen schon in reiferem Alter –, um bei Black Agrarökonomie und später auch Hauswirtschaft zu studieren bzw. sich von ihm zu landwirtschaftlichen Beratern oder im Naturschutz ausbilden zu lassen. Nominell mußten sie von einem Zulassungskomitee angenommen werden. In der Praxis brauchten sie jedoch lediglich einen Aufnahmeantrag zu stellen, denn die Kollegen Blacks in Harvard hatten bald gelernt, sich seinen Wünschen nicht zu widersetzen. Die Studenten, die er haben wollte, wurden alle zugelassen, denn es war bekannt, daß er letztlich doch immer seinen Willen durchsetzte. Allenfalls sehr wenige dieser Studenten konnten den Unterricht und die Lebenshaltungskosten in Harvard aus eigener Tasche bezahlen, und so verbrachte Black einen großen Teil seiner Zeit damit, bei Stiftungen oder der Staatskasse Gelder lockerzumachen, um damit Forschungsarbeiten zu finanzieren, mit denen er nach außen hin seine Studenten beschäftigte. Noch mehr Zeit verwendete er dann darauf, die halb analphabetischen, halbfertigen Arbeiten auf ein Niveau zu trimmen, das für die Geldgeber gerade noch akzeptabel war. Wenn schließlich einer bei einer Prüfung miserable Leistungen bot, reduzierte Black die Anforderungen so sehr, daß der Student durchkam. Das war immer noch besser als einen jungen Menschen als Versager zu brandmarken. Auch hier hatten die anderen Professoren ihren Widerstand aufgegeben. Bei all seinen vielfältigen Aktivitäten war ich Blacks Assistent.

Er hatte eine einflußreiche Rolle bei den ersten Entwürfen der New-Deal-Agrargesetzgebung gespielt, weshalb uns auch ein aufmerksames Interesse an allem, was sich in Washington tat, verband.

John D., wie er genannt wurde, war, als ich ihn kennenlernte, 51 Jahre alt. Er war kräftig, aber nicht korpulent, und er betrachtete jeden Menschen mit einem Ausdruck unendlicher Güte und Freundlichkeit. Von einigen bemerkenswerten Ausnahmen wie Joseph Schumpeter, den er nicht mochte, abgesehen, entsprach dies auch seinen wahren Gefühlen. Er war auf einer kleinen Farm in Wisconsin geboren und stammte aus einer Familie mit zehn Kindern, von denen sieben das Erwachsenenalter erreichten (ein Bruder kam 1918 im Krieg gegen die Deutschen an der Spitze seines Bataillons ums Leben). Von den sieben Geschwistern erreichten fünf zumindest einen College-Abschluß. Black hatte vor Ingenieuren des Michigan College of Mines Rhetorik – so hieß das Fach – gelehrt, während der Blütezeit des La-Follette-Liberalismus sein Graduiertenstudium in Volkswirtschaft und Agrarökonomie an der University of Wisconsin selbst finanziert und war dann Professor und Dekan an der Fakultät für Agrarökonomie der University of Minnesota geworden. Er konnte durchaus für sich in Anspruch nehmen, als Vater dieser Fachrichtung bezeichnet zu werden. Vor allem jedoch war Black Lehrer. Obwohl er niemals eine Vorlesung vorbereitet haben soll, hörten die Studenten seinen persönlichen Erinnerungen, seinen Ausführungen über Fehler und Erfolge im Kampf um die Agrargesetzgebung, über Persönlichkeit und Gedankenwelt anderer Agrarökonomen und seinen Ermahnungen, nie und unter gar keinen Umständen aus persönlichem Ehrgeiz oder um des finanziellen Gewinns wegen das zu opfern, was man als dem öffentlichen Interesse dienlich erkannt hatte, mit gespannter Aufmerksamkeit zu. Ebenso wie Burbies Bürotür war auch die seine von morgens früh bis abends spät für seine Studenten offen, und niemals soll er eine Unterhaltung abgebrochen haben. Er übernahm praktisch eine lebenslange Verantwortung für die Karrieren seiner Studenten, und sie stellten ihm ihre künftigen Ehefrauen zur Begutachtung vor. Ihre Erfolge waren die seinen. Als ich in späteren Jahren ein gewisses Renommee als Wirtschaftswissenschaftler erlangte, freute er sich, so dies überhaupt möglich war, noch mehr darüber als ich.

Alle akademischen Disziplinen kennen ihre Fehden – heftige Auseinandersetzungen, die von den Beteiligten hochgeschätzt werden und regelmäßig Differenzen in wissenschaftlicher Methodik oder Wertung mit tiefen persönlichen Animositäten verbinden. Der Außenwelt gemeinhin unbekannt, spielen sie eine große Rolle in den Hirnen der Betroffenen. Im Fach Agrarökonomie herrschte damals eine tiefe Kluft zwischen einer progressiven Schule, die von John D. Black angeführt wurde, und einer »zurückgebliebenen« unter Professor George

F. Warren von der Cornell University. (Die Terminologie gibt Blacks Meinung wieder.) Black unterstützte nach Kräften die Landwirtschaftspolitik des New Deal, während Warren – in Antizipation des späteren Glaubensbekenntnisses von Professor Milton Friedman – glaubte, alle Probleme ließen sich durch eine richtige Geldpolitik lösen. Darüber hinaus war Warren der Ansicht, die beste Methode zur Verbesserung der Wirtschaftlichkeit einer Farm bestünde darin, zahlreiche Farmen zu studieren, um herauszufinden, welche Methoden die niedrigsten Kosten verursachten und die größten Profite einbrachten. Blacks Methode bestand darin, für eine bestimmte Farm einen nach Einkommen und Ausgaben gestaffelten Haushalt zu entwerfen, um dann für alle denkbaren Veränderungen bei Ernteerträgen, Viehbestand, Kapazität und Arbeitsmethodik die Auswirkungen auf Kosten, Einkommen und Profite zu berechnen.

Ich verschrieb mich Blacks Standpunkt in der Farmpolitik und seiner »Budgetmethode« zur Verbesserung der Wirtschaftlichkeit von Farmen – ebenso wie seiner Persönlichkeit – mit Haut und Haaren. Mit der Zeit erreichte ich als Vertreter der progressiven Schule ein gewisses Maß an Prominenz, wenngleich nicht annähernd das Ansehen Blacks. Als Warren emeritierte, wurde Earl Butz von der Purdue University zum nahezu unumstrittenen Führer der »zurückgebliebenen« Schule. Ihm schloß sich ein anderes Mitglied der gleichen Schule, Professor Joe Carroll Bottum, an. Gemeinsam bildeten Butz und Bottum ein recht beachtliches Team auf der anderen Seite. Butz machte schließlich Karriere als Landwirtschaftsminister unter Richard Nixon, wo er dann mit John Dean aneinandergeriet, der in den Zeitungen eine von Earls höchst unschicklichen Anekdoten ausplauderte.

Wie ich bereits erwähnte, wurde mir, als ich 1934 nach Harvard kam, der Anfängerkurs in Agrarökonomie zugeteilt. Hier war ich nicht Blacks, sondern Thomas Nixon Carvers Nachfolger, der gerade zum frühestmöglichen Zeitpunkt, den das Gesetz erlaubte, in Pension gegangen war. Von den Professoren erwartete man, daß sie sich während des Semesters einschließlich der Zeit vor den Prüfungen in Cambridge aufhielten. Einmal bat Abbott Lawrence Lowell seine Sekretärin, ihn telefonisch mit Carver zu verbinden. Als dieser sich meldete, bat ihn Präsident Lowell, doch kurz zu ihm ins Büro zu kommen. Carver mußte bekennen, daß dies nicht möglich sei. Er weilte gerade in Florida.

Mit ähnlichem Mangel an Sorgfalt hatte er auch seine Seminare abgehalten, und aufgrund ihres Rufes schrieben sich, als ich sie übernahm, nur drei Studenten ein. Der eine von ihnen war ein japanischer Studienanfänger, der fast kein Englisch sprach und überhaupt nichts verstand. Der zweite schlief jedesmal, wenn ich sprach, prompt ein. Der dritte war ziemlich gut. Für mich war es eine grauenhafte Erfahrung. Am Ende des Jahres hatte ich, wie ich glaubte, das Harvard-System ein wenig kennengelernt und bat jene Dozenten und Tutoren, denen ich vertrauen konnte, ein paar von den Studenten, die von ihnen beraten wurden, in meinen Kurs zu schicken. Anderen gegenüber ließ ich nur verlauten, daß ich große Pläne hätte. Durch den New Deal waren Agrarfragen inzwischen sehr bedeutsam geworden. Nicht weniger als vierzig Studenten meldeten sich. Das waren bei weitem zu viele für einen Mann meines untergeordneten Ranges. Black übernahm das Seminar.

5
Offenbarung

Ich hatte Erfolg in Harvard und wurde nach zwei Jahren zum »Fakultätsdozenten« *(faculty instructor)* befördert. Die Ernennung galt für drei Jahre anstatt nur für eines und trug mir ein Jahressalär von 2750 Dollar ein. Zusammen mit freier Unterkunft und Verpflegung im Werte von vielleicht tausend Dollar und in Anbetracht der Steuerrate der Vorkriegszeit entsprach dies, wenn man die Inflation mit berücksichtigt, einem heutigen Gehalt von 18 000 Dollar bzw. zwei Dritteln von meinem Verdienst, als ich 1975 meine Lehrtätigkeit einstellte.[1] Bei derartigen Wertminderungen ihrer Gehälter suchen Wirtschaftsprofessoren oft nach außeruniversitären Einnahmequellen und greifen dabei aus naheliegenden Gründen gern auf Großkonzerne zurück. Das ist nicht gut. Wenn ein Wirtschaftswissenschaftler sich für eine niedrigere Besteuerung der Reichen einsetzt, dann sollten die Leute zu Recht davon überzeugt sein dürfen, daß er dies aufgrund seiner ökonomischen Einsichten oder aus Mitleid tut und nicht, weil man ihn gekauft hat. Auch sollte er sich bei dem, was er sagt, von dem, was ein Konzernklient darüber denken mag, nicht beeinflussen lassen. Diese Regeln werden heute weitgehend dadurch respektiert, daß man sie bricht. Viele Ökonomen geben ihren Namen für die Propaganda von Konzernen her, setzen sich mit Nachdruck für Steuervergünstigungen ein, leisten gegen staatliche Kontrollen Widerstand oder scheuen keine Bemühungen, die Antitrustgesetze zu unterlaufen. Und die meisten von ihnen verkaufen sich für erschreckend niedrige Summen, ohne zu merken, daß ein guter Ruf nur ein- oder allenfalls zweimal verkauft werden kann. Sobald bekannt ist, daß ein Wissenschaftler für Geld zu haben ist, sinkt sein Marktwert rapide.

Mein akademischer Erfolg verringerte ein wenig meinen Drang, in Washington präsent zu sein. Hier in Cambridge mußte ich jedoch jedermann auf meine Bedeutung aufmerksam machen. Die FBI-Akten, auf die ich bereits einmal hinwies, enthalten zahlreiche Vermerke über meinen Charakter, meine Kreditwürdigkeit, meine Trinkgewohnheiten, meine eheliche Treue, meine Freunde und Mitarbeiter. Die diesbezüglichen Aussagen sprachen durchweg zu meinen Gunsten. Aber fast alle Kollegen und Bekannten aus dem beruflichen Bereich fügten, nachdem sie meine Fähigkeiten positiv hervorgehoben hatten, hinzu, ich hätte eine ungebührlich hoch entwickelte Vorstellung von meiner intellektuellen Brillanz. Viele Jahre später, 1961, kurz vor meiner Abreise nach Indien, brachte die *New York Times* ein Porträt des neuen Botschafters. Präsident Kennedy fragte mich beim Frühstück, wie mir der Artikel gefiele.

Ich antwortete, ganz gut, aber ich sähe nicht ein, warum sie mich als arrogant bezeichnen müßten.

»Warum nicht«, sagte der Präsident, »das tut doch jeder.«[2]

In jenen Jahren sammelte ich auch meine ersten Erfahrungen in akademischen und politischen Auseinandersetzungen und befaßte mich mit ihren Taktiken und Strategien. Später widmete ich diesem Problemkreis größere Aufmerksamkeit und schrieb eine kleine Abhandlung darüber.[3]

Sowohl das akademische als auch das politische Leben erfordern es, andere zu kritisieren, und setzen einen Angriffen und Vergeltungsmaßnahmen aus. Jeder, der einen Streit vom Zaun bricht, sollte aus elementarer Vorsicht heraus das Ausmaß und die Schärfe der wahrscheinlichen Reaktion ausloten und sich überlegen, wie er sich dagegen verteidigen kann. Wer attackiert wird, sollte unverzüglich und unmißverständlich reagieren. Dies ist lebenswichtig. In der Vergangenheit war es oft möglich, Akademiker straflos anzugreifen; man hielt es für unwahrscheinlich, daß sie in irgendeiner für den Angreifer gefährlichen Weise zurückschlagen würden. In der Regel halten sie den Mund, »um keine schlafenden Hunde zu wecken«. Ein solches Verhalten ist sehr unklug, denn eine wirksame Abschreckung besteht darin, seine Fähigkeit zum Gegenschlag einmal bewiesen zu haben. Ende 1952 oder Anfang 1953 reiste mein Nachbar und Freund, der Wirtschaftsjournalist und Reporter beim *Boston Globe*, John Harriman, nach Washington, um Joe McCarthy zu interviewen. Er fragte ihn, ob er im Gefolge des großen republikanischen Sieges einen großen Feldzug gegen die »Subversiven aus Cambridge« – ein Begriff, der von nun an auch auf alle liberalen Demokraten ausgedehnt werden sollte – eröffnen wolle. McCarthy antwortete, eben dies sei seine patriotische Absicht. Harriman fragte ihn, ob er dabei solche Ziele wie Galbraith und Arthur Schlesinger im Auge habe. McCarthys Antwort: »Nein, ich bin hinter Leuten her, die politisch nicht so ausgefuchst sind.«

Vor dem Zweiten Weltkrieg beherbergte Harvard in Anglistik, anderen Sprachen und in den schönen Künsten noch immer Professoren, die ihre Stellung einem hohen Rang in der Bostoner oder New Yorker Gesellschaft verdankten. Einige hielten eine Entlohnung für unter ihrer Würde. Alle Professoren glaubten, ihre Berufung in den Kreis der Auserwählten sei auf ihre hervorragenden Fähigkeiten zurückzuführen. Daß Präsident Lowells Sekretärin einmal im Weißen Haus angerufen und gesagt haben soll, der Präsident wünsche Mr. Coolidge zu sprechen, ist zweifellos eine Erfindung. Aber da sie wahr sein könnte, wird die Anekdote immer wieder erzählt.

Für diesen inneren, aber auch nach außen hin sichtbaren Glanz Harvards gab es gute Gründe. Harvard konnte sich damals Wissenschaftler in aller Welt auswählen, denn die Gehälter waren weit höher als an jeder anderen Universität der Vereinigten Staaten oder im Ausland. Sie waren etwa zweimal so hoch wie die an den großen Staatsuniversitäten. Die Widener Library war und ist noch heute unerreicht; die wissenschaftlichen Laboratorien waren im allgemeinen sehr gut. Wenn in der Wirtschaftswissenschaftlichen Fakultät über Berufungen gesprochen wurde, gab es niemals eine Diskussion darüber, ob der Betreffende überhaupt kommen wolle, sondern es war stets nur davon die Rede, ob er »berufen werden solle«.

Der Harvard-Professor von heute hat – wenngleich sich die Perspektive geändert haben mag – weniger Grandeur, ist weitaus weniger wohlhabend und gewiß auch längst nicht so glücklich. Ein neuer akademischer Stil, der ein gewisses Maß an Schäbigkeit in puncto Wohnung, Kleidung und – gelegentlich auch – Gesinnung herauskehrt, ist aus finanziellen Gründen legitimiert. Reisen, das kostbarste akademische Vorrecht, müssen erst seit knapp einer Generation aus eigener Tasche bezahlt werden. Professoren reisen dorthin, wo ihnen durch Einladungen zu Gastvorlesungen, Konferenzen oder Kolloquien, durch Forschungsstipendien oder Beraterverträge eine intellektuell plausible Rechtfertigung angeboten oder gegeben wird. Nur wenige Professoren – unter ihnen ich selbst – haben es geschafft, sich in den geräumigen, oft aber nicht sehr gemütlichen Professorenvillen des alten Cambridge zu halten. Häuser wie diese können sich heute meist nur Ärzte, Psychiater, Rechtsanwälte und Polaroid-Manager leisten. Harvard-Professoren verschwinden inzwischen abends irgendwo in den Außenbezirken von Boston, um sich dort im Mittelklassenkampf der Vorstädte mit Jugendkriminalität und hartnäckigen Gartenunkräutern herumzuschlagen. Und wer heute auf einer Fachtagung verkündet, er sei Harvard-Professor, muß trotzdem mit Widerspruch rechnen.

Auswahl und Beförderung von Harvard-Professoren wurden früher von oben geregelt. Bis zur Regierungszeit von Abbott Lawrence Lowell (1909-1933) fiel dabei dem Universitätspräsidenten eine wichtige Rolle zu, und mitunter entschied er ganz allein. Die höheren Autoritäten zu beeindrucken, war demnach eine Strategie, die der persönlichen Karriere diente. Sobald jene jedoch physisch nicht anwesend waren, konnte sich der Wissenschaftler entspannen. Heutzutage wird ein Professor – oder, in seltenen Fällen, eine Professorin – von seinen/ihren Kollegen beurteilt. Diese sind allgegenwärtig und stets darauf bedacht, Beweise wissenschaftlicher Befähigung und Weitsicht oder aber, genauer gesagt, für deren Fehlen zu sammeln. So muß selbst ein gestandener Professor, der sich Hoffnungen darauf macht, den noch höheren Titel eines Universitätsprofessors zu erlangen, ständig auf der Hut sein. Das institutionelle Elitedenken in Harvard ist nicht mehr so stark. Die Autorität ist geschwächt. Die Demokratie hat Fortschritte gemacht. Aber dies alles hat seinen Preis gekostet. Die gesteigerte Aufmerksamkeit, mit der man den Kollegen auf die Finger schaut, hat im personellen Bereich zu einer gewissen Farblosigkeit geführt. Niemand kann es sich mehr erlauben, exzentrisch zu erscheinen. Auch ist das heutige Beurteilungsverfahren keineswegs über alle Zweifel erhaben. Professoren, die über die Beförderung oder Auswahl anderer entscheiden, halten – vielleicht unvermeidlich – diejenige Arbeitsweise und intellektuelle Qualität, die der eigenen am meisten ähnelt, für wissenschaftlich besonders qualifiziert.

Als das Landwirtschaftliche Ausgleichsamt 1933 ins Leben gerufen wurde, beschloß das Brookings-Institut in Washington sogleich, seine Tätigkeit zum Objekt einer wissenschaftlichen Untersuchung zu machen. John D. Black wurde für diese Arbeit angeworben und bekam dann die Mittel für die Erstellung einer ähnlichen Studie über eine andere New-Deal-Behörde, die Farm Credit Administration (Behörde für Farmkredite). Die Leitung dieses Projektes übertrug er mir. Daß mich das Thema herzlich wenig interessierte, betrachtete ich nicht als stichhaltigen Einwand. Auch ließ sich alles, was man über die Farm Credit Administration in Erfahrung bringen konnte, ohne weiteres binnen zwei Monaten erforschen und binnen weiterer zwei Monate in ausführlicher und sprachlich gewandter Form zusammenfassen. Aber damals wie heute hätte man es als einen schweren Verstoß gegen wissenschaftliche Gepflogenheiten und Leistungsprinzipien angesehen, wenn jemand sich auf diese Art und Weise der Aufgabe entledigt hätte. Gelehrsamkeit in den Wissenschaften wird nicht nur am Tiefgang und an der Präzision der Arbeit, sondern auch an der Länge der für die Fertigstellung erforderlichen Zeit gemessen. Ein schnell erledigter Auftrag, egal wie gut er auch ausgeführt wird, gilt als schlecht. Eine Arbeit, die fünf Jahre in Anspruch genommen hat, ist *per se* gut. Ein Lebenswerk, das zum Zeitpunkt des Todes noch nicht ganz fertig ist, gilt als superb.

Dafür gibt es einen guten Grund. Der Lehrbetrieb an den Universitäten ist heutzutage sehr personalintensiv. Alle Lehrkräfte sind aufgrund strenger akademischer Konventionen gehalten, Forschung zu treiben – zunächst, um die notwendigen Titel zu erlangen, und danach, um ständig von neuem ihre Fähigkeiten unter Beweis zu stellen. Wäre großer Zeitaufwand nicht ein unabhängiger Faktor bei der Beurteilung der Ergebnisse, so wäre die Gesamtmenge des wissenschaftlichen Ausstoßes übermäßig groß.

Der neue Forschungsauftrag brachte mich zurück nach Washington und zum erstenmal in die ländlichen Gebiete des Südens, wo ich die Tätigkeit der Federal Land Bank in Columbia/South Carolina untersuchte. Ich sah das Parlament in bukolischer Sitzung tagen und besichtigte das Kapitol mit seinen ehrwürdigen Schrunden, die Shermans Gewehre dort hinterlassen hatten, und seiner Statue von Pitchfork Ben Tillman. Aber im Frühsommer 1936 wurde meine Aufmerksamkeit auf ein ganz andersgeartetes Unternehmen gelenkt. Henry Sturgis Dennison trat in mein Leben. Oder, genauer gesagt, ich in das seine.

Mit einiger Berechtigung könnte man behaupten, daß Henry Dennison, damals 59 Jahre alt, 1936 der interessanteste Geschäftsmann in den Vereinigten Staaten war. In den Fabriken der *Dennison Manufacturing* in Framingham/Massachusetts und an ein oder zwei anderen Orten in Neuengland und in England selbst wurden gummierte Aufkleber, Preisschilder, eine Vielzahl anderer Papierprodukte sowie Kreppapier hergestellt, für das Dennison und seine Mitarbeiter 1914 eine neue und ungemein erfolgreiche Fabrikationsmethode entwickelt hatten. Darüber hinaus hatte die Firma nach Dennisons Plänen Pionierarbeit auf den Gebieten Arbeitslosenversicherung, Arbeitnehmerbeteiligung und Gewinnbeteiligung und im – nach damaligem Sprachgebrauch – »wissenschaftlichen Management« geleistet. Dennison war vorübergehend Präsident der Taylor Society for the Advancement of Management und des International Management Institute in Genf.

Neben seinen Geschäftsinteressen war Dennison seit seinem achten oder neunten Lebensjahr ein vollendeter Geiger und auch sonst ein begeisterter Musikliebhaber. Als sein Klavier verstimmt war, eignete er sich die nötigen Kenntnisse an, um es selbst wieder stimmen zu können. Er war außerdem Naturforscher, Erfinder und Freizeitwissenschaftler. Seine Neugier erstreckte sich auch auf die Psychiatrie und die Politik. Und nirgends war er Dilettant. Sobald ein neues Thema seine Phantasie fesselte, pflegte er sich einen kompetenten Fachmann zu engagieren, der ihn darin unterrichtete.

Die Verpflichtungen, die ihm seine zahlreichen Interessen auferlegten, veranlaßten den kleinen, kahlköpfigen Mann zu flitzen, statt sich im normalen Gehschritt fortzubewegen, und alle Sätze in der Mitte zu beginnen. Mit einiger Übung kam man aber dann dahinter, daß vieles von dem, was er sagte, Hand und Fuß hatte. Das Haus der Dennisons, ein niedriges, weitläufiges Gebäude mit tiefen überdachten Terrassen, die das Schlafen im Freien ermöglichten, stand auf einer bewaldeten Anhöhe einige Kilometer von Framington entfernt. Umgeben von Wald und mit Blick bis hin nach Boston und auf die Bay, war es der kultivierteste Wohnsitz in ganz Neuengland.

Dennison war zwar durch und durch ein Yankee, dabei aber von einem tiefen Mißtrauen gegen seinesgleichen erfüllt. »Gibt es denn keinen einzigen Kommilitonen in Harvard, von dem du etwas gehalten hast?« fragte ihn einmal sein Sohn James, der etwas gemütlicher war als er.

»Keinen einzigen«, antwortete sein Vater. Die Spitzen der Bostoner Geschäftswelt - Bankiers aller Art, Kaufleute usw. - hielt er allesamt für Langweiler. Ihre selbstbewußten Kommentare über das, was im Lande zu geschehen habe, tat er entweder amüsiert oder verächtlich ab. Ihre geschäftlichen Mißerfolge - eine weitverbreitete Erscheinung in jener Zeit - hatten sie seiner Meinung nach verdient. Die meisten seiner Kollegen, glaubte er, opferten ihren letzten Rest an Intelligenz ihrem Hang zu würdigem Gehabe, populären Klischeevorstellungen, der Republikanischen Partei und ihrem Haß auf die Gewerkschaften. Seine Meinung über seine Kollegen hatte sich durch einen Boykott, den diese aufgrund seiner radikalen Neigungen in früheren Jahren einmal über die Dennisonschen Produkte verhängten, nicht gerade gebessert. Man war der Ansicht, er verwöhne die Arbeiterklasse.

Es gab indes auch Ausnahmen von Dennisons Verdikt. Jeder Unternehmer, der beim Nullpunkt angefangen und es zu etwas gebracht hatte, ohne dabei dünkelhaft und verklemmt zu werden, wurde von ihm bewundert.

Die Brüder Filene mit ihrem großen Bostoner Kaufhaus; Beardsley Ruml, ein Geschäftsmann, der Professor für Ökonomie an der University of Chicago war und danach wieder in die Wirtschaft ging; und Henry P. Kendall von der Kendall Company gehörten zusammen mit den Professoren Felix Frankfurter und Edwin F. Gay aus Harvard zu seinen »Freunden«. Franklin D. Roosevelt, für den er in der National Recovery Administration gearbeitet hatte und dem er nun in einigen kleineren Angelegenheiten als Berater diente, verehrte er. Seine Tätigkeit in einem regierungsamtlichen Beraterteam erweckte in ihm das Interesse für die Volkswirtschaft und brachte uns zusammen.

Dennison war Mitglied im Business Advisory Council des Handelsministeriums. Es handelte sich dabei um ein Gremium von Spitzenmanagern aus den Konzernen, das in gewissen Zeitabständen zusammentrat, allerdings nur, um, wie Dennison es sah, gegen die Methoden des New Deal zu protestieren, mit denen das Land aus der Depression geführt werden sollte. Während sie Hilfsmaßnahmen gegen ihresgleichen im Bedarfsfalle ganz und gar nicht abgeneigt waren, hielten sie Hilfe für Farmer und Arbeitslose für unnötig. Mit der Zeit fand Dennison einige verwandte Geister, die mit ihm übereinstimmten. Einer von ihnen war Lincoln Filene. Sein Bruder, E. A. Filene, war der Begründer des »Twentieth Century Fund«, in dessen Vorstand Dennison saß.[4] Filene galt in weiten Kreisen als Bolschewist, obwohl Lenin ihm einmal die Ehre erwiesen hatte, sich von ihm zu distanzieren. (Filene hatte gesagt, eines Tages würden Unternehmer und Arbeiter erkennen, daß sie gemeinsame Ziele hätten, und das konnte Lenin nicht durchgehen lassen.) Gleicher Meinung wie Dennison waren Morris E. Leeds, ein Quäker und Unternehmer aus Philadelphia von großer Gewissenhaftigkeit, und Ralph E. Flanders, ein Werkzeugmaschinenhersteller aus Springfield/Vermont, der später im Senat zur Nemesis von Joe McCarthy wurde. Flanders stellte den Tadelsantrag, der McCarthy zur Verzweiflung brachte und ihn endgültig der Trunksucht verfallen ließ. »Ich wurde der oberste Boss«, so erzählte Flanders einmal, »weil ich früher aufstand als alle anderen, härter arbeitete als alle anderen, eine Maschine erfand, die 'ne Menge Geld einbrachte, ein waches Auge für alles hatte, was im Interesse der Firma lag, und weil ich die Tochter des Besitzers heiratete.«

Anfang 1936 beschlossen Dennison, Lincoln Filene, Morris Leeds und Ralph Flanders, ein Buch zu schreiben, mit dem sie beweisen wollten, daß die Unternehmer durchaus mit Franklin D. Roosevelt zufrieden sein konnten. Außerdem wollten die Autoren ihre Leser darüber informieren, wie sich Washington künftig zu verhalten habe. Ich wurde für den Sommer (und danach noch halbtags) angeheuert, um Dennison Volkswirtschaft beizubringen und bei der Fertigstellung des Manuskriptes zu helfen. So zog ich in das schöne Haus auf dem Juniper Hill um und wurde dort in einem Zimmer hinter den überdachten Terrassen einquartiert, in dem ich in den folgenden Jahren noch oft wohnen sollte. Mein Arbeitsplatz befand sich in Dennisons hervorragender Bibliothek. Er selbst fand das Wort zu prätentiös und sprach nur vom »Bücherzimmer«. Der Unterricht fand unter einer Kiefer auf der Westseite des Hauses statt. Er wurde häufig unterbrochen, wenn Dennison plötzlich auf ein anderes Thema zu sprechen kam und ich versuchte, den Sinn seiner oft ohne Subjekte und manchmal sogar ohne Verben vorgebrachten Einwürfe zu enträtseln. Bald entstand ein gravierendes Problem.

Dennison hatte nämlich längst eine feste Vorstellung davon, woran die Wirtschaft eigentlich krankte. Und ich hatte die meine. Meine Überzeugung leitete sich ab von einer jüngst erschienenen Modifikation der bereits beschriebenen klassisch-orthodoxen Lehre Alfred Marshalls. Die Autoren dieses Werks waren zwei junge Ökonomen – Edward H. Chamberlin aus Harvard und die so herrlich unabhängige, brillante Joan Robinson, die in späteren Jahren meine vielbewunderte Freundin wurde.[5]

Seit langem hatten Volkswirtschaftler zugegeben, daß Monopole die wohltätige Rolle des Marktes beeinträchtigten. Die Produktionskosten des Monopolisten waren niedriger und ihre Preise höher als die des idealtypischen Wettbewerbers. Aber ein Monopol, das heißt eine Firma, in deren Händen die Gesamtproduktion einer bestimmten, klar abgrenzbaren Ware lag, war schwer zu finden. Abgesehen von den Elektrizitäts- und Gaswerken sowie den Telefongesellschaften, die aber der Regierungskontrolle unterworfen waren, ließ sich in jenen Tagen nur die Aluminium Company of America (ALCOA) anführen, deshalb wurde in der Volkswirtschaftslehre bis zum Erbrechen immer wieder auf dieses Paradebeispiel zurückgegriffen. Monopole waren demnach zwar schlecht, aber auch sehr selten.

Chamberlin und Robinson zeigten auf, daß wenige Firmen, die ein Oligopol bildeten, die gleichen (oder ähnliche) Folgewirkungen haben konnten wie Monopole – also überhöhte Preise und niedrigere Produktionskosten. Interne Absprachen zwischen den einzelnen Firmen waren gar nicht nötig; es genügte vollkommen, daß man sich rationell überlegte, mit welchen Preisen und welcher Produktion ihnen am besten gedient wäre. Chamberlin ging sogar noch weiter. Er führte aus, daß fast jeder Konsumgüterhersteller durch Werbung oder andere Methoden, mit denen er die einzigartigen Qualitäten seines Produktes, seines Standorts oder sogar seiner eigenen Verkäuferpersönlichkeit herauszustreichen verstand, ein Teilmonopol errichten konnte. Es handelte sich hierbei um monopolistischen Wettbewerb.

In der orthodoxen Volkswirtschaftslehre setzten sich die Begriffe monopolistischer Wettbewerb und Oligopol erstaunlich rasch durch. Anders als die Monopole bildeten Oligopole und monopolistischer Wettbewerb auch keine Ausnahmen. Man mußte sich nur umsehen, und schon entdeckte man sie nahezu überall – in der Automobil-, der Stahl- und der Chemieindustrie, im Ölgeschäft, bei Gummi und Zahnpasta, selbst bei dem Monopol, das die Apotheke von nebenan in ihrem Einzugsgebiet ausübte. Oligopolistischer und monopolistischer Wettbewerb dominierten die modernen Märkte.

Und nicht nur diese, sondern in ungebührlicher Weise auch mein Denken. Ich beantwortete Dennisons Neugier nach den Gründen für die Wirtschaftsmisere, indem ich ihm sagte, daß die freie Konkurrenz dem Oligopol und dem monopolistischen Wettbewerb gewichen sei und daß aus diesem Grunde zu viele Ressourcen auf Werbung und Verkaufstechnik verschwendet würden. Der daraus resultierende Produktionsausfall sei für die Wirtschaftskrise in den USA und im Ausland verantwortlich. Die Rettung bestünde in einer Wiederbelebung des Wettbewerbs. In einem langatmigen Aufsatz führte ich diese Offenbarung näher aus.

Dennison vertrat eine ganz andere Ansicht. Der Gewinn aus der Güterproduktion teilte sich nach seiner Meinung in zwei große Ströme: Der eine Strom kam den Leuten mit bescheidenem Einkommen zugute und wurde größtenteils wieder ausgegeben. Der andere floß den wohlhabenderen Schichten oder den Unternehmen zu und wurde überwiegend gespart. Es gab also einen »Ausgabenstrom« *(spending stream)* und einen »Sparstrom« *(savings stream).* Diese Begriffe, die ohne verbales Beiwerk und weitere Spezifizierung gebraucht wurden, stammten von Dennison persönlich. Er glaubte,

Wirtschaftsrezessionen seien auf das Nichtausgeben der Gelder des Sparstroms zurückzuführen. Abhilfe oder zumindest eine gewisse Besserung versprach er sich von einer Verlagerung der Steuerbelastung von Einkommen, die schnell wieder ausgegeben wurden bzw. ausgegeben werden sollten, auf solche Einkommen, die gespart wurden – also zum Beispiel von Umsatzsteuer auf Körperschaft- oder private Einkommensteuer.

Eine derartige Kalkulation war so ungefähr das Entsetzlichste, was sich ein Volkswirtschaftler, der seine Lektionen brav gelernt hatte, vorstellen konnte. Mehr als hundert Jahre zuvor hatte Jean-Baptiste Say, der große französische Ökonom, das nach ihm benannte Saysche Marktgesetz formuliert, demzufolge jede Produktion die Kaufkraft schuf, mit der sie erworben werden konnte. Sämtliche Einkommen aus dem Verkauf eines Produktes flossen irgendwie in Form von Löhnen, Zahlungen für Rohstoffe, Zinsen oder Profiten irgend jemandem zu und sorgten auf diese Weise für die Kaufkraft, mit der die Produkte erworben werden konnten. Wenn einige dieser Einkünfte gespart wurden, so machte das nichts aus; jemand anders würde dann eben Kredite aufnehmen und die gesparten Guthaben wieder in Umlauf bringen. Und wenn dem nicht so wäre, so würde der Preis der Ware eben automatisch fallen, wodurch selbst bei reduzierten Ausgaben ein Verkauf der produzierten Güter gewährleistet werden könnte. 1936 galt es nicht nur als falsch, sondern war auch beruflich unklug, das Saysche Gesetz abzulehnen. An diesem Dollpunkt unterschied sich der seriöse Ökonom vom Spinner. Der Spinner unterließ es, dem Einkommen vom Verkauf eines Produkts bis zu seinem Verbrauch nachzuspüren, daher sein grob vereinfachender Schluß, es könne zu einem Kaufkraftdefizit in der Wirtschaft kommen. Da ich meinen Ruf ebenso ernst nahm wie meine ökonomische Wahrheitsliebe, befand ich mich angesichts von Dennisons ketzerischen Vorstellungen in einer schwierigen Lage.

Die Situation wurde bald noch komplizierter. In jenem Jahr war John Maynard Keynes' Werk *The General Theory of Employment Interest and Money* in den Vereinigten Staaten veröffentlicht worden.[6] In den Wochen, in denen ich an meinem Aufsatz über den Wettbewerb arbeitete, mit dem ich Dennisons Irrtümer widerlegen wollte, las ich die *General Theory*. Dabei entdeckte ich, daß Keynes auf Dennisons Seite war und nicht auf meiner. Seine Erklärung für »übermäßige Ersparnisse« *(oversaving)* war sehr viel komplizierter als die Dennisons, lief in ihren praktischen Konsequenzen jedoch auf dasselbe hinaus. Wenn es zu einer Akkumulation brachliegender Ersparnisse kam, sanken die Preise nicht automatisch, um somit den Verkauf der gleichen Warenmenge bei verringerter Kaufkraft (durch die gesparten Gelder) zu gewährleisten. Statt dessen traten ein Produktionsrückgang und höhere Arbeitslosigkeit ein, bis reduzierte Profite, gesteigerte Verluste und die Notwendigkeit, alte Ersparnisse auszugeben, dafür Sorge trugen, daß sämtliche Einkommen aus der laufenden Produktion oder deren Äquivalent ausgegeben würden. Auf diese Weise wurde ein neues ökonomisches Gleichgewicht geschaffen – eines mit zahlreichen Arbeitslosen, das Unterbeschäftigungsgleichgewicht. Ich war erschüttert. Dies war nicht der primitive Instinkt eines Geschäftsmannes, sondern die komplizierte Argumentation eines hochberühmten Nationalökonomen. Ich entschloß mich, Dennison davon in Kenntnis zu setzen. Eines Abends, bei »Old-fashioned«-Cocktails, einer Dennisonschen Spezialität, erklärte ich ihm in dem langen, mit schönen Fenstern versehenen Wohnzimmer auf Juniper Hill, daß Keynes seinen Standpunkt und nicht meinen unterstützte. Dennison erwiderte, dies überrasche ihn nicht; Keynes sei schon immer vernünftiger gewesen als die meisten anderen Ökonomen.

Darüber hinaus ergab sich eine weitere Schwierigkeit. Dennison hatte inzwischen mein Manuskript gelesen. Er fragte sich, ob an meinem Standpunkt nicht vielleicht doch etwas dran sei, und nahm es mit nach Cambridge/Massachusetts, um zu erfahren, was Felix Frankfurter davon hielt. Wie für viele andere war Frankfurter, damals noch Professor an der Harvard Law School, wenig später jedoch Richter am Supreme Court, für Dennison die höchste Instanz in gesellschaftspolitischen Fragen. Frankfurter ließ mein Manuskript ungelesen auf seinem Schreibtisch liegen und meinte dann plötzlich, es sei ein Buchmanuskript, für das ein Verleger gesucht wurde. Als sich ein Lektor der Oxford University Press zufällig in sein Büro verirrte, gab er es ihm. Wir erfuhren davon erst, als Dennison einen Brief aus Oxford erhielt, in dem die Annahme des Manuskripts bestätigt wurde. Dennison war hoch erfreut, und ich leistete keinen Widerstand. Das von uns gemeinsam überarbeitete Buch erschien 1938 unter dem Titel *Modern Competition and Business Policy*. Es ist ein sehr schlechtes Buch, das niemals hätte gedruckt werden dürfen; ich habe mich fast vierzig Jahre lang nicht getraut, hineinzusehen. Da in ihm jedoch ein überaus konservativer Standpunkt in einigermaßen origineller Form vorgetragen wurde, nahm man es positiv auf, und es drang sogar in recht entfernte Sphären vor. Als ich 1972 in meiner Eigenschaft als Präsident der American Economic Association China besuchte, stellte ich fest, daß sich von allen meinen Büchern ausgerechnet dieses eine in der Pekinger Universitätsbibliothek befand. Ein Jahr zuvor hatte sich ein sowjetischer Wissenschaftler, der sich daneben auch mit den Werken Gunnar Myrdals und Ludwig Erhards auseinandersetzte, auf etwa einem Drittel des mir gewidmeten Textes mit diesem Buch beschäftigt.[7]

Gleichzeitig mit *Modern Competition* faßte ich auch die mit neuer Reputation bedachten Häresien Dennisons und die Ansichten von Leeds und Flanders zu einem Manuskript zusammen. Das Ergebnis, *Toward Full Employment*, wurde ebenfalls 1938 publiziert.[8] Es war bemerkenswert, daß so kurz nach dem Erscheinen der *General Theory* von Keynes eine Gruppe erfolgreicher Geschäftsleute Ideen unterstützte, die von so vielen anderen für sehr radikal gehalten wurden. Allerdings fiel das niemandem auf, denn das Buch wurde weder verkauft noch gelesen.

Als wir am 4. März 1947 Dennisons 70. Geburtstag feierten, beschäftigten wir uns auch damit, wie dieses Ereignis wohl im Himmel aufgenommen würde:

The time has come, the Good Lord said,
To knock our Henry on the head.
He's lived his full three score and ten
And should make way for better men.[9]

Die himmlische Debatte verlief in guter Stimmung und wurde schließlich durch den Einwurf eines Neuankömmlings beendet:

There are many worse bastards down below.
I was F.D.R., and I should know.[10]

Dennison wurde ein gebührender Aufschub gewährt. Als er am 29. Februar 1952, von der Fabrik in Framingham kommend, auf dem Juniper Hill eintraf, sagte er, er fühle sich ein wenig unwohl. Ein paar Stunden später starb er.

Mit der Gewalt einer Sturmflut war Keynes im Herbst 1936 über Harvard hereingebrochen. Die Aufregung unter den jüngeren Volkswirtschaftlern überstieg alles bisher Dagewesene und hat seitdem nicht mehr ihresgleichen gefunden. Hier war eine Lösung für Rezession und Arbeitslosigkeit, die drängendsten Probleme der Zeit. Und es war eine konservative Lösung.

Keynes zeigte, daß die Regierung gegen überhöhte Sparguthaben – das heißt also das Kaufkraftdefizit – angehen und damit die Wirtschaft wieder auf die Beine bringen konnte, und dies bei Vollbeschäftigung oder Beinahe-Vollbeschäftigung anstatt auf Kosten einer schmerzhaften, gesellschaftlich demoralisierenden Talfahrt. Die Märkte, totemhafte Kultobjekte der Nationalökonomen, funktionierten weiter wie zuvor. Das Privateigentum, Dreh- und Angelpunkt aller konservativen Leidenschaften, blieb unangetastet, außer daß vielleicht bei einer späteren Gelegenheit die Steuern angehoben würden. Konzerne, Banken und Gewerkschaften blieben, wie sie waren. Und darüber hinaus legitimierte Keynes ein Verfahren, dessen sich die Regierungen aller Industrieländer einschließlich der Vereinigten Staaten ohnehin schon bedienten. Die Wirtschaftskrise hatte die Einnahmen des Staates verringert und gleichzeitig verstärkte Sozialausgaben zur Folge gehabt. Das Ergebnis war ein Defizit, das zwangsläufig durch staatliche Kreditaufnahme gedeckt wurde, und genau dies empfahl Keynes.

Trotz allem lösten die Keynesschen Vorschläge bei den Rechten eine herrlich cholerische Reaktion aus. Man konnte sich also ernsthaft darum bemühen, den Kapitalismus zu retten, und so im wahrsten Sinne konservativ sein – und wurde doch als rigoros modernistischer Radikaler angesehen. Niemals war Radikalismus so gefahrlos. Keynes selber hatte Karriere gemacht, indem er hochgestellte Persönlichkeiten angriff, die einander in ihren jeweils unterschiedlichen Irrtümern unterstützten und sich dabei recht wohl fühlten. Ein Beispiel dafür war seine Attacke gegen die großen Männer von Versailles, die geglaubt hatten, sie könnten Deutschland die Kosten für den Ersten Weltkrieg aufbürden. Oder gegen Winston Churchill, weil dieser 1925 dem Druck der Bankiers und hoher Beamter nachgab und wieder zum Goldstandard zurückkehrte[11], was eine schmerzhafte Deflation der Preise und Löhne in Großbritannien nach sich zog. Oder Keynes' Angriff auf das britische und amerikanische Finanz- und Wirtschaftsestablishment wegen dessen Unfähigkeit, einzusehen, daß ein mit geborgtem Geld finanziertes, aktives Beschäftigungsprogramm die Entbehrungen und die Not nach 1929 gelindert hätte. Indem wir dem Meister folgten, konnten wir uns, jung und unbedeutend, wie wir waren, den großen Männern der Banken Morgan's, Chase, National City und New York Federal Reserve überlegen fühlen.

In den Jahren 1936 und 1937 lasen alle Keynes, die älteren Mitglieder der Fakultät mit Entrüstung, die jüngeren mit großem Vergnügen. Kurz vor dem Beginn des Wintersemesters 1936 feierte die Universität, wie ich bereits erwähnte, ihren 300. Geburtstag. Roosevelt kam und erinnerte sein kritisches Publikum an den Kummer, der Harvard-Leute schicksalhaft zu befallen schien. »[Zur Zeit des 200. Geburtstages] waren viele Harvard-Absolventen ernsthaft besorgt um die Lage der Nation. Andrew Jackson war damals Präsident. Am 250. Jahrestag der Gründung von Harvard College waren die Absolventen erneut in großer Sorge. Grover Cleveland war Präsident. Heute, am 300. Geburtstag, bin ich Präsident.«[12] Zuvor hatte die Universitätsverwaltung die verschiedenen Fachbereiche ersucht, Wissenschaftler zu benennen, die mit der Ehrendoktorwürde ausgezeichnet werden sollten. Die älteren Professoren baten ihre jüngeren Kollegen um Vorschläge. Unter der Führung von Rupert Emerson, einem sehr beliebten Lehrer und großen Freigeist, schlugen jüngere Mitglieder des politologischen Seminars Leo Trotzki vor. Die jungen Volkswirtschaftler wollten da nicht zurückstehen und nominierten Keynes. Keiner der beiden Vorschläge wurde für diskussionswürdig erachtet. Vielleicht um ein Exempel zu statuieren, wurde statt dessen D. H. Robertson, Keynes' Hauptrivale in Cambridge, geehrt. Dazu kamen noch einige andere, die inzwischen vergessen sind.[13]

Was indessen zählte, war, daß Keynes' Ideen in Washington Einfluß gewannen. Erwartungsvoll hielten wir in der Hauptstadt nach denjenigen Ausschau, die eine ähnliche Offenbarung erlebt hatten, und es dauerte nicht lange, bis wir welche fanden. Einer von ihnen war Marriner S. Eccles, der als Bankier in Utah die bankrotten Farmen und Geschäfte in seiner Heimat gesehen und wie Dennison die Gedanken Keynes' bereits vorempfunden hatte. Er war mittlerweile Leiter des Federal Reserve Board. Ein anderer war Lauchlin Currie, Eccles' Abteilungsleiter für Forschung und Statistik und später der erste professionelle Volkswirtschaftler im Weißen Haus. Unter den New-Deal-Liberalen in Washington kam es bald zu einer Spaltung, die exakt die Gegensätze reflektierte, die mich zu Beginn meiner Unterrichtszeit bei Dennison so prächtig durcheinandergebracht hatten. Die eine Gruppe – sie war die größere und blieb bis gegen Ende der dreißiger Jahre auch die einflußreichere – sah die Ursache für die Wirtschaftsprobleme nach wie vor im Niedergang des freien Wettbewerbs, das heißt, in der immer weitere Bereiche durchdringenden Macht der Monopole. Den Ausweg glaubten sie in einer kraftvollen Neubelebung und Anwendung der Antitrustgesetze zu erkennen. Und unter Thurman Arnold, der aus Yale gekommen war, um die Antitrustmaßnahmen des Justizministeriums zu leiten, kam es tatsächlich zu einem derartig verschärften Vorgehen. Flankiert wurden diese Maßnahmen durch umfangreiche Untersuchungen der Industriestruktur, die unter den vereinigten Auspizien des Kongresses und der Exekutive vom Temporary National Economic Committee durchgeführt wurden. Die zweite, kleinere und aufgrund ihrer Überzeugung stärker zusammenhaltende Gruppe sah die wirtschaftliche Problematik so wie Keynes. Wir hielten uns für entschieden moderner und auch sonst für überlegen, und daß wir Currie auf unserer Seite hatten, war ein unschätzbarer Vorteil. Es lag in der Natur der Sache, daß das Weiße Haus bei Neueinstellungen Einfluß nahm; wenn also Volkswirtschaftler gebraucht wurden, achtete Currie darauf, verläßliche Keynesianer unterzubringen. Meine eigene Zuverlässigkeit auf diesem Gebiet führte später dazu, daß ich während des Krieges zum Leiter des Amtes für Preiskontrolle bestellt wurde.

Keynes war das Thema vieler und gründlicher Seminare in Harvard. Sie führten dazu, daß zahlreiche der jüngeren Ökonomen sich bemühten, seine Ideen in einfache amerikanische Umgangssprache zu übertragen.[14] Zuvor jedoch hatte ich mich entschlossen, mich selbst in den Tempel zu begeben. Im Frühjahr 1937 stellte ich beim Social Science Research Council, einer Rockefeller-Stiftung, den Antrag auf ein Stipendium, das es mir ermöglichte, ein Jahr lang bei Keynes in Cambridge zu studieren. In diesem Jahr gab es noch zwei weitere, für mich persönlich wichtige Ereignisse.

Im Wahlkampf 1936 hatte ich mich freiwillig zu einigen kleineren

Einsätzen für Franklin D. Roosevelt bereit erklärt. Ein oder zwei demokratische Parteifreunde meinten daraufhin, ich solle mich, falls ich mich in dieser Hinsicht weiter engagieren wolle, doch lieber einbürgern lassen und selber mit zur Wahl gehen. Diese lange Prozedur hatte ich bereits früher in Kalifornien in die Wege geleitet. Im Herbst 1937 wurde ich nun von einem Mann über die Verfassung befragt, der mir sagte, daß ich als Dozent in Harvard sicher besser darüber Bescheid wisse als er selbst. Und so legte ich - zusammen mit einigen hundert verarmten Applikanten, deren Zuneigung zu Amerika durch eine jüngst verabschiedete Verordnung angeregt worden war, derzufolge die Staatsbürgerschaft Voraussetzung für die Beschäftigung nach dem staatlichen Arbeitsbeschaffungsprogramm war - den Loyalitätseid ab. Niemand dürfte diesen Akt je mit weniger Emotionen und so ohne jedes traumatische Gefühl vollzogen haben.

Ein paar Tage später heiratete ich Catherine Merriam Atwater, die Tochter von Alice Merriam und Charles Atwater. Letzterer war ein Rechtsanwalt aus New York und ein hervorragender Segler, der dereinst sein winziges Boot ohne Funk und Motor bis nach Island gesteuert hatte. Kitty hatte nach ihrem Examen ihre Studien am Radcliffe College weitergeführt, nachdem sie zuvor in München, am Smith College und an der Sorbonne studiert hatte. Sie ist eine kluge und liebevolle Frau von einmaliger Schönheit, stets für ihre Familie und Freunde da, eine glänzende Organisatorin unserer Privatangelegenheiten mit hervorragenden Sprach- und Literaturkenntnissen, ohne bekannte Feinde auf dieser Welt, und wir lebten glücklich für und für.

6
In Unschuld außer Landes

Ein Schiff zu besteigen und nach Europa zu fahren, gehörte zu den Vergnügungen einer vergangenen Epoche, die wie kaum etwas anderes zelebriert wurden. Diejenigen, die nur PanAm und Sir Freddie Laker kennen, wissen nicht, was ihnen entgangen ist. Sie können sich jedoch glücklich schätzen, daß ihnen die sich daraus ergebende Konversation erspart bleibt, denn die Meriten der verschiedenen Dampfer, ihre jeweiligen Eigenarten und Stammpassagiere gaben früher in akademischen und gesellschaftlichen Kreisen Anlaß zu ausführlichen Debatten. Wer sich mit Insiderwissen an diesen Debatten beteiligte, bewies dadurch schlüssig, daß er bereits in Europa gewesen war. In besseren Universitätskreisen galt die *Statendam* der Holland-Amerika-Linie als das Schiff, welches einen mit Erinnerungen beglückte, mit denen man nach der Rückkehr den größtmöglichen Eindruck machen konnte. Freunde fühlten sich damals ebenso stark verpflichtet, an den Kai zu kommen und einen mit Blumen zu verabschieden, wie man sich heute verpflichtet fühlt, zu einem Begräbnis zu gehen. Niemand ist jemals zum Kennedy- oder Dulles-Airport gekommen, um einem Freund ähnlich zeremoniell adieu zu sagen.

Meine eigenen Überfahrten rufen in mir freudige oder nostalgische Erinnerungen wach, wie sie ansonsten nur schönen Frauen vorbehalten sind. Mitunter haben sich sogar die Abfahrten anderer meinem Gedächtnis eingeprägt. So erfuhr ich am Morgen des 7. März 1947 – ich war damals Redakteur bei *Fortune* –, daß mein Freund Eric Roll (später Sir Eric Roll und noch später Lord Roll of Ipsden), Wirtschaftshistoriker und einer der vielseitigsten höheren Beamten Großbritanniens, am Mittag sein Schiff besteigen würde. Er war zusammen mit John Strachey, dem damaligen britischen Ernährungsminister, in Washington gewesen und hatte sich um eine Aufstockung der Lebensmittellieferungen an die britische Bevölkerung bemüht. Ich besorgte eine Flasche Whisky und ein paar Bücher – beides Mangelware im England jener Tage – und fuhr mit dem Taxi zu den Piers am Hudson River, um ihm Lebewohl zu sagen. Wir fuhren gerade die 51. Straße entlang, als vor uns große Rauchwolken emporquollen. Der Chauffeur drehte sich um und sagte mir mit unverkennbarem Vergnügen, daß die *Queen Elizabeth* in Flammen stünde und ausbrenne, »genauso wie die *Normandie*«.

In Wirklichkeit stammte der Rauch von dem Motorschiff *John Ericsson* von der US Maritime Commission, das auf der anderen Seite des Piers lag. Unter den Passagieren der Cunard-Linie herrschte indessen heillose Verwirrung. Kaum waren wir angekommen, ließ man sie mit ihrem Gepäck auf der Straße stehen und schickte die Taxifahrer wieder fort, damit Platz für andere frei wurde. Niemand konnte auf den Pier, geschweige denn aufs Schiff. Der Anblick, der sich dort bot, war der eines Flüchtlingslagers voller reicher Leute.

Ich benutzte meine Mitgliedskarte vom Journalistenverband als Presseausweis, passierte die Absperrungen der Polizei und ging an Bord – nur um dort feststellen zu müssen, daß die Kabinen der britischen Delegation leer waren. So ließ ich lediglich die Flasche und die Bücher dort und wollte mich wieder an meinen Arbeitsplatz zurückbegeben. Inzwischen hatte es jedoch zu regnen angefangen, und die Feuerwehr der Marine erschien am Ort des Geschehens. Die sich zusammenkauernden Passagiere mit ihrem aufeinandergestapelten Reisegepäck wirkten mittlerweile erheblich armseliger. Als ich mich auf der Suche nach einem Taxi davonmachte, rief mich plötzlich jemand an. Man hatte Strachey, Roll und einen Mitarbeiter, umgeben von ihren Koffern und Diplomatentaschen, im Regen abgeladen. Ich begrüßte sie, und wir unterhielten uns, wobei ich die Ansicht äußerte, New York könnte einen auf Staatsbesuch weilenden Minister eigentlich besser behandeln. Gewiß würde die Polizei die Gruppe an Bord gehen lassen, wenn man sie darum bäte. Eric Roll deutete auf einen Polizisten, den er gerade darum ersucht hatte, worauf dieser ihm gesagt hatte, er solle sich dorthin zurückscheren, wo er hergekommen sei. Außerdem hatte er noch recht barsch hinzugefügt, der letzte, der die Absperrungen habe passieren wollen, habe von sich behauptet, er sei Jesus.

Ich ging zu dem Polizeibeamten und sagte ihm, daß ich für *Time* arbeite. Das klang eindrucksvoller als *Fortune* und stimmte ja auch insofern, als es sich um den gleichen Konzern handelte. Ich verwies auf die Pflichten der Gastfreundschaft und die Regeln des hohen Protokolls. Den Bullen ließ das völlig kalt, doch wies er mich darauf hin, daß ich ja mit seinem Vorgesetzten, Inspektor Ryan, sprechen könne. Er deutete dabei auf einen hünenhaften Mann im zivilen blauen Serge mit goldener Uhrkette über der breitgespannten Weste, der die Schrekkensszene aus einiger Entfernung beobachtete. Also trug ich mit Eloquenz und ohne dabei besonders zu übertreiben Ryan den Fall vor. Ein hoher Diplomat einer großen, befreundeten Nation wurde da einfach im Regen stehen gelassen. Mr. Ryan ging gemessenen Schrittes auf Strachey zu und musterte ihn aus kurzer Entfernung von Kopf bis Fuß. Ich folgte ihm. John trug zwar einen ministeriellen Homburg, aber am unteren Rand desselben lugte sein Haar unordentlich hervor. Auch war sein Anzug kriegsbedingt schäbig, Hemd und Krawatte waren schmutzbespritzt, und die Nässe tat ein übriges dazu, daß er und seine Begleiter sich in einem ziemlich aufgelösten Zustand befanden.

Ryan wandte sich an mich: »*Was*, sagten Sie, ist der?«

In Hörweite der Gruppe begann ich von neuem mit einer Erklärung. Ryan schüttelte ungläubig den Kopf, entschloß sich jedoch dann, auf Nummer Sicher zu gehen. Er gab seinem ebenso ungläubigen Untergebenen einen Wink, die Gruppe durchzulassen und aufs Schiff zu geleiten.

Für mich war dies die erste von vielen Begegnungen mit John Strachey. Unsere Freundschaft endete erst mit seinem Tod im Jahre 1963. Die Nachricht davon erreichte mich, als ich aus Indien zurückkehrte.

Bei Schiffsabfahrten, die einen geordneteren Verlauf nahmen, ging dem gebieterischen Aufheulen der Schiffssirene eine Art heiseres Räuspern voran. In prononciertem Englisch ertönte eine Stimme und sagte: »Nicht-Mitreisende werden gebeten, von Bord zu gehen.« Der letzte Besoffene wurde auf den Pier gekippt. Das Schiff legte ab, und die Blicke der auf dem Deck versammelten Passagiere richteten sich auf die so erstaunlich tief unter ihnen befindlichen Schlepper. Bald verließ man den Fluß, unter der Heckreling brodelte das Wasser und bildete einen flachen, etwas unregelmäßigen Streifen, der bis zum Horizont reichte. Letzterer war nie sehr weit entfernt, denn nur bei sehr wenigen Atlantikreisen schien die Sonne.

»Wie war die Überfahrt?«

»So schlimm wie noch nie. Selbst der Käpt'n meinte das.«

Man promenierte übers Deck, wechselte mit anderen Passagieren, die in Decken gehüllt auf ihren Liegestühlen ruhten, Blicke von sorgfältig dosierter Herzlichkeit und beteiligte sich an einfallsreich-banalen Amüsements. Amerikaner bezogen einen großen Teil ihres Vergnügens aus der Aufmerksamkeit der Kabinen- und Decksstewards sowie der Kellner, die für den Reisenden das taten, was er zuvor in seinem Leben immer selbst hatte tun müssen. Die großen Dampfer waren die letzte Manifestation der servilen Dienstbotenklasse. Harvardianer erinnern sich an eine der reaktionären Wahrheiten Joseph Schumpeters: Ein Diener wiegt tausend Haushaltsgeräte auf.[1]

Jungverheirateten wurde in jener Zeit nur geringes Interesse entgegengebracht, da damals niemand davon ausging, daß die Scheidung auf dem Fuße folgen würde. Als wir am 18. September 1937 das Schiff nach Southampton bestiegen, verknüpften wir also das erregende Erlebnis einer Fahrt auf einem großen Ozeandampfer mit den eher normalen Freuden der Liebe und der Ehe. Unser Schiff, die *H.M.S. Britannic*, bot leider nicht viel Stoff für künftige Konversationen; es traf sich bloß, daß sie am Tag nach unserer Hochzeit in New York ablegte.

Die Mitnahme eines Wagens kostete ungefähr 150 Dollar, und kein Amerikaner lieferte sich damals freiwillig einem minderwertigen europäischen Gefährt aus. Unser Ford Cabriolet wurde in Southampton aus dem Schiff gehievt. Dann fuhren wir über Winchester und Salisbury nach London. In den Carlton Mansions am Gordon Square zu Bloomsbury wurden wir am frühen Morgen von drei Dudelsackpfeifern geweckt, die auf der Straße vor dem Haus ein Ständchen gaben. Als wir nachsahen, blickten sie erwartungsvoll zu den Fenstern empor. Es waren MacDonalds, Leute aus meinem eigenen, stolzen Clan. O weh, was war aus uns geworden! Während unseres Aufenthaltes in London erfuhr ich, daß ich Keynes in Cambridge wahrscheinlich gar nicht zu Gesicht bekommen würde; er erholte sich noch von einem Herzanfall.

Wir begaben uns trotzdem zur Universität, und es stellte sich heraus, daß Keynes' Abwesenheit sich nicht so negativ auswirkte, wie ich vermutet hatte. Dies lag unter anderem daran, daß er sich selbst, wenn er bei guter Gesundheit war, nur selten dort blicken ließ. Eine Versicherungsgesellschaft in London, eine Farm in Tilton, Firle, Sussex und seine Freunde in Bloomsbury hatten immer einen weitaus größeren Teil seiner Zeit beansprucht. Und seine Freunde, Studenten und Jünger in Cambridge - R. F. (später Professor Lord) Kahn, Joan (später Professor) Robinson und der unnachahmbar brillante und liebenswerte italienische Volkswirtschaftler Piero Sraffa - waren mit den Ideen des Meisters genauso vertraut wie Keynes selber. Sie sprachen in der Tat über kaum etwas anderes, und in den kommenden Monaten verhielt ich mich genauso.

Sraffa hatte es fertiggebracht - wie, weiß ich bis heute nicht -, daß man allgemein der Ansicht war, ich sei im Trinity College sehr willkommen. Dieser Eindruck wurde jedoch erst viele Jahre später durch einen Lehrauftrag gerechtfertigt, den ich meinem Freund R. A. (Rab) Butler verdankte, der inzwischen dort die Leitung übernommen hatte. Meine Schuld gegenüber Sraffa beglich ich 1945 in höchst ungewöhnlicher Form. Er tauchte eines Tages in London auf und bat mich, ihm einen Flug nach Italien zu verschaffen. Dies war nur mit Hilfe eines Militärflugzeuges möglich. Er glaubte, in seinem Heimatland stünde eine Revolution unmittelbar bevor, und wollte sie nicht versäumen. Ich war damals Direktor der Kommission, die sich mit der Untersuchung der strategischen Bombardierungen befaßte, und stand in enger Verbindung mit der Air Force. Obwohl mich mein Gedächtnis hier etwas im Stich läßt, glaube ich doch, daß es mir gelang, ihm seinen Wunsch zu erfüllen. Wäre Sraffa ein italienischer Lenin bei einer kommunistischen Machtübernahme in Rom gewesen - seine Sympathien tendierten in diese Richtung –, dann hätte ich ganz schön damit zu tun gehabt, mir eine Erklärung für mein Verhalten einfallen zu lassen. Aber niemand, der Sraffa kannte, hätte sich darüber den Kopf zerbrochen. Er war der Muße zugetan wie kaum je ein anderer. Bei einer von ihm geführten kommunistischen Revolution hätte sich nichts Wahrnehmbares getan. Und doch gilt er heute bei ernstzunehmenden Volkswirtschaftsstudenten als großartiger Wissenschaftler, und zwar deshalb, weil er in kurzen Abständen immer einmal wieder ein paar Minuten oder einige Stunden auf das Zusammentragen, Kommentieren und Edieren der Schriften David Ricardos verwandte. So hinterließ er der Nachwelt ein ganzes Bücherbrett voller mit großer Sorgfalt zusammengestellter Bände über das Werk jenes Börsenmaklers aus dem frühen 19. Jahrhundert, dem sowohl Marxisten als auch klassische Konservative ihre Reverenz erweisen. Jeder, der in der Bibliothek auf diese Bücher stößt, gewinnt von Sraffa den Eindruck eines Mannes von unübertrefflichem Fleiß.

Die Freundschaft mit Michał Kalecki, einem Polen im selbstgewählten Exil[2], gehörte zu den bleibenden Werten meines einjährigen Aufenthaltes in Cambridge.

Kalecki war ein kleiner, leicht erregbarer, unabhängiger und konzentrierter Mann, der erfinderischste Kopf, der mir, Keynes nicht ausgenommen, auf dem Gebiet der Volkswirtschaft je begegnet ist. Seine Spezialbegabung lag darin, daß er einem Selbstverständlichkeiten ins Blickfeld rücken konnte, die einen veranlaßten, sich kopfschüttelnd zu fragen, wieso man nicht schon längst auf sie gekommen war. Dies geschah normalerweise im Gespräch, und nur selten raffte sich Kalecki auf, seine Entdeckungen niederzuschreiben. Gedruckt wurde seine Idee, daß die Abneigung, ein Risiko einzugehen, um so größer wurde, je geringer das Einkommen eines Mannes war. Dies liegt daran, daß der Verlust einem Armen sehr viel mehr weh tut als einem Reichen. Der kleine Bauer, der hart am Rande des Existenzminimums dahinvegetiert, wird daher vorsichtiger und konservativer als alle anderen sein. Wenn er etwas Neues riskiert und dabei Pech hat, wird er hungern oder vielleicht sogar zugrunde gehen. Demgegenüber riskiert ein wohlhabender Farmer in einem solchen Fall nur einen Teil seiner Einkünfte. Treffender läßt sich der Widerstand armer Dörfler gegen landwirtschaftliche Neuerungen nicht erklären. Die Tatsache, daß sie noch am Leben sind, beweist in ihren Augen, daß die uralten Methoden für sie nach wie vor tauglich sind. Neues Saatgut, neue Pflügetechniken oder neue Kulturpflanzen haben diesen Beweis noch nicht erbracht und können sich daher als Fehlschlag erweisen.

Jahre später, in Indien, hörte ich von seiten amerikanischer Landwirtschaftsexperten oft bittere Klagen darüber, daß der indische Bauer nicht bereit sei, amerikanische Methoden zu übernehmen. Ich mußte dabei stets an Kalecki denken. Wenn sich die neue Methode nicht bewährte, mußte der indische Bauer hungern, und dessen war er sich wohl bewußt. Sein amerikanischer Berater dagegen wäre inzwischen längst wieder zu Hause an der University of Kansas in Sicherheit.

1958 flog ich mit Kalecki in einer fragwürdigen Maschine der polnischen Fluggesellschaft LOT von Warschau über Budapest nach Belgrad. Er war nach dem Krieg und einem kurzen beruflichen Zwischenspiel bei der UNO nach Polen zurückgekehrt. Seine kompromißlose Integrität hatte ihn mit UN-Bürokraten in Konflikt gebracht und sollte ihm auch später in Polen wieder Schwierigkeiten machen. Auf dem Flug gen Süden fragte er mich, ob mir schon einmal aufgefallen sei, daß man alle Menschen auf der Welt nach der maximalen Zeitspanne, während deren sie an etwas anderes dachten als an sich selbst, einteilen könne – in »Zweistundenmenschen«, »Zehnminutenmenschen« und »Millisekundenmenschen« wie Richard Nixon. Ich hatte zuvor nie darüber nachgedacht, aber 1962, als ich mich im Hause meiner Freundin Ruth Field auf Long Island von einer Hepatitis erholte, erfand ich einen »Psychometriker« namens Herschel McLandress, der die »McLandress-Dimension« erfunden hatte, eben jene Zeiteinheit, von der mir Michał Kalecki erzählt hatte. Diese und ähnlich geartete wissenschaftliche Leistungen ergaben ein Buch gleichen Titels, welches ich mit zufriedenstellendem Echo unter dem Pseudonym Mark Epernay veröffentlichte. »Mark« borgte ich mir von Mark Twain, und das »Epernay« von einer alten Weinkiste aus dem zweckentfremdeten Stall, in dem ich arbeitete. Das Pseudonym war notwendig, weil ich damals Botschafter war und das Außenministerium von seinen Mitarbeitern verlangte, daß sie ihre Arbeiten vor der Veröffentlichung zur Begutachtung vorlegten. Außerdem verbot es ihnen, sich dafür bezahlen zu lassen. Für beide Forderungen gab es gute Gründe, da die Publikationschancen von Außenministeriumsprosa und die daraus resultierende Vergütung weit mehr von der offiziellen Prominenz des Betreffenden als von seinen literarischen oder sonstigen Qualitäten abhängig gewesen wären. Ob diese Regel auch unbedingt auf alles, was unter falschem Namen in echter Anonymität geschrieben wurde, anzuwenden war, schien mir allerdings zweifelhaft. Ich schrieb daher an den damaligen Justizminister Robert Kennedy, schlug ihm vor, mir die Genehmigungsprozedur zu ersparen, und fragte, ob ich das Geld behalten dürfe. Die Frage war so schwierig zu beantworten oder als Präzedenzfall so gravierend, daß mein Brief niemals beantwortet wurde.

Soviel zum Vermächtnis von Michał Kalecki. Ein paar Wochen vor seinem Tod 1970 schrieb ich ihm nach Warschau, wo er damals als Pensionär lebte, gestand ihm diese und zahlreiche andere Sünden ein und berichtete ihm von anderen Autoren, die ihm in ähnlicher Weise verpflichtet waren. Seine Witwe erzählte mir, mein Brief sei eine der letzten Kommunikationen mit dem Westen gewesen, die ihn erreicht hätten, und Michał habe sich eine – wenn auch nur kurze – Freude darüber gegönnt.

Das Vorlesungsprogramm in Cambridge vor dem Krieg – D. H. Robertson über Finanz- und Bankwesen, G. F. Shove in Theorie und J. H. Clapham in Wirtschaftsgeschichte – war nicht sonderlich bemerkenswert, obwohl es gelegentlich mit erfinderischer Niedertracht gewürzt war. Robertson, ein netter Mensch, litt schwer unter den Verirrungen von Keynes und möglicherweise auch an dessen Berühmtheit. Von Leuten, die von ihr verschont bleiben, wird Berühmtheit stets – und oft durchaus zu Recht – als Beweis für mangelndes wissenschaftliches Können angesehen. Keynes wiederum war Clapham nicht wohlgesonnen. Einmal sagte er, daß er nach seinem fünfzigsten (oder vielleicht nach seinem sechzigsten) Geburtstag seine Zeit mit Geschichtsschreibung verbringen werde; das Beispiel Claphams habe ihm gezeigt, daß dazu weder Anstrengung noch Intelligenz erforderlich sei. Ich hörte mir die Vorlesungen an, ohne ihnen ernsthafte Aufmerksamkeit zu zollen. Den größten Teil des Jahres verwandte ich aufs Lesen. Ich durchdrang das Dickicht technischer Kontroversen, die Keynes' Werk umgaben, und gehörte bald zu den anerkannten Orakeln. Auch machte ich die Erfahrung, daß eine derartige Beherrschung der Materie zwar unerläßlich war, um bei anderen Ökonomen Respekt und Gehör zu finden, nicht aber als Richtschnur für praktisches Handeln taugte. Dies trifft auf fast alle komplizierten ökonomischen Theorien zu. Eine angemessen komplizierte Erörterung einer theoretischen Frage in einer Fachzeitschrift – z.B. in Publikationen wie *American Economic Review, Quarterly Journal of Economics, Journal of Political Economy, The Economic Journal (The Quarterly Journal of the Royal Economic Society)*, dessen Herausgeber lange Zeit Keynes selber war – schafft die Voraussetzungen für die Aufnahme in einen weisen, hohepriesterlichen Kreis und dient dazu, die Ungesalbten auszuschließen. Nur selten wird sie jedoch eine Handlungsanweisung zur Lösung eines konkreten politischen Problems bieten. Und das wird von ihr ja auch gar nicht erwartet.

Neben meiner Lektüre schrieb ich einige Artikel und Rezensionen. Auch dabei stand der Gedanke an die wissenschaftliche Karriere im Hintergrund. Ein Aufsatz im *Economic Journal* trug den Titel »Rational and Irrational Consumer Preference«[3] und erregte in erlauchten Kreisen einiges Aufsehen. Die Schlußfolgerung war weder besonders prägnant oder atemberaubend noch besonders verständlich: »Das Problem (jetzt in einem etwas engeren Sinne definiert) besteht darin, wie bei Kleinbetrieben und einer Vielzahl von Unternehmern das Gleichgewicht aufrechterhalten werden kann, wenn die Verbraucher, gäbe man ihnen tatsächlich die Gelegenheit, sich zu entscheiden, eine

Wirtschaftsreform mit Großbetrieben und weniger Unternehmern vorziehen würden.«[4]

In den folgenden Jahren rezensierte ich Hunderte von Büchern. Hat man ein Buch gelesen, kostet es nur wenig zusätzliche Mühe, seine Meinung darüber niederzuschreiben, und dabei prägt sich einem alles ein, was der Erinnerung wert ist. Wenn man als Rezensent einen Namen hat, fühlen sich überdies andere Rezensenten, die ja auch daran denken müssen, wie ihre eigenen Bücher aufgenommen werden, zu etwas mehr Ausgewogenheit veranlaßt. Der literarische Existenzkampf hat viele Aspekte, und nur selten werden dabei die Karten offen auf den Tisch gelegt.

In jenem Jahr fuhr ich wöchentlich einmal nach London, um an Seminaren der London School of Economics teilzunehmen. Die LSE war gegründet worden, um den progressiven Visionen von Beatrice und Sidney Webb und als eine Art Kaderschule der britischen Arbeiterpartei zu dienen. In den dreißiger Jahren herrschten dort jedoch, wie es bei solchen Unternehmungen nicht selten geschieht, bereits erzkonservative ökonomische Vorstellungen, obwohl der Konservatismus durch die freilich nicht die Wirtschaftsfakultät betreffende Gegenwart von Großbritanniens bekanntestem sozialistischem Wissenschaftler, Harold J. Laski, etwas verschleiert wurde. In puncto Berühmtheit konnte Laski es leicht mit einem guten Dutzend weniger im Rampenlicht stehender Konservativer aufnehmen. Die Universität von Cambridge, seit alters her mit Aristokratie und Privilegien gleichgesetzt, war weitaus radikaler als die London School of Economics.

An der LSE nahm ich an Seminaren von Friedrich von Hayek und Lionel Robbins teil, beides Leute klassischer Glaubensrichtung. In beiden Fällen beschrieb das Wort »Seminar« gewohnheitsmäßig eine Versammlung von 75 bis 100 Teilnehmern aus allen Teilen der Welt, die streitbar und eloquent zu verstehen gaben, daß sie sowohl untereinander als auch gegenüber dem Dozenten völlig anderer Meinung waren. Am meisten fielen die jüngst vor den repressiven Regimen in Deutschland, Österreich, Ungarn und Polen geflohenen Emigranten auf.

Der Kampf darum, sich Gehör zu verschaffen, war so hitzig, daß Professor Hayek, ein freundlicher Mann mit einem total archaischen Weltbild, der in jeder Bemühung des Staates, das Gemeinwohl zu schützen oder zu fördern, einen weiteren Schritt auf dem Weg in die Sklaverei sah, nur selten zu Worte kam. An einem denkwürdigen Abend erschien er, nahm seinen Platz ein, verbeugte sich und sagte mit seinem gepflegten Akzent: »Meine Herren, wie ich Ihnen bei unserem letzten Treffen vorschlug, werden wir heute abend den Zinssatz erörtern.« Nicholas Kaldor erkannte die Gelegenheit und antwortete: »Entschuldigen Sie, Professor Hayek, aber ich bin da ganz anderer Ansicht.«

Obwohl ich von Natur aus keineswegs zur Verschwiegenheit neige, beteiligte ich mich während dieses Jahres überhaupt nicht an den Diskussionen. Soweit ich mich erinnere, verhielt sich mein prominentester Landsmann in dieser gebildeten Runde, David Rockefeller, genauso. David besuchte uns in Cambridge, und wir spielten miteinander Poker, allerdings mit Bedacht nur um Streichhölzer.

Unser Haus in Cambridge war ein Reihenhaus in einer unschönen Gegend am Nordrand der Stadt – Leys Road No. 21. Der Nachbar war arbeitslos und rechnete nicht damit, daß sich dieser Zustand jemals ändern würde. Ich grüßte ihn jeden Morgen und machte, so dies möglich war, ein paar freundliche Bemerkungen über das Wetter. Er überlegte ein paar Augenblicke lang und sagte dann: »Zur Zeit geht es ja, aber bald wird's regnen.« Eine Zeitlang teilten wir unser Haus mit John und Dorothy Dunlop. John Dunlop, später Leiter des wirtschaftswissenschaftlichen Fachbereichs und Dekan der Fakultät für Kunst und Wissenschaften in Harvard, Tarifschlichter von unerschöpflicher Energie und Begabung, Direktor des Cost of Living Council unter Präsident Nixon und ein Jahr lang Arbeitsminister unter Präsident Ford, stellte schon damals seine künftige Bedeutung augenfällig unter Beweis. Er packte alle in unserem Haushalt anfallenden Probleme mit solcher Zielstrebigkeit an, daß ich sie ihm einfach überließ und mir keine Gedanken mehr darüber machte. Keynes wies er in diesem Jahr einen Fehler bei den relativen Schwankungen von Real- und Barlöhnen nach, worauf dieser nicht nur seinen Irrtum eingestand, sondern Dunlop sogar für die Richtigstellung dankte. Dabei fiel einem unwillkürlich ein Physikstudent ein, der erfolgreich Einstein korrigiert.

Die Colleges in Oxford und Cambridge hielten auch in der Zeit zwischen den beiden Weltkriegen an ihrem traditionellen Stil fest. Noch immer kümmerten sich Diener um die Bedürfnisse der Studenten, obwohl Cambridge insofern schwach geworden war, als es schon Frauen zu diesen Tätigkeiten zuließ. Proktoren in langen Mänteln patroullierten, assistiert von sogenannten »Bulldoggen«, in voller Amtstracht durch die Straßen[5], um die Einhaltung der Sperrstunde zu überwachen. Das Essen an den besseren High Tables lag weit über dem britischen Durchschnitt[6], ebenso wie die Qualität des Weines, vor allem bei den zahlreichen Festlichkeiten. Großer Wert wurde auf das Niveau der Gespräche gelegt, die nach Tisch zwischen Dozenten, Professoren und Gästen in den Gemeinschaftsräumen geführt wurden. Ich hatte sehr viel Vergnügen daran und ertrug die freundliche Herablassung, mit der alle jungen Amerikaner behandelt wurden, erstaunlich gut.

Meine Frau, die bei diesen Anlässen zu Hause in der Leys Road blieb und Italienisch lernte, war weniger begeistert von der akademischen Szene in Cambridge. Auch die endlosen Wirtschaftsdiskussionen beeindruckten sie wenig, denn sie hatte nie zuvor in ihrem Leben den Namen Keynes oder den eines anderen Ökonomen gehört. Statt dessen reiste sie überaus gerne – eine Eigenschaft, die sie von ihren höchst mobilen Vorfahren geerbt hatte. Von jenen stammte das gute Dutzend alter Baedeker, die wir in einer Schachtel von zu Hause mitgebracht hatten. Die Jahre 1937 und 1938 waren die letzten, in denen man ohne Schwierigkeiten quer durch Europa bis hin zur russischen Grenze reisen konnte, und meine Kenntnisse über diesen Erdteil stammen zum großen Teil aus jener Zeit. In Neapel, Siena, Ravenna, Ferrara, Prag, Leipzig, Posen, Danzig und Königsberg bin ich seitdem nicht wieder gewesen. Und das alte Dresden sollte später vollkommen verschwinden – weniger infolge eines vorsätzlichen kriminellen Aktes, als vielmehr aufgrund verantwortungsloser militärischer Ignoranz und Gleichgültigkeit.

An Wochenenden erschlossen wir uns von Cambridge aus das Land, und wenn mehr Zeit zur Verfügung stand, fuhren wir bis nach Devon und Cornwall oder in den Norden. Während der langen Weihnachtsferien durchquerten wir Belgien, von Brügge über Gent und Brüssel nach Lüttich. Von dort ging es weiter nach Aachen zum Grabe Karls des Großen und über Köln, Göttingen, Hamburg und Flensburg nach Kopenhagen. In Europa herrschte damals ein strenger Winter; fast überall waren die Straßen vereist, und mancherorts, wie zum Beispiel im Harz, türmten sich neben der Straße hohe Schneeberge. Wir hatten genug Zeit, überall anzuhalten, wo es etwas zu sehen gab, und meine Frau hakte jedes Denkmal, jedes Geburtshaus und Museum, jede Kirche und jedes Schloß, das im Baedeker aufgeführt war, säuberlich ab. Solange auch nur eine einzige Sehenswürdigkeit nicht abgehakt war, war sie nicht bereit, die betreffende Stadt freiwillig zu verlassen. Vor unserer Abreise aus Cambridge hatten uns zwei amerikanische Freunde, Ralph Emerson, der sich später als Botaniker einen Namen machen sollte, und Edward Miller, später ein prominenter Gottesmann in New York, gebeten, auf dem Notsitz mitfahren zu dürfen, und wir hatten ihrer Bitte entsprochen. Auf diese Weise ließen sich die Benzinkosten leichter tragen. Schon auf der Fahrt durch Belgien stellte sich heraus, daß es auf den nicht überdachten Notsitzen kaum auszuhalten war, weshalb wir bis Kopenhagen zu viert in dem engen Innenraum unseres Ford-Cabriolet reisten. Meine Frau als die Kleinste von allen war gezwungen, sich auf dem Brett hinter den Vordersitzen zusammenzurollen. Wie es draußen aussah, mußten wir ihr erzählen. An der dänischen Grenze wurden wir gebeten, auszusteigen und im Zollbüro Pässe und Wagenpapiere kontrollieren zu lassen. Die drei, die wir vorn im Wagen saßen, verließen das Fahrzeug und wurden von einem Wachhabenden ins Büro begleitet. Ein paar Minuten später folgte uns Kitty. Der Beamte reagierte verblüfft und argwöhnisch, verließ den Raum und inspizierte noch einmal das Innere unseres Wagens.

Unsere Begleiter verließen uns in Dänemark. Am ersten Weihnachtsfeiertag besichtigten wir das Hamletschloß in Helsingör, setzten dann über nach Schweden und machten uns auf den Weg nach Stockholm. Nach einem kurzen Nachmittag brach die Nacht herein. Wir klappten das Verdeck auf und fühlten uns dem tiefen Schnee ganz nahe. Über uns stand der Mond, und die Wälder säumten die Straße wie eine schwarze Wand. Wir befanden uns vollkommen allein auf der Strecke. Keine Reise führte uns je wieder durch so zauberhafte Stille, keine war so rätselhaft, so wunderbar. In den frühen Morgenstunden erreichten wir die schwedische Zündholzmetropole Jönköping am Südende des Vätternsees. Die Straßen waren leer, wie ausgestorben. Wir suchten das größte Hotel am Platze auf, über dessen Eingang ein Schild mit der Aufschrift »Hotel Stängt« hing. Die Tür war verschlossen; minutenlang klingelten wir vergeblich. Später erfuhren wir, daß *stängt* auf schwedisch »geschlossen« heißt.

Es war dies eines der wenigen Male, daß die sprachlichen Fähigkeiten meiner Frau versagten. Das Erlernen einer neuen europäischen Sprache war für sie eine Sache von nur wenigen Wochen. Als wir 1963 Indien verließen, hatte sie sich genügend Hindi angeeignet, um eine ganz passable Rede halten zu können. Bei einem großen Abschiedsessen, das der damalige Finanzminister T. T. Krishnamachari uns zu Ehren gab, tat sie dies auch. Allerdings war die Darbietung weniger elegant, als wir sie uns vorgestellt hatten, denn Krishnamachari, der aus Madras stammte, war in einem ganz anderen Sprachenkreis aufgewachsen und bedurfte daher eines Dolmetschers.

Viele Jahre später reisten wir, diesmal freilich im Sommer, erneut mit dem Wagen durch Schweden und unterbrachen die Reise wiederum in Jönköping, wenngleich diesmal nur, um dort zu essen. Wenige Tage zuvor hatte ich in der Schweiz eine winzige, vergoldete Spieluhr geschenkt bekommen, die mit einem Ring verbunden war, an dem ich auch die Autoschlüssel trug. In der Toilette des Hotels stand ich neben einem blonden, ziemlich traurig dreinschauenden Schweden vor dem Urinal. Ich fing gerade an zu pinkeln, als ich an die Schlüssel in meiner Hosentasche geriet und unbeabsichtigt die Spieluhr in Gang setzte, woraufhin die »Geschichten aus dem Wienerwald« erklangen. Mein Nachbar hörte die Musik, blickte kurz hinunter auf die vermeintliche Geräuschquelle und rannte dann wie besessen aus dem Raum. Meine Frau sah, wie er herauskam, sich erschrocken nach der Tür umdrehte und dann, als ich erschien, noch erschrockener nach mir: eine unglaubliche musikalische Begabung!

Unter linksliberalen Ökonomen erfreute sich Schweden in den dreißiger Jahren höchster Anerkennung. In Washington war damals ebenso wie in England eine intensive Diskussion über die Ursache der bestehenden ökonomischen Misere im Gange. Waren – in moderner Terminologie – die mikro-ökonomischen Auswirkungen des Monopols schuld oder die makro-ökonomischen Folgen des »Übersparens«, zu geringer Investitionen und die daraus resultierende schwache Nachfrage? Den Schweden war es anscheinend gelungen, beide Probleme erfolgreich zu bekämpfen. Die große Bewegung der Verbrauchergenossenschaften – überall präsent in den Läden des Kooperative Forbundet – griff die Monopole an und senkte durch den Ankauf riesiger Warenmengen die Preise. Wenn es angebracht war, stellte sie die Waren auch selber her.

Die Idee, eine ausbeuterische wirtschaftliche Machtposition nicht dadurch zu bekämpfen, daß man sie – etwa durch Antitrustgesetze – auflöste, sondern indem man eine ähnlich starke Gegenmacht schuf, ließ mich nie wieder los.

Was das Übersparen, die zu geringen Investitionen und die Arbeitslosigkeit – makro-ökonomische Turbulenzen also – betraf, so hatten die Ökonomen der Stockholmer Schule Keynes in wesentlichen Punkten vorweggenommen. Sie hatten erfolgreich darauf gedrungen, den Regierungshaushalt nur mit Hilfe der bei Vollbeschäftigung und hohen Produktionsraten erzielten Einkünfte auszugleichen. Wenn die Arbeitslosigkeit stieg und die Produktionsrate und mit ihr die Steuereinkünfte fielen, erwiesen sich die die Einnahmen übersteigenden Mehrausgaben der öffentlichen Hand als nützliches und notwendiges Stimulans. Daß der Staat für die zur Sicherung der Arbeitsplätze notwendige Kaufkraft sorgen sollte, wurde allgemein anerkannt. Aus diesem Grund machte Keynes in Schweden auch kaum Furore.

Das, was man als die Keynesianische Revolution bezeichnet hat, hätte in einer gerechten Welt den Namen Schwedische oder Stockholmer Revolution erhalten. Den Schweden entging der Ruhm, weil sie ihre Politik auf viel zu friedfertige Weise in die Tat umsetzten. Revolutionen verlangen, zumindest sprachlich, den Stempel der Gewalt, und für den zu sorgen waren die britischen und amerikanischen Kritiker von Keynes gut genug.

In Stockholm lernte ich Bertil Ohlin, den langjährigen Vorsitzenden der Liberalen Partei und späteren Nobelpreisträger, den jungen Dag Hammarskjöld, der damals stellvertretender Finanzminister war, die spätere Ministerin Karin Kock und den damaligen Vorsitzenden der Konservativen Partei, Professor Gösta Bagge, kennen.

Eines Abends – die Schneewände beiderseits der Straße waren höher als der Wagen – verließ ich Stockholm, um Gustav Cassel einen Besuch abzustatten. Cassel, Professor für Wirtschaftswissenschaften im Ruhestand, war ein hochgewachsener, patriarchalisch wirkender Mann. In europäischen Finanzkreisen genoß er den Ruf einer konkurrenzlosen Koryphäe. Er kam die Treppen herab, begrüßte mich herzlich und sagte: »Ich nehme an, Sie haben meine roten Studenten in Stockholm schon alle getroffen.« Er dachte dabei vor allem an Gunnar Myrdal. Dann fragte er mich des längeren über Roosevelt aus. Ich verhehlte meine Gefolgstreue nicht. Seine Mißbilligung war höflich und maßvoll.

Meine Freundschaft mit Gunnar und Alva Myrdal, die beide später Kabinettspositionen bekleideten, begann in jenen Wochen und hat bis heute Bestand. Viele Jahre später begegnete ich Alva auch in ihrer Eigenschaft als schwedische Botschafterin in Indien.

Gunnar hat zahlreiche große Leistungen vollbracht, und von einer seiner größten erhielt ich schon sehr früh Kenntnis, wenngleich mein Gedächtnis mich in diesem Zusammenhang eine Weile lang im Stich ließ. Bei einem gemeinsamen Essen in Stockholm Ende Dezember 1937 erzählte er mir, daß er gerade eine höchst seltsame Einladung von Frederick P. Keppel, dem damaligen Präsidenten der Carnegie Corporation in New York, erhalten habe. Keppel fragte an, ob Myrdal nicht in die Vereinigten Staaten kommen und sich dort als vernünftiger und gebildeter Außenseiter einmal mit dem »Negerproblem«, wie man es damals nannte, beschäftigen wolle. Vielleicht ließen sich auf diese Weise die eingefahrenen amerikanischen Vorurteile und Stereotype aufbrechen. Myrdal hielt diese Idee für zu romantisch, um realistisch zu sein. Meine Reaktion war anders; niemand, so dachte ich, sollte auf das Geld und die Reisemöglichkeiten verzichten, die ihm von einer Stiftung angeboten werden. Ein paar Tage später trafen wir uns wieder, und er teilte mir mit, daß er seine Meinung geändert und das Angebot akzeptiert habe. Er und Alva seien im Kino gewesen und hätten dort einen Film über den Yellowstone Park gesehen. Während der Beschäftigung mit dem amerikanischen Rassenproblem würde sich wohl auch eine Gelegenheit ergeben, die amerikanischen Nationalparks zu besichtigen.

Solche Streiche kann einem sein Gedächtnis spielen. Vierzig Jahre später gab ich diese Geschichte anläßlich eines Dinners zu Ehren der Myrdals in New York zum besten. Alva sagte nachher zu mir, daß es bei dem ausschlaggebenden Film nicht um den Yellowstone Park, sondern um *yellow fever* (Gelbfieber) und seine Überwindung gegangen sei. Vielleicht, so hatten sie geglaubt, könnten sie bei der Überwindung der rassischen Unterdrückung in ähnlicher Weise behilflich sein.

Das Ergebnis ihrer Forschungen war *An American Dilemma*, eine eindrucksvolle Dokumentation über Benachteiligungen aus rassischen Gründen und entsprechende Gegenmaßnahmen, bei deren Zustandekommen den Myrdals neben anderen auch Ralph Bunche assistierte. Die Dokumentation war ein ganz wesentlicher, früher Fortschritt im Kampf um die Bürgerrechte.

1940 tagte die American Economic Association in New Orleans. Es war eines der letzten Male, daß eine größere akademische Organisation bei einer Tagung ihre wenigen schwarzen Mitglieder dazu veranlassen konnte, in den für ihresgleichen reservierten schäbigen Hotels abzusteigen. 1971 traf sich die AEA erneut in New Orleans. Inzwischen gab es keine Rassentrennung in den Hotels mehr; schwarze Mitglieder und ihre weißen Kollegen konnten die gleichen sterilen Plastikzimmer mieten. Ich war als schon gewählter, aber noch nicht amtierender Präsident in diesem Jahr für das Programm verantwortlich. So lud ich Myrdal nach New Orleans ein, um ihn als dem Ökonomen, der mehr als jeder andere oder alle anderen zusammengenommen für diesen Wandel getan hatte, den Dank und die Gratulationen der Association entgegennehmen zu lassen.

Ganz abgesehen von den Begegnungen mit den Wirtschaftswissenschaftlern und dem Studium der Genossenschaftsbewegung begann in Schweden auch unsere lebenslange Liebe zum Wintersport. Meine Frau erwarb Schlittschuhe, um es mit meinen – bei einem Kanadier unvermeidlichen – Künsten aufnehmen zu können. Wann ich selber mein erstes Paar erhielt, weiß ich nicht mehr; es ist durchaus möglich, daß ich, wie viele meiner Landsleute, bereits mit Schlittschuhen auf die Welt gekommen bin. Von der Nordiska Trading Company kaufte ich mir jetzt schicke Skier aus Hickory-Holz, die sich mit denen meiner Frau messen konnten. Wir übten zunächst in den Parkanlagen Stockholms und an den Hügeln der Umgebung und unterbrachen unsere Rückfahrt quer durchs Land mit einer zweitägigen Skiwanderung. Man verließ das Haus im Morgengrauen und kehrte drei oder vier Stunden nach Sonnenuntergang zurück.

Auf der Rückfahrt durch Dänemark, Deutschland, Holland und Belgien gelang es uns, nahezu alle vom Baedeker vorgeschriebenen Sehenswürdigkeiten zu besichtigen, und dann waren wir auch schon wieder in Cambridge, wo das nächste Semester begann.

Es war dies erst der Auftakt zu vielen weiteren Reisen. Im Frühjahr erhielt ich von Henry A. Wallace auf Ersuchen John D. Blacks die Einladung, mich einer US-Delegation anzuschließen, die an einer Sitzung des obersten Gremiums des Internationalen Landwirtschaftsinstituts, dem Vorgänger der Welternährungsbehörde (Food and Agriculture Organization, FAO), teilnahm.

Der Sitz der Organisation befand sich, ebenso wie der ihrer Nachfolgerin, in Rom. Ich hatte allerdings die Kosten für die Fahrt nach Italien und meine dortigen Auslagen selbst zu tragen; Reisen im Regierungsauftrag waren damals eben noch nicht das, was sie einst werden sollten. So verließen wir Cambridge im Mai, besuchten Compiègne und Chartres und fuhren von dort nach Paris, wo mich Kitty unter anderem auch zu der Familie des alten Professors in der Rue Madame mitnahm, bei der sie während ihres Studiums an der Sorbonne gelebt hatte. Nach einer ausführlichen, meine Anatomie betreffenden Diskussion, der ich nicht folgen konnte, kam man dort zu dem Schluß, daß sie mich nicht hätte heiraten sollen. Ich war ihnen zu groß und zu täppisch und sprach überdies kein Französisch. Weder dieses noch irgendwelche späteren Erlebnisse konnten meine Begeisterung für die Wunder von Paris beeinträchtigen. Wir reisten weiter in den Norden und Osten des Landes, nach Amiens, Reims und Verdun. Die Landschaft in der unmittelbaren Umgebung von Verdun war damals wie heute eine trostlose, vom Weltkrieg gezeichnete Einöde. In Genf beobachtete ich, wie der Völkerbund darum rang, für die italienische und nazideutsche Intervention in Spanien eine Verurteilung zu formulieren, die nicht nach einer Verurteilung aussah. Von dort aus fuhren wir an die Riviera und über Genua, Pisa und Siena nach Rom.

Das 1905 gegründete Internationale Landwirtschaftsinstitut residierte auf einem kleinen Grundstück innerhalb des Parks der Villa Borghese. Schon zuvor niemals besonders ernst zu nehmen, war es inzwischen soweit degeneriert, daß seine Hauptfunktion darin bestand, das internationale Ansehen Mussolinis ein wenig aufzupolieren. Die vom stellvertretenden Landwirtschaftsminister Milburn L. Wilson geleitete amerikanische Delegation hatte dort nichts verloren, was zumindest einige ihrer Mitglieder sich selbst widerwillig eingestanden. Ich nahm an der Eröffnungs- sowie an der Schlußsitzung teil und begab mich, nachdem ich mich kurze Zeit den anderen Teilen des Programms ausgesetzt hatte, lediglich noch zu den dazugehörigen Empfängen und Dinners.

Zu einem bestimmten Zeitpunkt kurz vor dem Ende der Empfänge kam es stets zu einem Sturm auf die Buffets, die von den bedürftigeren oder den gierigeren unter den Gästen bis auf die Zierblumen abgeräumt wurden. In triumphierender Besitzerpose verließ einmal eine dicke Frau vor uns mit einem ganzen Büschel Bananen den Raum. Von Rom aus fuhren wir weiter nach Neapel, Pompeji, Herculaneum, Sorrent und Amalfi, von dort über Orvieto zurück nach Florenz und über den Apennin nach Ravenna, Ferrara und Venedig. Dann überquerten wir die Dolomiten und den Großglockner, fuhren nach Wien, Prag und Berlin und später auch nach München. In Südbayern besichtigten wir die Schlösser Ludwigs II., reisten weiter in die Schweiz nach Luzern, Interlaken, Montreux und Genf, über das Zentralmassiv nach Marseille und von dort aus zurück nach Paris.

Über den letzten Friedenssommer in Europa, jenes Gefühl der Vorahnung, der Furcht und der Verzweiflung ist viel geschrieben worden. Auch wir bekamen davon etwas mit, obwohl an der Oberfläche vielerorts noch eine ostentative Ruhe herrschte. Außerdem war die Situation von Land zu Land verschieden.

Der italienische Faschismus manifestierte sich hauptsächlich in den öffentlichen Parolen, die an jeder freien Mauer prangten und die Italiener zum Glauben, Gehorchen und Kämpfen - Credere, Obbedire, Combattere - aufriefen. Gerade diese Worte standen in einem auffälligen Gegensatz zu der legeren, skeptischen Realität des italienischen Alltagslebens, zu den Gesprächen und den Millionen Menschen, die aufgrund der enorm hohen Arbeitslosigkeit den ganzen Tag über zum Nichtstun verurteilt waren. In Verona sahen wir die italienische Armee zur Begrüßung eines Mussolini-Gefolgsmannes in den Straßen aufmarschieren, und immer wenn ich in den folgenden Jahren etwas über die katastrophalen italienischen Niederlagen in Griechenland und Nordafrika las, mußte ich an die ungepflegte, unordentliche und gleichgültige Truppe denken, die damals die Straßen in Verona gesäumt hatte. Ihre Bajonettspitzen kamen meinen Augen gefährlich nahe, und die Säbel der Krieger rasselten gegeneinander, wenn einer nach dem anderen sich umdrehte, um meine Länge zu bestaunen.

In Wien trafen wir kurz nach dem Anschluß ein. Nahezu an allen Häuserfassaden hingen Hakenkreuze - große Rechtecke aus rotem Stoff. Von den deutschen und österreichischen Braunhemden sah man jedoch nicht viel, und auch sonst hatte die erst kurz zurückliegende Invasion kaum auffällige Spuren hinterlassen. Der Terror fand hinter verschlossenen Türen statt. Wir besichtigten die großen sozialistischen Wohnungsbauprojekte, Schönbrunn und die Oper, ganz so, wie es damals jeder Tourist hätte tun können. Als wir die tschechische Grenze überquerten, fiel uns allerdings auf, daß unsere Pässe nicht nur von den normalen österreichischen Zollbeamten, sondern auch, und dies mit größerer Aufmerksamkeit, von einem SS-Mann kontrolliert wurden.

Prag schien in jenen Frühsommertagen vollauf mit den Sokol-Spielen, einem großen, extravaganten Jugendsportfest, beschäftigt zu sein. Die erste Drohung der Nazis lag nur wenige Tage zurück, doch bemühte sich der Durchschnittsbürger nach Kräften, sie zu ignorieren. Bevor wir von Prag über Karlsbad und das Erzgebirge nach Deutschland fuhren, hatten wir uns eine amerikanische Flagge besorgt, um sie, falls es sich als nötig erweisen sollte, an der Stoßstange unseres Ford zu befestigen. Insignien dieser Art galten damals als *das* Symbol für Unschuld und Nichteinmischung. In jener Nacht begegneten wir auf den Straßen durch die Wälder Einheiten der tschechischen Armee. Auf deutscher Seite war alles friedlich.

Wie fast alle Intellektuellen meiner Generation machte ich aus meiner Abneigung gegen Hitler und den Nationalsozialismus nie einen Hehl und unterstützte leidenschaftlich die Sache der spanischen Loyalisten. Kitty, die 1934/35 ein Jahr lang in München deutsche Literatur studiert und gemeinsam mit der tragischen Hitler-Freundin Unity Mitford aus dem Geschlecht der Mitfords im Studentinnenheim gelebt hatte, war nicht weniger kritisch, wenngleich sie sich etwas mehr zurückhielt. Aber gegen eine mehrwöchige Deutschlandreise, die nach außen hin als Studienreise getarnt werden konnte, schien damals nur wenig zu sprechen. Es war dies wieder jenes amerikanische Gefühl des Entrücktseins, das sich 1940 nach dem Fall Frankreichs innerhalb von Tagen im Nichts auflösen sollte.

Um den Sommer in Deutschland zu rechtfertigen, hatte ich mich eines etwas fragwürdigen wissenschaftlichen Tricks bedient und verkündet, das sogenannte Reichserbhofgesetz der Nazis studieren zu wollen, welches die Veräußerung von Land, das sich seit langer Zeit im Familienbesitz befand, verhindern sollte. Dies erforderte einen Aufenthalt in Berlin, um dort bei Professoren und Beamten des Landwirtschaftsministeriums Erkundigungen einholen zu können, sowie eine Fahrt aufs Land hinaus, um zu sehen, wie das Gesetz vor Ort praktiziert wurde. Für diese Feldstudie suchten wir uns Ostpreußen aus, da es die entfernteste Provinz des Reichs war und der einzige Teil, den meine Frau noch nicht kannte. Später veröffentlichte ich im *Quarterly Journal of Economics* einen Aufsatz über das Erbhofgesetz, von dem ich sicher bin, daß er niemals zitiert und höchstwahrscheinlich auch nie gelesen wurde.

Auch in Berlin war es ruhig. Gelegentlich begegnete man in den Straßen Soldaten und hatte nicht den geringsten Zweifel daran, daß sie gefährlicher waren als die Italiener. Jeden Tag schritt zur Mittagsstunde eine Abteilung in Schaftstiefeln Unter den Linden entlang bis zum Ehrenmal und trat dort, bevor sie weitermarschierte, einmal virtuos auf der Stelle. Ein Ausbildungsoffizier mit Stentorstimme führte sich auf, als seien seine Beine mit Scharnieren am Körper befestigt. Auf uns wirkte er eher lächerlich als bedrohlich.

Meine Frau hatte in Deutschland zahlreiche Studienfreunde, aber keiner von ihnen war Nazi. Still und betreten kritisierten sie ausnahmslos die Brachialgewalt, die über sie hereingebrochen war. Ein Freund und ehemaliger Kommilitone, Edgar von Schmidt-Pauli, leistete als Offizier bei einer nördlich von Berlin stationierten Einheit der Armee seinen Wehrdienst ab. Als er uns besuchte, verzichtete er unter Mißachtung der Vorschriften darauf, Uniform zu tragen. Er wollte sich von den furchtbaren Begleiterscheinungen des Regimes distanzieren, und dieser Wunsch bestand nicht nur bei ihm, sondern war auch in weiten Teilen des Beamtentums verbreitet.

In Berlin gab es – wie damals in nahezu allen ausländischen Städten – einen »Professional Harvard Man«, eine farblos-charmante Person, die ihre Karriere ihrem Harvard-Aufenthalt verdankte. Der P.H.M. in Berlin arbeitete für den Reichsnährstand, jene Regierungsbehörde, die sich darum bemühte, Deutschland auf dem Gebiet der Ernährung autark und die Landwirtschaft allgemein effizienter zu machen. Als wir unsere Tour durch Ostpreußen vorbereiteten, gab er den Provinzbürokraten die Anweisung, uns einen »Königsumritt« auf den großen Gütern der Junker zu ermöglichen. Diese reagierten darauf mit großer Begeisterung, denn ich wurde, wie wir später erfuhren, in dem Telegramm, das unser Kommen ankündigte, durch einen Übermittlungsfehler vom Status *eines* »jungen amerikanischen Ökonomen« in den *des* »führenden jungen amerikanischen Agronomen« erhoben.

So fuhren wir dann von einem Gut zum anderen. Einmal wurde morgens auf dem Rasen Champagner serviert. Auf einem anderen Gut fand das Mittagessen in einem Speisesaal statt, dessen bedrückende Düsterkeit von überall an den Wänden hängenden Portraits herrührte, die mit wilden Schnauzbärten versehene, uniformierte und pikkelhaubenbewehrte Ahnen darstellten, von denen jeder einzelne bemüht war, grimmiger dreinzuschauen als sein Nachbar. Pferde und offene Kutschen trugen uns über die ausgedehnten Ländereien. Gleich auf dem ersten Gut, das wir besuchten, wäre es fast zu einer Katastrophe gekommen, als meine Frau, die zunächst einen guten Eindruck gemacht hatte, indem sie die Zügel des Gespanns selbst in die Hand nahm, nach dem Unterschied zwischen Weizen und Gerste fragte. Mein Ruf als Agronom stand auf Messers Schneide.

Bei einem unserer Besuche saß ich eines Morgens neben einer hübschen Frau mittleren Alters, die sich in Kommentaren über die uns umgebenden »gesellschaftlichen« Widersprüche erging. Ihr Onkel, eine gebieterische Persönlichkeit und Besitzer des Guts, verachtete sowohl die Beamten, die uns begleiteten, als auch deren Politik. Aber das durfte er sich nicht anmerken lassen. So gab er sich unnatürlich gnädig, und die Beamten sonnten sich in seinem Wohlwollen. Wir setzten unsere Reise mit der Besichtigung des großen Gestüts, aus dem die Trakehner kamen, fort und erreichten die Masurischen Seen. Wir sahen uns bei Tannenberg das Schlachtfeld aus dem Ersten Weltkrieg und das große Ehrenmal an, dessen Architektur die Genialität eines altrömischen Stadions mit der einer amerikanischen Ziegelfabrik kombinierte. Am Abend vor unserer Rückfahrt durch Polen vertraute uns unser Reisebegleiter unter dem Siegel strikter Vertraulichkeit an, daß auch er kein Nazi sei. Er wolle nicht, daß wir einen falschen Eindruck von ihm behielten. Unser Fahrer allerdings, dessen Mantelaufschlag durch schwere Naziembleme sichtlich nach unten gezogen wurde, gab keinerlei Anlaß zu Zweifeln.

Als wir, von Ostpreußen kommend, auf einer wenig befahrenen Straße Polen durchquert hatten und die deutsche Grenze erreichten, war der Schlagbaum heruntergelassen und die Grenze für die Nacht geschlossen. In der näheren Umgebung gab es keine Übernachtungsmöglichkeit. Der polnische Grenzposten, den wir aus seiner Hütte holten, war ein baumlanger Kerl, der mich noch um vier oder fünf Zentimeter überragte. Er bestätigte uns, daß die Grenze jetzt unpassierbar sei. Als Kitty ihn fragte, wo wir übernachten könnten, deutete er vage auf ein nahe gelegenes Feld. Um Zeit zu gewinnen, bewunderte sie seine Figur. Er sagte ihr daraufhin, daß er vor dem Ersten Weltkrieg in der Preußischen Garde gedient habe.

Der Stolz auf sein Regiment war größer als sein polnischer Patriotismus. Meine Frau fragte ihn, ob ich auch zugelassen worden wäre, worauf er meinte, von der Länge her vermutlich ja, doch habe er Zweifel bezüglich meiner allgemeinen physischen Verfassung und meiner Haltung. Aber vielleicht ließ sich die letztere ja noch verbessern. Er war mit seinen Gedanken nun wieder gänzlich in Deutschland, wieder auf Parade in Potsdam. Als er zu sich kam, meinte er, auch uns solle die Reise in die Welt seiner Jugend gestattet werden. Wenn es uns gelänge, den deutschen Grenzposten auf der anderen Seite des Schlagbaums aufzuwecken, dürften wir weiterreisen.

Als sich der Sommer 1938 seinem Ende zuneigte, kehrten wir nach Frankreich zurück. Mich plagte vor allem ein Gedanke: In den vergangenen Monaten hatten sich unsere Aktivitäten kaum von denen normaler Touristen unterschieden. Nach den Bedingungen meines Stipendiums vom Social Science Research Council mußte ich in Paris beim dortigen Leiter der Rockefeller Foundation, von der mein Geld ja letztlich kam, Bericht erstatten. Damit sollte sichergestellt werden, daß tatsächlich ernsthafte Bemühungen zur wissenschaftlichen Fortbildung unternommen worden waren. Der Rockefeller-Repräsentant war ein sympathischer, bereits ergrauender Mann mit dem Äußeren eines Philanthropen. Tracy B. Kittridge – so hieß er – empfing mich in seinem sonnigen, komfortablen Büro. Für meinen Bericht hatte ich die Namen sämtlicher Ökonomen, mit denen ich in den vergangenen Monaten gesprochen hatte, aufgelistet, so unbedeutend sie im Ernstfall auch sein mochten. Ich erzählte ihm von Begegnungen in Rom, den Landwirtschaftsproblemen, mit denen ich mich in Berlin und Ostpreußen beschäftigt hatte, und von meinen Besuchen bei den Ökonomen des Völkerbundes in Genf. Wenige Tage zuvor waren wir ein paar Autostunden südlich von Paris an einer kleinen landwirtschaftlichen Versuchsstation vorbeigefahren. Wir hatten gewendet, den zuständigen Herrn aufgesucht und uns die Anlage angesehen. Auch dies erzählte ich meinem Gegenüber. Schließlich gab es nichts mehr zu berichten. Nun noch zu improvisieren, wäre, so fühlte ich, fehl am Platze gewesen.

Mr. Kittridge sah mich streng an.

»Junger Mann, ich habe einige Anweisungen für Sie.«

Ich nickte, auf alles gefaßt.

»Sie werden jetzt erst mal anständig Urlaub machen.«

Und dies taten wir dann auch. Wir reisten die Loire abwärts, umrundeten die Küste der Bretagne bis nach Mont-Saint-Michel und fuhren von dort aus durch Belgien nach Holland. In Rotterdam begaben wir uns an Bord der für künftige Gespräche wertvollen *Statendam* und fuhren mit ihr nach Hause.

Auf dem Schiff erfuhren wir von der Konferenz in München. Von meinem 2400-Dollar-Jahresstipendium blieb sogar noch ein wenig Geld übrig.

7
Intermezzo

Im Herbst nahm ich meine Lehr- und Schreibtätigkeit in Harvard wieder auf. Aber ich hatte das Gefühl, dieses Leben sei nur ein Intermezzo. Andere und größere Dinge standen bevor. Zunächst jedoch spielten sich Arbeit und Vergnügen in altgewohnten Bahnen ab.

Mit dem frisch vom Keynesschen Seminar in England gekommenen jungen Kanadier Robert Bryce hatte zwischen 1935 und 1937 ein Mann in Harvard gelehrt, der mehr als jeder andere mit definitiver Autorität zu sagen vermochte, was Keynes eigentlich meinte. »Keynes ist Allah«, bemerkte Schumpeter einmal, »und Bryce ist sein Prophet.« 1938 hatte Bryce Harvard jedoch wieder verlassen, um eine Karriere als führender wirtschaftspolitischer Experte in Ottawa zu beginnen, welche – ein einzigartiger Rekord in einem so gefährlichen Metier – dreißig Jahre lang dauern sollte. Ihm vor allem ist es zuzuschreiben, daß Kanada – abgesehen von der unabhängigen Entwicklung Schwedens – das erste Land war, das sich voll und ganz der Keynesianischen Ersatzreligion verschrieb. Als dem jüngsten Heimkehrer aus dem anderen Cambridge wurde nun mir der Brycesche Mantel umgehängt. Meine neue Autorität verschaffte mir eine starke Stellung.

Es bot sich mir ein bewundernswertes Forum. Von der University of Minnesota war Alvin Harvey Hansen an die neue Verwaltungshochschule in Harvard gekommen. Man hielt ihn für einen Mann von annehmbar orthodoxen Ansichten, der sich vor allem für die Sache des Freihandels stark machte. Das Lehrbuch, das er zusammen mit Frederic B. Garver verfaßt hatte, war ein überaus respektables Werk. Aber in den jüngst zurückliegenden Jahren war Hansen aufgrund einer intensiven und kritischen Auseinandersetzung mit den Keynesschen Ketzereien zum Konvertiten geworden. Harvard hatte, vielleicht unwissentlich, den Mann engagiert, der dereinst der führende amerikanische Keynesianer werden sollte.

Hansen war ein unprätentiöser, grundehrlicher und freundlicher Lehrer, der von Studenten und jüngeren Mitgliedern der Fakultät gleichermaßen geliebt und bewundert wurde. Bei seinen finanzpolitischen Seminaren – in Wirklichkeit ging es um Keynessche Wirtschaftstheorie –, die montagnachmittags in dem neuen Littauer Center stattfanden, bevölkerten die Studenten nicht nur den Hörsaal, sondern auch den angrenzenden Flur. Und aus Washington kamen regelmäßig

Kommunikanten, die zuhörten und mitredeten, wenn das Wort verkündet wurde. Ein weiterer Professor, Seymour E. Harris, auch er ein Spätbekehrter, schloß sich der Gemeinde an, ebenso Paul Samuelson. Diese drei waren maßgeblich daran beteiligt, daß das Keynesianische System zur Grundlage der amerikanischen Wirtschaftstheorie, Wirtschaftspolitik und Wirtschaftslehre wurde. Wie ich an anderer Stelle bemerkt habe[1], drang die Keynesianische Revolution in Amerika via Harvard nach Washington vor.

Meine freie Unterkunft und die freie Verpflegung als *resident tutor*[2] standen mir nun nicht mehr zur Verfügung; in jenen Tagen wurde in Harvard eine Heirat mit schweren Strafen geahndet. Aber bald folgte die Erlösung.

Im Herbst 1938, am Abend des großen Hurrikans – uns fiel bloß der starke Wind auf –, fanden wir eine komfortable Wohnung in der Concord Avenue, gleich hinter dem Radcliffe-Campus. Meine Frau bekam eine Stelle in der Widener Library, und Harold Hitchings Burbank verschaffte mir einen Lehrauftrag gegen Extrabezahlung in Radcliffe, wo ich einen der Grundkurse in Volkswirtschaft übernahm.

Eine solche Pfründenverteilung war der Unterstützung verheirateter Lehrkräfte vorbehalten und spiegelte die strengen gesellschaftlichen und moralischen Sitten jener erst so kurz zurückliegenden Zeit wider. Damals war es undenkbar, daß einmal Studentinnen aus Radcliffe gemeinsam mit Harvard-Studenten im gleichen Hörsaal sitzen würden. Und das weniger, weil sie eine erotische Ablenkung dargestellt hätten, sondern weil ihre bloße Anwesenheit eine Beleidigung maskuliner Würde und Überlegenheit bedeutete, obwohl niemals eine Begründung für die Trennung der Geschlechter genannt wurde. Es gab eben gewisse Selbstverständlichkeiten. Infolgedessen mußten alle Seminare, für die Frauen sich interessierten, speziell für sie wiederholt werden, manchmal nur für eine einzige Studentin. Ich machte die Erfahrung, daß ein Thema, für dessen Behandlung in Harvard eine Stunde gebraucht wurde, in der Longfellow Hall im Radcliffe Yard nur 45 Minuten erforderlich waren. Warum, habe ich nie herausgefunden.

Damals habe ich über diese kostspielige Unverschämtheit ebenso wenig nachgedacht wie über die Tatsache, daß es in Harvard keine Schwarzen gab. Es war eben so, und deshalb mußte es auch richtig sein. Während des Krieges erlaubte man den Frauen zwar aus Gründen der Sparsamkeit, gemeinsam mit den Männern zu hören, aber ihre Stellung als Bürger zweiter Klasse – mit schlechteren Zimmern, billigerem Essen, separaten akademischen Titeln, Verweigerung von Lehraufträgen – blieb bestehen. In den fünfziger Jahren, als ich im Kuratorium von Radcliffe saß, begann ich zum erstenmal über die Benachteiligung von Frauen in Harvard nachzudenken. Zögernd brachte ich das Thema zur Sprache – nur um dabei festzustellen, daß sich unter den entschiedensten Gegnern einer Veränderung einige der weiblichen Kuratoriumsmitglieder befanden. Sie hatten es in dieser Männerwelt zu etwas gebracht – warum sollten den jungen Frauen ausgerechnet jetzt Sonderrechte eingeräumt werden? Einmal stellte ich die Frage, ob wir denn kein höheres Ziel hätten, als unsere Studentinnen auf ihre Rolle als Ehefrauen und tüchtige Mütter vorzubereiten. Und nicht etwa auf eine berufliche Karriere oder auf geistige Tätigkeiten. Einer meiner Kuratoriumskollegen wandte sich mir zu und sagte: »Professor Galbraith, erlauben Sie mir diese eine Frage: Gibt es etwas Wichtigeres als eine gute Hausfrau und Mutter?« Mir fehlte der Mut, darauf zu antworten.

Bei der Planung eines neuen Studentenzentrums und -wohnheims setzte ich mich dafür ein, daß die Zimmer als Appartements betrachtet werden sollten, wo die Studenten Freunde einladen und bewirten könnten – also in ihren eigenen vier Wänden anstatt in den großen, feierlichen Gemeinschaftsräumen im Erdgeschoß, wo sich alle Begegnungen züchtig unter den Augen der Öffentlichkeit abspielten. »Es kommt der Zeitpunkt im Leben einer Frau, da sie selbst zur Hüterin ihrer Tugend werden muß.« Es war mir klar, daß ich mit diesem Vorschlag der Pornographie gefährlich nahekam.

Größeren Erfolg hatte ich bei der Aufnahme von Frauen in den Lehrkörper. Postgraduierte in Harvard finanzieren ihr Studium, indem sie Anfangssemester unterrichten, aber in den fünfziger Jahren versagten die meisten Fakultäten, Wirtschaftswissenschaften inbegriffen, den Frauen diese Möglichkeit. Um die Mitte des Jahrzehnts übertraf eine Vassar-Absolventin sämtliche männlichen Konkurrenten sowohl in ihren Examensnoten als auch in ihrer allgemeinen Kompetenz. Ich schlug vor, ihr einen Lehrauftrag zu erteilen. Da sich keine vernünftigen Gründe dagegen einwenden ließen, stimmten meine Kollegen widerwillig zu. Die Ernennung wurde ihr durch einen eingeschworenen männlichen Chauvinisten mitgeteilt, der ihr darüber hinaus im Brustton der Überzeugung sagte, daß sie den Job niemals bekommen hätte, wenn Galbraith nicht das gesamte Fachbereichskollegium damit terrorisiert hätte. (Nach diesem Talent sehnte ich mich zwar stets, aber leider besaß ich es nie.) Meine Kandidatin bekam einen Weinkrampf – und lehnte das Angebot ab.

Im nächsten Jahr jedoch verlief die Sache anders. Jahrzehntelang, bis zu ihrer Emeritierung im Jahre 1957, war der volkswirtschaftliche Unterricht, den Mabel Newcomer und ein Kreis von begabten Kolleginnen in Vassar anboten, der beste seiner Art in den Vereinigten Staaten. Nun erschien eine weitere ihrer Studentinnen in Harvard. Sie war nicht nur entschlossener, sondern auch schöner als ihre Vorgängerin. Ich bin davon überzeugt, daß hübsche Frauen nur selten unintelligent sind und daß es andererseits geistig schwerfälligen Frauen nur selten gelingt, physisch attraktiv zu sein. Die Fakultät ließ sich einmal mehr von mir überzeugen. Dieses Mal stellte ich die Forderung, die Kandidatin per Post zu benachrichtigen. Jahre vergingen; die Stimmung änderte sich; die nachweisliche Gleichbehandlung von Frauen wurde gesetzlich vorgeschrieben. Die Beförderung einer unwiderstehlichen jungen Frau aus New Orleans mit ausgezeichneten Kenntnissen in Finanz- und Bankwesen stand auf dem Programm; diesmal ging es um eine unkündbare Position. Gemeinsam mit einem meiner früheren Gegner war sie leidenschaftlich an sportlichen Aktivitäten, vor allem am Rudern, interessiert. Er setzte sich nachdrücklich für ihre Anstellung ein, und ich unterstützte ihn. Wir wurden beide überstimmt.

Kurz nach meiner Rückkehr nach Harvard erhielt ich einen Anruf von Charles W. Eliot II., mittlerweile Direktor des National Resources Planning Board, einer Forschungsabteilung des Weißen Hauses. Eliot wollte, daß ich von Cambridge aus eine umfangreiche Untersuchung über die Erfahrungen mit dem staatlichen Arbeitsbeschaffungs- und Ausgabenprogramm von der Frühzeit des New Deal bis zur Gegenwart leitete.

Diese Aufgabe bedeutete, daß ich wieder regelmäßig nach Washington fahren konnte. Das Thema war außerdem vortrefflich geeignet, das Keynessche Evangelium zu verbreiten, dem ich mich fest verschrieben hatte. Die Keynesianischen Nationalökonomen in den verschiedenen Ministerien – einschließlich der Federal Reserve Bank und des Weißen Hauses – kannten einander mittlerweile alle. Überdies trafen sie sich regelmäßig unter der Schirmherrschaft der National Planning Association, einer unabhängigen Organisation aus liberalen Wissenschaftlern, Geschäftsleuten, Gewerkschaftsführern und Mitgliedern der Farmerverbände, die noch immer existiert.

Ihre Argumente gewannen, wie es häufig geschieht, durch das Vorgehen ihrer Gegner an Gewicht. Seit 1933 erholte sich die amerikanische Wirtschaft allmählich – sehr allmählich. Die Arbeitslosigkeit, die 1933 einen Höchststand von 25 Prozent erreicht hatte, war 1936 zwar gesunken, betrug aber noch immer erschreckende 17 Prozent. Im folgenden Jahr waren es 14,3 Prozent.[3] 1936 erreichten die Produktionsziffern – das Bruttosozialprodukt in realen Zahlen – erstmalig seit Beginn der Depression wieder den Stand von 1929.[4] Jene wacheren Männer in der Roosevelt-Regierung, denen man finanzpolitischen Scharfsinn nachsagte, behaupteten, es sei nun an der Zeit, den althergebrachten Prinzipien und Wahrheiten neue Geltung zu verschaffen. Konservatives Finanzgebaren sollte nun wieder an der Tagesordnung sein. Demgemäß hob die Federal Reserve Bank die Pflichtrücklagen der Banken an, schränkte ihren Kreditspielraum ein und ließ eine Anhebung der Zinssätze zu. Schritte zur Reduzierung des Haushaltsdefizits wurden unternommen – von 4,4 Milliarden Dollar im am 30. Juni 1936 endenden Etatjahr auf 2,8 Milliarden Dollar im folgenden und

1,2 Milliarden Dollar im Etatjahr 1938.[5] Es war ein Triumph der Konservativen und Anti-Keynesianer, und er wäre auch als solcher gefeiert worden, wäre die Wirtschaft nicht erneut in eine schreckliche Baisse geraten. Zur Depression kam nun eine Rezession hinzu – ein neuer Begriff. Meine Untersuchung sollte aufzeigen, welcher Unterstützung die Wirtschaft nun bedurfte.

G. Griffith Johnson jr., ein junger Ökonom aus dem Finanzministerium, später mein Partner im Office of Price Administration und beim U.S. Strategic Bombing Survey in Deutschland, außerdem viele Jahre lang eine Graue Eminenz in der Motion Picture Association of America, übernahm den praktischen Teil der Untersuchung. Ich beteiligte mich an der Ausarbeitung des Grundkonzepts und übertrug die ökonomischen Aussagen in eine allgemeinverständliche Sprache. Außerdem hielt ich die vorsichtigen Herren aus dem Arbeits- und dem Handelsministerium in Schach, denen man den Auftrag erteilt hatte, sorgfältig auf unsolide Ansichten zu achten und sofort dagegen einzuschreiten. Sie waren, wie häufig in derartigen Fällen, keine Konservativen, sondern Liberale, die unter dem Eindruck der außerordentlichen politischen Gefahren, die mit ihrer eigenen Überzeugung verbunden waren, ins konservative Lager überzuschwenken bereit waren, um Streit zu vermeiden. Der Stolz auf die eigenen Fähigkeiten als Berufspolitiker ist stets ein starkes Motiv für die Preisgabe politischer Prinzipien. Besonders Liberale sind gern darauf aus zu beweisen, daß sie sich nicht zu fein für pragmatische Zugeständnisse sind. Die Konservativen in Amerika sind wesentlich gefestigter in ihrem Glauben. Manche von ihnen sind für ihre Überzeugung sogar zu politischen Opfern bereit.

Ich brachte die meisten meiner Argumente durch. Das ist der Vorteil des Planers: Er kann in einzelnen Punkten zurückstecken, ohne in der Sache selbst nachzugeben, und er kann die Zugeständnisse gleich mit einplanen. In den ersten Jahren des New Deal, als Paul Porter Berater von Henry Wallace war, sagte er einmal: »Wer Landwirtschaftsminister ist, ist mir egal. Hauptsache, ich kann die Presseerklärungen entwerfen, in denen er seine Entscheidungen bekanntgibt.«

In unserem Bericht fand sich schließlich das Zugeständnis, daß »die Ansicht, wirtschaftliche Depressionen würden sich von allein beheben, wenn man sie nur sich selbst überläßt, noch keineswegs tot ist«. Aber im folgenden verkündeten wir kühn »gravierende Zweifel . . .« daran, »[daß diese Ansicht] wieder zur Grundlage der Politik wird«.[6] Der Bericht versicherte, daß unter »der Bedingung allgemeiner Arbeitslosigkeit die staatlichen Arbeitsbeschaffungsprogramme eine nützliche Alternative zur Untätigkeit seien . . . [und] andere Aktivitäten der Regierung ebenfalls: Erziehung und Bildung, Schädlings- und Seuchenbekämpfung, und eine ganze Reihe anderer Dinge«.[7] Diese vorsichtige Formulierung war vielleicht das erste unzweideutige regierungsamtliche Bekenntnis zur Keynesianischen Politik in den USA. Sie zog weder die Aufmerksamkeit auf sich, die ich mir erhofft hatte, noch führte sie zu dem Skandal, den meine Zensoren so sehr fürchteten. In dem Bericht stellten wir fest, daß das Beispiel der Vereinigten Staaten bei ihrem Rückgriff auf öffentliche Mittel zur Senkung der Arbeitslosenzahlen und zur Milderung der Depressionsfolgen nur in einer Hinsicht außergewöhnlich war: Während andere Länder ihr Geld für Waffen ausgegeben hatten, hatten wir friedliche Arbeiten finanziert. Zur Zeit der Veröffentlichung unserer Studie, kurz nach dem Fall Frankreichs, gaben auch wir unser Geld für die Rüstung aus. Überflüssig zu sagen, daß das Defizite verursachte, die zuvor völlig zu Recht mit größter Sorge betrachtet worden waren.

Das National Resources Planning Board wurde von Frederic A. (Uncle Fred) Delano geleitet, dem Onkel des Präsidenten. Es bestand aus drei Mitgliedern und zwei Beratern. Einer von ihnen war Henry S. Dennison. An einem Tag im Jahre 1939 – wir erstatteten dem Vorstand gerade Bericht über die Fortschritte an der Studie über die Arbeitsbeschaffungsprogramme – hieß es, der Präsident wünsche die Vorstandsmitglieder zu sehen. Dennison nahm mich beim Arm; ohne geeignete Unterstützung traute er sich nicht zum Präsidenten.

Im Gänsemarsch betraten wir das Oval Office und wurden einer nach dem andern von Franklin D. Roosevelt begrüßt. Dergestalt in unserer Aufgabe ermutigt, wurden wir wieder entlassen, ohne daß irgendein wesentlicher Punkt unserer Arbeit zur Sprache gekommen wäre. Es war meine erste Begegnung mit dem Präsidenten; danach konnte ich mich immer darauf berufen, ihn persönlich zu kennen.

Die dreißiger Jahre näherten sich ihrem Ende, und nach wie vor wirkten sich die Depression und die Belastungen von außen auf unser bequemes Leben in Harvard aus. Irgend etwas war eindeutig falsch. Die Gesinnung der jüngeren Fakultätsmitglieder driftete merklich nach links. Keynes war nun weithin anerkannt. Der erst vor kurzem von John L. Lewis gegründete Congress of Industrial Organizations erweckte neues Interesse an der Gewerkschaftsbewegung, und jüngere Mitglieder des Harvard-Lehrkörpers gründeten eine Gewerkschaft mit nicht genau umrissenen Zielen. In den Versammlungen, an denen ich teilnahm, herrschte allerdings, wie es damals in den Gewerkschaften Brauch war, ein entsprechend militanter Ton.

Über Keynes hinaus kam es in jenen Jahren auch zu einer Marx-Renaissance, und ein paar Kommunisten oder Marxisten machten sich bemerkbar. Einer der letztgenannten – mutmaßlich, denn er berief sich bei einem Verhör auf das Fünfte Amendment[8] und verweigerte die Aussage – war Russell A. Nixon, ein gutaussehender, intelligenter Mann, zu dessen Studenten in den volkswirtschaftlichen Einführungskursen und später auch in Arbeitslehre John F. Kennedy zählte. Während seiner Präsidentschaft bereitete es Kennedy, wann immer er mit einem hochgestochenen wirtschaftlichen Terminus oder Konzept konfrontiert wurde und vorausgesetzt, er befand sich in entsprechend vertrauenswürdiger Harvard-Umgebung, enormes Vergnügen, hinter vorgehaltener Hand zu sagen: »Wieso hat mir das Russ Nixon bloß nicht beigebracht?«

Der Linksruck führte Ende der dreißiger Jahre zum großen Harvard-Aufruhr, der mit dem Streik und der Universitätsrevolte dreißig Jahre später verglichen werden kann. Der Mangel an alternativen Berufschancen und die Bequemlichkeiten des Lebens in Cambridge hatten dazu geführt, daß jüngere Angehörige des Lehrkörpers ohne feste Anstellung weiter in Harvard herumhingen. Unter den älteren verbreitete sich die Furcht, dies könne mehr oder weniger zum Dauerzustand ausarten. Irgend etwas mußte getan werden. Die Verträge von J. Raymond Walsh, dem ersten Präsidenten der Lehrergewerkschaft, und Alan R. Sweezy, einem aktiven Mitglied der Gewerkschaft, aber nicht zu verwechseln mit seinem jüngeren Bruder Paul, der zur gleichen Zeit ebenfalls in Harvard war[9], wurden nicht verlängert. Der Fall Walsh/Sweezy weitete sich im Frühjahr 1937 zum Skandal aus. Man vermutete, daß es die beiden ihrer politischen Aktivitäten und Ansichten wegen getroffen hatte, was jedoch von den Verantwortlichen in Universität und Fachbereich abgestritten wurde. Ein aus Professoren bestehender Untersuchungsausschuß, zu dem auch Felix Frankfurter bis zu seinem Amtsantritt als Bundesrichter gehörte, wurde eingesetzt. Ein Jahr später stellte er in seinem Bericht fest, die Entlassungen seien rechtens gewesen: Ein paar von den in Harvard versammelten Talenten mußten einfach den Hut nehmen; zwei gelehrte Männer mit höherer Qualifikation hatten bleiben dürfen; zwar waren diese höherqualifizierten Gelehrten in der Tat konservativer und weitaus zurückhaltender in ihren politischen Äußerungen und Handlungen – aber das war ein Zufall. Für Zufälle dieser Art sind Universitäten anfällig.

Ich hatte mit den Vorgängen, bei dem Walsh und Sweezy auf der Strecke blieben, nichts zu tun, denn mein Vertrag hatte noch ein Jahr Laufzeit. Auch machte ich mir keine großen Sorgen um meine Aufstiegschancen. Mein Vertrauen in mein eigenes Können war enorm gestiegen – rascher als das meiner Vorgesetzten. Im Frühjahr 1939 wurde ich nach Princeton eingeladen, um dort über eine Assistenzprofessur zu verhandeln; ein Mißklang in einem ansonsten harmonischen Chor würde das Interesse an mir nur steigern. Ich hielt es deshalb für klug, der Einladung Folge zu leisten, da die Konkurrenz einer anderen Universität meine Beförderung in Harvard sicherstellen würde. In Princeton stellte ich eine Reihe unvernünftiger Forderungen; insbesondere wünschte ich, mich hauptsächlich mit Doktorandenseminaren befassen zu können. Die Details diskutierten wir beim Abendessen im Hause des Dekans der Wirtschaftswissenschaftlichen Fakultät von

Princeton, einem etwas beleibten, sehr liebenswerten Mann namens Stanley Howard, der Betriebswirtschaft lehrte und dem man nachsagte, er habe während des Krieges nach denselben Aufzeichnungen bei der Marine Erdkunde unterrichtet. Noch während unseres Gesprächs erhielt ich ein Telegramm von Harold Hitchings Burbank. Er war gerade von einem Treffen mit James Bryant Conant gekommen und riet mir, jeden Posten anzunehmen, den Princeton anbot. Meine Aussichten in Harvard, so das Telegramm, seien sehr trübe. Meine Verhandlungsposition und meine Stimmung erlitten einen schweren Schock. An diesen Abend erinnere ich mich auch heute noch nur mit größtem Widerwillen.

Im Herbst 1939 bezogen wir eine hübsche Wohnung in einem neuen Appartement-Haus am Palmer Square mitten in Princeton. New York war ganz nahe. Ich war weiterhin viel in Washington. Ansonsten trotzte ich der Gleichgültigkeit der Princetoner Studenten und lernte mit der Zeit, ihnen mit gleicher Münze heimzuzahlen.

Einer meiner Kollegen und Freunde an der Universität war James A. Perkins, der später Vizepräsident der Carnegie Corporation und noch später ein nicht unumstrittener Präsident der Cornell University wurde. Beide waren wir aus den gleichen Gründen unzufrieden. In Europa hatte der Krieg Einzug gehalten. Genauer gesagt, er war ausgebrochen, während meine Frau und ich eine Radtour auf den Bermudas machten. Wir waren schleunigst an Bord der *Queen of Bermuda* gegangen, die verdunkelt nach New York dampfte. Das Schiff war zum Kriegseinsatz nach Großbritannien zurückbeordert worden. Große Ereignisse waren im Anzug, und wir befanden uns im Abseits.

Die Neugotik in Princeton konnte sich sehen lassen; die Anlagen waren sorgsam gepflegt; der Golfplatz erstreckte sich vom Princeton Inn bis zur Graduiertenschule, und die eleganteren Professoren sprachen über ihre Zähler beim Golf. Wenn man abends spazierenging, konnte man Albert Einstein begegnen. Ein, zwei Studenten schlichen sich nach den Vorlesungen in unsere Wohnung, um über Wirtschaftsfragen, Politik und den Krieg zu reden, wobei sie jedoch riskierten, für exzentrisch gehalten zu werden. Perkins und ich kamen zu dem Schluß, daß wir in einer der großen Sackgassen der Geschichte festsaßen.

Wir vereinbarten, daß derjenige von uns, der zuerst entkam, den anderen retten sollte. Das Versprechen wurde eingelöst. Frühmorgens am 29. April 1941 wurde ich, wie ich später noch berichten werde, zum Verantwortlichen für sämtliche Preise in den Vereinigten Staaten ernannt. Nachdem ich zuerst Kitty angerufen hatte, schickte ich ein Telegramm an Jim, der noch am gleichen Nachmittag in Washington eintraf.

In den Jahren 1938 und 1939 war ich zwei- oder dreimal gebeten worden, mich voll und ganz in Washington und für den New Deal zu engagieren. Die Anfragen kamen von Lauchlin Currie, der in dieser oder jener Behörde einen zuverlässigen Keyesianer unterbringen wollte. Ich lehnte jedesmal ab. Im Frühjahr 1940 ließ ich mich auf ungewöhnliche Weise dann doch erweichen. Die American Farm Bureau Federation hatte beschlossen, daß sie einen Nationalökonomen und eine wirtschaftswissenschaftliche Forschungsabteilung brauchte. Man wandte sich an Howard Tolley, meinen ehemaligen Lehrer in Kalifornien, der nunmehr Leiter des Büros für Agrarökonomie im US-Landwirtschaftsministerium war, und bat um entsprechende Vorschläge. Tolley erblickte darin eine Chance, einen Verbündeten in die mächtigste Standesorganisation der Farmer einzuschleusen, die sich damals, und das war nicht ungefährlich, nicht entscheiden konnte, ob sie die Regierung ihres Agrarprogramms wegen unterstützen oder ihres Liberalismus wegen ablehnen sollte. Die Bezahlung – 7500 Dollar im Jahr – war, gemessen an universitären Verhältnissen, ganz hübsch. Mit einer Leichtigkeit, die ganz und gar nicht überraschte, handelte ich bei meinen Kollegen in Princeton eine Beurlaubung aus und machte mich im Mai 1940 auf den Weg nach Chicago. Dort arbeitete die AFBF in schäbigen Räumen in der East Washington Street 58, unweit des Michigan Boulevards und des Sees. Kaum jemand wäre beim Anblick unseres Hauptbüros auf die Idee gekommen, daß es sich dabei praktisch um eine der mächtigsten politischen Kräfte des Landes handelte. Es gehörte zu den Glaubensgrundsätzen des Farm Bureau, daß es politischer Infiltration oder Assimilation seitens der Bundesregierung nur entgehen konnte, wenn es seine Operationsbasis von Washington fernhielt.[10]

Außerhalb des Südens war das Farm Bureau die Organisation der soliden Bauernfamilien, im Süden die Stimme der großen Baumwollpflanzer. Kleine Bauern waren nur selten Mitglieder, Pächter nie. Nominell gab es das Farm Bureau in allen Staaten, doch bildeten damals Illinois, Iowa, Mississippi, Alabama und Arkansas die Grundpfeiler seiner Macht. In Alabama wurden 1940 die örtlichen Farmerorganisationen von Bezirksagenten geleitet, die unter Walter Randolph, dem Präsidenten der staatlichen Organisation, die Hausmacht des politischen Klüngels der Bankheads darstellten, an dem damals keiner vorbeikam und auf den sich seinerseits John H. Bankhead II. als Senator und Mitglied des Agrarausschusses, sowie William B. Bankhead, der Vater von Tallulah, als Sprecher des Repräsentantenhauses stützten. 1942 bekam ich einmal ein Kompliment von John Bankhead, mit dem ich, ausgehend von vollkommen unüberbrückbaren Meinungsgegensätzen, über den angemessenen Baumwollpreis verhandelte. »Doktor«, sagte er, »Sie haben im vergangenen Jahr eine Menge gelernt, und ich gratuliere Ihnen dazu. Früher taten Sie immer so, als verstünden Sie etwas von Baumwolle. Jetzt geben Sie zu, daß Sie keine Ahnung haben. Das nenne ich Fortschritt, Sir.«

Die Macht des Farm Bureau war aufgeteilt in Nord und Süd, in Mais und Baumwolle. Politisch war es ähnlich gespalten. Die Südstaatler waren Demokraten und Kosmopoliten, nicht religiös und im allgemeinen liberal in ihren Ansichten. Alle standen sie fest hinter Roosevelt und dem New Deal. Allerdings erstreckte sich ihr Liberalismus nicht auf Bürgerrechte für ihre schwarzen Feldarbeiter und Pächter; solche Ideen tauchten damals nicht einmal sporadisch auf. Im Mittleren Westen waren die Verbandsmitglieder Republikaner, Provinzler, Isolationisten und - außer in Ohio und Missouri - konservativ. Franklin D. Roosevelt und den New Deal akzeptierten sie nur widerwillig und mit einem gewissen Gefühl der Selbsterniedrigung. Den Luxus ihres althergebrachten republikanischen Credos konnten sie sich aus praktischen Gründen nicht leisten; das hätte den Verlust von Regierungszuschüssen und Preissubventionen nach sich ziehen können. Aber ihre Klagen nahmen kein Ende. Dieser Koalition saß Edward A. O'Neal aus Alabama vor. Nur wenige Menschen in meinem Leben habe ich so sehr gemocht wie ihn.

Ed O'Neal, damals 64, war groß und stattlich und ähnelte in Körperbau, Gesichtszügen, Sprechweise und Auftreten Senator Sam Ervin, der durch den Watergate-Untersuchungsausschuß berühmt wurde. Er war an den Universitäten Washington und Lee ausgebildet worden und nach Beendigung seines Studiums in bester Tradition des Südstaatlers aus guter Familie nach Europa gereist. Er trug tadellose Maßanzüge aus London und genoß es, seinem Farmerpublikum zu erzählen, was sie kosteten und daß seiner Ansicht nach jeder Farmer sich ebenso gute sollte leisten können. Sein Stil, sein Einkommen und seine anglophilen Neigungen waren das Erbteil einer aristokratischen Familie, aus der auch ein Oberst hervorgegangen war, der im Bürgerkrieg gekämpft hatte. Ihr Reichtum hatte auf ihrer Plantage bei Florence/Alabama, unweit von Muscle Shoals und dem Wilson-Damm, den Bürgerkrieg überstanden.

Ed O'Neal nannte jedermann, egal wie alt, »Bürschchen« und pflegte unablässig und erfindungsreich zu fluchen. Später wurde er ein oder zwei Jahre lang von den Rundfunksendern boykottiert, weil er auf eine Frage erwidert hatte, sein Gesprächspartner hätte die Antwort darauf eigentlich schon wissen sollen, als er noch »an den Titten seiner Mutter hing«. Einmal nahm Ed mich mit, als er die Interessen seines Verbandes im Kapitol vertrat. Er orderte einen Sitzungsraum und bestellte die betreffenden Abgeordneten aus den Agrarstaaten zu einer Konferenz, der er präsidierte. Seine Anweisungen waren freundlich, aber streng. Man hörte ihm respektvoll zu und gehorchte.

Meine Forschung im Farm Bureau kam niemals über einen Blick in das vom US-Landwirtschaftsministerium herausgegebene *Yearbook of*

Agriculture hinaus. Das lag daran, daß Ed und seine Mitarbeiter bald meine Fähigkeit entdeckten, meine eigene Meinung ebenso wie die anderer in verständlichem Englisch auszudrücken. Da sie einen unersättlichen Bedarf an Reden, Resolutionen, Memoranden, Forderungen und Drohungen hatten, war ich bald vollauf beschäftigt und wurde hochgeschätzt. Nie zuvor hatten sie jemanden gehabt, der es mit meinem Talent und meiner Geschwindigkeit hätte aufnehmen können.

Eine meiner Aufgaben bestand darin, Resolutionen, nachdem sie formell vom Direktorium des Verbandes auf einer seiner regelmäßig stattfindenden Sitzungen abgesegnet worden waren, so umzuformulieren, daß sie Eds Ansprüchen und Meinungen entgegenkamen. Er hatte die Erfahrung gemacht, daß ein nachträgliches Redigieren der Texte, verglichen mit der Mühe, schon vor der Abstimmung alles klarzustellen, Zeit- und Stimmaufwand sparten. Die Arbeit gab auch Aufschluß darüber, wie die New-Deal-Gesetzgebung zustande gekommen war. Die Farmer waren damals zahlreich und mächtig, jedoch nicht mächtig genug, um das, was sie brauchten, auf sich allein gestellt im Kongreß durchzusetzen. Sie benötigten die Unterstützung städtischer Demokraten. In ähnlicher Weise bedurften die Gewerkschaften zur Durchsetzung ihrer eigenen Anliegen – staatliche Arbeitsbeschaffung, Sozialversicherung, Nationales Arbeitsverhältnis-Gesetz (National Labor Relations Act) – der Unterstützung oder zumindest der Stimmenthaltung der Abgeordneten aus den Agrarstaaten. Ed O'Neal hatte sich diesen Realitäten angepaßt, indem er eine heimliche Allianz mit den aufstrebenden Gewerkschaftsführern einging, vor allem mit Sidney Hillman, dem Vorsitzenden der Textilarbeitergewerkschaft. Beide vereinbarten, die Bedürfnisse der anderen Seite zu respektieren.

Im Süden bereitete die Übereinkunft O'Neal keinerlei Schwierigkeiten. Für die Farmer aus dem Süden waren Gewerkschaften bloße Theorie; sie mochten zwar schlecht sein, aber man hatte keine Erfahrungen aus erster Hand mit ihnen. Im Mittleren Westen allerdings waren Gewerkschaften ein durchaus geläufiges Übel. Ein paar Jahre zuvor hatte ein Molkereiarbeiterstreik in Minnesota zu einem Milchstau auf den Farmen geführt, und die Verbitterung darüber saß noch immer tief. Die großen Farmer-Kooperativen wollten keine Gewerkschaften. Und vielen Farmern galten Gewerkschaften in den benachbarten Städten schlechthin als Gefahr für Recht, Ordnung, Eigentum, Religion, die Fahne und die Unantastbarkeit der amerikanischen Familie. Wie tief die Antipathie saß, kann man sich heute kaum noch vorstellen.

Ihr Widerwille veranlaßte die Mitglieder des Farm Bureau im Mittleren Westen, flammende Resolutionen einzureichen, in denen sie die Gewerkschaften verdammten, eine antigewerkschaftliche Gesetzgebung unterstützten, die von Gewerkschaftsführern gewünschten Gesetze ablehnten und die Sympathie der Roosevelt-Regierung für gewerkschaftliche Forderungen scharf kritisierten. Derartige Aktivitäten schadeten Ed O'Neals heimlichen Allianzen bzw. hätten ihnen schaden können. So aber, wie die Sache lief, nahm er die Resolutionen einfach hin und gab sie zur sprachlichen Verbesserung an mich weiter. Ich entschärfte sie und beließ ihnen gerade noch ein gewisses Maß an harmloser Demagogie, das den Autor des Originals, sollte er den Text zufällig lesen, zufriedenstellen würde. Ed war überaus froh über meine Begabung; ihm selbst fiel dergleichen nicht so leicht.

Das Farm Bureau bot einen vortrefflichen Anschauungsunterricht über eine amerikanische Kultur, die man in Cambridge und Princeton nur selten antrifft und die mittlerweile fast völlig von der amerikanischen Szene verschwunden ist. Die Ehefrauen der Farm-Bureau-Mitglieder waren würdig, von zweckmäßigem Körperbau, zutiefst religiös und schienen ständig damit zu rechnen, irgendeinen ihrer festverankerten Grundsätze in Frage gestellt zu sehen. In ihrer Gegenwart überkam mich meistens das Bedürfnis zu erklären, daß ich weder ein Ehebrecher noch ein Ketzer sei. Ihre Männer waren nicht so demonstrativ fromm. Sie waren auch zu Diskussionen bereit, solange es dabei nur nicht um die heiligen Rechte der Landwirtschaft ging, um die Unantastbarkeit des Eigentums oder um eine Änderung ihrer Einstellung. Der amerikanische Farmer war, daran gab es für sie keinen Zweifel, die wichtigste Person der ganzen Republik; es war unverzeihlich und außerdem traurig, daß andere das nicht erkannten. Bei zeremoniellen Anlässen sangen sie mit ihren Frauen in klagenden Tönen:

When the farmer comes to town
With his wagon broken down
The farmer is the man that feeds them all.

If you'll only look and see
I think you will agree
That the farmer is the man that feeds them all.

The farmer is the man
The farmer is the man
Lives on credit 'til the fall.
With the interest rate so high
It's a wonder he don't die
And the mortgage man's the one that gets it all.[11]

Um die Mittagszeit des 25. Juni 1940 war ich in der State Street in Chicago beim Einkaufen und sah die Schlagzeilen, die die endgültige Kapitulation Frankreichs verkündeten. Es war die letzte in einer schrecklichen Serie: die Invasion in Dänemark und Norwegen, die Besetzung

Hollands, Belgiens und Frankreichs, die Räumung von Dünkirchen – und nun das Ende.

Ich habe bereits erzählt, daß meine Familie wie viele andere Schotten in Kanada zwischen 1914 und 1918 dem Krieg distanziert gegenüberstand; wir überließen es den Engländern, Franzosen und den kanadischen Tory-Genossen der herrschenden Klasse in England, sich abschlachten zu lassen. Später, in den sechziger und siebziger Jahren war ich den Kalten Kriegern gegenüber zutiefst mißtrauisch und wandte mich gegen unsere Intervention in Indochina. Aber die Ereignisse von 1938, 1939 und 1940 ließen für Zweifel keinen Raum mehr. Hitler und die Nazis waren eine Realität, und mit ihnen ihre üblen Pläne. Ich gehörte damals zu den vielen, die für die Dauer des Krieges ihren Pazifismus an den Nagel hängten.

Ein oder zwei Tage nach der Kapitulation Frankreichs zitierte mich Currie erneut zu sich, diesmal im Befehlston: Ich hätte jetzt unbedingt nach Washington zu kommen. Also teilte ich für den Rest des Jahres 1940 meine Zeit zwischen Chicago und den neuen Aufgaben in der Hauptstadt auf.

Während ich für das Farm Bureau arbeitete, legte ich – was meine Arbeitgeber ziemlich überraschte – größten Wert auf eine Politik solider Subventionen der Preise für Mais, Baumwolle, Weizen und andere elementare Versorgungsgüter. Die Regierung sollte die Preise festsetzen und die Erzeugnisse kaufen oder für Kredite ohne Regreßanspruch sorgen, um sicherzustellen, daß kein Farmer zu billigeren Preisen verkaufen mußte. Bei den Farmern war man schon lange für diese ehrliche Art der Einkommens-Subventionierung, aber sie traf auf starke Einwände seitens des US-Landwirtschaftsministeriums, wo man eine Produktionssteigerung als Folge dieser Politik befürchtete, sowie seitens einiger Wirtschaftsfachleute, die darin einen Angriff auf die Unantastbarkeit des freien Marktes sahen. Wann immer ich Henry Wallace in jenen Jahren begegnete, verlieh er seinem Entsetzen über meine Haltung Ausdruck.

Wenn die Preise nicht einigermaßen zuverlässig waren, konnte ein Betrieb wie General Motors nicht funktionieren. Preisstabilität ist für seine Planung unerläßlich. Die Größe des Konzerns und die geringe Zahl anderer Firmen auf dem Automobilmarkt befähigen General Motors, seine Preise aufrechtzuerhalten. Und so wie bei GM verhält es sich auch bei Öl, Gummi, Chemikalien, Elektrogeräten, Computern, den meisten anderen Industriezweigen und anderen Unternehmen. 1940 war ich bereits der Ansicht, daß das, was für General Motors gut war, auch für die Farmer gut wäre. Die Subventionierung der Farmpreise machte sich bezahlt. Die Verluste der »allokativen Ineffizienz«, wie es die Ökonomen nennen – das heißt aus den Produktionsverzerrungen, die entstehen, wenn Preise keine exakte Reflexion des Bedarfs mehr sind – wurden durch die zusätzlichen Investitionen in Düngemittel, Maschinen, Bewässerung und hochgezüchtetem Saatgut mehr als aufgehoben, wenn die Farmer sich darauf verlassen konnten, daß sich ihre Auslagen einigermaßen rentieren würden.

Meine Arbeitgeber, insbesondere Ed O'Neal, waren entzückt zu hören, daß es für das, was sie so gerne glauben wollten, einen guten wirtschaftlichen Grund gab. Seitdem hat sich der Trend in der Agrarpolitik nicht nur der Vereinigten Staaten, sondern auch anderer Industrieländer mehr und mehr in diese Richtung verlagert. Und die Produktivitätssteigerung war und ist hoch – bei Farmarbeitern in den Vereinigten Staaten weitaus höher als bei Industriearbeitern. Viele Ökonomen erkennen diese Steigerung zwar, protestieren aber nach wie vor.

Im übrigen bemühte ich mich in jenen Jahren – hierin unterstützt von Ed O'Neal, der mit den Briten sympathisierte –, den isolationistischen Neigungen des Farm Bureau entgegenzuwirken. In der Opposition gegen ein internationales Engagement war die Stimme des »Agrargürtels« ungeheuer einflußreich. Im Herbst 1940 fiel mir eine scheinbar spektakuläre Möglichkeit ein, unsere Sache voranzubringen. England war nunmehr auf sich allein gestellt, und Roosevelt tat sein Bestes, um die öffentliche Meinung in Amerika zu mobilisieren. Warum sollte man dem Präsidenten nicht ein deutliches Zeichen der Unterstützung geben? Im Dezember würde die Mitgliederversammlung der American Farm Bureau Federation in Baltimore stattfinden; Kongreßabgeordnete aus den Agrarstaaten, Regierungsbeamte und die Presse würden dort in großer Zahl vertreten sein. Warum also nicht Lord Lothian, den britischen Botschafter, einladen und ihn in diesem Kernland der Opposition die Festrede halten lassen? Obwohl dies für Ed O'Neal nicht ohne Risiko war, zeigte er sich begeistert. Er besänftigte die FB-Präsidenten der einzelnen Bundesstaaten, insbesondere Earl Smith aus Illinois. Schließlich würde die Rede wie nichts in der bisherigen Geschichte des Bureau Aufmerksamkeit erregen, und die Aussicht auf derartige Publicity wog tiefersitzende Skrupel sicherlich auf. Ich entwarf die Einladung und schickte sie ab.

Es erfolgte keine Antwort. Wir hatten eine wichtige Tatsache übersehen: Die britische Botschaft hatte noch nie von der American Farm Bureau Federation gehört. Tage vergingen. Ich schlug vor, brieflich nachzuhaken oder anzurufen; Ed verbat sich das. Wenn die Briten nichts von seiner Organisation wußten und die Wichtigkeit dieser Einladung nicht erkannten, sollten sie sich doch zum Teufel scheren. Vielleicht waren sie es gar nicht wert, daß man sie rettete.

Wir warteten noch immer auf eine Antwort, als ich eines Tages im Washingtoner Cosmos Club mit Leonard K. Elmhirst (Dartington Hall/England), dem zweiten Gatten der bekannten Dorothy Whitney Straight, zu Mittag aß. Er hatte in Cornell Landwirtschaft studiert und kannte die amerikanische Farmszene gut. Nach unserer Begegnung kam mir der Gedanke, daß er uns vielleicht aus der Klemme helfen könnte. Ich erreichte ihn auf seiner Heimreise in Montreal und schilderte ihm in groben Zügen die Situation. Seine Reaktion war: »Diese Vollidioten!« Mit zunehmender Reife und Erfahrung im diplomatischen Leben gewöhnte ich es mir später ab, mich sonderlich zu wundern, wenn Diplomaten auf solche Weise beschrieben wurden.

Ein paar Stunden später kamen die ersten Anrufe von der britischen Botschaft: Die Einladung war verlegt worden; die Einladung war so wichtig, daß sie besondere Erwägungen erfordert hatte; die Zusage war verschoben worden, weil der Botschafter gerade in England war. Die Reaktion war so eilig, daß keine Zeit geblieben war, die Lügen aufeinander abzustimmen.

Lord Lothian sagte zu. Das Interesse der Farm-Bureau-Mitglieder war, wie wir es uns erhofft hatten, sehr groß. Ein von Ed O'Neal ausgesuchtes Empfangskomitee erwartete ihn am Bahnhof. Da traf ein Telegramm von der Botschaft ein. Wegen einer »leichten Erkrankung« konnte der Botschafter nicht kommen. Eine diplomatische Ausrede. Ed war außer sich vor Wut. Ich war niedergeschlagen. Jetzt konnten unsere Isolationisten behaupten, daß die arroganten Briten ohnehin kein Interesse an uns hätten.

Botschaftsrat Neville Butler fiel die Aufgabe zu, die Rede zu halten: Auf sich allein gestellt, könne Britannien sich des Erfolges nicht sicher sein; Sieg oder Niederlage »hingen nun weitgehend« von der Hilfe aus den Vereinigten Staaten ab. Er klammerte sich an seinem Manuskript fest und las den Text ab; seine Stimme war alles andere als kräftig; auch sonst war er keine sehr eindrucksvolle Erscheinung. Ed O'Neals Wut steigerte sich noch, sofern das überhaupt möglich war. Nachdem die Reden vorüber und die Tische geräumt waren, wurde – ein unnatürlicher Hauch von Festlichkeit – ein wenig getanzt. Die trübsinnige Stimmung hielt an. Dann traf eine weitere Nachricht ein, in der es hieß, Lord Lothian sei äußerst schwer erkrankt. Und in den frühen Morgenstunden kam noch eine Nachricht. Der Botschafter war tot.

Nichts ist wichtiger in der Diplomatie als das Gespür für den richtigen Zeitpunkt. Auf einer Sitzung der Direktoren wurde auf Vorschlag von keinem geringeren als Earl Smith aus Illinois die Unterstützung Englands durch die Umformulierung eines vorliegenden Resolutionsentwurfs in unmißverständlicher Weise gutgeheißen. Es kann kein Zweifel daran bestehen, daß dies dem Lend-Lease-Abkommen, das ein paar Wochen später beschlossen wurde, ein wenig den Weg ebnete.

8
Washington 1940

Leon Hendersons Körpergröße lag ein klein wenig unter dem Durchschnitt, seine Breite jedoch weit darüber, und er schien ständig seine Hosen zurechtzuziehen, indem er ein wenig am Gürtel zog, als ob dadurch seine Taille schmaler würde. Vielleicht weil sie um den Bauch herum so weit sein mußten, hatten sie unten herum immer sehr viel Spielraum, so daß sie beim Gehen, oder wenn der Wind wehte, um die Beine schlotterten. Der Rest seiner Kleidung war noch ein bißchen unordentlicher. Leon rasierte sich regelmäßig, jedoch ohne Sorgfalt. Sein Gesichtsausdruck variierte zwischen nicht überzeugender Angriffslust und entsetzter, ungläubiger Unschuld, und manchmal brachte er es fertig, beide Mienen gleichzeitig aufzusetzen. Meist jedoch bevorzugte er den kriegerischen Ausdruck, den er noch mit einer drohend aus seinem Munde ragenden Zigarre zu verstärken suchte, die er zwischen den Lippen hin- und herrollte, aber nur selten rauchte. Er war hochintelligent und besaß ein ausgezeichnetes Gedächtnis. Wenn er Unterlagen über irgendein Thema, so kompliziert es auch sein mochte, ein paar Minuten lang studiert hatte, so hatte er sich danach nicht nur alles Wissenswerte daraus eingeprägt, sondern verstand sogar, überzeugend den Eindruck zu vermitteln, er habe sie selbst verfaßt.

In jenen Jahren war bei den führenden Vertretern des New Deal und, wie sich später herausstellte, bei den Generälen der Air Force das Hemingway-Syndrom weit verbreitet. Es stand einem Manne gut an, viel zu trinken, stets unverblümt seine Meinung zu sagen, herzhaft zu fluchen, Poker zu spielen, sich bei Pferderennen zu vergnügen, in einschlägigen Restaurants und Bars zu verkehren und – wobei es allerdings Ausnahmen gab – bei Frauen dominierend und erfolgreich zu sein. Zusammen mit Harry Hopkins und anderen engen Freunden war auch Henderson ganz von der Hemingway-Welle erfaßt. En vogue war der Stork Club in New York, und J. Edgar Hoover, ein Mitglied dieses Vereins, wurde von dem Abgeordneten Vito Marcantonio »Stork-Club-Detektiv« genannt.

Henderson hatte eine ständige Begleiterin – anders kann man dieses lebhafte, lebendige Ding nicht bezeichnen. Es war dies das Gemeinwohl, und er verbrachte seine Tage vom frühen Morgen bis zum späten Abend unentwegt mit der Befriedigung der Bedürfnisse dieser bedrohten Freundin. Außer als Hüter des Gemeinwohls sah er sich auch als der persönlich gesalbte Beschützer Franklin D. Roosevelts, den er vergötterte.

Henderson kam zum New Deal als Volkswirtschaftler sowie als Forschungs- und Planungsdirektor beim Nationalen Wiederaufbauprogramm. Außerdem hatte er noch verschiedene andere Posten bekleidet, einschließlich den eines »Mädchens für alles« im Wahlkampf von 1936. Im Jahr 1940 - er war damals 45 - gehörte er dem inneren Kreis um Roosevelt an und war ein Kommissar in der Securities and Exchange Commission[1]. Am 29. Mai, einen Tag nachdem der König von Belgien vor den Deutschen kapituliert hatte und an dem die Briten mit ihrem Rückzug nach Dünkirchen begannen, ernannte Roosevelt Henderson zum Mitglied der National Defense Advisory Commission, einer Behörde, die dem Präsidenten unmittelbar verantwortlich war und den Auftrag hatte, die amerikanische Volkswirtschaft auf den Krieg vorzubereiten oder doch zumindest so zu tun als ob. Hendersons Aufgabe bestand darin, die Preise im Auge zu behalten und, wenn nötig, gegen die Inflation vorzugehen. Ich sollte sein Stellvertreter werden.

Die anderen Mitglieder der NDAC waren William Knudsen, vorher bei General Motors, zuständig für die Produktion; Edward R. Stettinius jr., vorher bei U.S. Steel, zuständig für kriegswichtige Güter; Ralph Budd von der Eisenbahngesellschaft Chicago, Burlington and Quincy, ein Geschäftsmann mit einem Hang zu liberalen Verirrungen, zuständig für Verkehr; Sidney Hillman, Vizepräsident des CIO und, wie schon gesagt, Vorsitzender der Amalgamated Clothing Workers, zuständig für Arbeitskräfte; Chester C. Davis, bis vor kurzem Leiter der Agricultural Adjustment Administration und jetzt Gouverneur der Federal Reserve Bank, zuständig für Landwirtschaft; und Harriet Elliott, Dekanin des North Carolina College for Women, wie es damals hieß, zuständig für Verbraucherschutz.

Knudsen und Stettinius brachten während des Krieges eine Gruppe führender Manager der Geschäftswelt nach Washington, die sich nun, nachdem sie jahrelang Roosevelt, den New Deal und alles, was damit zusammenhing, gehaßt hatten, plötzlich im Zentrum der Regierungsmacht befanden. Nur wenige Männer in der Geschichte haben sich von ihrem Gewissen und von den Erwartungen ihrer Freunde in derartige Zielkonflikte treiben lassen. Einerseits bestand die unbezweifelte Notwendigkeit, sich auf den Kampf gegen Hitler vorzubereiten. Auf der anderen Seite bestand aber auch die Verpflichtung, die Vereinigten Staaten vor der noch unmittelbareren Rooseveltschen Unterwanderung zu retten und die Grundprinzipien sowie die gewohnte Macht des freien Unternehmertums in Washington wieder zu festigen. Krieg oder nicht Krieg - man war schließlich seinen eigenen Glaubensgrundsätzen verpflichtet, und eben das war es, was die Geschäftsfreunde und die Nachbarn in Westchester von einem erwarteten. Damit waren alle Voraussetzungen geschaffen für die große Schlacht zwischen den Neuankömmlingen und den alteingesessenen Verfechtern des New Deal. Der Konflikt entbrannte dann auch sehr bald und dauerte den ganzen Krieg über an.

Nicht alle widmeten ihm die gleiche Aufmerksamkeit. William Knudsen, ein schon älterer, griesgrämiger und unabhängiger Däne, aus dessen Akzent man seine Muttersprache noch heraushörte, stand über den Dingen. Stettinius wußte nicht recht, was eigentlich vorging – eine Blauäugigkeit, die man den Geschäftsleuten, die er mitbrachte, nicht nachsagen konnte.

Ed Stettinius war in der Tat einer jener gar nicht so seltenen Menschen, die allen anderen das Gefühl unbestreitbarer Überlegenheit und dadurch ein gewisses Maß an Befriedigung vermitteln. Später stieg er zum Leiter der Lend-Lease-Transaktionen auf, wurde Stellvertretender Außenminister und schließlich Außenminister. Jedesmal wurde seine Beförderung von Leuten betrieben und begrüßt, die einen Kandidaten haben wollten, der nicht mit eigenen Gedanken belastet war. Roosevelt, der sich viele Jahre lang mit den beschränkten, aber mit großer Hartnäckigkeit vertretenen Überzeugungen Cordell Hulls herumgeschlagen hatte, war über seinen Außenminister Stettinius besonders glücklich. Er war ein historisches Beispiel für das, was man heute als »Karriere-Versager« bezeichnen würde.

Als Verteidiger des Gemeinwohls und der Interessen des New Deal sah sich Henderson in natürlicher Gegnerschaft zu den Geschäftsleuten. Außerdem war er ein einflußreicher Befürworter einer aktiven Regierungspolitik. Es erübrigt sich zu sagen, daß eine solche Politik für eine wirksame Mobilmachung unerläßlich war und daß sich ihr – selbst unter dem Druck der Verhältnisse – viele Geschäftsleute widersetzten. Mehr als irgendein anderer dominierte Leon Henderson während des Krieges im zivilen Sektor der Regierung. Eigentlich sollte er als eine der großen innovativen Persönlichkeiten des Zweiten Weltkrieges bekannter sein als Albert Speer, der die deutsche Kriegswirtschaft leitete.

Bei den Geschäftsleuten, die während des Krieges nach Washington kamen, war ein Prozeß der natürlichen Auslese am Werke, bei dem zwei Gruppen deutlich bevorzugt wurden: diejenigen, die sich in der Öffentlichkeit am besten verkaufen konnten, und die, auf die sich am leichtesten verzichten ließ.

Infolgedessen lag ihre Stärke, waren sie erst einmal in der Hauptstadt gelandet, viel eher darin, ihren Befürchtungen Ausdruck zu verleihen, als in konkreter politischer Aktivität. In den meisten Fällen beherrschten New Dealer wie Henderson, denen Roosevelts Unterstützung zusätzlich zugute kam, die Szene. Nichtsdestoweniger ging der Konflikt weiter. Meine Erinnerungen an das Washington der Kriegszeit schließt die Bedrohung durch Hitler und die Japaner keineswegs aus. Aber beinahe ebenso bitter ist die Erinnerung an die Schlacht der New Dealer mit den opponierenden Wortführern der Geschäftswelt, denn die Taktiererei und die Strategien dieser Auseinandersetzung nahmen uns Tag für Tag in Anspruch.

Meine Reaktion auf den Anruf von Lauchlin Currie nach der Kapitulation Frankreichs bestand darin, daß ich den Capitol Limited, den schimmernden B&O-Zug bestieg, der damals *die* Verkehrsverbindung zwischen Chicago und Washington war, und mich in Curries Büro begab, das sich im damaligen Außenministerium befand, dem späteren Executive Office Building. Ich war aufgeregt, und meine Aufregung wuchs noch, als mir Currie sagte, wie wichtig meine Anwesenheit in Washington und mein Posten bei Leon Henderson seien. In den bevorstehenden Monaten war die Inflationskontrolle eine Aufgabe, die Keynesianische Gewieftheit verlangte. Wir sollten die Gesamtsumme der Ausgaben für Güter und Dienstleistungen durch entsprechende Besteuerung in Grenzen halten und mit der dazugehörigen Lohn- und Preispolitik absichern. Henderson, sagte Currie, sei sich dieser Notwendigkeiten vollauf bewußt. Aber er sei auch gefährlich empfänglich für die alte liberale Überzeugung, daß fast jeder unerwünschte Preisauftrieb durch Kartellentflechtung – also durch die Erweckung der Antitrustgesetze aus ihrem Dornröschenschlaf – gestoppt werden und man außerdem zum Kreuzzug gegen die Konzerne blasen könnte. Henderson war aktives Mitglied des Temporary National Economic Committee gewesen, das die Ausbeuterrolle des Big Business untersucht hatte. Meine Aufgabe bestand darin, darauf zu achten, daß seine Politik mit rationellen Keynesianischen Grundsätzen vereinbar blieb. Die Notwendigkeit dieser Aufgabe sah ich vollkommen ein.

Danach suchte ich Henderson in seinem Büro auf, wurde herzlich willkommen geheißen und wurde bald darauf eines großen Problems gewahr. Es war bereits ein kleiner Mitarbeiterstab rekrutiert worden: C. David Ginsburg, später ein bekannter Anwalt in Washington; Edwin M. Martin, der dereinst eine hervorragende diplomatische Karriere machen sollte, und einige professionelle Henderson-Gefolgsleute. Aber für keinen gab es im Augenblick irgend etwas zu tun. Die Preise, die wir überwachen sollten, waren stabil. Die Preisgruppen und -indexe, die wir im Auge behalten sollten, wurden vom Bureau of Labor Statistics in bewundernswerter Weise zusammengestellt; die Ergebnisse waren innerhalb kürzester Zeit überflogen. Nach den langen Jahren der Deflation hofften die meisten Hersteller und sämtliche Farmer verzweifelt darauf, daß die Preise *steigen* würden. Und vielleicht sollten sie das auch ein wenig. Unsere Büroräume in dem Gebäude unweit des Weißen Hauses, das von der SEC belegt war, lagen gleich neben denen Hendersons. Bislang gab es noch nicht einmal Schreibtische, an denen man hätte Zeitung lesen können.

Außer Tod und Verstümmelung gab es noch einen weiteren Alptraum im Zweiten Weltkrieg: die Untätigkeit, und diese stellte in Washington die bei weitem größte Bedrohung dar. Männer und hie und da auch eine Frau wurden von ihrer Regierung gerufen, sagten Kollegen, Freunden und Verwandten adieu, wurden beglückwünscht zu dem Dienst, den sie dem Vaterland leisten durften, freuten sich über den Neid derer, die sie zurückließen, kamen in die Hauptstadt – um dort festzustellen, daß sie nicht erwartet wurden, häufig unerwünscht waren und kaum etwas zu tun hatten, womit sie die Zeit herumbringen konnten. Es war eine herbe Enttäuschung. Keine Furcht war während des Krieges in Washington so sehr verbreitet wie die, zwar ein geräumiges Büro zu haben und eine Sekretärin, aber keinerlei sinnvolle Beschäftigung. Die unbarmherzigsten und häufigsten gerichtlichen Fehden in jenen Jahren wurden nicht etwa von Leuten vom Zaun gebrochen, die sich Macht erkämpfen wollten, sondern von Leuten, die etwas zu tun haben wollten. Im Pentagon kursierte in den folgenden Jahren sogar eine Bezeichnung für diesen Zustand: Man nannte ihn Pentagonorrhöe.

Nach Chicago konnte ich nicht zurückkehren, jedenfalls nicht sofort. Kurz bevor ich endgültig verzweifelte, wurde ich durch einen Anruf von Paul Porter erlöst, der Assistent und Stellvertreter von Chester Davis geworden war, dem für Landwirtschaft zuständigen Kommissar der NDAC. Davis hatte eine Arbeit für mich. Über alle wichtigen, die Verteidigungseinrichtungen betreffenden Verträge hatte die NDAC Vollmacht. Der Bau von etwa 48 neuen Fabriken für Chemieerzeugnisse, Sprengstoffe, Munition und andere militärische Ausrüstung stand unmittelbar bevor, und Davis befürchtete, man würde sie, wie im Ersten Weltkrieg, im ohnehin schon hochindustrialisierten Nordosten konzentrieren. Es war jedoch besser, sie über den Süden, Südwesten und Westen zu verteilen, wo sie den Überschuß an Arbeitskräften von den Farmen abziehen, weitere Industriebetriebe anziehen und Anstöße zur vernünftigen Verteilung des wirtschaftlichen Wachstums geben würden. Ich sollte Davis' Standpunkt vertreten. Das war eine einmalige Chance. Ich nahm den Job an und zog in ein kleines Büro im neuen Marmor-Mausoleum des Federal Reserve Board in der Constitution Avenue, das teilweise von der National Defense Advisory Commission übernommen worden war. Um mir mehr Gewicht zu verleihen, bat Davis James McDonald Comer aus Birmingham/Alabama, einen Teil seiner Zeit in Washington zu verbringen. Donald, Sohn von Braxton Bragg Comer, einem ehemaligen Gouverneur von Alabama, war ein würdevoller Industrieller mit festen Prinzipien, Chef und Hauptanteilseigner der Comer-Avondale Mills, Inc. Er galt als Liberaler, wenngleich sich sein Liberalismus, wie damals bei vielen anderen, weder auf Gewerkschaften noch auf Minderheitenrechte erstreckte. Wir wurden und blieben enge Freunde.

Comers erste Amtshandlung war, mir eine Ehrenbürgerschaft in Alabama zu verleihen. Ich wählte noch immer in New Jersey, aber er war der Meinung, die Abgeordneten aus diesem Staat würden ihre Wähler in Washington notorisch vernachlässigen; die Kongreßleute aus Alabama wären bei weitem aufmerksamer. Er setzte die gesamte Alabama-Delegation im Kongreß von meinem neuen Status in der alten Konföderation in Kenntnis. Das war eine sehr nette und, wie sich in den folgenden Monaten erweisen sollte, auch höchst nützliche Geste.

Im Laufe der Wochen wurde klar, daß Wilmington/Delaware, Pittsburgh/Pennsylvania, Cleveland/Ohio und ähnlich mächtige Industriezentren tatsächlich als Standorte für die neuen Fabriken bevorzugt wurden. Ich sollte die Erfahrung machen, daß Nachbarn, Schulen, Golfplätze und eine starke Heimatverbundenheit eine bedeutende Rolle bei der Standortwahl für Fabriken spielen. Die Army, zu Recht an einer möglichst raschen Abwicklung interessiert, war bereit mitzumachen. Ich empfing Kongreßdelegationen und Abgeordnete von Handelskammern; sie priesen Davis' und meine aufgeklärte Politik sowie mein öffentliches Auftreten mit einer Herzlichkeit, wie ich sie seitdem nur selten erlebt habe. Niemand machte sich Sorgen um Umweltbelastungen; Industrie und Arbeitsplätze galten in jenen unkomplizierten Zeiten als absolut positiver Wert. Aber es blieb dabei, daß die meisten Betriebe in Delaware, Pennsylvania, Ohio und den Nachbarstaaten angesiedelt werden sollten.

Chester Davis, der aus Montana stammte, war schlank und gutaussehend, ein Roosevelt-Mann des eher konservativen Flügels und im Kongreß seit langem anerkannter Sprecher der Farmer. Er besaß die unübertroffene Fähigkeit, sich seinen Weg durch das Dickicht der Bürokratie zu bahnen. Nun zeigte er mir, wie man sich in Washington durchsetzte. Ich sollte alle Kommissare aufsuchen, die uns potentiell gewogen waren – Hillman, Elliott, Henderson und Budd – und sie dazu bringen, bei der nächsten Fabrik, die zur Genehmigung anstand und deren vorgesehener Standort in einem bereits industrialisierten Gebiet lag, gemeinsam mit Davis ihr Veto einzulegen. Dies tat ich denn auch, und fast unmittelbar darauf kam ein solches Projekt zur Sprache, eine TNT-Fabrik, vorgeschlagen für Sandusky/Ohio. Es wurde abgelehnt. Noch am gleichen Nachmittag kamen Abgesandte des Army-Navy Munitions Board, der zuständigen Abteilung im Kriegsministerium, in *mein* Büro, um eine neue Liste von Standorten zu besprechen, alle in wunderbar ländlichen Gegenden. Sie teilten mir mit, daß man dabei sei, Mitarbeiter zur Beurteilung anderer, ähnlich abgelegener Gebiete loszuschicken.

Die wichtigste der neuen Produktionsstätten gereichte ohne irgendwelche korrupten Machenschaften meiner neuen Bürgerwürde zur Zier. Es ging um eine riesige Fabrik für Artilleriegeschütze in Gadsden/Alabama. Als das Projekt der Kommission zur Zustimmung vorgelegt wurde, brach meine Koalition im tiefen Zorn auseinander. Sidney Hillman[2], ein ruhiger, kultivierter Mann mit einem unerschütterlichen Engagement für liberale und gewerkschaftliche Ziele, verkündete emphatisch, er würde keinem Unternehmen erlauben, in einer Stadt eine Fabrik zu errichten, die er nicht selbst besuchen könne. In den dreißiger Jahren hatten die Gummi-Konzerne ihre Aktivitäten in Gadsden verstärkt, als sich die Gummi-Arbeiter in Akron zu organisieren begannen. Die Gewerkschaft hatte versucht, den Firmen in den Süden zu folgen; nach den Feindseligkeiten, die sich daraus entwickelten, hatte sich Sherman Dalrymple, der Vorsitzende der United Rubber Workers of America, mehrere Wochen lang von seinen Verletzungen erholen müssen. In einer Beschwerde des neuen National Labor Relations Board hieß es, daß Vorarbeiter, Aufseher und Angehörige von »Eingreifkommandos« von Goodyear von der Firma aufgefordert worden waren, gegen Dalrymple und Gewerkschaftsmitglieder Gewalt anzuwenden, und daß »elf Gewerkschaftsmitglieder in einem Gadsdener Bürogebäude festgehalten [worden waren], und zwar von einem Mob, der daraufhin die Tür einschlug und die unbewaffneten Männer verprügelte«[3]. Der Standort, der mir so überaus geeignet erschienen war, lag womöglich in der gewerkschaftsfeindlichsten Stadt des ganzen Landes.

Hillman blieb hart, und Davis war nicht da. Ich rief Donald Comer in Birmingham an, und er zeigte sofort volles Verständnis. Er würde Joe Starnes anrufen, den Kongreßabgeordneten des Distrikts, und Joe würde den Stadtrat dazu überreden, eine Resolution zu verabschieden, die jedermann, der nach Gadsden kommen wollte, ja, sogar Gewerkschaftsfunktionären, den Schutz seiner Unversehrtheit und seiner Bürgerrechte garantierte. Joe Starnes war ein in jeder Hinsicht zuverlässiger Repräsentant seiner Gemeinde. Zungenfertig, charmant und reaktionär, war er der rangälteste Demokrat des Ausschusses für Unamerikanische Umtriebe im Repräsentantenhaus, eine vor-McCarthyistische Erfindung, die in ihren Anfangszeiten »Dies Committee« genannt wurde. Er war bei den Liberalen nicht sonderlich gefürchtet, denn Martin Dies, damals Vorsitzender, war ein ziemlich primitiver Roosevelt-Hasser, und jeder, der zur Inquisition bestellt wurde, wußte, daß er die Sympathie und die Unterstützung des Präsidenten besaß, was später unter Truman und Eisenhower nicht mehr der Fall sein sollte. Ich rief Starnes an und erklärte ihm die Sache. Noch heute kann ich mich gut an die Unterhaltung erinnern.

»Wie viele Leute, ha'm Sie gesagt, würde die Fabrik beschäftigen, Doktor?«

»Sie ist sehr groß, Congressman. Vielleicht zehn- oder zwanzigtausend.«[4]

»Na gut, Doktor, wenn so was auf dem Spiel steht, soll man nicht auf Prinzipien rumreiten.«

Die Gadsdener Stadtväter traten auf Joes Geheiß zusammen und verabschiedeten eine Resolution, die jedem Menschen, der nach Gadsden kam, völlige Sicherheit und Freiheit in Rede und Tat versprach. Es ist allerdings durchaus möglich, daß der Begriff der bürgerlichen Freiheit in jenen Zeiten dort noch nicht in seiner ganzen Tragweite verstanden wurde. Denn sie fügten überflüssigerweise hinzu, daß Sidney Hillman, sollte er Gadsden besuchen, mit der echten Gastfreundschaft des Südens empfangen würde. Ich brachte das Telegramm mit diesen Zusicherungen zu Isador Lubin, der damals Hillmans Assistent war, und zusammen gingen wir zu Sidney; alles war in Ordnung, bis er zum letzten Satz kam, dem mit der Gastfreundschaft des Südens. Dieser, sagte er, sei ihr Hintertürchen; er müsse gestrichen werden.

Nach einigem Zureden ließ er sich erweichen, und die Fabrik kam nach Gadsden. Sie war sehr groß und erschloß die Stadt dem neuen Geist. Zum Zeitpunkt der Wahlen im Jahr 1944 hatten sich die Arbeiter von Gadsden bereits eine große und tatkräftige politische Organisation geschaffen, die Roosevelt kräftig unterstützte, Joe Starnes intensiv entgegenwirkte und ihn aus dem Rennen warf. Seine politische Karriere war beendet. Ein Mann mit einem öffentlichen Amt sollte wohl doch auf Prinzipien beharren.

Bevor Starnes abserviert wurde, aß ich eines Tages mit Thomas H. Eliot, einem engen Freund, später Professor der Politischen Wissenschaften und noch später Kanzler der Washington University in St. Louis, im Restaurant des Repräsentantenhauses zu Mittag. Eliot war damals Kongreßabgeordneter für Cambridge/Massachusetts und ein Gegner des Dies Committee. Joe Starnes, der am anderen Ende des Raumes saß, nahm an, wir unterhielten uns über ihn und Dies, und er wollte mich – in meiner Eigenschaft als Ehrenbürger und praktischer Wohltäter von Alabama – nicht unter falschen Einfluß geraten lassen. Er kam herüber und bat mich, die schlechten Sachen, die »Freund Tom« über das Dies Committee gesagt haben mochte, nicht zu glauben. Darüber hinaus riet er mir dringend, ich solle mich nicht von einer lautstarken Auseinandersetzung abschrecken lassen, die gerade zwischen Leon Henderson und dem Kongreßabgeordneten E. Eugene Cox aus Georgia stattfand, einem Mann, der damals wegen seiner Gehässigkeit berüchtigt war.

Joes Fürsprache war bemerkenswert:

»Freund Ken, vergeßt bitte alle nie, daß mein Freund Eugene der netteste böse Mann im gesamten Kongreß der Vereinigten Staaten ist.«

Bedürfte es noch eines Beweises dafür, daß die Geschichte dazu neigt, sich zu wiederholen, so könnte der Herbst 1940 als hervorragendes Beispiel dienen. Hierbei ging es um die zweite Schlacht um Muscle Shoals, die sich als die erste öffentliche Kontroverse entpuppte, in der ich eine tragende, ja sogar entscheidende Rolle spielte. Nichts ist mir deutlicher in Erinnerung, und ich kann mein Gedächtnis jederzeit auffrischen – denn der Streit, ein kleiner Klassiker des bürokratischen Nahkampfes, ist in einem ehemaligen politologischen Standardwerk festgehalten.[5]

Im Ersten Weltkrieg wurden in Muscle Shoals/Alabama zwei Fabriken gebaut, um Luftstickstoff zur Herstellung von Sprengstoffen chemisch zu binden: Nitrate No. 1, in der ein nicht funktionierendes Verfahren angewendet wurde, und Nitrate No. 2, die nie ganz fertig gebaut wurde und auch zur Herstellung von Ammoniumnitrat, einem Sprengstoff, ausgerüstet war. Zu den Fabriken gehörte der Wilson-Damm, der den Tennessee River staute und für die erheblichen Strommengen sorgte, die das Verfahren damals erforderte. Fünfzehn Jahre lang standen Nitrate 2 und der Damm im Mittelpunkt einer hitzigen Kontroverse, der schärfsten der damaligen Zeit. Die amerikanischen Farmer wollten, daß Damm und Fabrik billigen Kunstdünger produzierten und damit die Macht des sogenannten Kunstdünger-Trusts bei den Preisen für Pflanzendünger brachen. Die Chemie- und Kunstdünger-Produzenten, letztere eine mächtige Lobby, wollten dies ganz und gar nicht.[6] 1940 war der Teil von Nitrate 2, in dem mit Hilfe des Cyanamid-Verfahrens die Stickstoffbindung stattfand, längst veraltet, aber die Ammoniumnitrat-Abteilung, das heißt der explosive Teil, konnte noch betrieben werden. Die Army plante nun, die Errichtung einer brandneuen Fabrik zur Herstellung synthetischen Ammoniums in Muscle Shoals vorzuschlagen, die von der Tennessee Valley Authority zur Bereitstellung von Stickstoff für das Ammoniumnitrat gebaut und betrieben werden sollte.

An einer solchen Beteiligung war die TVA besonders interessiert. Hier bot sich eine kriegswichtige Aufgabe, und nach dem Kriege ließ sich der Stickstoff zur Entwicklung von Kunstdünger verwenden, das heißt also dem gesetzlich vorgesehenen Programm zuführen. Die Chemie- und Düngemittel-Industrie wurde sofort von Wahnvorstellungen heimgesucht und befürchtete das Schlimmste. Dennoch mußten Stickstoffabriken gebaut werden; ohne ihr Erzeugnis konnte man damals schließlich keine Menschen *en masse* abschlachten. Und Muscle Shoals lag nicht nur unweit einer bereits bestehenden Sprengstofffabrik, sondern besaß auch Grund und Boden, Läden, Verkehrsmittel und andere infrastrukturelle Einrichtungen; darüber hinaus konnte es den ohnehin bescheidener gewordenen Strombedarf decken – alles in allem also ein idealer Standort. Der Schätzungspreis betrug 4 153 000 Dollar, und die Fertigstellung sollte elf Monate dauern. Alle anderen

Standorte wären bei gleicher Wirtschaftlichkeit und Bauzeit um mehrere Millionen Dollar teurer gekommen.[7] (Der endgültige Preis war mit 7669000 Dollar noch immer sehr vorteilhaft.) Von Mitte Juli bis Mitte Oktober bereitete die Sache der NDAC Kopfzerbrechen. Die Industrievertreter in den Stäben von Stettinius und Knudsen lehnten, unter Führung von Edward R. Weinlein vom Mellon Institute of Industrial Research in Pittsburgh, den Vorschlag der Tennessee Valley Authority ab. Davis leitete mit Hilfe Hendersons die TVA-Bataillone. Ich kümmerte mich um die tägliche Strategie. Ed O'Neal war ein aufmerksamer Beobachter, denn seine Plantage in Florence/Alabama befand sich, wie schon erwähnt, nahe bei Muscle Shoals, und er war schon lange der Meinung gewesen, daß diese Fabriken genutzt werden sollten.

Viele Angelegenheiten, die für die Allgemeinheit von höchster Bedeutung sind, werden in einem Wettstreit der bürokratischen Talente entschieden. Die Mittel und Wege zum Erfolg in dieser Arena sind einen Kommentar wert.[8] Man muß von seiner Sache fest überzeugt sein und bei jedem Schritt, den man unternimmt, darauf achten, daß er auch die Überzeugung anderer stärkt. Jeder Fehler der Gegenpartei muß zur Schwächung ihrer Glaubwürdigkeit und ihrer Anhängerschaft ausgenutzt werden. Man sollte sich stets vor Augen halten, daß die meisten Schlachten in Washington nicht aufgrund der eigenen Stärke gewonnen werden, sondern dadurch, daß andere den Glauben an ihre Sache verlieren und diese Tatsache unbedingt verbergen wollen. Niemals sollte man mit seinem Rücktritt drohen; das führt lediglich dazu, daß die eigenen Verbündeten glauben, man wolle das Schlachtfeld verlassen. Nie sollte man das Wort eines Experten als endgültig akzeptieren. Er kann sich irren, schlampig gearbeitet haben oder politisch motiviert sein. Und schließlich sollte man, wenn irgend möglich, den Präsidenten auf seiner Seite haben. Diese Verhaltensregeln lernte ich erstmalig in der Schlacht um Muscle Shoals, und größtenteils von Chester Davis.

Der Bau zweier weiterer Stickstoffabriken stand auf dem Programm; eine sollte von der DuPont Powder Company, die andere von der Allied Chemical Company betrieben werden. Davis eröffnete die Kampagne im Juli, indem er forderte, die Knudsen/Stettinius-Industriellen sollten ihn über alle Entwicklungen des Stickstoff-Programms auf dem laufenden halten, während ich mich weiterhin über alle Aspekte dieses Industriezweiges informierte. Mitte September gelang uns der erste Durchbruch. Die Industriellen versicherten uns, alles sei noch im Untersuchungsstadium, und gleichzeitig gingen Briefe mit Absichtserklärungen, die einer Zusage gleichkamen, an Allied und DuPont: Die TVA-Fabrik war angeblich für lange Zeit ad acta gelegt. Hinterhältigkeit ist immer das Eingeständnis einer Schwäche; erfahrene Taktiker vermeiden sie. Nun steckte Davis einen eloquenten

Brief, in dem er die Vorgänge schilderte, in den Postsack, der nach Hyde Park ging, wo sich der Präsident aufhielt, sowie eine etwas unverblümtere Nachricht an Steve Early, der beim Präsidenten Pressesekretär und »Mädchen für alles« war. »Der heutige Postsack fürs Weiße Haus enthält einen Brief von mir an den Präsidenten, den ich für wichtig halte ... Würden Sie bitte dafür sorgen, daß mein Brief dem Präsidenten sofort zur Kenntnis gebracht wird?«[9]

Roosevelt ließ uns nicht im Stich. Er beauftragte den Kriegsminister, sämtliche Verhandlungen zu suspendieren, und deutete an, er wolle möglicherweise alle drei Fabriken von der TVA bauen lassen. Jetzt hatten wir die Nase vorn. Allerdings ist eine Intervention vom Präsidenten fast immer eine einmalige Sache.

Die Industrievertreter beriefen sich auf ihr höheres Fachwissen und nahmen zunächst Zuflucht zu technischen Einwänden. Eine derartige Strategie soll die Opposition von Laien ausschließen, doch sollte deswegen, wie bereits gesagt, kein Laie jemals die Flinte ins Korn werfen. Er sollte wissen, worum es geht, und nach Schwachstellen suchen.

Zuerst wandten sie ein, daß eine Stickstoffabrik neben der Aluminiumfabrik, die kürzlich im Tennessee Valley gebaut worden war, eine gefährliche Konzentration kriegswichtiger Industrien darstelle. Der Haken daran war nur, daß das Tennessee Valley ziemlich lang ist. Die Aluminium- und die Stickstoffabrik lagen etwa 120 Kilometer voneinander entfernt - unsere Gegner hatten versäumt, einen Blick auf die Landkarte zu werfen. Dann wurde eingewendet, in der Gegend um Birmingham gäbe es zu wenig Koks, der für das Herstellungsverfahren erforderlich war. Eine rasche Nachprüfung ergab, daß dieses Industriegebiet in Wirklichkeit neben Michigan das einzige war, das einen Überschuß an Koksförderungskapazitäten besaß. Außerdem fanden wir heraus, daß für die Fabriken von DuPont und Allied ohnehin Koksöfen gebaut werden mußten. Mit großem Vergnügen und einigem Aufwand setzte ich diese und ähnliche Richtigstellungen in Umlauf. Die technischen Einwände verstummten.

Als nächstes erlitten wir einen Rückschlag. Davis hatte sich bei einem Treffen mit Stettinius damit einverstanden erklärt, einen neutralen Gutachter zu engagieren, der die ganze Kontroverse überprüfen und eine Lösung finden sollte. Dabei sollte es sich um einen der eindrucksvollsten Ingenieure der Zeit handeln, einen gewissen Gano Dunn, den Präsidenten der großen J. G. White Engineering Corporation. Ein solches Angebot kann man schlecht ablehnen; bei allen derartigen Auseinandersetzungen besteht die stillschweigende gegenseitige Verpflichtung, sich einsichtig zu verhalten, was eine stets latente Gefahr in sich birgt. Und Dunn würde mit Sicherheit ein Gegner sein.

Wiederum wurden wir von unseren Gegnern gerettet. Gano Dunn entpuppte sich als eine würdige Erscheinung, war jedoch weit darüber erhaben, sich über seine Aufgabe gründlich zu informieren. Sein Bericht begann folgendermaßen: »Ich habe mich eingehend mit den Fragen befaßt, die ... mir zur Entscheidung in die Hände gelegt [wurden].«[10] Dann löste er den Streit mit grandioser Inkompetenz. Die TVA, entschied er, sollte keine komplette Fabrik erhalten; das würde »... nicht nur den Anfang einer Regierungsbeteiligung an einem neuen Bereich privaten Unternehmertums darstellen, sondern nach Beendigung des Notstandes eine Gefahr für den Markt der privaten Betriebe bedeuten ...«[11] Statt dessen sollte die TVA eine auf 37,5 Tonnen Produktionskapazität beschränkte Alibifabrik erhalten – zu klein, um eine Gefahr darzustellen, und viel zu klein, um die bestehende Ammoniumnitratfabrik mit genügend Stickstoff zu versorgen. Diese Lösung enthielt das Eingeständnis, daß es in Wahrheit um Politik – nämlich um die TVA – ging. Dann kam Dunn mit einem neuerlichen Hagel von technischen Einwänden. Ich konnte sie alle mit meinem frisch erworbenen technischen Selbstvertrauen widerlegen. Die TVA, sagte er, sei der Aufgabe, den Betrieb zu leiten, nicht gewachsen; die technischen Berater der Authority, eine renommierte Privatfirma, erklärten trocken, sie sei es doch. Es stünden keine Tankwagen zum Transport des Produktes zur Verfügung. Dunn, stellte sich heraus, meinte das falsche Produkt. »Mr. Dunn spricht davon, Ammoniak und nicht Ammoniumnitrat direkt an die Pulverfabriken zu liefern. Er verwechselt die Chemikalien. Das in den Shoals hergestellte Ammoniumnitrat wird außerdem nicht an die Pulverfabriken gehen, sondern an die Granatenfabriken, wo es mit TNT zur Herstellung von Amatol verbunden wird.«[12]

Dunns Standpunkt konnte nicht aufrechterhalten werden – nicht mit diesen lückenhaften Chemiekenntnissen. Am 18. Oktober stimmte die NDAC zuerst 5:2, dann einstimmig für die Fabrik der TVA sowie die beiden Fabriken für DuPont und Allied Chemical. Danach hörten Stettinius und Knudsen wütend, was ihre Leute ihnen berichteten, und das Abstimmungsergebnis wurde wieder auf 5:2 reduziert. Ich ging nach Hershey in Pennsylvania, um einen kurzen Urlaub zu machen und über diesen Krieg im Kriege nachzudenken. Viele weitere sollten ihm folgen.

Während des großen Nachfragebooms nach Stickstoff zur Herstellung von Düngemitteln nach dem Krieg – manche sprachen von der Stickstoff-Revolution – blieb die TVA-Fabrik fast unbemerkt.

In jenen Herbsttagen des Jahres 1940 standen Wahlen bevor, und mein Renommee für sprachliche Behendigkeit und Anpassungsfähigkeit stieg erneut. Das Weiße Haus bat Davis, mich an den für die Reden Präsident Roosevelts zuständigen Stab auszuleihen. Zu meiner Freude stimmte Davis zu. Zur Arbeit hatten wir mehrere Räume in dem damals riesig wirkenden Handelsministerium in der 14. Straße, ein Gebäude, das für den Höhepunkt architektonischer Elefantiasis gehalten wurde, bis das Pentagon es überflügelte.

Richard V. Gilbert, ein brillanter Ökonom, den ich aus meiner Harvardzeit kannte, leitete, unterstützt von seinem begabten Vetter Milton Gilbert, unsere Gruppe. Dick ging danach als Forschungsleiter zum Office of Price Administration und machte schließlich ein kleines Vermögen mit Whisky – ein vielseitiger Mann. Milton war viele Jahre lang Leiter des Wirtschaftsnachrichtendienstes der Bank of International Settlement in Basel. In der McCarthy-Ära warf man ihm unzulässig liberale Ansichten vor. Ich kam ihm mit einer eidesstattlichen Erklärung zu Hilfe. Später, als ich meine FBI-Akte erhielt, entdeckte ich, daß dies als Beweis für meine eigene Subversivität gegolten hatte. Ebenfalls zu unserer Gruppe gehörte G. Griffith Johnson jr., von dem ich bereits erzählt habe.[13] Von ihm kam ein bleibender Beitrag.

Gemessen an heutigen Gepflogenheiten, hielt Roosevelt nicht sehr viele Reden, und so wurde auf jedes Manuskript große Aufmerksamkeit und Sorgfalt sowie eine Menge Hintergrundmaterial verwendet. Dann ging alles ans Weiße Haus, um von Robert E. Sherwood, dem Dramatiker, unter Anleitung von Harry Hopkins und Samuel Rosenman den endgültigen Schliff zu bekommen.

Johnsons Aufgabe war es, in der Vergangenheit der führenden republikanischen Köpfe im Kongreß zu graben, um unter anderem nachzuweisen, daß sie mit ihrem Abstimmungsverhalten zu der traurigen Lage beigetragen hatten, über die sie sich jetzt beklagten. Zu den von ihnen bemängelten Dingen gehörte der armselige Zustand der nationalen Verteidigungskräfte, der »Bereitschaft«, wie es hieß. Doch die republikanischen Führer im Kongreß hatten zu den unbeugsamsten Gegnern einer Erhöhung der Verteidigungsausgaben gehört. Bei seinen Recherchen fiel Johnson auf, daß die Namen dreier republikanischer Führer immer wieder vorkamen: Joseph W. Martin jr. aus Massachusetts, der Oppositionsführer des Repräsentantenhauses; Bruce Barton, der zum Staatsmann avancierte Werbefachmann aus New York, der landesweite Prominenz gewonnen hatte mit seinem Gedanken, Jesus sei ein Pionier des modernen Unternehmertums[14] und somit vielleicht ein früher Vorläufer der großen Werbefirma Batten, Barton, Durstine and Osborn gewesen; sowie der Kongreßabgeordnete Hamilton Fish vom Oberlauf des Hudson in Roosevelts Heimatstaat, einziger auf einer frühen Liste von Präsidentenfeinden. Wir waren vom Weißen Haus angewiesen worden, uns nicht die Mühe zu machen, auf seine Anrufe zu reagieren. Es war Griff Johnson, der das Abstimmungsverhalten von Martin, Barton und Fish als Beispiel herauspickte und erkannte, wie prächtig die Namen klangen, wenn man sie in dieser Reihenfolge aussprach. Noch größere Freude daran hatte Franklin D. Roosevelt.

Bei jeder Rede des Präsidenten versammelten wir uns vor dem Radio, um zu hören, ob Sätze oder Zeilen von uns beibehalten worden waren, und wenn, welche. Heute, vierzig Jahre später, kann ich ihn immer noch hören, wie er im Madison Square Garden sorgfältig den Durchschnittsrepublikaner von jedem Obstruktionsverdacht ausnahm, ehe er sich dann den Parteiführern zuwandte: »Und wer hat gegen die Bewilligung eines angemessenen nationalen Verteidigungsbudgets gestimmt?« Roosevelt machte eine Kunstpause, lachte leise und gab die Antwort, indem er die Namen der Reihe nach genießerisch über die Lippen rollte: »MARTIN, BARTON und FISH.«

Das war zu gut, um gleich wieder vergessen zu werden. Ein oder zwei Abende später fragte er die Menge, die im Boston Garden zusammengekommen war, wer gegen angemessene Zuwendungen für die Landwirtschaft gestimmt hätte. Es war kein ländliches Publikum, doch zögerte es keine Sekunde: »MARTIN, BARTON und FISH«, tönte es machtvoll zurück.

Sollte irgendeine meiner eigenen Formulierungen stehengeblieben und verwendet worden sein, so war sie nicht weiter bemerkenswert.

Am Wahltag fuhren Kitty und ich in diesem Jahr nach Princeton zur Stimmabgabe und begaben uns von dort aus zu Chester Davis, um die Ergebnisse zu hören. Damals waren Paul Porter und ich bereits enge Freunde geworden, woran sich bis zu seinem Tod im Jahre 1975 nichts änderte. Paul fragte mich, wo ich gewesen sei und warum ich mir nicht – wie er es in Kentucky praktiziere – einen Republikaner aus New Jersey gesucht habe, mit dem ich ein Abkommen über Stimmenthaltung getroffen hätte, so daß ich mir die Reise hätte sparen können.

Ich sagte, ich kenne keinen Republikaner aus New Jersey, dem ich vertrauen könnte.

»Na ja«, antwortete Paul, »ich hab meinem Kerl auch nicht getraut. Um sicherzugehen, habe ich briefgewählt.«

Das stimmte nicht. Keinen Zweifel jedoch gibt es an der Wahrheit einer Geschichte, die bei seinem Begräbnis in Washington erzählt wurde. Er war einmal mit einem Kollegen einer Rechtssache wegen im Westen gewesen und flog in die Hauptstadt zurück. Als sie sich dem National Airport näherten, meldete sich plötzlich die betont ruhige Stimme des Piloten. Es gab Schwierigkeiten mit dem Fahrwerk; entweder zeigten die Instrumente falsch an, oder es ließ sich wirklich nicht ausfahren. Vorsichtsmaßnahmen für den Notfall wurden ergriffen. Federhalter wurden aus den Taschen genommen, Sitzgurte festgezurrt, die Köpfe zwischen den Knien geborgen. Stille senkte sich über den Passagierraum. Das Flugzeug setzte inmitten aufgefahrener Feuerwehr- und Krankenwagen auf. Die Stille vertiefte sich noch, als die Motoren gedrosselt wurden und das Flugzeug zum Stehen kam. Der erste, der sie brach, war Paul: »*Mutual of Omaha*[15] hat wieder mal gewonnen.«

Um Mitternacht nach der Wahl war es draußen auf der Straße plötzlich unruhig. Gesang und Geschrei. Wir gingen hinaus und sahen Steve Early und George Allen (ein Zeitgenosse, der damit Karriere machte, daß er Präsidenten kannte und unterhielt) aufs Haus zukommen. Steve hatte ein Hosenbein bis übers Knie hinaufgerollt. Sie kamen die Straße entlang und schwankten zu den Tönen ihres eigenen Gesanges: »Happy days are here again.«

Ein paar Abende zuvor hatte Steve, als er in New York den Wahlkampftrupp des Präsidenten in einen Zug verfrachtete, unabsichtlich einem Polizisten sein Knie in die Weichteile gerammt. Die Republikaner hatten sich auf diesen Zwischenfall gestürzt, und er machte Schlagzeilen: Die New Dealer waren so arrogant wie eh und je, sie scherten sich weder um den Durchschnittsbürger noch um Recht und Ordnung. Ein Vorgeschmack von imperialer Präsidentschaft. Die Aufregung legte sich ein wenig, nachdem der Polizist gefunden worden war und erklärt hatte, daß er selbstverständlich für Roosevelt stimmen würde. Der Zwischenfall war jedoch so aufgebauscht worden, daß Steve seinen Rücktritt angeboten hatte. Daher jetzt sein Jubel. Mochten andere ruhig glauben, die Wahlergebnisse seien eine Bestätigung für Roosevelts Politik und eine Billigung seiner dritten Amtsperiode – für Steve Early hatte die amerikanische Öffentlichkeit sein Knie von jeder Schuld freigesprochen.

Den ganzen Herbst und den darauffolgenden Winter über lebten wir in Washington in einer hübsch eingerichteten Wohnung im Marlyn, unweit der Kreuzung Wisconsin/Massachusetts Avenue. Kitty arbeitete in der Library of Congress an ihrer Doktorarbeit über Novalis. Zu uns kam eine willensstarke, ungewöhnlich kleine und ungewöhnlich gescheite junge Frau, die uns die Mahlzeiten zubereiten und uns das Leben auch in anderer Beziehung erleichtern sollte. Sie hieß Emily Gloria Wilson, und sie blieb vierzig Jahre lang ein Mitglied unserer Familie, hielt unseren Haushalt in Ordnung, erzog unsere Kinder, begleitete uns nach Indien und kümmerte sich schließlich auch um unsere Enkel. Als typisch für ihren Charakter mag eine Szene gelten, die sich an einem Nachmittag Mitte der sechziger Jahre zutrug. Es war ein sehr anstrengender Tag gewesen, und wir mußten später noch zu einer Abendeinladung gehen. Ich wollte mich ein wenig ausruhen und bat Emily, mir alle Anrufe so lange vom Leibe zu halten. Kurze Zeit später klingelte das Telefon. Der Anruf kam aus dem Weißen Haus, und Lyndon Johnson war selbst am Apparat.

»Holen Sie mir Ken Galbraith. Lyndon Johnson hier.«

»Er schläft, Mr. President. Er will nicht gestört werden.«

»Gut, dann wecken Sie ihn. Ich will mit ihm reden.«

»Nein, Mr. President. Ich bin bei ihm angestellt, nicht bei Ihnen.«

Als ich zurückrief, konnte der Präsident sein Vergnügen kaum verbergen. »Sagen Sie dieser Frau, ich hätte sie gerne hier im Weißen Haus.«

Eines schönen Abends im Herbst 1940 luden der Präsident und Mrs. Roosevelt alle, die in verantwortungsvoller Position mit Verteidigungsangelegenheiten befaßt waren, jung und alt gleichermaßen, zu einem Empfang. Wir waren ungemein aufgeregt. Meine Frau überlegte tagelang, was sie anziehen sollte. Griffith Johnson und seine Frau parkten ihren Wagen ein paar Straßen weiter und nahmen sich dort ein Taxi, um ihre Ankunft vor dem Weißen Haus entsprechend würdevoll zu gestalten. Ich entschloß mich, dem Präsidenten einen Apfel der Sorte »Northern Spies« zu schenken, von der mir meine Familie einen Korb voll aus Kanada geschickt hatte. Als wir uns zum Empfang aufgereiht hatten, verlor ich den Mut und gab ihn an Robert Horton weiter, später kompromißloser Pressesprecher der Office of Price Administration – sein Prinzip war die Wahrheit, wie er sie sah, ganz egal, welche Konsequenzen das hatte. Er verspeiste den Apfel, während wir aufrückten.

Als ich Franklin D. Roosevelt, der bei solchen Gelegenheiten auf einer Art hohem Küchenhocker zu sitzen pflegte, begrüßt hatte und an ihm vorbeidefiliert war, hielt Eleanor jemanden vor mir an, um ein paar Worte zu wechseln, wodurch die ganze Schlange einen Moment lang zum Stehen kam. Auch der Mann hinter Kitty blieb stehen, die Füße auf ihrem Kleid. Roosevelt bemerkte es und ließ ihre Hand nicht los. Sie zehrte wochenlang davon.

Später zogen sich die Roosevelts nach oben zurück, und es wurde getanzt. Uns allen fiel auf, daß der Sohn von William L. Batt aus Stettinius' Stab mit der Tochter von Sidney Hillman tanzte. Dadurch kam der sich später bestätigende Verdacht auf, die Batts sympathisierten mit dem New Deal.

In diesen Monaten fuhr ich regelmäßig nach Chicago, um auch dort noch zu arbeiten. Meine vielfältigen Unternehmungen brachten mich Ende des Jahres für ein paar Tage ins Johns-Hopkins-Hospital; die Diagnose lautete, keineswegs überraschend, auf Erschöpfung. Ich gab meine Arbeit beim Farm Bureau auf, und wir reisten zur Erholung nach Mexico City und Taxco. Mittlerweile war die National Defense Advisory Commission ihrer allgemeinen Nutzlosigkeit wegen ins Kreuzfeuer der Kritik geraten. Roosevelt ließ sie zwar weiterbestehen, übertrug aber die Entscheidungsvollmacht dem neugeschaffenen Office of Production Management (OPM), das gleichrangig von William Knudsen und Sidney Hillman geleitet wurde. Dieser Kompromiß war nicht untypisch für Roosevelt: Da er die ganze Macht nicht einem Geschäftsmann allein oder – was damals ohnehin undenkbar war – einem Gewerkschaftsführer übertragen konnte, ernannte er eben beide.

Die unmittelbare Auswirkung bestand darin, daß Davis' Funktionen und damit auch meine eingeschränkt wurden. Wiederum drohte Untätigkeit. Ich wendete daher meine Aufmerksamkeit wieder den Preisen und der Wirtschaftspolitik zu. Zur Arbeit war ich immer mit David Ginsburg, dem Berater von Leon Henderson, und John Hamm, Leons angeheiratetem Cousin und Assistenten, gefahren. Ein häufiges Gesprächsthema waren dabei ihre Pläne zur Wirtschaftslenkung und wie die dazu erforderliche Vollmacht dem Weißen Haus zu entlocken wäre. Für die Wirtschaftslenkung entwarf ich ein Konzept. Es hatte Konsequenzen, die meine kühnsten Träume überstiegen, und brachte mich zurück zu Leon Henderson, mit dem dieses Kapitel begann.

9
Lehrzeit als Preiszar

> Inflation ist eindeutig unerwünscht; wir sollten versuchen, nach Möglichkeit eine ungleichmäßige Lastenverteilung, demoralisierende Auswirkungen unstabiler Profitexpansion, willkürliche Umschichtungen in der Einkommensverteilung und (soweit man das voraussagen kann) die noch größeren Schwierigkeiten beim Neuanfang nach dem Kriege zu vermeiden, die wahrscheinlich mit rapiden Preissteigerungen verbunden sein werden.
>
> J.K.G., 1941

Leon Henderson hatte sich mittlerweile mit seinem kleinen Mitarbeiterstab im neugeschaffenen Office of Price Administration and Civilian Supply (OPACS) im Blaine Mansion niedergelassen, einem großen, düsteren, nicht eben vornehmen Gebäude aus rotem Backstein, das einst James G. Blaine beherbergte, der seinerzeit, zum Teil vielleicht des zufälligen Reimes wegen, als »landesweit bekannter Lügner aus dem Staate Maine«[1] gefeiert wurde. Das Haus befindet sich gleich hinter dem Dupont Circle auf der linken Seite der Massachusetts Avenue. Im Verlauf der nächsten zwölf Monate wurden wir zunächst in größere Räume in einem Appartement-Gebäude in Georgetown umquartiert, dann in noch größere in Tempo D, einem hastig hochgezogenen Bau an der Mall. Das letztgenannte und die anderen, nicht zur Dauerhaftigkeit bestimmten Gebäude der Kriegszeit wurden nach den architektonischen Leitlinien Franklin D. Roosevelts errichtet: Es sollte alles unternommen werden, um sicherzustellen, daß sie – im Gegensatz zu den Provisorien des Ersten Weltkriegs – ihre Dienstzeit nicht überdauerten. In der Praxis überdauerten sie kaum ihre Fertigstellung. Unser letzter Umzug führte uns in ein riesiges, langlebiges Gebäude südlich der Mall, dessen Stil und Verputz einem Warenhaus glichen und aus dem das Statistische Amt vertrieben worden war; später wurde es vom FBI bezogen.

Frühmorgens am 29. April 1941 zitierte mich Henderson in sein Büro, einen deprimierenden Salon im ersten Stock des Blaine Mansion. Er fragte mich, ob ich die Leitung der Preiskontrolle in den Vereinigten Staaten übernehmen wolle. In ganz beiläufigem Ton wurde mir hier das – von Hendersons eigenem Job abgesehen – einflußreichste zivile Amt der Kriegswirtschaftsführung angeboten. Mit der Zeit sollte ich durch meine umfassendere und mehr in die Einzelheiten gehende Beschäftigung mit dieser Politik, durch die daraus erworbenen Kenntnisse sowie durch mein etwas größeres Selbstvertrauen als Ökonom sogar noch mehr Macht über die Preispolitik gewinnen als Henderson selbst. Solche Entwicklungen sind durchaus normal: In jeder großen Organisation mit unterschiedlichen und komplizierten Aufgaben geht die Macht allmählich auf diejenigen über, die mit den täglich anfallenden Problemen befaßt sind und über das daraus resultierende Wissen verfügen. Später sollte ich selbst erleben, wie meine Autorität auf andere überging, die unmittelbarer beteiligt und daher besser informiert waren. In allen großen Organisationen wird den Männern an der Spitze aufgrund primitiver hierarchischer Vorstellungen und aus Opportunismus wesentlich mehr Macht zugeschrieben als sie tatsächlich ausüben.

Ich nahm das Angebot an. Die erste Wahl war ich nicht; Henderson sagte mir, er hätte Isador Lubin vorgezogen, der im Pantheon des New Deal einen höheren Rang innehatte und damals Commissioner of Labor Statistics war. Es war mein Glück, daß Lube, von jener Zeit an bis zu seinem Tode im Jahr 1978 mein Freund, nicht zur Verfügung stand. Ich war ihm stets dankbar dafür.

Vielleicht kam es auch dem Land zugute. Wahrheit und Bescheidenheit lassen sich nicht immer miteinander vereinbaren. Die Aufgabe erforderte jemanden, der die Struktur der Kriegswirtschaft in gröbsten Zügen vorausplante und sie dann in genauestens spezifizierte Handlungsrichtlinien umsetzte. Das konnte ich besser als die meisten anderen Nationalökonomen. Sie erforderte überdies eine wirklich außergewöhnliche Fähigkeit, eigene Ansichten und Handlungen zu korrigieren, wenn sich das ursprüngliche Konzept oder irgendwelche Einzelheiten als unzulänglich oder falsch erweisen sollten. Die Ökonomie ist keine ewige Wahrheit – sie verlangt ständige Korrektur und Anpassung. Fast alle ihre Fehler gehen auf Leute zurück, die ihre Meinung nicht ändern können. Auch dies erkannte ich inzwischen. Und schließlich – das war ein anderer Aspekt des Selbstvertrauens – mußte man fest davon überzeugt sein, daß seine Kritiker aus böser Absicht, Mangel an Informationen oder an Intelligenz handelten oder instinktiv Fehler machten. Auch zu einer solchen Einstellung neigte ich. Mit derartigen Eigenschaften macht man sich nicht überall Liebkind. Bei sensiblen Menschen können sie den Eindruck unerträglicher Arroganz erwecken. Alles in allem waren sie vermutlich jedoch genau richtig für diese Aufgabe.

Von Henderson aus ging ich in das ehemalige Schlafzimmer, das mir als Büro zugewiesen worden war, telefonierte mit meiner Frau und schickte, wie schon berichtet, ein Telegramm an Jim Perkins. Dann suchte ich der Reihe nach die mir vererbten Mitarbeiter auf.

Es waren ihrer weniger als zwanzig. Später sollte das Office of Price Administration 64 000 Angestellte im ganzen Land haben, wozu noch zahlreiche freiwillige Mitarbeiter kamen. Die meisten waren jedoch mit den Rationierungen und Mietkontrollen befaßt. Die Zahl der Preiskontrolleure im ganzen Land lag mit etwa 4300 wesentlich niedriger.

Zu denen, die bereits an Bord waren, gehörte Donald H. Wallace. In Harvard waren wir Kollegen und Freunde gewesen. Schmächtig, überaus loyal, blendend informiert und ein ungeheuer fleißiger Arbeiter, sollte er in den kommenden Jahren mein klügster und engster Ratgeber sein. Die mit der Arbeit verbundenen Anstrengungen setzten ihm stark zu, und der Krieg war noch nicht lange vorüber, als er nach einer Reihe von Herzanfällen starb.

Während der »Stickstoffschlacht« im vorangegangenen Herbst hatte mich die berufliche Qualifikation des TVA-Managements sehr beeindruckt. Deshalb holte ich mir als meinen Stellvertreter Robert E. Sessions, den Assistenten des Generaldirektors dieses großen und vielseitigen Unternehmens. Ihm oblag die täglich anfallende Routinearbeit. Eine leichte Aufgabe war das sicher nicht, denn ich wollte stets selbst das Heft in der Hand behalten. Die ermüdenden Details, die mit dem Anwerben von Personal, der Delegierung von Aufgaben, der Kanalisierung der Verordnungsflut und den Reaktionen darauf zusammenhingen, fielen in sein Gebiet.

Ein oder zwei Tage, nachdem ich meine Arbeit aufgenommen hatte, wurde ich von Mary Jones aufgesucht, einer kleinen, schmalen, strahlend schönen dunkelhaarigen Frau, die einst im Büro von Chester Davis gearbeitet hatte. Sie gehörte einer verschworenen Gemeinschaft von Frauen an, die damals in Washington die politischen Überzeugungen der New Dealer teilten, ihre Büros leiteten, sie in politischen Angelegenheiten berieten, sie in Fragen der Kleidung, der Umgangsformen und des persönlichen Verhaltens – sofern nötig – disziplinierten und untereinander einen Nachrichtendienst von unschätzbarer Reichweite und Präzision betrieben. In den nächsten beiden Jahren gab es keine Anweisung von mir, keine wesentliche Preisverordnung oder -korrektur, die nicht von Mary Jones gelesen wurde. Hunderte von Fehlern – große, kleine oder auch nur absurde – wurden von ihrem unfehlbaren Auge ausfindig gemacht. War sie der Meinung, ich handelte übereilt oder unklug, so sagte sie es mir. Eine große, elegante, selbstbewußte Frau namens Carol Piper, ebenfalls aus dem Mitarbeiterstab von Davis, wurde meine Assistentin. In den kommenden Jahren unterstützten mich Mary Jones und Carol Piper mehr als alle anderen.

In den Wochen, die meiner Ernennung unmittelbar vorangegangen waren, hatten David Ginsburg und John Hamm ihre Bemühungen verstärkt, eine präsidiale Order zu erhalten, die Henderson mehr Gewicht verleihen sollte. Und am 11. April 1941 hatte Roosevelt nachgegeben und das Office of Price Administration and Civilian Supply eingesetzt. Von der Lend-Lease Act von Anfang März erwartete man eine weitere Belastung der zivilen Wirtschaft; das OPACS wurde, nach dem Vorbild des OPM, angewiesen, eine ausreichende Versorgung mit wichtigen zivilen Gütern sicherzustellen, unwichtige loszuwerden und die Preise stabil zu halten. Was die Preise anging, so hatte ihr Kontrolleur »alle im Rahmen des Gesetzes notwendigen oder angemessenen Schritte zu unternehmen, um eine Entstehung von Preisspiralen, den Anstieg der Lebenshaltungskosten und Inflation zu verhindern«[2]. Ein Purist mag einwenden, Ausdrücke wie Preisspiralen, Anstieg der Lebenshaltungskosten und Inflation hätten recht viel gemeinsam. Mit dieser Redundanz wurde jedoch lediglich beabsichtigt, die Dringlichkeit der Aufgabe hervorzuheben. Die »im Rahmen des Gesetzes notwendigen oder angemessenen Schritte« zur Verhütung von Preissteigerungen autorisierten die Einführung von Höchstgrenzen bei Einzelpreisen. Dies legitimierte nachträglich die Schritte, die Henderson bereits in seiner Eigenschaft als Mitglied des OPA-Vorläufers National Defense Advisory Commission zur Preisstabilisierung bei Gütern unternommen hatte, bei denen die Nachfrage infolge der Wiederaufrüstung stark gestiegen war. Am 17. Februar 1941 war ein Höchstpreis für gebrauchte Werkzeugmaschinen festgesetzt worden, um ihren Preis unter dem neuer zu halten, und dieser Aktion waren noch ein paar ähnliche gefolgt. Die neuen gesetzlichen oder sonstwie angemessenen Strafen für Zuwiderhandelnde gingen über eine öffentliche Anprangerung nicht hinaus, und tatsächlich fiel die Entstehung des Wortes *jawboning*, eine Erfindung von Leon Henderson, glaube ich, in diese Zeit. Damals hatte das Wort einen anrüchigeren Beiklang als heute, denn *to be jawboned* bedeutete, als Kriegsgewinnler bezeichnet zu werden.

Ich will nun etwas eingehender auf meine Kriegswirtschaftsplanung zu sprechen kommen. Eine Kriegswirtschaft ist nichts weiter als eine große Beschleunigung des Wirtschaftslebens; man kann daher aus einer solchen Erfahrung viel lernen, was man in gemächlicheren Friedenszeiten zwar ebenfalls, aber langsamer mitbekommt. Einige der Lektionen aus jenen weit zurückliegenden Jahren sind heute noch akut.

Eine Generation, die sich an stetig steigende Preise gewöhnt hat – auch wenn sie sie vielleicht nicht mag –, wird es schwer haben, die ernste, beinahe paranoische Sorge um die Inflation in den Jahren 1940 und 1941 einzuschätzen. Diese Besorgnis war ein Erbe aus dem Ersten Weltkrieg, als sich in den Jahren zwischen 1915 und 1920 die Großhandelspreise mehr als verdoppelt hatten und darauf eine gräßliche und, wie viele annahmen, analoge Baisse folgte.[3] Die Angst vor einer

Wiederholung und den damit verbundenen Entbehrungen blieb in den Jahren der Depression bestehen. Sie wurde noch verstärkt durch das Wissen um die totale Geldentwertung in Deutschland, Österreich und anderen mitteleuropäischen Ländern nach dem Ersten Weltkriege, einem Zusammenbruch, der geradezu traumatisch das Denken deutscher, österreichischer und ungarischer Ökonomen beeinflußte, von denen einige der hervorragendsten später zu Posten und Einfluß in den Vereinigten Staaten kamen. Es war also unabdingbar, daß in dem kommenden Konflikt vor allem eine Inflation verhindert werden mußte. Ebenso unabdingbar war die Notwendigkeit, schon eine geringfügige Inflation zu verhindern, wenn man eine große Inflation vermeiden wollte. Henderson war wahrscheinlich der erste, der den Gedanken aussprach, »ein bißchen Inflation« sei das gleiche wie »ein bißchen schwanger«. Jedenfalls machte niemand so häufig Gebrauch von diesem Vergleich wie er.

1939 legte John Maynard Keynes in einer Artikelserie in der Londoner *Times*, die später in einem kleinen Buch erschien, die grundlegende Strategie zur Verhütung kriegsbedingter Inflation fest. Sie lautete, »entweder durch Besteuerung oder Rückstellungen einen hinreichenden Anteil der Verbraucherkaufkraft vom Markt abzuziehen, so daß es keine unwiderstehliche Kraft mehr gibt, die die Preise in die Höhe treibt«[4].

Die Gesamtnachfrage in der Wirtschaft würde solchermaßen auf gleicher Ebene gehalten mit dem Wert des Gesamtangebots an käuflichen Gütern und Dienstleistungen. Mit steigender Nachfrage nach kriegswichtigen Gütern und sinkendem Angebot im zivilen Bereich – womit höchstwahrscheinlich zu rechnen war – sollten die Steuern erhöht oder privates Sparen erzwungen werden, um die Gesamtnachfrage kontinuierlich im Gleichgewicht mit dem Angebot zu halten. In Fällen von besonders starker Nachfrage oder Verknappung würden Rationierungen und Preiskontrollen notwendig sein; sie wären »eine wertvolle Ergänzung zu unserem Hauptvorschlag«[5], schrieb Keynes, aber sie wären eben nur eine Ergänzung. Schließlich betonte Keynes nachdrücklich, wie wichtig es war, die Preise für Grundversorgungsgüter stabil zu halten, die damals *wage goods* (Lohngüter) hießen, da es sich dabei um Dinge handelte, die Lohnempfänger täglich kauften. Die Gewerkschaften wiederum sollten gebeten werden, auf Forderungen nach Lohnerhöhungen vorerst zu verzichten.

Anfang 1941 setzte Alvin Hansen in Harvard die Diskussion darüber in Gang. Wo Verknappungen oder Engpässe entstanden, sollten besondere Anstrengungen zu ihrer Beseitigung unternommen werden. Derartige lokal auftretende Inflationen sollten scharf getrennt werden von den generellen Preisanstiegen, zu denen es kommen würde, sobald die Wirtschaft an die Grenzen der industriellen Produktionskapazität und der verfügbaren Arbeitskräfte stieß und ein allgemeiner Nachfrageüberhang alle Preise in die Höhe treiben würde.

Dann, aber nur dann, sollte mittels Besteuerung oder Zwangssparen der durch die Kriegsausgaben entstandene Gesamtnachfrageanstieg gestoppt und mit der Gesamtversorgung im Gleichgewicht gehalten werden. Hansens Standpunkt – eine Modifizierung und Neuinterpretation – lag noch innerhalb der Grenzen der Keynesianischen Orthodoxie im weiteren Sinne.

In den gleichen Monaten zu Beginn des Jahres 1941 verfaßte ich eine davon etwas abweichende These, die noch eine Spur ketzerischer war als die Hansens. Ich behauptete, daß es keinen bestimmbaren Punkt gäbe, an dem die allgemeine Nachfrage das allgemeine Angebot übersteigen würde. Nach Jahren der Depression, zu geringer Investitionen und eines zu niedrigen Ausbildungsstands der Arbeiter war der Produktionssektor der Vereinigten Staaten unausgewogen – hier ein Kapazitätsüberhang, dort Verknappungen. Das bedeutete – im Verein mit der ungleichmäßigen Belastung durch die Nachfrage nach kriegswichtigen Gütern –, daß Kapazitätsauslastungen und Vollbeschäftigung ebenso unregelmäßig auftreten würden wie in verschiedenen Industriezweigen. Demzufolge würden schon inflationäre Tendenzen entstehen, bevor eine generelle Vollbeschäftigung erreicht war. Ich akzeptierte, daß die Inflation letztlich unter Kontrolle gehalten werden mußte, indem man der Gesamtnachfrage Grenzen setzte, und ich empfahl eine strenge Überwachung der Preise von Produkten, die von der Kriegsgüternachfrage nicht betroffen waren, denn hier würde sich am ehesten ein Hinweis darauf finden lassen, wann eine generelle Einschränkung erforderlich wurde. Da Preissteigerungen unregelmäßig auftraten, und dies erhebliche Zeit vor der Vollbeschäftigung, erforderte mein Plan wesentlich mehr Kontrollen als die Pläne von Keynes oder Hansen, nämlich gezielte Kontrollen in Gebieten mit Verknappungen, sobald diese auftraten.

Mein Manuskript »The Selection and Timing of Inflation Controls« wurde in Washington viel gelesen. Ich habe weit längere und weit bessere Abhandlungen geschrieben, aber keine hatte vergleichbare Auswirkungen auf die nationale Politik und auf mein eigenes Leben. Die offizielle Geschichtsschreibung über die Stabilisierungsbemühungen während des Krieges nennt sie »beinahe ein Programm« für »gezielte und zeitlich vernünftig angesetzte Kontrollen«[6]. Ob das nun stimmte oder nicht – diese Schrift war es jedenfalls, die dazu führte, daß man mir die Verantwortung für die Preiskontrollen übertrug.

Alle diese Vorschläge, die noch etwas mehr ins Detail gingen, verkehrten die Keynesianische Politik der Depressionszeit in ihr Gegenteil. Über die Steuereinnahmen hinausgehende öffentliche Ausgaben erhöhten die Nachfrage und schufen Arbeitsplätze. Jetzt sollten Besteuerung und Zwangssparen die Nachfrage zu reduzieren versuchen, jene erhöhte Nachfrage, die durch die gestiegenen öffentlichen Ausgaben für den Krieg entstanden war. Preiskontrollen und Rationierungen würden auf Gebiete beschränkt, in denen besondere Verknappungen herrschten – also auf die Dollpunkte, wo trotz generellem Gleichgewicht zwischen Angebot und Nachfrage durch die Kriegserfordernisse, den Verlust von Nachschub aus Übersee und unzureichende Investitionen in der Vergangenheit Verknappungen verursacht und die Preise in die Höhe getrieben wurden. Noch einmal: Das war der rationale Entwurf; er reflektierte, nach bestem Wissen und Gewissen, den modernsten Stand volkswirtschaftlichen Denkens. Die Gesetze, die wir verlangen würden, sollten diesem Ziel dienen. Es gab nur zwei Schwierigkeiten: Erstens eine große und einflußreiche Opposition. Und zweitens sollten wir die Erfahrung machen, daß der Plan, so vernünftig er war, nicht funktionieren würde.

Die Opposition bestand in der Person des erhabenen, manche sagten damals: allmächtigen Bernard Mannes Baruch.

In allen Fragen der Wirtschaftslenkung in einem Krieg war Bernard Baruch seit dem Ersten Weltkrieg stets der anerkannte, besser: selbsternannte Weise gewesen. Es ist nicht leicht, heute noch einen Eindruck von seinem Einfluß zu vermitteln. Die Hochachtung, die ihm von seiten der Öffentlichkeit entgegengebracht wurde, war allumfassend. Gleichzeitig war insgeheim gegen ihn vorgebrachte Skepsis schon fast obligatorisch. Eine Reihe von New Dealern hielt ihn für einen ausgemachten Schwindler, was jedoch keiner von ihnen laut zu sagen wagte.

Viele bedeutende Männer sind vom Äußeren her eine Enttäuschung, wenn man ihnen zum erstenmal begegnet. Churchill, den ich nur zweimal sah, war klein, rund und auch sonst nicht beeindruckend, von seinem grimmigen Blick und seiner Zigarre einmal abgesehen. Harold Wilson und Harry Truman wären in einer Menschenmenge niemandem aufgefallen. Baruchs Erscheinung enttäuschte nie jemanden.

1941 war er 71 Jahre alt. Er war über 1,80 Meter groß, trug elegante maßgeschneiderte Kleidung und hatte schimmerndes weißes Haar, das eindrucksvoll zu beiden Seiten eines spektakulären Scheitels drapiert war, der ein Stück rosaglänzenden Schädels enthüllte. Sein Gesicht war aristokratisch, gebieterisch und doch gütig. Es gewann noch durch den Kneifer und vor allem durch den Draht, der von seinem Ohr zu dem Hörgerät herablief, das er häufig abstellte, um eine Unterbrechung seines Redeflusses im Keim zu ersticken. Der Eindruck von Kraft, den er damals vermittelte, war nicht gestellt – sie sollte ihn noch beinahe ein weiteres Vierteljahrhundert am Leben erhalten.

Während des Ersten Weltkriegs war Baruch unter Woodrow Wilson Vorsitzender des War Industries Board gewesen. Viele, die damals ebenfalls dazugehört hatten – Henry Dennison sprach gern über dieses Thema –, glaubten, daß er nur eine Gallionsfigur gewesen sei, wenn auch eine der besten in diesem Metier. Der wirkliche Chef war der weniger auffällige, aber zuverlässige Alexander Legge von der International Harvester Company. Baruch hat seine ruhmreiche Zeit mit Gewißheit nie vergessen. Er schrieb darüber, und als gegen Ende der dreißiger Jahre ein neuer Krieg näherrückte und es um die Frage ging, welche Wirtschaftspolitik nun betrieben werden sollte, mischte er sich ständig ein. Es war dies nur eines von vielen Gebieten, in denen er mit unerbetenen Ratschlägen aufwartete, jedoch das bei weitem wichtigste.

Bei aller Verherrlichung seiner Vergangenheit vernachlässigte Baruch auch nicht diejenigen, denen er seinen gegenwärtigen Einfluß verdankte. Hätte er auf wesentliche Dinge ebensoviel Nachdenken verschwendet wie auf seine Selbstbeweihräucherung, so wäre er in der Tat völlig unanfechtbar gewesen. Ungefähr zwanzig Senatoren aus dem Süden – Männern, die fest im Sattel saßen, so daß kein Geld verschwendet und durch Unterstützung erfolgloser Gegenkandidaten kein böses Blut gemacht wurde – spendete er in jedem Wahlkampf jeweils 1000 Dollar, für die damalige Zeit ein stolzer Betrag.

Und James F. Byrnes aus South Carolina, Organisator und Führer seiner Truppen, erhielt 5000 Dollar. Von den dergestalt subventionierten Staatsmännern wurde dann lediglich erwartet, daß sie die Weisheit Baruchs in regelmäßigen Abständen hervorhoben und in Krisen oder Konflikten jedesmal den Vorschlag machten, Baruch um Rat und Entscheidung zu ersuchen. Das wurde von allen getreulich befolgt. Sobald ein kniffeliges Problem auftauchte, erhoben sich einige wohlbestallte Politiker und sagten, von allgemeinem Beifall begleitet, daß die Regierung in dieser Situation gut daran täte, den bewährten Staatsmann der Nation, Bernard Baruch, um Rat zu fragen. Er allein wisse, was zu tun sei. Die Kosten, die sich, austariert durch Jahre, in denen keine Wahlen stattfanden, auf etwa vier- bis fünftausend Dollar jährlich beliefen, waren für Baruch unbedeutend.[7]

Weiteren Einfluß verdankte Baruch dem Weißen Haus. Dort erschien er bei allen möglichen Gelegenheiten, teils, um den Präsidenten der Vereinigten Staaten zu beraten, teils, um dem Rest der Regierung und dem Land zu zeigen, daß er zu den Leuten gehörte, die beim Präsidenten ein und aus gingen. Jeder, der solchen Zugang zum Weißen Haus hatte und sich, der Legende zufolge, auf dem Lafayette Square davor auf einer Bank verfügbar hielt, konnte von den rangniedrigeren Beamten und Politikern nicht ignoriert werden. Baruchs Pressekommentare, wenn er das Oval Office verließ – das heißt die Art und Weise, wie er das Präsidentenamt als Echo und Verstärker benutzte –, war die höchste Entwicklungsstufe einer hinlänglich bekannten Kunst.

Nicht alle Präsidenten schätzten das. Harry Truman fragte sich öffentlich, warum Baruch sich als Präsidentenberater bezeichne; schließlich müsse er doch wissen, daß alle Präsidenten viel mehr Ratschläge bekamen als sie brauchen konnten. Präsident Roosevelt kam gegen Ende seines Lebens zu dem Schluß, daß sich die Mühe, Baruch zufriedenzustellen und ihn im Rampenlicht zu halten, politisch nicht mehr lohnte. Er versuchte, sich von ihm zu lösen, letztlich jedoch ohne Erfolg, wie ich von Eleanor Roosevelt erfuhr.

Zu Beginn des Herbstes 1960, als ich mit der Kennedyschen Wahlkampfmannschaft unterwegs war, erhielt ich eines Tages einen Anruf von Mrs. Roosevelt. Sie kam soeben von einem Treffen mit John F. Kennedy und bat mich in seinem Auftrag, Baruch zu besuchen und um eine Wahlkampfspende anzugehen. Das Geld war dabei zwar nicht unwichtig, aber auch nicht der Hauptgrund. Nur wenn Bernie, wie sie ihn nannte, investierte, konnte man sichergehen, daß er nicht absprang. Ich stand altersmäßig mehr oder weniger zwischen der Kennedy-Generation und Baruchs großen Zeiten, und ich war der einzige Kennedy-Adjutant, der ihn gut kannte.

Ich besuchte Baruch in seiner hübschen Wohnung in der Fifth Avenue; mittlerweile neunzig Jahre alt, war er so aufrecht und ansehnlich wie eh und je. Vom Gegner drohte keinerlei Gefahr. Nixon hatte ihn mit der für ihn typischen Geschmacklosigkeit gebeten, ein Komitee älterer Mitbürger in seinem Wahlkampf zu leiten. Baruch war zutiefst empört darüber. War es denn sein einziges Verdienst, alt zu sein, ein *älterer* Mitbürger? Wir unterhielten uns den ganzen Nachmittag über, und er sagte eine Spende zu, deren Höhe bescheiden gewesen sein muß, da ich die Summe vergessen habe.[8] Wie vor mir zahllose andere hörte ich zu, wie er beharrlich und phantasievoll mit großen Namen um sich warf, eine Fähigkeit, aus der er eine hohe Kunst gemacht hatte: »Vor den Augen Woodrows habe ich Josephus Daniels gesagt, daß Franklin der Mann sei, auf den man aufpassen müsse.« Ein paar Tage später war Mrs. Roosevelt wegen einer von ihr geleiteten Fernsehsendung der Brandeis University in Cambridge. Ich erstattete Bericht über meine Mission und kam dabei auch auf diese hervorragende und für Baruch typische Eigenschaft zu sprechen.

Sie erzählte mir mit leicht erhobener Stimme und in abgehackten Sätzen, wie ihr Ehemann in seinen letzten Jahren sowohl Baruchs als auch der Art und Weise überdrüssig geworden war, wie dieser das Weiße Haus als seinen persönlichen Resonanzboden benutzte, und daß er ihn dies auch hatte wissen lassen. »Aber dadurch ließ Bernie sich nicht bremsen. Als er im Radio hörte, daß der Präsident gestorben war, kam er gleich rüber nach Warm Springs. Und dort blieb er bei uns und fuhr mit uns im Zug zurück nach Washington. Und dort blieb er während des gesamten Staatsbegräbnisses bei uns und fuhr mit uns im Zug hinauf nach Hyde Park, und da blieb er wieder während des gesamten Familienbegräbnisses, und ein paarmal dachte ich, er wäre drauf und dran, zu Franklin in den Sarg zu steigen.«

Bernard Baruch hatte einen Plan für die Lenkung der Kriegswirtschaft, der viel besser bekannt war als unserer und der »mit der Hingabe und monomanischen Beharrlichkeit eines Cato präsentiert worden war. Zwanzig Jahre lang [hatte] er in Vorträgen, in Gutachten vor Kongreßausschüssen, in Zeitschriftenartikeln und in Büchern seine Vorteile erläutert . . .«[9] 1941 faßte er ihn für einen Kongreßausschuß folgendermaßen zusammen: »Ich halte nichts von schrittweiser Preisbindung. Ich meine, man muß erst einmal eine Höchstgrenze für das gesamte Preisgefüge festsetzen – Löhne, Mieten und Preise für landwirtschaftliche Erzeugnisse bis hin zur Parität, und nicht höher, einbegriffen –, und erst dann sollte man einzelne Preise auf- oder, falls nötig, abrunden, wenn es aus Gründen der Gerechtigkeit oder der Regierungspolitik erforderlich wird.«[10]

Der Baruch-Plan setzte ganz lässig die gesamte Struktur kapitalistischer Märkte für die Dauer des Krieges außer Kraft; er ging im Grunde davon aus, daß in Kriegszeiten die Preise oder jedenfalls Preisveränderungen jedweder Funktion entbehrten. Wir waren entsetzt. Alle Wirtschaftsexperten waren entsetzt. Ein Ökonom ohne Preissystem ist ein Priester ohne Gott. Da hatten wir unser ganzes Leben damit verbracht, möglichst viel über die Preise zu lernen und andere zu lehren, daß sie stiegen, um zur Herstellung notwendiger Produkte anzureizen; daß sie fielen, um die Herstellung unnötiger Produkte reizlos zu machen; daß sie stiegen, um einen Verbrauch, der über das Angebot hinausging, zu drosseln; daß sie fielen, um zum Verbrauch von Überschüssen anzuregen. Und mit dem Baruch-Plan würden all diese ausgeklügelten Mechanismen außer Kraft gesetzt. Die Wirtschaft würde in Todesstarre verfallen. Abgesehen davon, daß Materialien und Produkte von der Regierung gezielt für Kriegszwecke bereitgestellt und die verbleibenden Konsumgüter rationiert würden, bliebe die Kriegswirtschaft ohne regulativen Mechanismus.

Wir konnten das Baruchsche System nicht akzeptieren.[11] Oder zumindest schien es so. Aber es war die Empfehlung der in dieser Frage einflußreichsten Persönlichkeit im Lande und – bedachte man die politische Rückvergütung – der bei weitem einflußreichsten Stimme im Kongreß. Wir, jung und ohne vergleichbare Erfahrung, sahen uns gezwungen, den Ratschlag des Mannes in Frage zu stellen, der nach weitverbreiteter und von seiner eigenen Überzeugung noch bestätigter Ansicht den Ersten Weltkrieg fast allein gewonnen hatte. Das war die Szene für das große Dilemma und, wie sich im Laufe der Zeit herausstellen sollte, die große Komödie der Jahre 1941 und 1942.

Bei meinem Amtsantritt in jenen Frühjahrstagen 1941 bestand zunächst einmal die Notwendigkeit, den Gesetzgeber dazu zu bewegen, unsere Aktivitäten zu autorisieren und Strafen für die Nichterfüllung der Vorschriften festzusetzen; zweitens kam es darauf an, die Preise so stabil wie möglich zu halten, und zwar so lange, bis das Gesetz verabschiedet war, mit der Autorität unserer präsidialen Order. Baruch bedrohte vor allem die Gesetzgebung, doch galt meine unmittelbare Aufmerksamkeit zunächst einmal der Aufgabe, die Preise niedrig zu halten.

Was tut man, wenn einem die Aufsicht über sämtliche Preise in den Vereinigten Staaten anvertraut ist? An meinem ersten Sonntag im Amt ging ich ins Blaine Mansion und setzte mich allein über die vom Statistischen Amt vorgenommene Einteilung der amerikanischen Industrie. Dieser entnahm ich die Unterabteilungen meines Amtes: Nichteisenmetalle; Treibstoffe; Eisen, Stahl und Stahlprodukte; Textilien, Lederwaren und Bekleidung usw.[12] Es schien fast zu einfach zu sein.

Nachdem ich die Wirtschaft dergestalt aufgeteilt hatte, erfand ich einen Titel für jene, die für die verschiedenen industriellen Gruppen zuständig sein sollten – einen Titel, der den ganzen Krieg über bestehenbleiben sollte. Sie sollten Price Executives heißen. Der Titel hatte den Zweck, einigen Leuten, die über Gewährung oder Verweigerung von Millionen von Dollars entschieden, während sie selbst 6500 Dollar brutto im Jahr bekamen, einen Anflug von Autorität zu verleihen.

Danach setzte ich vor jede Abteilung den Namen eines potentiellen Leiters. Bei den meisten handelte es sich um Ökonomen aus meinem Bekanntenkreis; bei den restlichen um Beamte aus Behörden, die mit dem Krieg nichts zu tun hatten. Die nächsten Tage verbrachte ich damit, diese Kandidaten telefonisch oder telegrafisch darum zu bitten, nach Washington zu kommen. Die Kriegsnervosität war inzwischen groß. Jeder, den ich gebeten hatte, kam. Einer von ihnen war Merle Fainsod, später ein bekannter Professor für Politikwissenschaften in Harvard, ein Freund, dessen Selbstlosigkeit wie bei kaum jemandem sonst allen Versuchungen des akademischen Lebens widerstand. Er befand sich gerade auf Cape Cod, doch als ich noch am selben Tag von einer Besprechung zurückkehrte, wartete er auf mich. Er war, ebenso wie Jim Perkins, zu schnellen Entscheidungen in der Lage.

Während ich Wirtschaftler rekrutierte, warb David Ginsburg Anwälte an, eine Konzentration juristischer Talente, wie sie Washington noch nicht erlebt hatte. Jeder Abteilung wurde ein Anwalt mit gleicher Entscheidungsbefugnis beigegeben. Ein solches Arrangement schien hervorragend dazu geeignet, Reibereien heraufzubeschwören, doch enthielt es Elemente von Genialität, die ich damals noch nicht zu schätzen wußte. Die Juristen hatten ein weitaus besseres Fingerspitzengefühl für Verfahrensstrategien als die Ökonomen – das heißt, sie wußten, wie man sich im Regierungsapparat durchsetzte. Und sie besaßen ein feines Gespür für das, was moralisch oder beruflich legitim war. Ihre Anwesenheitspflicht bei jeder wichtigen Sitzung bedeutete, daß alle Entscheidungen in Gegenwart von mindestens zwei Personen getroffen wurden. Millionen und Abermillionen Dollar standen bei derartigen Entscheidungen zur Debatte. Der Ginsburgsche Plan hatte den Vorteil, daß jedweder Anflug von Schlamperei oder Korruption von vornherein durch die Gegenwart eines zweiten im Keim erstickt wurde; jegliche echte Korruption bedurfte also einer Konspiration. Diese Vorsichtsmaßnahmen und vermutlich auch unsere sorgfältige Personalauswahl hatten zur Folge, daß die Preiskontrollen fünf volle Jahre ohne den geringsten Hauch eines Skandals überstanden. Einige der OPA-Anwälte standen auch im weiteren Verlauf ihrer Karrieren im Rampenlicht der Öffentlichkeit: Harold Leventhal, ein berühmter Bundesrichter; Henry S. Reuss, als Vorsitzender des Finanz- und Währungsausschusses im Repräsentantenhaus und später im Joint Economic Committee einflußreichster Wirtschaftspolitiker im Kongreß; Henry M. Hart jr., Richard H. Field und David F. Cavers, drei legendäre Persönlichkeiten der Harvard Law School; Nathaniel L. Nathanson, ein bekannter Rechtsprofessor an der Northwestern University; Ben Heineman und Sol M. Linowitz, bedeutende Industriekapitäne; und Richard M. Nixon.

Im Sommer 1941 waren die Preise für Holz, Alteisen, verschiedene Textilien und eine ganze Reihe anderer Erzeugnisse – jene, die nicht von einigen wenigen Großproduzenten bestimmt wurden – unter den Druck steigender militärischer und ziviler Nachfrage geraten. Als die Preise stiegen, veröffentlichten wir Tabellen mit den zulässigen Höchstgrenzen. Obwohl ihnen nicht durch Strafandrohung, für die wir, wie gesagt, ein Gesetz brauchten, Nachdruck verliehen wurde, nahm man diese Höchstpreise ernst. In dem Zeitraum bis zur Verabschiedung von Erzwingungsmaßnahmen wurden sie überraschend genau beachtet.

Das Festsetzen von Höchstpreisen, die Notwendigkeit, umstrittene Angelegenheiten verstehen zu müssen, das Gewähren von Gehör und Einspruchsmöglichkeiten für betroffene und beschwerdeführende Parteien, Personalfragen und überhaupt die Leitung des Unternehmens sowie die Verpflichtung, dem Kongreß, der Presse und der Öffentlichkeit Rede und Antwort zu stehen, sollte zur anstrengendsten Tätigkeit meines Lebens werden. Beim Schreiben fällt mir auf, daß ich wahrscheinlich in diese zwei Jahre mehr Kraft investiert habe als in die folgenden vierzig. Als ich 1961 als Botschafter nach Indien ging, nahm man allgemein an, ich übernähme eine große und schwere Aufgabe.

Ich habe nichts unternommen, um diese Illusion zu zerstören, und mein Fleiß galt als so groß, daß ihn Präsident Kennedy einer besonderen Erwähnung für wert hielt. Verglichen mit dem Leben eines Preiskontrolleurs war es jedoch der reine Müßiggang.

Im Sommer 1941 zogen wir in ein Haus um, das sich auf dem Grund und Boden des Virginia Theological Seminary in Alexandria/Virginia befand, von wo aus wir später in unser Kriegsdomizil nach Georgetown in die P Street 3207 zogen. Am Morgen des 3. Juli brachte ich meine Frau ins Columbia Hospital in Washington, wo eine Stunde, nachdem ich sie verlassen hatte, unser erstes Kind geboren wurde, John Alan.[13] Ich kam erst am späten Abend wieder in die Klinik, und danach einige Tage lang überhaupt nicht mehr. An jenem ersten Abend klingelte das Telefon, als ich ankam; Robert Ten Broeck Stevens von der in sozialer Hinsicht vorsintflutlichen Firma J. P. Stevens and Company war am Apparat. Ich hatte mit ihm und anderen Textilfabrikanten fast den ganzen Tag lang konferiert. Bob wollte sein Plädoyer für eine mildere Linie gegenüber den exzessiven Preisen fortsetzen, die die Industrie für gekämmtes Baumwollgarn sowie das daraus hergestellte Tuch verlangte, welches die Grundlage für Sommer-Uniformen bildete. Meine Frau hörte dem Gespräch fast eine Stunde lang teilnahmslos zu. Dann endlich war Stevens davon überzeugt, daß ich nicht nachgeben würde. Einige Tage danach[14], die Arbeit hatte bis spät in den Abend hinein gedauert, war ich entschlossen, unbedingt noch Frau und Kind zu sehen. Die Besuchszeit war längst vorüber. In der leeren, stillen Eingangshalle saß eine furchteinflößende Frau hinter ihrem Pult und faßte mich scharf ins Auge: »Sie wünschen, Sir?«

»Ich bin Dr. Galbraith.«

»Gehen Sie durch, Doktor.«

Die Textilindustrie war ein Paradebeispiel für die Verfilzung von Politik und Wirtschaft, mit der man sich bei der Festsetzung von Preisen konfrontiert sah. Jahrelang hatte sie in der Depression gesteckt, ja, war fast ausgehungert. Nun prosperierte sie ganz plötzlich wunderbar. Die über den ganzen Süden verstreuten Fabriken hatten schon fast inzestuös anmutende Beziehungen zu demokratischen Kongreßabgeordneten und Senatoren, deren Unterstützung wir für unsere Gesetzgebung brauchten. Wir gingen bald dazu über, morgens, mittags und abends Konferenzen mit den Branchenvertretern abzuhalten, um ihnen möglichst wenig Zeit zu lassen, im Kapitol Unruhe zu stiften.

Darüber hinaus hatten wir keine Kontrolle über die Preise für Rohbaumwolle; zehn Jahre lang waren sie ein Hauptsymptom der Depression gewesen, ein wichtiges Objekt regierungsamtlicher Bemühungen um Preis*erhöhung*. Jeder Versuch, dem Aufwärtstrend der Preise jetzt Einhalt zu gebieten, hätte das Abkommen von Appomattox auf den

Kopf gestellt und die alte Südstaaten-Konföderation gegen den Norden wieder aufleben lassen.

Die Führung der Baumwollindustrie war gespalten. Die Spaltung reflektierte unterschiedliche Ansichten darüber, wer in Washington das meiste für die Fabriken herausschlagen konnte. Robert Stevens glaubte, er sei es. Ihm ging es sowohl um das persönliche Prestige als auch ums Geld. Auch war er allgegenwärtig. Der autorisierte Vertreter der Industrie war ein gewisser Scott Russell, Leiter der großen Bibb Manufacturing Company in Georgia; auch er hielt sich für den besten Standesvertreter, war dabei aber recht umgänglich. Im Spätsommer 1941 arbeiteten wir ein unglaublich kompliziertes Preissystem aus, das für jede Art Baumwollgewebe, das heißt für jede Sorte Tuch, unter Berücksichtigung jedes vorhersehbaren Spot- oder Tagespreises eine zulässige Höchstgrenze festsetzte. Bei seiner Verkündung am 21. Oktober 1941 nahm es mehrere Seiten im Gesetzblatt ein. Die Tuchpreise sollten mit den Baumwollpreisen steigen dürfen. Das war eine milde Form von Preiskontrolle, und bei meinen Mitarbeitern gab es starke Einwände gegen die Verordnung. Je intensiver sich die Männer und Frauen für die Preiskontrolle engagierten, desto mißtrauischer wurden sie allem gegenüber, was auch nur nach der geringsten Konzession aussah. Und da ich im allgemeinen zur Härte riet, hatte ich nun Schwierigkeiten, einen nachsichtigeren Standpunkt durchzusetzen.

Unglaublicherweise sank der Preis für Rohbaumwolle gerade, als die Verordnung am 26. Oktober in Kraft trat – eine Koinzidenz, die wir uns nicht hatten träumen lassen. Die Verordnung sah lediglich die bei steigenden Baumwollpreisen zulässigen Tuchpreiserhöhungen vor. Eine Preisreduzierung bei fallenden Baumwollpreisen nannte sie nicht. Ich entschied, daß sie beides beinhaltete und die Preise für Baumwollprodukte nunmehr sinken müßten. Hätte ich eine andere Entscheidung getroffen, so hätte man geglaubt, ich sei von der Industrie gekauft worden.

Scott Russell protestierte mit routinierter Heftigkeit. Als er nach Hause ging, sah er das Dilemma, in dem ich steckte, vollkommen ein. Bob Stevens dagegen richtete sich vor meinem Büro häuslich ein, um mich zur Rücknahme der Entscheidung zu bewegen. Preise sollten immer nur nach oben angeglichen werden, niemals nach unten. Alles andere war unfair gegenüber der Industrie und ungerecht gegenüber J. P. Stevens & Company. Er versuchte es mit Beredsamkeit, Aggressivität, mit Bitten oder, wenn es ihm angebracht schien, mit Schmeichelei. Sobald ich auch nur meine Tür aufmachte, fiel er buchstäblich ins Zimmer. Schließlich drohte ich ihm mit einer Pressekonferenz, auf der ich meinen Standpunkt darlegen und ihn unverblümt einen Kriegsgewinnler nennen würde. Als Alternative stellte ich ihm anheim, die Stadt zu verlassen. Er protestierte dagegen, aber er ging. Es dauerte nicht lange, da stand er wieder in meinem Büro, diesmal als Beschaffungsoffizier für Textilien in der Uniform eines Obersten.

Über ein Jahrzehnt später stand Robert Stevens, nunmehr Armeeminister, vor Joseph R. McCarthy in den großen Hearings Armee contra McCarthy. Es sah nicht gut für ihn aus. McCarthy verachtete ihn wegen seiner Intelligenz, und andere warfen ihm unbesonnene Laschheit vor, mit der er seine Untergebenen verriet. Mitten in den vom Fernsehen übertragenen Anhörungen, die ich gespannt verfolgte, erhielt ich einen Anruf von Paul M. O'Leary, Dekan an der Cornell University, der 1941 für die Preise von Textilien, Lederwaren und Bekleidung zuständig gewesen war. (Später war er, wie ich noch berichten werde, der kompetente Organisator der kriegsbedingten Rationierungen.) Er rief mich an, um festzustellen, ob ich mir das Spektakel ebenfalls ansähe. Ich bejahte. Darauf fragte er mich, ob mir schon aufgefallen wäre, daß wir an diesem Tag wohl die einzigen Professoren in der gesamten Republik seien, die auf Joe McCarthys Seite standen.

Manche Ereignisse aus jenen Jahren sind unvergeßlich. Am 22. Juni 1941 hörte ich beim Frühstück in unserem Haus auf dem Grundstück des Theologischen Seminars im Radio, daß Hitler die Sowjetunion angegriffen hatte. Das war ein Lichtblick. Erstmals schien der Feind nicht mehr unüberwindlich. Noch andere große Augenblicke standen bevor, doch an jenem Morgen ging ich zum erstenmal hoffnungsvoll in mein Büro. Das gleiche galt, glaube ich, für die meisten anderen unmittelbar Beteiligten. Seither ist mir die Erinnerung an jenen Tag jedesmal, wenn ich den Sowjets irgend etwas nachsehen muß, eine große Hilfe.

Über keine Gesetzgebung wurde während des Zweiten Weltkriegs häufiger und hitziger debattiert als über die, die wir für unsere Preiskontrollen brauchten. Zwar gab es kurz vor dem Überfall auf Pearl Harbor eine scharfe Auseinandersetzung über die Wiedereinführung der allgemeinen Wehrpflicht, aber bei der Einziehung zum Militär ging es nur um Leben und Freiheit der Betroffenen. Preiskontrollen dagegen betrafen Geld und Eigentum und mußten daher ernster genommen werden.

Bereits im Februar 1941 hatte David Ginsburg die erforderlichen Gesetze konzipiert. Weitere Versionen der Emergency Price Control Act des Jahres 1941 kamen in den nächsten Monaten in Umlauf. Sie stammten größtenteils von Harold Leventhal. Beim Formulieren von Gesetzesvorlagen erwies sich Leventhal damals wie später als hervorragend; bei Bedarf legte er innerhalb weniger Stunden den erforderlichen Gesetzestext vor. Diese Begabung wiederum war mit einem klaren ökonomischen Sachverstand verbunden, auf den ich mich in zunehmendem Maße verließ. Auch Harold Leventhal verdient es, zu den entscheidenden Männern des Zweiten Weltkriegs gezählt zu werden.

Bis zum Sommer waren ausführliche Berichte über die verschiedenen Aspekte der Gesetze fertig: über die künftige Preisentwicklung, die potentiellen Auswirkungen der Kontrollen, die Gründe für die Nichtberücksichtigung der Gewerkschaften, die Sonderstellung der Agrarpreise. Sie wurden ans Weiße Haus weitergegeben, und Präsident Roosevelt berief eine Konferenz zur Erörterung der Vorschläge ein. Auf alle seine Fragen – zu Auswirkungen auf die Arbeiter, die Farmer und die Gerichte etwa – konnte Henderson antworten: »Wir haben Ihnen dazu einen Bericht zugehen lassen, Mr. President.« Nach der dritten oder vierten Erwähnung unserer Mühsal sah der Präsident ihn nachdenklich an und sagte: »Bilden Sie sich etwa ein, Leon, ich hätte diese ganzen Unterlagen gelesen? Ich konnte sie ja nicht einmal hochheben.«

Am 30. Juli ersuchte der Präsident den Kongreß, das Gesetz zu verabschieden. Henderson, Ginsburg und ich gingen zum Kapitol, um dem Kongreßabgeordneten Henry B. Steagall aus Alabama, dem Vorsitzenden des Finanz- und Währungsausschusses des Repräsentantenhauses, die Vorlage zu erläutern. Ein einziger Beamter sollte die Entscheidungsbefugnis haben, Preise festzusetzen, die »im großen und ganzen gerecht und ausgewogen« sein und den Zweck des Gesetzes, die Niedrighaltung der Preise, erfüllen sollten. Auch die Mieten fielen darunter. Einspruch konnte in Fällen von Ungerechtigkeit oder Unausgewogenheit bei einem Appellationsgericht erhoben werden, das vom Präsidenten ernannt werden sollte. (Letztlich wurde das Auswahlrecht auf den Obersten Richter am Supreme Court übertragen.) Bei Verstößen gegen das Gesetz konnten Geldstrafen bis zur Höhe von 10000 Dollar und Gefängnis bis zu zwei Jahren verhängt werden. Beides wurde später um die Hälfte reduziert. Außer für die Agrarpreise interessierte sich Steagall für all dies herzlich wenig. Er war ein alter Freund, Landsmann und treuer Diener meines Freundes Edward O'Neal.

Wir hatten uns damit abgefunden, daß wir die Agrarpreise nicht unter Parität festsetzen konnten. Die *parity* war das geheiligte und fast mystische Ziel jeglicher Agrargesetzgebung: ein Preis für Grundgüter – das heißt für Mais, Weizen, Baumwolle, Tabak und ähnlich wichtige Dinge –, der im gleichen Verhältnis zu den Gestehungskosten stand wie jener in dem unvergessenen halben Jahrzehnt von 1909 bis 1914 vor Krieg und Depression. Steagall schlug nun vor, durch Einbeziehung der Durchschnittsregel die Parität zu verbessern: Da einige Agrarpreise noch immer unter Parität liegen würden, wenn andere sie bereits erreicht hätten, sollte keine Höchstgrenze festgesetzt werden, bevor ein Preis bei 110 Prozent Parität lag. Der Durchschnitt würde somit ungefähr bei 100 Prozent liegen.

Die Agrarpreise im Juli jenes Jahres lagen bei 95 Prozent Parität, so daß Steagalls Vorschlag sie im Endeffekt alle – und damit auch alle Lebenshaltungskosten – von der Preiskontrolle ausnahm. Henderson, der sich Steagalls Macht bewußt war und wie die meisten städtischen Liberalen dazu neigte, den Block der Agrarlobby für uneinnehmbar zu halten, stimmte zu. Ginsburg und ich waren entsetzt, und Henderson selbst ging es, als er später noch einmal darüber nachdachte, nicht anders. Auf dem Rückweg ins Büro sagte zunächst keiner ein Wort, doch dann warf ich in der für mich vielleicht typischen Taktlosigkeit Henderson vor, sich zu billig verkauft zu haben. Er bereute seine Nachgiebigkeit bereits selber und reagierte daher mit eruptiver Gewalt, ließ das Taxi anhalten und forderte mich auf, auszusteigen. Mit Mühe und Not gelang es mir zu verhindern, daß die Fahrt ohne mich fortgesetzt wurde. Ein paar Stunden später erklärte er mir in denkbar freundlichstem Ton, ich hätte recht gehabt. Mein Beinahe-Hinauswurf mitten auf der Mall wurde in jenen Jahren zu einer kleinen Legende.

Die Anhörung der Gesetzesvorlage im Repräsentantenhaus artete zu einem Marathon aus; sie dauerte vom 5. August bis zum 23. Oktober. Der Ausschuß trat Tag für Tag in nahezu voller Besetzung zusammen. Meistens stand Henderson Rede und Antwort, zu manchen Punkten erhob sich aber auch Ginsburg, und ein- oder zweimal war ich an der Reihe. Es ging hauptsächlich um die enormen Machtbefugnisse, die wir forderten. Und um die Auswirkungen auf die Farmer sowie – wenn auch nicht in dem Maße, in dem man es hätte erwarten können – um die auf andere Produzenten. Außerdem wurden Fragen zu der Rolle gestellt, die angeblich subversive Kräfte in unserem Mitarbeiterkreis spielten. Ich mußte Robert A. Brady verteidigen, der nur sieben Jahre zuvor noch mein Professor an der California University gewesen war. Eines seiner Bücher, *The Spirit and the Structure of German Fascism*, war vom Left Book Club in England verlegt worden. Ein Exemplar davon war einem Ausschußmitglied in die Hände gefallen. Auf dem Umschlag war vermerkt: »Nicht zum freien Verkauf bestimmt« – also offensichtlich ein Geheimdokument! Ich erklärte wider besseres Wissen, der Left Book Club sei eine Buchgemeinschaft wie der Book-of-the-Month Club. Martin Dies und das Komitee für Unamerikanische Umtriebe nagelten mich auf diese Ausrede fest. Eine Lüge bei einem Kongreß-Hearing hilft einem momentan weiter; der Preis dafür ist jedoch, daß man später in um so größere Schwierigkeiten gerät.

Henderson war aufrichtiger. Auf die Frage, ob er das Urteil des Finanzministeriums über die Verläßlichkeit seiner Angestellten akzeptieren würde, antwortete er mit Ja.

»Würden Sie die Erkenntnisse des FBI anerkennen?«

»Jawohl.«

»Würden Sie die Erkenntnisse des Dies Committee anerkennen?«

»Absolut nicht.«[15]

Bald kam heraus, daß Henderson selbst Vorsitzender der Washingtoner Freunde der Spanischen Demokratie gewesen war, die die spanischen Loyalisten gegen Franco unterstützt hatten. So etwas war damals zutiefst suspekt. Henderson grub die Rede aus, die er anläßlich der Übernahme dieses Amtes gehalten hatte, und las sie trotz vieler Versuche, seinen Redefluß zu stoppen, dem Ausschuß von A bis Z vor. Es handelte sich um ein weitsichtiges Dokument, das sich ausführlich mit Hitlers und Mussolinis Absichten befaßte. Nachdem Henderson geendet hatte, bemerkte ein Mitglied des Ausschusses, er habe »darin eine gewisse Voraussicht bewiesen, die einige von uns anderen nicht bewiesen haben«[16].

Viel wurde über etwas diskutiert, das heute wie eine unbegreifliche Unterlassung in unserer Gesetzesvorlage aussehen mag: das Fehlen jeglicher Maßnahmen zur formalen Lohnkontrolle. Das lag teilweise daran, daß wir als Liberale politischen Widerstand seitens der Gewerkschaften vermeiden wollten, wenngleich der CIO im Jahre 1941 erst sechs Jahre alt war und die AFL vor sich hin dämmerte. Hauptsächlich jedoch lag es daran, daß das Konzept einer Inflation durch Lohnsteigerungen – in dem also die Löhne die Preise in die Höhe trieben – nicht zu unserem nationalökonomischen Gedankengut gehörte, so wie es bis zum heutigen Tage nicht zum System widerstandsfähiger Ökonomen der alten Schule gehört. Inflation, glaubten wir, entstand dann, wenn ein Nachfrageüberhang die Preise hochzog. Und wenn man die Preise festsetzte, würde man damit praktisch auch festsetzen, welche Löhne angeboten werden konnten. Preiskontrolle war eine indirekte Form von Lohnkontrolle. Es stellte sich heraus, daß uns der Kongreß diese eine Befugnis, um die wir uns gar nicht bemühten, mit dem größten Vergnügen eingeräumt hätte.

Nach Henderson kam der Zeuge, den wir am meisten fürchteten: Baruch. In den vorangegangenen Wochen hatten wir ihm große Aufmerksamkeit gezollt. Dazu gehörten vor allem sorgsame Besuche in seiner Suite im Carlton, wo wir uns Rat holten und ihm zuhörten. Baruch, so sagten wir, habe im Prinzip ja recht; nur könnten wir in der Praxis einfach nicht so weit gehen. Trotzdem nahm unsere Besorgnis nicht ab. Vor dem Ausschuß vertrat Baruch noch einmal mit großem Nachdruck seinen eigenen Plan – wir sollten allen Preisen ein für allemal einen Deckel aufsetzen. Die Abgeordneten waren offensichtlich tief beeindruckt. Aber er gab auch eine Vertrauenserklärung für Henderson ab: Keiner »war besser befähigt« für die kommende Aufgabe. Das kam schon beinahe einer Billigung unseres Plans gleich. Für den Moment blieb uns Baruchs in unseren Augen monströse Verirrung erspart.

Nach Baruch kam ein weiterer Zeuge, der Ehrenwerte Tom Linder, Landwirtschaftsminister des Bundesstaats Georgia.

Seine Enthüllung bestand darin, daß er sämtliche Bemühungen um eine Preiskontrolle als jüdische Verschwörung bezeichnete. Henderson sei ein verkappter Jude. Er habe seinen Job nur seiner Sympathie für »Baruch, Morgenthau, Straus, Ginsburg und die Guggenheim-Interessen« zu verdanken. Die Nürnberger Rassengesetze hätten Linder gefallen, hätte er je von ihnen gehört.

Der Ausschuß hätte die beträchtliche Autorität anfechten können, die mir, der ich noch nicht einmal vier Jahre lang amerikanischer Staatsbürger sei, zufiel. Damals wurde die Frage gar nicht gestellt, und später nur einmal. Bei einem Hearing fragte Joseph F. Guffey, Senator aus Pennsylvania und Anhänger des New Deal, ein gutaussehender, weißhaariger Mann mit gemäßigt moralisierender Ausdrucksweise, ob ich im Ausland geboren sei. Ich antwortete, das sei ich, ebenso wie viele andere, einschließlich vieler seiner Wähler. Joe gab sich damit zufrieden und sagte: »Doktor, wir sind froh, Sie hier zu haben.«

Zu meinen Aufgaben in jenen langen Wochen gehörte es unter anderem, daß ich meine neu erworbene Identifikation mit Alabama dazu nutzte, um die Unterstützung von Henry B. Steagall zu erwerben. Steagall, damals 68 Jahre alt, war gemeinsam mit Carter Glass Initiator der Glass-Steagall Act, einem kleinen Meilenstein in der Entwicklung der amerikanischen Bankwesens. Er hatte niemals seinen Glauben überwunden, in monetären Dingen mit besonderen Kenntnissen ausgestattet zu sein. Eine solche Überzeugung macht einen Mann im Extremfall zur finanziellen Nervensäge.

Donald Comer, der uns helfen wollte, bestellte in jenen Wochen Steagall, meine Frau und mich einmal zum Abendessen ins Mayflower Hotel. Eine von Comers Fabriken befand sich in Anniston in dem Kongreß-Wahlkreis, der an den Steagalls grenzte. Bei der Unterhaltung an jenem Abend kamen wir auf die alte Südstaaten-Konföderation zu sprechen und, was für die damaligen Ansichten bezeichnend war, auf einen von Steagalls ersten Fällen als Staatsanwalt in Dale County. Eines Nachts hatte es eine wütende Schlägerei und Messerstecherei in einem, wie es damals hieß, Farbigen-Viertel von Anniston gegeben. Ein Verwandter des Opfers war am nächsten Tag hinaus in die Baumwollfelder gegangen, um Rache zu nehmen, und erschoß den Mann, der das Messer geführt hatte. Der Kronzeuge der Staatsanwaltschaft war ein Farmarbeiter, der gerade mit einer Ladung frischgepflückter Baumwolle auf der Straße vorbeigefahren war.

»Haben Sie den Angeklagten, also den Jeb hier, mit seiner Flinte über das Feld kommen sehen?«

»Ja, Herr.«

»Haben Sie ihn Jim Wilson erschießen sehen?«

»Ja, Herr.«

»Was haben Sie dann getan?«

»Ich sag' ihm, weißer Mann dich fertigmacht, weil du auf Straße herumballerst.«

Meine Frau, die die Konversation nicht sehr aufmerksam verfolgt hatte, fragte Steagall an jenem Abend, ob er nicht auch glaube, daß 110 Prozent *über* Parität ein selbst für die bedürftigen Farmer überhöhter Preis sei.

Am 28. November 1941 verabschiedete das Repräsentantenhaus, nachdem es eine den Baruch-Plan verkörpernde Alternativvorlage abgelehnt hatte, die von einem jungen und außerordentlich fähigen Kongreßabgeordneten aus Tennessee namens Albert Gore eingebracht worden war, das Notstandsgesetz zur Preiskontrolle. Es war neun Tage vor dem Angriff auf Pearl Harbor.

10
Das innere Antlitz des Krieges

> Wir, Kaiser von Japan kraft himmlischer Gnade, auf dem Throne in ununterbrochener Linie seit ewigen Zeiten, verkünden euch, Unseren gehorsamen und treuen Untertanen:
> Hiermit erklären Wir den Vereinigten Staaten von Amerika und dem Britischen Reich den Krieg. Die Männer und Offiziere Unserer Land- und Seestreitkräfte werden in diesem Kriege ihr Äußerstes tun.
>
> Kaiserlicher Erlaß vom 7. Dezember 1941

Für alle Menschen muß es im Leben einen Höhepunkt geben, einen Gipfel, auf den alles zustrebt. Hat es solch einen Höhepunkt nicht gegeben, so wird er häufig im Rückblick erfunden. Mich führt der 7. Dezember 1941 eindeutig dazu in Versuchung. Ich verbrachte jenen Sonntagnachmittag in unserem Haus in Georgetown und schlief – ein Umstand, der über mein damaliges Leben einiges aussagt. Alfred Marshall meinte, niemand solle zu einer Plackerei gezwungen werden, bei der er sich nicht im normalen 24-Stunden-Rhythmus von Arbeit und Schlaf auch erholen könne. Dieser Prozeß sollte zumindest im Wochenrhythmus möglich sein, und eben dieser Wochenrhythmus war es, in dem ich mich in jenen Jahren zu erholen suchte. Trotz der Widerstandskraft meiner relativen Jugend stand ich während der Arbeitstage unter ständigem, kräftezehrendem Stress. Ich bemühte mich daher, an den Sonntagen versäumten Schlaf nachzuholen, um die neue Woche mit frischem Elan beginnen zu können.

An jenem Nachmittag rief mich Dick Gilbert um drei Uhr an, um mir zu sagen, daß in Hawaii irgend etwas passiert sei. Wie Millionen andere stellte ich sofort das Radio an und hörte die Nachrichten. Fast unmittelbar darauf rief mich David Ginsburg an. Die höheren Beamten, die mit Verteidigungsfragen befaßt waren, würden sich innerhalb der nächsten Stunde zu einer Notstandssitzung versammeln. Leon Henderson war in New York; wir sollten teilnehmen und als Vertreter derjenigen auftreten, die in dem Krieg, der nun über uns gekommen war, die Heimatfront organisierten. Ich fuhr zur Sozialbehörde südlich der Mall, deren Gebäude vom Office of Production Management und dem erst kürzlich gegründeten Amt für Nachschub und Zuteilung übernommen worden war. Mich überkam ein Gefühl der Erhabenheit.

Der Krieg war da, und ausgerechnet ich, von allen Leuten im ganzen Land, gehörte zu den Auserwählten. Das Schicksal war mir gewogen – vielleicht aber auch nur präzise in seiner Auswahl.

Die Sitzungsteilnehmer trafen an jenem Spätnachmittag unregelmäßig ein. Sie hatten sich sogleich auf den Weg gemacht, nachdem sie die Nachricht gehört oder die Aufforderung, sich einzufinden, erhalten hatten. Manche kamen in Tennisschuhen, Golfhosen, Pullovern und anderer Freizeitkleidung. William Knudsen war da, zusammen mit William Batt. Auch Donald M. Nelson, der wenige Wochen später Leiter des neuen, als allmächtig geltenden War Production Board werden und damit Knudsen ablösen sollte, dessen Gefühle dadurch geschont wurden, daß man ihn zu einem nicht zur kämpfenden Truppe gehörenden Generalleutnant ernannte. Blackwell Smith, später ein bekannter Anwalt des Establishments, kam. Und andere. Bald war klar, daß das Treffen zu einer ziemlichen Katastrophe ausarten würde.

Der Grund dafür war der, daß es nichts zu entscheiden gab. Jedenfalls handelte es sich bei den Teilnehmern um so wichtige Persönlichkeiten, daß keiner von ihnen deutlich sagen konnte, wie es weitergehen sollte, ohne daß es gleich wie eine Entscheidung ausgesehen hätte. Also sprach man lediglich über die Neuigkeiten, und über die wußte keiner mehr als das, was im Radio gesagt worden war. Einer ging hinaus und rief das Büro von Frank Knox, dem Marineminister, an. Kurz darauf kam er mit einer Nachricht zurück. Aber darin hieß es lediglich, alles sei viel schlimmer als erwartet. Wir wußten nicht einmal, was erwartet worden war.

Bill Batt sah sich das eine Weile lang an und bemühte sich dann zu retten, was noch zu retten war. Jedermanns Aufmerksamkeit wandte sich ihm zu, als er Knudsen seine Frage stellte: »Bill, wie lauten die Marschbefehle für morgen?«

Knudsen saß auf einer Couch, den Hut auf dem Kopf. Er rührte sich nicht. Er betrachtete Bill mit dem Ausdruck eines Menschen, dem man eine idiotische Frage gestellt hat, und antwortete: »Ich nehme an, wir werden uns mit der Kupferverknappung herumschlagen, so wie heute auch.«

Dann fragte irgendwer Nelson, der für Einkaufs- und Beschaffungsplanung zuständig war, was uns »östlich von Singapur« vielleicht verlorengehen könnte. Die Länder und Meere dort würden voraussichtlich bald japanisch sein. Die Frage klang gut. Ein anderer Untergebener ging hinaus und kam mit einem voluminösen Katalog zurück, in dem die Bestandslisten und Herkunftsländer sämtlicher wichtiger Rohstoffe alphabetisch verzeichnet waren.

David Ginsburg bat mich auf den Flur hinaus. Gerade war ihm eingefallen, daß Henderson an diesem Abend im Radio auftreten sollte – »Edgar Bergen, Charlie McCarthy, Judy Garland und Gäste«, hatte es in der Zeitung geheißen. David fragte sich, ob man Henderson nicht darauf hinweisen sollte, daß ein Auftritt wie dieser zu so einem tragischen Zeitpunkt nicht das Richtige sei. Auf der anderen Seite wäre er wohl, wenn er sich bereits dagegen entschieden haben sollte, bestimmt wütend darüber, daß wir dachten, er brauche derartige Ratschläge. Ich schlug Dave vor, ihn anzurufen; David war es lieber, wenn ich das übernahm. Gemeinsam spürten wir Henderson schließlich im Stork Club auf. Er *hatte* die Nachrichten gehört und war entsetzt, daß wir es für nötig hielten, ihn zu warnen.

Wir gingen zurück zu unserer Sitzung, wo sich die Diskussion beim Buchstaben »K« festgefahren hatte und es gerade um Kapok[1] ging. Kapok kam aus der jetzt bedrohten Welt, hier jedoch ging die Diskussion nur um die Frage, ob Kapok wichtig wäre oder nicht. Die Debatte führte zu nichts. Ich beschloß an diesem Abend der Abende, nach Hause zu gehen.

Vor dem Weißen Haus und der japanischen Botschaft draußen in der Massachusetts Avenue hatten sich kleine Menschenansammlungen gebildet. Auch sie suchten die Begegnung mit dem Schicksal. Auch sie wurden enttäuscht.

Jener Abend blieb mir im Gedächtnis. Jahre später griff ich auf dieses Erlebnis bei der Beschreibung von Sitzungen zurück, die Herbert Hoover mit führenden Vertretern der Geschäftswelt nach dem großen Börsenkrach von 1929 abgehalten hatte. Meine Bezeichnung für derartige Sitzungen erlangte einen gewissen Verbreitungsgrad: *the no-business meeting*:

Sitzungen werden abgehalten, weil Männer Gesellschaft suchen oder doch zumindest der Langeweile ihrer einsamen Pflichten zu entrinnen wünschen. Sie sehnen sich nach dem Prestige, das demjenigen erwächst, der einer Konferenz präsidiert, und das verleitet sie dazu, Sitzungen einzuberufen, denen sie präsidieren können. Schließlich gibt es auch noch die Sitzung, die nicht deswegen einberufen wird, weil gearbeitet werden müßte, sondern weil es nötig ist, den Eindruck zu erwecken, es würde gearbeitet. Derartige Sitzungen sind mehr als ein Ersatz für aktives Handeln. Sie werden weithin mit aktivem Handeln verwechselt.[2]

Die Geschichte der militärischen Operationen des Zweiten Weltkriegs in Europa, im Pazifik und in Asien ist ausführlich beschrieben worden. Viel weniger ist über den Krieg in Washington erzählt worden und beinahe gar nichts über seine absurden Seiten.

Im Herbst 1940 gab es, wie bereits berichtet, einen Konflikt zwischen den New Dealern und den Geschäftsleuten, das heißt zwischen denen, die befürchteten, die Mobilisierung und der Einfluß von Managern könnten das Ende der Roosevelt-Ära bedeuten, und jenen, die nicht nur die Republik zu retten, sondern sie auch von Roosevelt zu befreien hofften. Zum Zeitpunkt des Überfalls auf Pearl Harbor hatte sich die Auseinandersetzung bereits zu einem Dreieckskonflikt ausgewachsen. Zwar wetteiferten die Geschäftsleute noch immer mit den New Dealern um die Vormacht, doch mittlerweile machte das Militär als dritte Kraft seinen Einfluß spürbar geltend. Es war eine Macht, von der zuvor kaum jemand etwas gemerkt hatte.

Die New Dealer, der Führung, ja, den ausdrücklichen Anweisungen Franklin D. Roosevelts folgend, hatten sich nun zum Krieg, das heißt zu dem Glauben bekehrt, daß die Mobilisierung der Binnenwirtschaft so dringlich wie möglich und mit soviel Regierungsautorität wie nötig vorangetrieben werden sollte. Wenn, wie zum Beispiel bei Stahl, eine Produktionserhöhung erforderlich war, so sollte sie auch mit allen Mitteln durchgesetzt werden. Leon Henderson hatte sich schon früher in jenem Jahr mit Tom Girdler getroffen, dem Chef von Republic Steel und Erzfeind des New Deal und des CIO, um mit ihm über eine Ausweitung der Stahlkapazitäten zu sprechen, der sich die United States Steel Corporation widersetzte. Girdlers Ruf als Reaktionär war derart berüchtigt, daß Henderson sich nicht allein mit ihm treffen wollte. So war ich als Zeuge dabei. Girdler war gekommen, um Henderson mitzuteilen, Republic Steel würde sich, die Hilfe der Regierung vorausgesetzt, um eine Erhöhung der Kapazitäten und des Ausstoßes bemühen. Mit dem Warten auf die »aufgeblasenen Wichtigtuer und Bürokraten« von U.S. Steel, versicherte er, sei nichts gewonnen. Henderson überwand alle seine politischen Skrupel und stimmte ihm zu.

Außerdem vertraten wir den Standpunkt, daß Materialien wie Aluminium, Kupfer, Stahl oder Neopren, an denen in der Militärgüterproduktion großer Bedarf bestand, durch Regierungsverantwortung diesem Zweck zugeführt – also kontingentiert – werden sollten. Und wenn die Produktion von Zivilgütern – das bekannteste Beispiel war die Automobilherstellung – Arbeitskräfte, Materialien oder Fabrikkapazitäten, die für militärische Zwecke benötigt wurden, zu stark band, so plädierten die Anhänger des New Deal dafür, diese Produktion einzuschränken oder einzustellen.

Die Geschäftsleute sahen das alles sehr viel gelassener. Sie standen in dem Ruf, entscheidungsfreudig zu sein; in der Praxis schoben sie jedoch alles vor sich her. Einige vertraten ganz offen Konzerninteressen oder wollten Profite mit dem jetzt hervorragenden Verkauf von zivilen Gütern machen. Aber Eigeninteressen oder offenes Kriegsgewinnlertum waren im Zweiten Weltkrieg keine vorrangigen Probleme. Bei der Produktion und Beschaffung gab es während des Krieges bemerkenswerterweise, ebenso wie bei den Preiskontrollen, keinen größeren Skandal.

Ein ernsteres Problem stellte, wie bereits angedeutet, die mangelnde geschäftliche Begabung der Leute dar, die der Krieg nach Washington brachte; dabei konnten nach Pearl Harbor die wirklich fähigen Kräfte zu Hause noch weniger entbehrt werden als zuvor. Außerdem gab es noch das sogenannte Dollar-pro-Jahr-Syndrom. Viele Manager standen weiter auf den Gehaltslisten ihrer Firmen und erhielten von der Regierung nur einen symbolischen Dollar im Jahr. Es bestand damals der starke Verdacht, daß sich ihre Politik nach ihrer Hauptgeldquelle richtete. Weit gravierender jedoch war das Gefühl des einzelnen, daß er, da er den Steuerzahler ohnehin nichts kostete, seine Arbeitsleistung an der Bezahlung orientieren könne.

Diese lasche Einstellung wurde noch genährt von dem tiefen Mißtrauen gegenüber einer entschlossenen Ausübung der staatlichen Autorität. Sobald vorgeschlagen wurde, knappe Rohstoffe zu militärischen Zwecken zu kontingentieren oder Vorschriften zur Erhaltung solcher Materialien bzw. zur Einschränkung der Zivilgüterproduktion zu erlassen, bekam man regelmäßig zu hören: »Ich denke, man kann der Industrie die Bewältigung dieser Aufgabe überlassen.« Ende 1941 hatte sich die Einstellung der New Dealer, die sich bis dahin besorgt gefragt hatten, was die Industriellen wohl aus ihren Reformen machen würden, gewandelt: Nun befürchteten sie, die Industriellen würden – in der damaligen Umgangssprache ausgedrückt – ihren Hintern nie hochkriegen.

Mittlerweile mischte auch das Militär mit. Noch 1940 war der Einfluß des Militärs im wirtschaftlichen und industriellen Bereich auf Beschaffungsfragen lächerlich gering – nur eine Handvoll von Obristen und ein oder zwei gescheiterte Generäle kümmerten sich darum. Inzwischen kam dieser Einfluß jedoch bei allen Entscheidungen deutlich zum Tragen. Die sichtbarste Manifestation der neuen Macht bestand darin, daß es den Militärs gelang, sich trotz knapper Materialien und Mangels an Arbeitskräften ein völlig neues, ganz und gar auf Dauerhaftigkeit angelegtes Hauptquartier zu errichten – das Pentagon, das knapp 14 Hektar Fläche beanspruchte und im Laufe der Zeit *das* Symbol militärischer Macht werden sollte. Der Einsatz knapper Arbeitskräfte und Materialien mitten im Krieg zu einem solchen Zweck war skandalös. Aber die Militärs waren entschlossen, sich niemals wieder zu einem Dasein in Zementbiwaks verdammen zu lassen.

Als der Einfluß der Streitkräfte wuchs, schlossen sich ihnen zahlreiche Liberale an. Sie fühlten sich von ihrem Stil angezogen oder waren überzeugt davon, daß die Militärs der Innenpolitik neutral oder gleichgültig gegenüberstanden und sich vollkommen auf den Krieg konzentrieren würden. Das war der Beginn einer Partnerschaft, die später während des Kalten Krieges und im Vietnam-Konflikt große Bedeutung erlangen sollte. Andere hielten sich zurück, und einige äußerten sich besorgt darüber. Unser Preis für den Sieg über Hitler sollte ein auf Dauer militarisierter Staat sein. Meine Pflichten erforderten keine Entscheidung in dieser Angelegenheit und beanspruchten mich geistig dermaßen, daß ich nicht weiter darüber nachdachte.

Der fähigste und scharfsinnigste unter den Geschäftsleuten, Charles E. (Electric) Wilson, ehemals Präsident von General Electric, näherte sich ebenfalls den Militärs an. Viele andere Unternehmer verfielen in Bedeutungslosigkeit, auch wenn sie noch eine Weile fähig waren, den Gang der Dinge zu verzögern. Am Ende des Krieges hatte das Pentagon die volle Verantwortung für die Beschaffung erlangt. Die Vorstellung, es könne, wie noch während des Zweiten Weltkrieges, auf die Unterstützung einer großen zivilen Organisation angewiesen sein, wirkte danach ausgesprochen abwegig.

Im Laufe des Jahres 1941 war die Unzufriedenheit mit der laschen Einstellung des für die Kriegsproduktion verantwortlichen Managements stetig gestiegen, deshalb setzte sich wieder eine bei uns weitverbreitete Tradition durch: Schwierigkeiten, die eigentlich auf mangelhafte Führungsqualität, unzureichendes Personal oder unklare Zielvorstellungen zurückzuführen waren, erklärte man sich mit Organisationsfehlern. Das Heil wurde deshalb in einer Reorganisation gesucht. Während einer umfangreicheren Reorganisation dieser Art im Sommer 1941 hatten wir die Zuständigkeit für die Versorgung der Zivilbevölkerung und damit auch der Rationierung verloren, als diese gerade notwendig wurde.

Der ausschlaggebende Faktor dabei war eine juristische Auseinandersetzung zwischen Joseph L. Weiner – einem New Dealer, Rechtsanwalt und alten Kenner der Washingtoner Szene, dem Henderson die Leitung über die Zivilindustrie-Abteilung beim OPACS übertragen hatte – und den Industrievertretern vom Office of Production Management. Es ging um einen Vorschlag zur Beschränkung der Automobilproduktion. Mitte 1941 verschlang diese inmitten eines geradezu beispiellosen Booms einen unerträglich hohen Anteil an knappen Kriegsmaterialien. Weiner glaubte, daß sowohl die künftige Kriegswirtschaft als auch dringlichere Bedürfnisse der Zivilbevölkerung eine Herabsetzung der Stückzahlen bei der Automobilproduktion erforderlich machten. Henderson unterstützte ihn dabei. Die Reaktion der Industrie und der Manager in Washington reichte von blankem Unglauben bis zu offener Wut. Eine Verordnung, weniger zu produzieren, als der Markt verlangte – was würde wohl als nächstes kommen! Der Konflikt nahm extrem scharfe Formen an. Die Lösung bestand schließlich darin, eine noch größere Organisation zu schaffen. Im August 1941 wurde eine neue Dachorganisation – das bereits erwähnte Supply Priorities and Allocations Board (SPAB) – mit Donald Nelson als leitendem Direktor gegründet. Henderson bekam als Mitglied des OPM-SPAB ein zusätzliches Amt, und Weiner ging mitsamt der Zivilversorgung zu dieser neuen Behörde. Aus dem Office of Price Administration and Civilian Supply wurde das Office of Price Administration. Mit dieser Änderung ging auch die Verantwortung für die Rationierung der zivilen Güter an das SPAB über, eine Verantwortung, die nach meiner mit Nachdruck vertretenen Überzeugung für eine erfolgreiche Preiskontrolle unerläßlich war.

Eine weitere Konsequenz, die sich aus der Reorganisation ergab, bestand darin, daß Henderson von der Preiskontrolle abgelenkt und mehr und mehr von seinem neuen Amt beansprucht, das heißt in die Auseinandersetzungen über die Abzweigung von Materialien und Fabrikkapazitäten zu Kriegszwecken hineingezogen wurde. Meine Vollmacht über die Preisgestaltung, die ich mit David Ginsburg und seinen Juristen teilte, wurde nahezu unumschränkt.

In den Tagen nach dem Angriff auf Pearl Harbor verabschiedete der Senat rasch die Emergency Price Control Act. Landwirtschaftliche Erzeugnisse und somit die Lebenshaltungskosten waren praktisch noch immer ausgeschlossen, da kein Preis für Agrarerzeugnisse unter 110 Prozent Parität festgesetzt werden konnte. Ich drang auf ein Veto und sofortiges Ersuchen um Revision. Der Präsident, Henderson und Ginsburg glaubten, das Gesetz solle unterzeichnet werden; um eine Revision konnte man danach immer noch nachsuchen. Es besteht kaum Zweifel daran, daß ich unrecht hatte. Die energische Art und Weise, in der ich meine Autorität ausübte, ließ einen Plan entstehen, der darauf abzielte, meine Macht einzuschränken. Es sollten mehrere separate Preisabteilungen geschaffen werden, die Henderson direkt rechenschaftspflichtig waren. Meine Funktion sollte die eines Stabschefs sein. Henderson jedoch, der mit anderen Pflichten überlastet und niemals so sehr von der Richtigkeit des einzuschlagenden Weges überzeugt war wie ich, gab schnell nach. Schon nach kurzer Zeit saß ich wieder fest im Sattel.

In den ersten Kriegstagen gingen die Preise nahezu aller unkontrollierter Waren in die Höhe. Ich veranlaßte, daß die Warenbörsen den täglichen Preissteigerungen für Weizen, Sojabohnen, Butter, Eier und andere Produkte Grenzen setzten. Und für ein paar Dutzend anderer Produkte, bei denen ebenfalls Preissteigerungen zu erwarten waren, wurden Listen mit den jeweiligen Höchstpreisen ausgegeben. Darunter befand sich auch Baumwollsamenöl, was in jenen Dezembertagen einen Aufruhr verursachte, der Pearl Harbor total in Vergessenheit geraten ließ. Senatoren und Kongreßabgeordnete der Südstaaten, angeführt von John Bankhead, ließen uns zum Kapitol kommen und machten uns klar, daß wir nicht gleichzeitig gegen das Kaiserreich Japan und das Königreich Baumwolle Feindseligkeiten eröffnen durften. Henderson blies klugerweise zum Rückzug. Immerhin hatte unser energisches Vorgehen eine unmittelbare Preisexplosion verhindert. An ihre Stelle trat ein langsamerer, aber beharrlicher Anstieg.

Hawaii war wegen seiner Frontlage unter Militärverwaltung gestellt worden, und unsere dortigen Preisvollmachten wurden von den Streitkräften übernommen. Dies war die Ursache für einen ziemlich exotischen Konflikt. Ein gewissenhafter General erregte sich über einen nach Ausbruch der Feindseligkeiten plötzlich eingetretenen, ungerechtfertigten Preisanstieg in den Freudenhäusern Honolulus. Besonders die Seeleute bedurften des Schutzes vor ungezügelter Ausbeutung. Er nutzte die ihm übertragene Autorität und setzte neue Tarife fest. Als die Nachricht Washington erreichte, amüsierten sich manche köstlich; ich dachte nur an die Reaktion im Kongreß und in der Öffentlichkeit, falls herauskam, wie unsere Macht eingesetzt wurde. Deshalb schickte ich Ben W. Lewis, einen hochangesehenen Professor am Oberlin College, nach Hawaii, der den Militärs auf die Finger sehen und uns von allen Lastern befreien sollte. Außerdem drang ich auf absolute Verschwiegenheit in dieser Angelegenheit.[3]

Damals wie auch später hatte ich, wenn ich mich in öffentlicher Funktion, direkt oder indirekt, für etwas Unhaltbares oder einfach Dummes verantwortlich sah oder sonstwie davon betroffen fühlte, stets den gleichen Gedankengang. Erstens: Kann die Sache rückgängig gemacht werden? Zweitens: Kann sie geheimgehalten werden? Während des Zweiten Weltkrieges war Geheimhaltung jedoch unmöglich. Und dem OPA wurde schon aus Prinzip nicht das Recht zugestanden, etwas zur Geheimsache zu erklären oder zu zensieren.

Wichtiger war, daß wir in den Tagen nach Pearl Harbor die Kontrolle der Rationierungen wieder an uns ziehen konnten. Es war dies die Folge eines brutalen Vorgehens in Sachen Autoreifen. Mitte Dezember bestand kein Zweifel mehr daran, daß die für jeglichen Militär- und Ziviltransport unentbehrliche Versorgung mit Rohgummi in Gefahr war. Schon bald würden Malaya und Niederländisch Indien nicht mehr zugänglich sein, ja es war sogar mit einem totalen Verlust dieser Länder zu rechnen. Mit einem heutzutage geradezu schwachsinnig erscheinenden Optimismus ging man jedoch davon aus, daß in ausreichenden Mengen synthetisches Gummi verfügbar sein würde. Aber bis dahin sollten noch Monate vergehen. Die Deutschen benutzten synthetischen Kautschuk, hatten es jedoch wohlweislich unterlassen, das für seine Herstellung erforderliche Know-how an Standard Oil, ihre amerikanischen Partner, weiterzugeben. Unsere Leute waren da großzügiger gewesen und hatten sich vertraglich verpflichtet, den Deutschen Informationen über Butylkautschuk, unsere vielversprechendste Alternative, zu geben.[4] Bis uns synthetischer Kautschuk zur Verfügung stand, würden wir also mit den vorhandenen Beständen an Rohkautschuk und den bereits verkaufsfertigen Reifen auskommen müssen. Vor allem mußten die Reifen erhalten bleiben.

Die erste Reaktion der gemütlichen Staatsmänner aus der Geschäftswelt würde, wie wir wußten, entweder in vollkommener Untätigkeit oder in einem Appell zur freiwilligen Zurückhaltung[5] bestehen – das heißt, die Einzelhändler würden aufgefordert werden, nur an Kunden zu verkaufen, die Reifen wirklich brauchten, oder an jene, die kriegswichtige Arbeit leisteten. Selbst dies hätte zeitraubende Diskussionen und mühevolle Genehmigungsverfahren gekostet, und in der Zwischenzeit wäre es zu einem enormen Run auf Reifen gekommen. Binnen kurzem wären sie alle weggewesen und mit ihnen auch unsere erste Chance auf Rationierung – man kann nichts rationieren, was bereits vom Markt verschwunden ist. Diese Sorgen assoziiere ich, wie alle anderen Sorgen jener Tage auch, in meiner Erinnerung unmittelbar mit meinem großen, tristen Büro im Tempo-D-Bau an der Mall, das in dunklem, dysenterischem Gelb gehalten war. Es befand sich genau oberhalb von Hendersons Ausguck auf die Independence Avenue. Der Rest des Gebäudes bestand aus offenen Büros, an deren Enden sich jeweils ein teilweise geschlossener Raum für den zuständigen Abteilungsleiter befand. Die Schreibtische standen so dicht beieinander, daß man kaum noch zwischen ihnen hindurchgehen konnte. Und trotzdem war nicht genügend Platz für das gesamte Personal; gelegentlich mußten wir neue Mitarbeiter in den Lesesaal der Library of Congress schicken, bis wir Platz für ihren Schreibtisch gefunden hatten.

Harold Leventhal, in zunehmendem Maße mein Verbündeter in allen kleineren und größeren Angelegenheiten, kam kurz vor Weihnachten eines Tages in mein Büro, um mit mir über die Konsequenzen zu sprechen, die entstünden, wenn nichts unternommen würde. Weder er noch ich hatten Entscheidungsbefugnis[6], aber wir entschlossen uns, auf eigene Faust zu handeln.

Harold entwarf eine Anordnung von drakonischer Einfachheit, die den Verkauf neuer Reifen, gleichgültig wo, an wen und für welchen Zweck, in der gesamten Republik verbot. Die Händler waren angewiesen, ein Inventar ihrer gegenwärtigen Lagerbestände anzufertigen und einzureichen. Dies war mein Beitrag. Standen sie erst einmal auf einer Liste, so mußten sie fürchten, irgendwer könne kommen und ihre Angaben nachprüfen. Danach verschafften wir uns eine Liste mit etwa einem Dutzend Namen all derer im OPM/SPAB, die bei einer solchen Direktive gegenzeichnen mußten. Harold machte die Runde und sagte zu jedem: »Hier ist die Gummi-Verordnung. Sie muß heute abend noch raus.« Niemand wußte oder dachte daran, daß Harold gar nicht zum OPM/SPAB gehörte – es genügte, daß er selbstsicher auftrat und jedermann die Notwendigkeit einer solchen Aktion einsah.[7] Gegen Ende seiner Runde war Donald Nelson, Hüter der letzten Unterschrift, bereits zu einer Cocktailparty gegangen – das Leben ging in Washington schließlich weiter. Milton Katz jedoch, später Bevollmächtigter des Marshall-Plans und noch später und immer noch hochgeachteter Professor an der Harvard Law School, war zeichnungsberechtigt. Ein guter Jurist weiß, wann Formalitäten dem Zweck im Wege stehen. Katz unterschrieb für Nelson, und unser Guerilla-Angriff endete mit einem totalen Sieg.

Noch am gleichen Abend, am 26. Dezember 1941, trat die Verordnung in Kraft. Daraufhin überlegten wir uns, wie man sie landesweit bekanntmachen konnte. Die Nachrichtenagenturen und die führenden Zeitungen wurden informiert. Die Rundfunksender wurden gebeten, die Verordnung alle 15 Minuten durchzugeben, und später an diesem Abend achtete ich beim Radiohören darauf und merkte, daß sie unsere Bitte erfüllten. Wir schickten Telegramme an alle 48 Gouverneure mit der Aufforderung, das Reifenverkaufsverbot durch sämtliche verfügbaren Rundfunkstationen und Presseorgane verkünden zu lassen und bei der Durchführung auch die Verkehrspolizei einzusetzen. Auch die großen Einzelhandelsketten wurden von uns benachrichtigt.

Am nächsten Morgen hielt ich auf meinem Weg zur Arbeit an einer großen Tankstelle gleich am Rock Creek Parkway. Deprimiert stellte ich fest, daß dort noch immer neue Reifen zum Verkauf standen, und der Besitzer reagierte erstaunt und ungläubig, als ich ihm sagte, das sei illegal. Abends auf dem Heimweg hielt ich wieder dort. In den Regalen lagen nur noch ein paar Altreifen.

Nachdem wir den Verkauf sämtlicher neuer Reifen gestoppt hatten, mußten wir nun eine Möglichkeit finden, den Verkauf wieder zuzulassen – allerdings nur an Kunden, die sie unabdingbar benötigten. OPM/SPAB samt War Production Board verfügten weder über die geeigneten Regionalorganisationen noch hatten sie Lust, diese Aufgabe durchzuführen. Da uns inzwischen die im August verlorengegangene Rationalisierungsbefugnis im Januar wieder erteilt worden war, übernahmen die regionalen und lokalen Büros zur Durchführung der Preiskontrollen diesen Job. Ein großer, selbstbewußter, beredter Mann namens Frank Bane, der lange Zeit mit dem Council of State Governments zu tun gehabt hatte, stieß zu unserem Team. Er rief alle Gouverneure an und bat jeden, einen guten Mann mit der Reifenrationierung in seinem Staat zu betrauen. Später sollte dieser Mann dann lokale Preis- und Rationierungskomitees ernennen.[8] Harold Leventhal formulierte währenddessen eine weitere Verordnung, die festlegte, wer zum Reifenkauf berechtigt sein und wie eine solche Berechtigung überprüft und kontrolliert werden sollte. Der gewöhnliche Kraftfahrer würde für die Dauer des Krieges mit dem, was er hatte, auskommen müssen. Anfang Januar war bereits eine komplette Rationierungsorganisation an der Arbeit.

Da die alten Reifen mit der Zeit verschlissen und Ersatz nicht zur Verfügung stand, hatten wir mit einer Beeinträchtigung des Lastwagen- und Busverkehrs während des Verkaufsstopps gerechnet. Es gab zwar ein paar verzweifelte Bitten um Abhilfe, ansonsten tauchte dieses Problem jedoch im großen und ganzen gar nicht auf.

In den folgenden Wochen unterstanden mir sowohl die Preiskontrollen als auch die Rationierungen. Eine eher nebensächliche Entscheidung trug mir einen Anpfiff von höchster Stelle ein. Ärzten, Staatsbediensteten und Leuten mit ähnlich lebenswichtigen Aufgaben wurde bei Bedarf der Kauf von Reifen gestattet, Geistlichen jedoch nicht. An sie hatte ich nicht einmal gedacht. Es kam umgehend zu einem Proteststurm, insbesondere in den ländlichen Gebieten des Südens. Franklin D. Roosevelt war außer sich, daß jemand derart leichtfertig mit der fundamentalistischen Religion und den fundamentalen Grundlagen der amerikanischen Politik umging. Prompt wurden die Geistlichen für lebenswichtig erklärt.

Nach einiger Zeit entschied Henderson, daß ich genug zu tun hätte, und so wurde der fähigste meiner Untergebenen, der bereits erwähnte Paul O'Leary, aus meinem Mitarbeiterstab abgezogen und zum Bevollmächtigten für die Rationierungen erklärt. Ich erhob zu Unrecht Einspruch gegen seine Versetzung. Die enge Verknüpfung der Preiskontrollen mit der Rationierung, die mir in der Theorie so wichtig erschienen war, blieb in der Praxis ohne Bedeutung. O'Leary erfüllte die umfangreichen Verwaltungsaufgaben bei der Rationierung von Zukker, Schuhen, Konserven, Fleisch, Benzin und Heizöl mit größtem Einfallsreichtum und Geschick. Zwar wurden ein paar Fehler gemacht, aber die gingen, wie im Fall der Fleischrationierung, auf die Teilung von Verantwortlichkeiten zurück. In diesem Fall war das Landwirtschaftsministerium mitverantwortlich, das die zur Verfügung stehenden Mengen überschätzte, weshalb es auf manche Marken kein Fleisch gab. Wenn dies geschah, verlor die gesamte Rationierung ihren Sinn, denn der Zweck von Rationierungen besteht darin, eine zwar eingeschränkte, aber sichere Versorgung zu gewährleisten. Wenn die garantierte Menge nicht zur Verfügung steht, ist alle Liebesmüh umsonst.

In den ersten Monaten des Jahres 1942 erreichte die Sorge um die Kautschuk- und Reifenversorgung das Ausmaß einer kleinen Panik.[9] Bernard Baruch wurde zusammen mit James B. Conant aus Harvard herbeigerufen, um Sparmaßnahmen unter die Lupe zu nehmen und einen Bericht darüber zu erstellen. Geschwindigkeitsbegrenzungen, Reifeninspektionen, Vulkanisierungseinrichtungen sowie andere Vorsorgemaßnahmen wurden eingeführt. Niemandem fiel die brutale Aktion auf, mit der der Bestand an fertigen Reifen gerettet worden war, jedenfalls wurde sie von niemandem kritisiert. Mein Anteil an dieser Operation gehörte vermutlich zu den besseren Beiträgen, die ich in diesem Krieg leistete.

Dreißig Jahre später erinnerte ich mich wieder unserer Taktik. 1972 wurde ich in meiner Eigenschaft als Präsident der American Economic

Association gemeinsam mit meinen beiden Amtsvorgängern zu einem Besuch in China eingeladen. Wie es damals erforderlich war, ging mein Paß wegen eines Visums nach Ottawa. Dort verweigerten die Chinesen den Stempel, da im Paß Reisen ins kommunistische China ausdrücklich untersagt waren. Das Verbot war zwar inzwischen aufgehoben worden, der Text im Paß aber erhalten geblieben. Ich bat die amerikanische Botschaft um Hilfe. Man teilte mir mit, das Protokoll verbiete es dem Personal, die Schwelle der Vertretung eines Landes zu übertreten, das wir nicht anerkannten. Da fiel mir die Reifen-Verordnung wieder ein. Die hübsche Schwägerin eines meiner Assistenten lebte damals in Ottawa. Sie ging zur chinesischen Botschaft, erbat sich meinen Paß und strich die Anstoß erregenden Worte mit dicker schwarzer Tinte aus. Das Visum wurde sofort hineingestempelt.

Einer der jungen Anwälte, die an den ersten Rationierungsbemühungen teilhatten, war Richard Milhous Nixon. Er war von der Anwaltspraxis Wingert, Bewley & Nixon in Whittier/California nach Washington gekommen. David Cavers, einer der Rechtsbeistände des OPA, der von der Duke University, an der Nixon studiert hatte, beurlaubt war, heuerte ihn an. Nixon hatte ursprünglich beim FBI unterkommen wollen. Wie er später behauptete, war es nicht Mangel an Qualifikation, sondern eine Kürzung der Mittel, die Edgar Hoover veranlaßte, ihn abzulehnen; mancher fragte sich dabei allerdings, ob das Budget des FBI jemals beschnitten wurde. Das OPA war notorisch bekannt als Behörde des New Deal. Nixon, der sich wegen einer Jugendsünde nicht in Verruf bringen wollte, behauptete später als Kongreßabgeordneter, Senator und Vizepräsident, er hätte für das Office of Emergency Management gearbeitet. Das war die administrative Klammer für alle mit dem Krieg befaßten Behörden. Nixons Erklärung entsprach etwa der eines Marineangehörigen, der von sich sagt, er habe im öffentlichen Dienst gearbeitet. In seinen Memoiren berichtet Nixon, er sei 1942 tapfer in den Krieg gezogen, während andere Mitarbeiter der Behörde, die ebenfalls im wehrpflichtigen Alter waren, bequem als unabkömmlich daheimgeblieben seien. In Wirklichkeit beantragte das OPA nach Pearl Harbor keine Zurückstellungen vom Wehrdienst mehr, abgesehen von einem gelegentlichen Aufschub um ein paar Tage zur Fertigstellung einer Preisverordnung.

Die Reifenbestände, das heißt also die Frage, wie man die vorhandenen Fahrzeuge fahrbereit halten konnte, waren in den ersten Kriegstagen meine unmittelbare Sorge. Ein größeres Drama war die Produktion neuer Autos. Der Appetit der Industrie auf rare Rohstoffe, einschließlich Gummi, konnte nicht länger hingenommen werden. Die Automobilkonzerne waren jedoch noch immer unnachgiebig. Sie wollten noch ein wenig länger prosperieren.

Ende Dezember handelte Henderson eine Vereinbarung aus. Die Autohersteller sollten trotz der Kriegsnotwendigkeiten noch ein paar Wochen weiterproduzieren dürfen, erst dann sollten sie die Produktion einstellen. Es würde zu keiner Konfrontation kommen; die Firmen würden nicht der Obstruktion gegen die Kriegsbemühungen bezichtigt werden. Der wahre Grund für den Aufschub war der Profit; die Ausrede die, daß es nunmehr möglich sein werde, einzelne Bauteile, die ansonsten verkommen würden, noch aufzubrauchen.

Da die Entscheidung nicht zu verteidigen war, feilte Henderson seine Verteidigung genau aus. Eine solche Sorgfalt bei der Vorbereitung ist häufig der Grund dafür, daß eine schlechte Entscheidung oft besser klingt als eine gute. Auf einer Stabsbesprechung am 2. Januar, vor der Verkündung der Maßnahme, sagte ihm David Ginsburg, seine Erklärung sei nicht stichhaltig. Henderson explodierte vor Wut, rief uns aber später an diesem Vormittag erneut zu einer Konferenz. Er hatte seine Verteidigung noch einmal überprüft. Sie war noch immer nicht überzeugend, und um zwölf Uhr gab es eine dritte Probe. Jetzt zeigte er Einfallsreichtum und Eloquenz. Die höheren Militärs und andere, die im Verteidigungsbereich tätig waren, brauchten Personenkraftwagen; die Einzelteile würden sich ansonsten für die Dauer des Verbots in den Fabriken auftürmen. Die Wochen bis zum Inkrafttreten der Verordnung sollten dazu genutzt werden, die Produktion von Panzern und Militärfahrzeugen zu planen und sicherzustellen, daß Detroit zu einer echten Waffenkammer der Demokratie würde.

An jenem Nachmittag gingen wir hinüber ins Auditorium des Social Security Building. Es war fast voll von Reportern – die Einstellung der Automobilproduktion in den Vereinigten Staaten war schließlich keine Kleinigkeit. Henderson ging ins Detail, sprach flüssig und überzeugend. Nach Beendigung seiner Rede blieb alles still, und die Zeitungsreporter kritzelten weiter. I. F. Stone, seit Generationen schon einer der eigenwilligsten und unabhängigsten Reporter, saß in der ersten Reihe. Henderson versuchte, ihn zu übersehen, versuchte es wieder – aber es gelang ihm nicht.

Stone fragte: »Mr. Henderson, dürfen wir davon ausgehen, daß das ein Kuhhandel war?«

Ich arbeitete nun mit einem klaren gesetzlichen Mandat und vergrößerte unseren Mitarbeiterstab im Winter und Frühjahr 1942 schnell. Meine Mitarbeiter unternahmen jede Anstrengung, die Preise unter Kontrolle zu bringen. Aus den Vorgängen in jenen Monaten habe ich eine große und mehrere kleine Lehren gezogen. Die große bestand darin, daß unser Plan zur wirtschaftlichen Stabilisierung – der weitgehend von mir stammte – eine Katastrophe war. In jüngerer Zeit sind die Maßstäbe, an denen man die Leistung von Nationalökonomen in öffentlichen Ämtern mißt, sehr lasch geworden: Sämtliche Wirtschaftsberater von Richard Nixon, Gerald Ford und Jimmy Carter verwalteten samt und sonders eine große Misere und verließen dennoch den öffentlichen Dienst mit gesteigerter Reputation. In Übereinstimmung mit unserem System der »Versager-Karriere« bekleideten sie nachher alle angesehene und besser bezahlte Posten. Damals war die Öffentlichkeit noch nicht so nachsichtig. Auf den Irrtum, mit dem ich mich in jenen Monaten konfrontiert sah, werde ich im nächsten Kapitel zurückkommen. Die kleineren Lehren waren eher persönlicher Natur und stellen im großen und ganzen erfreulichere Erinnerungen dar.

Schon zu Beginn unserer Arbeit hatten wir die Benzinpreise eingefroren und damit auch einen Preiskrieg, der in Kansas, Oklahoma und Texas tobte. Insbesondere die Phillips Petroleum Company erwischte es, deren Benzinpreise an den Tankstellen damals gerade erheblich unter den Gestehungskosten lagen. Es kam der Tag, da sich eine Entlastung von Phillips nicht länger aufschieben ließ, und so wurde der Firma eine Preisanhebung gestattet.

Am gleichen Nachmittag erhielt ich einen Brief von C. Tyler Wood, einem Börsenmakler in New York und langjährigem Freund der Familie meiner Frau sowie Treuhänder ihrer und unserer kleinen finanziellen Angelegenheiten. (Später trat er in den Regierungsdienst, und durch einen unwahrscheinlichen Zufall übernahm ich ihn als AID-Direktor[10] in Indien.) Wood war zu dem Schluß gekommen, eine Geldanlage bei Phillips lohne sich, und nun schrieb er mir, um mitzuteilen, daß er ein paar Tage zuvor im Namen meiner Frau Aktien gekauft hätte.

Das war ein Zufall, allerdings einer, der niemals als solcher würde erklärt werden können. Ich ging zu dem für die Ölpreise zuständigen Anwalt, Michael Quinn Shaughnessy. Quinn, ein liebenswerter Kelte von ungezwungenem und entgegenkommendem Wesen, sagte mir, ich solle mir keine Sorgen machen. Er hielt meine Schuld für selbstverständlich. Alle täten so etwas, sagte er. Zum Teil hatte er damals wahrscheinlich recht.

Meine Beunruhigung legte sich dadurch nicht. H. L. Mencken sagte über das Gewissen, es sei die innere Stimme, die einem einredet, jemand könne zusehen. So sieht auch mein Gewissen aus, aber hinzu kommt noch die Erwartung des unvermeidlichen Telefonanrufs eines Reporters, halb anklagend, halb einschmeichelnd, und dann die grelle Schlagzeile, wenn alles herauskommt. Ich fuhr nach New York, hob das Familienvermögen (in Wahrheit das meiner Frau) von einem Treuhänderkonto bei der Chemical Bank ab und brachte es zur United States Trust Company zusammen mit einem Brief, in dem ich jegliche Verfügungsgewalt über alle An- und Verkäufe abtrat.

Ich lernte auch die Gefahren kennen, die von allzu gewissenhaften Untergebenen ausgehen. Zwei von dieser Art reisten damals nach Tarpon Springs in Florida, um Hearings über Schwammpreise abzuhalten. Als ihnen ein dortiger Gangster zu große Schwierigkeiten machte, drohten sie ihm in meinem Namen mit übelsten Konsequenzen. Ein paar Tage später trat der Mann auf den Starter seines Autos und wurde mitsamt dem Wagen durch eine gewaltige Dynamitexplosion in die Luft gejagt. Bis J. Edgar Hoover sie beruhigte, glaubten meine Leute, mir stünde eine Anklage wegen Mordes ins Haus.[11]

Ein andermal rief mich morgens überraschend ein Kongreßabgeordneter aus Indiana an, um mir mitzuteilen, einer seiner Wähler, ein gewisser Emerson Balmer, wenn ich mich des Namens richtig entsinne, sei der beste Bestattungsunternehmer im ganzen Bundesstaat Indiana und außerdem ein aufrechter Demokrat. Em Balmer, wie er genannt wurde, solle der OPA-Begräbnisdirektor von Indiana werden, und wenn das nicht ginge, so doch wenigstens Begräbnisdirektor des Regierungsbezirks Marion County, der Indianapolis einschloß und ein absolutes Schlüsselgebiet sei. Ich gab irgendeine Antwort, die wenigstens den Anschein erweckte, als wüßte ich Bescheid, und grübelte über dieses Ansinnen noch immer nach, als schon ein weiterer Kongreßabgeordneter am Telefon hing. Er wollte mich wissen lassen, daß »dieses Begräbnisgeschäft von euch der gottverdammteste Unfug ist, von dem ich jemals gehört habe«. Er hatte vor, das Projekt und mich in einer Ein-Minuten-Rede im Repräsentantenhaus abzukanzeln, und war so freundlich, mich vorab davon in Kenntnis zu setzen. Ich bat ihn um einen Aufschub, um der Sache nachzugehen. Dann rief ich ein paar Leute an, um herauszufinden, ob irgendwer wußte, was eigentlich los war. Schließlich sagte ein Abteilungsleiter, er habe da einen Hinweis. Er habe soeben eine Notiz auf seinen Schreibtisch bekommen, in der eine anberaumte Konferenz über die Kontrolle der Bestattungspreise erwähnt sei. Darum ging es tatsächlich. Ein neuer Mann in unserer mittlerweile recht umfangreich gewordenen Verbrauchsgüterabteilung hatte sein Interesse jenen Geschäftsbereichen zugewandt, die vom Krieg ganz besonders profitieren würden. Bestattungen, hatte er geschlossen, seien eine Wachstumsindustrie. Ein Vertreter der Bestattungsunternehmer-Innung, den er aufgetrieben hatte, sagte ihm, damit habe er ins Schwarze getroffen. Begräbnisse jedoch, erfuhr er, seien eine höchst unstandardisierte Ware. Der Preis richtete sich nach der Eleganz des Sarges sowie nach Lage, Geräumigkeit und Einrichtung des Beerdigungsinstituts. Und außerdem nach dem Auftreten und Einfühlungsvermögen des Bestattungsunternehmers sowie dem Trost, den er den schmerzlich ihres Angehörigen Beraubten gewährte. Sogar die Art seines Ganges beim Begräbnis – ruhig und elegant oder plattfüßig und schlurfend – konnte sich auf den Preis niederschlagen. Daraus folgte, daß keine zwei Begräbnisse unter einen Höchstpreis zu bringen waren.

Das Problem wurde gelöst. In jedem Bundesstaat sollte ein würdiger und zuverlässiger Leichenbestatter zum Staatlichen Begräbnisdirektor ernannt werden. Er wiederum sollte einen respektablen und erfahrenen Kollegen in jedem Regierungsbezirk ernennen. Der County-Direktor würde jedem Begräbnis beiwohnen, dessen Qualität in großen Zügen abschätzen und den angemessenen Höchstbetrag festsetzen. Die Arbeit dieses Regionalbeamten sollte der Überprüfung durch den bundesstaatlichen Begräbnisdirektor unterstehen, der außerdem die Preise der County-Direktoren aufeinander abstimmen sollte, um sicherzustellen, daß keiner aus der Reihe tanzte. Von diesem Plan hatte das Gewerbe erfahren. Bestattungsunternehmer, wie alle anderen in jenen Tagen sehr dienstbeflissen, hatten sich bei ihrem Kongreßabgeordneten um diese Posten beworben. Daher die Anrufe bei mir. Um es in den später berühmt gewordenen Worten unseres Mitarbeiters Richard Nixon auszudrücken: *We cut this effort off at the pass.*[12]

Schließlich kam ich in jenem Frühling auch dahinter, wie die großen Herren der Industrie die Kriegsmaschinerie in Bewegung hielten.

Der 1942 für die Flugzeugproduktion im War Production Board verantwortliche Mann war Merrill Church (Babe) Meigs, langjähriger Verleger bei Hearst in Chicago. Denkmal seines frühen Interesses für die Luftfahrt ist Meigs Field, die Landebahn am Chicagoer Seeufer. Im Frühjahr 1942 hatte die wachsende Macht des Militärs Babes Verantwortlichkeiten, die allerdings ohnehin nie sehr klar gewesen waren, bereits erheblich eingeschränkt. Nun blieb ihm nicht mehr viel anderes zu tun als frühzeitig im Speisesaal zu erscheinen, den das OPA mit dem War Production Board teilte, und dort mit seinen Mobilmachungskollegen zu Mittag zu essen. Er war ein großartiger Gesellschafter. Und gelegentlich begab er sich auf Inspektionsreise.

Eines Tages bat er mich, ihn zur Inspektion der Lycoming Triebwerkefabrik nach Williamsport/Pennsylvania zu begleiten. Nachdem ich zunächst abgelehnt hatte, sagte ich dann doch meine Nachmittagstermine ab, rief Babe an und willigte ein. Ich fand, es war an der Zeit, einmal herauszukommen und die Realität unserer Mobilmachungsbemühungen zu sehen. Wir flogen in Babes zweisitzigem Eindecker vom National Airport ab; es war Anfang des Frühjahrs, und ich blickte herab auf die Landschaft von Maryland und Pennsylvania, die blaßlila und grün unter uns lag. Nirgendwo sonst in der Welt, hat Henry Adams einmal gesagt, erwacht der Frühling mit solcher Schönheit. Plötzlich zogen wir eine Schleife, und ich bemerkte, wie Babe sich Tränen aus den Augen wischte. Bislang hatte ich ihn nicht für sentimental gehalten. Er deutete auf einen riesigen Gebäudekomplex, wischte sich erneut über die Augen und sagte: »Da unten ist mein alter Freund Moe Annenberg. Ich ziehe hier immer ein paar Schleifen für Moe.«

Es war das Gefängnis von Lewisburg. Moses L. Annenberg war ein alter Freund Babes aus Chicagoer Zeiten, als Zeitungen sich nur mit Hilfe von Waffengewalt einen Platz an Kiosken erobern und bewahren konnten. In dieser Hinsicht war er Babe zu dessen Verlegerzeiten sehr hilfreich gewesen. Ein paar Monate zuvor war Annenberg wegen Einkommensteuerhinterziehung ins Gefängnis gekommen und hatte dabei sein Bedauern kundgetan, daß ihm seines fortgeschrittenen Alters wegen nur noch ein paar Jahre blieben, die er seinem Land widmen könne.

In Williamsport besuchten wir die Chefbüros, besichtigten ein Triebwerk auf dem Prüfstand und wurden gebeten, die eigentliche Fabrik nicht zu betreten, weil Besuche dieser Art die Produktion störten. Auf dem Rückweg zum Flughafen begleitete uns einer der leitenden Direktoren, und Babe sagte: »Irgendwelche Schwierigkeiten mit den Arbeitern, Jack?«

»Nein, gar keine.«

»Du behandelst die Halunken doch nicht etwa zu gut, oder?«

11
Die Dynamik des Irrtums

Die Erfahrung eines katastrophalen Fehlers ist heilsam; sie sollte keinem Volkswirtschaftler versagt bleiben, und in der Tat bleibt sie nur wenigen erspart. Die besten, elegantesten und in den höchsten Tönen gelobten Pläne können fehlschlagen, und zwar zur eigenen großen Überraschung, wenn man bei dem Versuch, andere von ihrer Vortrefflichkeit zu überzeugen, sich gleich selbst mit beschwatzt hat. Wie bereits angedeutet, erwies sich zu Beginn des Frühjahrs 1942 das außerordentlich logische Modell der Kriegswirtschaftslenkung, dem ich beträchtlichen – und mir nicht unwillkommenen – Einfluß verdankte, als Katastrophe. Die Tatsache, daß es die Unterstützung der gewieftesten Volkswirtschaftler der Zeit gewonnen hatte, konnte darüber nicht hinwegtäuschen; sie bedeutete lediglich, daß ich mich während des Debakels in bester Gesellschaft befand.

Die Kriegsausgaben überstiegen nunmehr die Steuereinnahmen, obwohl die Steuern (wenngleich noch in bescheidenem Maße) angehoben wurden. Selbst wenn die Wirtschaft an die Grenzen ihrer hohen technischen und personellen Belastbarkeit stoßen sollte, würde sich daran nichts ändern. Aussichten, daß die Steuereinnahmen mit den Militär- und Zivilausgaben würden Schritt halten können, bestanden nicht. Das wunderschöne Keynessche Gleichgewicht zwischen Kaufkraftmenge und Menge der verfügbaren Güter und Dienstleistungen war wie ein Regenbogen: deutlich zu sehen, doch niemals zu erreichen. Statt dessen würde der Nachfrageüberhang andauern und alle Preise unaufhaltsam in die Höhe treiben. Es ging schon los.

In diesen Wochen traf ich mich einmal im Finanzministerium mit Henry Morgenthau jr., dem Minister, und Harry Dexter White, seinem derben, ungemütlichen und fähigen Director of Monetary Research, zum Lunch. Wir sahen uns die Zahlen an und besprachen die Aussichten. White gab sich schroff und unnachgiebig. Ein umfassendes Zwangssparprogramm, so wie Keynes es forderte, mochte ein wenig helfen. Oder eine Steuererhöhung. Nach Whites Ansicht taugte beides nichts. Wenn eine Inflation vermieden werden sollte, so sei dies unsere Sache. White sagte, die Lage wäre nicht eben rosig, und Morgenthau stimmte ihm zu. »Ihr müßt was unternehmen, bevor ihr die Kontrolle völlig verliert.«

Inzwischen bereiteten uns die gezielten Kontrollen ein noch unmittelbareres Problem, das wir nicht vorausgesehen hatten, obwohl wir es hätten voraussehen müssen. Die Preise, die wir in den Griff bekommen und festgesetzt hatten, hielten fürs erste. Doch jede einzelne Preisfestsetzung brauchte ihre Zeit; wir mußten uns über die Kosten informieren, Konferenzen wollten abgehalten und ihre Ergebnisse sorgfältig erwogen werden.

Einige Abteilungen und Unterabteilungen unserer mittlerweile recht beachtlichen Behörde arbeiteten sorgfältiger als andere. Da die Preise der einen Firma die Kosten einer anderen sein konnten, fingen die unkontrollierten oder erst später unter Kontrolle gebrachten Preise an, die längst unter Kontrolle stehenden aus den Angeln zu heben. Und die Gewinne der später kontrollierten Hersteller wurden von jenen zum Vergleich herangezogen, um die wir uns schon früher gekümmert hatten. Auch ertappten wir uns häufig dabei, daß wir über unwichtige Preise rasche Entscheidungen trafen, während viel wichtigere unbeachtet blieben – bei Pfeffer waren wir stark, Brot ließen wir links liegen. Schließlich dämmerte uns die Erkenntnis, wie absurd groß die Anzahl der in der amerikanischen Wirtschaft vertretenen Preise und Produkte war.

All dies geschah in den Tagen der militärischen Großkatastrophen im Pazifik – auf den Philippinen (Bataan, Corregidor), in Singapur und auf Java – und zur Zeit der Versenkung der *Prince of Wales* und der *Repulse*. Dazu kamen nun die vergeblichen Bemühungen, die davongaloppierenden Preise unter Kontrolle zu bringen, und das offensichtliche Mißlingen meines Plans. Vielleicht gab es überhaupt keine Lösung.

Allmählich sah ich ein, daß ich mich gründlich geirrt hatte. Irgendwie mußten wir alle Preise auf einen Schlag in den Griff bekommen, eine allgemeine Höchstgrenze festsetzen. Die Erinnerung an meine eloquenten Reden gegen Baruch wurde mir zunehmend schmerzlicher. Außerdem gab es da noch die beunruhigende Tatsache, daß die Kanadier im vorangegangenen Herbst seine Ratschläge befolgt hatten. Ich hatte mich in Ottawa umgetan; es war nicht zu übersehen, daß sie dort mit ihren Preisstabilisierungsmaßnahmen besser zu Rande kamen als wir.[1]

Im März gab ich meinen Irrtum zu, wenngleich insgeheim und nur vor mir selbst. Ich bat Donald Wallace, gemeinsam mit mir eine Projektgruppe zu leiten, die aus unseren einfallsreichsten Mitarbeitern bestehen und Mittel und Wege für eine Höchstpreisregelung aufzeigen sollte.

Harold Leventhal, unterstützt von David Cobb, einem weiteren jungen Juristen, war wie üblich der Vordenker. Unsere Gruppe traf sich täglich am späten Nachmittag, um zuerst zu beraten, *was* zu tun sei, sodann, *wie* man es tun könne, und schließlich, um die sich aus unserem Tun ergebenden Folgeprobleme vorherzusehen und durchzuspielen. Die ersten zwei Schritte waren einfach. Eine einzige, allgemeinverbindliche Anordnung würde erlassen werden, derzufolge ein Preis, der gesetzlich unseren Befugnissen unterlag, auf keinen Fall das Höchstniveau der dieser Anordnung unmittelbar vorangegangenen Periode übersteigen durfte. War diese Entscheidung einmal gefallen, so berieten wir einen Entwurf nach dem anderen hinsichtlich der Fragen und Probleme, die aus diesem gänzlich unausgeloteten Vorgehen entstehen würden und die von uns zu beantworten und zu lösen waren. Es war eine ungemein faszinierende Aufgabe. Abends nahm ich die Pläne mit nach Hause, frühmorgens wachte ich mit ihnen auf und brachte mögliche Lösungen mit ins Büro.

Ich bedachte auch die personellen Konsequenzen dieses Richtungswechsels. Wie konnte ich nach dem Eingeständnis eines so großen Irrtums vertrauenswürdig bleiben? Wie konnte ich diese Kehrtwendung mir und anderen plausibel machen?

Ich hätte mir meine düsteren Vorahnungen sparen können. Kein einziger Mensch verlangte jemals eine Erklärung für meine 180-Grad-Wendung. Von Baruch kam kein nennenswerter Kommentar. Ich bin sicher, er setzte einfach voraus, daß uns über kurz oder lang schon ein Licht aufgehen würde.

Der 28. April 1942 war, historisch gesehen, vielleicht das wichtigste Datum für die Kriegswirtschaftspolitik. An diesem Tag wurden mittels der Allgemeinen Höchstpreis-Verordnung alle Preise, über die wir legal bestimmen konnten, für die Dauer des Krieges definitiv festgesetzt. Das Maximum entsprach dem Höchstpreis, den ein Verkäufer im März für bestimmte Waren bei Käufern der gleichen Kategorie erzielt hatte. 1942 war die US-Regierung durchaus noch imstande, ein Geheimnis zu hüten. Bis weit in den April hinein, das heißt bis zu einem Zeitpunkt, da die für unsere Verordnung maßgebenden Märzpreise längst der Vergangenheit angehörten, hatten weder Presse noch Rundfunk über unsere Pläne und unsere Konferenzen berichtet.

Die bewundernswerten Erfolge der Allgemeinen Höchstpreis-Verordnung (General Maximum Price Regulation) waren keineswegs auf sorgfältige Vorausplanung zurückzuführen. Ihre Konzeption war weit weniger elegant als die Ideen, die sie ersetzte. Wie so oft in der Wirtschaftspolitik lag ihr nichts weiter zugrunde als der totale Mangel an Alternativen.

Historiker haben darin die Reaktion auf ein Machtwort des Präsidenten gesehen, der damals eine effektive Eindämmung der Inflation gefordert hatte. Tatsache ist, daß Franklin D. Roosevelt seine Forderung auf unser Ersuchen hin erhob; sie sollte unserer Aktion den nötigen Nachdruck verleihen. Ansonsten hatte er gar nichts damit zu tun. Er war zu jener Zeit viel zu sehr mit anderen Dingen beschäftigt. Unserem folgenschweren Schritt ging kein Treffen im Weißen Haus voran.

Am 27. April, dem Tag vor Bekanntgabe der General Maximum Price Regulation, wurde der Kongreß um seine Zustimmung zu Steuererhöhungen, zu Verbraucherkreditkontrollen, zur Aufhebung der Sonderregelung für landwirtschaftliche Erzeugerpreise sowie, ganz allgemein, um Unterstützung für eine lohnstabilisierende Politik gebeten. Maßnahmen zur Stabilisierung des Geldwertes, den der einzelne für seine Arbeit erhielt, wurden in Aussicht gestellt. Und am 28. April, einem nicht minder arbeitsreichen Tag, wurden die Mieten festgesetzt. Außer in den 21 Städten, in denen bereits Maßnahmen ergriffen worden waren, wurden noch in 302 weiteren städtischen Ballungsgebieten überall im Land Höchstgrenzen angekündigt.

Die Mietpreiskontrolle, die ursprünglich unter meiner Leitung gestanden hatte, wurde jetzt von Paul Porter verwaltet. Später, als sich die Beschwerden über die Kompliziertheit unserer Preisverordnungen häuften, kam er mir mit dem »Porter-Plan zur Preiskontrolle« zu Hilfe, der davon ausging, daß der Schlüssel zum Erfolg in äußerster Vereinfachung liege, und daher einen Einheitspreis von fünf Dollar – für alles! – vorsah.

Von seiner wirtschaftspolitischen Erfindungsgabe abgesehen, war Paul Porter ein außerordentlich tüchtiger Manager, und gegen Ende ihres Bestehens wurde er Leiter der Preisüberwachungsbehörde. Seine Ernennung zum Leiter der Abteilung für Mietpreiskontrollen war das Ergebnis eines bürokratischen Manövers, wie es nur selten gutgeht und zu dem man sich erst sehr viel später bekennt. In den Wochen nach Pearl Harbor – er war vorübergehend wieder beim Columbia Broadcasting System und leitete dessen Washingtoner Büro – wuchs sein Interesse an einer Tätigkeit, die mit dem Krieg zusammenhing. John Hamm und ich schlugen ihn für das Amt des Abteilungsleiters für Mietpreiskontrollen vor. Henderson, dem die Jugend seiner Untergebenen von Zeit zu Zeit nicht zu Unrecht schmerzlich bewußt wurde, wollte, daß Chester Davis – derzeit Leiter der St. Louis Federal Reserve Bank – wieder in den Regierungsdienst einträte und diesen Posten übernähme. Ich bedeutete Henderson, seine einzige Chance, ihn zu bekommen, bestünde darin, daß Franklin D. Roosevelt selbst Davis darum bäte. Das wurde arrangiert, und ich rief inzwischen bei Davis an, um sicherzugehen, daß er sich nicht für den Posten interessierte. Nachdem ich mich dessen vergewissert hatte, bat ich ihn, dem Präsidenten Paul Porter vorzuschlagen. Das tat er, und der Präsident gab die Empfehlung an Henderson weiter. Da sie aus dem Weißen Haus kam, hatte sie, wie ich gehofft hatte, die Kraft eines Befehls.

Nach Porters nicht eben realistischer Behauptung waren seine Bestimmungen über Mietpreissteigerungen präzise und stabil: Während des Krieges hatte es keine Erhöhung vor dem zweiten Bankrott zu geben. Die Mietpreiskontrolle war der am wenigsten umstrittene Teil der OPA-Aktivitäten und die einzige Kontrolle, die noch längere Zeit bestehenblieb.

Viele, vielleicht sogar die meisten Folgeprobleme wurden während der intensiven Beratungen, die dem Inkrafttreten der General Maximum Price Regulation vorangingen, vorhergesehen. Nicht alle wurden gelöst. Wie so oft im privatwirtschaftlichen und öffentlichen Management mußten standardisierte Richtlinien zur Lösung herhalten.

Es konnte zum Beispiel sein, daß ein Verkäufer eine bestimmte Ware im März 1942 gar nicht verkauft hatte. In diesem Falle wurde der Preis der am ehesten mit ihm vergleichbaren Ware zum Höchstpreis. Existierte eine solche vergleichbare Ware nicht, so wurde der Preis festgesetzt, den der »nächste konkurrierende Verkäufer der gleichen Kategorie« verlangte. Wer dieser Konkurrent war, blieb strittig. Das war nicht die einzige Zwickmühle. Waren lassen sich nicht exakt voneinander unterscheiden; oft sind es nur winzige Nuancen, die ein Produkt von einem anderen trennen. Keine gesetzgeberische Zauberformel kann auch nur annähernd der Preisdifferenz gerecht werden, die durch eine unterschiedliche Anzahl von Knöpfen an zwei Kleidern entsteht. Überdies billigten die Bestimmungen verschiedenen Leuten verschiedene Preise für das gleiche Produkt zu, jeweils abhängig von dem im März geforderten Preis. Das verschaffte demjenigen, der am meisten verlangt hatte, einen unseriösen Vorteil.

Viele dieser Probleme verloren an Schärfe, sobald man den Einzelhandel unberücksichtigt ließ und sich mit dem Zwischenhandel und den Herstellern selbst befaßte. Bei letzteren konnte man sicher sein, daß sie im März von jeder Ware etwas verkauft hatten. Außerdem ließen sich die einzelnen Produkte auf diesem Niveau besser unterscheiden. Nichtsdestoweniger war es klar, daß die Allgemeine Höchstpreis-Verordnung nur einen Bremseffekt hatte. Sie würde so schnell wie möglich durch detaillierte Richtlinien für jeden einzelnen Industriezweig und jedes einzelne Produkt ersetzt werden müssen, deren Aufgabe es sein würde, in spezifischer und unmißverständlicher Form die zugestandenen Preise zu nennen und willkürliche Unterschiede zwischen den Verkäufern zu beseitigen. Wo nötig, würden diese Preise auch an objektive Beurteilungskriterien gebunden werden müssen. Das Verhältnis von Erbsen zu Wasser würde sich andernfalls aber sicher zuungunsten der Erbsen und zugunsten des Wassers verschieben. Die Bindung der Preise an spezifische Beurteilungskriterien, einschließlich eines verläßlichen Erbsen-Wasser-Verhältnisses, sollte die umstrittenste unserer Maßnahmen werden. Zunächst jedoch hatten wir es mit einer aktuelleren Krise zu tun.

Man sollte meinen, daß eine vernünftige Regierung die Erwartungen der Öffentlichkeit auf möglichst niedrigem Niveau hält, um das Risiko einer späteren Enttäuschung zu reduzieren. Die Versuchung jedoch, mehr zu versprechen, als erreicht werden kann, ist unwiderstehlich. Die General Maximum Price Regulation enthielt, wie üblich, viel zu viele Versprechungen: Das Office of Price Administration würde sich unerbittlich jeder Preiserhöhung entgegenstellen, und folglich würden die Preise von nun an stabil bleiben, und die drohende große Kriegsinflation würde der Vergangenheit angehören. Während wir dies verkündeten, kam es jedoch zu einem unvorhergesehenen Ereignis, das für ein großes Gebiet massive Kohle- und Strompreiserhöhungen erforderlich machte und Konsequenzen für andere Preise nach sich ziehen mußte.

Die Bedrohung ergab sich aus den Aktivitäten der deutschen U-Boote vor der Ostküste. Dies bedeutete, daß die Kohleverschiffung durch den Hampton-Roads-Kanal von seetüchtigen Frachtschiffen auf die Eisenbahn verlagert werden mußte. Der Kostenanstieg lag knapp über einem Dollar pro Tonne. Daß dadurch die gesamte Tarifstruktur der Versorgungsbetriebe ebenso wie die Heizkosten aus den Angeln gehoben würden, war nur eine der Konsequenzen des gestiegenen Kohlepreises. Entgegen unseren Versprechungen, es würde keine Preiserhöhung mehr geben, war dies die unmittelbare Wirklichkeit, mit der wir konfrontiert waren. Unsere einzige Hoffnung bestand darin, die Regierung zur Übernahme der zusätzlichen Frachtkosten, also zu einer Subvention zu bewegen. Dafür fehlte es jedoch an Geld. Nur ein Mann in Washington verfügte über derartige Mittel – Jesse Jones, Chef der Reconstruction Finance Corporation. Er hatte die Gelder zur Rettung maroder Unternehmen und neuerdings auch für kriegsbedingte Notfälle bewilligt bekommen, zum Teil deshalb, weil man ihn – sah man einmal von den Bedürfnissen seines Kongreßklüngels und seiner Bewunderer ab – für ausreichend knauserig hielt. Ich schlug Henderson vor, »Onkel Jesse« um Geld anzugehen, damit die Preise für die gelieferte Kohle stabil blieben; Henderson hielt dies jedoch für unmöglich.

Es lag aber in meinem persönlichen Ermessen, ein entsprechendes Gesuch zu stellen. Howard Tolley, mein Lehrer in Berkeley, der sich in Washington bestens auskannte und jetzt zu meinem Mitarbeiterstab gehörte, drängte mich dazu. Ich ging nicht direkt zu Jesse Jones, sondern zu seinem texanischen Landsmann William L. Clayton, dem großen Baumwollhändler aus Houston, zu dem ich in den vergangenen Monaten eine herzliche Bindung geknüpft hatte, die auch in den kommenden Jahren Bestand haben sollte. Will Clayton, damals 62 Jahre alt, war groß, verblüffend gutaussehend, erlesen gekleidet, beredt, umgänglich, selbstsicher und so beharrlich auf seine Unabhängigkeit bedacht, daß nicht einmal seine noch beharrlicher ihren fortschrittlichen Ideen verschriebene Frau ihm dreinredete. 1934 hatte er die American Liberty League zur Erhaltung amerikanischer Wertvorstellungen mitgegründet, wozu etwa der Wert des freien Unternehmertums gehörte nach dem Verständnis von Pierre S. DuPont, zahlreichen weiteren DuPonts, Winthrop Aldrich und John W. Davis. Doch bei den Wahlen von 1936 befand er sich, beeindruckt von der Tatsache, daß seine Frau auf den Dollar genau mit der gleichen Summe, die er den Konservativen zuschanzte, die Demokraten unterstützte, auf seiten von Franklin D. Roosevelt. Er hatte sich jetzt Jones angeschlossen, der der Meinung war, an einem Tycoon aus Houston müsse allemal was dran sein.

Jesse Jones hätte vorsichtiger sein sollen, denn Will Clayton kam jetzt auf Tuchfühlung mit den jungen Vorkämpfern des New Deal. Ich hatte mich daran gewöhnt, ihn bei jeder wichtigen Entscheidung, die mit Baumwolle zu tun hatte, anzurufen. Er pflegte seinen Antworten die gleiche vorsichtige und distanzierte Aufmerksamkeit zu widmen, die seinen eigenen Entscheidungen zugrunde lag, und rief mich häufig noch einmal wegen einer weiteren Verbesserung zurück. Eines Nachmittags trafen wir uns um vier Uhr in seinem geräumigen Büro im Lafayette Building.[2] George W. Stocking, damals ein liberaler Professor von der University of Texas, der für die Benzinpreise verantwortlich war, und Dexter M. Keezer, vormals Präsident des Reed College in Portland/Oregon, begleiteten mich. Will hörte sich unser mit aufrichtiger Leidenschaft vorgetragenes Gesuch aufmerksam an, machte wie üblich seine Notizen, studierte sie, nachdem wir geendet hatten, und entschuldigte sich. Eine knappe Viertelstunde später kam er zurück. Er hatte Jesse Jones überredet, uns über zehn Millionen Dollar für die zusätzlichen Transportkosten und die Beibehaltung der Treibstoffpreise sowie der Tarife der Versorgungsbetriebe in New York und New England zu geben. Wir bedankten uns bei Clayton, so gut es uns angesichts unserer Verblüffung möglich war, und gingen schweigend unserer Wege. Erst im Lift wurde das Schweigen gebrochen. Stocking oder Keezer - einer von beiden - fragte verwundert, was drei College-Professoren in solch einem Beruf zu suchen hätten. Am gleichen Abend gab Henderson eine Party für seine Freunde und Mitarbeiter. Als ich ihm stolz von unserem Coup erzählte, wollte er mir partout nicht glauben.

Ende Juni 1946 waren insgesamt 5,6 Milliarden Dollar dafür ausgegeben worden, außerordentliche Kriegskosten, wie etwa den Verlust der Kohlefrachter, auszugleichen, oder zur Entschädigung für politisch unumgängliche Preissteigerungen bei landwirtschaftlichen Erzeugnissen.[3] Jesse Jones, der zu dieser Großzügigkeit maßgeblich beigetragen hatte, bereute seine Rolle inzwischen bitterlich. 1943 begab ich mich einmal ins Weiße Haus, um mit James F. Byrnes, der mittlerweile für die innenpolitischen Auswirkungen der Kriegsanstrengungen verantwortlich zeichnete, über die Subventionierung von Lebensmitteln zu sprechen. Jesse, der um das Geld gebeten wurde, das auszuzahlen er von Roosevelt ausdrücklich angewiesen worden war, saß in Byrnes' Vorzimmer im neuen Ostflügel, ein alternder, vereinsamter Koloß. In seinem Büro fragte mich Byrnes, ob ich Jones' Kummer über das Geld, das auszuzahlen er gezwungen war, bemerkt hätte. »Er sitzt schon den ganzen Tag da draußen herum und jammert«, sagte er mit sichtlicher Freude.

Jene Apriltage im Jahre 1942 stellten, wie gesagt, für die Kriegswirtschaftsführung einen Wendepunkt dar. Die Preise der von der Preisbindung ausgenommenen Güter stiegen - zu niemandens Überraschung - nach Inkrafttreten der General Maximum Price Regulation weiter an. Der Verbraucherpreisindex für Lebensmittel erhöhte sich von 122 im Mai auf 130 im Oktober (1935-39 = 100).[4] Der Index insgesamt jedoch stieg in den gleichen Monaten nur von 116 auf 119, und die Preise der zur Gänze von der Kontrolle betroffenen Produkte zeigten fast keine Bewegung. Im Oktober gab der Kongreß dann nach und gestattete uns, für die meisten landwirtschaftlichen Produkte Höchstpreise festzusetzen. Außerdem beauftragte er die zuständigen Behörden, für eine Stabilisierung der Löhne zu sorgen. Danach blieben für die Dauer des Krieges sowie während des ersten Friedensjahres die Preise so gut wie unverändert. Für das Jahr 1943 betrug der Index der Verbraucherpreise im Durchschnitt 124, 1944 125,5; im gesamten Jahr 1945 lag er bei 128.[5] In der ersten Hälfte des Jahres 1946 gab es einen leichten Aufwärtstrend um 3 oder 4 Punkte. Aber selbst in diesem ersten Friedensjahr kam es vor Beendigung der Preiskontrollen und Subventionen im Spätsommer zu keinem wesentlichen Preisschub.

Es ist immer schwierig, eine Leistung, an der man selbst beteiligt ist, einigermaßen überzeugend zu loben. Architekten gelten nicht als die besten Kritiker ihrer eigenen Bauten, Poeten nicht als die besten Rezensenten ihrer eigenen Verse. Die Leistungsbilanz der Kriegszeit läßt sich jedoch an objektiven Zahlen messen. 1941-1944 stieg das Bruttosozialprodukt (in konstanten Preisen von 1958) von 264 auf 360 Milliarden Dollar und sank 1945 nur leicht.[6] 1944 betrug die industrielle Produktion *zweieinhalbmal* so viel wie vor dem Krieg, der Ausstoß an langlebigen Gebrauchsgütern sogar das *Dreieinhalbfache.*[7] Von den im Jahre 1944 erwirtschafteten 360 Milliarden Dollar verwendete die Bundesregierung 160 Milliarden Dollar für den Krieg, das ist nicht viel weniger als die Hälfte.[8] Und ungefähr die Hälfte des Bruttosozialprodukts wurde im folgenden Jahr gebraucht. Die Arbeitslosigkeit lag praktisch bei Null. Diese enorme Expansion und gewaltige Umstellung wurde ohne Inflation erreicht. Der Begriff Inflation ist vor allem mit dem Ersten Weltkrieg verknüpft; sie war Teil der Ära Ford und Nixon, ebenso, leider, der Ära Carter. Den Zweiten Weltkrieg verbindet niemand mit einer Inflation. Die Preisstabilisierung ging weder auf Kosten der Produktion noch der Effizienz; schon die Produktionssteigerung würde eine dahingehende Behauptung widerlegen.

Orthodoxe Ökonomen haben nicht ohne Erfolg versucht, die Bedeutung dieser Leistung zu verniedlichen. Daß so etwas unter teilweiser Außerkraftsetzung des Marktes, der heiligsten aller Kühe, erreicht werden konnte, fügte dem vorherrschenden Wirtschaftscredo großen Schaden zu. Es wurde daher behauptet, daß die Qualität nachgelassen, der Schwarzmarkt sich ausgedehnt habe und indirekte Preiserhöhungen eingetreten seien. Es hieß ferner, die Inflation sei lediglich bis nach Kriegsende verschoben worden, als die Kontrolle aufgehoben und die Subventionen gestrichen wurden. Ein säkularisierter Geist kann keinen dieser Einwände auch nur eine Sekunde lang ernst nehmen. Qualitätsverfall trat zwar auf, aber ein solcher ist nur bei einer begrenzten Anzahl von Gütern technisch möglich und wirtschaftlich durchsetzbar. Bei Stahl, Aluminium, Treibstoff, Weizen, Baumwolle und Kohle ist er eine technische Unmöglichkeit, wie man schon nach kurzem Nachdenken erkennen dürfte. Bei anderen Produkten, die mit einem bestimmten Händler oder einer Marke identifiziert werden, ist eine Qualitätsminderung wirtschaftlich unklug. Die Leute merken es sich.

Für eine begrenzte Anzahl von Dingen – Whisky, Fleisch, Benzin – gab es einen Schwarzmarkt. Auf den war der amerikanische Normalbürger nicht angewiesen, und in den Reminiszenzen an die Kriegszeit spielt er keine besondere Rolle.

Als die Kontrollen aufgehoben wurden, gab es, wie gesagt, einen Preisschub. 1946 stieg der Verbraucherpreisindex um etwas mehr als 8 Prozent; im Jahr darauf betrug der Anstieg etwas mehr als 14 Prozent.[9] Dann pendelte er sich ein. 1978 stieg er um 9 Prozent; 1979 um 13,3 Prozent[10]; wenn dieses Buch Mitte 1980 in Druck geht, ist er in den vergangenen sechs Monaten um eine jährliche Rate von 14,8 Prozent gestiegen. In diesen Jahren herrschte Friede; gemessen an den Kriegsjahren war die prozentuale Zunahme des Bruttosozialprodukts marginal. Die Arbeitslosigkeit stieg um das Zehnfache. Die jüngste Inflation ist durch vorherige Kontrollen nicht eingedämmt worden.

Soviel zu unserer Leistung. Doch kam der Erfolg ebenso unvorhergesehen wie zuvor das Scheitern. Die Ökonomie demütigt diejenigen, die sie betreiben, sowohl im Optimismus als auch im Zweifel.

Teilweise wurden wir dadurch gerettet, daß die Versorgung mit Zivilgütern jede Vorkriegsberechnung überstieg, obwohl sie nicht mit der Nachfrage Schritt halten konnte. In der langen Geschichte kriegerischer Auseinandersetzungen ist niemals so viel über Opfer angesichts so weniger Einschränkungen geschwätzt worden wie während des Zweiten Weltkriegs in den USA. 1938, im letzten Jahr des Weltfriedens, standen Güter und Dienstleistungen im Wert von 140 Milliarden Dollar zum persönlichen Verbrauch zur Verfügung. 1940, im letzten Friedensjahr der Vereinigten Staaten, waren zu vergleichbaren Preisen Werte über 156 Milliarden Dollar zur Hand. Nach vier Jahren dessen, was wir Kriegsopfer nannten, waren 1944 Werte über 173 Milliarden Dollar zu haben und wurden auch erworben.[11] Im Jahr darauf standen noch mehr Güter zur Verfügung. Aus der Produktionssteigerung wurde das Militär im Zweiten Weltkrieg mit Munition, Personal und sonstigen kriegswichtigen Gütern versorgt, und das bei einem weiteren Anstieg der Zivilgüterproduktion. Eine unvermutete und enorme Ressource erwuchs der Republik aus den stillgelegten Fabriken und den freigestellten Arbeitskräften der Depressionszeit, deren Wiederverwertung den Krieg tragen half. Ein Krieg, der eine proportionale Einschränkung im Zivilverbrauch erfordert, wäre für Amerikaner eine neue und ernüchternde Erfahrung.

Gewiß, es vollzog sich ein Wandel in der Zusammensetzung der verfügbaren Zivilgüter. Die Versorgung mit Konsumgütern – Kleidung und andere kurzlebige Produkte – stieg an. Die Versorgung mit langlebigen Gebrauchsgütern ging um etwa die Hälfte zurück, und ein paar Dinge, wie zum Beispiel neue Autos, waren überhaupt nicht mehr erhältlich. Aber auch hier gab es eine freudige und unvorhergesehene Überraschung. Die Leute scherten sich nicht um die seltener werdenden Produkte, überboten sich nicht gegenseitig und trieben die Schwarzmarktpreise nicht in die Höhe. Alle sparten ihr Geld für die Autos und Kühlschränke und Häuser, die, wie sie wußten, nach dem Krieg wieder erhältlich sein würden. Und sie sparten ihr Geld – in diesem Punkt weniger optimistisch – für den Fall einer neuen Arbeitslosigkeit, die sie, eingedenk ihrer Erfahrungen während der Depression, beinahe alle auf sich zukommen sahen.

In den Kriegsjahren stiegen die privaten Sparguthaben zu bisher nicht gekannter Höhe an und überstiegen bei weitem die betrieblichen Ersparnisse, die normalerweise den größeren Teil ausmachen. Im Jahr 1944 wurde von den Einzelverdienern etwa ein Viertel ihres verfügbaren Einkommens gespart, verglichen mit nicht einmal fünf Prozent im letzten Friedensjahr und mit fünf bis acht Prozent in den Nachkriegsjahren.[12] Während des Krieges arbeiteten die Amerikaner nicht für den unmittelbaren Verbrauch, sondern für Güter, die die Zukunft versprach. Oder nur um des Geldes willen. Es war ein außerordentlich geschickter Weg, die vorhandenen Leistungsreserven auszuschöpfen, ohne dabei die momentan raren Fabrikkapazitäten, Rohstoffe und Güter zu beanspruchen: viel Leistung jetzt für Güter, die später, nach erfolgreicher Beendigung des Krieges, wieder reichlich vorhanden sein würden. Schade, daß ein so großartiger Vorgang wie dieser nicht das Ergebnis von Weitsicht und Planung war.[13]

Eine große Rolle spielte dabei das Vertrauen der Leute in ihr Geld, das Vertrauen darauf, daß sie ihre Dollars ohne Risiko zur späteren Verwendung zurücklegen konnten. Hätte man die Preise davonlaufen lassen, so wäre dieses Vertrauen zerstört worden und damit ein absolut unverzichtbarer Kriegsvorteil verlorengegangen. Unser Gefühl, daß eine Inflation unklug wäre, erwies sich im nachhinein, soviel ist sicher, als durchaus korrekte Vorausschau.

Erfolgreich waren wir auch deshalb, weil die Konzentration in der amerikanischen Industrie schon damals weit stärker war, als in den gängigen Lehrbüchern geschätzt bzw. gutgeheißen wurde. Das Oligopol, das heißt das Monopol der wenigen, das in Harvard mein orthodoxes Weltbild erschüttert hatte, war 1941 keine Ausnahme mehr. Es betraf etwa die Hälfte des gesamten Wirtschaftssystems. Wo wenige Großfirmen einen Industriezweig beherrschten, wie es bei Stahl, Aluminium, Öl, Chemikalien, bei pharmazeutischen und vielen anderen Produkten der Fall war, wurden die Preise schon von den Verkäufern kontrolliert. Die sporadische Kontrolle durch die Regierung unterschied sich, so andersartig ihre Absichten auch sein mochten, doch durch nichts von dem, was sich zuvor unter privaten Auspizien vollzogen hatte. Auch die Verwaltungsaufgaben wurden weitgehend vereinfacht. Mit einer Handvoll großer Unternehmen ist leichter klarzukommen als mit einer Unzahl kleiner Firmen.

Auch die Erfüllung unserer Auflagen wurde durch die industrielle Konzentration erleichtert. Die Überwachung war einfacher. Den Managern der großen Konzerne paßte das Unterlaufen der Kontrollen, auch wenn sie sie vielleicht nicht gerade schätzten, weder in die persönliche noch in die geschäftliche Strategie. Ein solches Vorgehen erforderte überdies die Einweihung und Teilnahme einiger oder mehrerer Manager, kurzum: eine Verschwörung. Und dabei bestand immer die Möglichkeit, daß irgendein überpatriotischer Angestellter die Öffentlichkeit informierte. Kleinere Unternehmen hatten weitaus weniger Grund, eine Entdeckung zu fürchten.

Mit kapitalistischen Unternehmen der alten Schule hatten wir größere Schwierigkeiten als mit cleveren Technokraten. Im Verlauf einiger früherer Verhandlungen mit den Automobilgesellschaften traf ich im Sommer 1941 in Washington zwei leitende Angestellte von Ford. Sie baten mich, ihren Besuch vertraulich zu behandeln. Damals geruhte Henry Ford der Ältere noch nicht, Roosevelt und den New Deal anzuerkennen. Infolgedessen hatte er seinen Firmenangehörigen verboten, sich mit Washingtoner Behörden in Verbindung zu setzen, um über Autopreise und dergleichen zu sprechen.

Die Preise für landwirtschaftliche Erzeugnisse und Nahrungsmittel, für Baumwolltextilien und Mieten zu kontrollieren, erforderte sehr viel mehr Personal als die Kontrolle der Stahl-, Kupfer- und Chemikalienpreise. Auch politischer Widerstand kam aus den Reihen der Kleinindustrie. 1947 hielt ich auf den Konferenzen der American Economic Association in Atlantic City vor einem beträchtlichen Publikum, das hauptsächlich aus früheren Kollegen bestand, Rückblick über meine Erfahrungen mit Preiskontrollen während des Krieges.[14] Später stellte ich diese und andere Gedanken, die sich mit diesem Thema befaßten, in einem kleinen Buch, *A Theory of Price Control*, zusammen.[15] Nachdem ich darauf eingegangen war, daß die Produzenten und Händler landwirtschaftlicher Erzeugnisse sich »mit besonderer Bitterkeit über die OPA-Vorschriften beklagten, teils vielleicht, weil das Klagen in ihrer Natur liegt, teils aber auch, weil die Schwierigkeiten für sie als Beteiligte an Konkurrenzmärkten größer waren«[16], kam ich auf ein Theorem zu sprechen, das »in dieser Diskussion nur allzu deutlich in Erscheinung trat«. Es rivalisierte in tautologischer Wahrheit mit dem Coolidge-Satz, der besagt, daß, wenn viele Leute keine Arbeit haben, Arbeitslosigkeit die Folge ist. Das Theorem lautet, daß »es relativ leicht ist, Preise festzusetzen, die bereits festgesetzt sind«.[17]

Soviel zu den Gründen für den Erfolg. Ich habe *A Theory of Price Control* immer für eines meiner wichtigeren Bücher gehalten. Kein anderes vereinigt so viel theoretische Kompetenz, wie ich sie auf wirtschaftlichem Gebiet besitze, mit so viel praktischer Erfahrung. So sahen es auch die Kritiker. Aber davon gab es nur wenige, so wie das Buch zunächst überhaupt nur wenige Leser fand. Die Erfahrung lehrte mich, daß man sein ganzes Leben damit verbringen kann, bei der Fachkritik gut ankommende Bücher zu verfassen, die ansonsten kaum jemand liest. Und man kann sogar noch weniger Glück haben. Wenn alles seinen normalen Gang geht, so kommen die Bücher eines Autors zu den Kritikern, die als etablierte Spezialisten auf ihrem Gebiet die strengsten Verteidiger traditioneller Standpunkte sind. In diesem System haben alle, die neuen Ideen gegenüber aufgeschlossen sind, von vornherein mit ungnädigen Kritiken zu rechnen. Daher beschloß ich, mich einem breiteren Publikum zu stellen – eine Entscheidung, die ich, im Gegensatz zu manchen anderen, nicht bereut habe.

Als sich in den fünfziger Jahren der Kalte Krieg verschärfte, gab die Regierung der Rand Corporation eine umfangreiche Studie über wirtschaftliche Mobilmachung in Auftrag. Erörtert werden sollten geeignete Vorgehensweisen für den schlimmen Fall einer neuerlichen kriegerischen Auseinandersetzung. Die klügsten Köpfe aller hoffähigen Denkschulen trugen ihr Scherflein dazu bei. Ihre Empfehlungen folgten getreulich den Plänen, die uns in jenem düsteren Winter 1942 so nah an den Rand einer Katastrophe geführt hatten.[18]

12
Ein rauhes Spiel

Im Spätsommer 1942 fuhr ich für ein paar Tage nach Havanna, um meinen Freund Carlos Hevia zu besuchen, einen bekannten kubanischen Demokraten und einst für 72 Stunden, vom 16. bis 18. Januar 1934, Präsident der Republik. Hevia war damals für die kubanischen Preiskontrollen und Rationierungen verantwortlich. Er hatte die Allgemeine Höchstpreis-Verordnung übernommen und diejenigen Passagen, die sich auf die Vereinigten Staaten bezogen, durch entsprechende Hinweise auf die Kubanische Republik ersetzt. In Ermangelung von Furcht oder auch Durchsetzungsvermögen blieb jedoch der Effekt gleich Null. Meine wichtigste Erkenntnis in Havanna betraf indessen das Ausmaß meiner Erschöpfung: In den ersten zwei, drei Tagen konnte ich überhaupt nicht und danach nur noch schlafen. Dann fuhr ich weiter nach Puerto Rico, um mich dort mit den Problemen zu befassen, die dadurch entstanden waren, daß für das amerikanische Festland entworfene Richtlinien auf Güter übertragen wurden, die hohen, ständig steigenden und ungewissen Seetransportkosten unterworfen waren und bei denen zusätzlich noch Ungewißheit bestand, ob sie den deutschen U-Booten entgehen und überhaupt am Ziel ankommen würden. Ich löste das Problem, indem ich den örtlichen Behörden umfassende Autonomie zugestand; sie konnten ihre Preise nach Gutdünken festsetzen.

Diese Reise markierte den Beginn einer viele Jahre währenden Verbindung mit dieser schönen Insel; vor allem aber mit Luis Muñoz Marín, dem ersten gewählten Gouverneur; mit Jaime Benítez, dem Kanzler der Universität; und mit Teodoro Moscoso jr., dem Vater der »Operation Schnürsenkel« (»Operation Bootstrap«), die das einstmals von Zuckerrohr-Monokulturen abhängige Land in eine Volkswirtschaft mit weitgehend diversifizierter Kleinindustrie umwandelte. »Bootstrap« hat aus Puerto Rico kein Paradies gemacht. Doch niemand, der diese vernachlässigte, ausgebeutete und überbevölkerte Insel vorher gekannt hat, deren schlimmster Slum bezeichnenderweise El Fanguito, das Schlammloch, hieß, konnte danach noch bezweifeln, daß Fortschritte möglich waren.

Während dieses Besuches saß ich eines Abends zusammen mit Rexford und Grace Tugwell – der große »Brain Truster« des New Deal war nunmehr Gouverneur von Puerto Rico – auf einer Terrasse der eleganten alten Residenz La Fortalezza, die einst den spanischen Gouverneuren gedient hatte und nun der Sitz der amerikanischen war. Hin und wieder fuhr unter uns ein Schiff auf seinem Weg in den Hafen vorbei, dessen Besatzung an der Reeling lehnte und die schönen Fassaden betrachtete, die das Elend verbargen. Zu uns gesellte sich Rupert Emerson, der damals und viele Jahre danach noch immer Professor für Politologie in Harvard und 1940–1941 im Innenministerium für das amerikanische Kolonialimperium – Puerto Rico, Alaska, Hawaii und die Kanalzone – zuständig war. Nach einer Auseinandersetzung mit Minister Harold Ickes war er inzwischen Leiter der OPA-Aktionen in den Übersee-Territorien geworden. Die eigentlichen Machthaber in Puerto Rico waren damals die großen Zuckerfabriken, die Hafenkaufleute in San Juan, deren unverschämte Preisaufschläge auf alle Handelswaren Ausdruck sowohl ihrer natürlichen Habgier als auch der Stärke ihres Monopols waren, sowie die Zeitungen, die nur vermeldeten, was den Mächtigen paßte. Zwar wurden in regelmäßigen Abständen Wahlen durchgeführt, doch ließen sie die wahren Regenten unangetastet. Vom Machtkartell wurden Stimmen für ihre politischen Marionetten gekauft, die nach der Wahl taten, was von ihnen verlangt wurde, und selber nur darauf bedacht waren, ihr Schäfchen ins trockene zu bringen.

An jenem Abend vertrat Rex Tugwell die Ansicht, daß große Fähigkeiten zur Verbesserung ihrer eigenen Lage zutage treten würden, wenn man die Puertoricaner nur dazu ermutigte, ehrlichen Gebrauch von ihrem Stimmrecht zu machen. Ich konnte das nur schwerlich glauben. Viel verdankt die Welt jenen Männern und Frauen, die sich nicht von denen entmutigen lassen, die stets auf die nun einmal gegebene Realität verweisen: In den folgenden Jahren brachte Tugwell die Regierung der Vereinigten Staaten dazu, Muñoz Marín zu unterstützen, der sich seinerseits als einer der talentiertesten politischen Führer des Jahrhunderts erwies. Die Herrschaft der alten Oligarchie wurde gebrochen; Demokratie, so zeigte sich, konnte nicht nur human, sondern auch wirtschaftlich effizient sein.

Ich kehrte nach Washington zurück und erlebte dort die bittersten, skurrilerweise aber auch interessantesten Monate des Krieges.

Am 7. September 1942 forderte Franklin D. Roosevelt, die landwirtschaftlichen Erzeugnisse von der Preiskontrolle indirekt auszunehmen: »Ich ersuche den Kongreß, diese Maßnahme zum 1. Oktober zu treffen ... Im Fall, daß der Kongreß es ablehnt zu handeln, und zwar angemessen zu handeln, werde ich die Verantwortung übernehmen und selbst handeln.«[1] Der Senat reagierte prompt, indem er die Ausnahmeregelung mit Hilfe reizvoller statistischer Taschenspielereien erweiterte. In den Jahren nach der Depression waren die Löhne für Landarbeiter nicht der Rede wert; wenn man sie also mit einbezog, wurde der Index der von den Farmern gezahlten Preise gesenkt. Dies wiederum senkte den Preis, auf den die Farmer aufgrund der sogenannten Paritätsformel Anspruch hatten – den Preis, der die Kaufkraft von landwirtschaftlichen Erzeugnissen von vor 1914 reflektierte. Als die niedrigen Depressionslöhne den Paritätspreis drückten, wurde ihre Entfernung aus dem Preisindex zu Recht von den Farmerverbänden verteidigt. Inzwischen waren die Landarbeiterlöhne jedoch kräftig gestiegen. Sie jetzt in den Index einzubringen hieß, den gerechten oder Paritätspreis anzuheben. Die Einbeziehung der Landarbeiterlöhne war also zu einer Grundsatzfrage sozialer Gerechtigkeit geworden. Dadurch hob sich auch beträchtlich das Niveau, unterhalb dessen keine Höchstpreise für landwirtschaftliche Erzeugnisse festgesetzt werden konnten. Niemals hatte die statistische Wissenschaft so gute Dinge geleistet. Wie dem auch sei – dieses Zugeständnis stand bei der Vorbesprechung von vornherein fest, und am 2. Oktober, einen Tag nach dem von Roosevelt gesetzten Stichtag, bekamen wir, wie bereits erwähnt, freie Hand zur Festsetzung der Preise für landwirtschaftliche Erzeugnisse. Drei Tage später wurde die Allgemeine Höchstpreis-Verordnung auf fast alles ausgedehnt, frisches Gemüse und Obst ausgenommen. Und am 3. Oktober bekam James F. Byrnes vom Weißen Haus Generalvollmacht über alle Maßnahmen zur Preis- und Lohn-Stabilisierung sowie andere inneramerikanische Kriegsprogramme der Regierung. Im Dezember, als Henderson zurücktrat, wovon ich später noch berichten werde, wurde er sogar mein Vorgesetzter.

Nun besaß ich all die Macht, die ich möglicherweise brauchen konnte, um die Inflation in den Griff zu bekommen. Und sobald sich diese Macht entfaltete, wich die Inflationsfurcht. Doch kaum war die Furcht vor der Inflation verschwunden, trat die Furcht vor den Inflationsbekämpfern an ihre Stelle.

Die politisch einflußreichste Furcht war die der Farmer, deren Preise jetzt der Kontrolle anheimfielen. Sie waren 1942 zahlenmäßig noch sehr stark und verstanden es (wie auch heute noch) ausgezeichnet, sich Gehör zu verschaffen. Das gleiche galt für ihre Lobbyisten im Kongreß. Es gab regelmäßig Reibereien zwischen mir und spezialisierten Interessengruppen – wie Rinderzüchtern, Milcherzeugern, Wollproduzenten usw. –, die alle, wie mir Ed Ŏ'Neal selbst erzählt hatte, so einseitig selbstsüchtig waren, daß sie nicht einmal im Farmerverband als halbwegs erträgliche Zeitgenossen galten. Eine Konferenz über Rinderpreise wuchs sich damals zu einem dreitägigen Schreiwettbewerb aus, an dem sich auch Kongreßabgeordnete und Senatoren aus den Präriestaaten beteiligten. Wenn höhere Preise nicht mit Argumenten durchgesetzt werden konnten, dann vielleicht durch Einschüchterung. Nach dieser Veranstaltung schwor ich mir, für den Rest meines Lebens Vegetarier zu werden. Diesen Schwur habe ich nicht gehalten, doch im Gegensatz zu den Behauptungen der Zigarettenwerbung glaube ich noch immer daran, daß das Treiben von Rindern quer durch eine Wüste in einem unauflöslichen Widerspruch zu menschlichen Wertvorstellungen steht. Das gleiche gilt für das Treiben von Schafen. Im Herbst jenes Jahres kam eines Tages der australische Botschafter zu mir, um über Wollpreise zu sprechen. Er stand unter schrecklichem Druck und bat mich um Verständnis. »Diese Burschen sind ja nicht nur Farmer«, sagte er. »Sie leben da draußen auch noch mit ihren Böcken zusammen.«

Die Rationierung wurde nun rasch ausgedehnt: auf Zucker, Kaffee, Benzin, Schuhe – alles in allem etwa zehn Produkte im Jahre 1942. Dadurch wurden unsere politischen Schwierigkeiten größer. Um Hamsterkäufe zu vermeiden, mußte die Planung jeweils unter strenger Geheimhaltung erfolgen. Die Bekanntgabe erfolgte dann ohne vorherige Erklärung oder Rechtfertigung. Das hatte unvermeidlich den Beigeschmack des Willkürlichen. Bestimmt meinten die Leute, wir verlangten schon wieder ein Opfer um der guten Sache willen oder wollten daran erinnern, daß Krieg sei.

Die politische Verteidigung der Preiskontrollen lag nun in wachsendem Maße bei mir, und ich benahm mich zweifelsohne ungebührlich selbstgerecht. Ich konnte meine Verachtung für die Lobbyisten, die berufsständischen Interessenvertreter, die professionellen Sprachrohre der Geschäftswelt und die gekauften Anwälte des Establishments nicht verhehlen, die versuchten, Patriotismus mit dem Verlangen nach noch mehr Profit zu verknüpfen, als sie ohnehin schon erzielten.

Im November bei den Kongreßwahlen, zwei Jahre nach der Präsidentschaftswahl, verloren die Demokraten 43 Sitze im Repräsentantenhaus und 9 im Senat. Die Verluste waren im Mittleren Westen besonders groß, und eine ganze Reihe von Abgeordneten, die die Regierung und das OPA zuverlässig unterstützt hatten, wurde nicht wiedergewählt. Zwar hatte mich niemand für eine Wahlhilfe gehalten, doch war man rasch mit der Weisheit bei der Hand, den Großteil der Schuld auf die Kaffeerationierung zu schieben. Man glaubte, die Wähler skandinavischer und deutscher Abstammung, bei denen der Kaffeegenuß schon an Sucht grenzte, hätten per Stimmzettel ihre Mißbilligung kundgetan. Wie die damals noch neuen Meinungsumfragen erwiesen, blieb das Office of Price Administration jedoch bis zu seiner Auflösung im Jahre 1946 beim Volk außerordentlich beliebt. Dies änderte jedoch nichts an der Tatsache, daß wir zu einem lohnenden Objekt für politische Attacken wurden. Unsere fortschrittlichen Verbündeten in der Regierung, die einst bemängelt hatten, wir täten zuwenig, glaubten nun, wir täten zuviel, und dies auch noch ohne Fingerspitzengefühl. Sicher, die Inflation mußte eingedämmt werden. Aber ging das nicht auch mit etwas mehr Geschick und Diplomatie? In Washington richten sich alle Bündnisse danach, welche Vorteile sie für die eigene Karriere bieten.

Jeden Morgen trafen sich die für die OPA-Entscheidungen – also für Mieten, Rationierungen und Preiskontrollen – Verantwortlichen mit den Spitzenjuristen sowie den unvermeidlichen, besserwisserischen »Beratern«, die zwar mitreden dürfen, aber keine Entscheidungsbefugnis besitzen, in Hendersons Büro, um die Lage zu erörtern. Ich hielt mich dabei stets an einen sehr wichtigen bürokratischen Leitsatz: Verbreite dich niemals über deine Probleme oder deine Leistungen, wenn es nicht nötig ist. Damit erreicht man nur, daß sich andere einmischen und die eigene Autorität geschwächt wird. Daß uns der Wind ins Gesicht blies, fiel mir zum erstenmal an einem Herbstmorgen richtig auf, als Dexter Keezer mitteilte, daß zwei seiner wichtigeren Mitarbeiter aus dem Amt ausschieden.

»Jetzt verlassen schon die Ratten das sinkende Schiff«, bemerkte Leon Henderson.

Wenige Wochen später bellte die Sprechanlage auf meinem Schreibtisch, und Henderson beorderte mich ein Stockwerk tiefer in sein Büro. Solche Anrufe bedeuteten üblicherweise, daß man sich die Klagen irgendeines Senators, Gouverneurs oder einflußreichen Konzerndiplomaten anhören mußte. Ein Besuch bei Henderson erlaubte es dem Klageführenden, anderen mitzuteilen, er habe sich an die unmittelbar Verantwortlichen gewendet, also alles getan, was er konnte. Dieser Anruf jedoch galt einer Sitzung, bei der uns Henderson mitteilen wollte, er beabsichtige zurückzutreten. Seine Gesundheit, vor allem seine schwachen Augen ließen eine Fortführung seiner Tätigkeit nicht zu. Da er nicht erwartete, daß ihm das auch nur einer von uns glaubte, wiederholte er es mehrmals mit sich steigernder Emphase und Entrüstung. In Wahrheit war er davon überzeugt, daß unsere Bemühungen stetig stärkeren Attacken ausgesetzt sein würden, denen er mit seinem Rücktritt die Spitze nehmen wollte.

Ich glaube nicht, daß Leon Henderson danach jemals wieder wirklich glücklich war. Ausgeschlossen von öffentlichen Aufgaben, existierte er nur halb. Er wandte sich verschiedenen Berater- und Geschäftsaktivitäten zu, war aber mit keiner erfolgreich, auch nicht in einer kurzen Karriere als Rundfunkkommentator. Jetzt, da ich dies schreibe, lebt er schon lange als Pensionär in San Diego. Was wir Henderson bei der Vorbereitung und Umstellung der Wirtschaft auf die Erfordernisse des Zweiten Weltkrieges verdankten, ist niemals auch nur teilweise anerkannt worden. Ohne seine eigenen und die von ihm autorisierten mutigen und klugen Entscheidungen hätte nicht nur die Zivilbevölkerung zu leiden gehabt, sondern gewiß auch diejenigen, die an der Front standen.

Henderson wurde durch Prentiss Brown ersetzt, einen ehemaligen liberalen Senator aus Michigan, dessen kürzliche Niederlage allgemein auf seine Rolle bei der Behandlung der OPA-Gesetzgebung im Senat zurückgeführt worden war. Er war ein umgänglicher Mensch, der nur wenig von seinem Job verstand und noch weniger davon verstehen wollte. Die Verantwortung für die Preiskontrollen fiel nun in noch stärkerem Maße mir zu. Der Widerstand, dem Henderson hatte den Wind aus den Segeln nehmen wollen, legte sich nur für wenige Tage. Dann fand man heraus, daß die Reform, solange ich da war, unvollendet blieb.

Unmittelbaren Druck übten Presse, Radio und Kongreßausschüsse aus. Washington und besonders das Weiße Haus haben in jüngster Zeit eine Art Belagerungsmentalität gegen das entwickelt, was man heute die Medien nennt. Wir hatten damals die Gewohnheit und überdies die Order, uns über solche Angriffe nicht aufzuregen. Chester Davis, auch hier mein Mentor, schärfte mir ein: Hörst du deinen Namen im Radio, stell es ab. Stolperst du im *Congressional Record* darüber, lies nicht weiter. Dito, wenn er in einem Zeitungsartikel auftaucht. Ob positiv oder negativ über dich berichtet wird, die Auswirkungen auf dich sind in beiden Fällen schlecht. Ich habe versucht, diesen Rat zu befolgen - vergeblich.

Der *Washington Times Herald*, damals das Sprachrohr der exzentrischen, rechtslastigen Cissy Patterson, war das erste Blatt, das meinen subversiven Bemühungen, das amerikanische System zu untergraben, Aufmerksamkeit schenkte. Ihm auf dem Fuße folgte die *Chicago Daily Tribune*. Erst wenn man von der *Tribune* in ihrer großen, urwüchsigen Anfangszeit unter Colonel Robert R. McCormicks Leitung - bzw. später unter seinem Einfluß - angegriffen wurde, war es einem möglich, die Tiefen politischer Verkommenheit, zu denen man herabsinken konnte, richtig auszukosten.[2]

Ende 1942 und 1943 beschäftigten sich auch die Wirtschaftsblätter in zunehmendem Maße kritisch mit mir. Eines davon, der *Food Field Reporter*, bekannt als die Bibel des Nahrungsmittelhandels, würdigte meine Rolle, indem er seinen Kopf praktisch übergangslos durch den Slogan »GALBRAITH MUST GO!« erweiterte.

Im Radio gab es Fulton Lewis jr., der im ganzen Land zu hören und jeder Beschwerde zugänglich war. Lewis war eher böse denn bissig. Sein Thema war die verantwortungslose, radikale, reformsüchtige Jugend: Der *junge* J. K. Galbraith, der *junge* David Ginsburg, und überhaupt diese jungen Leute ... Und er war ein Vorreiter jener Technik, die später von den bekannten Kolumnisten Evans und Novak perfektioniert wurde: Er hatte für jeden beleidigten Politiker oder Lobbyisten, dem die Richtung nicht paßte, ein offenes Ohr und berichtete dann über dessen Kummer, als ob es sich dabei um eine allgemein anerkannte Wahrheit handele.

In jenen Jahren arbeitete meine Frau im Justizministerium, wo sie mit den Aktivitäten verschiedener Ausländergruppen und -vereinigungen mit möglicherweise schädlichem Charakter beschäftigt war.

Einer ihrer speziellen Fälle war Otto von Habsburg, der zu jener Zeit versuchte, ein österreichisches Bataillon zu bilden, das an der Seite der US-Armee kämpfen sollte. Es ging um die Frage, ob er als der Letzte seines Geschlechts ernstlich den Anspruch der Habsburger auf das alte Reich aufgegeben hatte. War dies nicht der Fall, so würden sich die Tschechen, Ungarn, Kroaten, Slowenen und andere Völker der ehemaligen Donaumonarchie abgestoßen fühlen und das Interesse am Krieg verlieren. Nach vielen erfolglosen Versuchen des FBI entschied Kitty die Frage zuungunsten Ottos, da sie im Washingtoner Telefonbuch entdeckte, daß seine Privatnummer und die Nummer der Österreichisch-Ungarischen Kanzlei ein und dieselbe waren. Viele Jahre später waren wir bei dem freundlichen, gelehrten Herrn in Davos zum Dinner eingeladen. Nach einiger Überlegung beschlossen wir, ihm nicht zu erzählen, wer ihm damals den Weg verbaut hatte.

Einer der Kollegen meiner Frau hörte getreulich Fulton Lewis, so daß ich regelmäßig beim Nachhausekommen erfuhr, was am vergangenen Abend über mich gesagt worden war. Lewis hätte sich sicher darüber gefreut, daß es mir nicht gelang, ihm zu entkommen.

Die erfolgreichste Attacke gegen mich kam jedoch von seiten der Kongreßausschüsse und erwies sich als eine Lehre von bleibendem Wert.

Acht oder zehn Ausschüsse hatten offiziell Einblick in unsere Maßnahmen, woraus sich vorzügliche Möglichkeiten sowohl für jene ergaben, die unsere Politik ändern wollten, als auch für jene, die sich jeder Neuerung widersetzten. Die beiden Bewilligungsausschüsse waren ganz offensichtlich die mächtigsten, denn um Bewilligungen und dann Zusatz- und Nachtragsbewilligungen zu erlangen, mußten wir beinahe ununterbrochen bei ihnen vorstellig werden. Der rangälteste Republikaner im Bewilligungsausschuß des Repräsentantenhauses war ein unvergeßlicher Mensch aus dem Norden des Bundesstaates New York, John Taber, der nicht nur unsere Aktivitäten, sondern die des gesamten zwanzigsten Jahrhunderts strikt mißbilligte. Dexter Keezer glaubte, Tabers Haß sei so universell, daß er sogar sich selber hasse. Jahre später erfuhr ich aus den durch die Freedom of Information Act zugänglich gewordenen Dossiers, daß Taber mich als begeisterten Kommunisten beschrieben hatte, der, neben anderen verderbten Neigungen, zutiefst doktrinär sei. Letzteres Urteil verstand ein FBI-Agent als »Doktor Ware«, und wer immer in den nächsten Jahren meine Personalakte studierte, erfuhr, daß ich stark von diesem Dr. Ware beeinflußt sei. Schließlich prüfte das FBI Tabers Ansichten bei ihm selbst noch einmal nach. Er bestritt, die Quelle für diese Beschuldigung zu sein, und behauptete, er habe die Information aus zweiter Hand bekommen, und zwar von einem Agenten des Republican National Committee. Ein bißchen Anstand war dem Manne also verblieben.

Die Mittelstands- und Agrarausschüsse des Senats und des Repräsentantenhauses, der Ausschuß des Repräsentantenhauses für Binnen- und Außenhandel sowie später auch ein Ausschuß gegen den Mißbrauch der Exekutive[3], einen Mißbrauch, den angestiftet zu haben man mich praktisch als einzigen beschuldigte – sie alle dienten dazu, unsere Vorschriften und insbesondere meine eigene Vorstellung von den mir obliegenden Pflichten anzugreifen. Es wäre schön, wenn man in einem Kongreßausschuß eine Instanz erblicken könnte, durch die in einer Demokratie selbst unter der Belastung eines Krieges die Bürgerrechte geschützt werden. Leider wurde ich jedoch niemals vor einen Ausschuß zitiert, um auf die Beschwerden eines einzelnen Wählers zu antworten. Selbst Geschäftsleute wandten sich mit ihren Anliegen direkt an uns. Die Kongreßausschüsse waren die Heimstätte der Lobbyisten und der großen Rechtsanwaltsbüros, die deren Interessen vertraten. Einige der letzteren brachten in der Tat die Ängste und Sorgen ihrer Klienten vor, die meisten zeigten jedoch nur, daß sie darauf bedacht waren, ihr Geld zu verdienen. Gegen Ende des Winters 1943 war es soweit, daß ich, wenn ich morgens ins Büro kam, erst einmal feststellte, welcher Ausschuß mich an diesem Tag verhören würde. Gelegentlich waren es gleich mehrere. Eineinhalb Jahre zuvor hatten die Inflationsängste für ein aufmerksames und freundliches Publikum gesorgt. Nun fühlten sich die Leute sicher; man sah nur noch den Exponenten der gegnerischen Seite. Ein- oder zweimal überredete ich Vertreter der Verbraucherorganisationen, mitzukommen und mich moralisch zu unterstützen. Meist aber war ich, von ein paar Mitarbeitern abgesehen, allein. Jedesmal gab es ein Schmierentheater – traurige oder aggressive Anklagen einerseits, aufrichtige oder bekümmerte Repliken andererseits –, das, wenn schon nicht erfreulich, so doch wenigstens nicht langweilig war.

Manchmal gab es überhaupt keine Zuhörer. Das Hearing war dann lediglich eine Geste gegenüber den Lobbyisten, die ihnen eine Möglichkeit gab zu beweisen, daß sie ihrer Arbeit nachgingen. Hierzu zählten vor allem die Hearings des Senatsausschusses für Land- und Forstwirtschaft, die die häufigsten Anlässe für meine Besuche im Kapitol waren.

Der Ausschuß wurde damals von Ellison DuRant Smith aus South Carolina geleitet, der der Öffentlichkeit besser unter dem Namen Cotton Ed Smith bekannt war. In seinem Vorzimmer wurde er unterstützt von seinem Sohn, der einem engeren Kreis unter dem Namen Boll Weevil bekannt war.[4] Jeder Farmerlobbyist, ob einzeln oder in Gruppen, der einen Grund zu haben glaubte, sich über die Preise zu beklagen, oder auch nur das Bedürfnis hatte, sich einmal alles von der Seele zu reden, rief bei Cotton Ed an. Der gab die Klage an Boll Weevil weiter. Boll Weevil setzte ein Hearing an und ließ mich kommen.

Cotton Ed, damals 79 Jahre alt, war von wuchtiger Statur, hatte Hängebacken, schütteres graues Haar, einen grauen, verbrauchten Teint und einen wallenden Schnauzbart, der in der Mitte grau und an den beiden Enden dunkeltabakbraun war. Zur gleichen Zeit gab es im Washingtoner Zoo ein Walroß, das Paul Porter seinen Töchtern bei einem sonntäglichen Zoobesuch zeigte. Sie waren begeistert davon und nannten es der Ähnlichkeit wegen Cotton Ed.

Smith pflegte am Ende eines langen, mit grünem Stoff bespannten Tisches zu sitzen, ich ums Eck herum an seiner linken Seite. Der Lobbyist saß dann zu seiner Rechten und war, durch eine besondere Zuvorkommenheit des Vorsitzenden, berechtigt, mich zu befragen und meine Handlungen, meine Persönlichkeit und Motive zu beurteilen, als wäre er selbst Ausschußmitglied. Gelegentlich kam ein Republikaner dazu und saß dann mürrisch am anderen Ende des Tisches herum. Noch seltener waren ein, zwei Journalisten anwesend, die dann hinter mir saßen, die Stühle nach hinten gegen die Wand gekippt, die Augen geistesabwesend an die Decke geheftet.

Das Verfahren fing an, wenn Cotton Ed eine Stange Kautabak aus seiner Tasche zog und einen großen Bissen davon nahm – manche behaupteten, es sei die Stange, die er in den Mund, und der Bissen, den er in die Tasche steckte. So versorgt, begann sich Cotton Eds Kiefer im rhythmischen Dreiertakt zu bewegen: aufwärts, vorwärts, weit hinunter – und dann das Ganze wieder von vorn. In seinen Mundwinkeln erschien ein schmales Rinnsal, das einen winzigen Beitrag zur weiteren Verfärbung seiner Schnurrbartenden leistete.

Die Bewegungen von Cotton Eds Kiefer und Mund lenkten ab. Und das, was dabei herauskam, ebenfalls. Als Charles Dickens 1842 das Kapitol besichtigte, nahm er daran Anstoß, daß der Spucknapf in jedem Raum das auffälligste Möbelstück war. Vielleicht war das der Grund, daß man die Näpfe mittlerweile aus dem Verkehr gezogen hatte. Cotton Ed war daher gezwungen, den Fußboden zu benutzen. Senkte man einmal die Augen, so erblickte man braune Bächlein unter und neben dem Tisch hervorfließen, die sich Zentimeter um Zentimeter ihren Weg über den Marmorboden bahnten. Sie waren ganz harmlos, aber während man sich auf die Fragen des Ausschusses und die eigenen Antworten zu konzentrieren suchte, mußte man unweigerlich die Füße anziehen, damit sie nicht in der Brühe kleben blieben.

Eines Tages, als ich dergestalt beschäftigt war, verteidigte ich gleichzeitig die Höchstpreise, mit denen wir Schweinefleisch und Schweinefleischprodukte belegt hatten und die vom Delegierten des Schweinezüchterverbands angegriffen wurden. Es war eine trübselige Vorstellung; das Thema war längst nicht mehr sonderlich attraktiv.

Plötzlich stand Cotton Ed auf, sah mich an, sah den Verbandsvertreter an, sah den vor sich hin dösenden republikanischen Senator an und sagte: »Schweine! Schweine! Schweine!« Dann verließ er den Raum.

Andere Vorwürfe seitens der Ausschüsse waren in den kommenden Wochen ernster zu nehmen. Unvorhergesehen war einer, der sich auf Nylonstrümpfe bezog. Seide war verschwunden, Baumwolle nicht in Mode, und so stellten die Nylonstrümpfe die Hauptalternative dar. Die aufbrandende Nachfrage konnte leicht mit einem Erzeugnis befriedigt werden, das keine Woche und keine Wäsche überdauerte. Wir schlugen Normen zur Spezifizierung verschiedener Mindesthaltbarkeitsstufen vor, wobei jede an einen entsprechenden Preis gebunden sein sollte. Der Proteststurm, der sich erhob, war ohrenbetäubend. Viele Zeugen marschierten auf und teilten den Kongreßausschüssen für Mittelständisches Gewerbe mit, hier handle es sich um den klaren Fall einer von Verbrauchern angestrebten Reform unter dem Deckmäntelchen der Kriegsnotwendigkeit. Wir seien es unseren in Tunesien und in der Südsee kämpfenden Jungs schuldig, daß sie in ein von derlei Verbesserungen ungetrübtes Wirtschaftssystem zurückkehren könnten. Meine Antworten darauf waren vergebliche Liebesmüh.

Heftiger noch war die große Kontroverse um die Güteklassenbezeichnungen. Wegen der Rationierung von Konserven waren wir, wie gesagt, darauf bedacht, daß die wöchentlichen Lebensmittelmarken einer Familie nicht für angedicktes Wasser mit ein paar einsamen Gemüsebröckchen darin draufgingen. Es kam zu einem Kompromiß. Die Streitkräfte kauften Konserven, die den von der US-Regierung vorgeschriebenen Güteklassen entsprachen; dieselbe Klassifizierung sollte nun auch auf den Zivilhandel übertragen werden. Auf jede Dose sollte die Güteklasse aufgedruckt sein, und der Preis sollte, wie bei den Strümpfen auch, der Güteklasse entsprechen.

Nichts ist in Washington ekelhafter als der Grundsatz, daß ein einflußreiches Anwaltsbüro im Kongreß mit der Begründung, jedermann habe ein Recht auf juristischen Beistand, anstandslos einen bezahlten Angriff auf die Interessen der Öffentlichkeit führen kann. Der bezahlte Einsatz legislativer oder administrativer Prozeduren erfreut sich keiner sonderlich legalen Rechtfertigung, und niemand sollte ihn billigen. Der Angriff auf Preis- und Normenvorschriften für Konserven wurde von einem gewissen H. Thomas Austern der (damaligen) Firma Covington, Burling, Rublee, Acheson & Schorb für den Bundesverband der Konservenproduzenten in Szene gesetzt. Der Presse wurde eingehämmert, Güteklassen und ihre Bezeichnung könnten die oftmals hypothetischen Unterschiede zwischen Tomatendosen in Anzeigenfotos verschwinden lassen. Den Bauernverbänden erzählte man, unsere Preise und Normen würden ihre Preise »irgendwie« senken. Sie täten daher gut daran, mit ihren alten Feinden von der Konservenindustrie gemeinsame Sache zu machen. Die Allgemeine Höchstpreis-Verordnung hatte die Preise bei verschiedenen Konservenfabrikanten auf unterschiedlichem Niveau eingefroren. Unsere Vorschriften beseitigten diese Unterschiede, was selbstverständlich von den Produzenten mit den höheren Preisen nicht eben begrüßt wurde. Solche niedrigen Preise, darüber war man sich einig, waren besonders ominös, da man in ihnen einige bösartige Reformpläne von mir aus der Vorkriegszeit wiederzuerkennen glaubte. Die Rolle eines einsamen Kämpfers, wie sie mir in jenen Tagen zufiel, ist nicht sehr angenehm und vor allem auch nicht überzeugend. Die Güteklassenbezeichnungen mußten fallengelassen werden. Das war kein entscheidender Verlust, aber wären die kriegsbedingten Verknappungen und Entbehrungen größer gewesen, hätte man sie vermißt und der Bärendienst der Lobbyistenanwälte wäre besser verstanden worden.

Bei solch einer Auseinandersetzung liegt die größte Gefahr darin, daß eigene Mitarbeiter überlaufen. Die zur Ausarbeitung der Vorschriften aus der Industrie rekrutierten Berater wurden stark unter Druck gesetzt. Gelang es, sie zu der Äußerung zu bewegen, daß ihr praktischer Rat – wie es aus guten Gründen oft der Fall war – von uns ignoriert wurde, so war dies eine schwere Belastung für uns. Es bewies, daß Professoren samt Assistenten undurchführbare, rein theoretische Spielchen mit dem freien Unternehmertum trieben. Während des Kampfes um die Güteklassenbezeichnungen wurden zwei unserer industriellen Berater zum Aussteigen überredet. Einer von ihnen, ein großer Babynahrungsfabrikant, wurde jedoch gezwungen, sich mit seiner Kritik zurückzuhalten. Diese Zurückhaltung war darauf zurückzuführen, daß er befürchten mußte, irgend jemand könne, falls er eine zu große Lippe riskierte, einen neuen Regierungsbericht veröffentlichen, in dem von der Entdeckung eines ganzen Sortiments von Würmern in seinem Erzeugnis die Rede war.

Manchmal in jenem Frühjahr war das Leben noch mehr als sonst weit davon entfernt, ein reines Vergnügen zu sein. Der Vorsitzende des Sonderausschusses , der meinen Machtmißbrauch untersuchen sollte, war Howard W. Smith, ein einflußreicher, führender Kongreßabgeordneter aus dem benachbarten Virginia. Er war der Hauptinitiator der Smith-Act gewesen, die forderte, von allen Ausländern Fingerabdrücke zu nehmen und jeden zu bestrafen, der den gewaltsamen Sturz jedweder amerikanischen Regierung befürwortete oder lehrte, einer derartigen Zielen verschriebenen Organisation angehörte oder sie leitete. Er hätte, wären sie Zeitgenossen gewesen, weder Washington noch Jefferson, weder Jefferson Davis noch Robert E. Lee geduldet, was ihn jedoch nicht daran hinderte, 1940 einen Gesetzesantrag einzubringen, demzufolge der 200. Geburtstag Thomas Jeffersons zum

Feiertag erklärt werden sollte. Smith übertrug die Ermittlungen einem gewissen Harold L. Allen, der zu diesem Zweck eigens aus New York geholt worden war. Allen vereinigte die Boshaftigkeit eines Staatsanwalts mit äußerster Inkompetenz und, wie sich zeigen sollte, einem nicht ganz astreinen Lebenslauf.

Er beabsichtigte, uns zu beweisen, daß unsere Reformpläne nicht nur finster, sondern auch schon lange vor dem Krieg entstanden waren. Zu diesem Zweck benutzte er Gutachten und Doktorarbeiten von mehreren OPA-Mitarbeitern, was zweifellos einen neuen Durchbruch bei der Suche nach subversiven Absichten darstellte. Meine eigene Doktorarbeit über die Ausgaben der kalifornischen Counties nützte ihm nichts. Irgendwie hatte er es sich jedoch in den Kopf gesetzt, meine gemeinsam mit Henry S. Dennison verfaßte Abhandlung *Modern Competition and Business Policy* habe mir den akademischen Titel eingebracht. Die Art und Weise, wie er die Verhöre führte, einschließlich der Selbstgerechtigkeit, mit der er von vornherein von meiner Schuld überzeugt war, wäre selbst dann widerlich gewesen, hätte sie sich gegen einen Kindesverführer gerichtet.

Mr. Allen: So, Doktor, Sie beabsichtigten also beim Entwurf dieser Anordnung, Wettbewerbsungleichheiten zwischen den Herstellern zu korrigieren?

Mr. Galbraith: Das war eines der Kriterien.

Mr. A.: Das war das Thema Ihrer Doktorarbeit, wo war's denn gleich, California oder Harvard – »Modern Competition and Business Policy«, von Dennison und Galbraith – war das Ihre Dissertation?

Mr. G.: Nein, Sir.

Mr. A.: Das ist also eines ihrer weiteren Werke?

Mr. G.: Es handelt sich um ein Buch, bei dem ich nur Co-Autor war.

Mr. A.: Und darin ging's unter anderem auch um die Ungleichheiten zwischen effizienten und uneffizienten Produzenten, nicht wahr?

Mr. G.: Ich weiß es nicht. Es ist etwa vier oder fünf Jahre her, daß ich das Buch angesehen habe. Sie sind damit offenbar besser vertraut als ich.

Mr. A.: Na, die Ausmerzung von Ungleichheiten zwischen Konkurrenten liegt Ihnen doch schon lange am Herzen, nicht?

Mr. G.: Nein, das würde ich nicht sagen.

Mr. A.: Sie haben sich sehr intensiv mit diesem Thema auseinandergesetzt?

Mr. G.: Wenn Sie darauf hinauswollen, daß ich hier mit der Festsetzung von Dollars und Cents oder Einheitspreisen Reklame für irgendeine von meinen eigenen Theorien machen will, so lautet die Antwort: Nein, das tue ich nicht.

Mr. A.: Nun, ich werde mir das merken, danke.[5]

Für das Funktionieren einer Demokratie ist es unabdingbar, daß kontroverse und sogar feindselig verlaufende Verfahren wenigstens den Anschein von Höflichkeit wahren, und sei dieser noch so durchsichtig. Allen war diese Regel unbekannt. Als ich nach dem ersten Vormittag in mein Büro zurückkehrte, befand ich mich in einer Stimmung, die zwischen Wut und Verachtung schwankte. Es würden noch viele solcher Sitzungen auf mich zukommen, die nächste bereits am gleichen Nachmittag.

Aber es sollte anders kommen. In meinem Büro saß ein Anwalt aus unserer Abteilung für die Preise der Versorgungsbetriebe, ein erfahrener New Yorker Politiker, der mit einer Geschichte aufwartete, die es in sich hatte.

Harold Allen war vor zehn Jahren Vizeabteilungsleiter bei der Polizei in New York City gewesen und hatte sich besonders bei der Kriminalitätsbekämpfung hervorgetan. Eine bevorzugte und, wie manche dachten, auch notwendige Form des Gesetzesbruchs in jenen Tagen war der Verkauf unversteuerter Getränke, die nach Aufhebung der Prohibition-Gesetze noch in großen Mengen in Bars, Saloons und Flüsterkneipen zu haben waren.

Ein beliebtes Restaurant, das unter Verdacht stand, solche Vorräte auszuschenken, war die Bar des St.-Regis-Hotels. Eines Abends führte Allen ein Polizeiaufgebot zu diesem Hotel, postierte die Uniformierten vor der Tür und ging hinein, um die Ware zu überprüfen. Er bestellte einen Drink und noch einige weitere, vielleicht, weil ihm immer noch nicht klar war, ob es sich um illegale Ware handelte. Versteuert oder nicht, auf jeden Fall war der Schnaps berauschend. Allen wurde ausfällig und mußte von zwei Journalisten gebändigt werden, die zufällig in der Bar saßen. In diesem Augenblick fiel ihm seine Pflicht wieder ein, er pfiff auf seiner Trillerpfeife, die Polizei kam und schloß das Etablissement. Sein Verhalten wurde in den Zeitungen kritisiert. Bürgermeister Fiorello La Guardia ließ ihn fallen. Es gab eine offizielle Untersuchung, und Allen wurde gefeuert.

Ich befand mich in einem moralischen Dilemma. Allen führte soeben eine Untersuchung über Machtmißbrauch durch, und so sahen also seine Empfehlungen aus. Ich konnte in der nächsten Sitzung darauf anspielen und damit die Presse auf seine Spur hetzen. Oder ich konnte ihn von meinem Vorhaben in Kenntnis setzen. Das käme einer Erpressung schon sehr nahe. Ich wählte den korrekteren Weg und ließ ihn von meiner Absicht wissen. Bald darauf erhielt ich einen Anruf: Das Nachmittagshearing war abgesetzt worden. Ein paar Tage später kehrte Allen nach New York zurück, und die Untersuchung schlief ein. Zwei Ungerechtigkeiten ergeben noch kein Recht, doch bei zwei Fällen von Machtmißbrauch ist das nicht so deutlich.

Im Verlaufe des Frühjahrs 1943 traten viele meiner Kollegen aus der Anfangszeit zurück: John Hamm, David Ginsburg, Harold Leventhal, Ben Heineman und Henry Reuss. Die meisten wurden eingezogen, doch spürte man auch, daß einige von ihnen den Wölfen zum Fraß vorgeworfen werden sollten, um den Angriff zu mildern. In jenen Wochen bekam meine Frau unseren zweiten Sohn.[6] 1941 war ihr Zimmer in der Klinik so voll von Blumen gewesen, daß es uns an das Begräbnis von Greasy Thumb Gusick erinnerte, das kurz zuvor in Chicago stattgefunden hatte. Diesmal gab es eine einzige Rose aus unserem eigenen Garten. Ich stand nicht mehr hoch im Kurs. Eine Kleinigkeit führte zu meinem Rücktritt.

Prentiss Brown hatte aus Michigan einen Werbefachmann namens Lou Maxon mitgebracht, der, wie man heute sagen würde, das Image der Behörde verbessern sollte. Lou erzählte der Presse, es sei vor allem mein Image, das der Verbesserung bedürfe. Er sagte auch, und das war weniger klug, er würde sich in die Politik einmischen, um dies sicherzustellen. Selbst von den Zeitungen befragt, antwortete ich, Lou solle sich, verdammt noch mal, um seinen eigenen Kram kümmern. Daraufhin verschärfte sich die Auseinandersetzung. Früher hatte man davon ausgehen können, daß sich Franklin D. Roosevelt über kleine Scharmützel zwischen seinen Untergebenen freute. Mittlerweile war er ihrer müde geworden und dachte, sie lenkten die Aufmerksamkeit von den größeren Schlachten außerhalb des Landes ab. Er ließ uns wissen, daß wir beide unseren Hut nehmen könnten. Für mich war allerdings ein anderer wichtiger Posten vorgesehen. Harry Hopkins bat Ed Stettinius, der für die Abwicklung des Lend-Lease-Geschäfts verantwortlich war, mich einzustellen, und Ed bot mir die Leitung der Lend-Lease-Verwaltung in Südafrika an. Prentiss Brown, der die Neuigkeit am 31. Mai 1943 verkündete, forderte mich auf, bekanntzugeben, ich verließe das OPA aus gesundheitlichen Gründen. Dies lehnte ich jedoch ab. Der Applaus nach meiner Rücktrittserklärung war kurz, aber heftig; selten ist es mir gelungen, Konservativen so viel Freude zu machen. In die nächste Gesetzesvorlage für den OPA-Etat wurde die sogenannte Anti-Professoren-Klausel mitaufgenommen, die Professoren die Festsetzung von Preisen untersagte. Die offensichtlich nicht verfassungsmäßige Klausel wurde allerdings ignoriert.

Bei den Ereignissen der folgenden Monate verweile ich nicht gern. Abrupter Machtverlust hinterläßt plötzliche, unvorstellbare Leere. Man empfindet den Druckverlust als eine Art psychischer Taucherkrankheit. So unnatürlich es sein mag, wird man doch von Selbstzweifeln und von dem ständigen Gedanken an Entscheidungen heimgesucht, die der gewohnten lenkenden Hand entbehren müssen. Das Schlimmste und das am wenigsten Erwartete daran ist die Tatsache, daß man seinen Feinden hilflos ausgeliefert ist. Man wird angegriffen und verfügt nicht mehr über die gewohnten Mittel – Sekretärinnen und Schreibkräfte, Pressesprecher und rasch zusammengetrommelte Journalisten –, mit Hilfe derer man entsprechend reagieren kann. Auch floß die über Monate hin aufgestaute Erschöpfung über mich hin wie ein öliger Strom.

Nachdem ich wieder zu Atem gekommen war, verbrachte ich im Sommer ein paar Wochen in den Lend-Lease-Büros, die sich in einem Appartmenthaus neben dem heutigen Außenministerium befanden. Für den schönen Edward Stettinius stellte ich eine schreckliche Plage dar, einen politischen Störenfried, der um des Weißen Hauses willen ertragen werden mußte. Ich fand bald heraus, daß seine Behörde insgesamt nur wenige klar umrissene Funktionen besaß und überhaupt keine mehr in Südafrika, nachdem das Mittelmeer jetzt wieder zugänglich war und die Schiffe nicht mehr ums Kap herumfahren mußten. Ich gab den Gedanken auf, mich dorthin zu begeben, und schloß mich statt dessen einem speziellen Kreis von Managern an, die Ed Stettinius für eine Führungspersönlichkeit hielten und überlegten, ob die von Großbritannien mit Hilfe von Lend-Lease erworbenen Werkzeugmaschinen nach dem Krieg wieder eingefordert werden sollten. Eine solche Wiedergutmachung würde verhindern, daß der britischen Industrie aufgrund des freien Kapitals und der fortschrittlichen Technologie, die sie auf diese Art und Weise erhalten hatte, ein unfairer Wettbewerbsvorteil erwuchs. Ich hielt die Idee für so dumm, wie sie war, und machte die freudige Entdeckung, daß George Ball, dem in seiner Funktion als beigeordneter Berater von den Anhängern des New Deal die Aufgabe zugedacht war, Stettinius auf die Finger zu sehen, meine Meinung ganz und gar teilte. Das war der Beginn einer Freundschaft, die uns bei vielen politischen und öffentlichen Unternehmungen zusammenführte.

Dann bat mich Herbert H. Lehman, an den Planungen für eine Behörde teilzunehmen, aus der später die United Nations Relief and Rehabilitation Administration (UNRRA) hervorgehen sollte. Der neue Job war ganz nützlich, aber der Zeit, die man mit solchen Planungen verbringen kann, sind enge Grenzen gesetzt. Tatsächlich hatte ich nach Ablauf einer Woche alles vorgeschlagen, was es an Vorschlägen zu machen gab. Wieder einmal stand ich vor der schrecklichsten aller Erfahrungen im öffentlichen Dienst: Ich hatte einen Job sowie ein Büro – aber weit und breit war keine Arbeit zu sehen.

Bisher hatte ich noch keine Einberufung erhalten. Ich versah mich mit der nötigen Einverständniserklärung meiner Frau und meldete mich freiwillig beim zuständigen Rekrutierungsbüro. Man hatte mir schon vorher gesagt, daß dies ein sinnloses Unterfangen wäre: Ich war zweieinhalb Inches größer, als daß man mich hätte einkleiden oder sonstwie unterbringen können. Irgend jemand vom Rekrutierungsbüro rief, wenn ich mich recht entsinne, in Fort Myers an, was möglicherweise ein nicht ganz den Regeln entsprechendes Vorgehen war, und stellte fest, daß eine entsprechende Vorschrift noch galt. Gern würde ich jetzt behaupten, ich sei enttäuscht gewesen. Doch dem war nicht so. In Kanada hatte ich schon als Jugendlicher im High-School-Kadettenkorps exerzieren müssen. Dabei stellte sich heraus, daß die militärische Choreographie mein Fassungsvermögen überstieg. Folglich hatte ich an Inspektionstagen Krankheit vorzutäuschen und in voller Uniform auf einer Bank zu sitzen. Dergestalt bekam die Schule das Geld für meine Ausbildung, und ich konnte die Parade nicht verpatzen. Jetzt war ich also vom Kriegsdienst befreit, doch mein Gewissen war nicht ganz rein. Monate später würde ich mit Freuden eine von George Ball inszenierte Gelegenheit ergreifen, mich, ohne einen Schritt zu marschieren, in militärische Angelegenheiten einmischen zu können, und nach Europa und in die Südsee reisen. Vorläufig aber, mangels Beschäftigung in Washington, rief ich Ralph Delahaye Paine jr. an, den hochgebildeten Verlagsleiter von *Fortune*, und akzeptierte sein seit langem bestehendes Angebot, seiner Redaktion beizutreten. Dort hatte ich, obwohl ich niemals zuvor für Geld geschrieben hatte, sofort Erfolg. *Time, Life, Fortune* und Henry Robinson Luce sind ein Kapitel für sich, und zwar eines, das hauptsächlich in die Nachkriegszeit fällt. Zuerst einmal will ich jedoch den Krieg zu Ende bringen. Von der unvergleichlichen Banalität des Kriegsausbruchs - der Nacht von Pearl Harbor - habe ich bereits berichtet. Die Tage vor dem totalen Sieg erwiesen sich - zumindest für mich - als befriedigender.

13
Deutschland 1945

So wie ich den Kriegsbeginn mit jener absurden Sitzung nachlässig gekleideter Herren assoziiere, so fällt mir bei seinem Ende ein Kurhotel in Luxemburg ein. Das Hotel, einst von bescheidener Eleganz, war ein langes, niedriges weißes Gebäude mit einer Veranda, die sich über die gesamte Länge der Vorderfront erstreckte. Vor dem Hotel befand sich ein wasserloser Teich mit einem Springbrunnen und einer von der Sonne ausgebleichten Nixe in der Mitte. Das Grundstück umgab ein hoher Stacheldrahtzaun, von oben bis unten verhängt mit grünlichen Tarnplanen. Wachtposten und Maschinengewehre. Einmal sagte ein wachhabender Sergeant am Tor zu einem, der Einlaß begehrte, er brauche »einen Passierschein von Gott und dazu jemanden, der die Unterschrift beglaubigt«. Ein Gefängnis, das leichter zu verlassen als zu betreten war – wahrhaftig eine Rarität unter seinesgleichen.[1]

Das Hotel war in Mondorf-les-Bains, ein paar Kilometer südöstlich von Luxemburg-Stadt an der französischen Grenze, einst das erste Haus am Platze gewesen. Ein Abend im Frühsommer 1945. Wir hatten unsere Insassenbefragung für diesen Tag beendet und warteten auf der Haupttreppe im Hotel auf unsere Abholung. Rechts unter uns der Gesellschaftsraum, links der Speisesaal. Ein heftiges Gewitter – gewaltige, grelle Blitze, beinahe unmittelbar gefolgt von Donnerkrachen, erhellten die Räume. Vertraut die Gesichter der Männer, die auf ihr Abendessen warten, einige lesend, einige schwatzend, andere für sich stehend oder schweigend in den Sesseln des Aufenthaltsraumes. Finster, drohend, barbarisch, schrecklich haben sie fünfzehn Jahre lang die Schlagzeilen beherrscht. Julius Streicher, Hitlers furchtbarster Helfershelfer nach Himmler; Dr. Robert Ley, Leiter der Arbeitsfront; Joachim von Ribbentrop, der Außenminister, und Walther Funk, Präsident der Reichsbank. In leicht demolierten Uniformen Hitlers unmittelbarer Stab: Feldmarschall Wilhelm Keitel und Generaloberst Alfred Jodl, Männer, die von Albert Speer kurz zuvor noch als nickende Esel bezeichnet worden waren. Großadmiral Karl Dönitz und Feldmarschall Albert Kesselring, der letzte Oberkommandierende an der Westfront. Weiterhin Blitze und Donner, während wir auf unsere Wagen und sie auf ihr Abendessen warten. Ein Oberst neben mir hat plötzlich eine erstaunliche und gar nicht so abwegige Idee: »Stellen Sie sich vor, einer hätte 1940 gewagt, ein Stück zu schreiben: ›Ein Hotel in

Luxemburg 1945‹ – mit dieser Besetzung und diesem Bühnenbild. Man hätte ihn schlichtweg ausgelacht.«

Das Hotel in Mondorf war das Internierungslager für die höchsten Naziführer. Damals machte man sich gerne einen Spaß mit Code-Namen, und so hatte der Kurort die Bezeichnung *Ashcan*, »Ascheneimer«, bekommen. Er unterstand der U. S. Army; ein britisches Pendant dazu in der Nähe von Frankfurt, das Gefangene aus dem mehr technischen Bereich wie Speer und das angebliche Finanzgenie Horace Hjalmar Greely Schacht[2] beherbergte, wurde *Dustbin*, »Mülleimer«, genannt.

Hermann Göring befand sich nicht unter den Männern, die auf ihr Abendessen warteten, sondern oben in einem Schlafzimmer. Um es ihm bequemer zu machen, hatte man eine große Matratze auf ein schmales Feldbett gebreitet, die an beiden Seiten überhing. Der massige, schlaffe Körper Görings lag zusammengesunken auf dem Bett und erweckte den Eindruck, als quelle er noch über die Matratzenränder hinaus. Er litt unter Entzugserscheinungen – meine einzige Begegnung mit dieser Folter, ja, sogar – behütet, wie mein Leben war – mit Drogenabhängigkeit überhaupt. Wie Howard Hughes war er kodeinabhängig. Bei seiner Gefangennahme hatte er einen reichlichen Vorrat bei sich. Die Behandlung durch die U. S. Army bestand lediglich in abrupter Konfiszierung der Droge. Auch andere machten Entziehungskuren. Ribbentrop, Funk und Ley waren monatelang ununterbrochen betrunken gewesen – eine ziemlich natürliche Reaktion oberflächlich-primitiver Männer, die in nüchternem Zustand durchaus fähig gewesen wären, das Unvermeidliche zu erkennen. Der Suff war eine Flucht. In früheren Verhören hatte Albert Speer gesagt: »In den letzten Monaten hatte man ständig mit Betrunkenen zu tun.« Darüber hinaus äußerte er die Vermutung, daß es in der Geschichtsschreibung über das Dritte Reich dereinst heißen würde, es sei in einem Meer von Alkohol ertrunken. In Wirklichkeit wurden die alkoholischen Exzesse niemals erwähnt. Die Konvention, die den Säufer in Politik und Militär und seine im Rausch begangenen Taten und Entscheidungen schützt, erstreckte sich auch auf die Nazis. Selbst Speers Memoiren erwähnen die Sauferei nicht.

Ribbentrop trug bei seiner Gefangennahme zwei Friedensappelle der letzten Stunde bei sich, die an die Briten gerichtet waren und aus seiner eigenen Feder stammten. Sie spiegelten die bei den Nazis verbreitete Hoffnung auf ein gemeinsames Vorgehen gegen die Russen wider und waren an den Ehrenwerten *Vincent* Churchill adressiert. Das war wie ein Brief an *Albert* Hitler.

Die Gäste in Mondorf waren keine sehr hilfreiche Informationsquelle. Göring, ein jämmerlicher Kloß auf seiner Matratze, wußte über die Luftwaffen-Operationen, für die er nominell verantwortlich gewesen war, nur wenig und noch weniger über allgemeine wirtschaftliche und militärische Angelegenheiten. Er gab stets die Antworten, von denen er glaubte, daß sie am ehesten dazu angetan wären, seine vier Befrager zufriedenzustellen, das Thema abzuschließen und uns loszuwerden. Die Luftangriffe, sagte er, hätten die deutsche Kriegsproduktion zerstört. Das entsprach zwar nicht den Tatsachen, aber er bildete sich ein, die Amerikaner wollten es hören. Andere waren beklemmend empfindlich, wenn es um die dunkleren Seiten ihrer Vergangenheit ging – ein Aspekt, der aufkam, weil wir die Order hatten, so viele wie möglich von ihnen auf die Kriegsverbrecherliste zu setzen. Als Feldmarschall Keitel zum 20. Juli befragt wurde, konnte er sich zunächst nicht erinnern, daß überhaupt jemand an Fleischerhaken geendet hatte. Daraufhin machte man ihn mit den möglicherweise für diese Gelegenheit übertriebenen Strafen bekannt, die auf Lügen gegenüber denjenigen standen, die ihn gefangen hatten, worauf sich sein Erinnerungsvermögen besserte. Er beehrte uns sogar zweimal mit aufgebesserten Versionen. Ribbentrop hatte, bevor seinem Gedächtnis auf ähnliche Weise nachgeholfen wurde, angeblich keinerlei Kenntnis von Konzentrationslagern. Dann erzählte er, er habe während seiner Zeit als Botschafter in London davon gehört und Berlin vor den nachteiligen diplomatischen Folgen gewarnt.

Ribbentrop wurde, da uns diese Frage sehr interessierte, über die Gründe gefragt, weshalb Hitler nach Pearl Harbor den Vereinigten Staaten den Krieg erklärt hatte – eine Handlung, die eine so elektrisierende und einigende Wirkung bei den Verbündeten gezeitigt hatte. Er erzählte, Hitler sei überzeugt gewesen, die Vereinigten Staaten befänden sich praktisch ohnehin schon im Krieg mit Deutschland – ein unglaublicher Gedanke für jeden, der in jenen Tagen in Washington gewesen war. Und er zitierte die vertraglichen Verpflichtungen Deutschlands gegenüber Japan. Ein Leutnant Stein, der damals dolmetschte, stellte von sich aus eine zusätzliche Frage: »Warum war ausgerechnet dieser Vertrag der erste, den einzuhalten Sie entschlossen waren?«

In jenen sonnigen Frühsommertagen verbrachten die meisten Insassen – durchweg nicht eben Bücherwürmer – den größten Teil ihrer Zeit damit, auf der langen Veranda auf- und abzuspazieren. Julius Streicher ging stets allein. Einmal sahen wir, wie er sich zu dem ausgetrockneten Teich vor dem Hotel umdrehte, stramm stand und den Arm zum Nazi-Gruß hob. Wir vermuteten, er fühle sich nach Nürnberg zurückversetzt und sähe ein Bataillon von Braunhemden vorübermarschieren. Ein paar Minuten später entspannte er sich, senkte den Arm und setzte seinen einsamen Spaziergang fort. Die anderen schienen sich unbehaglich zu fühlen.

Die Generäle in Mondorf hatten sich noch Reste von Haltung und Würde bewahrt. General Jodl war so weit gegangen, einen seiner ersten Befrager, Generalmajor Orvil Anderson, zurechtzuweisen; nach meinen Aufzeichnungen sagte er wörtlich: »Sie versuchen, Deutschland auszulöschen. Wir wollen Kriege auf althergebrachte Weise austragen und im Falle einer Niederlage ein oder zwei Provinzen hergeben.« Warum jetzt also diese unsportliche Feindseligkeit? Die Nazis in Zivil wirkten, im Gegensatz zu den Soldaten, schäbig, niedergeschlagen und total abstoßend. Ohne ihre Krawatten und Gürtel, die man ihnen der Selbstmordgefahr wegen abgenommen hatte, und weitgehend unrasiert hätten sie gut ins tägliche Bild von St. Quentin gepaßt.

Nachdem wir in Mondorf fertig waren, flog ich der Mosel entlang nach Frankfurt und weiter nach Bad Nauheim in mein Hauptquartier. Unsere Arbeit wurde zwar für wichtig genug erachtet, uns im Flugzeug transportieren zu lassen, was aber in meinem Fall nicht hieß, daß die Maschine auch sicher war. Man stellte mir eine kanadische C-64 zur Verfügung, die mit nur einem Motor zu schwach für die sechs Passagiere war, die sie eigentlich hätte tragen sollen. An jenem Tag war ich allein mit dem Piloten, einem amerikanisierten Belgier, der Kampfflugzeuge hatte fliegen wollen und nun das Beste aus dem machte, was er jetzt hatte. Am Morgen unseres Fluges hatte er mit meiner Hilfe Oberst Burton C. Andrus, den Gefangenenaufseher in Mondorf wie später auch in Nürnberg, dazu überredet, ihn auf seiner Morgenrunde durch das Hotel mitzunehmen. Die Wirkung war zutiefst niederschmetternd. Er hatte aufgrund der riesigen Dimensionen des Krieges immer angenommen, unsere Gegner seien Heroen. Ein paar Wochen später schrieb ich über seine Desillusionierung: »Wer hätte gedacht, daß wir diesen Krieg gegen einen Haufen Einfaltspinsel führten?«[3]

Meine Reise nach Mondorf und Bad Nauheim hatte im Winter 1945 begonnen. Die noch früheren und tieferen Anlässe lagen in der Natur des Luftkriegs, einer grauenhaften Angelegenheit, die mich noch heute verfolgt. Da das gesamte Bombardement während des Krieges, von den Unfällen einmal abgesehen, weit hinter den feindlichen Linien stattfand, beruhten die Kenntnisse über das Ausmaß der Zerstörungen auf den Meldungen der Bomberbesatzungen oder der späteren Luftaufklärung. Keine dieser Quellen neigte zu Untertreibungen; weder die Flugzeugbesatzungen noch die Fotografien verniedlichten die zugestandenermaßen entsetzlichen Folgen. So erhielt George Ball im Herbst 1944 den Auftrag, im nachhinein den Anteil der Air Force bei der Landung in der Normandie einzuschätzen sowie den Erfolg der Flieger bei der Unterbrechung des deutschen Frontnachschubs. Er schlug daraufhin eine noch wesentlich ehrgeizigere Untersuchung über die Folgen der strategischen Bombardierung Deutschlands vor. Ähnliche Anregungen kamen aus der Air Force selbst, und auch Präsident Roosevelt, der sich über die Behauptungen der Luftwaffen-Generäle Gedanken machte, setzte sich bei Kriegsminister Stimson für eine solche Studie ein. Aus den diversen Anregungen im November 1944 entstand der United States Strategic Bombing Survey[4]. Er sollte von der Air Force beraten und unterstützt werden, ansonsten aber von ihr unabhängig sein. Unabhängigkeit und Genauigkeit sollten auch seine Schlußfolgerungen bestimmen. Genauigkeit hatte für viele Generäle der Air Force eine ganz spezifische Bedeutung: Sie besagte, daß mit einiger Deutlichkeit festgeschrieben werden sollte, daß der Krieg von den Bombern gewonnen worden sei.

Leiter des USSBS war Franklin D'Olier, ein Oberst aus dem Ersten Weltkrieg und danach erster nationaler Kommandeur der American Legion[5]. Derzeit war er Aufsichtsratsvorsitzender der Prudential Insurance Company. Liebenswerte Galionsfigur, die er war, bemühte sich D'Olier nichtsdestoweniger darum, die Unabhängigkeit des Urteils und eine entsprechend starke Position gegenüber der Air Force zu gewährleisten. Zu diesem Zwecke hatte er gefordert, daß die Direktive zur Einrichtung des USSBS von Präsident Roosevelt persönlich unterzeichnet werden müsse. D'Olier übertrug die Leitung Henry C. Alexander, einem gutaussehenden, intelligenten Anwalt, der aus Murfreesboro/Tennessee kam und zum Partner bei J. P. Morgan und Company aufgestiegen war. Alexander wiederum sah seine Aufgabe darin, denjenigen den Weg zu ebnen, die die eigentlichen Untersuchungen durchführten. Dies tat er mit Energie und Ausdauer, aber auch in der ständigen Sorge, man könne herausfinden, daß er als Morgan-Teilhaber während des Krieges im Dienste des New Deal gestanden habe. Das hätte den Himmel zum Einstürzen gebracht: Ehemalige Kommunisten sind nicht die einzigen Amerikaner, die in vergangenen Zeiten Opfer von Wahnvorstellungen wurden.

Die Kommission wurde in verschiedene Abteilungen – Verkehr, Luftfahrt, Rüstungsbetriebe, Städte – untergliedert, die jeweils einem Ziel oder Zielkomplex der Bomber entsprachen. Eine Sonderabteilung unter Leitung von Dr. Rensis Likert, einem Pionier auf dem Gebiet der Meinungsforschung, befaßte sich mit der Moral der deutschen Zivilbevölkerung unter dem Einfluß der Bombardierungen. Für diese Aufgabe rekrutierte Likert neben anderen unerhörten Kriegern auch den Dichter W. H. Auden und den Komponisten Nicolas Nabokov. »Es war schon schlimm genug«, soll sich, so wurde kolportiert, eine Kölnerin beklagt haben, »daß einem das Haus zerstört und die Familie unter den Trümmern verschüttet wurde. Und dann haben sie uns auch noch gefragt, wie uns das gefallen hat.«

Einem Sekretariat aus drei Bostoner Juristen – dem Richter am Obersten Gerichtshof von Massachusetts, Charles C. Cabot von den Cabots, Oberst Guido R. Perera und meinem langjährigen Freund und Nachbarn in Cambridge, dem damaligen Oberst James Barr Ames – fiel die Aufgabe zu, die Arbeit aller Untersuchungsteams zu sammeln und den Schlußbericht zu schreiben. Perera, ein wortgewandter und energischer Mann[6], hatte eine wichtige Rolle beim Zustandekommen der Kommission gespielt und zuvor leider auch bei der Auswahl der Bomberziele. Er neigte ebenso wie die Generäle der Air Force dazu, das Endergebnis mit den ursprünglichen Absichten zu identifizieren. Und weder er noch Charles Cabot, ein sportlicher, gutaussehender Mann mit säuberlich gestutztem Schnurrbart, beide Mitglieder des altehrwürdigen Bostoner Juristen-Establishments, waren es gewohnt, daß ihre Schlußfolgerungen unbefangen und unverblümt in Frage gestellt wurden, wie es dann später der Fall war. Auch glaubten beide, vielleicht zu Recht, daß den Air-Force-Generälen – Henry H. Arnold, James E. Doolittle, Carl A. Spaatz und Ira C. Eaker –, die die Last des Krieges getragen hatten, gebührender Respekt erwiesen werden sollte.

Oberst Perera war ein einflußreicher Befürworter der Großangriffe vom 17. August und 14. Oktober 1943 auf die Kugellagerfabriken in Schweinfurt, der verhängnisvollsten Operationen in der Geschichte des Luftkriegs, bei denen beinahe ein Drittel der daran beteiligten Flugzeuge verlorengingen oder irreparabel beschädigt wurden.[7]

Man war der Ansicht, daß wir bei unserer Aufgabe militärische Beratung brauchten, und dazu erhielten wir Generalmajor Orvil C. Anderson. Orvil Anderson war ein breitknochiger Mann mit grobgeschnittenem Gesicht und arg verwittertem Teint. Im Zweiten Weltkrieg zogen die Air-Force-Offiziere eine saloppe Mode dem geschniegelten Stil vor. Orvil ging noch einen Schritt weiter und brachte es fertig, stets auszusehen, als hätte er in seiner Uniform geschlafen. Sein persönlicher Adjutant und ständiger Begleiter war ein Unteroffizier vom Women's Army Corps, eine angenehme und recht stattliche Erscheinung. Henry Alexander mißbilligte derartige Verbindungen.

Anderson hatte seine Lehrjahre in der Air Force unter Brigadegeneral William (Billy) Mitchell absolviert, den er verehrte. Er hatte einst als Ballonflieger einen Höhenrekord aufgestellt und zivile Luftpost befördert, nachdem Franklin D. Roosevelt diese Aufgabe infolge der Aufdeckung korrupter Praktiken im zivilen Luftpostverkehr der Army übertragen hatte, was zahlreiche Abstürze und schwere Verluste nach sich zog. Er war hochintelligent, gänzlich taktlos, zwanghaft geschwätzig und glaubte an die Luftwaffe wie andere an den Heiligen Geist. Sein brillanter, jugendlicher Kollege Oberst Ramsey D. Potts, später Generalmajor, erzählte mir einmal, wie einer der größten Karrieresprünge Orvils zustande gekommen war. Zu Anfang des Krieges in Washington – Anderson war damals Stabsoffizier – hatte seine endlose Redseligkeit eines Tages die Geduld von Henry Harley Arnold, dem Chef der Air Force, erschöpft und außerdem die Grenzen seines sonnigen Gemüts gesprengt, das ihm den Spitznamen *Hap* (Glücksfall) eingetragen hatte. Er sagte Anderson, er solle sich nach Bollin

Field scheren und an Bord jenes Flugzeugs gehen, das an diesem Tage am weitesten von Washington fortflöge. Anderson fragte, ob das ein Befehl sei; Arnold antwortete, er käme von ganzem Herzen. So kam Anderson nach London und ins Hauptquartier der Eighth Air Force in High Wycombe, wo er sich wiederum, seiner Gewohnheit entsprechend, damit beschäftigte, ununterbrochen zu reden. Eines Tages, als sich die Flugzeuge draußen auf Feindflug befanden und der Kommandant, General James Doolittle, nach London gefahren war, um sich eine Uniform anpassen zu lassen, riefen die Meteorologen an und teilten mit, daß bald Nebel aufkommen und sämtliche Flugfelder in Südengland unzugänglich machen würde. Die Royal Air Force (RAF) hatte zuvor schon einmal einen solchen Wetterumschwung erlebt, wonach Felder und Hügel mit abgestürzten Flugzeugen übersät waren. Obwohl er in der Befehlshierarchie gar nicht an der Reihe war, griff Orvil ein und rief das Geschwader zurück. Die Maschinen schafften es gerade noch rechtzeitig. Zur Belohnung wurde er Einsatzleiter und danach kam er zur Kommission.[8]

George Ball hatte mich im Vorfrühling 1945 in die Untersuchungskommission gebracht, in der ich die gesamtwirtschaftliche Beurteilung der deutschen Mobilisierungsleistung sowie die Auswirkungen der Luftangriffe darauf übernehmen sollte. Unsere ersten Planungssitzungen fanden im Teilhaberbüro in der Wall Street 23 statt, in Henry Alexanders Privatbüro und im privaten Speiseraum der Morgan Company. Danach ließ ich mich bei *Fortune* beurlauben und ging nach Washington, um einen Mitarbeiterstab zu rekrutieren. Dort – und später auch in London mit Hilfe von Burton H. Klein, einem Hauptmann der Air Force, danach und heute noch Professor am California Institute of Technology – stellte ich eines der vielseitigsten Wissenschaftlerteams zusammen, das jemals gemeinsam an einem einzelnen Forschungsauftrag gearbeitet hat. Dies erwies sich als ziemlich einfach. Als der Krieg zu Ende ging, wurden im zivilen Washington viele hochqualifizierte Kräfte frei. Weitere fand ich beim Durchkämmen der Armee-Dienststellen; sie freuten sich unbändig über ihre Rettung vor der nunmehr ständig drohenden Langeweile. Die Briten, vorsichtiger oder auch fremdenfeindlicher als wir, hatten die gelehrten Köpfe aus Deutschland, Österreich oder anderen mitteleuropäischen Ländern, die an ihren Küsten Zuflucht gesucht hatten, nur zum Teil eingesetzt. Auch diese Leute heuerten wir an; sie konnten Deutsch, kannten Deutschland und waren hochmotiviert.

Die Namen meiner sogenannten Untergebenen – in der langen Geschichte menschlicher Konflikte dürfte es nur selten einen militärischen Verband gegeben haben, der so wenig von Gehorsam jedweder Art hielt – lasen sich wie das Adelsregister der kommenden Ökonomen-Generation: Nicholas Kaldor, der spätere Lord Kaldor; E. F.

Schumacher, Autor von *Small is Beautiful*; mein alter Partner Griffith Johnson; Paul A. Baran, der später neben Paul Sweezy der berühmteste und dazu der bei weitem unterhaltsamste amerikanische Marxist werden sollte; Tibor Scitovsky, ein weiterer bekannter Ökonom; Edward Dennison, später einer der führenden Köpfe auf dem Gebiet moderner Statistik-Analyse, und viele andere mehr. Jeder von ihnen – ob nun Amerikaner, Brite, ehemaliger Deutscher oder Ungar – erhielt einen Rang, der theoretisch seiner früheren Stellung im Zivilleben entsprach, und wurde aufgefordert, sich eine Offiziersuniform zu besorgen, die er dann ohne Rangabzeichen trug. Einige von ihnen versuchten, eine gewisse militärische Haltung zu demonstrieren.

Am 12. April 1945 war ich bereit zum Abflug nach London, wo wir stationiert werden sollten, und fuhr noch einmal zurück nach New York zu einer kleinen Abschiedsfeier. Gegen Abend rief Letty Hamm an, die Frau meines OPA-Kollegen John Hamm, um uns schluchzend mitzuteilen, daß im Radio soeben der Tod des Präsidenten gemeldet worden sei. Die Stimmung an jenem Abend war weniger von Trauer als vielmehr vom Schock geprägt. Irgendwie hatten wir geglaubt, Franklin D. Roosevelt sei unsterblich. Das war er zwölf Jahre lang für uns gewesen, fast während der gesamten Zeit, die wir erwachsen waren. Am nächsten Morgen fuhr ich mit Nelson Rockefeller, ebenfalls Roosevelt-Anhänger, im Zug nach Washington. Wir spekulierten über die Auswirkungen auf unsere politische und sonstige Zukunft. Nelson nahm – wie sich später herausstellte, zu Recht – an, er werde es schon überstehen.

Am nächsten Tag reisten George Ball und ich noch vor Morgengrauen von Patuxent/Maryland aus mit dem Naval Air Transport Service nach London. Wer nie anders als in einem modernen Jet geflogen ist, kann sich nicht vorstellen, wie unangenehm solch eine Ozeanüberquerung auf den primitiven Klappsitzen dieser Flugzeuge war. Es lag nicht am Mangel an Komfort, sondern an der Umständlichkeit. Man brauchte fast drei ganze Tage für die Reise; es war zu düster zum Lesen, zu laut und zu kalt zum Schlafen. Nicht endenwollende Stunden bis hinauf nach Stephenville in Neufundland; nicht endenwollende Stunden bis hinunter zu den Azoren; ein endlos langer Tag bis nach Prestwick bei Glasgow; endlich ein letzter Flug nach London. Nie sonst erschien einem das Leben so statisch wie während dieser Flüge. Vor dem Abflug bekam man einen Film zu sehen, der die zu befolgenden Regeln im Falle einer Notlandung auf dem Meer veranschaulichte, wenn sich das Flugzeug mit Wasser füllen sollte. Wenn einem sonst nichts mehr einfiel, konnte man immer noch über den Film nachdenken.

Unser Londoner Hauptquartier war am Grosvenor Square in den erst jüngst von Dwight D. Eisenhower und den SHAEF[9] verlassenen

Büros untergebracht. Wer heute nach London kommt, mag sich wundern, daß so viele Gebäude aus dem 18. und 19. Jahrhundert die Luftangriffe des Zweiten Weltkriegs überstehen konnten. Das liegt teilweise daran, daß Touristen eher das West End besuchen. Die Bomben fielen auf die City und die trostlosen Arbeiterviertel im Osten. Doch auch die Zerstörungen selbst waren selektiv, hier ein Haus, dort ein Straßenzug. Erst als wir nach Köln, Hamburg, Frankfurt und Berlin kamen, sahen wir Städte, in denen sämtliche Gebäude nur noch dachlose Hülsen waren. Ihr Eindruck auf mich war und blieb absolut grauenerregend. Als ich das erste Mal nach Kalkutta kam, war ich über die Armut ähnlich entsetzt, aber nachdem ich einige Wochen in Indien gelebt hatte, stellte ich fest, daß sich ein undurchdringlicher Schleier über meine Augen gelegt hatte: Ich reagierte gar nicht mehr auf das Elend. Die Verwüstung der deutschen und später insbesondere auch der japanischen Städte verfolgt mich heute noch. Sowohl in Deutschland als auch in London hatten die Bombardements eine üble Klassenperspektive. Die dicht bevölkerten Arbeiterviertel bekamen die volle Gewalt der Bombenangriffe zu spüren, während die wohlhabenden Außenbezirke oft verschont blieben.

In London trommelte ich mein Wirtschaftsseminar zusammen und teilte es nach Industriezweigen in Arbeitsgruppen auf, die ungefähr der Einteilung entsprachen, die bei der Berechnung des Bruttosozialprodukts herangezogen wird. Es sollte für jeden Sektor eine Liste der Produktion oder Arbeitsleistung während des Krieges – Kapitalausstattung, Gebäude, Grundmaterialien, Waffen, Arbeitskräfte – erstellt werden. Das gleiche galt für die wichtigen Industriebereiche innerhalb der einzelnen Sektoren. Besonderes Augenmerk sollte auf die Rüstungsproduktion gerichtet werden. Danach sollten die Auswirkungen der Luftangriffe sowohl auf den Gesamtausstoß als auch auf die Produktion einzelner Industriezweige eruiert werden. Nachdem wir alle Vorbereitungen getroffen hatten, wurden meine ökonomischen Krieger nach Deutschland geschickt, um in den letzten Kriegstagen im Gefolge der Armeen nach dem Zahlenmaterial und den Leuten, die es erklären konnten, Ausschau zu halten.

Ursprünglich war vorgesehen, daß andere Teams die verbrannten und zerschlagenen Fabriken inspizieren sollten. Zu diesem Zweck schwärmten Spezialisten aus. Sie erfuhren aber lediglich, daß die Fabriken arg zerstört worden waren. Solche Inspektionen erbrachten keinen Aufschluß darüber, wann oder in welchem Maße die Produktion verringert worden war. Dazu wurden die Produktionsunterlagen gebraucht, und selbst aus diesen war nur wenig abzulesen, sei es über die Auswirkungen auf die Produktionsleistung der Industrie insgesamt, sei es über die endgültigen Auswirkungen auf die Rüstungsproduktion sowie, darüber hinausgehend, auf die militärischen Operationen. Blieben die Flugzeuge bei Ölverknappungen am Boden oder litt nur der Zivilverkehr darunter? Wurde die deutsche Luftwaffe durch die Zerstörung der Fabriken ausgeschaltet oder gingen ihre Flugzeuge im Kampf verloren? Um eine befriedigende Antwort auf diese Fragen zu erhalten, brauchten wir unbedingt die Gesamtstatistiken sowie Erläuterungen von Statistikern, Beamten und Generälen. Diese interessante Aufgabe fiel uns zu. Und entsprechend würde am Ende unser Einfluß auf die Ergebnisse sein. Ich sollte es, wie üblich, nicht bereuen müssen.

Das Ende des Krieges gegen Hitler war nur noch eine Frage von Wochen, und Washington plante die Schlußoffensive gegen Japan. Es wurden Auskünfte angefordert über das, was die Bomber in Deutschland geleistet hatten, und wir wurden gebeten, diese Informationen so schnell wie möglich zu liefern. Ich folgte nun meinen Teams zu den Schauplätzen, sowohl um festzustellen, welche brauchbaren Informationen sie beschafften, als auch um meine fast unbezähmbare Neugier bezüglich der Auswirkungen des Krieges zu befriedigen.

Auf dieser ersten Reise nach Deutschland schlugen wir vorübergehend unser Hauptquartier in der Nähe von Köln auf. In unmittelbarer Nachbarschaft befanden sich riesige Tulpenfelder, die in voller Blüte standen. In all dieser Verwüstung bot ihr Anblick einen erholsamen Ausgleich. Ich kletterte über die Ruine einer der großen Rheinbrükken, um die desolaten Überreste einer Motorenfabrik am Ostufer zu besichtigen. Dort wurde mir klar, wie wenig sich durch bloßen Augenschein in Erfahrung bringen ließ.

Am Abend des Sieges war ich wieder in London, das ein merkwürdig passives Bild bot. Jedermann war auf den Beinen und beobachtete seine Mitmenschen, um zu sehen, ob nicht irgend jemand durch sein Verhalten den Abend unvergeßlich machen würde. Nichts von den stürmischen Emotionen, die, wie man wußte, das vermeintliche wie auch das wirkliche Ende des Ersten Weltkrieges gekennzeichnet hatten.[10] König und Königin zeigten sich auf dem Balkon des Buckingham-Palastes gemeinsam mit Winston Churchill. Dieser – eine kleine, weit entfernte, undeutliche Figur – machte das V-Zeichen für den Sieg; es war nicht sonderlich beeindruckend. Frühzeitig am nächsten Morgen fuhr ich zum Flughafen Biggin Hill und flog zurück nach Deutschland.

In diesem Frühjahr und Sommer schlugen George Ball und ich unser Hauptquartier in Bad Nauheim auf, dem freundlichen Kurort an der Autobahn dreißig Kilometer nördlich von Frankfurt. Wir belegten eine kleine Privatpension namens Villa Grünewald am Rande der Stadt; unsere Ökonomen und der sie unterstützende militärische Stab waren in dem viel größeren Park-Hotel in der Stadtmitte untergebracht. Die Deutschen, bei militärischer Kleidung und dazugehörigem Zierat an preußische Normen gewöhnt, betrachteten uns verwundert. D'Olier, das Sekretariat und verschiedene andere höhere Befehlshaber blieben in London, was George Ball zur Entwicklung höchst unschmeichelhafter Theorien über ihre dortige Beschäftigung anregte. George konzentrierte seine Aufmerksamkeit auf die Auswirkungen der Bombenangriffe auf die Städte sowie – zusammen mit Paul Nitze, einem weiteren Direktor – auf die Bedeutung unserer Forschungsergebnisse für den Krieg im Pazifik. Ich kümmerte mich weiterhin um die wirtschaftliche Seite.

Das erlaubte mir, die verschiedenen Arbeitsgruppen zu besuchen und an Verhören ranghoher deutscher Militär- und Zivilbeamter, die uns nunmehr in immer größerer Zahl zur Verfügung standen, teilzunehmen oder sie gar zu leiten. Auf Landstraßen und Autobahnen fuhr man zwischen zwei nahezu ununterbrochenen Fußgängerschlangen hindurch; eine bewegte sich in die eine, die andere in die entgegengesetzte Richtung. Daß irgend jemand in Europa das Kriegsende bei sich zu Hause erlebt hatte, war schwer vorstellbar. Sobald sich die Neuigkeit verbreitete, daß sich Amerikaner in der Nachbarschaft aufhielten, kamen Soldaten aus den Wäldern, um sich zu ergeben: Gefangenschaft verhieß regelmäßige Mahlzeiten. Am 11. Mai stieg ich in Augsburg beim Armee-Hauptquartier aus, während mein Fahrer den Weg zu einem Gefangenenlager für höhere Chargen ausfindig machte, in dem wir Wehrmachtsgeneräle verhören sollten. Ein amerikanischer Hauptmann bat mich, einen deutschen SS-General mitzunehmen, der gerade in einem Panzerspähwagen angekommen war und sich ergeben wollte. Ich sagte ihm, er solle mir zum Gefängnis nachfahren. Bei unserer Ankunft dort stellte sich heraus, daß ich Hitlers Lieblingsmilitär Sepp Dietrich einlieferte.

Ein Stück der Autobahn zwischen München und Augsburg war in einen Behelfsflugplatz umgewandelt worden, wobei man die Mittelstreifen betoniert und zur Tarnung grün angestrichen hatte. In Einbuchtungen am Straßenrand standen seltsam anzusehende Flugzeuge, blankpoliert und ohne Propeller. Man fragte sich, ob sie wohl so geliefert worden waren. Wie sich herausstellte, handelte es sich dabei um die Me-262, die ersten Düsenjäger, eine technische Neuerung, die allem Schrecklichen, das wir oder die Briten besaßen, um eine ganze Generation voraus war. Nur ein kapitaler Fehler – Hitlers Forderung, sie zu leichten Bombern umzubauen – hatte verhindert, daß sie mit den entsprechend katastrophalen Folgen zum Einsatz gekommen waren.

In München stieß eine unserer Arbeitsgruppen auf einen eindrucksvollen Fortschritt in der Kunst ökonomischer Kriegsführung – auf eine Druckerei mit ungefähr 130 Millionen in Fünf-Pfund-Noten.[11] Sie sollten über Großbritannien abgeworfen werden. Zu dieser Arbeit waren polnische Graveure aus den Konzentrationslagern geholt worden; nach der Fertigstellung hatte man sie erschossen. So begabte Falschmünzer wollten die Deutschen nicht am Leben lassen. In Garmisch verhörten wir die Mannschaft eines funkgesteuerten Reparaturzuges, der auf Anruf ausrückte, um Schienen und Schwellen zu ersetzen, die von Bomben zerstört worden waren. Die Reparaturen, sagten die Leute aus, konnten rasch durchgeführt werden. Zuletzt konnten sie jedoch zu den Stellen, die am reparaturbedürftigsten waren, gar nicht mehr vordringen, weil sie erst die zahllosen Unterbrechungen auf dem Weg dorthin flicken mußten. Ein schwieriges Problem.

Eines Nachmittags machte ich Station beim Kloster Ettal, um die Mönche zu besuchen und ihnen bei einem Gläschen ihres Likörs Gesellschaft zu leisten, den ich sieben Jahre zuvor in einer nahe gelegenen Wirtschaft zum erstenmal getrunken hatte. Das gute Einvernehmen innerhalb der Kirche war zu jener Zeit gestört. Die Mönche sprachen mit denkbar größter Verbitterung über die Franziskaner und deren vorsichtige Beziehungen zu den Nazis. Am gleichen Abend flatterte das Sternenbanner in München über einem Platz, den unsere Soldaten »Adolf-Hitler-Platz« nannten. Eine amerikanische Armee-Kapelle schmetterte mit großem Genuß und erstaunlichen Klangeffekten *Right in the Führer's Face.* Die Menschenmenge, die sich auf dem Platz drängte, wirkte erleichtert und nicht unfreundlich. Es war wesentlich angenehmer als eine Woche zuvor in London. Ein paar Stunden später bekam ich den Befehl, zu den wichtigsten Vernehmungen dieses Jahres nach Flensburg an der dänischen Grenze zu fahren.

Es gab bereits Hinweise darauf, daß wir eventuell unsere Ansicht über die deutsche Kriegswirtschaftsführung würden ändern müssen. Vierhundert Jahre lang glauben die Leute nun schon, die spanische Armada sei von Gott selbst und einer winzigen britischen Flotte besiegt worden, während sie in Wirklichkeit von Schiffen mit weitaus größerer Reichweite, größerem Umfang und nur wenig unterlegener Gesamttonnage zusammengeschossen wurde. Der Mythos von der unbarmherzigen Effizienz der Nazis, der während der Kriegsjahre entstand, spukt immer noch herum. In Wirklichkeit war die deutsche Kriegswirtschaftsführung lange Zeit von Halbherzigkeit und Inkompetenz geprägt.

Sowohl in amerikanischer als auch in britischer Sicht galt die deutsche Kriegswirtschaft damals als effektiv und kraftvoll mobilisiert. Amerikaner benutzten den Vergleich mit einem »straff gespannten Trommelfell«; im britischen Verständnis war sie ein »straffes Seil«. Aus dieser Einstellung folgte, daß jede durch Luftangriffe hervorgerufene Produktionseinbuße ernsthaft ins Gewicht fallen mußte und durch Beschränkungen im zivilen Verbrauch nicht wieder gutzumachen sei, da dieser bereits sein Minimum erreicht habe. Auch durch eine Steigerung der Gesamtproduktion war angeblich kein Ausgleich möglich, denn diese hatte ihr Maximum bereits erreicht. Leerlauf gab es nicht.

Zwischen britischen und amerikanischen Luftwaffen-Strategen gab es eine Meinungsverschiedenheit historischen Ausmaßes darüber, wie die angespannte deutsche Wirtschaft am besten angegriffen werden sollte, wobei die Notwendigkeit wie immer der Vater des Gedankens war. Die Lancasters und Halifaxes der RAF (wie auch die unbewaffneten Mosquitoes aus Holz) konnten nur bei Nacht fliegen - tagsüber waren sie hoffnungslos unterlegen. In der Dunkelheit wiederum konnten sie nur die Städte finden, und die Schlußfolgerung, die gezogen wurde, ging auf diesen technologischen Imperativ zurück. Städte waren ideale Ziele; indem man sie zerstörte, würde der deutschen Kriegsgüterproduktion irreparabler Schaden zugefügt - und vielleicht auch der deutsche Kampfwille gebrochen. Die schwerbewaffneten amerikanischen Maschinen hinwiederum konnten auch tagsüber fliegen und bestimmte industrielle Ziele anpeilen, obwohl schon bald und unter beträchtlichen Verlusten herausgefunden wurde, daß sie Geleitschutz durch Jagdflieger brauchten. (Etwas länger dauerte es, bis man erkannte, daß das Auffinden eines Zieles nicht unbedingt gleichbedeutend war mit seiner Zerstörung. Nichts wurde im Zweiten Weltkrieg so sehr von Luftangriffen heimgesucht wie offenes Ackerland.) Doch wie bitter der Streit zwischen der U.S. Air Force (USAAF) einerseits und der RAF andererseits sowie die inneramerikanische Auseinandersetzung um die zu attackierenden Industrieziele auch sein mochten, so herrschte doch vollkommenes Einverständnis darüber, daß der deutschen Kriegswirtschaft schwerer Schaden zugefügt wurde. Auch wir in der Kommission gingen davon aus. Den ersten Hinweis darauf, daß etwas nicht stimmte, erhielten wir in London noch vor Beendigung der Kämpfe. Dabei handelte es sich um eine statistische Trouvaille, die *Statistischen Schnellberichte zur Kriegsproduktion*[12]. Die Fabriken für Panzer, Geschütze auf Selbstfahrlafetten und Sturmgeschütze waren kein vorrangiges Thema dieser Berichte. Aber sie behandelten Arbeitskräfte, Kohle, Stahl, Eisenlegierungen, Werkzeugmaschinen, Verkehrsmittel und andere industrielle Ressourcen und Strukturen. Eine allgemeine Störung des deutschen Wirtschaftslebens, die die Produktion dieser Güter nicht betraf, konnte keinen Sinn haben. 1940, im ersten vollen Kriegsjahr, betrug die monatliche Durchschnittsproduktion an Panzerfahrzeugen 136 Stück; 1941 belief sie sich auf 316, 1942 auf 516 Stück. 1943, nachdem die Bombardierungen ernsthaft begonnen hatten, betrug der monatliche Produktionsdurchschnitt 1005 und 1944 1583 Stück. Erst im Dezember 1944 wurde die monatliche Höchstproduktion erreicht, die Anfang 1945 nur leicht zurückging.[13] Im Flugzeugbau und in anderen Zweigen der Rüstungsindustrie waren die Zahlen, wie ich später noch darstellen werde, ähnlich.

Sehr bald sollten auch George Balls Untersuchungen der Angriffe auf die Städte zu ähnlich verwirrenden Schlußfolgerungen führen. So flog zum Beispiel an drei Sommerabenden Ende Juli und Anfang August des Jahres 1943 die RAF von der Nordsee her Hamburg an und zerstörte das Stadtzentrum sowie das angrenzende Harburg. Ein furchtbarer Feuersturm riß Luft und Menschen in ein Inferno, das Tausende von Opfern forderte. Restaurants, Nachtbars, Fachgeschäfte, Warenhäuser, Banken und andere zivile Einrichtungen wurden ebenfalls zerstört, die Fabriken und Schiffswerften abseits des Zentrums jedoch blieben verschont. Vor der Katastrophe hatte es dort an Arbeitskräften gefehlt. Von den Bombern gewaltsam um ihre Arbeit gebracht, strömten nunmehr Kellner, Bankangestellte, Ladenbesitzer und Entertainer zuhauf in die Kriegsgüterfabriken, um Beschäftigung zu finden und die Lebensmittelkarten zu bekommen, die die Nazis mit Bedacht an die dortigen Arbeiter verteilten. Die Bomber hatten den Arbeitskräftemangel verringert.

Wir erkannten allmählich, daß wir auf eine der größten Fehleinschätzungen, ja, vielleicht sogar auf die größte Fehlkalkulation des Krieges überhaupt gestoßen waren.

14
Albert Speer

Albert Speer, 1945 vierzig Jahre alt, war groß und schlank, hatte dunkles, etwas schütteres Haar und ein lebhaftes, bisweilen amüsiert wirkendes Gesicht. Er stellte in jeder Hinsicht – auch, was seinen Humor betraf – einen krassen Gegensatz zu den anderen Nazis dar und war sich dessen auch vollauf bewußt. Aus seinem Verhalten ging eindeutig hervor, daß er alles daransetzte, die Distanz zwischen sich und den »Primitivlingen«, für die er die Nazis hielt, noch zu vergrößern. In der richtigen Annahme, daß diese sich, wenn man sie mit den Greueltaten konfrontierte, auf Unwissenheit, die Schuld anderer oder auf die eigene Unfähigkeit, mildernden Einfluß auszuüben, berufen, ja sogar ihre persönliche Rechtschaffenheit ins Feld führen würden, hatte er sich entschieden, sein Teil an Verantwortung auf sich zu nehmen. Das würde den Unterschied noch hervorheben.

In den vorangegangenen Jahren hatte der Name Speer – im Gegensatz zu dem Görings, Goebbels', Himmlers und sogar Julius Streichers – in der Öffentlichkeit der Vereinigten Staaten und Großbritanniens wenig Aufmerksamkeit erregt. Für die Geheimdienste, insbesondere für das amerikanische Office of Strategic Services (OSS), war er mit der Zeit zu einer bedeutenden Figur geworden, zum deutschen Wundermann. Wunder hatte er jedenfalls in der deutschen Kriegsproduktion bewirkt. Gerade, was die Auswirkungen der Luftangriffe anging, würde sich kaum eine größere Autorität finden lassen. Für die Aufklärung stand er also, einem gerade aufkommenden Terminus zufolge, »ganz oben auf der Liste«.

1945 gab es in Deutschland keine Zivilregierung, keine Zeitung außer *The Stars & Stripes*, keine Züge, keine Post und keinen Rundfunk. Informationen erhielt man entweder über Nachrichtenverbindungen der Armee oder durch Mund-zu-Mund-Propaganda; erstere kamen unregelmäßig, letztere war unzuverlässig. Selbst bei den wichtigsten Angelegenheiten tappte man im dunkeln, und dies betraf auch die Aufenthaltsorte der führenden Nazis. Aufgrund des Geredes über eine Alpenfestung suchte man zuallererst in Bayern nach ihnen, und dort war auch Göring aufgegriffen worden. Aber die wichtigere Fluchtlinie verlief von Berlin nach Flensburg an der dänischen Grenze, was uns anfänglich jedoch nicht bekannt war. Wie dem auch sei, kurz nach der Kapitulation durchstöberten zwei unserer jüngeren Stabsmitglieder, Leutnant Wolfgang Sklarz und Oberfeldwebel Harold E. Fassberg, ein schnell zum Amtsgebäude umfunktioniertes Haus in Flensburg und stießen dabei auf eine Bürotür mit Speers Namen. Hitler hatte in seinem Testament vom 29. April, das die Nachfolge regelte und am Tag vor seinem Selbstmord unterzeichnet worden war, Albert Speer aus dem Amt entlassen, doch war die Autorität des »Führers« begreiflicherweise inzwischen verfallen. Speer war nunmehr Leiter des theoretischen Reichswirtschafts- und Produktionsministeriums in der ebenso theoretischen Regierung des Admirals Dönitz.

Es bleibt nach wie vor ein Rätsel, warum man diese Regierung fast den ganzen Mai hindurch sozusagen »funktionieren« ließ. Sie verfügte über eine Armee, mit der Flensburg dermaßen vollgestopft war, daß auf den Straßen buchstäblich kein Platz mehr für Fußgänger blieb. In zwei dichten Wellen in Feldgrau bewegten sich den ganzen Tag über deutsche Soldaten in dieser oder jener Richtung durch die Stadt. Doch von der Stadt und der Armee abgesehen, besaß die Regierung weder ein Land noch eine Funktion. Man erzählte sich damals, das SHAEF habe ein Definitionsproblem: Wie nahm man die Kapitulation einer Regierung entgegen, die infolge ihrer bedingungslosen Kapitulation aufgehört hatte zu existieren? Manche Deutsche glaubten, die Amerikaner und die Briten versuchten, einen Nazikern zu bewahren, um die Russen in Schach zu halten. Gegen diese – ohnehin unsinnige – Erklärung sprach jedoch die Anwesenheit einer recht beachtlichen russischen Mission in Flensburg.

Am 19. Mai flog ich in der C-47 unserer Untersuchungskommission nach Flensburg, um an den Verhören Speers teilzunehmen. Wir kreisten über dem Flugfeld, bis wir uns vergewissert hatten, daß andere alliierte Maschinen dort unten standen und demnach den Minen entgangen waren. Oberst D. E. Smith, der mich begleitete, und der dem entsprach, was die Briten in Indien dereinst einen *very pukka soldier*[1] genannt hatten, grüßte zackig zwei Offiziere, die zu unserer Begrüßung angetreten waren. Wie sich herausstellte, waren sie von der Luftwaffe. Wir erfuhren, daß wir Quartier auf der *Patria* hatten, einem Schiff der Hamburg-Amerika-Linie, das den Krieg im Hafen der weitgehend unzerstörten Stadt überdauert hatte. Die Stewards, die man ebenfalls übersehen hatte, servierten uns auf dem Sonnendeck in der glitzernden Frühlingssonne Frühstück und Mittagessen.

In Schloß Glücksburg, einem hübschen Wasserschloß der Herzöge von Holstein ein paar Kilometer außerhalb der Stadt, hatte Speer sich häuslich eingerichtet. Wir erreichten es in Jeeps und requirierten Fahrzeugen; ein jüdischer Leutnant deutscher Herkunft, der George Ball und mir erzählte, er habe noch alte Rechnungen zu begleichen, bestand darauf, mit halsbrecherischer Geschwindigkeit durch die Fußgängermenge zu fahren. Am Schloß wurden wir jeden Tag vom wachhabenden Unteroffizier der SS, einem kleinen, nicht eben furchterregend wirkenden, rattengesichtigen Mann begrüßt, der uns unter Verbeugungen in die Halle, einen weiten, rechteckigen Raum mit niedriger, gewölbter Decke, führte. Für die Vernehmungen benutzten wir ein kleines Zimmer am anderen Ende der Halle.

Sie wurden von George Ball brillant geleitet, der nahezu ohne Unterstützung voll Selbstvertrauen über Themen sprach, von denen er offensichtlich keine Ahnung hatte. Da amerikanische Bürokräfte, wie damals in der Army üblich, nicht zur Verfügung standen, wurde Speers Sekretärin zur Protokollführung rekrutiert. Das Verhör dauerte drei Tage. Wir kamen erst mittags, denn das deutsche Kabinett trat nach wie vor jeden Vormittag um elf zusammen, um über die nicht existierenden Aufgaben seines nicht existierenden Staates zu beraten – ein hervorragendes Beispiel für die Macht organisierter Trägheit. Speer selbst war alles andere als begeistert davon. Bei unserer ersten Sitzung machte er uns den Vorschlag, ihn zu verhaften und ihm somit diese Komödie zu ersparen, welche er nicht ohne Stolz auf seine Beherrschung des amerikanischen Idioms als *Grade B Warner Brothers*[2] bezeichnete.

Als wir am zweiten Tag zu unserer Nachmittagsbeschäftigung im Schloß eintrafen, war Speer verschwunden. Seine Sekretärin war in Tränen aufgelöst; der kleine SS-Mann rang die Hände in zutiefst unmilitärischem Kummer. Wir erfuhren, daß eine Gruppe von Männern um fünf Uhr morgens zum Schloß gekommen war. Man hatte Speer gefangengenommen und fortgebracht. Die Sekretärin und der SS-Mann glaubten, es sei die Gestapo gewesen. Speer hatte sehr freimütig geredet, und es war bekannt, daß sich Himmler in der Umgebung aufgehalten hatte. Während wir noch über diese Unwahrscheinlichkeit diskutierten, kam Speer freundlich lächelnd herein. In der Nacht zuvor war ein OSS-Team in Flensburg angekommen, hatte von seiner Anwesenheit gehört und ihn gleich am Morgen verhaftet. Sie brachten ihn in ein Haus in der Stadt, das sie beschlagnahmt und zu ihrem Hauptquartier gemacht hatten, und dort sagte Speer ihnen, er habe einen Termin. Sie antworteten, er werde von nun an seine Termine jahrelang nicht einhalten können, doch als er erklärte, es gehe um Amerikaner, deren Namen er mittlerweile auch kannte – ein Mr. Ball und ein Dr. Galbraith –, wurde entschieden, daß seine Festnahme unüberlegt erfolgt sei. Er wurde zum Schloß zurückgefahren und vor dem Wassergraben abgesetzt. Das Durcheinander ging auf das Konto zweier übereifriger Geheimdienstgruppen. Speer versicherte uns, solche Sachen seien »unter Hitler ständig vorgekommen«.

Keine besiegte Regierung sieht gut aus. Wären die Deutschen oder die Japaner nach Washington gekommen, so wären sie entsetzt gewesen über das gebündelte Unvermögen, das während des Krieges über die Administration hereingebrochen war oder bei ihr Unterschlupf gefunden hatte. Selbst bei Berücksichtigung aller mildernder Umstände war die Liste von Fehlplanungen, Fehleinschätzungen und administrativer Inkonsequenzen, durch die Speer unsere Vermutungen ergänzte, aber eindrucksvoll. Sie wurde belegt durch einen Stapel von Dokumenten aus seinem Ministerium, die er in weiser Voraussicht aus Berlin herausgebracht und in einem Hamburger Banktresor deponiert hatte. Wir schickten sofort ein paar Leute hin, um sie holen zu lassen.

Der erste und weitreichendste Fehler lag bereits in der Konzeption der deutschen Mobilmachung. Zuvor hatte Nicholas Kaldor auf einer Konferenz in Bayern aufgeregt eine vorläufige und, wie sich herausstellte, korrekte Hypothese aufgestellt. Alle wußten, daß Deutschland sich der militärischen Doktrin des Blitzkriegs verschrieben hatte – dem übermächtigen, schnell durchgeführten militärischen Vorstoß, der 1939 Polen zerstört hatte, die Niederlande und Frankreich im darauffolgenden Frühling, und der im Sommer und Herbst 1941 die deutschen Armeen bis in Sichtweite von Moskau geführt hatte, in der Absicht, den Rußland-Feldzug noch im gleichen Jahr zu beenden. Nicht erkannt hatte man jedoch die Kehrseite der Blitzkriegsdoktrin, das heißt ihre Anwendung auf die Kriegsproduktion. Diese Doktrin bestand in der Prämisse, daß bei einer bescheidenen Rüstungsproduktionskapazität Bestände an Panzern, anderen Fahrzeugen, Artilleriegeschützen und Munition angehäuft werden konnten. Jene Vorräte sollten dann bei einem großen, schnellen, rücksichtslosen und siegreichen Schlag eingesetzt werden. In der Zeit bis zum nächsten Vorstoß sollten die Bestände wieder aufgefüllt werden. Wenn die Angriffe auf ein Land schnell und erfolgreich durchgeführt wurden und die Pausen zwischen ihnen jeweils ausreichend waren, brauchten der kontinuierliche Ausstoß der Rüstungsbetriebe und die erforderliche Fabrikkapazität nicht sehr groß zu sein, und dementsprechend waren auch keine großen Opfer beim zivilen Verbrauch nötig.

Die Amerikaner und die Briten glaubten, wie schon gesagt, daß Deutschland hochgradig durchorganisiert war. Und ebenso hielten sie in den ersten Jahren Großbritannien für saumselig und zu wenig engagiert. 1940 produzierten jedoch die Briten, ausgehend von einer wirtschaftlichen Gesamtproduktion, die um etwa 30 Prozent niedriger war als die deutsche, mehr Kampfflugzeuge als Deutschland, fast so viele Panzer und eine weitaus größere Zahl anderer Panzerfahrzeuge. 1941 – ein Jahr, für das bessere Vergleichsmöglichkeiten bestehen – überstieg die britische Kriegsproduktion die der Deutschen auf fast allen Gebieten bei weitem.[3]

»Das allgemeine Bild, das die deutsche Kriegswirtschaft bot . . . war nicht das einer Nation, die auf den totalen Krieg gerüstet ist. Es entspricht eher dem einer Wirtschaft, die zunächst für relativ kleine und lokal begrenzte Kriege mobilisiert wurde und erst dann auf die Erfordernisse der militärischen Lage reagierte, nachdem diese bereits harte Tatsachen geworden waren ... Zwar wurden für den Krieg gegen Rußland umfangreichere Vorbereitungen getroffen, doch wurde auch durch sie die Kapazität der Wirtschaft kaum überbeansprucht ... Kurz nach dem Beginn des Angriffs ließ man bei einigen wichtigen Munitionstypen sogar einen Produktionsrückgang zu, weil man davon ausging, daß der Krieg schon bald vorüber sein würde ... Die deutsche Kriegswirtschaftsführung war alles andere als meisterhaft. Sowohl England als auch die Vereinigten Staaten handelten sehr viel schneller ...«[4]

Niedrig wie die Produktionsziele waren in Deutschland auch die Leistungsmaßstäbe. Auf diese Feststellung legte Speer besonderen Wert. Die Nazi-Minister und Gauleiter waren Männer, die plötzlich in hohe Ämter katapultiert und zu großer Macht gelangt waren. Nur wenige von ihnen waren technisch oder intellektuell den Anforderungen des Krieges gewachsen. Nahezu alle reagierten auf ihr neues Einkommen und ihre neugewonnene Autorität mit schamloser Genußsucht. Die Notwendigkeit zu Opfern beim zivilen Verbrauch sahen sie im allgemeinen nicht, und auf jeden Fall waren sie partout nicht bereit, selbst ein Beispiel zu geben. »Wenn ein Gauleiter seine Diener nicht aufgeben will, kann er es auch nicht von anderen verlangen.«[5] Im September 1944 gab es in Deutschland 1,3 Millionen Hausangestellte, verglichen mit 1,6 Millionen im Mai 1933.[6] Noch 1943 wurden 50 000 Ukrainerinnen als Hausangestellte nach Deutschland gebracht.[7] Deutsche Frauen wurden währenddessen nicht in nennenswerter Zahl für die Arbeit in den Fabriken mobilisiert. Speer, ein eifriger Leser der Illustrierten *Life*, berichtete von seinem Unbehagen angesichts von Fotos, auf denen scheinbar arbeitsfreudige Frauen in amerikanischen Rüstungsbetrieben zu sehen waren.

Noch unglaublicher klingt es, daß es, sieht man von technischen Prozessen, die Dauerbetrieb erforderten, ab, während des Krieges in Deutschland nur in wenigen Industriezweigen Nachtschichten gab. Auch die wöchentliche Arbeitszeit wurde kaum heraufgesetzt. Ausländische Arbeiter, freiwillige wie zwangsverpflichtete, schienen in unbegrenzter Menge vorhanden zu sein, doch erübrigt es sich zu sagen, daß die Motivation dieser Arbeitssklaven nicht sehr hoch war. Expandiert wurde durch die Erweiterung der Fabrikkapazitäten und zusätzliche Tagschichten.

Speer sprach ausführlich über seine Bemühungen, französische Arbeiter nicht nach Deutschland zu holen, sondern sie in französischen Fabriken Waffen für die Deutschen herstellen zu lassen. Mit dem Fortschreiten des Krieges kamen die Franzosen, die in solchen Dingen nicht gerade schwer von Begriff sind, jedoch dahinter, daß sie, auf einen bestimmten Arbeitsplatz konzentriert, den Agenten von Fritz Sauckel, dem deutschen Generalbevollmächtigten für den Arbeitseinsatz, ausgeliefert waren. Man konnte sie entweder *en masse* oder je nach den benötigten Fähigkeiten kassieren. Häufiges Fortbleiben vom Arbeitsplatz war deshalb eine Frage elementarer Vorsicht. Speer sorgte dafür, daß besonders wichtige französische Fabriken unter den Schutz seines Ministeriums gestellt wurden, und verband dies mit dem Versprechen, die dortigen Arbeiter nicht zu deportieren.

Sauckel reagierte mit der Erstellung von Razzienplänen für derartige Betriebe, die allerdings, wie es scheint, nicht in die Tat umgesetzt wurden. Der Eifer, mit dem Sauckel Franzosen deportierte, trug ihm nichtsdestoweniger in Berlin den Titel »Vater des Maquis« ein.[8]

Die Kapitulation beendete die Reibereien zwischen Speer und Sauckel nicht. Ohne es jemals klar auszusprechen, hinterließ Speer in Flensburg bei uns den Eindruck, daß Sauckel auf jeder Kriegsverbrecherliste eigentlich ganz oben rangieren müsse. Sauckel, der zur gleichen Zeit in Süddeutschland verhört wurde, war schon deutlicher. Er sagte über Speer: »Da gibt es einen Mann, den Sie aufhängen sollten.« Gehängt wurde Sauckel.

Speer nannte auch noch andere, weniger überzeugende Gründe für Deutschlands legere Einstellung. Er glaubte, der Schock von Dünkirchen hätte England, der von Pearl Harbor die Vereinigten Staaten zu großen Leistungen angespornt. Deutschland war nicht von ähnlichen Katastrophen aus seinem gewohnten bürokratischen Trott gerissen worden. Nicht einmal Stalingrad hatte dazu ausgereicht. »Die Weichlinge und die Schwächlinge wurden niemals aussortiert und abgestoßen so wie in England und in den Vereinigten Staaten. Die Schwachen blieben vielmehr bis zum Schluß in verantwortlichen Positionen.«[9] In seinen dreiunddreißig Jahre später veröffentlichten Tagebüchern bemerkte er, wie zuvor Goebbels, die deutsche Kriegslosung sei falsch gewesen. In ständiger Wiederholung hatte es geheißen »Der Sieg ist uns gewiß«. »Blut, Schweiß und Tränen« wäre besser gewesen. George Ball, Paul Nitze und ich, Veteranen aus Washingtoner Kriegstagen, die wußten, wie dort manche Dinge auf die leichte Schulter genommen und verzögert wurden, waren davon nicht sonderlich beeindruckt.

Eindrucksvoller war da schon, wie sich Hitlers hartnäckige Einmischung auf technische Entscheidungen auswirkte, vor allem in Fragen der Artillerie und bei den Flugzeugen. In diesen Dingen kannte sich der »Führer« recht gut aus – gut genug jedenfalls, um allerhand Unheil anzurichten. Aber er war nicht der einzige Störenfried. Die Luftwaffe unter Göring war eine ganz besondere administrative Katastrophe. Bis zum Winter 1944 kontrollierte sie ihre eigene Flugzeugproduktion, und Luftwaffengenerale, die von der Front zurückkamen, konnten, ohne die geringste Ahnung von den Auswirkungen auf die Fertigung zu haben, ihre Änderungswünsche in Auftrag geben, was sie auch oft genug taten.

Hinzu kam, daß Hitler unliebsame Informationen als irrelevant abtat. Gegen Ende 1942 erreichten die Rüstungsproduktionsziffern in Amerika ein einigermaßen zufriedenstellendes Niveau und wurden deshalb nicht mehr geheimgehalten. Man glaubte auch, sie würden die Moral der Deutschen und Japaner negativ beeinflussen. Aber Hitler nahm sie gar nicht ernst und bezeichnete sie als Propaganda. Und da er ihre Weitergabe verbot, wurde auch sonst niemand von ihnen nervös gemacht.

Andere Erkenntnisse des Geheimdienstes zogen, wie Speer bemerkte, ein anderes Problem nach sich. Die deutsche Abwehr hatte, wie aus einer späteren Untersuchung hervorging, äußerst exakte Informationen über das Wann und Wo der Landung in der Normandie. Aber es gab keine Methode, die es ermöglicht hätte, den richtigen Bericht aus ungefähr zwanzig bis dreißig anderen, die sich mit dem gleichen Thema befaßten und falsch waren, herauszufischen. Es ist dies ein Problem, das im Spionagegeschäft sehr häufig auftaucht.

Das Paradox der deutschen Kriegsleistung resultiert aus der relativ oberflächlichen Mobilisierung der deutschen Wirtschaft in den Anfangsjahren. Als Rohstoffquellen und eroberte Territorien verlorengingen und vor allem auch die Bombenangriffe an Heftigkeit zunahmen, stieg die Rüstungsproduktion – und zwar ganz enorm. Sie erreichte ihren Höchststand erst im Herbst 1944, als die Westalliierten bereits an den Grenzen des Reiches standen. Sie war zu diesem Zeitpunkt dreimal so groß wie Anfang 1942, als Speer sein Amt antrat, nachdem sein Vorgänger, Fritz Todt, bei einem Flugzeugabsturz ums Leben gekommen war. Und sie blieb bis ins Jahr 1945 hinein sehr hoch.[10] Speers Erfolg lag nicht darin, daß er aus einer straff organisierten Wirtschaft noch mehr herausholte, sondern in einer verspäteten und ganz erheblichen Verbesserung einer nahezu trivialen Anfangsleistung.

Es gab indessen einige spezielle Einzelerfolge. So bewiesen die Deutschen bei der Verteilung, der Umstrukturierung und der Reparatur von Flugzeugen und Versorgungseinrichtungen nach den Bombenangriffen große Energie und Ausdauer. Die größten Schäden verursachten die strategischen Bombenangriffe auf Eisenbahnlinien und Hydrierfabriken zur Herstellung von synthetischem Treibstoff. Die deutsche Armee und die Luftwaffe wurden dadurch zwar nicht immobil, doch erforderten Truppenverschiebungen dadurch mehr Zeit, und die Benzinversorgung wurde bei der Planung militärischer Operationen mit berücksichtigt. (Bei der Planung der Winteroffensive 1944/45 in den Ardennen ging man zum Beispiel davon aus, daß ein Teil des Treibstoffs aus eroberten Vorräten kommen müsse.[11]) Auf dem Höhepunkt waren 350000 Menschen mit der Reparatur der riesigen Hydrierfabriken, mit ihrer Aufteilung und dem Bau neuer, unterirdischer

Anlagen beschäftigt, die allerdings bei Kriegsende noch nicht fertig waren.[12] Spektakuläre Erfolge wurden bei der Wiederingangsetzung der Flugzeugproduktion nach den Bombenangriffen auf jene Fabriken erzielt, in denen bis auf die Motoren die gesamten Maschinen hergestellt wurden. Auf diese letztgenannte Leistung, die sehr umstritten ist, wurden wir in Flensburg erstmals aufmerksam. In der letzten Februarwoche 1944 wurden sämtliche bekannten Flugzeugfabriken in Deutschland angegriffen. 3636 Tonnen Bomben wurden dabei abgeworfen.[13] Unter den an diesen Angriffen beteiligten amerikanischen Bombern gab es, obwohl sie eskortiert wurden, schwere Verluste. Vor den Attacken, im Januar, hatten die Deutschen 2077 Kampfflugzeuge – Jäger und Bomber – hergestellt. Im März, dem Monat nach den Angriffen, war die Produktion auf 2243 Einheiten gestiegen. Als die Produktion im September 1944 ihren Höhepunkt erreichte, lag sie fast doppelt so hoch wie vor den Angriffen.[14] Es kam zwar nach den Attakken zu einer gewissen Schwerpunktverlagerung von der Bomber- zur Jägerproduktion, unmittelbares Ergebnis war jedoch ein Anstieg in beiden Kategorien. Die Deutschen gruben mit großer Energie die zum überwiegenden Teil unbeschädigten Maschinen aus den Trümmern hervor, setzten sie in benachbarten Schulen, Werkshallen, Kirchen, oder wo immer sonst Platz war, wieder in Gang und schafften es somit, sich von den Schlägen wieder zu erholen. Auch war inzwischen die Leitung der Flugzeugindustrie von dem inkompetenten Göring und der Luftwaffe auf das leistungsfähigere Ministerium Speers übertragen worden. Man könnte also den Standpunkt vertreten, daß die Luftangriffe eine Steigerung der deutschen Flugzeugproduktion zur Folge hatten.

An dem Abend, als wir an Deck der *Patria* zum erstenmal über diese Zahlen sprachen, fragte Orvil Anderson mit brechender Stimme: »Habe ich die Jungs deswegen dorthin geschickt?« Bald gewann er indes seine Haltung zurück und bemühte sich darum, die deutschen Statistiken zu widerlegen. Als sich dies als unmöglich erwies, setzte er alles daran, daß man sie nicht zur Kenntnis nahm.

Die Luftwaffe war zur Zeit der Landung in der Normandie tatsächlich ineffektiv. Aber dies lag daran, daß sie als Kampftruppe geschlagen worden war, und nicht daran, daß es ihr an Flugzeugen fehlte.

An den Vormittagen holten wir in Flensburg kleinere Nazichargen zum Verhör auf die *Patria*. Über die Vernehmung von Franz Seldte, der unter Hitler vorübergehend das Arbeitsministerium bekleidet hatte, machte ich mir genauere Aufzeichnungen. Unter Anwendung unserer Befugnis, Nachforschungen über Kriegsverbrechen anzustellen, befragten wir ihn zu seinen Ansichten über die Konzentrationslager. Er antwortete ziemlich emphatisch, daß er sie Himmler gegenüber als »ungerechtfertigte Grausamkeit« bezeichnet habe. Als

Himmler ihm anbot, sie zu besichtigen, hatte er abgelehnt. Seldte bat uns dann, die Insassen- und Todeszahlen der Lager in Relation zur Gesamtbevölkerung des Reiches zu betrachten. Statistisch gesehen seien sie gar nicht so schlimm.

Ein andermal überquerten wir nach dem Verhör Speers die Grenze nach Dänemark und fuhren in die alte Festungsstadt Fredericia, die dereinst von Bismarck belagert und besetzt worden war. Hinter der Grenze kam uns ein kilometerlanger Strom deutscher Soldaten entgegen, die aus Norwegen und Norddänemark zurückkehrten. Einige zogen ihr Gepäck in Spielzeugkarren hinter sich her, andere schoben Kinderwagen. Einige Offiziere fuhren auf Fahrrädern. Da wir wahrscheinlich die ersten Amerikaner waren, die sich auf dieser Straße blikken ließen, galten wir bei den Dänen durchweg als Helden und Befreier. Hausfrauen holten Blumen aus ihren Körben, und eine warf uns, weil sie nichts anderes hatte, einen Kohlkopf zu.[15]

Als wir an jenem Abend durch die Straßen schlenderten, versammelte sich hinter uns eine große Menschenmenge, und ein Friseur aus der Nachbarschaft bezeichnete sich als Leiter der örtlichen Widerstandsgruppe. Er nötigte uns fast mit Gewalt in seinen Laden zu einem feierlichen Umtrunk mit dänischem Whisky. Paul Nitze befragte ihn über deutsche Greueltaten und seine eigene Rolle in der Widerstandsbewegung, erhielt jedoch auf keine der beiden Fragen eine vollauf befriedigende Antwort. Was die Greueltaten anging, so hatten die Deutschen ihm den Nachschub an Präservativs gesperrt, die einen nicht unbeträchtlichen Teil seines Verdienstes ausmachten, und er verdächtigte sie, ihren Soldaten als Ersatz Soda verfüttert zu haben. Und zum Thema Widerstand erklärte er uns mannhaft, daß er seit der Kapitulation, die inzwischen fast zwei Wochen zurücklag, keinen deutschen Offizier mehr rasiert habe. Allgemeine Schlüsse sollten aus einer so kleinen Stichprobe allerdings nicht gezogen werden.

Am 22. Mai dauerte das Verhör Albert Speers in Glücksburg den ganzen Nachmittag. Und nachdem wir erfahren hatten, daß das Schicksal der Dönitz-Regierung endgültig besiegelt war, nahm es auch noch die ganze Nacht in Anspruch. Aus irgendeinem Grund war allerdings der Ort der Handlung in ein unscheinbares Haus in der Stadt verlagert worden. Ich schrieb das Protokoll.[16] In der berechtigten Annahme, daß hier eine der dramatischeren Geschichten des Krieges zur Sprache kommen würde, konzentrierten sich unsere Fragen zum Großteil auf die letzten Tage in Berlin und im Führerbunker. Es war dies eine Geschichte, die noch mehrmals erzählt werden sollte, von Hugh Trevor-Roper in seinem klassischen Werk *The Last Days of Hitler*, danach auch von John Toland und anderen sowie von Speer selbst in seinen Memoiren. Damals wie in den verschiedenen Nacherzählungen war es die Geschichte von Hitlers Flucht aus der Realität; von Divisionen, die hin- und hergeschoben wurden, obwohl sie bereits auf 600 bis 800 Mann zusammengeschrumpft waren; von weitgehend imaginären Truppen, die zur Rettung Berlins heranrücken sollten; und von jenem Augenblick höchster Freude, als die Nachricht vom Tode Roosevelts eintraf und sich mit der Idee verband, Harry Truman würde nun eine Erleuchtung haben und dafür sorgen, daß die US-Truppen gleich weitermarschierten und gegen die Russen kämpften.

Speer erzählte uns auch, daß er in diesen letzten Wochen von der Niederlage überzeugt gewesen sei und Hitler mehr und mehr diesen seinen höchst rationalen Defaitismus gespürt habe. Hitler habe am 27. März bei einer Besprechung in Berlin zu ihm gesagt, es sei für jemanden in seiner Stellung »unmöglich, die Hoffnung auf den Sieg aufzugeben«. Er sollte dann unter Hinweis auf seine angeblich angeschlagene Gesundheit beurlaubt werden – die gleiche Ausrede war drei Tage zuvor bei der Entlassung von Generaloberst Heinz Guderian benutzt worden. Speer weigerte sich, dieses Täuschungsmanöver mitzumachen, und sagte, er wolle statt dessen zurücktreten. Hitler erklärte, daß er sich einen solchen Rücktritt nicht leisten könne, und fügte, an Speer gewandt, hinzu: »Wenn Sie ein Offizier wären, bliebe mir jetzt keine Wahl. Aber Sie sind mein alter Künstler, und da fühle ich anders.«[17] Etwas später gab Speer, wie so viele andere, unter dem Eindruck von Hitlers Ausstrahlung nach und erklärte dem Führer: »Ich stehe bedingungslos hinter Ihnen.«

Wir erfuhren in dieser Nacht auch, wie Speer die Politik der verbrannten Erde, die Hitler in den letzten Wochen anordnete, unterlaufen hatte, indem er die erforderlichen Sprengstoffe nicht zur Verfügung stellte. Und er berichtete uns auch von seiner Idee, Hitlers Leben und den Krieg durch die Einleitung des tödlichen Nervengases Tabun in die Belüftungsanlage des Führerbunkers im Garten der Reichskanzlei zu beenden. Speers Aussagen waren in beiden Fällen erheblich mit Phantasie angereichert. Eine Politik der verbrannten Erde ist in einem hochindustrialisierten Land, unter welchen Umständen auch immer, nicht so ohne weiteres durchzuführen; es gibt viel zuviel zu verbrennen. Eine in Auflösung begriffene, sich überhastet zurückziehende Armee konnte die bereits vorhandenen Zerstörungen allenfalls unwesentlich vergrößern. Wenn man zu einem schnellen Rückzug gezwungen ist, kann man noch Brücken in die Luft jagen; zur Zerstörung von Fabriken, Kraftwerken, Bahnanlagen und anderen Dingen bleibt kaum noch Zeit. Speers auch von anderen geteilter Glaube, er habe die Lebensgrundlagen des deutschen Volkes gerettet, ist Unsinn. Und was seinen Plan betraf, sämtlichen Bewohnern des Führerbunkers tödliches Nervengas zu verpassen, so war dies nur eines von mehreren abenteuerlichen Vorhaben, mit denen er den Krieg zu beenden gedacht hatte. Auch die Entführung von Einzelpersonen aus Hitlers unmittelbarer Umgebung und ihre Überstellung per Flugzeug an die

Westalliierten gehörte dazu. Nach einem Indianerhelden der deutschen Jugendliteratur gab er diesen Vorschlägen den Codenamen »Winnetoufälle«. Der Plan für einen Gasanschlag wurde fallengelassen, als der Luftschacht plötzlich verlängert wurde und Speer nicht mehr an ihn heranreichen konnte, um das Tabun einzuleiten. Auch von den anderen Plänen kam keiner zur Ausführung, und es wäre auch niemals dazu gekommen. Nur durch die häufige Erwähnung im nachhinein gewannen sie eine gewisse Bedeutung.

Speer berichtete darüber hinaus von seinem Bunkerbesuch in letzter Stunde in der Nacht vom 23. auf den 24. April, nachdem er in Hamburg die letzte Gelegenheit wahrgenommen hatte, eine Rundfunkrede gegen die Politik der verbrannten Erde aufnehmen zu lassen. Die Reise vom Flugfeld Rechlin in Mecklenburg, die zunächst in einer Focke-Wulf 190 nach Gatow, dem Flughafen im Westen von Berlin, führte und von dort mit einem Aufklärungsflugzeug zur Ost-West-Achse weiterging, der großen Straße durch den Tiergarten, wo er gerade noch den Zusammenstoß mit einem Lastwagen vermeiden konnte, war ziemlich gefährlich. Die Russen waren inzwischen nur noch ein paar hundert Meter entfernt. Hitler war sehr gerührt, daß ihn Speer noch einmal sehen wollte. Bei seiner Geburtstagsfeier ein paar Tage zuvor, am 20. April, hatte er seine Absicht verkündet, bis zum letzten Moment in Berlin zu bleiben und dann nach Süden in die bayerischen Alpen auszufliegen, so wie Göring es noch am selben Abend tat.[18] In den drei Tagen, die seit seinem Geburtstag vergangen waren, hatte Hitler seine Meinung geändert und sich »fast« damit abgefunden, bis zum Ende in Berlin auszuharren. Er teilte Speer mit, daß er sich zum Schluß erschießen werde, und machte sich Sorgen, daß seine Leiche den Russen in die Hände fallen könne. Martin Bormann, der »Mephisto zu Hitlers Faust«, drang noch immer auf eine Flucht nach Bayern. Keitel, Jodl und ihre Stäbe hatten sich inzwischen davongemacht; Speer bemerkte mit Verachtung, daß Keitel es geschafft habe, den gesamten Krieg über stets außerhalb der Reichweite selbst der stärksten Geschütze zu bleiben. Bei Hitler befanden sich am Abend des 23. April nur noch Bormann, die Familie Goebbels, Eva Braun (von der Speer meinte, sie würde als Geliebte die Historiker enttäuschen, da sie so sehr den Typ der gutsituierten, netten Hausfrau verkörperte), die Generale Hans Krebs und Wilhelm Burgdorf sowie ein paar andere Männer niedrigeren Ranges. Hitler war von dem Massenexodus tief deprimiert – davon, daß, wie Speer es ausdrückte, so viele Leute plötzlich entdeckten, daß sie irgendwo anders dringende Geschäfte zu erledigen hätten. »[Er] war stets überzeugt, daß seine Gefolgsleute [ungeachtet ihrer Verläßlichkeit oder Ergebenheit] fraglos mutige Männer wären. Er irrte sich, wie Speer bemerkte, sehr.«[19]

Um vier Uhr früh am Morgen des 24. April flog Speer wieder nach Rechlin, wo er mit Himmler zusammentraf. Zuvor hatte er Magda

Goebbels seinen Platz im Flugzeug angeboten, was diese jedoch ablehnte. Himmler erzählte Speer von seinem Versuch, Friedensverhandlungen mit den westlichen Alliierten über den schwedischen Grafen Bernadotte einzuleiten, wobei er davon überzeugt war, daß er, Himmler, der einzige Mann sei, auf den sich die Alliierten würden verlassen können, wenn sie die Ordnung im geschlagenen Reich aufrechterhalten wollten. Sie würden daher auf ihn angewiesen sein. Speer bot daraufhin Himmler sein Flugzeug an, damit er Hitler aufsuchen könne. Außerdem drängte er ihn, sich zur Verfügung zu stellen und sich zu diesem Zwecke Montgomery zu ergeben. Himmler lehnte beide Vorschläge ab.[20]

Mit außergewöhnlicher Genauigkeit berichten meine Aufzeichnungen, daß ich am Morgen des 23. Mai nach der Beendigung des Speer-Verhörs um Viertel nach sieben auf die *Patria* zurückkehrte und dort bis Viertel nach acht schlief. Dann beobachtete ich zusammen mit Drew Middleton von der *New York Times* von einem Oberdeck aus, wie die Admirale Dönitz und von Friedeburg zackig über den Kai schritten, das Schiff und die Flagge grüßten und dann die Gangway hinaufstiegen. In diesem Moment gehörte das Dritte Reich endgültig der Vergangenheit an. Admiral von Friedeburg, der bereits an den Kapitulationen von Reims und Berlin teilgenommen hatte und dem die Wiederholung dieser Ereignisse vielleicht zu Herzen ging, bat um die Erlaubnis, auf die Toilette gehen zu dürfen, wo er sich dann vergiftete. Auf dem Weg zum Flughafen, von wo aus wir nach Bad Nauheim zurückkehren wollten, sahen wir Tausende von deutschen Offizieren, die in die Gefangenschaft abtransportiert wurden.

Mein Leben in Bad Nauheim war nicht aufregender als das irgendeines anderen Leiters eines großen Statistikunternehmens. In meinem kleinen Büro neben der Terrasse des Parkhotels las ich vorläufige Berichte über die Auswirkungen der Bombenangriffe auf verschiedene deutsche Industriezweige, hielt ermüdende Besprechungen ab über die Bedeutung und die Verläßlichkeit des gewaltigen Zahlenmaterials, überlegte, wo weitere Informationen herzubekommen wären und wer von den deutschen Beamten sie wohl würde interpretieren können. Ich kämpfte außerdem darum, unsere Leute bei der Stange zu halten. Jetzt, da der europäische Teil des Krieges vorbei war, schienen viele meiner Mitarbeiter es vorzuziehen, auf der Suche nach fehlenden Informationen in ganz Deutschland herumzureisen anstatt am Schreibtisch zu sitzen und zu arbeiten. Ganz konnten derartige Vergnügungsreisen nicht unterbunden werden. Ich erließ daher die Anweisung: »Ausflüge sind von nun an nur noch an Sonntagen erlaubt. Unter einem Ausflug ist jede Dienstreise zu verstehen, die für unnötig gehalten würde, wenn jemand anders als Sie selbst sie unternähme.«

Nicht alles war Routine. Da gab es zum Beispiel das Problem der Beschützung und Behandlung von Paul Baran. Dem Rang nach Oberfeldwebel, war Baran einer der brillantesten und bei weitem der interessanteste Ökonom, den ich je kennengelernt habe. Das Ende des Krieges gegen Deutschland feierte er damals dadurch, daß er seinen nach wie vor andauernden Krieg gegen die US-Armee intensivierte. Der Lebenslauf des damals Fünfunddreißigjährigen brachte alle Sicherheitsoffiziere, die sich näher damit befaßten, an den Rand des Nervenzusammenbruchs. Seine Eltern waren verhältnismäßig wohlhabende polnische Juden aus Nikolajev am Schwarzen Meer. Sein Vater, ein namhafter Tuberkulosespezialist, war in jungen Jahren aktiver Menschewik gewesen. Nach Pauls Angaben hatte sich der alte Baran trotz politischer Differenzen mit Lenin und den anderen Bolschewiki gut verstanden. Nachdem er die Oktoberrevolution zunächst begrüßt hatte, setzte er sich später nach Polen und dann nach Deutschland ab, kehrte aber 1925 nach Rußland zurück, wo er bis zu seinem Tode lebte. Paul blieb bis zur Beendigung seiner Ausbildung in Deutschland, kehrte 1926 dann nach Rußland zurück, schrieb sich im Moskauer Plechanow-Institut für Wirtschaftswissenschaften ein und ging nach zweijährigem Aufenthalt wieder nach Berlin zurück, um an der dortigen Universität seine Studien fortzusetzen. Mitte der dreißiger Jahre, inzwischen wieder in Rußland, erfuhr er, daß er bis zum 19. Januar 1935 wieder außer Landes sein mußte. Der Grund dafür lag darin, daß er, obwohl selber Kommunist, von der kommunistischen Disziplin ebensowenig hielt wie später von der Disziplin in der amerikanischen Armee. Sobald er sich in irgendeiner Weise konformistischem Druck ausgesetzt sah, fand Baran geradezu zwanghaft die denkbar unbeliebteste Möglichkeit, seine abweichende Meinung kundzutun.[21]

In seinen Berliner Jahren hatte Baran neben seinen Studien die Doktorarbeiten für zahlungskräftige und ehrgeizige, ansonsten aber eher minderbemittelte Kollegen geschrieben. Außerdem arbeitete er für eine Werbeagentur, bei der er sich durch eine denkwürdige Anzeige über Verhütungsmittel für Männer großen Ruhm erwarb. Die Anzeige zeigte einen Grabstein, auf dem die Worte »Hier liegt niemand. Sein Vater benutzte Blausiegel« eingraviert waren.[22]

Ende der dreißiger Jahre kam Baran nach Harvard, wo er mit seiner ironischen Intelligenz allenthalben großen Eindruck machte. Während des Krieges leistete er im OSS brillante Arbeit. Dieser Umstand brachte später das Komitee des Repräsentantenhauses, welches sich mit »unamerikanischen Umtrieben« beschäftigte, und ihn, fast genau zu dem Zeitpunkt, da er 1945 auf unserer Gehaltsliste erschien, mit großer Bestimmtheit als Subversiven entlarvte, zur Verzweiflung. Wie konnte ein Mann mit einem solchen Lebenslauf auch anders als subversiv sein?

In seinem Krieg gegen die Armee bediente Baran sich verschiedener Taktiken. Seine Uniform zog sofort die allgemeine Aufmerksamkeit auf sich, denn sein Bauch wölbte sich über den Gürtel, und er war ständig dabei, sich die Hose hochzuziehen, in der sein Hemd allenfalls vorübergehend steckte. Ebenso wie seine Uniform befand sich auch seine Frisur beständig in Unordnung, und er erzählte, wie er einmal geistesabwesend in Pantoffeln zu einer Parade erschienen war. Er konnte oder wollte nicht daran denken, daß man einen Offizier mit »Sir« anredete und vor ihm salutierte, es sei denn, er begegnete einem solchen in der Toilette. Am unerträglichsten war jedoch, daß der Durchschnittsoffizier normalerweise nicht verstehen konnte, was Baran sagte, sondern vermuten mußte, daß in den extravagant verschachtelten Sätzen negativ über seine Intelligenz reflektiert wurde.

Nach dem Krieg wurde Baran Professor in Stanford, wo er sich großer Beliebtheit erfreute. Nach seinem auf eine Vielzahl selbstzerstörerischer Vergnügungen zurückzuführenden Tod im Jahre 1964 sammelte und veröffentlichte ein politisch motivierter Angestellter der Universitätsverwaltung ein ganzes Paket von Briefen, in denen Absolventen der Hochschule gegen Barans Anwesenheit protestierten, sowie die Antworten von Stanford-Offiziellen, in denen diese ihr aufrichtiges Bedauern darüber zum Ausdruck brachten, daß Barans Lebensstellung und die Prinzipien der akademischen Freiheit seine Entlassung praktisch unmöglich machten. In jenem Sommer in Deutschland verfolgte ich eine diskretere Strategie. Die zahlreichen, von seiten der Militärs über mich hereinbrechenden Empfehlungen, disziplinarisch gegen Baran vorzugehen – mit Tadel, gebührender Bestrafung, Versetzung zur kämpfenden Truppe im Pazifik, Degradierung zum einfachen Soldaten – steckte ich unter meine Schreibtischunterlage. Gegen Ende des Sommers hatte diese sich merklich gehoben. Daraufhin zerriß ich sämtliche Beschwerden.

In jenem Herbst flogen Baran und ich im gleichen Flugzeug von Prestwick in Schottland zurück in die Vereinigten Staaten. Übereinstimmend mit den üblichen Gepflogenheiten hatte man dem höchstrangigen Offizier, einem Major, die Personalakten der ihn begleitenden Armeeangehörigen anvertraut. Dieser, ein mutiger und mitfühlender Mann und großer Bewunderer Barans, rief ihn zu sich, schlitzte mit einer Rasierklinge die Heftung der Akte auf, stopfte das belastende Material durch einen Spalt in der Tür und ließ es in den Atlantik fallen. (Einen Druckausgleich in Flugzeugen gab es damals noch nicht.) Baran traf in New York mit einem einwandfreien militärischen Leumund ein.[23]

Es gab indessen im Umgang mit Baran auch recht kritische Momente. Ein Deutscher, den wir in jenem Sommer für unsere Arbeit dringend benötigten, war Dr. Rolf Wagenführ, der leitende Volkswirtschaftler und Statistiker des Speerschen Ministeriums. Er war –

eine Ausnahme unter den hohen Beamten solcher Ministerien – in Berlin zurückgeblieben. Andere deutsche Beamte, die nach Bad Nauheim gebracht worden waren, behaupteten, sie hätten ihn als »Roastbeef-Nazi« gekannt – außen braun und innen rot. Er wurde schließlich in Westberlin aufgetrieben, wo er gerade damit beschäftigt war, die deutschen Statistikbehörden für die Sowjets in Ostberlin wiederaufzubauen. Fleißig, wie er war, hatte er die Tage unmittelbar nach der Kapitulation damit verbracht, ein Buchmanuskript über die Geschichte der deutschen Kriegsproduktion zu vollenden. Obwohl wir zu sofortigen Verhaftungen bevollmächtigt waren, fühlte ich mich nicht wohl dabei und hatte angeordnet, daß Professoren, Wissenschaftler, Beamte und so weiter vorher benachrichtigt werden sollten. Als man Wagenführ unseren Wunsch, er möge nach Bad Nauheim kommen, mitteilte, zog er sich in sein Haus im Russischen Sektor zurück. An der Spitze eines Kommandos holte Baran ihn dort buchstäblich aus dem Ehebett. Er wurde nach Bad Nauheim ausgeflogen, und die Sowjets waren, völlig zu Recht, außer sich. Ein scharfer Protest erreichte Marschall Schukow und über ihn General Eisenhower. Nun geriet ich natürlich als der Verantwortliche in Ikes Schußlinie. Eine Lösung zeichnete sich ab, als Jürgen Kuczynski, ein deutscher Kommunist in unserem Stab, mir mitteilte, daß er sehr gern nach Berlin reisen wolle, um nachzusehen, ob sein Haus und seine Bibliothek den Krieg überstanden hätten. Wenn er die Reiseerlaubnis bekäme, könne er dort als praktizierender Genosse die Sache mit seinen kommunistischen Freunden erörtern und ins reine bringen. So geschah es, daß Kuczynski ungefähr vierzehn Tage nach dem Kidnapping, wie die Russen den Vorfall bezeichneten, Wagenführ, der uns inzwischen eine sehr hilfreiche Einführung in die deutschen Kriegsproduktionsstatistiken gegeben hatte, wieder zurück nach Berlin brachte. Ich bat James Barr Ames, die beiden zu begleiten und die Operation im Auge zu behalten. Und tatsächlich wurde Kuczynski von den zuständigen sowjetischen Beamten herzlich willkommen geheißen und unsere gut einstudierte Erklärung für den Irrtum akzeptiert. Wagenführ konnte wieder als Statistiker für die Sowjets arbeiten, und ich entging Ikes Zorn.[24] Jahre später zog Wagenführ in den Westen. Kuczynski, der nach der Beendigung unserer Arbeit in Deutschland aus dem Dienst entlassen wurde, ging in die Deutsche Demokratische Republik, wo er noch heute lebt und arbeitet.[25]

Die an der Untersuchung beteiligten Teams waren gehalten, über ihre Tätigkeit Protokoll zu führen, eine Aufgabe, die gemeinhin dem gebildetsten NCO[26] in ihrem Kreis zufiel. Als ich das, was ich mir von der Wagenführ-Episode gemerkt hatte, anhand dieser Protokolle überprüfte, fiel mir eine möglicherweise von Baran, vielleicht aber auch von einem anderen NCO stammende Schilderung auf, in der das Berlin jener Tage beschrieben wird: »[Wir fuhren] . . . durch das Brandenburger Tor, das noch relativ intakt war, aber ziemlich mitgenommen aussah, und dann weiter in den Tiergarten. Dieser Teil der Stadt ist total verwüstet. Die Gebäude, die nicht in einen Trümmerhaufen verwandelt wurden, haben keine Dächer und zum Teil auch keine Wände mehr, sind völlig ausgebrannt und nicht mehr zu reparieren. Der Tiergarten sieht aus wie ein Niemandsland. Die Bäume sind bis auf die dicksten Äste abgeholzt und treiben an den Stämmen neu aus. Wie auch sonst überall in der Stadt liegen unter den Grünflächen jetzt die Leichen vieler bei den Straßenkämpfen gefallener russischer und deutscher Soldaten. Vielleicht grotesker als alles andere sind die Überreste der Berliner Standbilder, von denen es mehr als genug gab: Pferde ohne die dazugehörigen Reiter, Figuren ohne Köpfe und Gliedmaßen.« Oder die Schilderung eines Sturms: »Am Spätnachmittag erhob sich ein wüster Sturm, wirbelte den Staub und den Schutt auf und verteilte ihn wahllos überall in der Stadt. Was in dem fensterlosen Berlin noch an Glas übriggeblieben war, flog jetzt durch die Luft; Dokumente und Papiere, die man in der Bemühung, die Gebäude zu reinigen, aus den Häusern geworfen hatte, stiegen in den Himmel; bei einigen ausgebrannten Häusern stürzten die Wände in sich zusammen; die Atmosphäre verdüsterte sich. Später am Abend erstarb der Wind und gab nun den Mücken, die im abgestandenen Wasser der Kanäle und in bewegungslosen Pfützen brüteten, eine Chance, hervorzukommen und ihrem gewohnten Nachtleben nachzugehen, während das Team sich an die Sperrstunde um halb elf hielt.«[27]

In anderen Situationen zeigte sich Baran gleichermaßen erfindungsreich. In Flensburg verhörte er einen höheren Bonzen aus der Stahlindustrie, der, als er Barans Rang, seine kaum erträgliche militärische Haltung und möglicherweise auch sein erkennbar jüdisches Aussehen bemerkte, zu ihm sagte: »Ich bin gewöhnt, nur mit Vizepräsidenten und Führungskräften der Industrie zu sprechen. Wer sind Sie?«[28] Baran antwortete, seine offizielle Stellung reiche aus, um den Tycoon für jede Frage, die er nicht beantworte, einen Tag lang ins Gefängnis zu stecken, und daß er eben dies auch zu tun gedenke. Die Antworten, die er daraufhin erhielt, waren ausführlich und genau. Später in jenem Sommer entdeckte Baran Generaloberst Franz Halder, den ehemaligen Generalstabschef des Heeres, der wegen abweichender strategischer Vorstellungen von Hitler entlassen und nach dem Attentat vom 20. Juli verhaftet worden war. Er hatte erwartet, am Tag nach der Kapitulation sofort General Eisenhower und danach vielleicht gleich zu General Marshall gebracht zu werden. Statt dessen hatten ihn – und dies war durchaus nicht untypisch – amerikanische Soldaten, die noch nie auch nur seinen Namen gehört hatten – wochenlang völlig ignoriert. Baran fragte ihn stundenlang über Einzelheiten der deutschen Operationen an der russischen Front aus – ein Thema, auf das er sich für das OSS spezialisiert hatte. Als Baran ihm schließlich zu verstehen gab, daß es ihm nun genüge, bat der General mit großem Respekt seinerseits ums Wort: »Darf ich jetzt meinem Befrager eine Frage stellen?«

Baran: »Ja.«

Halder: »Verfügt die amerikanische Armee über viele solche Geheimdienstoffiziere wie Sie?«

Baran brachte der Bescheidenheit ein beispielloses Opfer und antwortete: »Ich weiß es nicht, General.«

Halder: »Wenn dem so ist, erklärt sich manches an diesem Krieg. Ich darf Ihnen sagen, daß Ihre Kenntnisse von den Problemen, denen sich die Wehrmacht an der Ostfront gegenübersah, merklich größer sind als die des Führers.«[29]

Man könnte in einem fort weitererzählen. Eines Abends saß Paul Baran zusammen mit George Ball, ein paar anderen und mir beim Essen in der Villa Grünewald, dem Offiziersquartier, in dem wir wohnten. Es war dies ein üblicher Verstoß gegen die militärischen Bestimmungen. Der Militärkommandant von Bad Nauheim, ein widerwärtiger Oberstleutnant, der im Zivilleben Autohändler in Ohio war, kam herein und verlangte lauthals, daß der Rekrut Baran in sein Quartier zurückgeschickt werden solle. George und ich protestierten; der Oberstleutnant wurde gewalttätig und obszön. Wir lieferten Baran aus, machten dem Oberstleutnant aber klar, daß er seine Einmischung und sein unverschämtes Benehmen noch werde büßen müssen. Dann überlegten wir, wie sich dies wohl bewerkstelligen ließe. Ein paar Tage später erschien ein Kommando der Militärpolizei in Bad Nauheim, stellte den Colonel unter Arrest und nahm ihn mit. Von nun an traten hochrangige Offiziere jedesmal, wenn sie unser gewahr wurden, zur Seite und salutierten.

In Wahrheit hatten wir kurz zuvor einen hohen Angestellten der Auto Union zum Verhör nach Bad Nauheim gebracht. Da die russische Besetzung jenes Teiles von Deutschland, in dem er lebte, kurz bevorstand, hatte er unseren Oberstleutnant um die Zurverfügungstellung eines Armeefahrzeugs gebeten, mit dem er die wertvolleren Teile seines Besitzes in die amerikanische Zone bringen wollte. Von den auf diese Weise geretteten Gütern hatte er ihm einen Anteil versprochen. Der Oberstleutnant hatte daraufhin seine Beute einem gerade auf Besuch weilenden Offizier gezeigt, der im Zivilleben für Fiorello La Guardia in New York City gearbeitet hatte und somit ein wütender Feind der Korruption war. Er war es gewesen, der die Militärpolizei geschickt hatte. Wir sahen unseren Mann niemals wieder.

Als das Treffen der Großen Drei in Potsdam näherrückte, kamen Kuriere nach Bad Nauheim, die auf der Suche nach Informationen und Anleitungen über die deutsche Wirtschaft waren. Wir kamen ihren Wünschen nach, und George Ball beschloß, daß wir an der Konferenz teilnehmen sollten. Als ich, wie ich oft erzählt habe, darauf hinwies, daß wir nicht eingeladen seien, meinte George, wir würden diesen Fehler bloß noch verschlimmern, wenn wir es verletzter Eitelkeit gestatteten, über unser Handeln zu bestimmen. Zusammen mit Paul Nitze reisten wir nach Berlin und von dort aus nach Babelsberg, dem Konferenzort, wo man uns, als wir erklärten, wir seien gekommen, um an dem Treffen teilzunehmen, ohne weitere Fragen in den geschlossenen Bezirk ließ, wo unsere Tätigkeit mit einem hervorragenden Mittagessen im Speiseraum der höheren Beamten begann. Ich schloß mich Isador Lubin an, der die amerikanischen Verhandlungspositionen zur Frage der Reparationen ausarbeitete und dessen Leute wir zuvor mit Informationen über die noch vorhandenen Fabrikkapazitäten versorgt hatten. Unsere kurzfristige Gegenwart änderte den Lauf der Geschichte nicht. Aber es war schon etwas, an einer Gipfelkonferenz teilzunehmen, zu der man sich selbst eingeladen hatte.

Ein paar Wochen zuvor hatte mir George Ball von der Existenz der Atombombe erzählt. Angesichts der noch auf altmodische Methoden zurückzuführenden Zerstörungen in Deutschland hatte ich zutiefst gehofft, sie würde nicht funktionieren. Jetzt war sie da, und mit ihr endete der Krieg gegen Japan. Dies wirkte sich unmittelbar auf die Moral der Männer aus, die ich für die Untersuchung aus der Armee geholt hatte. Bis jetzt hatte harte, sorgfältige Arbeit bedeutet, daß ihnen der Kampfeinsatz im Pazifik erspart blieb. Nun konnte dieselbe harte Arbeit bedeuten, mit uns nach Japan gehen zu müssen. Doch unser umfassender Wirtschaftsbericht, ein großes, sachkundiges und gutgeschriebenes Dokument, näherte sich seiner Vollendung. Als er abgeschlossen war, machten wir das Hauptquartier in Bad Nauheim dicht, begaben uns nach London, überarbeiteten dort noch einmal den Text und kehrten dann nach Hause zurück. Während des gesamten Fluges, der von Prestwick über Island und Neufundland nach New York führte, schlief George Ball. Dies gelang ihm, indem er eine große Menge Whisky kombiniert mit einer ansehnlichen Dosis Schlaftabletten zu sich nahm. Allen medizinischen Erwartungen zum Trotz kam er prächtig erholt in New York an. Ich saß neben einem hochdekorierten Feldwebel, der mich fragte, ob ich seine Kriegserlebnisse hören wollte. Ich sagte, nein, ich wolle dies nicht. Er machte noch ein paar weitere Versuche, mit mir ins Gespräch zu kommen, doch ließ ich mich nicht darauf ein. Zum Schluß fragte er mich, wer nach meiner Ansicht die Baseballmeisterschaften gewinnen würde. Da fragte ich zurück, welche Teams in diesem Jahr überhaupt angetreten seien.

Wieder in Washington im Army Air Forces Annex No. 1 in Gravelly Point/Virginia, nicht weit vom National Airport, erfuhren wir, daß das Sekretariat der Kommission eine kurze Zusammenfassung geschrieben hatte, die den Wünschen der Air Force kaum mehr hätte entgegenkommen können. Unser geduldig zusammengetragenes Datenmaterial über die katastrophalen Mißerfolge des strategischen Bombardements blieb weitgehend unberücksichtigt. Ernsthafte Mißerfolge waren überhaupt nicht erwähnt. Selbst Erfolge gingen unter in der totalen Lobhudelei. Die Angelegenheit hatte politische Bedeutung, da man glaubte, den Anspruch der Air Force auf Unabhängigkeit von der Armee zum Teil mit den Kriegserfolgen der Bomber untermauern zu müssen. Wir, Ball und ich, bereiteten uns darauf vor, den Bericht anzufechten und auf irgendeine Weise eine Neufassung zu erreichen. Es würde eine ermüdende Schufterei werden – Änderungen nur im Stückwerk, Wort für Wort.

Da intervenierte Henry Alexander. Ihn bekümmerte weniger der Inhalt der Zusammenfassung als vielmehr ihr abgrundtief niedriges sprachliches Niveau. Er bat mich, eine neue und lesbare Fassung vorzubereiten – einmal mehr die furchterregende Macht desjenigen, der schreiben kann. Ich nahm eine Schreibmaschine mit zum Cosmos Club in Washington, schrieb genau das, was wir sagen wollten, und trug noch ein bißchen dicker auf, um Verhandlungsspielraum zu gewinnen.

Mein Manuskript führte wiederum zu einem Zermürbungskrieg, der tagelang dauerte und in den tristen Gebäuden in der Nähe des Flughafens stattfand. Nur stammte diesmal die Rohfassung von mir, und es lag an der Gegenseite, Satz für Satz um Änderungen und Streichungen zu kämpfen. General Anderson ritt, unterstützt von Guido Perera und Charles Cabot, die Attacke. Ich verteidigte, wie mir allerdings erst viel später auffiel, mit einem Maximum an Arroganz und einem Minimum an Takt. George Ball, jetzt wieder als Jurist tätig und Berater von Jean Monnet, kam mir trotzdem zu Hilfe. Henry Alexander, der seinen Kummer über den Konflikt nicht verbarg, leitete die Verhandlungen und versuchte zu vermitteln. Irgendwann sagte ich zu Orvil Anderson: »General, das ist bloß eine Frage der intellektuellen Aufrichtigkeit.«

Er antwortete: »Verdammt noch mal, Ken, Sie treiben die intellektuelle Aufrichtigkeit zum Äußersten.«

Wir gaben bei unwichtigen Kleinigkeiten nach und schafften es somit, die Grundaussage beizubehalten. Die deutsche Kriegsgüterproduktion hatte sich während der Bombardements tatsächlich ausgeweitet. Die laut herausposaunten Erfolge, wie z. B. die Angriffe auf die Kugellager- und Flugzeugfabriken, standen nun als kostspielige Fehlschläge da. Andere Operationen, so wie die gegen die Ölraffinerien und die Eisenbahnanlagen, hatten in der Tat einen militärischen Effekt. Aber die strategischen Bombardements hatten den Krieg nicht gewonnen. Sie hatten allenfalls die Aufgabe der Bodentruppen, die die eigentlichen Sieger waren, etwas erleichtert. Die bei dem Unternehmen eingesetzten Flugzeuge, Mannschaften und Bomben hatten die

Produktivität der amerikanischen Wirtschaft weit mehr beeinträchtigt als die der deutschen, was wir uns allerdings leisten konnten, da unsere Wirtschaft von vornherein viel stärker war. Ein oder zwei Schlußabsätze von Henry Alexander übertrieben den Beitrag der Luftstreitkräfte am Ausgang des Krieges, ohne indessen an den Grundtatsachen zu rütteln. Der Geschichte und der zukünftigen Politik wäre mit einer dramatischeren Aufdeckung der Fehler besser gedient gewesen, denn sie hätte uns auf die teure Ineffektivität der Bomber in Korea und Vietnam besser vorbereitet und uns die Kritik des zivilisierten Teils der öffentlichen Meinung vielleicht erspart. Immerhin wurde keine wesentliche Information verschwiegen oder verwässert. Unser großer Wirtschaftsbericht *The Effects of Strategic Bombing on the German War Economy*, in dem alle unsere wichtigen Argumente enthalten sind, wurde ohne jede Zensur publiziert.

Die Art und Weise, wie ich meine Argumente vortrug, schuf mir einflußreiche und hartnäckige Feinde. Orvil Anderson gehörte nicht zu ihnen. Nachdem mein Text erst einmal angenommen war, bedrängte er mich, den Krieg noch nicht für beendet zu halten und nach Japan zu gehen. Dort hatten die Navy und die Marineflieger die führende Rolle gespielt. Anderson wollte nun deren Erfolgsansprüche ähnlich übertriebener Aufrichtigkeit unterzogen sehen.

15
Japan 1945

Das große Jahr, in dem sich die Geschichte so verdichtete, war noch nicht vorüber und bis zum Schluß sehr lehrreich. So wie der gewaltige Krieg in Europa ein Ende gefunden hatte, fand auch der kleinere ein Ende, der im Army Air Forces Annex No. 1 über die Frage, wie er gewonnen worden war, ausgetragen wurde. Nachdem über die abschließende Form der Zusammenfassung Einigung erzielt worden war, gab es noch ein weiteres Scharmützel über einen Bomber, der im Herbst 1944 beim Einsatz über Deutschland von seiner Staffel abgekommen war und seine Bomben durch dicke Wolken hindurch auf etwas fallen gelassen hatte, was die Besatzung nach den Angaben der primitiven damaligen Radaranlage für Köln hielt. In Wirklichkeit war es über dem Rhein gewesen, und die Bomben hatten eine der großen Brücken getroffen. Sie waren nicht stark genug, um viel Schaden anzurichten, reichten aber völlig aus, um die Sprengladungen zu zünden, die die Deutschen für den Fall eines alliierten Durchbruchs angebracht hatten. So knickte die Brücke quer über dem Strom ein und bildete eine verheerende Barriere für den dichten Schiffsverkehr. Nach eingehenden Überlegungen und Analysen hatte sich diese Operation im Herbst 1945 in eine der am besten geplanten und durchgeführten Operationen des Krieges verwandelt. Nach einer Diskussion kamen wir überein, wenigstens die Planung nicht in unserem Bericht darzustellen.

Zur gleichen Zeit oder vielleicht auch etwas früher gab es noch eine kleinere Auseinandersetzung über die B 17, die Fliegende Festung. Die robuste Maschine, die ihre Besatzungen kaum je im Stich ließ, stand bei allen Betroffenen in hohem Ansehen. Aber sie war dafür konstruiert, ohne Eskorte zu fliegen und sich und ihre Nachbarn im gleichen Geschwader mit eigenen Waffen zu verteidigen. Dies bedeutete, daß sie eine schwere Last an Bordschützen, Waffen und Munition mit sich führen mußte und daher keine hohen Bombenlasten tragen konnte. Nach dem Debakel von Schweinfurt stellte sich heraus, daß die Festung sich in Wirklichkeit überhaupt nicht selber verteidigen konnte und daher Geleitschutz benötigen würde. Da sie aber noch immer für eine starke Beladung mit Mannschaften und Waffen konstruiert war, war ihre Konstruktion mit einem Male schlecht. General Anderson reagierte auf meine diesbezügliche Argumentation äußerst ungehalten. Noch heute kann ich mich genau an seine Worte erinnern: »Sie beleidigen ein großes Flugzeug.« Damit gewann er.

Wieder zurück in New York, schrieb ich meinen bereits erwähnten Artikel »Germany Was Badly Run«, den meine Kollegen von *Fortune* mit einigem Unbehagen veröffentlichten, da diese These ihnen von der allgemein anerkannten Wahrheit allzu drastisch abzuweichen schien. Der Artikel endete mit den folgenden Absätzen:

»Wenn die deutsche Kriegführung so schlecht war, wie war es dann möglich, daß die deutschen Armeen so gut und so lange kämpfen konnten? Zur Zeit ihrer großen Erfolge besetzte die Wehrmacht, von ein paar abgelegenen Winkeln abgesehen, fast ganz Europa. Sie erreichte die Wolga und fast auch den Nil. Als sie letztlich in die Defensive gezwungen wurde, hielt sie den bewaffneten Millionen Rußlands, der Vereinigten Staaten und des Britischen Empire zweieinhalb Jahre lang stand. Tatsache ist ganz einfach, daß Deutschland den Krieg, den es begann, eigentlich nicht hätte verlieren dürfen. Der niedrige Stand der Mobilisierung und das übermäßige Selbstvertrauen der ersten Jahre helfen, die Lösung dieses sehr realen Rätsels zu finden. In den Anfangsjahren des Krieges hatte Deutschland enorme Vorteile: Es war um ein Vielfaches besser vorbereitet als seine Feinde, die Initiative lag auf seiner Seite, und außerdem hatte es den moralischen Vorteil, das einzige Land zu sein, das tatsächlich kämpfen wollte. Wenn die Naziführer ihre eigene Formel vom totalen Krieg auch von Beginn an angewandt hätten, dann hätten sie es kaum vermeiden können, den Widerstand, auf den sie trafen, bereits vor 1942 zu bezwingen.

Selbst nachdem sich in Moskau und Stalingrad das Blatt gewendet hatte, war Deutschlands Position noch stark. Da gab es den weithin bekannten Vorteil des inneren Kommunikationsnetzes, das immer kürzere Strecken zu überwinden hatte und immer dichter wurde, während die Nachrichtenverbindungen sämtlicher Feinde Deutschlands immer längere Wege überbrücken mußten und immer stärker belastet wurden. Die deutschen Waffen waren von guter Qualität, die deutschen Wissenschaftler und Techniker sehr erfindungsreich. Aufgrund der kurzen Verbindungswege konnten neue Waffen schnell zum Einsatz gebracht werden. Vor allem aber besteht wenig Zweifel daran, daß die Deutschen ausdauernde und geschickte Kämpfer sind, die den Gedanken, daß sie selbst getötet werden können, diszipliniert akzeptieren. Abgesehen von der Ostfront waren sie durch den Atlantik und das Mittelmeer geographisch gut abgeschirmt. Sie zu besiegen, mußte sehr schwer sein. Daß es dennoch gelang, legt Zeugnis ab von den inhärenten Schwächen der Diktatur und den inhärenten Stärken der Freiheit.«[1]

Zu der Zeit, da ich diesen Aufsatz schrieb, bedrängte man mich, wie bereits erwähnt, nach Japan zu gehen. Es war nun meine Pflicht, dabei zu helfen, die Wahrheit über die Navy und Douglas MacArthur herauszufinden. So flog ich am 20. Oktober nach San Francisco, wo man den Auftrag mit einer unvergleichlichen Geheimhaltungsstufe versah. Dies lag daran, daß man mich in Washington mit der Leitung einer Gruppe von britischen Wissenschaftlern beauftragt hatte, die auf dem Wege nach Japan waren, um dort die Auswirkungen der Luftangriffe einschließlich der furchtbaren Folgen der Atombomben in Augenschein zu nehmen. Alles, was auch nur entfernt mit der Bombe zu tun hatte, war strengsten Sicherheitsvorkehrungen unterworfen.

Die Befehle führten in Honolulu zu einem denkwürdigen Catch 22.[2] Als wir dort an einem frischen, sonnigen Morgen eintrafen, fühlte ich mich außerordentlich unwohl, kam aber nicht darauf, meinen schlechten Gesundheitszustand mit den zahlreichen, für Pazifikreisen erforderlichen Impfungen in Verbindung zu bringen, die man mir tags zuvor in die Arme gejagt hatte. Auch der von mir konsultierte Arzt, der ein hohes Fieber feststellte, kam nicht auf diese Idee. Er schickte mich ins Tripler General Hospital, wo Formulare ausgefüllt wurden. Danach kommandierte man mich ins Bett. Meine britischen Wissenschaftler in ihren schlecht sitzenden Uniformen der Royal Air Force warteten währenddessen auf dem Flughafen Hickam auf mich. Ich versuchte, dem Doktor klarzumachen, daß ich eine höchst geheime und wichtige Mission zu erfüllen habe, aber das beeindruckte ihn überhaupt nicht. Mit meinem Fieber, so meinte er, stelle ich eine Bedrohung für die Gesundheit anderer dar, von meiner eigenen ganz abgesehen. Ich konnte ihm keine nähere Erklärung geben, aber bleiben konnte ich auch nicht.

Er ging, und kurze Zeit später bemerkte ich ein Armeefahrzeug, das den Eindruck erweckte, als wolle es vom nahe gelegenen Tor aus abfahren. Als ich mich erkundigte, erfuhr ich, daß es auf dem Weg nach Hickam sei, und so fuhr ich mit. Dort angekommen, kaufte ich mehrere Büchsen Ananassaft, um meinen Durst zu stillen, und flog mit meinen ungepflegten Kriegern ab nach Kwajalein auf den Marshall-Inseln. Bei unserer Ankunft am nächsten Tag fühlte ich mich viel besser. Als ich Anfang 1962 mit einer Hepatitis, die ich mir in Indien zugezogen hatte, noch einmal ins Tripler Hospital eingeliefert wurde, erzählte ich den Ärzten von meinem früheren Besuch. Einer von ihnen ging hinunter ins Archiv und holte meine Karte, auf der noch immer »unbeurlaubt fehlend« oder ein ziviles Äquivalent stand.

Über dem Pazifik gab man in jenen Jahren eher noch als über dem Atlantik die Hoffnung auf, die Flugreise könne je zu Ende gehen. Schließlich war es dann aber doch soweit. An einem Spätnachmittag erreichten wir Tokio und fuhren auf der Ladefläche eines LKW in die Stadt. Ich quartierte mich in Frank Lloyd Wrights Imperial Hotel ein, einer schauerlichen Herberge, die für Leute, die halb so groß waren wie ich, gebaut und dementsprechend möbliert war. Noch am selben Abend bekam ich einen Vorgeschmack auf Japans künftige Vorrangstellung als Handelsmacht. Ein kleiner Mann klopfte an meine Tür, um mir eine Flasche Whisky zu verkaufen. Auf dem Etikett stand *Genuine Suntory Scotch Whisky*. Hinzugefügt war die Bemerkung: *Bottled Especially for the Visiting* (sic) *Occupation Forces.*[3]

Japans Städte boten in jenen düsteren Herbsttagen ein Bild unaussprechlicher Trostlosigkeit. Hier eine ausgebrannte Bank, dort die Mauern eines öffentlichen Badehauses, sonst nichts als Asche und schiefe, freistehende Kamine. In Europa hatten sich die US Air Force und die Royal Air Force, wie ich berichtet habe, aufgrund unterschiedlicher Ausrüstung verschiedene Ziele für ihre Bombenangriffe gesucht, doch die militärische Doktrin hatte allem, was erreichbar gewesen war, im nachhinein strategische Bedeutung zugeschrieben. Das gleiche geschah nun in Japan. Dort war es für die an der Grenze ihrer Reichweite operierenden B-29-Bomber am einfachsten, die Städte anzugreifen, und so wurden dann eben die Attacken auf die städtischen Ballungsgebiete, vor allem mit Brandbomben, zur anerkannten Grundlage des Sieges. 66 japanische Städte wurden auf diese Weise zu 25 bis 90 Prozent dem Erdboden gleichgemacht. Nur die persönliche Intervention von Kriegsminister Henry Stimson ersparte der noch immer ursprünglichen und schönen alten Kaiserstadt Kioto das gleiche Schicksal. Industrielle Ziele, einschließlich der Flugzeugfabriken, wurden erst angegriffen, als sie aufgrund der Kriegsereignisse im Pazifik in Reichweite gerieten oder wenn, was tatsächlich vorkam, der Vorrat an Brandbomben erschöpft war.

Die japanische Wirtschaft erwies sich unter den Luftangriffen als weit weniger widerstandsfähig als die deutsche. Wenn Fabriken getroffen wurden, nahm man die Produktion längst nicht so schnell wieder auf. Aber genausowenig wie in Deutschland wurde der Krieg durch die Bombardements gewonnen. Japans Niederlage begann mit dem unverkennbaren Wahnsinn der eigenen militärischen Führung, dem Wahn von Männern, die, obwohl sie bereits auf dem chinesischen Festland in einen großen Krieg verwickelt waren, ihr Land in den Konflikt mit der um ein Vielfaches größeren Industriemacht USA führten, sowie mit einem Angriff auf Hawaii, der aufs beste dazu geeignet war, sämtliche Zweifel, die auf amerikanischer Seite an der Notwendigkeit oder der Berechtigung eines Krieges bestanden, zu beseitigen. Es dürfte in der Geschichte kaum bessere Warnungen vor der grenzenlosen Perversion und Gefährlichkeit dessen geben, was man als »militärischen Geist« bezeichnet.

Die japanischen Munitionsfabriken produzierten zu ihren besten Zeiten nur etwa ein Zehntel des Ausstoßes der Vereinigten Staaten.[4] Die Bombardements verminderten die Produktion, obgleich die getroffenen Industrieanlagen oft bereits infolge der Seeblockade mit verminderter Kapazität arbeiteten. »Die Blockade im Verein mit den Bombardements«, schlossen wir, »entzog den japanischen Streitkräften die Munitionsproduktion von ungefähr vier Monaten. Ohne diesen Produktionsausfall hätten uns die Japaner bei einer eventuellen Invasion möglicherweise erheblich höhere Verluste zufügen können. Der Ausgang des Krieges wäre davon allerdings nicht beeinflußt worden.«[5] Im ganzen gesehen wurde der Krieg in Japan wie in Europa durch die stärkere industrielle Macht und die höhere Truppenstärke sowie unmittelbar durch die im direkten, gefährlichen Kampf eingesetzten Truppen, Schiffe und Flugzeuge gewonnen. ». . . [Der] Krieg wurde im Pazifik und auf den Stränden der eroberten Inseln entschieden . . .«[6]

Die grauenhafte Ausradierung der Städte hat möglicherweise die Moral der Japaner geschwächt und den Gedanken an Kapitulation noch populärer gemacht. Und wenn die Entscheidungen der Japaner auch nicht von öffentlichen Meinungsumfragen abhängig waren, so mochte dies tatsächlich einen gewissen Einfluß auf die Führung ausgeübt haben. Es gab in Japan durchaus noch Leute mit praktischem Verstand. Weit wichtiger als die Bombardements war für die Erzwingung der Kapitulation das Wissen, daß Japan, ein kleines Land, nach der Niederlage Deutschlands und dem Kriegseintritt Rußlands der militärischen Macht der gesamten übrigen Welt mutterseelenallein gegenüberstand.

Auch die Atombomben waren keineswegs kriegsentscheidend. Zu ihrer Rechtfertigung wird seit langem behauptet, daß sie eine Invasion der japanischen Hauptinseln überflüssig machten und die damit verbundenen Kämpfe und Verluste von Tausenden, ja, vielleicht Hunderttausenden von Menschenleben auf beiden Seiten verhinderten. Die Argumente, die das Gegenteil beweisen, sind in diesem Fall so stichhaltig wie selten. Die Bomben fielen, nachdem die japanische Regierung bereits die Entscheidung zur Kapitulation getroffen hatte. Daß der Krieg beendet werden müsse, war auf einem Treffen führender Männer des Obersten Kriegsrates mit dem Kaiser am 20. Juni 1945, sechs Wochen vor der Verwüstung von Hiroshima, beschlossen worden.[7] Die nächsten Schritte brauchten ihre Zeit. Zwischen einer Entscheidung und ihrer Durchführung gab es bei der japanischen Regierung die üblichen bürokratischen Verzögerungen. Auch mußte man sich darüber einig werden, auf welchem Wege man mit den Alliierten in Verbindung treten sollte. Und es bestand die Notwendigkeit, ungehorsame und selbstmörderische Offiziere und Militäreinheiten zu beruhigen oder zu neutralisieren. Die Atombomben beschleunigten allenfalls die Entscheidung.

Der Einfluß der Atombomben auf die japanische Kapitulation wurde von der Kommission besonders sorgfältig untersucht. Man kam dabei zu dem folgenden Schluß:

»Aufgrund einer eingehenden Untersuchung aller Fakten und unterstützt durch die Aussagen der beteiligten überlebenden japanischen

Spitzenpolitiker, vertritt die Kommission die Ansicht, daß Japan mit Gewißheit vor dem 31. Dezember 1945 kapituliert hätte, und dies selbst dann, wenn die Atombomben nicht abgeworfen worden wären, die Sowjetunion nicht in den Krieg eingetreten und keine Invasion geplant oder in Erwägung gezogen worden wäre.«[8]

An der Abfassung dieser Schlußfolgerung war ich nicht beteiligt. Zur Zeit ihres Erscheinens im Sommer 1946 widmete ich mich bereits anderen Pflichten, zu denen – im weiteren Sinne – die Regierung Japans gehörte.

Paul Nitze hatte Henry Alexander als führenden Kopf unserer Arbeit im Fernen Osten ersetzt. Der attraktive, selbstbeherrschte Mann widmete den Rest seines Lebens dem Studium der Theorie und Praxis von Bombenangriffen und wurde schließlich zu einem überzeugten Anhänger dieser Kunst. Die Auswirkungen auf mich und mein Bewußtsein waren anderer Natur. Die forschende Neugier und die Spannung, die unsere Arbeit in Deutschland durchdrungen hatte, fehlte jetzt. Alles, was ich fühlte, war, daß seine katastrophalen politischen Führer und unnötige Aktionen unsererseits unendliches Leid über ein unschuldiges Volk gebracht hatten. Was Hitler und die Nazis betraf, so verspürte man noch immer ein gewisses Angstgefühl und Erleichterung darüber, daß sie verschwunden waren. Für Japan empfand man nur Mitleid und Kummer. Jahre später stöberte ein Historiker, der sich mit unserer Tätigkeit befaßte, im Nationalarchiv meine Stellungnahme über die Bombardierung Japans auf. Meine Bezeichnung dafür war »jene grauenhafte Angelegenheit« gewesen. Jeder, der auch nur über eine Spur von Sensibilität verfügte, hätte genauso empfunden.

Es war jedoch nicht alles so schlimm. Wie man sich denken kann, sorgte Paul Baran für einige erfreulichere Momente. Er war inzwischen aus der Armee entlassen worden und arbeitete als Zivilist für die Kommission. Eines Tages traf er in Tokio auf der Straße den leitenden Angestellten einer der großen *zaibatsu* (kombinierte Handels-, Industrie- und Bankkonzerne)[9]. Es war eine nette Begegnung, denn Baran kannte den Mann aus Berlin und hatte ihm seine Doktorarbeit geschrieben. Diese war eine ausgezeichnete Studie über die Stellung Japans in der Weltwirtschaft gewesen, die nach Barans Auskunft ihrem Nicht-Autor nach seiner Rückkehr nach Hause eine Ehrenprofessur eingetragen hatte. Er lud Paul für den kommenden Samstag in sein Haus in der Nähe von Tokio zum Lunch ein, und Paul fragte ihn, ob er mich mitbringen könne. Paul schlug vor, ich solle anstelle des Jeeps für den Ausflug einen Dienstwagen nehmen; er hatte seinem Freund nämlich gesagt, er würde seinen General mitbringen, und ein Dienstwagen war damals in Tokio ein Zeichen für diesen Rang.

Bei dem Essen nach japanischer Art in einem zauberhaften, unbeschädigten Haus draußen in einer Vorstadt fragte mich Pauls Freund, ob ich nicht mit MacArthur sprechen und ihm die Erlaubnis verschaffen könne, wieder als Geschäftsmann tätig zu sein, und zwar als Radiofabrikant. Ich antwortete, dies sei doch wohl recht schwierig, und fragte ihn, wo er denn überhaupt das notwendige Material herbekommen würde. Er erwiderte, er hätte von den für die Kriegsgüterproduktion reservierten Materialien einiges abgezweigt.

»Heißt das, daß Sie die Niederlage voraussahen?«

»Nein, aber wir beobachteten, daß die Siege unserer ruhmreichen Armee und Marine in immer größerer Nähe der Hauptinseln stattfanden.«

Nach dem Essen zeigte er uns das, was er als sein »Wiederherstellungs-Unternehmen« bezeichnete. Es handelte sich um eine ehemalige Fabrikkantine mit Freizeithalle und Schlafräumen, die er nach Kriegsende in eine »Radio City Music Hall« für eine benachbarte US-Luftwaffenbase umgewandelt hatte. In der riesigen Haupthalle tanzten GIs mit japanischen Mädchen, von denen einige westliche Kleidung trugen, andere Kimonos und wieder andere Uniformen der weiblichen Pfadfinder, weil es sonst nichts anderes gab. Auf die Bluse oder das Kleid eines jeden Mädchens war der Buchstabe A oder B gestickt. Der Manager, der sich uns anschloß, erklärte, dies ginge auf seine Inspiration zurück: Die Frauen gaben auf diese Weise zu erkennen, wie weit zu gehen sie bereit waren. Einige wollten nur tanzen und sonst nichts, und so ersparte einem der Buchstabe fruchtlose Bemühungen und letztlich auch Frustrationen. Er meinte, unsere Soldaten seien der Ansicht, das System würde eines Tages auch in den Vereinigten Staaten Anwendung finden. Daraufhin zeigte man uns auch kurz die Schlafräume. Über einem kleinen Fenster in den Türen befand sich ein Schild:

Kurzer Besuch	10 Yen
Langer Besuch	40 Yen
Mit Tee	45 Yen[10]

Als wir wieder hinaus in die Sonne kamen, fragte ich unseren Gastgeber, was er von seinem Übergangsgeschäft halte. Es gebe, so meinte er, ein paar ungelöste Probleme. Wegen der harten Sitze in den Jeeps nähmen die Soldaten das Bettzeug mit. Er war sehr darauf erpicht, wieder zum Elektronikgeschäft zurückkehren zu können.

Nach einem frühen Mittagessen mischte ich mich einmal unter die Menge, die vor dem Dai-Ichi-Gebäude, dem Hauptquartier des Oberbefehlshabers der Alliierten Mächte (Supreme Commander of Allied Powers, SCAP) wartete, um eine Zeremonie mitzuerleben, die dort jeden Tag über die Bühne ging: die Abfahrt von General Douglas MacArthur. Sie war das Thema vieler bewundernder Kommentare. Er erschien, makellos geschniegelt, auf die Sekunde genau zum festgesetzten Zeitpunkt, mit reichlich Lametta an der Mütze und mit offenem Kragen, der einen anderen, etwas legeren Aspekt vermittelte. Sein Schritt war, wie der einer jungen Schauspielerin aus den großen Tagen Hollywoods, die das Restaurant des Pseudo-Romanoff betritt, immer um eine Nuance schneller als normal. So etwas erregt Aufmerksamkeit und gibt der Persönlichkeit einen beflügelten, dynamischen Touch. MacArthur sprach dann mit einem Adjutanten, während eine große schwarze Limousine wartete, deren geöffnete Tür von zwei hochgewachsenen, weißbehandschuhten und -behelmten Militärpolizisten abgeschirmt wurde. Kurz bevor er einstieg, pflegte MacArthur sich umzudrehen und mit einem beiläufigen, aber wohlbedachten Salut von der Menge Kenntnis zu nehmen.

Einen solchen Ablauf sah zumindest die herkömmliche Choreographie vor. An jenem Tag nahmen die Dinge einen anderen Verlauf. Während der Wartezeit zog ich meiner unproportionierten Länge wegen die Aufmerksamkeit eines japanischen Fotografen auf mich. Er richtete seine Kamera von unten herauf auf mein Gesicht. Nun wurden auch andere aufmerksam; Hälse reckten sich; zwei oder drei andere Kameras nahmen mich ins Visier. Als Doug schließlich kam, war ich zu einer Konkurrenzattraktion geworden. Als er den Wagen erreichte, hatten sich noch immer nicht alle Zuschauer von mir abgewandt. Vielleicht bilde ich es mir in meiner Egozentrik nur ein, aber als er salutierte, hatte ich den Eindruck, als läge ein leicht unwirscher Zug in seinem Blick.

Dies war meine einzige Begegnung mit dem großen Mann, obwohl ich während des Präsidentschaftswahlkampfes 1956 in Washington an einer anstrengenden Sitzung teilnahm, in der Chester Bowles bekanntgab, daß MacArthur Adlai Stevensons Kandidatur unterstützen wolle. Seine einzige Bedingung war, Adlai solle ihn anrufen und darum bitten. Der Grund dafür war nicht Zuneigung zu Stevenson, sondern eine tiefe Abneigung gegen Eisenhower. Wir diskutierten die Angelegenheit und stellten uns vergnügt die Aufregung vor, die dadurch vorübergehend ausgelöst werden würde. Aber wir setzten uns weder bei MacArthur noch, soweit ich mich entsinne, bei Stevenson dafür ein, das Angebot zu realisieren. Es war kaum damit zu rechnen, daß viele Bewunderer MacArthurs seinen Meinungswandel nachvollziehen würden.

Einmal flogen wir mit kleinen Maschinen von Tokio aus zu einem etwa 120 Kilometer nördlich der Stadt gelegenen Flugplatz mit einer dazugehörigen Flugzeugfabrik. Der Flugplatz war reihenweise gesäumt mit bereits von orangegelbcm Rost bedeckten einmotorigen Kampfflugzeugen. Da kein Aluminium zur Verfügung gestanden hatte, waren die Rümpfe mit dünnem Weißblech überzogen worden. Das Fahrwerk war nicht einzieh-, sondern abwerfbar – ein einziger

Zug an einem Hebel sorgte nach dem Start dafür, daß die Räder auf die Erde fielen. Die Flugzeuge waren speziell für Kamikazeflüge konstruiert. Mir war, als stammten sie aus einem bösen Alptraum.

Selbstmord war 1945 in Japan nichts Neues. An einem langen Nachmittag verhörten wir an Bord der USS *Ancon*, dem Kommandoschiff der Kriegsmarine, das inzwischen im Hafen von Tokio festgemacht hatte, Prinz Fumimaro Konoye, den letzten zivilen Regierungschef Japans vor Ausbruch des Krieges. Paul Baran redete den Prinzen mit Bedacht mit »Mr. Konoye« an und ließ sich anmerken, daß er nicht alles glaubte, was dieser ihm erzählte. Aber ganz so unangenehm war die Situation gar nicht. Franklin D'Olier, der gerade Japan besuchte, wollte Konoye nach seinem Sohn Fumitaka fragen, der in Princeton studiert hatte und von den Sowjets in der Mandschurei gefangengenommen worden war. In jener Nacht beging Prinz Konoye Selbstmord.

Eines Tages teilte mir Orvil Anderson mit, er habe eine Reise zu den Schlachtfeldern auf den Inseln im Südpazifik vor. Wie ich bereits erwähnte, war Orvil ein Schüler von Brigadegeneral Billy Mitchell, dem großen Vorkämpfer des Luftkriegs, an dessen Kriegsgerichtsprozeß wegen Insubordination Douglas MacArthur 1925 beteiligt gewesen war. Anderson hegte gegenüber MacArthur die gleichen Empfindungen wie MacArthur gegenüber Eisenhower, bloß waren sie noch vehementer. Hauptziel der Reise sollte es sein, den Beweis zu erbringen, daß die Entfernung zwischen Guadalcanal und den Philippinen, zu deren Überwindung MacArthur mit seinen antiquierten strategischen Vorstellungen mehr als drei Jahre gebraucht hatte, von einer B 17 in einem Tag zurückgelegt werden konnte. Ich wurde nun gebeten, diese Tatsache mit zu bestätigen. Andere, höchst scheinheilige Gründe, die mit der angeblichen Notwendigkeit zu tun hatten, einen unmittelbaren Eindruck vom Schauplatz des Luftkriegs über dem Südpazifik gewinnen zu müssen, wurden hinzugefügt und feierlich akzeptiert. Unnütze Reisen werden stets mit größerem Erfindungsreichtum und mit größerer Frechheit verteidigt als nützliche.

Nach dem Start vom Atsugi-Airport gegen zwei Uhr früh an einem Herbstmorgen flog unsere Maschine am Fudschijama vorbei – gewaltig, weiß, mit einer perfekten Silhouette, schimmernd im Glanze des Vollmonds. Um sieben Uhr morgens landeten wir – nachdem wir dem Flußlauf fast bis nach Nanking gefolgt waren, bis der Nebel sich gelichtet hatte – aus Gründen, die mir niemals enthüllt wurden, auf dem Flugplatz von Shanghai. Als wir das Flugzeug verließen, wurde gerade ein arretierter GI in eine Military-Air-Transport-Service-Maschine zum Abtransport in die Heimat verfrachtet. Paul Nitze und ich schlenderten hinüber und fragten nach seinem Vergehen. Der Militärpolizist sagte: »Wir haben bei der Sicherheitsüberprüfung 100000 Dollar bei ihm gefunden und glauben nicht, daß er auf ehrliche Weise dazu gekommen ist.«

Dabei wäre es durchaus möglich gewesen, auf ehrliche Weise an das Geld heranzukommen, wenn man einmal von der Frage absieht, ob es legal ist, sich bei der Abwicklung eines privaten Devisengeschäfts eines staatlichen Flugzeugs zu bedienen. Die Kaufkraft des chinesischen Yuan variierte von Stadt zu Stadt enorm – und mit ihr die Wechselkursrate gegenüber dem amerikanischen Dollar. In Chungking, wo es infolge der Anwesenheit der Regierung viel Papiergeld und wenig Waren gab, war die Kaufkraft und somit auch die Umtauschrate für den Dollar niedrig. In Shanghai, wo die Läden trotz vielen Papiergeldes reichbestückt waren, war beides höher. Am höchsten war die Umtauschrate in Peking, das vom Krieg unberührt geblieben war.

Die einzige reguläre Verbindung zwischen diesen Städten wurde nun durch Militärflugzeuge aufrechterhalten. Besatzungsmitglieder, die in Chungking chinesische Währung einkauften und in Peking verkauften, konnten Profite herausschlagen, die die wildesten Träume eines Börsenmaklers überstiegen. Und da außer ihnen niemand auf diesen Strecken reiste, gab es für sie in diesem profitablen und total risikolosen Geschäft keinerlei Konkurrenz. Der Friede und die Härte des Konkurrenzsystems daheim mußten für diese Unternehmer nach ihrer Rückkehr ein schwerer Schock sein.

Nach dem verwüsteten Tokio und den zerstörten Städten Deutschlands erschien mir das Warenangebot in Shanghai außergewöhnlich reichhaltig. Es gab Seide und Satin im Überfluß und daneben zahlreiche andere Dinge, die in New York seit langem nicht mehr erhältlich waren. Paul Nitze und mich überfiel sofort der Wunsch, einkaufen zu gehen. Aber da wir viele Monate lang in den rationierten, geldlosen Planwirtschaften von Deutschland bzw. der U.S. Army gelebt hatten, besaßen wir keine Dollars, und niemand wollte unsere Schecks einlösen.

In Shanghai stießen wir auf einen Geschäftsmann, der unbedingt nach Manila mußte. Die ganze Nacht über verbrachte Orvil Anderson damit, ihm gegen den Motorenlärm, der von uns nur durch eine dünne Metallhaut getrennt war, die Geschichte des Luftkriegs in Europa zu erzählen; er philosophierte mit sichtlichem Vergnügen des langen und breiten über jeden einzelnen der vielen Einsätze. Der Geschäftsmann war hocherfreut über die Aufmerksamkeit, die ihm zuteil wurde, und Anderson war froh, einen Zuhörer zu haben, der ihm nicht auswich, wie wir es uns inzwischen angewöhnt hatten. Das Ergebnis war, daß Orvil seine Stimme total verlor. Der Rest unserer Reise verlief in gesegnetem Frieden.

Das Zentrum von Manila bestand aus einem Haufen halbzerstörter, schiefstehender Gebäude, dem Ergebnis hastiger Bemühungen, sie zu demolieren. Corregidor, das wir von einer C-47 aus in Augenschein nahmen, wirkte freundlich; Bataan hatte sich der Dschungel bereits wieder geholt. Ein Admiral, der uns begleitete, sagte, es sei notwendig, die Verteidigungsstellungen in der Manila Bay zu modernisieren. Das berühmte »Beton-Schlachtschiff«, das vor dem Krieg Teil der Verteidigung gewesen war, würde durch einen »Beton-Flugzeugträger« ersetzt werden müssen.[11] Um Andersons Reaktion zu sehen, unterstützte ich dieses Konzept. Er war ungeheuer wütend und konnte es nicht äußern.

Ein oder zwei Tage später starteten wir, versehen mit zwei zusätzlichen Treibstofftanks, bereits vor Einbruch der Morgendämmerung zu unserer MacArthur-Reise. Wir flogen den ganzen Tag – über Cebu, über Mindanao, über große Ozeanflächen, über Morotai, erneut über weite Wasserflächen bis nach Hollandia (dem heutigen Jayapura), dann die Küste von Neuguinea (heute Papua New Guinea) entlang, um schließlich, nachdem es längst dunkel geworden war, in Manus auf den Admiralitätsinseln zu landen. Bis nach Guadalcanal, das wir erst am nächsten Tag erreichten, kamen wir also nicht. Aber mit den paar Sätzen, die er hervorbringen konnte, überzeugte uns Orvil davon, daß wir die Hauptstrecke in einem Tag zurückgelegt hätten. Mich überzeugte er lediglich davon, wie weit die Strecke war, die MacArthur bewältigt hatte. Ich hätte ihm dafür zehn Jahre Zeit gegeben.

Meine Überzeugung verfestigte sich noch, als ich am nächsten Morgen zusammen mit Nitze ein wenig verspätet am Flughafen eintraf. Andersons junger Pilot, der im Zivilleben ein talentierter Musiker war, bekam von seinem Boss gerade eine Standpauke gehalten – mit entsetzlicher Krächzstimme. Beim Auftanken war herausgekommen, daß wir zum Zeitpunkt unserer Landung am vergangenen Abend nur noch für ungefähr fünfzehn Minuten Sprit übrig hatten. Irgendeine Schlamperei bei den Meßinstrumenten. Noch eine oder zwei Schleifen mehr, und wir wären in den Ozean gefallen.

Auf Guadalcanal hatte der Dschungel ebenso wie auf Bataan und den anderen Inseln, auf denen Kampfhandlungen stattgefunden hatten, die Narben der Schlacht bereits wieder getilgt, und die Überreste waren unter dem Laubdach versunken. Guadalcanal mit seinen regelmäßigen Reihen stattlicher Kokospalmen beeindruckte vor allem durch seine Schönheit. Ein Offizier, der dort gekämpft hatte, sagte, er habe sogar während der Kämpfe an die touristischen Möglichkeiten der Insel gedacht. Nur auf Truk in den Karolinen, der großen japanischen See- und Luftbase, wo die herrliche Lagune mit Wracks übersät und das kreisförmige Korallenriff über und über bedeckt war mit mühevoll dem Boden abgerungenen Nutzgärten, schien der Krieg noch eine Realität zu sein.

Gegen Ende jenes Jahres kam ich zurück nach Washington. Nach der Erledigung einiger Formalitäten im Army Air Forces Annex No. 1

fuhr ich mit dem Zug nach New York. Die langen, unglaublich langweiligen Flüge lagen nun alle hinter mir. Meine Ohren waren ebenso an den beständigen Lärm der Motoren gewöhnt wie mein Geist an den Gedanken, daß sie jeden Augenblick würden ausfallen können – eine harmlose Sache, verglichen mit dem Schicksal derer, die sich in die Schlacht gewagt hatten, für mich aber nichtsdestoweniger ausgesprochen anstrengend. Glücklich in meinem Salonwagen sitzend, beschloß ich, nie wieder mit einem Flugzeug zu fliegen.

16
Kalter Hauch

Es ist gut möglich, daß ich Ende 1945 besser über die ausgepowerten und ruinierten Volkswirtschaften Deutschlands und Japans Bescheid wußte als sonst irgendein Sterblicher. Auf jeden Fall hatte sonst niemand die Gelegenheit zu einem derart privilegierten Einblick gehabt. Bemerkenswerterweise fiel dies nicht mir ein, sondern Clair Wilcox, einem hochangesehenen Professor am Swarthmore College in Pennsylvania, der während des Krieges für die Stahl- und andere Schwerindustrien zuständiger Preiskommissar im Office of Price Administration gewesen war. Mittlerweile war er im Außenministerium tätig und setzte sich dort für niedrigere Zölle sowie für eine neue internationale Organisation zur Förderung und Verteidigung des freien Welthandels ein, das spätere General Agreement on Tariffs & Trade (GATT). Auch Will Clayton, damals Stellvertretender Wirtschaftsminister, und, in geringerem Maße, Willard L. Thorp, sein Stellvertreter, ein New Dealer der ersten Stunde und Professor am Amherst College, drangen darauf, meine Kenntnisse über die unterlegenen Länder zu nutzen.

In jenen Tagen war es nicht leicht, solchen Bemühungen zu widerstehen. Das Prestige des öffentlichen Dienstes war sehr hoch, und dementsprechend fühlte man sich verpflichtet. (Sowohl das eine wie das andere sollte sich durch den Vietnamkrieg und Richard Nixon erheblich zum Negativen hin ändern.) So bemühte ich mich 1946 um die Zustimmung von Harry Luce und meinen Kollegen von *Fortune*, erneut beurlaubt zu werden, und kehrte nach Washington zurück, um dort die Leitung der für Deutschland und Japan zuständigen Abteilung im Außenministerium zu übernehmen. Hinzu kamen, zunächst gar nicht beabsichtigt, auch Österreich und Südkorea.

Das Außenministerium war damals in etwa ein Dutzend regional- oder sachbezogene Büros aufgeteilt. Ein Büroleiter war ein Mann von Einfluß und Würde. Die unausweichliche Eigendynamik der Bürokratie sorgte mit der Zeit dafür, daß neue Schichten die alten überlagerten; heute ist der Leiter einer Abteilung des Außenministeriums kaum dazu qualifiziert, die Beziehungen mit den Seychellen oder Monaco zu überblicken oder die Verbindung mit der Interstate Commerce Commission aufrechtzuerhalten. Mein Reich war das Office of Economic Security Policy (Büro für wirtschaftliche Sicherheitspolitik).

Allein das Wort Sicherheit war dazu angetan, einem Ansehen zu verschaffen.

Unter den Leitern der anderen Abteilungen befand sich auch Loy Henderson, ein strenger und wachsamer Kämpfer gegen Kommunisten, Idealisten und die Vorstellung von einem Judenstaat. Er präsidierte bei den Sitzungen des Koordinierenden Komitees, zu denen wir uns in regelmäßigen Abständen zusammenfanden. Ein anderes Mitglied war Alger Hiss, der die für die Vereinten Nationen zuständige Abteilung leitete. Seine frühere Haltung zum Kommunismus und zu Spionagefragen war wenig später in aller Munde. Hiss, ein schlanker, gutaussehender Mann mit ruhiger Stimme, verhielt sich im Koordinierungskomitee völlig unauffällig und machte auf mich praktisch überhaupt keinen Eindruck. Bei meinen liberalen Kollegen galt er als übervorsichtig, streng konservativ orientiert und ein bißchen etepetete.

Im Ministerium übernahm ich ein gutes, junges Team; ihm gehörten unter anderen an: Seymour J. Rubin, der sich mit der Wiederbeschaffung von Naziguthaben aus der Schweiz befaßte, Charles P. Kindleberger II., der später ein bekannter Wirtschaftsprofessor und Wirtschaftshistoriker am Massachusetts Institute of Technology werden sollte, und Walt Whitman Rostow, später, zur Zeit des Vietnamkrieges, heißumstrittener Nationaler Sicherheitsberater Lyndon Johnsons. Rostow war damals einer der tüchtigsten jungen Beamten im Ministerium, doch galt seine Haltung gegenüber den Sowjets als zu kompromißbereit.

Ich richtete mir ein Büro in einem Gebäude der Pennsylvania Avenue unweit des Ministeriums ein, und im Frühling zogen wir mit unseren Kindern in ein häßliches Haus mit ungepflegtem Garten in der Connecticut Avenue am Cleveland Park. Einmal spielte einer unserer Söhne mit Streichhölzern und hätte es um ein Haar angezündet. Es war eine frühreife und zweifellos übertriebene Manifestation von gutem Geschmack.

Mein Erscheinen im Außenministerium stieß nicht überall auf uneingeschränkte Freude. Noch immer hallten die Auseinandersetzungen über meine Amtsführung als Preiskontrolleur nach, vor allem im Kapitol. Meine FBI-Akte war – was ich damals noch nicht wußte – voller Vorbehalte von wütenden Bürgern, die mit ihren Preiserhöhungen bei mir nicht durchgekommen waren. In der Washingtoner Bürokratie herrschte nun, da Roosevelt nicht mehr lebte, eine Atmosphäre der Vorsicht, und Individuen, deren radikale sozialpolitische Einstellung dereinst nur Bewunderung erregt hatte, wurden jetzt mit entsprechender Vorsicht behandelt. Bevor ich meine neue Stellung antrat, wurde ich einer Sicherheitsüberprüfung unterzogen, und es war kaum überraschend, daß sich das Überprüfungskomitee der Sicherheitsabteilung (Security Screening Committee of the Security Office) im Außenministerium am 25. Januar 1946 formell gegen meine Ernennung aussprach. Es hieß, ich würde »das Ministerium scharfer Kritik aussetzen ... [und] gewisse Programme und Zuwendungen gefährden«. Und: »Es läßt sich nicht feststellen, daß dieser Kandidat Qualifikationen besitzt, die die daraus für das Ansehen des Ministeriums erwachsenden Nachteile in irgendeiner Weise ausgleichen oder kompensieren könnten.« Daraufhin wurde ich eingestellt. Von dieser deprimierenden Meinung über mich erfuhr ich erst, als ich nach der Freedom of Information Act Einblick in meine Akte nehmen konnte. Ich schätze, daß weder Will Clayton noch Jimmy Byrnes, inzwischen Außenminister, sich durch diese Ehrabschneidung beeindrucken ließen, denn ich arbeitete mit beiden sehr eng zusammen. Als ich zum Amtsantritt bei Byrnes vorsprach, bat dieser mich allerdings – und ich glaube, aus guten Gründen –, ich solle mich im Kapitol nicht allzu häufig blicken lassen.

Niemand, der noch jung ist, wird sich leicht für jenen Menschentyp erwärmen können, der in den Jahren vor dem Zweiten Weltkrieg im Außenministerium das Sagen hatte bzw. nach dem Krieg versuchte, wieder in die alte Machtposition hineinzugelangen. Um ihn zu verstehen, muß man zunächst eine lebenswichtige und oft falsch verstandene Institution der modernen Demokratie erläutern. Es ist dies die Säkulare Priesterschaft. So wie ihr religiöses Pendant zwischen Gott und den Menschen vermittelt, vermittelt die Säkulare Priesterschaft zwischen den Menschen und dem Unbekannten.

Das Volk ganz allgemein und seine Gesetzgeber sind sich darüber einig, daß es große Bereiche der Politik gibt, die so kompliziert oder abstrus sind, daß niemand auch nur hoffen kann, ihre Problematik zu verstehen. Sie müssen daher an diejenigen Leute delegiert werden, die aufgrund ihrer Kenntnisse, ihrer Erfahrung, ihrer Ignoranz oder ihres Selbstvertrauens sich selbst und andere glauben gemacht haben, sie besäßen den Durchblick. Diese Leute bilden die Säkulare Priesterschaft. Da die permanente Aufrechterhaltung eines gewissen Mythos die Macht der Priester festigt, greifen sie regelmäßig auf geheime Kommunikationsmethoden zurück, die dem Außenstehenden stets verschlossen bleiben. Die Operationen des Federal-Reserve-Bankensystems und des Pentagon – was Anlaß zur Sorge sein sollte – sowie die Gestaltung der Außenpolitik sind die großen Hochburgen der Säkularen Priesterschaft. Es sind dies die Gebiete, auf denen die Öffentlichkeit und ihre Repräsentanten sich am bereitwilligsten von ihrer Ignoranz überzeugen lassen. Daher die Delegierung.

Es ist nicht notwendig und noch nicht einmal üblich, daß die Priester wissen, welche Konsequenzen eine Entscheidung – sei es eine militärische Intervention oder Innovation, ein Wechsel in der Zinsrate der Zentralbank oder die amerikanische Unterstützung bzw. Nicht-

Unterstützung irgendeines Diktators – letztlich nach sich zieht. Es weiß ja auch sonst niemand, und wie bei der himmlischen Gerechtigkeit liegt Trost in der Annahme, daß es irgendwo irgend jemanden gibt, der sich auskennt. Eine sorgfältig kultivierte äußere Selbstsicherheit seitens der betreffenden Priesterschaft, verbunden mit der Unfähigkeit der Mitglieder, die eigenen Grenzen zu erkennen, vergrößert das Vertrauen der Öffentlichkeit erheblich.

Nur wenn es sich herausstellt, daß die Entscheidungen der Säkularen Priesterschaft katastrophal falsch sind – z. B. bezüglich der Verwundbarkeit des Castro-Regimes gegenüber ein paar tausend in der Schweinebucht landenden Söldnern, der Annahme von der zeitlosen Einheit der Kommunistischen Welt bis kurz vor dem Bruch zwischen Moskau und Peking oder dem Glauben an die Omnipotenz der amerikanischen Feuerkraft und Luftüberlegenheit im vietnamesischen Dschungel –, nur dann pflegt das Vertrauen der Öffentlichkeit gelegentlich ein wenig nachzulassen.

Man muß sich dabei vergegenwärtigen, daß die Säkulare Priesterschaft naturgemäß Klasseninteressen mit handfester Politik verbindet. Entscheidungen von Vertretern der Zentralbanken stimmen mit den Interessen der Finanzwelt überein; Entscheidungen von Militärs über Waffenobjekte gereichen den Interessen des militärischen Establishments oder denen der Waffenindustrie niemals zum Nachteil; Entscheidungen unserer Diplomaten reflektieren die wirtschaftlichen, sozialen und politischen Präferenzen jener allgemeinen Gesellschaftsschicht, der sich die Priesterschaft verbunden fühlt oder aus der sie sich rekrutiert.

Die Außenpolitik ist von der Säkularen Priesterschaft, wie bereits bemerkt, stets als ihre spezielle Domäne angesehen worden. Vor dem Zweiten Weltkrieg bildeten ihre Mitglieder eine sehr kleine, sehr erlesene Gruppe innerhalb des Außenministeriums. Außenminister kamen und gingen in relativ häufigen Intervallen; nur ein paar, wie z. B. Cordell Hull, erwiesen sich als ausdauernder. Als Botschafter wechselten sich Politiker und Mitglieder der New Yorker oder Bostoner Prominenz ab. Die Hauptverantwortung wurde jedoch von einer kleinen Gruppe von Amerikanern aus den oberen Einkommensschichten ausgeübt und monopolisiert, die über ausgezeichnete Verbindungen verfügten und für ihre Aufgabe aufgrund ihrer familiären Herkunft sowie ihrer Erziehung und Ausbildung (in Groton, Exeter, Andover oder St. Pauls, sowie an den Universitäten Princeton, Harvard und Yale) ausgewählt wurden. Das Außenministerium zog sie an, weil dort Umgangsformen genauso wichtig – und leichter erlernbar – wie Fachkenntnisse waren und weil es das einzige Ministerium war, in dem ein aufrechter Gentleman arbeiten konnte. Ein Groton-Mann konnte einfach nicht im General Accounting Office (Rechnungshof), im Bureau of Labor Statistics (Amt für Arbeitsstatistiken) oder im Landwirtschaftsministerium tätig sein. Reisen in jungen Jahren und der familiäre Hintergrund bedeuteten, daß diese Leute sich im Gegensatz zu den meisten anderen Amerikanern in der europäischen Gesellschaft zu Hause fühlten. Oft bekamen sie zu hören, sie seien »keine typischen« Amerikaner. Die meisten, obwohl keineswegs alle, waren selbst oder dank ihrer Ehefrauen ziemlich wohlhabend. Der Großteil von ihnen war das, was man später als WASPs (White Anglo-Saxon Protestants) bezeichnete, obwohl es auch einige andere gab, darunter gelegentlich sogar Katholiken wie Robert Murphy, die in die Priesterschaft assimiliert wurden und ihren Kollegen an gesellschaftlichem Schliff und politischem Konformismus vollkommen ebenbürtig waren. Alle fühlten sich »einem ziemlich guten Club zugehörig«, sagte Hugh Wilson, ein hochangesehenes Mitglied, 1927 und fügte, unkorrekterweise, hinzu, daß dieses »Gefühl ... einen gesunden *esprit de corps* förderte«.[1]

Jeder, der nach dem Zweiten Weltkrieg neu ins Außenministerium kam, war diesem *esprit de corps* ausgesetzt. Ich war darauf besser vorbereitet als die meisten anderen. Das Klassenbewußtsein von Hugh Wilsons Club konnte jemanden, der Harvard vor der Demokratie gekannt hatte, kaum schrecken. Dort war man selbstsicherem Auftreten, verbunden mit einem unerschütterlichen Gefühl der moralischen und gesellschaftlichen Überlegenheit, bereits begegnet. Letzteres wurde besonders hervorgehoben. Bei Harvard-Absolventen kam es in der Vorkriegszeit nicht so sehr darauf an, daß ein Mensch intelligent war; Hauptsache, er hielt sich für was Besseres.

So wie die Priesterschaft des Außenministeriums es sah, brachte die amerikanische Demokratie eine Reihe von definitiv vulgären Menschen in den Kongreß und andere Teile der Exekutive. Dies war allerdings unvermeidlich, denn es gab ja die Agrargebiete, die Provinz und sogar die arbeitenden Klassen. Das Prestigegefüge, das den Mitgliedern der Priesterschaft ihre Position zuwies, blieb unangetastet. Andere Länder hatten es allerdings dringend nötig, Gewerkschaften, Sozialisten, Kommunisten, Reformpolitiker und verschiedene andere Unruheherde in die Schranken zu weisen. Diktatoren galten als unvermeidlich und waren durchaus wünschenswert, nur nicht im Prinzip. Besonders galt dies für Lateinamerika. Nach dem Krieg besuchte ich einmal ein älteres, total angepaßtes Clubmitglied, das damals amerikanischer Botschafter in Guatemala war. Seine Reaktion auf eine nebensächliche Bemerkung über die Demokratie bestand in dem strengen Hinweis, daß Jorge Ubico, der langjährige Diktator von Guatemala, »hier unten eine sehr saubere Regierung geführt hat«. Leute wie ihn, so der Botschafter mit Nachdruck, würde man immer brauchen.

Wie bei allen Verallgemeinerungen gab es auch hier Ausnahmen. Die Säkulare Priesterschaft im Außenministerium verabscheute den

Kommunismus, die Sowjetunion und die Juden, und für viele war das alles ungefähr ein und dasselbe. Die Säuberungen brachten Stalin keinen Sondertadel ein; es reichte völlig aus, daß er Kommunist war. Aber in den Jahren nach dem Krieg gab es eine kleine Gruppe junger Beamter – Charles E. Bohlen, George F. Kennan und Llewellyn E. Thompson jr. –, die das sowjetische Experiment sowie die Sprache, den Charakter und die Kultur Rußlands fasziniert studierten. Und für China gab es die China-Mitarbeiter – John Carter Vincent, John Stewart Service, John Paton Davies und O. Edmund Clubb. Alle waren sie zu dem Schluß gekommen, daß die Zukunft nicht Tschiang Kaischek und seinen in Auflösung begriffenen, räuberischen und kampfesscheuen Truppen gehöre, sondern vermutlich oder sogar höchstwahrscheinlich den Kommunisten. Weil sie hierin recht behielten, wurden sie in den fünfziger Jahren von John Foster Dulles und den McCarthyisten vom Kapitol streng zur Rechenschaft gezogen. Die Säkulare Priesterschaft fügte sich im großen und ganzen dankbar in die Notwendigkeit, ihre Kollegen dem allgemeinen Wohl zu opfern. Die China-Beamten waren nicht die wahren Gralshüter der amerikanischen Außenpolitik.

Die Kriegsjahre waren für die alten Diplomaten nicht einfach gewesen. Weder geistig noch praktisch waren sie auf eine wirksame Rolle vorbereitet. Ein Kreuzzug für die Demokratie rüttelte sie nicht besonders auf; nach dem Angriff auf Pearl Harbor sagte Roosevelt einmal in einem entspannten Moment, er hoffe während des Krieges zumindest auf die Neutralität des Außenministeriums.[2] Wichtiger war jedoch, daß ein geruhsamer Botschafterposten und das Nachsinnen über die einlaufenden Telegramme keinerlei Vorbereitung auf die aktiven Aufgaben der Zeit darstellten. Behörden mit direkter Verantwortung für Kriegshandlungen – Marine, Lend-Lease-Verwaltung, das Board of Economic Warfare, die Geheimdienste – machten sich breit und drängten die Säkulare Priesterschaft unnachgiebig beiseite.

Wenn es überhaupt einen Zeitpunkt für ein Comeback gab, so war dieser 1946 gekommen. Die Nemesis Franklin D. Roosevelt war tot. Harry Truman, der einen anderen kulturellen Hintergrund hatte, war weniger empfindsam gegenüber den klassenspezifischen Aspirationen der Kaste als Roosevelt und ließ sich von ihrer superben Selbstsicherheit mehr beeindrucken. Seine Hauptschwierigkeiten mit der Priesterschaft ergaben sich aus deren unnachgiebiger Opposition gegen einen jüdischen Staat, eine Opposition, die für Pro-Arabismus gehalten, deren Antisemitismus dadurch aber um keinen Deut gemindert wurde.

Im Sommer wurde ich, obwohl ich bei dieser Angelegenheit keine formalen Befugnisse hatte, zu Besprechungen über Palästina und das »Jewish homeland«, wie es damals hieß, hinzugezogen. Das Weiße Haus suchte nach Befürwortern dieses Plans. Zu den wenigen Sympathisanten zählten John H. Hilldring, ein kürzlich aus dem Pentagon gekommener General, und ich. Eine zufällige Folge davon war, daß man einige Zeit später bei mir vorfühlte, ob ich nicht als Leiter der Friedens- und Versöhnungsmission nach Palästina gehen wolle. Ich redete mich heraus. Graf Folke Bernadotte aus Schweden, der die Mission schließlich leitete, wurde am 18. September 1948 ermordet.

Nachdem der Krieg nun vorüber war, konnte der Kommunismus wieder zum Feind werden; desgleichen die unpraktischen Idealisten, die der Ansicht waren, daß die Menschen sich aus Verzweiflung und weil man sie ausbeutete dem Sozialismus zuwandten. Wie ich an anderer Stelle einmal berichtet habe, gab es in Oberkanada (heute Ontario) einst eine moralische und politische Kluft zwischen der schottischen Landbevölkerung und dem standesbewußten Toryismus der nach England orientierten herrschenden Klasse. Die daraus resultierenden Verhaltensweisen waren in meiner Jugend noch längst nicht ausgestorben; sie verlangten von einem eine geradezu zwanghafte Opposition gegen jede selbstzufriedene Elite welcher Art auch immer. Nie schloß man sich einer solchen an, und niemals ließ man sich eine moralisch gerechtfertigte Chance entgehen, ihr Kontra zu geben oder aber, so sich die Möglichkeit bot, sie in Rage zu bringen. Keine andere psychische Störung könnte nützlicher sein. Sie zwingt einen automatisch dazu, die pompösesten Klischees der Konzernbosse, die vertraulichsten Leerformeln über militärische Abenteuer und die in den weitesten Kreisen bewunderten außenpolitischen Platitüden in Frage zu stellen. Für mich war sie, wie ich glaube, bei so unterschiedlichen Dingen wie der sanktionierten Antiquiertheit der neoklassischen Ökonomie und dem höchst selbstgefälligen Engagement in Vietnam wertvoll.

Daß ich unbeliebt war, war noch eine relativ harmlose Folge meiner nicht gerade herzlichen Verbindung zu den wiedererstarkten Diplomaten. Schlimmer war, daß ich nur sehr wenig zu tun hatte. Mein Stab erledigte alle Routineangelegenheiten; alle Fragen von politischer Bedeutung, die sich durch die sogenannten »action«-Kopien der Telegramme ankündigten, gingen an die Priesterschaft, die mich oft genug über ihr Vorgehen im unklaren ließ. Der Rest, d. h. im wesentlichen gar nichts, blieb dann für mich übrig. Ein außergewöhnlich geräumiges Büro, ein sehr großer Schreibtisch, einige teure Ledersessel und ein unbequemes Ledersofa betonten meine Untätigkeit noch.

Ich übertreibe etwas. John Carter Vincent war für die Fernostpolitik zuständig. Obwohl er ein hoher Beamter des diplomatischen Dienstes war, hatte auch er eine ausgeprägte, instinktive Abneigung gegen die automatische Weisheit der Säkularen Priesterschaft. In den folgenden Jahren wurde ihm zunächst das Ressort China entzogen, wo seine Kenntnisse ihn zu Einsichten führten, die mit dem erwünschten Glauben in Konflikt standen. Später fiel er den Säuberungen unter John Foster Dulles zum Opfer. Was Japan anging, so sahen John Carter und ich die Dinge aus dem gleichen Blickwinkel, und wenn wir einmal nicht übereinstimmten, wagte ich es aus lauter Bewunderung für ihn nicht, meine Vorbehalte ernsthaft zur Geltung zu bringen. Bezüglich der Behandlung europäischer Probleme herrschte demgegenüber eine mönchische Kargheit. Die deutschen Angelegenheiten lagen unmittelbar in den Händen von James W. Riddleberger, der später Botschafter in Jugoslawien wurde. Er war ein liebenswerter Mann, mit dem man sich gut unterhalten konnte, wenngleich dies oftmals zu nichts führte. Die europäische Politik insgesamt – und der Schwerpunkt der meisten Probleme lag in diesem Bereich – befand sich im Besitz eines gewissen H. Freeman Matthews, einem Bannerträger des alten Clubs und einem Mann von großenteils unzugänglicher Denkweise bzw., um fair zu sein, einer, zu dessen Denkart Zugang zu gewinnen nur wenige der Mühe für wert hielten.

Es gab noch eine andere Schwierigkeit. Die Macht, die meine priesterlichen Freunde zu monopolisieren suchten, war für sich allein nur gering. Die Befehlskette in den besetzten Ländern verlief durch diverse Koordinierungskomitees in Washington über die Stabschefs zu den großen Prokonsuln Lucius D. Clay in Deutschland und Douglas MacArthur in Japan und Korea. Österreich war ein weiteres Lehen. Nach Deutschland gab es schwache und unzureichende Befehlsverbindungen; nach Japan überhaupt keine. Im Koreakrieg sollte sich zeigen, daß MacArthurs Macht selbst bei großen und gefährlichen Entscheidungen nahezu allumfassend war. Einmal in jenem Sommer erörterten John Carter Vincent und ich – freilich nicht ganz im Ernst – unsere Politik für den Fall, daß MacArthur die Beziehungen zu den Vereinigten Staaten formell abbrechen sollte. Ich bin sicher, daß der General von meiner Existenz in Washington als Entscheidungshilfe nichts wußte, und es ist gut möglich, daß er auch von John Carter Vincent niemals etwas gehört hat.

Politische Differenzen trugen ein übriges zu meiner Isolierung und der meines Stabes bei. Der Gedanke an einen Konflikt mit den Sowjets, sei er militärisch oder auch nur politisch, reizte mich nicht. Ich meinte, daß sich für die strittigen Themen – Reparationen, Berlin, die künftige Regierungsform in Deutschland – Verhandlungslösungen würden finden lassen. Dazu waren allerdings geduldige Bemühungen nötig; Bemühungen, die berücksichtigten, daß die sowjetische Haltung in vielfacher Hinsicht Unsicherheit überdeckte, welche aus den Schrecken der jüngsten Vergangenheit resultierte. Und es war müßig, Unmögliches zu verlangen. Der Kommunismus in der Sowjetunion würde bestehenbleiben; und daß man ihm entlang ihrer Grenzen dauerhaft Widerstand leisten würde, war unwahrscheinlich.

All dies lehnte die alte Garde ab. Sie hatte Erfahrung, kannte Moskau aus erster Hand und war vor dem Krieg in Warschau oder in Bukarest diplomatisch tätig gewesen. Das einzige, was die Sowjets verstehen würden, war ein knallhartes Nein. Der Kalte Krieg war 1946 als Konzept noch nicht geboren. Für die alten Diplomaten hatte er schon immer existiert.

Aber es gab auch ein Problem mit den eigenen Verbündeten. Die Kriege im Osten wie im Westen waren damals erst ein paar Monate vorüber. Daß die Deutschen und Japaner zunächst einmal zur Kasse gebeten und dann ökonomisch unschädlich gemacht werden mußten, war für die liberale Linke noch immer eine Gewissensfrage. Der Morgenthau-Plan für die Umwandlung Deutschlands in einen Hirtenstaat verlor zwar an Anhängerschaft, war aber noch nicht gestorben. Noch immer akzeptierte man, daß das Volumen der deutschen Industrieproduktion beschränkt werden müsse.

Zum Teil aufgrund jener schlimmen Wochen in Japan war ich zu dem Schluß gekommen, daß die einzige humane Politik sowohl in Japan als auch in Deutschland in einer möglichst raschen Wiederherstellung des wirtschaftlichen Lebens bestand. Produktionseinschränkungen waren rein akademisch; die einzige Wirtschaftspolitik für die vorhersehbare Zukunft bestand darin, möglichst viel zu produzieren.

Noch ernstere Zweifel hatte ich an der Reparationspolitik. Nach der Erfahrung des Ersten Weltkriegs sah man Bargeldzahlungen inzwischen als einen großen Unruhefaktor in den internationalen Wirtschaftsbeziehungen an. Vor allem Keynes war es gewesen, der dieses Argument vertreten hatte. Entschädigung würde man also nur dadurch bekommen, indem man die industriellen Anlagen demontierte und samt den Maschinen außer Landes brachte. Nach meiner damaligen Überzeugung war dies noch schlimmer. Die Arbeiter in den betroffenen Städten sahen ihre Lebensgrundlage schwinden, und zwar, wie sie annehmen mußten, für immer. Und davon abgesehen war es noch vollkommen unklar, was für einen Wert eine solche »Gebrauchtfabrik« dort, wo man sie hinschaffte, haben würde.

Bei den Reparationen hatte ich einen meßbaren Einfluß. Zur Durchführung der Reparationspolitik in Deutschland und Japan hatte Harry Truman in einer erheblichen Fehleinschätzung Edwin W. Pauley ausgewählt, einen selbständigen Ölmagnaten aus Los Angeles, der mit dem Eintritt in den öffentlichen Dienst einen nicht ganz astreinen Ruf im Ölgeschäft vergessen machen wollte. Wir waren sozusagen Freunde. Da er jede Form einer eigenen Meinung vermissen ließ, war Ed Pauley der sehr rachsüchtigen Stimmung seiner Untergebenen ausgesetzt gewesen, wozu eine sehr harte Linie in der Reparationsfrage gegenüber Japan gehörte. In seinem Entwurf sprach er sich für eine rigorose Demontage und Abtransportierung der japanischen Industrieanlagen aus. Nach den verwüsteten, trostlosen Städten, die ich dort gesehen hatte, erschien mir diese zusätzliche Strafaktion unhaltbar.

Da andere Ed Pauley erfolgreich in ihrem Sinne beeinflußt hatten, kam ich auf den Gedanken, ich könne es nun auch meinerseits versuchen. Als sich sein Bericht der Fertigstellung näherte, schaute ich daher alle paar Tage bei ihm rein. Manchmal begleitete mich mein Assistent in diesen Fragen, Edwin Martin, der damals am Beginn einer langen und hervorragenden Karriere im öffentlichen Dienst stand. Bei jedem Besuch drangen wir darauf, einen weiteren Industriezweig von der Demontage auszuschließen. Die Japaner brauchten schließlich Kleidung. Und Öl. Und Düngemittel. Unsere Zermürbungstaktik führte zu einem sehr zufriedenstellenden Gesamtergebnis. Die Ed Pauleys dieser Welt sind in hohen Positionen oft nützlicher als sie denken.

Eine Möglichkeit, dem bürokratischen Ein- und Ausgeschlossensein zu entgehen, bestand in jenen Monaten darin, die eigenen Ideen direkt nach Berlin an General Clay zu übermitteln. Lucius Clay war einer der intelligentesten, tüchtigsten und notwendigerweise auch politisch geschicktesten Administratoren seiner Zeit. Clay, ein technischer Offizier, dessen Vater für den Staat Georgia im Senat gesessen hatte, war zusammen mit seinem Generalskollegen Brehon B. Somervell während des Krieges hauptverantwortlich für den Nachschub und Transport von Militärgütern gewesen. Während sich die Aufmerksamkeit auf Männer, die im Zivilleben Geschäftsleute waren, wie Donald Nelson von der Warenhauskette Sears und Charles E. Wilson von General Electric richtete, sorgten Clay und Somervell dafür, daß etwas geschah. Clay, ein konzentrierter, hagerer Mann und Kettenraucher (wofür er in seinen letzten Jahren mit einem grauenhaften Lungenemphysem büßen mußte), mochte Einmischung aus Washington nicht. Aber Ideen, die er für gut hielt, konnte er trotzdem nicht widerstehen.

In jenem Jahr war ich zweimal in Berlin. Das erste Mal anläßlich von Verhandlungen mit den Briten in London und mit Jean Monnet in Paris, und danach mit Clay, wobei es darum ging, Mittel und Wege zu finden, die europäische Kohleförderung, ohne die nur wenige Dinge produziert und transportiert werden konnten, wieder in Gang zu bringen. Die Antwort auf das Kohleproblem in Deutschland, mit dem ich hauptsächlich befaßt war, war deprimierend einfach: Es kam darauf an, auf irgendeine Weise für die Bergleute im Ruhrgebiet und an der Saar die Lebensmittel beizubringen, die diese bei ihrer schweren Arbeit brauchten, um größere Mengen zu fördern.

Die Briten, die selber mit den niedrigsten Rationen auskommen mußten und eine Politik der gleichen Lastenverteilung für alle verfolgten, widersetzten sich jeder Lösung, die für deutsche Bergarbeiter mehr Kalorien vorsah als für die Engländer zu Hause. Und mehr für deutsche Bergarbeiter würde ja nicht automatisch mehr für diejenigen bedeuten, die tatsächlich die Kohle herausholten. Die Bergarbeiter würden ihre Rationen mit ihren Familien teilen, die gleichfalls hungrig waren. Einige von ihnen würden also genauso geschwächt wie zuvor einfahren. Unsere Lösung bestand darin, in den Werkskantinen große Portionen von ziemlich flüssigem Eintopf zu servieren. Eine derartige Kantinenverpflegung wirkte sich nicht nachteilig auf die Rationierung in England aus, weshalb sich die Briten zufriedengaben. Und die Deutschen konnten nichts für ihre Kinder mit nach Hause nehmen. Krieg ist widerlich, ebenso wie seine Nachwirkungen.

Um den ersten September herum flog ich zusammen mit meinem langjährigen Freund und Kollegen aus Harvard, Edward S. Mason, wieder nach Deutschland, um dort mit Clay eine Serie von Vorschlägen zur Wiederbelebung der deutschen Industrie und Landwirtschaft zu erörtern sowie die Rückübertragung wesentlicher Teile der Regierungsverantwortung an die Deutschen und die Bestätigung der polnischen Verwaltung (wenngleich nicht des polnischen Rechtsanspruches) über die ehemaligen deutschen Gebiete östlich von Oder und Neiße.

Die Bestätigung der polnischen Verwaltung hatte mir einige Sorgen bereitet. Die abgetretenen Gebiete würden, wie die Erfahrung im Saarland und dem entmilitarisierten Rheinland nach dem Ersten Weltkrieg gezeigt hatte, einen beständigen Unruheherd darstellen. Es würde einen Kampf darum geben, sie wiederzubekommen. Bei allen außenpolitischen Entscheidungen bleiben jedoch die langfristigen Auswirkungen für die Beteiligten unabsehbar. Niemand konnte voraussehen, mit welcher Vernunft sich Nachkriegsdeutschland in das Unvermeidliche fügen würde. Alles diente der Vorbereitung einer Deutschlandreise von Außenminister Byrnes, auf der dieser die neue Politik verkünden wollte.

Dies geschah am 6. September 1946 in der Stuttgarter Oper, nachdem eine Musikkapelle der US-Armee in aller Unschuld *Stormy Weather* gespielt hatte. Byrnes' Rede enthielt eine scharfe Warnung vor einem Wiederaufleben des deutschen Militarismus. Es sei weder »im Interesse des deutschen Volkes noch im Interesse des Weltfriedens, wenn Deutschland in einem militärischen Machtkampf zwischen Ost und West ein Faustpfand oder ein Partner werden würde«.[3] Die Beschränkungen, die der deutschen Industrie auferlegt waren, sollten weiterhin bestehenbleiben; lediglich die für einen Lebensstandard im europäischen Stil ausreichende Produktion und die dazu notwendigen Exporte würden gestattet sein. Da die Produktion jedoch weit unter diesem Niveau lag, war die Proklamation leere Rhetorik.

Die Lebensmittelversorgung unserer ehemaligen Feinde hatte in jenem Jahr in Washington eine große Rolle gespielt. Im Sommer 1946 ging der Welt buchstäblich das Brotgetreide aus. In Washington konnten die britischen Unterhändler Herbert S. Morrison und Christopher Mayhew nach schwierigen Verhandlungen überredet werden, den

Deutschen einen Teil ihrer gefährlich knappen Reserven zu überlassen. Mais und Weizen wurden per Schiff hinübertransportiert, um ihnen das Durchhalten zu ermöglichen. Nur dank einer guten Organisation und eines in Anbetracht dessen, was sie hinter sich hatten, erstaunlich effizienten Rationierungssystems, schafften es die Deutschen. Die Anstrengungen zur Wiederbelebung der deutschen Wirtschaft sowie die Maislieferungen standen mit am Beginn der Karriere eines recht bekannten Nachkriegspolitikers, Ludwig Erhard. Ich bin mir nicht sicher, ob dieser Aspekt seiner Geschichte jemals erzählt worden ist.

Von Ende 1947 bis Anfang 1948 war ein gewisser Dr. Johannes Semler Leiter des Wirtschaftsrates in der britisch-amerikanischen Bizone. Da Weizen noch immer knapp war, schickten wir nach wie vor Mais, und so bemerkte Semler im Januar 1948 in einer Rede, daß das, was wir unseren Exfeinden zukommen ließen, »Hühnerfutter« sei. Wahrscheinlich meinte er das gar nicht einmal abschätzig, aber Übersetzungen können die Bedeutung ändern, und nicht immer zum Guten hin. Auf englisch lautete sein Satz: »The Americans are sending us chicken feed.«[4] Semler wurde abgesetzt, und General Clay gab die Order, einen gefügigeren Mann zu suchen. Man berichtete ihm, daß Ludwig Erhard keine braunen Flecken auf der Weste habe, ein sehr gutmütiger Mensch sei und gerne Reden über das freie Unternehmertum halte. Erhard wurde ernannt. Seine Reden brachten ihm auch weiterhin viel Achtung und Beifall ein. Und er erschien gerade zum richtigen Zeitpunkt auf dem Plan, um den Effekt einer höchst erfolgreichen Währungsreform für sich verbuchen zu können.

Außer einer Steigerung der Kohleförderung war für eine Wiederbelebung der deutschen Wirtschaft auch eine Senkung der Geldmenge erforderlich. Zwölf Jahre lang hatten die Preise einer rigorosen Kontrolle unterstanden. Nun waren Lebensmittel und alle anderen Güter knapp, aber die Löhne und Gehälter sowie die meisten anderen Zahlungen liefen weiter wie bisher. Es gab daher zuviel Geld und zuwenig, was man damit kaufen konnte. Folglich richtete sich die Berechtigung zum Erwerb von Waren nicht nach dem Bargeld, das jemand besaß, sondern danach, ob er die erforderlichen Lebensmittelkarten und Bezugsscheine hatte. Lediglich der deutsche Fleiß und die deutsche Disziplin sorgten dafür, daß die Leute nach wie vor für überschüssige Reichsmark arbeiteten. Was die Ladenbesitzer anging, die die Karten stempelten und dafür ein paar Lebensmittel lieferten, so erhielten sie dafür nichts, was sie ihrerseits hätten verwenden können. Aus diesem Grund verlangten sie und andere Händler immer dringlicher nach einem zusätzlichen *quid pro quo* mit weiterveräußerbarem Wert. Die beste allgemein verfügbare Ware waren Zigaretten. Aufgrund ihrer verschiedenen Wertabstufungen – einzeln, in Päckchen oder in Stangen – bildeten sie eine Art Währung, und nicht einmal eine schlechte. Im Gegensatz zu Gold, Silber oder Papier hatten sie auch einen direkten Gebrauchswert. Nichtsdestoweniger bestand der Bedarf nach etwas Besserem und Gesünderem.

Die Geldmenge, die die Leute in der Hand oder auf der Bank hatten, mußte irgendwie in gerechter Weise reduziert werden. Der Rest würde dann in den Läden akzeptiert werden und es lohnen, verkaufbare Güter zu produzieren. Zwei hervorragende amerikanische Ökonomen deutsch-jüdischer Herkunft, der später lange Jahre in Yale tätige Raymond Goldsmith und Gerhard Colm, ein überaus effizient arbeitender Beamter aus dem Budgetbüro, hatten im Laufe des Jahres 1946 diesen Reformplan entworfen. Als Gegengewicht wurde dem Ergebnis ihrer Arbeit noch der Name von Joseph M. Dodge, einem Detroiter Bankier mit liberalen Ansichten und Finanzberater General Clays, hinzugefügt. Daher der Name Colm-Dodge-Goldsmith-Plan.

Auf den ersten Blick wirkt eine Währungsreform einfach und unkompliziert. Man fordert die Leute auf, ihre alte Währung, in diesem Fall Reichsmark, abzugeben, und händigt ihnen für zehn alte eine neue, also eine Deutsche Mark, aus. Ein weiterer Vorteil ergibt sich daraus, daß gehortetes Geld, für das es keine einfache Erklärung gibt – also z. B. die Gelder von Spekulanten, Schwarzmarktschiebern und erfolgreichen Dieben –, ausgeschaltet wird und seinen Wert verliert, da seine Besitzer es vorziehen werden, auf den Umtausch zu verzichten.

Nun aber kommen die Komplikationen. Ein simpler Umtausch bringt eine flagrante Diskriminierung derjenigen Personen und Familien mit sich, die ihr Kapital zufällig in Bargeld oder Bankguthaben angelegt haben.[5] Sie alle verlieren ihr erspartes Geld. Unbehelligt bleiben dagegen jene, deren Kapital in Immobilien, Aktien, Gemälden oder persönlichem Eigentum liegt, und das sind meistens die ohnehin Wohlhabenderen.

Mit einer Kapitalsteuer auf Vermögenswerte, die ansonsten unberührt geblieben wären, versuchten Colm und Goldsmith einer solchen Entwicklung gegenzusteuern (und gleichzeitig denjenigen, deren Häuser oder sonstiges Eigentum im Krieg zerstört worden war, eine gewisse Kompensation zu verschaffen). Dies war fair, stieß jedoch bei amerikanischen Konservativen auf helles Entsetzen. Wenn Amerikaner in Deutschland eine Kapitalsteuer guthießen, schufen sie damit nicht einen Präzedenzfall für ein ähnliches Vorgehen eines Tages in Amerika? Furchtbar, nicht nur für das Kapital, sondern auch für den Kapitalismus. Howard C. Petersen, ein Mann mit konservativen Ansichten, der damals Stellvertretender Kriegsminister war und später einer der führenden Bankiers von Philadelphia werden sollte, konnte auf Pentagon-Konferenzen in diesem Sommer seine Aufregung kaum unter Kontrolle halten. Schließlich trat die Währungsreform im Juni

1948 in Kraft – und zwar ohne die böse Steuer. Unter dem Schutz einer Mystifikation, die finanzpolitisches Handeln der kritischen Überprüfung durch die Öffentlichkeit entzog, wurden, wie gewöhnlich, die Armen zur Kasse gebeten.

Insgesamt gesehen war dies jedoch nur ein kleiner Fehler in einem großen Erfolg. Weil sie wußten, daß die Reform bevorstand, hatten Ladenbesitzer und andere Händler schon seit einiger Zeit mit Bedacht Waren auf die Seite gelegt und somit vermieden, sie für in Kürze nahezu wertlose Reichsmark zu verkaufen. Als das neue Geld dann kam, waren die Regale plötzlich voll. Nun, da es Waren zu kaufen gab, lohnte es sich, für D-Mark zu arbeiten, weshalb die Produktion bald anstieg. Alles erschien wie ein Wunder und war vielleicht auch eins. Aber weder General Colm noch Raymond Goldsmith, ja, nicht einmal Joe Dodge wurde das Wunder als Verdienst angerechnet. Den Applaus heimste vielmehr Ludwig Erhard ein. Erst später, als er alles andere als erfolgreich Konrad Adenauer im Kanzleramt nachfolgte, kam teilweise heraus, in welchem Maße seine Karriere vom Zufall bestimmt war. Davon abgesehen, war Erhard ein dicker, freundlicher Mann. Die letzte unserer wenigen Begegnungen fand in Mexico City, ein oder zwei Jahre vor seinem Tod, statt. Wir beide hielten dort Vorträge, und er fragte mich, warum ich es für notwendig hielte, nach Mexico zu fahren, um seinen Wahrheiten zu widersprechen.

Im Sommer 1946 bot Berlin insgesamt ein angenehmeres Bild als ein Jahr zuvor. Dies lag zum Teil daran, daß niemand mehr in den Trümmerfeldern lebte. Das Leben konzentrierte sich inzwischen auf die Alleen und großen Villen in Zehlendorf sowie weiter draußen an der Havel und den Seen. Die dort befindlichen Häuser der Reichen waren fast ausnahmslos verschont geblieben und lieferten einen augenfälligen Beweis für die bereits einmal erwähnte Klassendiskriminierung seitens der Bomben. Freilich gab es inzwischen eine Art ausgleichende Gerechtigkeit. Die Villen wurden zu bevorzugten Objekten amerikanischer Offiziere und Zivilisten, die nach komfortablen, um nicht zu sagen luxuriösen Quartieren Ausschau hielten.

Die unbegrenzte Anpassungsfähigkeit der Amerikaner kam nie deutlicher zum Ausdruck als in der Leichtigkeit, mit der sich die Bewohner armseliger Apartments aus Alexandria und Arlington in den Bürgerhäusern an der Havel einrichteten, und in der Schnelligkeit, mit der sie Leistungsvergleiche zwischen Köchen und Hauspersonal zum Thema ihres *small talk* machten. Es war abstoßend. Ein Freund von mir aus agrarischen Zeiten, inzwischen ein hoher Beamter im Auswärtigen Dienst beim Stab von Robert Murphy, war damals mit seiner neuen Ehefrau in Berlin und widmete nahezu seine gesamte Zeit der Organisation seines Haushalts und seiner Dienerschaft, die einen Umfang angenommen hatte, an den er nicht gewohnt war. Beim Essen sprach er über nichts anderes. Während unseres Besuchs im September waren Edward Mason und ich im Hause des ehemaligen Erziehungsministers der Nazis, Bernhard Rust, Am Hirschsprung, untergebracht. Neben vielen anderen Vulgaritäten war es mit lasziven Betten, vergoldeten Wasserhähnen und in den Boden eingelassenen Bädern aus synthetischem Malachit ausgestattet. Einmal fuhr ich in die britische Zone, um dort Barbara Ward, die spätere Baronesse Jackson, damals Redakteurin beim *Economist*, abzuholen, eine vielseitig begabte Autorin und eine Frau von seltener, schlanker Schönheit sowie einem Talent für prägnante und oft niederschmetternde Kommentare. Auf der Rückfahrt im Wagen verurteilte sie mit beredten Worten den unpassenden Luxus, in dem die Offiziere der britischen Besatzungstruppen in Hamburg und Berlin lebten. Dann kam sie in unser Haus.

Der Überfluß an Hauspersonal und an Mätressen war ein unvermeidliches Nebenprodukt der in den amerikanischen Unterkünften verfügbaren Lebensmittel. Eine Anstellung als Diener oder eine sexuelle Beziehung waren gleichbedeutend mit zusätzlichen Rationen, nicht nur für die angeworbene Person selbst, sondern auch für deren weiteren Familienkreis. So führte die Armut zu einer Wiederherstellung untertanenhafter sozialer und sexueller Wertvorstellungen früherer Epochen. Nachdem die *Saturday Evening Post* 1947 diesen Hedonismus entsprechend gewürdigt hatte, ordnete General Clay an, daß alle Bediensteten »mit Ausnahme einer Person pro Haus zu Instandhaltungszwecken sowie einem außer Haus beschäftigten Angestellten für große Rasenflächen« von nun an »auf der Basis privater Anstellung« stünden. Traurig schrieb er an Dwight D. Eisenhower, der damals in Washington sein Vorgesetzter war, er glaube nicht, »jemals frei zu werden von jener Sorte von Untergebenen, die die Privilegien, die man ihnen eingeräumt hat, mißbrauchen und auf diese Weise ein negatives Echo in der Presse hervorrufen«[6].

Im übrigen wurden 1946 auch Anstrengungen unternommen, die zur Routine gewordenen Spekulationsgelegenheiten der Armeeangehörigen einzuschränken. Selbst der Sold eines Rekruten hatte, da er in Dollars ausgezahlt wurde, eine enorme Kaufkraft, sei es direkt oder in Form von Zigaretten, Kaffee und anderen Waren, die den privilegierten Amerikanern zur Verfügung standen. Gegenüber dem Hauptquartier der amerikanischen Militärregierung in Zehlendorf wurde in jenem Sommer Truman Hall, ein großes Freizeitzentrum für die Soldaten, eröffnet. Zur gleichen Zeit wurden Maßnahmen ergriffen, die eine Einschränkung der kommerziellen Aktivitäten der Soldaten zum Ziel hatten. Anstatt ihnen ihren Sold voll in den hochbegehrten Dollars auszuzahlen, bekamen sie Bezugsscheine, die in bescheidenem Umfang nur in amerikanischen Bars, PX-Läden und ähnlichen Einrichtungen, von denen es in Truman Hall eine reichliche Auswahl gab, einlösbar waren. Der Rest des Soldes wurde zurückgehalten und erst später ausgezahlt. Zu Ehren des neuen und unpopulären Zahlungsmittels wurde Truman Hall prompt in »Harry's Chit House« umbenannt.

Eher deprimierend sind die Erinnerungen, die ich mit den Gesprächen verbinde, welche sich 1946 in Berlin um die Bedrohung seitens der Sowjetunion drehten. Clay und Angehörige seines Stabes, wie z. B. der hochintelligente William H. Draper jr., verachteten derartige Ängste. Daß die Sowjetunion, die sich von den bei weitem schlimmsten Verwüstungen des Zweiten Weltkrieges erholte, physisch oder gar emotionell dazu in der Lage war, einen neuen Krieg vom Zaune zu brechen, wurde von Clay als Hirngespinst abgetan. Dem stand die angeblich tiefere Einsicht der alten Priesterschaft einschließlich Robert Murphys gegenüber. Sie fanden ihr Publikum bei Offizieren, für die die Rückkehr ins Zivilleben nach dem spannenden Kriegserlebnis unsägliche Langeweile in Aussicht stellte. Außerdem sprachen Wirtschaftsmanager darauf an, die sich darin einig waren, daß das freie Unternehmertum dem Kommunismus zwar in jeder Hinsicht überlegen war, daß aber nur beständige Wachsamkeit es vor der überlegenen kommunistischen Heimtücke würde schützen können. Schon damals befand man sich oft in der Minderheit, wenn man in einer abendlichen Runde andere Ansichten vertrat. Viel später hatte dies noch eine weitere Konsequenz. Durch das beständige Vertreten einer Minderheitsmeinung verlor man sein Durchsetzungsvermögen. Wenn die abweichende Meinung vorhersehbar ist, wird sie nicht mehr als nützlicher Diskussionsbeitrag angesehen. Während man sprach, herrschte höfliches Schweigen, danach wurde zur Tagesordnung übergegangen. Zuletzt hielt man es für effizienter, Leute mit abweichender Meinung von vorneherein gar nicht erst einzuladen. Warum sollte man ihretwegen Zeit verschwenden?[7]

Im Herbst 1946 hatte ich nicht das Gefühl, ich verlöre mein Durchsetzungsvermögen. Rückblickend auf die vergangenen Monate konnte sich da schon eher das Gefühl einstellen, daß es etwas Derartiges gar nicht zu verlieren gab. Zwar lernte ich sehr viel in jenen Monaten, doch erreichte ich sehr wenig, vor allem im Vergleich mit der ehrfurchtgebietenden Autorität, die ich im Amt für Preiskontrollen besessen hatte. Vielleicht hätte ich im Außenministerium bleiben und kämpfen sollen. Ich nahm statt dessen meinen Abschied und ging wieder zu *Fortune.*

17
Time – *Fortune* – *Life* – Luce

Ich muß nun etwas zurückgreifen; die Chronologie hat keinen absoluten Vorrang vor der Bequemlichkeit. Als 1943, wie erwähnt, meine Amtszeit im Office of Price Administration zu Ende ging und sich die Alternativen in jenem Vakuum, das so viele nach dem Verlust der Macht empfunden haben, auflösten, fiel mir ein Vorschlag wieder ein, den mir ein paar Monate zuvor Ralph D. Paine, der damalige Chefredakteur von *Fortune*, gemacht hatte. Bei einem gemeinsamen Essen mit ihm und Redaktionskollegen hatte ich von meinen Problemen als Preiskontrolleur erzählt, und er hatte vorgeschlagen, ich solle nach Beendigung meiner Amtszeit in Washington der Redaktion von *Fortune* beitreten. So fuhr ich mit dem Zug nach New York, suchte dort Paine auf und nahm sein Angebot an. Es ist gut möglich, daß er es inzwischen längst vergessen hatte.

Ich arbeitete für *Fortune* vom Herbst 1943 an sowie das ganze Jahr 1944 hindurch. 1945 ließ ich mich dann für den Bombing Survey beurlauben, desgleichen 1946 für die matten Monate im Außenministerium.

Während der Jahre in New York wohnten wir in einer Wohnung, die der Columbia University gehörte und sich am Riverside Drive, etwas oberhalb der 116. Straße, befand. Von den Fenstern aus hatte man einen weiten Blick über den Riverside Park und den Hudson. Die Gegend war damals ruhig, ja bezaubernd. Die Straßen waren sauber, niemand hatte Angst, und unsere Kinder Alan und Douglas konnten jeden Nachmittag im Park gegenüber die Sonne und die etwas frischere Luft aus New Jersey genießen. Drunten im Fluß bildeten sich Geleitzüge. Im Laufe einer Woche kamen täglich ein paar Schiffe hinzu, und eines Morgens waren sie dann alle verschwunden. Meine Frau unterrichtete an der Columbia University Deutsch, und auf Empfängen der Hochschule wurde ich als Dozentinnen-Gatte mit Zuvorkommenheit behandelt. Direkt über uns in dem Apartment-Haus lebte Corliss Lamont mit seiner netten und interessanten Familie. Corliss, Sozialist, Bürgerrechtler, Philosoph und Agnostiker (und dies als Sohn Thomas W. Lamonts von J. P. Morgan & Company!) wurde vom FBI mit höchster Aufmerksamkeit beobachtet. Aufgrund unserer engen, wenngleich zunächst zufälligen Nachbarschaft, erging es mir genauso. Als meine Akte schließlich eingesehen werden konnte, war sie voller wohlüberlegter Zweifel; wer einen solchen Nachbarn hatte, konnte schließlich kein guter Amerikaner sein.

Bevor ich zu *Fortune* kam, hatte ich niemals mit Schreiben meinen Lebensunterhalt verdient; das Einkommen, das ich bisher aus dieser Kunst bezogen hatte, betrug wahrscheinlich nicht einmal 1000 Dollar. Ich fing also gleich ganz oben an. *Fortune* war damals, ganz wie es beabsichtigt war, eine der bestgeschriebenen Illustrierten in englischer Sprache. Sie vermied klugerweise den unbeugsam vulgären Stil ihrer Schwesterpublikation *Time*, und zu ihren Autoren gehörten einige der bekanntesten Schriftsteller jener Zeit. Unvorbereitet und von einem Tag auf den anderen dieser Gesellschaft beizutreten, war nicht ohne ein gewisses Risiko. Genauer gesagt, erforderte es ein verrücktes Selbstbewußtsein, über das ich im nachhinein selbst verblüfft war.

Als Einstandsjob schlug ich eine Artikelserie über die amerikanische Nachkriegswirtschaft und ihre Zukunftsaussichten vor. Der erste Aufsatz, einer der ersten dieser Art überhaupt, enthielt eine Einschätzung des Nachkriegs-Bruttosozialprodukts und seiner Komponenten. Dazu gehörte eine Erörterung der politischen Maßnahmen, die einen Rückfall in jene Art von Depression verhindern sollte, die nach der Erfahrung der dreißiger Jahre fast jeder bereits für normal hielt. Die Statistiken arbeitete ich mit Hilfe von Freunden im Handelsministerium aus; die politischen Vorschläge waren eine vorsichtige Dosis Keynesianischer Maßnahmen, durch die die Ausgabe oder Reinvestierung all dessen gewährleistet werden sollte, was bei einem hohen Einkommens-, Produktions- und Beschäftigungsstand gespart werden könnte. Maßnahmen dieser Art erforderten ein Defizit im Bundeshaushalt, und dies war etwas, was man damals noch immer nur mit Vorsicht beim Namen nennen durfte. Umfangreiche graphische Darstellungen verdeutlichten die Argumentation.

Das Ergebnis gab Anlaß zum Feiern. Paine kam mit dem Manuskript in der Hand in mein schmuckloses Büro, um mir mitzuteilen, es sei die beste Sache des Jahres. Die Neujahrsnummer vom Januar 1944 sollte auseinandergenommen werden, um mir die Titelgeschichte einzuräumen. Meine Zukunft als *Fortune*-Redakteur war gesichert. Als ich danach entspannte, wurde mir zum erstenmal in vollem Umfang klar, daß ich mir zuvor doch nicht so ganz sicher über mein riskantes Unternehmen gewesen war.

Danach hatte ich keine Schwierigkeiten mehr, Verleger oder Redakteure dazu zu bewegen, mir meine Prosa abzunehmen. Wenn jemand zögerte – gewöhnlich aufgrund einer zu unwahrscheinlichen oder politisch zu unbequemen These –, zeigte stets ein anderer Interesse. 1963 machte ich Urlaub auf Mallorca. Nach einem Besuch bei Robert Graves in Deyá unterbrach ich die Fahrt auf dem höchstgelegenen Punkt des kleinen Bergstädtchens, um in einem weinumrankten

Straßencafé eine Tasse Kaffee zu trinken. Einer der vielen dortigen Literaten, ein bärtiger Mann mit traurigen Augen, sprach mich an.

»Sind Sie Galbraith?«

Ich bejahte und lud ihn zu einem Drink ein.

Er nahm das Angebot an, und wir unterhielten uns. »Wissen Sie, Sie haben keine Ahnung, was es heißt, Schriftsteller zu sein«, sagte er. »Ihr Zeug verkauft sich ja.«

Fortune war 1943 knapp über zehn Jahre alt und wurde nahezu ausschließlich von den Mitgliedern der Redaktion geschrieben, und zwar jeder Artikel normalerweise von einem Team aus Autor und Rechercheur. Darüber waren viele nicht unglücklich, da es, wie in allen Publikationen des *Time*-Verlags, oft zu Divergenzen zwischen persönlicher Überzeugung und publiziertem Text kam; eine Identifikation mit dem Ergebnis war also keineswegs immer wünschenswert.

Die Diskrepanz zwischen dem, woran man glaubte, und dem, was geschrieben, überarbeitet und schließlich veröffentlicht wurde, stellte im *Time*-Verlag eine große psychologische Hürde dar, die von den Autoren auf drei verschiedene Weisen überwunden wurde. Die einen paßten ihre Schreibe von vorneherein an, ohne dabei ihre Überzeugungen aufzugeben. Sie taten dies, ohne sich selbst oder ihren Kollegen dabei etwas vorzumachen. Das gute Gehalt half ihnen, und im großen und ganzen fanden sie Befriedigung in ihrer Arbeit. Eine zweite Gruppe versuchte, an das, was sie meinte, schreiben zu müssen, auch zu glauben. Sie hatten ein sehr viel schwereres Leben; zur Bewältigung der Anpassungsschwierigkeiten wurden regelmäßig Alkohol und psychiatrische Behandlung in Anspruch genommen. Eine dritte, noch kleinere Gruppe glaubte an das, was sie schrieb, und ihre Anpassung war hervorragend. Viele von ihnen bekleideten höhere Ränge in der Redaktion. Andere waren noch nicht soweit, bemühten sich aber eifrigst. Was sie schrieben, war häufig langweilig, und sie waren bei ihren Kollegen nicht sehr beliebt.

Die Kluft zwischen Überzeugung und Darstellung war bei *Fortune* und *Life* wesentlich kleiner als bei *Time*. In den wöchentlich erscheinenden Nachrichtenmagazinen mußten die Autoren über die irrigen ökonomischen und politischen Pläne von Franklin D. Roosevelt berichten. Und über die Russen, soweit da noch ein Unterschied bestand. Außerdem mußte regelmäßig die geistige Integrität, moralische Überlegenheit und militärische Schlagkraft Tschiang Kai-scheks hervorgehoben werden. Die Sensiblen litten ferner darunter, daß dies darüber hinaus in der Syntax zu geschehen hatte, die *Time* damals vorzog, jenem geheimnisvollen englischen Stil, über den Wolcott Gibbs in *The New Yorker* damals bemerkte: »Rückwärts gingen die Sätze, bis sich einem der Kopf drehte« und »wo das wohl alles enden soll, weiß Gott«.

Die Bilder bei *Life* führten nicht zu ähnlichen Konflikten, weder mit politischen Überzeugungen noch mit dem Satzbau, und bei *Fortune* waren wir alle auf gutes Englisch eingeschworen. Widerstrebend hatte Harry Luce einsehen müssen, daß gute Autoren über Finanz- und Wirtschaftsthemen mit wenigen Ausnahmen entweder Liberale oder Sozialisten waren. Er hatte sich damit abgefunden. Besser jemand mit fragwürdigen Ideen, der interessantes und lesbares Englisch zu schreiben verstand, als ein Mann mit vernünftigen Ansichten, dessen Texte kein Mensch lesen konnte. Selbst wenn Harry mal auf eine lesbare, gut konservative Darstellung von Wirtschaftsfragen stieß, gab er nicht viel darauf. Er kannte das alles schon.

Vor meinem Eintritt in die Redaktion von *Fortune* waren Archibald MacLeish und John Chamberlain die Zugnummern gewesen. Nach damaligen Beurteilungskriterien standen sie beide weit links. Ich arbeitete zusammen mit Eric Hodgins und Wilder Hobson, zwei überaus witzigen Beobachtern der amerikanischen Geschäftsszene und guten Kennern absurder Aspekte in der Welt der Konzerne. Mit von der Partie waren auch Herbert Solow, der erst kürzlich vom kommunistischen Glauben abgefallen war, und Gilbert Burck, ein Vielschreiber, dessen politische Überzeugungen nicht gerade überwältigend waren, der aber über die bemerkenswerte Fähigkeit verfügte, unter den volkstümlichen Figuren der Geschäftswelt immer wieder Unterhaltsames zu finden. Einmal unterbrach Burck eine Reise in Minneapolis, um einen Unternehmer zu interviewen, der, wie Luce erfahren hatte, gerade dabei war, sich den Ruf eines Wirtschaftsweisen zu erwerben. Harry Luce war stets auf der Suche nach solchen Leuten: Er hatte es Tag für Tag mit ganz normalen Geschäftsleuten zu tun und meinte, es müsse irgendwo Männer mit größerem geistigem Tiefgang geben. Wie hätte das amerikanische Wirtschaftssystem sonst so gut sein können? Der Bentham aus Minnesota war für alle eine große Enttäuschung – bloß nicht für Burck. Nach seiner Rückkehr berichtete er, der Mann habe ihm nicht ohne Nachdruck erklärt, »daß der amerikanische Geschäftsmann von heute ein paar neue Platitüden braucht«.

Die unterschiedlichen Einstellungen der *Fortune*-Autoren sowie der Manager und Firmen, über die in unserem Blatt mit Ehrfurcht berichtet wurde, führten wiederholt zu Spannungen. Kurz vor meiner Ankunft war es im Zusammenhang mit einer Artikelserie über die United States Steel Corporation zu einer größeren Krise gekommen. Dwight MacDonald, der Autor, hatte sich kurz zuvor Leo Trotzki verschrieben und war, wie er behauptete, in seinem Glauben durch das, was er bei seiner Beschäftigung mit dem Konzern und dessen Managern erlebt hatte, bestätigt worden. Von Folge zu Folge wurde die Serie subversiver. Es gelang nur mit Hilfe von umfangreichen Operationen, den marxistischen Kern herauszuschneiden.

Unterschieden sich die *Fortune*-Autoren schon manchmal hinsichtlich ihrer politischen Ansichten, so galt dies in noch stärkerem Maße für ihre äußere Erscheinung. Es gehörte zur allgemeinen Routine, irgend jemanden mit geringen literarischen Fähigkeiten, aber tadelloser Kleidung zur Direktion eines Konzerns zu schicken, um dort eine Story »aufzutun«. Danach kamen ein Autor und ein Rechercheur, deren Kleidung, Umgangsformen und Haartracht normal waren, und erledigten die Arbeit, oft genug zur großen Beunruhigung der betreffenden Firma. Einmal erfuhren wir, daß die *Chicago Tribune* uns vielleicht gestatten würde, einen Artikel über die geschäftliche Seite ihres Betriebes zu bringen. Über die diesbezüglichen Aktivitäten war wenig bekannt, und wir alle waren überzeugt, es müsse sich daraus eine gute Story machen lassen. Es wäre überdies eine Art Knüller gewesen, denn Luce und Colonel McCormick waren alles andere als Freunde. Wir schickten also den feinsten Nadelstreifenträger der Redaktion, einen Mann, der zwar etwas schwer von Begriff war, dafür aber sehr vertrauenerweckend aussah, mit dem Ziel auf die Reise, beim Colonel vorzusprechen und die Sache zu besiegeln. Als unser Botschafter im *Tribune*-Turm angekommen war, sagte McCormicks Sekretärin zu ihm, der Colonel »empfängt niemanden beim ersten Mal persönlich«. Unser Mann zerbrach sich noch den Kopf über diese Auskunft, erhielt aber dann eine Erklärung. Der Colonel würde zuerst ein Bild von ihm ansehen und dann eine Entscheidung treffen. Ein *Tribune*-Fotograf mit einer Graflex tauchte auf, schoß ein paar Bilder, und eine Weile später kam ein Bote mit einem Umschlag, der die Abzüge enthielt. Diese brachte die Sekretärin nun zu Colonel McCormick. Als sie nach einer weiteren Pause wieder herauskam, teilte sie unserem Mann mit, der Colonel wolle ihn nicht sehen.

Auch die geographische Lage trug dazu bei, daß wir bei *Fortune* etwas mehr Freiheit genossen. *Time*, *Life* und die Firmenbüros waren damals im ersten *Time-Life*-Gebäude im Rockefeller Center unweit der Fifth Avenue untergebracht. *Fortune* bezog ein paar Monate nach meiner Ankunft zwei Stockwerke auf halber Höhe des Empire State Building. Außer Sicht zu sein hieß, daß auch nicht dauernd an uns gedacht wurde. Das Empire State Building war damals nicht sehr dicht belegt, und Burck fand zu seinem Vergnügen heraus, daß ein einsamer Proletarier den Job hatte, Stunde um Stunde und Tag für Tag durch die leeren Flure zu ziehen, und dies ausschließlich zu dem Zweck, die Toilettenspülungen zu betätigen. Gil meinte, dies geschehe, um zu verhindern, daß Mücken in den stehenden Gewässern brüteten.

Das Gefühl, *Fortune*, die immerhin schon damals einen strammen Dollar pro Ausgabe kostete, würde in Büros und besseren Häusern als Prestigeobjekt gehalten und nicht gelesen, war sehr verbreitet. Untersuchungen bewiesen zwar immer das Gegenteil, aber die Nichtbeachtung war trotzdem gewiß beträchtlich. Selten begegnete ich jemandem, der auch nur eine Zeile von mir gelesen hatte. Mit der Post kamen nur wenige Reaktionen, ausgenommen von denjenigen, die in unseren Artikeln direkt erwähnt worden waren, sei es positiv oder negativ. Mir fiel damals – wie später noch mehrmals – auf, daß man sein ganzes Leben damit verbringen kann, gut für ein winziges Publikum zu schreiben, und diese Erkenntnis stand schließlich in einem engen Zusammenhang mit meinem Weggang. Ein Autor gewinnt durch sein Schreiben nach und nach an Reputation und damit verbundenem Kapital. Bei *Fortune* geschah dies nicht, ebensowenig bei *Time.* Selbst wenn ein Artikel namentlich gezeichnet war, führte der gewaltige institutionelle Überbau dazu, daß die Leser ihn nicht Hodgins, Hobson oder Galbraith zuschrieben, sondern *Fortune.* Auch dies hielt ich nach einer Weile nicht mehr für lohnend.

Den weitaus stärkeren Einfluß auf unsere Ausdrucksfreiheit bzw. den Mangel daran hatte Henry Robinson Luce. Er war 1943 45 Jahre alt, von der Statur her mittelgroß und ziemlich schlank, mit starken Brauen, markanten Gesichtszügen und ruhelosen, suchenden, etwas nervösen Augen. Seine Redeweise offenbarte ein unerreichbares Talent für Einschubsätze. Bei Betriebsversammlungen wurden gelegentlich Wetten darauf abgeschlossen, ob er einen bestimmten Satz korrekt zu Ende führen und zum Ursprungssubjekt und -prädikat zurückfinden würde. Oft gelang es ihm.

Harrys Sprechweise und die ihr zugrunde liegenden Gedanken waren derart kompliziert, daß er nur selten bemerkte, was er aß, trank oder rauchte. Zum Mittagessen traf er sich damals mit seinen leitenden Redakteuren und den wichtigsten Autoren in einem Speisesaal im obersten Stockwerk des Radio Corporation of America Building im Rockefeller Center. Stets waren ein oder zwei gutbezahlte Sykophanten von selbstbewußtem Auftreten mit zugegen, die ohne großen Erfolg versuchten, seine Gedanken vorauszuahnen und ihn auf sein Essen hinzuweisen. Er achtete gar nicht auf sie. Von den Redakteurs- und Reporterkollegen wurden diese Funktionäre mit vorsichtiger Verachtung betrachtet; derjenige, der Luce jeweils am nächsten stand, war als der »gegenwärtige Jesus« bekannt. Keiner von ihnen blieb lang. Harry pflegte die Speisekarte geistesabwesend anzusehen, wurde dann abgelenkt und deutete schließlich hilflos auf das erste Gericht, das auf der Karte angeführt war. Während des Essens hörte er anderen nur zu, wenn eine anscheinend neue Idee zur Sprache kam. Diese fesselte dann seine Aufmerksamkeit, wobei es gar nicht schlimm war, wenn sie seinen eigenen Überzeugungen – diejenigen über China ausgenommen – total zuwiderlief. Luce war konservativ, Republikaner, etabliert und ein romantischer Chauvinist. Aber vor seiner Neugier verblaßten alle diese Eigenschaften.

Eben diese Neugier war es, die einem, wenn man sie sich geschickt zunutze machte, einige zusätzliche Freiräume verschaffte. Es konnte passieren, daß man in Harrys Büro zitiert wurde, um dort für etwas, was man geschrieben oder als Redakteur hatte durchgehen lassen, Rechenschaft abzulegen. Aber seine politischen oder anderweitigen Einwände traten gegenüber der Neuigkeit des Falles immer zurück. Eben diese lernte man entsprechend hervorzuheben. Er protestierte dann, bekundete seine Zweifel und sagte mit einer Geste des Bedauerns, man solle weitermachen.

Niemand konnte dies mit totaler Ausdrucksfreiheit verwechseln. Was variiert, ist in allen größeren Organisationen lediglich der Grad der Restriktion, die durch die Tatsache, daß es sich dabei oft um Selbstbeschränkung oder um Selbstzensur handelt, nicht im geringsten gemildert wird. Selbstzensur bei *Fortune* bestand, wie ich bald erfuhr, darin, daß man sich ständig überlegte, ob eine bestimmte Aussage – manchmal ein Satz, manchmal ein Absatz – die vorhersehbare Auseinandersetzung entweder mit Luce selbst, möglicherweise aber auch mit einem eingeschüchterten oder besonders eifrigen Ersatzmann, wert war. Oft kam man zu dem Entschluß, es sei nicht der geeignete Tag für einen Streit. Oder man kleidete, wenn einen das Gewissen drückte, die positive Erwähnung Roosevelts oder des CIO in so vorsichtige Worte, daß sie unbemerkt durchgingen. Dabei übersah man die an Sicherheit grenzende Wahrscheinlichkeit, daß sie auch jedem Leser entgehen würde.

Selbstzensur beim *Time*-Verlag war jedoch für jemanden, der bereits im öffentlichen Dienst gearbeitet hatte, keineswegs eine neue Erfahrung. In den vorausgehenden Jahren hatte ich mich zunächst im Office of Price Administration an den Umgang mit ihr gewöhnt und sie dann im Außenministerium weiter studiert; später noch, als Botschafter, sollte ich mich in dieser Kunst vervollkommnen. Ein kaum merklicher Prozeß im Unterbewußtsein schätzt bei jedem Wort, jedem Satz, jeder Behauptung oder jeder noch so kleinen, bislang nicht enthüllten oder nicht ausdrücklich betonten Information sämtliche Konsequenzen ein, die daraus in der Öffentlichkeit entstehen können. Welche anderen Beamten, Politiker, Kolumnisten, Firmengruppen, Zeitungen werden aufgeschreckt? Mit welchen Nachteilen für die Allgemeinheit oder für einen selbst? Die verschiedenen Antworten darauf schießen einem mit einer solchen Geschwindigkeit durch den Kopf, daß die Information, z. B. auf einer Pressekonferenz, gegeben oder zurückgehalten wird, ohne daß jemand ein Zögern bemerkt. Nach einem Leben im Staatsdienst wird Selbstzensur nicht nur zum Reflex, sondern auch zum Bestandteil der eigenen Persönlichkeit. Nur in sehr seltenen Fällen kommt es in Autobiographien oder Erinnerungen zu einem Versuch, sich zu befreien. Und was dort als Offenheit gilt, ist nicht mehr als ein geringfügiges Lockern der Ketten; es kann nicht mehr sein, denn der einzelne ist sich seiner Fesseln selten bewußt.

Selbst bei kurzer Dienstzeit ist man suchtgefährdet. Als ich Washington verließ, mußte ich mir immer sehr nachhaltig ins Gedächtnis rufen, daß es nicht länger notwendig oder jedenfalls nicht mehr so notwendig war wie vorher, die Wirkung meiner Worte abzuschätzen. Während der Kennedy-Jahre gewann ich in Indien für die unkomplizierte Offenheit meiner diplomatischen Ausdrucksweise einen gewissen Ruf. Indische und amerikanische Journalisten äußerten sich bewundernd darüber, Kollegen aus dem Außenministerium waren überrascht und gelegentlich auch besorgt. Ein Diplomat, der seine Meinung sagte! Es war ein netter Schwindel. Da ich den Mechanismus der Selbstzensur durchschaute, bediente ich mich ihrer lediglich bewußter als andere und konnte mir damit ein etwas größeres, wenngleich noch immer harmloses Maß an Freiheit erlauben.

Das Extrembeispiel für Selbstzensur in unserer Zeit ist wohlgemerkt aber nicht der Autor, nicht der Mann des öffentlichen Lebens, ja nicht einmal der Diplomat, sondern der Manager des Großkonzerns. Er wägt jede öffentliche und fast jede private Äußerung gegen das Wohl und Wehe des Konzerns ab. Die häufige Folge ist tiefes, würdiges oder selbstgerechtes Schweigen. Geistig erweitert der Topmanager die Kunst der Selbstzensur um eine weitere Dimension; die Wahrheit des Konzerns wird zur Wahrheit schlechthin, und jeder Ausdruck und jeder Gedanke, der dem zuwiderläuft, wird ausgeschlossen, und zwar nicht aus Vorsicht, sondern als vermeintlicher Irrtum. Wenige Menschen in der Geschichte sind in ihrer Ausdrucksfreiheit derartig beschränkt gewesen – und haben es weniger bedauert. Aus diesem Grund, und nicht etwa zufällig, fand Harry Luce mit seiner forschenden, unermüdlichen Neugier seine Geschäftsfreunde so langweilig. Er mochte das Wirtschaftssystem, empfand aber, ohne es jemals wirklich zuzugeben, dessen Exponenten als Zumutung.

Harry Luce war selber ein außerordentlich gutinformierter und kompetenter Geschäftsmann. Um ihn herum schwirrten Männer, der »gegenwärtige Jesus« eingeschlossen, die gelehrt daherzuschwätzen wußten von Auflage und Auflagesteigerung, Anzeigen und Anzeigenverkauf, von den Eigenschaften und Präferenzen der Werbeagenturen, vom Risiko neuer Zeitschriften und deren Chancen; von Konkurrenten und *deren* Chancen. Fast immer wußte Luce mehr als sie. Und weit weniger als sie neigte er dazu, das Denken durch wortreichen Optimismus und bracheninterne Klischees zu ersetzen.

Luce war außerdem ein hervorragender Verleger. Ein- oder zweimal im Jahr erschien er bei *Fortune*, um für eine Ausgabe persönlich verantwortlich zu zeichnen. Wir nannten diese Auftritte »The Comings«. Seine Leidenschaft galt der Information im Gegensatz zu Interpretation oder Theorie. Letztere - ein Artikel über den Erfolg des kapitalistischen Systems oder seinen voraussichtlichen Niedergang durch die Aktionen einer übelwollenden Regierung - trug in jenen Tagen die abfällige Bezeichnung »Denkstück« *(think piece)*. Erstklassiges Schreiben hieß Fakten bringen, in welcher Weise man diese der Wirkung halber auch zusammengefügt oder zusammengeschustert hatte.

Eine weitere und noch stärkere Leidenschaft des Verlegers Luce war, wie ich an anderer Stelle bereits geschildert habe[1], seine Sparsamkeit. Nichts ärgerte ihn so sehr wie überflüssige Worte. 1946 wurde mir - Talente waren damals rar - die Verantwortung für »the middle of the book«, wie wir es damals ausdrückten, übertragen. Es waren dies die Titelgeschichten, d. h. vor allem etwas atemlose Entdeckungsreisen ins Innere des einen oder anderen Großkonzerns. Inzwischen hatte ich schon gelernt, überflüssige Füllwörter herauszustreichen. Aber es war wunderbar zuzusehen, wie Harry mit ein paar Strichen seines weichen, schwarzen Stiftes soundso viele weitere Worte herausnehmen konnte, und wie wenig dadurch verlorenging.

Einmal erreichte ihn zufällig das überfrachtete Konzept eines Artikels über die Bekleidungsindustrie an der Westküste und, ein paar Stunden später, die von mir stark zusammengestrichene Version. Er kommentierte den chirurgischen Eingriff, den ich vollzogen hatte, mit wohlwollender Zustimmung. Es war das Lob eines Meisters. Seit jener Zeit, in der ich für Harry Luce arbeitete, habe ich niemals mehr ein Manuskript durchsehen können, ohne dabei das Gefühl zu haben, er schaue mir über die Schulter und würde sogleich mit der Bemerkung »Das ist überflüssig« einen Stift über meine Zeilen gleiten lassen.

Harry Luce zweifelte nicht am Erfolg seiner Lektionen. John F. Kennedy erzählte später oftmals mit großem Vergnügen, daß Luce während eines Essens bei *Time* im Jahre 1960 zu ihm gesagt habe: »Ich habe Kenneth Galbraith das Schreiben beigebracht. Und ich kann Ihnen sagen, daß mir das ganz schön leid tut.«

Schließlich wurde Luce auch aufgrund jener Neugier, die unseren Freiheitsspielraum erweiterte, ein berühmter Verleger, und zwar deshalb, weil diese Neugier unserer eigenen (und der seiner Leser) entsprach - mit dem Unterschied, daß sie bei ihm hemmungslos war. Oft entdeckte man das eigene Interesse an einer Sache erst, wenn Luce die entscheidende Frage stellte. Einmal ging ich mit ihm abends vom Rockefeller Center zu den Waldorf Towers, in denen er wohnte, wenn er in New York war. Unterwegs sah er das Firmenschild einer Privatdetektei in einem Fenster im ersten Stock. Er fragte mich, für wen Privatdetektive hauptsächlich arbeiteten, welcher Methoden sie sich bedienten, ob sie eine Lizenz bräuchten und was sie verdienten. Ich wußte das alles nicht, aber als wir das Waldorf erreicht hatten, wollte ich es wissen.

Im Herbst 1961 kam Harry Luce nach Indien, um dort an einem

großen christlichen Konklave teilzunehmen. Sein Vater war natürlich Missionar gewesen, aber der Zweck der damaligen Zusammenkunft bestand in ökumenischer Kommunikation, nicht in der Rettung fremder Seelen. Als die Veranstaltungen vorüber waren, lud ich ihn ein, uns auf einem Ausflug nach Rajasthan zu begleiten. In Jaipur wurde ich krank und mußte nach Delhi zurückgeflogen werden. Er kam mit meiner Frau im Botschaftswagen zurück. Es gab keinen Aspekt des indischen Sozial-, Kultur- oder Ehelebens, der Hygiene oder der Landwirtschaft, über den er sich nicht informieren wollte. Sie machten zahlreiche Umwege, um Dörfer, Tempel und Brunnen anzusehen, die ihm ins Auge gefallen waren. Als sie in Delhi ankamen, war Kitty total erschöpft. Harry stellte noch immer Fragen. Ich hätte sie warnen können. In den entfernteren Büros und Außenstellen seines Verlagsimperiums bereiteten sich bedachtsame und ehrgeizige Statthalter auf seine Besuche gelegentlich dadurch vor, daß sie sich genauestens über alles informierten, was an den Straßen, über die sie mit ihm fahren würden, zu sehen war.

Der Leser wird inzwischen vermuten, daß Harry Luce und ich trotz politischer Differenzen freundschaftlich verbunden waren und einen gewissen Respekt voreinander hatten. So war es auch. Kurz vor meiner Abreise nach Indien war ich sein Gast bei einem großen Dinner, das er zum höheren Ruhme der Illustrierten *Life* – es war ihr 25. Geburtstag – gab. Der Abend bekam eine gewisse Denkwürdigkeit durch meine Tischnachbarn, den Herzog und die Herzogin von Windsor, die in jenen Tagen für ein angemessenes Entgelt gekauft werden konnten, um solchen Anlässen einen besonderen Glanz zu verleihen. Ich machte mir eine Notiz über meine Konversation mit dem Herzog.

»Wie ich höre, gehen Sie nach Indien.«

Ich bejahte.

»In meiner frühen Jugend hat es mir dort sehr gut gefallen. Sie müssen unbedingt zum Schweinestechen nach Rajasthan.«

Ich murmelte nicht sehr überzeugend, daß ich darüber bereits sehr viel Gutes gehört hätte.

»Oh, es ist phantastisch! Und Sie werden sehen, daß die Leute dort sehr angenehm sind, auf ihre Art natürlich. Sie haben sich meiner Nichte gegenüber ungewöhnlich anständig benommen.«[2]

Luces Gegenwart bei *Fortune* war überall zu spüren, aber keineswegs dominierend. Zwei gelassene und kultivierte Gentlemen, Ralph Paine, von dem ich bereits sprach, und der Geschäftsführende Direktor, Albert L. Furth, bestimmten die Generalrichtung. Beide waren aufgeschlossen für Ideen und, was noch bemerkenswerter war, für Phantasie – vielleicht in einer Reaktion auf die relative Feierlichkeit von Luce und den totalen Trübsinn seiner Hofschranzen. So durfte ich z. B. die Vorteile untersuchen, die sich für die Neuengländer bei Errichtung eines separaten, souveränen Staates mit eigenem Geld, eigenen Zöllen und Auslandskrediten sowie mit einem Zahlungsbilanzdefizit ergeben würden. Wochenlang diskutierten Wilder Hobson und ich über eine Klassifizierung amerikanischer Geschäftsleute entsprechend ihrer Kleidung: »Das Federkleid des amerikanischen Geschäftsmannes enthüllt nach eingehenden Studien etliches über sein Habitat und verwandte Themen.«[3]

Einen Großteil meiner Zeit bei *Fortune* lag mein Büro neben dem von Eric Hodgins, und wir hatten auch dieselbe aggressiv indifferente Sekretärin. Lediglich der Tatsache, daß er sein Leben überwiegend in der institutionellen Anonymität von Time Inc. verbrachte, ist es zuzuschreiben, daß man sich an Eric Hodgins als Kenner volkstümlicher Gewohnheiten des amerikanischen Unternehmers nicht genauso erinnert wie an Sinclair Lewis. Hodgins hatte am Massachusetts Institute of Technology (MIT) studiert und seine Abschlußprüfung, wie er sagte, nur unter der Bedingung bestanden, daß er versprach, niemals in irgendeiner Form als Ingenieur tätig zu werden. Nach einigen kleineren Redaktions- und Journalistenjobs – u. a. vorübergehend als Herausgeber der *Technology Review*, der Zeitschrift der ehemaligen MIT-Studenten – war er bei *Fortune* hintereinander Autor, leitender Chefredakteur, Vizepräsident des Konzerns ohne nützliche Funktion und schließlich, auf eigenen Wunsch, wieder ein hochgeschätzter Journalist. Während dieser Karriere gewann er einen harten Kampf gegen den Alkohol und war zu Zeiten unserer Freundschaft ein treuer Anhänger der Anonymen Alkoholiker.

Ein großer Mann, in Kleidung, die nur selten gewechselt zu werden schien, mit tiefzerfurchtem Gesicht und der Neigung zu explosiven Lachsalven, litt er unter einem chronischen Überangebot an Informationen. Seine Artikel wurden stets, obwohl sie sehr dicht geschrieben waren, zweimal so lang, wie man sie publizieren konnte, abgeliefert. Wir bekamen die Originale aus dem Schreibraum zum Lesen vorgelegt. Sie zu lektorieren hieß nicht nur, wertvolle Informationen herauszunehmen (im Gegensatz zu dem überflüssigen Beiwerk, das sonst anfiel), sondern auch scharfe Rhythmusveränderungen und wiederholte Ausfälle in humorigen Vulgarismus zu streichen, mit denen er, formal brillant, beabsichtigte, den Leser aus seinem normalen Trott aufzuschrecken.

Über einen Mann aus der Werbebranche, seinen Helden in einer halbfiktiven Erzählung, schrieb er: »Wenn Mr. Dascomb sich die Kirche für seine Karriere ausgesucht hätte, so wäre er Bischof geworden, und zwar ein Bischof unter Bischöfen . . . Er besaß den überwältigenden Vorteil eines Bischofs, trotz gelegentlich auftretender menschlicher Schwächen, eindeutig über einen direkten Draht zum Heiligen Geist zu verfügen. Wo andere sich auf ihr Gefühl oder allenfalls auf Fakten verließen, besaß Mr. Dascomb den höheren Vorteil der Erleuchtung ... In der Werbebranche der Vereinigten Staaten war allerdings die Ansicht weit verbreitet, Mr. Dascomb sei ein Schurke.«[4]

Erics Darstellung der Sorgen eines unbedarften Städters, der sich in der Wildnis von Connecticut ein Haus baut – *Mr. Blandings Builds His Dream House* – entwickelte sich aus einem kürzeren *Fortune*-Text und wurde später ein berühmter Film mit Cary Grant und Myrna Loy. Dem folgte *Blandings' Way*, ein weiterer halbfiktiver Roman über das Milieu der reichen Vorstädte Connecticuts und das Anzeigengeschäft in New York, aus dem das vorhin angeführte Zitat über Mr. Dascomb stammt. In den letzten Jahren seines Lebens schrieb er einen bewegenden Tatsachenbericht über seine letztlich erfolgreichen Bemühungen, die Folgen eines Schlaganfalls zu überwinden *(Episode: Report on the Accident inside My Skull)*, der ihn zunächst außerstande gesetzt hatte, so einfache Dinge zu tun wie seine Schnürsenkel zu binden. Als Eric 1971 starb, saß er gerade an seiner Autobiographie, einem grenzenlos humorvollen Dokument, das ich nach seinem Tod bearbeitete und veröffentlichte. Das Beste blieb leider ungeschrieben.

Ebenso wie für Thorstein Veblen galt auch für Eric, daß er beobachtete und gelegentlich auch destruktiv war, ohne dabei der Hauptursache für Banalität ausgesetzt zu sein, die es für Finanz- und Wirtschaftsautoren gibt, nämlich der Verpflichtung zur Konstruktivität. Man muß Absurditäten und Fehler beim Namen nennen dürfen, ohne sie gleichzeitig verbessern zu müssen. Hodgins wußte auch – wie im übrigen nur deprimierend wenige Wirtschaftsjournalisten und -redakteure –, was Geschäftsleute gerne lesen. Es sind dies nicht etwa die brillanten Erfolgsstories anderer Geschäftsleute, sondern ganz im Gegenteil Berichte über deren Mißerfolge, moralische Verfehlungen, Irrtümer und, wenn sich die Gelegenheit bietet, über deren totale Pleiten. Diese Dinge sind sowohl abwechslungsreicher als auch interessanter als die Erfolgsstories und vermitteln den Lesern der Geschäftswelt ein noch befriedigenderes Überlegenheitsgefühl.

Hodgins hatte vom *Time*-Verlag insofern eine hohe Meinung, als er ihn als Produzenten phantasievoller geschäftlicher Fehlentscheidungen ansah, eine Meinung, die ich unter seiner Anleitung teilweise übernahm. Ein besonders schillerndes Beispiel dafür habe ich mir gemerkt.

Während der Kriegsjahre und dann erneut zur Zeit der Regierung Eisenhower war Charles D. (C.D.) Jackson der wichtigste Mann von Time Inc. in Washington. Großgewachsen und redselig, trug C.D. ein Selbstvertrauen in seine eigenen Fähigkeiten zur Schau, das er offensichtlich für gerechtfertigt hielt. Nach dem Krieg vertraute ihm Harry Luce die Leitung von Time-Life International an, einem seiner wenigen geschäftlichen Mißerfolge. Luce zufolge hatte mit dem Zweiten Weltkrieg das amerikanische Jahrhundert begonnen. Er war von dem Gedanken eingenommen, daß die größte, ja unvermeidliche Offenbarung dieser Epoche eine weltumspannende Berichterstattung durch *Time* und *Life* sein würde, und zwar mit Hilfe eines großen Gefolges englischer und fremdsprachiger Ausgaben. Die Luce-Sykophanten waren erwartungsgemäß begeistert. Aber in einer Zeit, in der nur wenige Währungen in Dollars eingetauscht werden konnten und für niemanden die Notwendigkeit bestand, Waren anpreisen zu müssen, da dieselben überall nur in erschreckend geringen Quantitäten verfügbar waren, waren Verluste in einer selbst bei den Einkünften von Time Inc. recht beachtlichen Höhe die erste Konsequenz. Verluste mochte Luce nicht, und Jackson war entschlossen, sie wieder wettzumachen. Es gab weitere Verluste. Eine von Jacksons Erklärungen ließ Eric brüllend in mein Büro stürmen, denn es handelte sich um ein wirklich großartiges Beispiel wolkiger, an den Haaren herbeigezogener Freier-Unternehmer-Prosa, durch die ein übles Defizit in eine beachtliche Leistung verwandelt wurde. Die Erklärung befand sich in einem Rundschreiben an die Mitglieder der »senior group« von *Time*, einem privilegierten Klüngel alter Mitarbeiter, die sich die Profite teilten. Jackson verwies darauf – hier paraphrasiere ich –, daß Time-Life International sich bereits in Sichtweite einer ausgeglichenen Bilanz befände, wenn die Geschäftsbedingungen im zweiten Halbjahr genauso günstig gewesen wären wie im ersten.

Meine Jahre bei Time Inc. waren lehrreich. C. D. Jacksons Lektion, daß sich mit geeigneten stilistischen Fähigkeiten für jeden Fehler oder jeden Mißstand eine Erklärung finden ließe, machte ich mir nicht ganz zu eigen. Die Schreibschule bei Harry Luce war indessen, wie ich bereits andeutete, ein Geschenk fürs Leben. Und es zahlte sich auch ansonsten beruflich aus. Mehr als jede andere Zeitschrift in der Industriegesellschaft sah die damalige *Fortune* den modernen Großkonzern als eine Haupttriebkraft im wirtschaftlichen und gesellschaftlichen Leben. Meine mehrjährige Tätigkeit als Autor und Redakteur verschaffte mir einen so differenzierten und intimen Einblick in die Struktur des Konzerns, in seine Betriebsziele und in seinen wirtschaftlichen, sozialen und politischen Einfluß, wie ich ihn anders nie hätte bekommen können. Aus jenen Jahren stammt eine permanente Immunität gegenüber der Mythologie der neoklassischen Lehrbuch-Volkswirtschaft und ihrem Bild von einer Welt konkurrierender Firmen, bei denen Autorität und Eigentum in einer Person vereint und von einem einzigen Gehirn gelenkt werden. Jener Zeit verdanke ich zum Teil auch das Konzept der »Technostruktur«[5] als das entscheidende Leitungs- und Erneuerungsprinzip in modernen Großkonzernen sowie vieles andere, das später in meine Lehrtätigkeit in Harvard und in *Die moderne Industriegesellschaft* einfloß. Meine Schuld gegenüber Harry Luce und *Fortune* (bzw., wie andere lieber sagen würden: deren Verantwortung) ist nicht gering.

Für immer bei *Fortune* zu bleiben, war eine Versuchung. Die Bezahlung war gut – bei weitem die höchste unter vergleichbaren Journalistengruppen in New York. Das Betriebsklima war nett und im allgemeinen frei von dem halsabschneiderischen Konkurrenzdenken, das viele derartige Unternehmen kennzeichnet. Mit der Unterordnung der politischen Überzeugungen ließ es sich, wie ich geschildert habe, auskommen, obwohl sie mit der Zeit gefährlich zur Gewohnheit hätte werden können. Nichtsdestoweniger glaubte ich weiterhin, ich gehöre an eine Universität, um dort so viel wie nötig zu lehren und auf eigene Faust zu schreiben. Bei diesem Gedanken spielte das Beispiel des brillanten, aber nahezu unbekannten Hodgins durchaus eine gewisse Rolle. Auch hatte ich inzwischen das Gefühl, daß ich, sobald ich mich mit einem Thema eingehender zu beschäftigen begonnen hatte – nach dem Krieg etwa mit einer wichtigen Artikelserie über die inhärenten Unzulänglichkeiten der Wohnungsbauindustrie –, schon wieder zu recherchieren und zu denken aufhören und etwas Druckfertiges abliefern mußte. Schließlich war es nur allzu deutlich, daß Time Inc. ihre Leute zwar gut bezahlte, sie aber, sobald sie die Fünfzig überschritten hatten, mir nichts, dir nichts als zum alten Eisen gehörig abservierte. Wie ich schon schrieb, galten die Galbraiths als ziemlich langlebig. Ich hätte diese Unausgewogenheit zwar korrigieren können, indem ich mich der kurzen Frist professioneller Nutzbarkeit in der bei Time Inc. üblichen Weise durch starkes Rauchen und Trinken sowie überspannte Reaktionen auf die alltäglichen Lebensanforderungen angepaßt hätte. Die tatsächliche Lebenserwartung wäre so auf die Bedürfnisse des Konzerns zurechtgestutzt worden. Aber ich genoß mein Leben.

An einem Sommertag im Jahr 1948 rief mich John D. Black an und drängte mich, nach Harvard zurückzukehren. Er hatte vom US-Landwirtschaftsministerium umfangreiche Mittel für eine Studie über das Marketing von landwirtschaftlichen Produkten, vor allem in Neuengland, zur Verfügung gestellt bekommen. Der Kongreß hatte sich in jenem Jahr auf die Idee versteift, daß ein effizienteres Marketing ihrer Produkte den Wohlstand der Farmer ohne kostspielige Subventionen würde erhöhen können. Ich sollte Dozent, d. h. Bürger zweiter Klasse sein, aber das Gehalt eines Professors bekommen. So fuhren Kitty und ich nach Cambridge und kamen zu dem Schluß, daß wir uns dort zu Hause fühlten. Im Herbst 1948 kehrte ich nach neunjähriger Abwesenheit ins akademische Leben zurück.

18
Academia Redux

Im Sommer 1947, als ich noch bei *Fortune* arbeitete, stellten uns unsere Freunde Janey und Charles Siepmann ihr Haus in Brookline, unweit von Brattleboro im südöstlichen Vermont, zur Verfügung, und dort ließ ich mich nieder, um einen Artikel über den aktuellen Zustand der industriellen Organisation – grob gesprochen der Großkonzerne – zu schreiben, der in einem für die American Economic Association herausgegebenen Sammelband erscheinen sollte.[1] Die Stadt Brookline liegt zwischen langgestreckten bewaldeten Hügeln (die Berge genannt werden) in einem Tal, das bei Newfane aufhört, dem von der Architektur her vollendetsten Dorf im ganzen Land. Ich teilte bald Kittys Liebe zu dieser ruhigen und schönen Landschaft, und wir entschlossen uns, ein Teil von ihr zu werden. Südost-Vermont sollte für mehr als dreißig Jahre eine zentrale Rolle in unserem und unser Kinder Leben spielen. Es ist ein Gebiet mit zum Teil fruchtbaren Tälern, die einige eher gemächliche Flüsse und ein paar Farmen beherbergen. Oberhalb der steilen Abhänge liegt ein hohes, unregelmäßiges Tafelland mit schroffen Felsformationen und viel Geröll. Einst wurde auch dieses Land beackert, doch wurde das inzwischen aufgegeben. Heute ist es wieder mit Laubwald bedeckt. Noch höher und weiter im Westen liegen die Green Mountains, die selbst dem optimistischsten Siedler widerstanden.

1765 nach Beendigung des Siebenjährigen Krieges zogen Menschen aus Connecticut, das damals bereits recht gut besiedelt war, und später auch von Massachusetts und Rhode Island in diese Gegend – zunächst ins Hügelland und später auch in die dichter bewaldeten Täler. Für einen heroischen Mythos reichte diese Bewegung nicht aus: ». . . religiöse und politische Erwägungen waren ausgesprochen zweitrangig. Es war lediglich der alte Landhunger, der Männer, Frauen und kleine Kinder in die Wildnis von Vermont trieb.«[2] Dieser Hunger war allerdings nicht gering. Jahrtausendelang war Land, jedes Land, das Symbol und die Quelle wirtschaftlicher Unabhängigkeit und ein Synonym für Macht und Prestige gewesen. Und dies blieb auch so. Die Neuankömmlinge fällten die Bäume, sammelten die Steine von den Feldern und bauten aus ihnen ordentliche Wälle, die sich noch heute durch die Wälder ziehen. Indem sie ihre eigenen innovativen Neigungen, die katastrophale Folgen gehabt hätten, unterdrückten und sich statt dessen an die hübschen Entwürfe hielten, die die Bücher über Architektur anboten, entstanden wunderschön proportionierte Häuser. Im Hochland entdeckten sie jedoch dann sehr bald das Ausmaß des Irrtums, dem sie oder ihre Eltern aufgesessen waren.

Das Land war furchtbar. Und auch das Klima, sosehr es späte Sommergäste und winterliche Skifahrer zufriedenstellen mochte, war ungastlich und unberechenbar. 1811 wurde ein Gutteil des bebauten Landes von Regen und Überschwemmungen hinweggespült, und 1816 gab es im frühen Juni noch reichlich Schnee und Eis. Inzwischen ging das Gerücht um, daß im Norden des Staates New York, in Ohio und weiter im Westen tiefer, schwarzer und steinloser Boden zu finden sei. 1825 wurden durch den Erie-Kanal Farmprodukte aus diesem reichen Land im Osten verfügbar – und konkurrenzfähig. So machten sich diejenigen, die nach Vermont gekommen waren, oder, öfter noch, deren Kinder, erneut auf den Weg. Die Landwirtschaft im Hochland ging zurück. Feld um Feld und Farm um Farm wurde das felsige Land den Bäumen überlassen.[3] Die Häuser verfielen oder brannten nieder, ausgenommen dort, wo sich die eine oder andere Familie als hartnäkkiger oder abgestumpfter als die Mehrheit erwies und blieb.

In Townshend an der Ortsgrenze von Newfane kauften wir im Herbst 1947 das Haus einer solchen Familie, in einem Anfall von Extravaganz, wie es damals schien. Es war zuvor ein Holzhaus im Cape-Cod-Stil gewesen. Die Zimmer waren sinnvollerweise um einen großen zentralen Kamin gruppiert, der für Küche und Wohnzimmer eine gemeinsame große Feuerstelle sowie mehrere kleinere für die Schlafzimmer aufwies. Das Haus war später geschmackvoll verlängert worden und grenzte schließlich auf zwei Seiten an einen schattigen, angenehm unregelmäßigen Rasen. Die breiten, ausgetretenen und abgewetzten Dielen aus Kiefernholz schimmerten in einem reichen, seidigen Glanz. Hinzu kamen 95 Hektar Wiese und Wald mit Bächen, kleinen Seen und einem reichen Bestand an Hirschen und Bibern. Nicht alles in der Natur weicht dem Fortschritt: Im heutigen Vermont leben Hirsch, Biber, Stachelschwein, Waschbär oder Wildvogel sicherer als vor hundert Jahren.

Ein ehemaliger öffentlicher Weg, der eine halbe Meile durch tiefen Wald verläuft, verbindet das Haus mit dem Briefkasten an der nächsten Straße. Ein paar Meter weiter die Straße entlang befindet sich der Friedhof, der nur zur Hälfte belegt ist und einst zu den umliegenden Farmen und dem längst verlassenen Dorf gehörte. Über das Grab hinaus grüßt noch heute einer der Toten mit einer Warnung:

My flesh lies slumbering in this ground
While friends and neighbours sleep around
And you, kind reader, pause and view
The sod that soon may cover you.[4]

Für das Haus und Land, dessen entferntere Ecken wir bis heute noch nicht gesehen haben, zahlten wir 6750 Dollar.

Wir verbrachten den Sommer 1948 in Vermont, und im September fuhr ich nach Cambridge, um meine Lehrtätigkeit in Harvard wieder aufzunehmen. Dies geschah nicht ohne eine gewisse Skepsis. Ich würde mich nach neun anstrengenden Jahren, in denen ich zuweilen eine erhebliche Macht ausgeübt hatte, erst wieder an die relative Beschaulichkeit des akademischen Lebens gewöhnen müssen. Außerdem war ich über die Unklarheit meines akademischen Ranges nicht glücklich. An amerikanischen Universitäten gilt, wie erwähnt, ein Dozent nicht gerade als erstklassig. Zwar warnte ich mich selber vor kindlicher Eitelkeit, fand diesen Zustand aber dennoch unbefriedigend.

In Harvard hatte sich weniger verändert, als man hätte glauben mögen. Harold Hitchings Burbank war noch immer der Leiter der Wirtschaftswissenschaftlichen Fakultät. Noch immer strömten die graduierten Studenten - obgleich nicht mehr ganz so begeistert wie ehedem - in Alvin H. Hansens finanzpolitisches Seminar, das er inzwischen gemeinsam mit dem mit ihm befreundeten, aber sehr viel konservativeren Kollegen John H. Williams leitete. Ich quartierte mich in den Büroräumen im Littauer Center ein, die ich 1939 aufgegeben hatte und bis heute noch okkupiert halte. Sehr bald befand sich meine akademische Würde auf dem Wege zur Besserung.

Howard R. Bowen, später zunächst Präsident des Grinnell College in Iowa und danach der University of Iowa, war damals Dekan des College für Handel und Betriebswirtschaft an der University of Illinois. Er bot mir die Leitung seiner Wirtschaftsfakultät an. (Wenig später kam es zu einem größeren Eklat im Namen des freien Unternehmertums, als man Howard neben anderen Vergehen auch seine unzureichende Begeisterung für die Unterweisung im Anzeigenwesen vorwarf. Bessere Formen der Werbung zu lehren sei das gleiche, wie einer Frau beizubringen, eine bessere Prostituierte zu sein, hatte Bowen gemeint.) Kitty und ich fuhren nach Urbana-Champaign, um nähere Erkundigungen einzuziehen. Als das Angebot in Cambridge bekannt wurde, trat die Fakultät zusammen und entschied, mir eine volle Professur einzuräumen.

Die Abstimmung erfolgte an jenem Tag einstimmig, da Gottfried Haberler nicht daran teilnahm. Er war einer jener zahlreichen hochgebildeten Österreicher, die in den dreißiger Jahren mit dem festen Willen in die Vereinigten Staaten ausgewandert waren, hier die Konkurrenz- und Laissez-faire-Wirtschaft, die aufgrund ihres Versagens in Österreich und Deutschland nicht mehr existierte, kompromißlos aufrechtzuerhalten. In den Jahrzehnten nach dem Zweiten Weltkrieg wurde die österreichische Wirtschaftspolitik zu einem Musterbeispiel für erfolgreichen, undogmatischen Pragmatismus. Niemand kann daran zweifeln, daß sie von der Auswanderung dieser hochangesehenen Wissenschaftler in die Vereinigten Staaten enorm profitierte. Auf diesen Umstand wies ich in höflicher Form 1971 in einer Rede vor den österreichischen Sozialdemokraten mit Vergnügen hin. Wie so viele andere, setzte Haberler eine gedankenlose Parteinahme für den Markt und automatischen Widerstand gegen Interventionen der Regierung mit wissenschaftlicher Kompetenz gleich. Aus diesem Grund meldete er sich bei seiner Rückkehr pflichtbewußt im Verwaltungsgebäude der Universität, um dort seine einsame Neinstimme gegen meine Professur registrieren zu lassen. Dies alles hatte jedoch auf unsere Beziehungen in den nächsten dreißig Jahren keinen besonderen Einfluß.

Um die Entwicklungen zu beschreiben, die meiner Wahl zum Professor nun folgten, muß ich auf eine Metapher zurückgreifen. An einem Wintertag Mitte der siebziger Jahre begab ich mich mit meiner Frau an die Universität von Löwen, um dort eine Ehrendoktorwürde in Empfang zu nehmen. Nach Beendigung der Feierlichkeiten brachten uns unsere belgischen Gastgeber zum nahe gelegenen Brüsseler Flughafen. Wir standen in einer von zwei Reihen vor einem Schalter. Uns gegenüber, in der anderen Reihe, befand sich ein Mann mit Homburg und Pelzkragen, ein Bild solider, erfolgreicher Bürgerlichkeit. Wie sich herausstellte, war er in Wirklichkeit ein Kenner guter Literatur, wenn nicht sogar hochrangiger Dichtkunst. Er sah zu mir herüber und sagte mit sehr vernehmlicher Stimme:

»Sie sind Professor Galbraith.«

Ich verbeugte mich.

»Von Ihnen stammen die ausdrucksvollsten Worte, die je in der englischen Sprache geschrieben worden sind.«

Ich verneigte mich ein wenig tiefer, ja geradezu dankbar, und fragte, um welche Worte es sich handele.

»Sie stehen in ihrem Botschaftertagebuch. Dort, wo Sie sagen: ›*The shit hit the fan.*‹« (»Die Scheiße klatschte an den Ventilator.«)

Alle, die in Hörweite standen, waren, wie ich glaube, beeindruckt.

Ich hatte diesen Satz benutzt, um den Effekt zu beschreiben, der sich während der Senatsanhörungen einstellte, die meiner Bestätigung als Botschafter in Indien 1961 vorausgingen. Zwei konservative Senatoren – Alexander Wiley aus Wisconsin und Frank J. Lausche aus Ohio – waren damals mit der Entdeckung herausgerückt, daß ich mich für die Anerkennung von Rotchina eingesetzt hatte. (In Wirklichkeit hatte ich mich für die vorsichtigere Zwei-China-Politik der damaligen Zeit eingesetzt: Laßt uns Festlandchina anerkennen, sobald wir die Gewißheit haben, daß unsere diplomatischen Beziehungen mit Taiwan bestehenbleiben können.) Meine Bestätigung hing daraufhin eine Zeitlang in der Luft, wurde jedoch dank der starken Unterstützung u. a. von Hubert Humphrey schließlich doch durchgesetzt. Daß ich Harvard-Professor werden sollte, traf die hochehrwürdigen Mitglieder des Board of Overseers von Harvard College mit gleichsam noch vernehmlicherem Platschen.

Dies liturgisch erhabene Gremium zählt dreißig Mitglieder, wird von den Harvard-Absolventen gewählt und bildet zusammen mit der kleineren »Corporation« die zwei Kammern umfassende Regierung der Universität. 1948 war es schon einige Jahrzehnte her, daß sich die Overseers, über das bloße Zeremoniell hinausgehend, bei einer Berufung eingemischt hatten, und zu ihren Gunsten muß gesagt werden, daß sie es nach 1948 nicht wieder getan haben. Viel anderes taten sie allerdings auch nicht. Gemeinsames Beisammensein und großzügig aufeinander verschwendete Beweihräucherungen dienen oft als Ersatz für eine echte Funktion. Aber kein Verhaltensschema ist gänzlich vorhersehbar; meine vorgeschlagene Ernennung verwandelte die Betulichkeit und Trägheit der Gentlemen in glühende, beredte Entrüstung. Zum zweitenmal in neuerer Zeit blockierte das Board of Overseers die Wahl eines Professors.

Zum Teil war dies ein Zufall. Charles Cabot, der in der hitzigen Auseinandersetzung über den Bombenkrieg auf der Seite der Air Force stand und von dem ich die Urfassung des Kommissionsberichts übernommen hatte, befand sich inzwischen im Exekutivausschuß des Board of Overseers. Er war weder kleinlich noch nachtragend. Aber er hatte mich damals in – zugestandenermaßen – rüder Weise agieren sehen, und dies, seiner Ansicht nach, auf der falschen Seite. Kein vorlauter Zivilist hätte sich der erfahrenen Weisheit der Air Force widersetzen sollen und einen solchen Mangel an Respekt vor den anerkannten Helden der Republik an den Tag legen dürfen. Dies wußte Charles Cabot, und damit kannte er auch seine Pflicht als ein Cabot.

Fast unmittelbar darauf entstand an anderer Stelle ein zweiter und ernster zu nehmender Widerspruch. Sinclair Weeks, ein weiteres Mitglied des Board of Overseers, zuvor US-Senator und später Eisenhowers Wirtschaftsminister sowie die entschieden rückschrittlichste Kraft im Commonwealth of Massachusetts, war über meinen Liberalismus entsetzt. Ihm schlossen sich in gleicher Sorge Clarence B. Randall, der Chef der Inland Steel, und Thomas S. Lamont von J. P. Morgan an, der, im Gegensatz zu seinem Bruder Corliss, glaubte, ich sei der Wirtschaftspolitik des späteren New Deal und, alarmierender noch, den Theorien von John Maynard Keynes allzu sehr verpflichtet. Es gab schon zu viele Keynesianer im Fachbereich.

Die Overseers setzten ein Komitee ein, das meine Ernennung näher unter die Lupe nehmen sollte. Das Ergebnis dieser Untersuchung war negativ. Darauf sammelten sich auf meiner Seite unter der Führung von Charles E. Wyzanski jr., einem alten New Dealer, der heute Bundesrichter ist, und von außen ermutigt durch Thomas Eliot, die mir wohlgesonnenen Mitglieder. Auch Präsident James Bryant Conant und der Verwaltungsdirektor der Universität, Paul H. Buck, schlugen sich auf meine Seite. Obwohl sie eigentlich streng vertraulich waren, erfuhr ich sofort Einzelheiten über die Auseinandersetzung. Und während ich offiziell keine Ahnung hatte, reichte ich eine Stellungnahme in eigener Sache ein, die sich darauf konzentrierte, daß ich, was die Leistungen der Air Force anging, die Wahrheit gesagt hätte. Damit befand ich mich auf sicherem Boden. George Ball beteiligte sich aktiv an meiner Unterstützung; desgleichen auch, mit einigen Vorbehalten, Paul Nitze, mit dem ich Jahre später scharfe Auseinandersetzungen über den Wert militärischer Denkweise haben sollte. Ball wandte sich an Stuart Symington, den damaligen Luftwaffenminister, der – in einer sehr kooperativen Geste – erklärte, daß die Air Force nichts gegen mich habe.

Die Schlacht dauerte ein ganzes Jahr, zum Teil deshalb, weil meine von Wyzanski geleiteten Helfer gelegentlich einen Aufschub erwirken mußten, um die sichere Niederlage zu vermeiden. In einem solchen Schwebezustand zu verweilen war nicht gerade angenehm, sondern, um ehrlich zu sein, sogar sehr unangenehm. Dann rief mich an einem Nachmittag im Jahr 1949 nach einer Vollversammlung des Board of Overseers Paul Buck an, um mir bewundernd unverblümt mitzuteilen, daß das Recht obsiegt habe. Allerdings hatte es dazu einer Rücktrittsdrohung James Conants bedurft.

Mich beeinflußte diese Geschichte nachhaltig. Im akademischen und öffentlichen Leben steht man oft vor der Frage, ob man sich zu einem bestimmten Problem, bei dem die Emotionen oder die finanziellen Interessen der ehrbaren Gesellschaft im Gegensatz zum Allgemeinwohl stehen, äußern soll oder nicht. Vielleicht sollte man diesmal lieber passen und die Annehmlichkeiten eines ruhigen Lebens genießen. Jedesmal, wenn ich mit dieser Entscheidung konfrontiert war, dachte ich an Sinclair Weeks, Clarence Randall und Thomas Lamont. Schließlich mußte ich doch tun, was in meiner Macht lag, um ihre düsteren Vorahnungen zu bestätigen.

Charles Cabot war, wie bereits bemerkt, ein anständiger Mensch, der sich in eine Sache, die er nicht ganz durchschaute, verrannt hatte. Ich fragte mich, ob er nicht irgendwann einmal die Gelegenheit ergreifen würde, mir sein Bedauern auszudrücken. Ein oder zwei Jahre später ergab sich eine solche Gelegenheit. Dwight D. Eisenhower, damals Präsident der Columbia University, nahm von W. Averell und E. Roland Harriman das große, von ihrem Vater E. H. Harriman erworbene, im französischen Stil gehaltene Schloß Arden House, das ungefähr dreißig Kilometer nördlich von New York City in den Ramapo-Mountains liegt, als Geschenk an. Als sich die Columbia-Kuratoren von ihrem Schock erholt hatten, gaben sie ihre Zustimmung dazu, daß das Schloß einer von Ikes liebsten akademischen Visionen (und vielleicht seiner einzigen) dienen sollte. Amerikaner mit großem Ansehen in der Geschäftswelt oder sonstwo im öffentlichen Leben sollten sich in dieser arkadischen Umgebung in regelmäßigen Abständen treffen und vorrangige Probleme ihrer Zeit lösen. Nach den Zusammenkünften der »Amerikanischen Versammlung« (American Assembly), wie sie später heißen sollte, würden Entscheidungen der Legislative und der Exekutive in Washington unvermeidlich werden und von höchster Intelligenz geprägt sein.

Das erste derartige Treffen fand im Mai 1951 statt. Da Averell Harriman darauf bestand, wurden auch ein paar Gewerkschaftsführer auf die Teilnehmerliste gesetzt und, zu meiner Überraschung, auch ich. Schnell hatte man sich darüber geeinigt, daß man keine abschließende Wertung vornehmen wolle. Dies befand sich durchaus in Übereinstimmung mit dem Grundverständnis derartiger Veranstaltungen. Für den Erfolg einer Konferenz genügt es, daß Gedanken ausgetauscht werden; daher läßt sich auch schwerlich eine Konferenz finden, die kein Erfolg ist.

Der Gedankenaustausch in Arden House dauerte einige Tage, und dabei zeigte sich ein unvorhergesehenes Problem. Die Zahl der Anwesenden war größer als die der auch schon recht beachtlichen Gästescharen, die die Harrimans dereinst hier unterhalten hatten. Toiletten waren daher knapp. Der Mangel erwies sich als so gravierend, daß man es sich zur Gewohnheit machte, an jeder Toilettentür, an der man vorbeikam, zu rütteln. Wenn man gerade kein Bedürfnis verspürte, versuchte man, diesem vorzubeugen. Zu den Teilnehmern an der Konferenz zählte u. a. auch Charles Cabot. Während der großen Auseinandersetzung 1948 und auch nachher hatte ich ihn nicht gesehen, und während der ersten zwei, drei Tage in Arden House sahen wir uns nur von ferne, da wir zwei verschiedenen Diskussionsgruppen zugeteilt worden waren. Dann wanderte ich eines Morgens die eindrucksvolle Galerie entlang, die das Hauptgebäude mit dem später für Averell Harriman erbauten Flügel verbindet. An diesem Korridor liegen Schlaf- und Badezimmer, und wenn immer ich an einem der letzteren vorbeikam, probierte ich gewissenhaft die Tür. Bei einer der Türen spürte ich, als ich den Knopf drehte, daß jemand von innen das gleiche tat. Heraus trat Cabot, schlank, mit getrimmtem Schnurrbart, wohlfrisiert und gut gekleidet. Ich hatte mir schon vorher zurechtgelegt, wie ich mich im Falle einer Begegnung mit ihm verhalten würde, vor allem, falls er sich wegen damals entschuldigen sollte. Ich wollte um keinen Deut weniger elegant sein, um keinen Zoll weniger ein Cabot als er.

Er sagte: »Guten Morgen, Kenneth.«

Ich verbeugte mich und antwortete: »Guten Morgen, Charles.«

Er machte ein, zwei Schritte und zögerte dann; es war unverkennbar, daß er etwas auf dem Herzen hatte. So hielt auch ich inne. Er ging noch ein paar Schritte den Flur entlang, dann zögerte er erneut. Ich blieb stehen, die Hand auf dem Türknauf zum Badezimmer.

Schließlich hatte er sich entschieden, gab sich einen Ruck, blieb nun vollends stehen und sagte: »Kenneth, es gibt da was, das ich Ihnen sagen muß.«

Ich lächelte freundlich und aufmunternd.

Er sagte: »Die Spülung funktioniert nicht.«

In Harvard machte ich mich zunächst einmal daran, meine akademische Reputation wiederherzustellen. Ich wollte zeigen, daß ich trotz meines beruflichen Zugvogeldaseins in den vergangenen neun Jahren ein verläßlicher und ernstzunehmender Wissenschaftler sein konnte. Edward S. Mason, inzwischen Dekan der Verwaltungshochschule, bat mich, seinen Kurs in »Industrieller Organisation« zu übernehmen, worunter in großen Zügen die Betriebswirtschaft und die Verwaltung des modernen Großbetriebs zu verstehen war. Dadurch kam ich von der Agrarwissenschaft, von der erwartet worden war, ich würde mich auf sie konzentrieren, zur Volkswirtschaft einer von den Großkonzernen dominierten Gesellschaft. Dies war ein Thema, mit dem ich mich sehr lange beschäftigen sollte. Am 4. Januar 1947 hatte ich mich mit den liberalen Gralshütern der damaligen Zeit – Eleanor Roosevelt, Hubert Humphrey, Chester Bowles, Joseph Rauh jr., Reinhold Niebuhr, David Dubinsky und Arthur M. Schlesinger jr. (auch Ronald Reagan war anfangs mit von der Partie) zusammengeschlossen und die Organisation »Americans for Democratic Action« gegründet. Bei der Gründungsversammlung im Willard Hotel in Washington hatte ich mich darauf beschränkt, mich für den Namen »Liberal Union« stark zu machen, wurde jedoch überstimmt. In Harvard herrschte die nicht gänzlich unberechtigte Furcht, ich könne mich zu Lasten der Studenten, wissenschaftlicher Publikationen und dezenter akademischer Zurückhaltung ungebührlich stark auf politische Aktivitäten dieser Art einlassen. Aus diesem Grund vermied ich 1948, vom Wählen abgesehen, sämtliche Verbindungen zur Politik und schloß mich anderen in der Annahme an, daß Thomas E. Dewey der nächste Präsident sein würde. Am Wahlabend hörte ich zu Hause die allerersten Ergebnisse und bekam die ersten Zweifel. Später, im Hause Arthur Schlesingers, gesellte sich vor dem Radio Barbara Kerr zu mir, eine begabte und humorvolle Frau, die damals Leitartikel für den stramm republikanischen *Bostoner Traveler* schrieb. Die anderen Teilnehmer, ganz in der Tradition des Cambridge-Liberalismus, hörten sich ihre eigenen Analysen über die Aussichten Deweys an oder wichen nicht von der Bar. Die Nachrichten aus dem Radio stimmten noch immer nicht mit den Erwartungen überein. In Gebieten, in denen nicht mit Erfolgen zu rechnen war, erwies sich Truman als stark; in allen potentiell demokratischen Gebieten führte er. Plötzlich verschwand Barbara und kam kurz darauf im Mantel zurück, um noch eine Minute zuzuhören. Ich fragte sie, wohin sie wolle. »Mit meinem Leitartikel

›Rückkehr zur Vernunft‹ wird das nichts. Ich muß einen anderen schreiben: ›Kein Mandat für den Sozialismus‹.«

Im Frühjahr 1950 erkrankte unser jüngster Sohn Douglas, gerade sieben Jahre alt, ein intelligenter, entschlossener und in mehrfacher Hinsicht über sein Alter hinaus entwickelter Junge, an Leukämie. Auf die ständige Verschlechterung seines Zustands, die er mit furchtloser Gelassenheit hinnahm, möchte ich heute, dreißig Jahre später, nicht näher eingehen. Dr. Dorothea Moore, die uns Tag für Tag mit Rat und Tat zur Seite stand, die hervorragende Belegschaft des Bostoner Kinderkrankenhauses und dessen freundliche Krankenzimmer, Dr. Sidney Farber, der große Pionier in der Krebsforschung, der niemals zuließ, daß wir die Hoffnung aufgaben, Dr. Charles A. Janeway aus dem gleichen Krankenhaus, der ein Freund fürs Leben wurde, sowie zahlreiche Nachbarn, Freunde und Harvard-Studenten, die sich reihum in einer Art Schichtdienst zum Blutspenden organisierten – sie alle sorgten für größtmögliche Erleichterung. Einmal rissen die Studenten in ihrem Enthusiasmus sogar einen jungen Touristen, der gerade die Littauer Library besuchte, mit.

Die Qual war bald vorüber. Wir reisten nach Montreal und fuhren im Sommer mit einem Dampfer der Canadian Pacific nach Europa. In den nächsten beiden Jahren kamen zwei weitere Söhne, Peter Woodard und James Kenneth, auf die Welt. Inzwischen sind unsere drei Söhne längst selbständig und machen uns viel Freude. Ihre zukünftige Geschichte sei ihnen überlassen.

In Paris erfuhr ich in jenem Sommer, daß Präsident Truman, möglicherweise ohne sein Wissen, eine gemeinsame deutsch-amerikanische Kommission eingesetzt hatte, die Maßnahmen zur Linderung des Flüchtlingselends ausarbeiten sollte. Die Zahl der Flüchtlinge in Westdeutschland wurde damals auf 8 bis 9 Millionen geschätzt. Die Kommission sollte unter der Leitung von Hans Christian Sonne stehen, einem New Yorker Finanzmann dänischer Herkunft mit einer stark karitativen Ader. Ich wurde gefragt, ob ich mich – nach einer vorherigen Überprüfung meiner Loyalität und meines allgemeinen Leumunds – der Kommission anschließen und nach Deutschland reisen wolle, um dort ihre Arbeit in die Wege zu leiten.

Nach einiger Verzögerung, die, wie sich später herausstellte, auf meine gewichtige FBI-Akte und den Umstand zurückzuführen war, daß der erste Mann, der sie las, versetzt wurde, als er sie gerade zur Hälfte durchgeackert hatte, bekam ich grünes Licht. In der Zwischenzeit hatten Kitty und ich von Grindelwald in der Schweiz aus die Jungfrau umrundet und bestiegen. Ich fuhr zur amerikanischen Botschaft in Bern, um mir dort die damals erforderliche Genehmigung zur Einreise nach Deutschland zu holen, und suchte, die Genehmigung in der

Hand, meinen alten Freund John Carter Vincent, der inzwischen Missionschef war, auf. Er nahm mich mit zu einer internen Botschaftsbesprechung, in der verschiedene vertrauliche und routinemäßige Angelegenheiten erörtert wurden. Als ich mich nachher von ihm verabschiedete, schien er sehr überrascht; er hatte geglaubt, ich sei gekommen, um seinem Mitarbeiterstab beizutreten.

Ich reiste nach Frankfurt, mußte aber zunächst wegen eines kleinen, jedoch unangenehmen operativen Eingriffs (aus meinem Hals wurde ein Polyp entfernt) nach Boston zurückkehren und schloß mich in jenem Herbst dann – es waren die dunklen, nervösen Tage nach der Niederlage MacArthurs am Yalu – für kurze Zeit der Kommission an. Ebenso wie bei dem vorherigen Besuch wohnte ich bei Shepard Stone, einem ehemaligen stellvertretenden Herausgeber der Sonntagsausgabe der *New York Times*, der später als resoluter Vorkämpfer kollektiver Wohltätigkeit mit der Ford Foundation, der International Association for Cultural Freedom und dem Aspen-Berlin Institute for Humanistic Studies zusammenarbeitete. Damals war er zuständig für Presse- und andere Öffentlichkeitsarbeit bei John McCloy, der als Nachfolger von Lucius Clay Chef der amerikanischen Besatzung war. Vor McCloy, einem Mann mit einer unbeirrbar konservativen Einstellung, der unnachgiebig den Standpunkt des Establishments vertrat und gelegentlich sogar dessen Urheber war, hatte Shepard Stone möglicherweise übertriebenen Respekt.

Ich war gerade mit Shep zusammen, als die Nachricht kam, daß Truman den unüberlegten Gedanken geäußert hatte, es könne notwendig sein, zur Wiederherstellung der Lage in Korea die Atombombe einzusetzen, eine Drohung, die in den nächsten Tagen Clement Attlee dazu veranlaßte, in Alarmstimmung nach Washington zu fliegen. Ohne zu zögern, begab sich Shep ans Telefon, um seinen Leuten und allen anderen, die mit der Sache befaßt waren, zu sagen, sie sollten mit allen zu Gebote stehenden Mitteln diese Verirrung des Präsidenten herunterspielen, ignorieren oder sonstwie dafür sorgen, daß die Diskussion nicht ausuferte. Ein guter Mann kann seinem Präsidenten eine große Hilfe sein.

Die Sonne-Kommission war vielleicht die nutzloseste Ausgeburt in der langen Geschichte regierungsamtlich organisierter Denkspiele, und das will schon etwas heißen. Wir befaßten uns mit einem Problem, das sich beinahe schon selbst gelöst hatte. Arbeiter aus dem inzwischen polnischen Schlesien arbeiteten in 60-Stunden-Wochen im Ruhrgebiet. Kleinunternehmer und Handwerker aus dem tschechischen Sudetenland waren nun in Bayern in den Produktionsprozeß eingegliedert. Rechtsanwälte, Ärzte, Buchhalter und Professoren aus Osteuropa hatten inzwischen neue Anstellungen gefunden. Lediglich die Angehörigen der alten Feudalschichten und Flüchtlinge, die in Landgemeinden, vor allem in Schleswig-Holstein, isoliert lebten, waren noch immer vom wirtschaftlichen und gesellschaftlichen Leben Westdeutschlands ausgeschlossen. Bei einer Anhörung im Ruhrgebiet fragte ich einmal einen Zeugen, der eloquent von der »Flüchtlingslast« sprach, ob nicht alles viel schlimmer wäre, wenn diese fleißigen Emigranten plötzlich in ihre Heimat zurückkehrten. Ehrlich, wie er war, stimmte mir der Mann nach einigem Nachdenken zu.

Nur wenige Dinge sind derartig von Obskurantismus vernebelt wie unsere Einstellung zur Emigration. Die praktischen Beweise für ihre Auswirkungen sind überwältigend: Westdeutschland, Israel, Singapur, Hongkong, Taiwan, Miami und der indische Pandschab hatten nach dem Zweiten Weltkrieg einen enormen Zustrom von Einwanderern zu verzeichnen. Diese Gebiete erzählen die wirtschaftlichen Erfolgsstories unserer Zeit. Daß solche Emigranten und Vertriebenen, die einerseits durch ihre eigene Initiative einer Selbstauslese, andererseits durch das über sie hereingebrochene Unglück einer Auswahl nach Stärke, Reserven und Überlebensfähigkeit unterliegen, einen gewaltigen Beitrag zur wirtschaftlichen Entwicklung leisten, kann kaum überraschen. Viele erstarken schon allein durch die Emigration. Wären sie in Frieden zu Hause geblieben, so hätten sie ihr Leben in jener bequemen geistigen und physischen Trägheit zu Ende gelebt, die allgemein als Glück und Zufriedenheit gepriesen wird.

Einwanderer wollen oder müssen kommen; Arbeitgeber legen Wert darauf, sie einzustellen. Die wirtschaftliche Entwicklung, zu der sie beitragen, ist erstrebenswert. Aber all dem steht die Pervertiertheit der vorherrschenden Meinungen gegenüber: Die Regierungen der Einwanderungsländer versuchen, den Zustrom zu verhüten, die Auswanderungsländer bedauern zumindest in friedlichen Zeiten den Exodus. Glücklicherweise ist die Macht der Regierungen in dieser Frage gering, so daß die Bewegung anhält.

Zum erstenmal drängten sich mir diese Schlußfolgerungen 1950 in Deutschland auf. 1978 kam ich in Vorlesungen an der Hochschule für Internationale Beziehungen der Universität Genf sowie am Radcliffe College wieder auf dieses Thema zurück. Die meisten Rezensenten des kleinen Buches, das aus diesen Vorlesungen hervorging[5], kritisierten meine positive Beurteilung der sozialen und wirtschaftlichen Werte der Emigration.

Meine Hauptbeschäftigung Anfang der fünfziger Jahre galt der Idee des Gegenkartells *(countervailing power)* und führte 1952 zur Veröffentlichung eines diesem Thema gewidmeten Buches.[6] Es sei noch einmal daran erinnert, daß nach den herkömmlichen Lehrbüchern der Nationalökonomie die Macht, die Preise zu erhöhen und das Einkommen auf Kosten anderer zu steigern, durch den Markt in Grenzen gehalten wird. Der Betrieb wird durch das Vorhandensein von Konkurrenten, die auf der Suche nach ihrer Chance mehr Ware für weniger

Geld verkaufen, daran gehindert, seine Preise zu erhöhen und seine Profite auf Kosten des Verbrauchers zu steigern. Ähnliches geschieht, wenn der Käufer von Arbeitskraft, landwirtschaftlichen Produkten oder Rohstoffen die Löhne der Arbeiter oder die Erzeugerpreise unter den gängigen Marktpreis drücken will und seine Lieferanten auf diese Weise veranlaßt, sich anderweitig zu orientieren. Wenn es einen höheren Marktpreis gibt, gibt es auch eine Alternative – jemanden, der den höheren Lohn oder Preis bezahlt, weil er es sich leisten kann und dabei trotzdem noch Geld verdient.

Entscheidend sowohl für den Käufer als auch für den Verkäufer ist dabei also, daß es eine Alternative gibt – eine Firma, die zu einem niedrigeren Preis verkauft, bzw. ein Unternehmer, der höhere Löhne zahlt. Die Macht wird durch Konkurrenz kontrolliert, und zwar ausschließlich durch Konkurrenz.

Kaum ein undogmatischer Geist kann jedoch daran zweifeln, daß mit dem Fortschreiten des Kapitalismus sich auch die Konzentration der Produktion verstärkt. Immer weniger Firmen von immer größeren Dimensionen produzieren einen ständig steigenden Anteil aller Waren und Dienstleistungen. Mit dieser industriellen Konzentration verringert sich das Angebot an alternativen Käufern und Verkäufern oder kommt völlig zum Erliegen. Oder es kommt zwischen den großen Firmen zu einer stillschweigenden Übereinkunft bei den Preisen, die verlangt, bzw. den Löhnen, die gezahlt werden. Daß der einzelne Arbeiter, der regelmäßig zu essen haben muß, oft Hypotheken abzuzahlen hat und darüber hinaus über die Alternativen nicht Bescheid weiß, mit den großen Konzernen als Käufern seiner Arbeit von einem gleichberechtigten Standpunkt aus verhandeln kann, wird man nur nach sehr sorgfältiger Schulung zu glauben vermögen.

Dort, wo die Konkurrenz nicht mehr funktioniere, die eine Kontrolle der Preise ermögliche, sei die Marktkonzentration rückgängig zu machen und der Wettbewerb wiederherzustellen, lautete die neoklassische Antwort auf dieses Problem. Dort, wo sie nicht mehr übersehen werden konnten, waren Monopole und Oligopole unzulässig.

Diese Antwort ist bis heute immer die gleiche Litanei. Das Papierschwert der neoklassischen Volkswirtschaftslehre in den Vereinigten Staaten, das aus einer Zeit stammt, als man Monopole noch als Ausnahmen und Preisabsprachen als offen und nicht als stillschweigend ansehen konnte, waren und sind die Antitrustgesetze. Sie sind der letzte Trumpf der Hoffnung über die Erfahrung. In dem knappen Jahrhundert ihrer Existenz haben sie weder ökonomische Macht gebrochen noch in wahrnehmbarer Form dem großen, massiven und unausweichlichen Drang zu größerer Konzentration Einhalt geboten, der in allen Industrieländern die Geschichte des Kapitalismus charakterisiert. Diese Konzentration und die damit verbundene Marktbeherrschung in den Vereinigten Staaten sind nicht um ein Jota geringer als in den anderen Industrieländern, die über keine ähnlichen Antitrustgesetze verfügen oder keine vergleichbaren Anstrengungen unternommen haben.

Sich die Welt so anzusehen, wie sie ist, ist oft recht informativ. Ich versuchte es und kam dabei zu dem Schluß, daß das Problem der Macht der Konzerne in der Praxis nicht durch deren Auflösung, sondern durch die Schaffung einer anderen, ihr entgegengesetzten und sie somit annullierenden Macht gelöst wurde. Im Kampf mit den starken korporativen Aufkäufern ihrer Produkte hatten die Farmer Marktkooperativen zum Verkauf ihrer Ernteerzeugnisse und ihres Viehs gegründet. Dies war eine weitaus praktischere Taktik als der Versuch, die Auflösung von Swift, Armour und General Mills zu erreichen. Im Kampf gegen hohe Preise, die nur entfernt mit Quantität oder Qualität etwas zu tun hatten, hatten die Verbraucher sich zu Käufergemeinschaften zusammengeschlossen. Auch das war besser, als auf die Zerschlagung der großen Nahrungsmittelkonzerne zu warten. Dieser Prozeß hatte sich auf Konzernebene ausgeweitet. Die Kontrolle über die Marktmacht der großen Konservenfabriken lag in der Kaufkraft der großen Kaufhausketten; bei den großen Haushaltsgeräteherstellern übten Sears und Montgomery Ward eine solche Funktion aus. Und es ließ sich beobachten, daß dort, wo die für die Annullierung der wirtschaftlichen Macht erforderliche Organisation zu schwer zu verwirklichen war, um Regierungshilfe nachgesucht wurde. So kam es zu Subventionen für die landwirtschaftlichen Erzeugerpreise und zur Einführung eines Mindestlohnes.

Die stärkste Manifestation des Gegenkartells war jedoch die Gewerkschaft:

»Die Funktion des Gegenkartells kann mit größter Deutlichkeit auf dem Arbeitsmarkt beobachtet werden, wo es auch am stärksten entwickelt ist. Aufgrund seiner vergleichsweise geringen Mobilität ist der einzelne Arbeiter seit langem der privaten ökonomischen Macht gegenüber sehr anfällig ... Normalerweise konnte er nicht einfach fortziehen und war auf seine Arbeit angewiesen. Nur selten haben die Menschen in brutalerer Weise Macht übereinander ausgeübt als auf dem amerikanischen Arbeitsmarkt nach dem Aufstieg des Großkonzerns. Noch in den frühen zwanziger Jahren gab es in der Stahlindustrie einen Zwölfstundentag und eine 72-Stunden-Woche mit einer unglaublichen 24-Stunden-Unterbrechung alle vierzehn Tage bei Schichtwechsel.

Heutzutage wird solche Macht nicht mehr ausgeübt, und zwar aus dem Grund, weil ihre einstmalige Anwendung die Gegenreaktion hervorrief, die zu ihrer Beendigung führte. Letztlich war es also die Macht der Stahlindustrie, und nicht die organisatorischen Fähigkeiten von John L. Lewis und Philip Murray, die zur Entstehung der Stahlarbeitergewerkschaft führte ... In der Regel – wenngleich nicht ausschließlich – findet man die stärksten Gewerkschaften in den USA dort, wo die Märkte von starken Konzernen bedient werden.«[7]

Meine mündliche Darstellung von Magie und Mysterien des Gegenkartells reichte aus, um Craig Wylie, damals einer der leitenden Redakteure bei Houghton Mifflin, so zu beeindrucken, daß er sofort einen Vorschuß von tausend Dollar investierte. Mir erschien dies eine nette, ja leichtsinnige Geste. Nach seiner Veröffentlichung zog das Buch die Aufmerksamkeit einer recht beachtlichen Leserzahl auf sich, erlebte zwei weitere Auflagen und wurde ins Französische, Deutsche, Spanische, Italienische und Japanische übersetzt. Ende 1953 setzte die American Economic Association eigens zu seiner Erörterung eine Sitzung an. Ein Zeitungsreporter, der über die Konferenz berichtete, bekam mit, wie ein junger Wissenschaftler zu einem anderen sagte: »Es wird Zeit, daß wir gehen und zuhören, wie sie Galbraith fertigmachen.« Dieser Mühe unterzogen sich mit Begeisterung und Sachverstand David McCord Wright, der damals an der University of Virginia lehrte, und George Stigler von der University of Chicago. Keiner von beiden hatte für neue Ideen, so plausibel sie auch sein mochten, etwas übrig. Ich überlebte. Professor Wright veranlaßte mich zu einigen nachträglichen Arbeiten, indem er ganz richtig bemerkte, daß die Idee des Gegenkartells die fortgesetzte Existenz der Monopole sanktionierte. Dann fuhr er fort und sagte, wobei er möglicherweise übertrieb, daß er der Meinung sei, »daß Dr. Galbraith, wenn auch vielleicht durchaus unbewußt, einer der nachhaltigsten Feinde sowohl des Kapitalismus als auch der Demokratie ist«[8]. Anderthalb Jahre später wurde dieses Zitat von Senator Homer E. Capehart aus Indiana im Zusammenhang mit einer Aussage, die ich über den Aktienmarkt gemacht hatte, als Indiz für eine zutiefst subversive Motivation angesehen. Die Aussage war angeblich für einen bösen Kurssturz verantwortlich gewesen. Ich werde auf dieses Vergehen noch zurückkommen.

Die Kritiker warfen mir vor, ich hielte mich nicht an die Lehrbuchweisheiten. Dabei entgingen ihnen leider die Hauptschwächen meiner Argumentation. Davon, daß ein Gegenkartell die normale Antwort auf eine wirtschaftliche Vormachtstellung ist, bin ich noch heute fest überzeugt. Aber 1952 ließ ich mich von dem Gedanken mitreißen und unterstellte ihm eine viel stärkere Zwangsläufigkeit und egalisierende Kraft, als sie ihm in der Praxis jemals zukommt. Oft kommt ein Gegenkartell gar nicht zustande. Zahlreiche soziale Gruppen – die Jugendlichen in den Gettos, die Armen auf dem Land, Textilarbeiter, weibliche Büroangestellte, viele Verbraucher – bleiben schwach und hilflos.

Darüber hinaus enthielt der Titel des Buches eine irreführende Implikation und der Text einen euphorischen Unterton. Gegenkartelle sind keine besondere Eigenheit des amerikanischen Kapitalismus, und anderswo entstand der Eindruck, daß der amerikanische Kapitalismus im Gegensatz zu anderen nationalen Versionen besonders robust sei.

Ich wies allerdings darauf hin, daß Gegenkartelle »nicht funktionieren, wenn Inflation herrscht oder die Märkte inflationärem Druck ausgesetzt sind«[9]. Die Gewerkschaft ist dann nicht mit der Macht des Konzerns konfrontiert. Vielmehr weicht der Konzern vor den Forderungen der Gewerkschaft zurück und gibt die Kosten der Einigung an die Allgemeinheit weiter. Und wenn eine Inflation herrscht, ist keine Verbraucherorganisation und keine Supermarktkette, die sich für die Belange der Verbraucher einsetzt, zu einem effektiven Kampf gegen den Preisauftrieb in der Lage. Auf diese Weise annulliert die Inflation die Macht des Gegenkartells; ebenfalls aus der Inflation resultieren Forderungen nach Preisrichtlinien und Preiskontrollen. Diese können mehr als Sozialausgaben oder Keynesianische Eingriffe zur Sicherstellung von adäquater Kaufkraft, Beschäftigung und Produktion den Charakter des Marktes und tatsächlich auch des Kapitalismus selbst verändern. Da dem so ist, bilden »Boom und Inflation in unserer Zeit den eigentlichen Mittelpunkt konservativer Befürchtungen«[10].

Bei ökonomischen Voraussagen muß man sich indessen mit bescheidenen Ansprüchen zufriedengeben. Ich sah ganz und gar nicht voraus, daß Inflation anscheinend zu einem Dauerzustand werden würde. Außerdem sah ich nicht ganz, daß die Organisationen, die geschaffen worden waren, um der Macht der Gegenkartelle Ausdruck zu verleihen – Farmerverbände, Gewerkschaften –, in Verbindung mit den Konzernen, auf deren Macht sie reagierten, selbst Inflationsursachen werden würden. Orthodoxe Kritik kann man unbeschadet überstehen; der große Gang der Geschichte ist schon hartnäckiger.

Ich brachte 1952 noch ein zweites Buch heraus, das ich bereits erwähnt habe. Es drehte sich um die Erfahrungen mit der Preiskontrolle während des Krieges sowie mehr allgemein um die ökonomische Kriegführung und die daraus zu ziehenden Erkenntnisse.[11] Dann machte ich mich an einen Band, der nach einem beträchtlichen Richtungswechsel den Titel *The Affluent Society* erhalten sollte. Aber in die Vorbereitungen zu diesem Buch fielen die zwei Präsidentschaftswahlkämpfe Adlai Stevensons.

19
Adlai Stevenson

Die Beliebtheit oder die relative Unbeliebtheit der politischen Führer Amerikas beim Volke kommt in der Art und Weise, wie in der Alltagssprache (allerdings nicht in der geschriebenen) auf sie Bezug genommen wird, recht prägnant zum Ausdruck. Die Politiker selbst sind sich darüber nur selten im klaren.

Die allerhöchste Stufe der Wertschätzung bedeutet es, wenn ein politischer Führer mit seinen Initialen bezeichnet wird. Die drei Präsidenten, denen in diesem Jahrhundert vor allen anderen die größte Bewunderung zuteil wurde, waren, von heute aus rückblickend betrachtet, J.F.K., F.D.R. und T.R., wobei der letztere beweist, daß ein Dreiklang nicht unbedingt erforderlich ist. Daran lag es also nicht, daß es H.H., C.C. und sogar W.W. nicht gelang, geliebt zu werden.[1]

Nur geringfügig unterhalb dieser Stufe befindet sich die Benutzung des vollen Namens - Harry Truman verfehlte H.S.T. nur um Haaresbreite, ja, vielleicht schaffte er es sogar, und Lyndon Johnson war L.B.J., bis der Vietnamkrieg ihn auf seinen vollen Namen zurückstufte.

Weiter unten auf der Skala, als Ausdruck der Zuneigung, mitunter auch des Amüsements, aber ohne Ehrfurcht, findet man den Spitznamen. Ike, Jimmy oder Gerry. Bei seinem Amtsantritt bestand Präsident Carter auf Jimmy. Das war ein Fehler.

Unwiederbringlich auf der untersten Stufe rangieren diejenigen, die nur unter ihrem Nachnamen figurieren - Hoover, Harding, Coolidge und der am strengsten auf dieses Niveau beschränkte Nixon. Schon der Bezug auf *Richard* implizierte feierliche Höflichkeit. Charakteristischerweise war Nixon in seinen Memoiren bemüht, sich selbst zu erhöhen: Er gab ihnen den Titel *RN.*

Für jemanden, der es nicht schaffte, Präsident zu werden, nimmt Adlai Stevenson in diesem Adelskatalog einen sehr hohen Rang ein. Zum Zeitpunkt seines Todes sprach man im allgemeinen von A.E.S., und unter das Niveau der vollen Namensstufe rutschte er nie. Was sein Recht auf diese Auszeichnung betraf, so verstand ihn die amerikanische Öffentlichkeit vollkommen.

F.D.R. und J.F.K. Nahestehenden bereitete es großes Vergnügen, Außenseitern ihren Präsidenten zu erklären. Wir, die wir Stevenson nahe waren, verbrachten viel Zeit damit, ihn uns gegenseitig zu erklären. Ein Charaktermerkmal erforderte keine weiteren Ausführungen: Stevensons hervorragendes Gespür für die Gefühle, einschließlich der Eitelkeiten, anderer. Jedem, dem er begegnete, vermittelte er den Eindruck, er, der Gast, sei genau die Person, die er jetzt und hier von allen Menschen am liebsten zu sehen wünsche. Wenn er einen Raum betrat, erhellte sich seine Miene und legte die Vermutung nahe, er betrachte alle Anwesenden als seine liebsten Freunde. Dieses Gespür für andere war vor allem deshalb so stark, weil es echt war. Es gab sehr viele Leute, die er wirklich mochte, und er war gerne mit ihnen zusammen. Allein war er dagegen nur ungern, und in seinen späteren Jahren war er es nur noch selten, weder tagsüber noch in der Nacht. Es war jedoch typisch für Stevenson, daß er nicht damit zufrieden war, als umgänglicher, geselliger Mensch zu gelten. Ebenso wie auf vielen anderen Gebieten, meinte er hier etwas darstellen zu müssen, was er nicht war, und dies auch noch selbst zu glauben. Obgleich er also Geselligkeit liebte, versuchte er, den Eindruck eines einsamen, etwas zurückgezogenen Menschen zu erwecken, der sich am wohlsten fühlt, wenn man ihn mit seinen Gedanken allein läßt. Und genauso haben ihn auch die leichtgläubigeren unter den Kommentatoren und Biographen geschildert.

Viele Menschen bemühen sich um eine andere, das heißt meistens um eine positivere Darstellung ihrer Persönlichkeit, und in der Politik ebenso wie im akademischen Leben ist dieser Impuls endemisch. Der Politiker erzählt, wie er eine bestimmte Zuhörerschaft fesselte, einen widerspenstigen Abgeordneten überredete, einen Gegner zur Schnecke machte. So überspielt er ein abweisendes Gemurmel, einen erniedrigenden Kompromiß, einen unfairen Gegenschlag. Normalerweise läßt er derartige Selbstdarstellungen so geschickt in seine Konversation einfließen, daß er sich einbilden kann, sein Publikum hielte es für rein zufällig. Und vielleicht gibt es ja auch Zuhörerschaften, die so abgestumpft sind, daß sie sich auf diese Weise zum Narren halten lassen.

Im akademischen Leben verdanken Wissenschaftler heutzutage ihre Auszeichnung und, wenn sie noch jung sind, ihre Karriere dem Urteil Gleichrangiger. Sprachliche Selbsterhöhung ist daher eine Kunstform. In Harvard ist es so, daß ein Mann vor der Modern Language Association einen schüchternen Kommentar über die Arbeit eines noch schüchterneren Kollegen abgibt und dann in die Fakultät zurückkehrt, um dort ganz *en passant* zu berichten, daß er einen wahrhaft großen Mann vom Antioch College am Boden zerstört habe.[2] Unzusammenhängende Zeugenaussagen bei einem Parlamentshearing, an dem außer dem Vorsitzenden des Unterausschusses niemand teilgenommen hat, können in der nachfolgenden Wiedergabe durch einen Ökonomen zu einem polemischen Triumph von historischen Ausmaßen werden.

John F. Kennedy gehörte, wie ich oft erzählt habe, zu den wenigen Männern im öffentlichen Leben, die mit ihrer Persönlichkeit vollauf zufrieden waren. Dadurch war es ihm möglich, die Kunst der Selbsterhöhung und ihre Folgen beständig und mit viel Vergnügen zu beobachten. Am Sonntag nach seiner Nominierung im Sommer 1960 fuhr ich mit Arthur und Marian Schlesinger nach Hyannisport, um dort mit ihm zu essen. Unvermeidlich kamen wir dabei auf den bevorstehenden Wahlkampf zu sprechen, und Kennedy sagte, einer seiner Vorteile gegenüber Nixon sei der, daß er nicht so schnell ermüden würde: »Nixon muß immer darüber nachdenken, wer er eigentlich ist. Das ist eine Belastung. Ich kann ich selbst sein.«

Adlai Stevenson neigte vielleicht mehr als alle anderen Politiker unserer Zeit dazu, öffentlichen Zielen zuliebe seine Persönlichkeit zu verändern. Und hier liegt der Grund dafür, warum er so oft mißverstanden wurde: Die Änderung erfolgte zu einem Zweck, der nicht durchschaubar war. Stevenson legte es darauf an, nicht seine Stärke bei der Bewältigung schwieriger Probleme darzustellen, sondern seine Schwäche, nicht seine Gewißheit, sondern seine Zweifel, nicht seine Klugheit, sondern das unermeßliche Ausmaß all dessen, was er noch zu lernen hatte. Dieses Rollenspiel war ihm dermaßen zur Gewohnheit geworden, daß es ihm weitgehend gar nicht mehr bewußt war. Bei einem Politiker war auf einen solchen Zug niemand im geringsten vorbereitet.

Nach außen hin wirkte er sehr überzeugend, die Tatsachen und sein eigenes Verhalten bewiesen aber etwas ganz anderes. Während des Krieges hatte Stevenson als Assistent von Marineminister Frank Knox einen hohen Rang innerhalb der Bürokratie innegehabt. Danach spielte er beim Aufbau der Vereinten Nationen die Rolle eines Mitbegründers, kandidierte für einen Gouverneursposten, wurde gewählt und erreichte 1952 mit geringstem Aufwand und größtmöglichem Takt die Präsidentschaftskandidatur. Alle diese Posten hatte er zielbewußt angepeilt, und in allen hatte er präzises Wissen und Scharfsinn an den Tag gelegt. Nichtsdestoweniger zog er es vor, dies alles als einen weitgehend zufälligen Triumph über pathologische Unentschlossenheit und Verzweiflung anzusehen.

Stevenson praktizierte diesen liebenswerten Betrug in Dutzenden von verschiedenen Formen. Allgemein herrschte die Ansicht vor, er habe Schwierigkeiten, sich zu entscheiden. Bald fand man jedoch heraus, daß er auf nahezu allen Gebieten außerordentlich feste Überzeugungen hatte, was sich, so sie falsch waren, als recht unbequem erwies. Die Welt sah ihn als büchervernarrten Intellektuellen. Man kann jedoch daran zweifeln, daß er nach seinem Amtsantritt als Gouverneur von Illinois jemals ein ernstzunehmendes Buch gelesen hat. Er kam oft auf die Werke von Barbara Ward Jackson zu sprechen, aber höchstwahrscheinlich kannte er deren Inhalt nur aus Gesprächen. Niemand war ein so unermüdlicher Bewunderer meiner Bücher wie er; immer »wollte er sie gerade lesen«. Wenn er sich mit einem unterhielt, war oft – wie auch in seinen Briefen – von den vulgären Schrecknissen seiner politischen Feldzüge die Rede; stets zweifelte er daran, ob er bis zum Ende durchhalten werde. Zusammen mit einigen anderen gelangte ich zu der Überzeugung, daß er jede Parade, jede Veranstaltung, jeden Gruß, jede Band und jeden einzelnen Augenblick der großen Show liebte. Er galt als Liberaler und wird vielleicht nicht einmal zu Unrecht als solcher beschrieben. Aber er war gleichzeitig überzeugt elitär. Er kandidierte für die Präsidentschaft nicht, um die Unterdrückten zu retten, sondern um Verantwortung auf sich zu nehmen, die nach seinem Verständnis den Privilegierten gebührte.

Während des Krieges und in den unmittelbaren Nachkriegsjahren kannte ich Adlai Stevenson noch nicht persönlich.[3] Zum erstenmal begegneten wir uns bei einem Politikertreffen an einem warmen Abend Anfang August 1952 auf dem Grundstück des Gouverneurshauses in Springfield. In den vorangegangenen vier Jahren hatte ich mich weiterhin von der Politik ferngehalten. Nach wie vor war ich damit beschäftigt, unter Beweis zu stellen, daß ich ein seriöser Professor war. Auch sorgte in jenen Tagen, in denen Joe McCarthy seinen jugendlichen Überschwang austobte, mein Erscheinen innerhalb einer Bürokratie, die sich sehr darum bemühte, ihre eigenen Risiken zu reduzieren, für Unruhe. Nervöse und feige Amtsträger, die um den eigenen Flankenschutz besorgt waren, waren die stärksten Verbündeten der Hexenjäger.

Auch am Parteitag der Demokraten im Juli in Chicago, auf dem Stevenson nominiert wurde, hatte ich nicht teilgenommen. Aber einige Tage später, als ich mich zu Vorträgen auf einer Konferenz über ländliche Entwicklungsprobleme, die von Thomas C. Blaisdell jr., einem alten New Dealer, organisiert worden war, in Berkeley aufhielt, wurde ich von George Ball und Arthur Schlesinger im Durant Hotel angerufen. Ob ich nicht bitte sofort nach Springfield kommen könne, um Reden zu schreiben. Kitty und ich machten einen eintägigen Umweg, um uns den Grand Canyon anzusehen – mein einziger ebenerdiger Eindruck von dieser riesigen Narbe –, und einen oder zwei Tage später verließ ich an einem frühen Morgen den Santa Fe Chief auf einem trostlosen Nebengleis unweit von Springfield und setzte meine Reise in die Hauptstadt von Illinois mit dem Bus fort. Als ich im Hotel eintraf, erfuhr ich von Arthur, ich solle mich bis auf weiteres in meinem Zimmer bereithalten. Das war verwirrend.

Der Grund dafür war, daß Stevenson auf einer Pressekonferenz tags zuvor gefragt worden war, ob sein Wahlkampf nicht drauf und dran sei, von Radikalen übernommen zu werden – insbesondere von gefährlichen Figuren aus den Reihen der Americans for Democratic

Action. Wie bereits erwähnt, waren Schlesinger und ich Gründungsmitglieder der ADA. Ein weiterer, sehr empfindlicher Punkt war der, daß das Zusammentrommeln von Redenschreibern in Springfield zu verkünden schien, der Kandidat könne seine Reden nicht selber verfassen. Stevensons Neigung zur Selbstverleugnung bezog seine eigene Redekunst nicht mit ein; auf sie war er vielmehr ganz offen stolz. Meine Ankunft war daher, zusammen mit meinem höchst kümmerlichen Talent, mich unsichtbar zu machen, nicht opportun.

Nach ein paar Stunden war Stevenson jedoch davon überzeugt, daß die meisten seiner Helfer die politische Mitte vertraten, und so wurde ich freigelassen. Um seinen Ruf als Mann, der seine Arbeit selber tut, zu wahren, würden wir uns vorsichtshalber als wissenschaftliche Mitarbeiter bezeichnen und nicht als Redenschreiber. Dies war eine Sprachregelung, von der selbst Stevenson nicht erwarten konnte, daß ihr viele Leute auf den Leim gehen würden. Die Versammlung auf dem Rasen des Gouverneurs, die nun stattfand, galt der Begrüßung von John Sparkman aus Alabama, dem Kandidaten für die Vizepräsidentschaft. Stevenson kam mit ein wenig Verspätung aus dem Wohnhaus, einem großen Gebäude im Stile des frühen Charles Addams, und hieß die Gäste willkommen. Er war kleiner, als ich ihn mir vorgestellt hatte, und bereits ein bißchen rundlicher als auf früheren Bildern. In der zuletzt erwähnten Eigenschaft deutete sich eine Neigung an, der er bis an sein Lebensende erfolglos Widerstand leisten sollte. Sein Haar lichtete sich schon damals, und er erweckte wie immer den Eindruck, als seien die dreißig oder vierzig anwesenden Politiker genau die Leute, die er jetzt und hier am liebsten um sich zu haben wünschte.

John Sparkman war nicht der Kandidat der Nordstaaten-Liberalen für den Posten des zweiten Mannes gewesen. Er war aber ein überaus anständiger und umgänglicher Mensch, außerdem ein Veteran aus den New-Deal-Schlachten. Als er noch im Repräsentantenhaus saß, hatte er sich mir gegenüber einmal als »TVA-Liberalen« bezeichnet, inzwischen hatte er sich mit der Opposition der Südstaaten gegen die Bürgerrechte abgefunden. Vier Jahre zuvor, auf dem Nominierungsparteitag von 1948, war es zu einem Eklat gekommen, als Hubert Humphrey und seine Freunde sich dafür stark gemacht hatten, eine Bürgerrechtsklausel ins Parteiprogramm aufzunehmen, woraufhin die Delegierten der Südstaaten den Saal verließen. Die Wahl Sparkmans diente nun dem Zweck, diese Wunden zu heilen. Manche hielten sie für einen Rückschritt, der darüber hinaus bei den Schwarzen im Norden Stimmen kosten könnte. Das Interessanteste an jenem schönen Abend war ein Gespräch zwischen Sparkman und Arthur Schlesinger, in dem Arthur den Dienst betonte, den Sparkman leisten könne, wenn er sich auf die Außenpolitik konzentriere.

Keine andere Institution in der amerikanischen Kultur birgt ein so hohes komödiantisches Potential wie die Wahlkampfmannschaft eines Präsidentschaftskandidaten. Sie wird übereilt, *ad hoc* und weitgehend per Selbstauswahl zusammengestellt. Viele Mitarbeiter sind Primadonnen, mehr noch selbsternannte Retter der Republik. Dieses Gremium hat dann eine Vielzahl von Aufgaben zu erledigen; es muß gemeinsam mit dem Kandidaten entscheiden, welchen Standpunkt er zu bestimmten Fragen einnehmen will, die Ergebnisse dieser Überlegungen zu Reden verarbeiten, Spendengelder sammeln, Reisen organisieren, den Empfang des Kandidaten vorbereiten, wo immer er erscheint, seine Fernsehauftritte inszenieren, mit der Presse umgehen, Autoaufkleber bestellen, bestimmen, wen unter Hunderten der Kandidat persönlich treffen wird oder treffen muß. Zur Erledigung all dieser Dinge fehlt den Teammitgliedern jegliche Erfahrung. Dies liegt daran, daß nur die auf Gedeih und Verderb Überzeugten sowie die, die pathologisch keinen anderen Job finden, mehr als einen Wahlkampf mitmachen wollen. Und die Macht in einer Wahlkampforganisation fällt nicht denjenigen zu, die am meisten davon verstehen, sondern denen, die das größte Selbstbewußtsein besitzen – dem, der mit größtmöglicher zur Schau getragener Überzeugung den banalen Satz aussprechen kann: »Ich werde Ihnen sagen, was der amerikanische Wähler wirklich will.«

Ein solches Individuum wird, wenn es mit besonderem Nachdruck darüber zu reden versteht, wie sich die Wählerschaft aufrütteln läßt, und wenn es außerdem mit Überzeugung eine nicht existierende Logik für die Wahlreisen des Kandidaten und den Einsatz von Fernsehspots darzubieten hat, die Reporter, die über die Kampagne berichten, stark beeindrucken. Vor allem diejenigen unter ihnen, denen er im strengsten Vertrauen die neueste Strategie enthüllt. Er wird dann erleben, daß man ihn in Wort und Schrift als »echten Profi« und »gewieften Taktiker« darstellt, und die Lobpreisung wird andauern bis kurz vor der Rede, in der der Kandidat seine Niederlage eingesteht.

Das Wahlkampfteam Stevensons von 1952 war besser als in den meisten anderen Fällen, da ausnahmsweise weitgehend eingesehen wurde, daß wir neu in diesem Job waren und dementsprechend inkompetent. Darüber hinaus kamen wir, und dies war eine noch größere Ausnahme, gut miteinander aus. Unglücklicherweise verbanden sich diese bewundernswerten Qualitäten mit dem Glauben, daß die Berufspolitiker in den Städten und Staaten wüßten, was *sie* taten. Wir lauschten ihnen mit übertriebenem Respekt, versuchten gelegentlich, ihren unermüdlich eigennützigen Ratschlägen zu folgen, und wünschten uns, wir hätten einen hochqualifizierten Profi, der unsere eigenen Operationen leitete. Statt dessen hatten wir Wilson W. Wyatt, einen vielgelobten ehemaligen Bürgermeister von Louisville, der in den Nachkriegsjahren in Washington gearbeitet hatte. Hochintelligent und fähig, wie er war, wurde er nichtsdestoweniger für einen Amateur gehalten, und als solcher betrachtete er sich auch selbst. Das war ein Fehler, der 1956 nicht wiederholt wurde. Da stand dann James A. Finnegan aus Philadelphia, ein typisch irischer Politiker von großem Charme und weißhaariger Schönheit an der Spitze, ein echter Profi. Unter James war die Verwirrung noch etwas schlimmer.

Unmittelbar nach dem Parteitag hatte Stevenson entschieden, daß der Wahlkampf von Springfield aus geleitet werden sollte. Es war dies eine Reaktion auf die damals gerade aktuellen, nach späteren Maßstäben ausgesprochen harmlosen Skandale in Washington, bei denen es meistens um gestiftete Kühlschränke ging. Ein Hauptquartier in Springfield sollte für eine heilsame moralische Distanz zwischen Adlai Stevenson und Harry Truman sorgen und Stevenson mit dem grundanständigen Kernland der Republik identifizieren. Diese Absetzung von der Hauptstadt war weder notwendig noch klug und entsprach Stevensons niemals gänzlich verhehltem Gefühl, daß Harry Truman ein etwas anrüchiger und ein bißchen vulgärer Politiker sei.

In Springfield gab es nicht gerade ein Überangebot an Büroräumen. Für die »wissenschaftlichen Mitarbeiter« und Redenschreiber wurden im obersten Stockwerk des Springfield Elks Club ein großer Raum und ein paar daran anschließende Schlafzimmer gefunden. Bald waren wir allgemein nicht als »wissenschaftliche Mitarbeiter«, sondern als »Elks« bekannt. Arthur Schlesinger ließ sich in jenem Herbst von Harvard beurlauben, um der Hauptkoordinator unserer Bemühungen und Stevensons qualifiziertester Redenschreiber zu werden. Als einziger von allen, denen ich je bei der Ausübung dieser Kunst zugesehen habe, brachte er es fertig, seinen Mantel auszuziehen, sich an die Schreibmaschine zu setzen und ohne Hilfe von Nachschlagewerken, Dokumenten und Denkpausen eine vollständige Rede in einem Zug herunterzuschreiben. Innerhalb weniger Wochen beherrschte er den ausbalancierten Satzbau Stevensons perfekt und verstand, sich aufs beste auf dessen Freude an Antonymen und die häufige Bereitschaft, die Bedeutung eines Ausdrucks seinem Wohlklang unterzuordnen. Auch mir gelang es, den Stevenson-Stil zu beherrschen, und das blieb nicht ohne Nachwirkungen. Ich habe seither nie wieder eine Rede geschrieben, weder für mich selber noch für jemand anders, der nicht irgend etwas vom Stevensonschen Ton anhaftete. Bei ein paar Gelegenheiten entwarf ich auch für John F. Kennedy Reden über dieses oder jenes Thema. Er bediente sich ihrer jedoch nur selten. Angesichts eines meiner Entwürfe zog er eine Grimasse und sagte: »Das klingt wie Adlai.«

Zu den Mitgliedern der »Elks« gehörten unter anderen John (genannt Jack) Fischer, der später lange Zeit Herausgeber von *Harper's* war; W. Willard Wirtz, damals Juraprofessor an der Northwestern University und später Arbeitsminister unter Kennedy und Johnson;

und David E. Bell, der ehemalige Assistent von Harry Truman, der unter Kennedy Budgetdirektor und Chef der Entwicklungshilfebehörde AID (Agency for International Development) und danach Vizepräsident der Ford Foundation werden sollte. Gleichfalls mit von der Partie waren Robert Tufts, ein junger Professor vom Oberlin College in Ohio, Sidney Hyman, damals ein junger Journalist aus Washington, und John Bartlow Martin, ein begabter Redakteur der *Saturday Evening Post* und anerkannte Autorität auf dem Gebiet der fragwürdigen Machenschaften in Chicagos Politik und Unterwelt. Später wurde er Botschafter in der Dominikanischen Republik und noch später Stevensons Biograph.

Im Gouverneursgebäude leitete Carl McGowan[4] unsere Redekonzepte an den Kandidaten weiter und gelegentlich auch dessen Gedanken zurück an die »Elks«. Große Augenblicke waren es, wenn wir uns in Stevensons Büro versammelten, um unsere Anweisungen direkt zu erfahren. Als Adlais Eloquenz immer deutlicher zutage trat, meldeten sich Freiwillige mit eigenen Beiträgen; aus den verschiedensten Teilen des Landes trafen Redeentwürfe ein, und gelegentlich brachten die Autoren sie sogar persönlich nach Springfield. So tauchte auch Herbert S. Agar auf, ein ehemaliger Redakteur des *Courier-Journal* in Louisville und Autor von zahlreichen Büchern, die sich in erschöpfender Breite und Mystik dem amerikanischen Traum widmeten. Agar lieferte ein Manuskript von unglaublichem Pathos ab; etwas, was Henry James einmal als »ungelenkten Strom von Tönen« beschrieben hat: »So sind wir Gezeichnete, wir Amerikaner in der Mitte dieses Jahrhunderts. Wir sind vom Schicksal angerührt ... Welch ein Aufblühen der Arbeit und des Glaubens unserer Väter!«[5] Arthur Schlesinger und ich lasen das Dokument mit Entsetzen und legten es zu den Akten. Das hieß, wie die Erfahrung inzwischen gezeigt hatte, daß es nie wieder auftauchen würde. Ohne unser Wissen hatte Herbert jedoch eine Abschrift Stevenson selbst übergeben, der die Rede großartig fand. Sie stellte den Hauptteil seiner Ansprache am 14. Oktober im Mormon Tabernacle in Salt Lake City dar, die allgemein als die erfolgreichste des gesamten Wahlkampfs angesehen wurde.

Der unserer Ansicht nach beste Außenseiter-Beitrag stammte von James Wechsler, damals wie heute, da ich diese Zeilen schreibe, bei der *New York Post.* Die Rede wurde am 28. August aus Anlaß der Nominierung durch die New Yorker Liberale Partei gehalten, einer politischen Kraft, die damals um einiges eindrucksvoller war als das, was nachher aus ihr wurde. Wechsler war ein Kabinettstückchen komischer Polemik gelungen. »Dies [das heißt der Herbst von Wahljahren] ist die Zeit, da selbst der rückständigste Republikaner sich vorübergehend mit dem Maschinenzeitalter versöhnt ... ein wahrhaft bemerkenswertes Intervall, eine Art Pause in der republikanischen Besatzung, und ich habe mir oft gedacht, man könnte es gut als die liberale

Stunde bezeichnen.«[6] Draußen in Springfield trafen wir uns jeden Abend in der Bar des Elks Club, um bei einem Gläschen die Ereignisse des vergangenen Tages noch einmal durchzusprechen; nach jenem Augusttag nannten wir dies die »Liberale Stunde«. Eines denkwürdigen Abends gesellte sich bei diesem Intermezzo Woodrow L. Wyatt zu uns, ein britischer Journalist und Parlamentarier, der über den Wahlkampf berichtete und gerade frisch von einem Interview mit Colonel McCormick von der *Chicago Tribune* kam. Der britische Konsul in Chicago war entsetzt gewesen, als Woodrow ihm mitgeteilt hatte, er wolle um einen Termin bei McCormick nachsuchen. »Der Colonel haßt uns, wissen Sie das nicht?« Aber der Colonel hatte das Interview gewährt und in freundlicher Weise erklärt, was ihn dazu bewogen hatte, dies zu tun: »Die Briten sind nicht mehr so wichtig, als daß sie mir noch unsympathisch sein könnten.«

Einer meiner Wahlkampfbeiträge war Eric Hodgins. Ich rief ihn kurze Zeit nach meinem Eintreffen in Springfield an, nur Stunden, bevor C.D. Jackson, der bei *Time* Urlaub genommen hatte, um für die Republikaner zu arbeiten, sich bei ihm meldete und ihn bat, dem Eisenhower-Team beizutreten. Bei seiner Ankunft erzählte mir Eric sehr vergnügt, wie er auf das Angebot seines alten Freundes reagiert hatte: »Du kannst mich mal, C.D., ich werde für den richtigen Mann arbeiten.« Die Mitarbeit war für Eric zutiefst enttäuschend, und dies lag zum Teil an seiner Ausführlichkeit, für die er bei *Fortune* so berühmt war. Genauso wie er unfähig war, einen kurzen Artikel zu schreiben, brachte er es nicht fertig, eine Rede von weniger als zwei Stunden Länge zu schreiben. Auch fiel es ihm nicht leicht, Stil und Inhalt dem seines Chefs anzugleichen – eine für einen Ghostwriter unerläßliche Voraussetzung.

Im Gegensatz zu ihm erwies sich John Bartlow Martin, ein anderer Autor, der sich in unkontrollierbarer Weise dem Detail verschrieben hatte (seine zweibändige Stevenson-Biographie[7] berichtet mitunter im Tages- oder sogar im Stundenrhythmus über den Ablauf der Ereignisse) als ein Meister des *whistle stop speech*[8].

Niemand anders vermochte auf zwei Seiten eines mit dreizeiligem Abstand getippten Manuskripts so viel zu sagen wie er.

Die Agar-Rede und die Art und Weise, wie sie aufgenommen wurde, enthielt eine politische Lektion, die Stevenson begriffen hatte und die manche seiner Mitarbeiter – Schlesinger, Martin, Galbraith – hochmütig ablehnten. Politische Kommunikation sollte, wie wir glaubten, sich streng an die Fakten halten. Gut war eine Rede, die sich klar und verständlich mit Sachfragen beschäftigte – mit Arbeitslosigkeit, Reform des Arbeitsrechts, Krankenversicherung, Verteidigungspolitik. Die Sprache sollte bei allen Ausschmückungen den Ideen untergeordnet bleiben. Demgegenüber hatte Stevenson gespürt, daß die politische Redekunst zum Teil eine Form der Poesie ist. Sie versetzt das Publikum in Reiche der Phantasie, in die es sich hineinwünscht. Mit der Vision vergangener Erfolge bietet sie eine angenehme, beschauliche Fluchtmöglichkeit vor einer rauhen Zukunft. Wir hielten so etwas für leeres Geschwätz, für Worte ohne Bedeutung. Adlai Stevenson wußte es besser; und man erinnert sich heute seiner Reden mehr der Poesie als der Substanz wegen.

Vollkommen konnte auf Substanz natürlich nicht verzichtet werden, und darüber kam es dann zu Spannungen zwischen Stevenson und seinen Ghostwriters. Die Spannungen betrafen die Innen-, nicht die Außenpolitik; es wäre besser gewesen – damals allerdings auch ein Wunder –, wenn es andersherum gewesen wäre.

Der Gedanke, die Radikalen könnten sich seiner bemächtigt haben, beunruhigte Stevenson nach wie vor ein wenig. Wir unsererseits meinten, er sei zu wenig auf die Wählerschichten und die Politik eingeschworen, die zwischen 1932 und 1948 zu einer so großartigen demokratischen Siegesserie geführt hatte. Carl McGowan war der Mann der Mitte. Wiederholt bemühte er sich, uns zu versichern, daß Stevenson kein Konservativer sei und daß er nur überzeugt werden müsse. Stevenson fürchte, so meinte McGowan, man könne ihm einen Automatismus in seinen politischen Aussagen vorwerfen, ihn für einen berechenbaren Nachbeter liberaler Klischees aus den Jahren des New Deal und des Fair Deal halten.

Einen weiteren bremsenden Einfluß, nämlich Stevensons wohlhabende Freunde aus Chicago und seine Nachbarn aus Libertyville, hob er indes nicht sonderlich hervor. In ihren Kreisen hatte er auf der Basis gegenseitiger Hochachtung und Zuneigung verkehrt. Das Rooseveltsche und ganz besonders das Trumansche Vokabular waren bei ihnen nicht beliebt, und sie wollten nicht, daß man ihren Freund verführte. Dies gaben sie klar und deutlich zu verstehen, und zwar nicht ohne Erfolg. Stevenson gelang es nie, sich vollständig von ihnen zu befreien.

Schließlich ließ er sich zu genaueren Erklärungen überreden, wenngleich auch nur gelegentlich. Ende August arbeiteten Willard Wirtz und ich mehrere Tage lang an einer Rede, die am Labor Day auf dem Cadillac Square in Detroit vor den versammelten Truppen der United Automobile Workers, damals wie heute die liberale politische Speerspitze der Gewerkschaftsbewegung, gehalten werden sollte. Ihre Hauptsorge, die sie mit der gesamten Gewerkschaftsbewegung teilten, war das Taft-Hartley-Gesetz, das 1947 vom republikanischen Kongreß gegen ein Veto Trumans verabschiedet worden war. Dieses Gesetz erklärte Streiks bei Zuständigkeitskonflikten, sekundären Boykotts, *closed shop* und vielen anderen für illegal.[9] 1952 hatte das Gesetz bereits, wie es in der Politik nicht selten geschieht, eine von seinen Auswirkungen unabhängige Symbolkraft entwickelt. Für das Ansehen eines Politikers bei der Arbeiterbewegung war die Frage, wie er zu dem »Sklavenarbeitergesetz« stand, zu einer Probe aufs Exempel geworden. Stevenson konnte nicht dazu überredet werden, für die Abschaffung des Gesetzes einzutreten; er erstaunte und deprimierte uns, indem er sagte, wenn ihn das die Unterstützung der Gewerkschaften koste, dann sei es eben so. Besser »ihnen sagen, was ich wirklich denke, als sie zu täuschen, um ihre Unterstützung zu gewinnen«.[10]

Es kam schließlich zu einem Kompromiß. In der Rede wurde nicht die Abschaffung der Taft Hartley Act, sondern ihre Auswechslung gefordert. Ein anderes Gesetz, das die umstritteneren Passagen nicht mehr enthielt, sollte an ihre Stelle treten. Daraufhin fügte Stevenson einen Satz ein, in dem er seine unbequeme Überzeugung vertrat, daß es sich nicht um ein Sklavenarbeitergesetz handle.

Keiner war damit zufrieden. An dem betreffenden Tag war es jedoch in Detroit sehr heiß, die Bars am Cadillac Square waren geöffnet, und im Publikum gab es nur wenige, deren Stimmung oder Zustand dazu angetan war, genau hinzuhören. So wurde nicht viel Unheil angerichtet, zumindest nicht bei den Anwesenden. Mit seiner Feststellung, es gehe nicht um Sklaverei, bewahrte Stevenson, den gegenteiligen Bemühungen seiner Mitarbeiter zum Trotz, seinen Ruf als Verkünder simpler Wahrheiten, was manch anderem Kandidaten nicht gelungen ist.

Ich schrieb die Rede über die Landwirtschaftspolitik. Es ist dies die dankbarste Aufgabe eines präsidentialen Redenschreibers, da kein Kollege und kein Kandidat sich für informiert genug hält, um das Ergebnis in Frage zu stellen. Sollte es trotzdem jemand versuchen, so muß man ihn nur mitleidig und herablassend ansehen, und schon wird er klein beigeben und sich vielleicht sogar entschuldigen. Nirgends läßt sich die intellektuelle Unterlegenheit des amerikanischen Städters so leicht ausnützen wie in Fragen der Landwirtschaft. Später, in Indien, waren, worauf ich zurückkommen werde, die amerikanischen Landwirtschaftsexperten, die den Indern halfen, zutiefst betroffen, es mit einem Botschafter zu tun zu haben, den sie nicht derart unterbuttern konnten.

Ich schrieb auch wirtschaftspolitische Reden. Dieses Gebiet war umstrittener. 1952 erreichte die Begeisterung für Keynesianische Wirtschaftspolitik ihren Höhepunkt; sie war die Magie, die hinter den wirtschaftspolitischen Erfolgen der Demokraten stand. Ich betrachtete mich als einer ihrer führenden Protagonisten und befand mich u. a. aus diesem Grund in Springfield. Unser Kandidat war über Keynes weitgehend von Leuten informiert worden, die ihn für subversiv hielten. Stevensons eigene wirtschaftspolitische Ansichten waren, soweit er welche besaß, dreißig Jahre früher in Princeton geprägt worden, in einer ökonomischen Atmosphäre, die von einem hartnäckigen Widerstand gegen das 20. Jahrhundert dominiert wurde. Er hegte den unangenehmen Verdacht, daß Keynesianische Wirtschaftspolitik, so wie sie sich in der Employment Act von 1946 niederschlug, eine zweifelhafte Ausrede für die Haushaltsdefizite der Roosevelt- und später auch der Truman-Jahre sei. Da es unbequem war, die Steuern niedriger als die Ausgaben zu halten, hatten die Liberalen mit Hilfe Keynes' dafür gesorgt, daß eine solche Politik intellektuell akzeptabel wurde. Er, Stevenson, würde sich nicht hinters Licht führen lassen, sondern allenfalls kein Wort darüber verlieren. Allen, die Stevenson in Wirtschaftsfragen berieten, verursachte dies Kummer. Nach der Wahl machten wir uns, in der Hoffnung und Intention, ihn 1956 erneut zum Kandidaten küren zu können, daran, seine volkswirtschaftlichen Kenntnisse auf den neuesten Stand zu bringen. Es war dies ein phantasievolles Experiment auf dem Gebiet der Erwachsenenbildung, auf das ich noch zurückkommen werde.

Den außenpolitischen Reden gingen, unglücklicherweise, keine von solchen Spannungen geprägten Überlegungen voraus. Sie wurden von Robert Tufts geschrieben, dessen Kalte-Kriegs-Mentalität von Arthur Schlesinger gemildert und schließlich vom Kandidaten selbst abgeändert wurde, manchmal noch, wenn Stevenson bereits auf dem Podium saß und den Einführungsreden zuhörte.[11] Die Reden bestätigten in vollem Umfang die Ängste und Spannungen der damaligen Zeit. »Wir wissen ... daß der Feind unversöhnlich, finster, entschlossen und gefährlich ist ... Die schlimmste Erkenntnis ist die Gewißheit der unnachgiebigen Gier des Feindes, unser Leben zu beherrschen ...«[12] Man ging davon aus, daß die kommunistische Befehlskette von Moskau über Peking bis nach Pjöngyang reichte und daß die zuletztgenannte Hauptstadt der Autorität der ersteren total unterworfen sei. Niemand sollte meinen, das Umfeld, in dem amerikanische Wahlkämpfe geführt werden, gestatte den Kandidaten irgendeine Form inopportuner Redefreiheit. Eine Abweichung vom offiziellen Credo des Kalten Kriegs hätte 1952 jedem den Vorwurf der Naivität, wenn nicht gar der direkten Illoyalität eingebracht. Joseph McCarthy unterstellte damals Roosevelt und Truman »zwanzig Jahre des Verrats«. Stevenson war unter direktem republikanischem Beschuß, weil er sich 1949 in einer beeideten Stellungnahme positiv über die Wahrheitsliebe, Loyalität und Integrität von Alger Hiss geäußert hatte. Nixon, der republikanische Kandidat für die Vizepräsidentschaft, versuchte, Stevenson aus seiner Verbindung zur »rückgratlosen« Diplomatie Dean Achesons einen Strick zu drehen. Eisenhower pflückte die politischen Früchte des antikommunistischen Kreuzzuges, obgleich er sorgfältig darauf bedacht war, nicht allzu eng mit McCarthy assoziiert zu werden. Eine frühe Fernsehansprache über die sino-sowjetische Bedrohung sollte von McCarthy gehalten werden, wurde dann jedoch Clare Boothe Luce übertragen. Sie hielt sie in einem straßbesetzten

Abendkleid vor dunklem Studiohintergrund. Wir verfolgten die Rede im Untergeschoß des Gouverneurssitzes in Springfield wie durch einen üblen Schneesturm, weil man in Springfield Fernsehen damals aus St. Louis empfing und am äußersten Rand des Sendebereichs lag. Die amerikanische Kapitulation vor dem Bolschewismus wurde mit angespannter, schriller, fast hysterischer Stimme heraufbeschworen. Dies entsetzte uns derart, daß nach dem Ende der Sendung für eine volle Minute Schweigen herrschte, ein Schweigen, das erst gebrochen wurde, als Eric Hodgins die Frau seines alten Freundes, die da auf dem Bildschirm erschienen war, mit Ausdrücken belegte, die zu veröffentlichen ich mich noch heute scheue. Auf Wahlkampfreise in Wisconsin gestattete Eisenhower McCarthy, ihn in seiner Heimatstadt Appleton vorzustellen, aber danach drängte ein Stoßtrupp respektabler Herren McCarthy rasch auf die andere Seite der Ausstiegsplattform des Eisenbahnwaggons ab. Während Ike sprach, beschäftigte er sich dort, wie Murray Kempton tags drauf in der *New York Post* berichtete, damit, Freunden die Hände zu schütteln und seinen Gläubigen freundlich zuzuwinken. Aber McCarthy kam doch noch zu seinem Erfolg. Eisenhower strich aus einer Rede eine Passage zur Verteidigung George Marshalls, die, wie man fürchtete, McCarthy hätte ärgern können, und gegen Ende des Wahlkampfes ließ man McCarthy auf das überregionale Fernsehen los. In einem wohlüberlegten Versprecher sprach er von »Alger« Stevenson und warf Arthur Schlesinger sowie Bernard DeVoto[13] und Archibald MacLeish, die gleichfalls Reden geschrieben hatten, kommunistische Neigungen vor. Ich war der einzige aus dem Harvard-Kontingent um Stevenson, der nicht erwähnt wurde, und behauptete nachher, ich fühle mich übergangen. Es klang ziemlich scheinheilig.

Die Nixon/McCarthy-Attacken hatten, wie bemerkt, zur Folge, daß Stevenson in die Orthodoxie des Kalten Krieges eingezwängt wurde. Er konnte nicht vor den kriegslüsternen Neigungen der Republikaner warnen und auch nicht versprechen, sich für den Frieden in Korea, nach dem sich alle sehnten, einsetzen zu wollen. Das hätte ja seine angebliche Nachgiebigkeit gegenüber den Kommunisten bestätigt. »Die besten [Wahlkampf]strategien«, bemerkte John F. Kennedy nach der Wahlkampagne von 1960, »beruhen normalerweise auf Zufällen.«[14] Eine weitere Folge der Nixon/McCarthy-Attacke hätte, selbst wenn sie geplant gewesen wäre, kaum genialer sein können. Am 24. Oktober sagte Eisenhower in einer weitsichtigen, von Emmet John Hughes geschriebenen Rede, daß er, sollte er gewählt werden, »nach Korea gehen« wolle. Implizit war darin das Versprechen enthalten, sich um einen Verhandlungsfrieden im Koreakrieg zu bemühen. Das war ein faszinierender Gedanke. Wie immer in den Vereinigten Staaten bestand ein echter Unterschied zwischen lautstarkem Engagement für Heroisches und Kriegerisches einerseits und einem ernsthaften

Eintreten für den Frieden andererseits. Die demokratische Position war inzwischen dermaßen festgefahren, daß wir die Stärke der Eisenhower-Initiative nicht einmal erkannten. Und so war die Reaktion darauf, als sie endlich kam, jämmerlich stereotyp: »Der General hat seine Absicht verkündet, nach Korea zu gehen. Aber die Wurzel des Koreaproblems liegt nicht in Korea. Sie liegt in Moskau ... Der Koreakrieg muß zu Ende gehen und wird, wie wir alle wissen, erst dann zu Ende gehen, wenn Moskau überzeugt ist, daß die Bevölkerung dieses Landes ... darin einig ist, sich in unerschütterlicher Entschlossenheit zu behaupten.«[15]

Nach der Wahl schloß Eisenhower dann tatsächlich Frieden – und zwar mit den Nordkoreanern, nicht mit der Sowjetunion. Der Handel, dem er zustimmte – eine Grenzziehung, die ungefähr dem damaligen Frontverlauf entsprach –, hätte schon Monate früher durch die Demokraten erreicht werden können, worauf Harry Truman auch prompt hinwies. Aber der Vorwurf, daß Eisenhower etwas akzeptierte, was die Demokraten zuvor abgelehnt hatten, dürfte der harmloseste Angriff gewesen sein, dem je ein Politiker ausgesetzt gewesen ist. Der Friede in Korea hat inzwischen über ein Vierteljahrhundert gehalten, und Friede, wie fragil er auch sein mag, ist besser als jeder Krieg. Daß Eisenhower diesen Frieden erreichte, entsprach einem festen Schema im Geflecht der amerikanischen Innen- und Außenpolitik, das auch beim Rückzug aus Vietnam, in der Eröffnung der Beziehungen zu China und bei den ersten Schritten zur Entspannung mit der Sowjetunion wieder deutlich zum Tragen kam. Es lohnt sich, daß man erneut darauf hinweist! Amerikas Konservative sind, da niemand an ihrem Haß auf den Kommunismus zweifelt, immer leichter mit der Realität zurechtgekommen und haben vernünftigere Vereinbarungen mit den Sowjets und den Chinesen getroffen als die amerikanischen Liberalen, die schon immer in der Furcht lebten, als nachgiebig gegenüber dem Kommunismus zu gelten.

Von den Verlusten an Menschen und Material einmal ganz abgesehen, vergiftete der Koreakrieg, ähnlich wie später der Vietnamkonflikt, die politische Atmosphäre in Amerika. Die Hexenjagden, die Psychose des Kalten Krieges, die diplomatischen Schnitzer und die heimlichen Katastrophen, die auf das Konto der Gebrüder Dulles gingen, wurden allesamt durch den Krieg gefördert. Und alles wäre noch schlimmer geworden, wenn der Krieg weitergegangen wäre. So war der Friede in Korea 1952 tatsächlich das alles beherrschende Thema. Und zur Erlangung des Friedens war, dies können nicht einmal die leidenschaftlichsten Stevenson-Anhänger bezweifeln, Eisenhower der bessere Tip.

Dabei muß man allerdings eine Einschränkung machen. 1956 wurde Adlai Stevenson Fürsprecher von Verhandlungen mit den Sowjets über die damals neue Wasserstoffbombe und wandte sich gegen die

Leute, die, in der Bemühung, ihren Ruf als Hardliner zu festigen, auf stur schalteten, die Produktion der Bombe forcierten und das Risiko ihres Einsatzes in Kauf nahmen. Während der kubanischen Raketenkrise 1961 setzte er sich dafür ein, die Kommunikation mit den Sowjets nicht abreißen zu lassen, und machte den Vorschlag, die veralteten Atomraketen in der Türkei im Austausch gegen einen ähnlichen Rückzug aus Kuba abzubauen. Selbst in jenen rationaleren Zeiten sah er sich bitterer Kritik ausgesetzt; man warf ihm vor, »eine Art München« zu wollen. So wie er damals reagierte, fragt man sich, ob er nicht auch schon früher seine Vorbehalte hatte. Vielleicht war er der Gefangene von Mitarbeitern, die fürchteten, für nachgiebig gehalten zu werden, sich hinter einem Schild aus Antikommunismus verschanzten und dadurch selbst lähmten. Auf diese Weise lähmten sie auch Adlai Stevenson.

Der im Bewußtsein der Öffentlichkeit am stärksten verankerte, wenngleich nicht unbedingt wichtigste Vorfall des Wahlkampfes 1952 war die Entdeckung des Nixonschen Reptilienfonds im September sowie die darauffolgende grauenhafte Fernseh-Ode Nixons. Auf den inneren Kreis des Stevenson-Teams wirkte sich dieses Ereignis ganz anders aus als auf das Land insgesamt.

Gegen Mitte September gab es einige Tage lang Gerüchte, wohlhabende Anhänger Nixons hätten ihm einen Fonds für seine eher sinistren Vorhaben eingerichtet. Geld für Nixon konnte ohnehin kaum einem ehrlichen Zweck dienen. Am 18. September ließ der Kolumnist Peter Edson dann die Katze aus dem Sack, und die *New York Post* brachte sie groß heraus. Andere Reporter stürzten sich nun auf Nixon, der in Nordkalifornien und Oregon auf Wahlkampfreise war. Er gestand die Existenz des Fonds ein und sagte, er sei für völlig harmlose Bürotätigkeiten bestimmt. Fast im gleichen Augenblick verkündete der Hauptsponsor jener Philanthropenvereinigung, ein gewisser Dana C. Smith, in Los Angeles hocherfreut, der Fonds sei dazu da, einen bewundernswert konservativen und tatkräftigen Freund des Big Business zu belohnen und im Amt zu halten. Dies entsprach Smiths eigener, tiefster Überzeugung, und er hielt es für die höchste Tugend. Von seinen eigenen Anhängern so ans Messer geliefert, verlegte Nixon sich auf Formalitäten: »Ihr wißt, Leute, daß ich in den Vereinigten Staaten Untersuchungen gegen Kommunisten geführt habe ... und die Linken haben mich mit allen denkbaren Verunglimpfungen bekämpft ... Und glaubt mir, Ihr könnt damit rechnen, daß sie dies auch weiterhin tun werden. Gestern fingen sie damit an.«[16]

Aber diesmal klappte es nicht mehr; selbst in jenen Zeiten ließ sich nicht alles und jedes auf eine bolschewistische Verschwörung schieben. Eisenhower forderte eine bessere Erklärung, und was dabei herauskam, war die Checkers-Rede. Meine Reaktion auf die ersten Gerüchte war ganz normal: die eines über den Dingen stehenden Heiligen. Wie herrlich! Aber dann traf ich George Ball (oder vielleicht war es auch Carl McGowan), und all meine Freude verflüchtigte sich. Es gab auch Stevenson-Fonds, und es ließ sich nicht vermeiden, daß diese nun ebenso ans Tageslicht kommen würden. Ein Teil des Stevenson-Geldes bestand aus Überschüssen aus seinem Gouverneurswahlkampf, ein anderer war von Freunden und Möchtegern-Freunden gespendet worden. Es wurde für notwendige, aber nicht absetzbare Bewirtung sowie größtenteils zur Gehaltsaufbesserung von Leuten herangezogen, die unter persönlichen finanziellen Opfern nach Springfield geholt worden waren. All dies waren ehrbarere Verwendungszwecke als die Nixon-Machenschaften, aber in einem Wahlkampf sind solche Unterschiede nicht leicht darzustellen. Und dann waren da noch individuelle Auslagen, z. B. für eine Weihnachtsfeier des Stevenson-Nachwuchses, die zwar kaum ins Gewicht fielen, aber nicht leicht zu rechtfertigen waren. Am schlimmsten jedoch war die chaotische Buchführung des Wahlkampfteams über Einnahmen und Ausgaben – obwohl sich gerade dies als wahrer Segen erweisen konnte.

Im Endeffekt schadete die Episode Nixon und nicht Stevenson. Dies kann zum Teil auf ein Phänomen zurückgeführt werden, das jemand, dem es um einen hochwissenschaftlichen Anstrich geht, die »differentiale Zeitdimension in der amerikanischen Politik« nennen könnte. Sie ist ein wichtiger und vielfach vernachlässigter Faktor. Nixons Checkers-Rede mit ihrer gekünstelten Sentimentalität rief eine unmittelbare emotionale Reaktion hervor. Eine Flut von Telegrammen und Briefen brach über ihn herein. Aber sie stammten von jener Sorte von Leuten, die unmittelbar empfänglich sind für das, was man nicht ganz wissenschaftlich einen Scheißdreck nennt. So beeinflußbar, sind sie aber schon am nächsten Tag offen für eine neue und ganz andersgeartete Attacke. Diejenigen, die nicht so reagieren, die Unverwundbaren, halten es für furchtbar, und sie sind diejenigen, die es sich merken. Und da sie es sich merken, sind sie es, deren Urteil Bestand hat und die die Geschichte schreiben.

Ich verbrachte den August und den überwiegenden Teil des Septembers in Springfield. Als ich nach Cambridge zurückkam, fand ich meine Frau im Besitze eines Briefes, den kein anderer Präsidentschaftskandidat in der Geschichte je abgeschickt hat oder abgeschickt haben würde:

»Ich wende mich an Sie als das wahre Opfer von Kens Beteiligung an diesem Wahlkampfunternehmen. Ich weiß, mit welcher Enttäuschung Sie ihn – mitten in den Ferien – in die Weiten der Prärie von Illinois haben entschwinden sehen, und ich möchte, daß Sie wissen, wie sehr ich Ihre Bereitschaft schätze, diesen Verlust guten Mutes hinzunehmen.

Es hilft Ihnen sicher nicht sehr viel, wenn ich Sie wissen lasse, für wie wichtig und nützlich ich Kens Gegenwart hier hielt. Dennoch möchte ich ausdrücklich darauf hinweisen, ganz unabhängig davon, was Ihnen diese meine Stellungnahme wert sein mag.

Nochmals vielen Dank. Ich hoffe, ich werde eines Tages die Gelegenheit haben, meiner Dankbarkeit persönlich Ausdruck zu verleihen.«

Nach Beendigung der Semesterferien nahm ich meine Lehrtätigkeit in Harvard wieder auf. An langen Wochenenden fuhr ich nach Illinois oder schloß mich der Wahlkampfmannschaft an, wenn sie sich irgendwo in der Nähe aufhielt. Meinem Gedächtnis hat sich besonders ein wunderschöner Herbsttag eingeprägt. Unser Flugzeug landete früh am Morgen in Bridgeport/Connecticut, wo wir von Abraham Ribicoff und von William Benton von der *Encyclopaedia Britannica*, einem Philanthropen und mutigen Liberalen, begrüßt wurden, der gerade einen hoffnungslosen Kampf um seine Wiederwahl in den Senat führte. Gleichfalls wartete auf uns eine lange Reihe roter Cabriolets, die ein ortsansässiger Packard-Händler zur Verfügung gestellt hatte. Einen teilten sich Willard Wirtz und ich an jenem Tag mit einer Politikerin reiferen Jahrgangs aus Connecticut, und wenn die Autokolonne langsamer fuhr, konnten wir die Kommentare der Zuschauer hören: »Wieviel verbraucht der Schlitten wohl auf hundert Kilometer?« – »Die haben einen ganz hübschen Wiederverkaufswert.« – »Wer von denen ist denn Stevenson?« – Die Menschenmassen waren recht spärlich, und an einer Stelle, wo besonders wenige Zuschauer standen, gestattete sich unsere örtliche Begleiterin ein paar Tränen. Sechzehn Jahre zuvor war sie in einem Korso hinter Franklin D. Roosevelt quer durch den ganzen Staat gefahren; sie erinnerte sich, daß die Zuschauer damals in dichtgedrängten Reihen standen, und dies selbst dort, wo der Highway durch die Wälder führte.

Die erste Rede fand am Bahnhof von Bridgeport statt. Dann kehrten wir um, unterbrachen zwecks einer weiteren Rede in New Haven, fuhren dann nach Derby, Ansonia, und von dort aus durch ein schmuddeliges Fabrikstädtchen nach dem anderen das Naugatuck-Tal hinauf. Stevenson konnte es nicht ertragen, auf die vertrauten Gesichter der Reporterschar herabzusehen und zweimal dieselbe Rede zu halten. Aus diesem Grund mußte es für jeden Halt eine andere geben. Ich hatte John Bartlow Martin bei der Abfassung der Reden geholfen, und auf dem Weg von Springfield hierher hatte Stevenson mir im Flugzeug gesagt, für wie gut er sie hielt. Das war ein reines Vergnügen, und noch mehr Spaß machte es, in der Menge zu stehen und den eigenen, in wohlklingendem Tonfall vorgetragenen Worten zu lauschen. Meine Freude bekam am späten Nachmittag einen leichten Dämpfer, als wir Waterbury erreichten, wo die Ansprache im Stadtpark stattfand. Das Publikum war großartig und aufmerksam, reagierte aber mit Mißfallen, als Stevenson mit herzlichen Worten seiner Freude, »hier in Watertown« zu sein, Ausdruck verlieh. Es gibt ein Watertown ein paar Kilometer weiter an der gleichen Straße.

Je weiter der Tag fortschritt, desto mehr machte sich eine andere unangenehme Begleiterscheinung bemerkbar. Zum Schluß mußten alle dringendst austreten. Und es gab keine Möglichkeit, dies zu bewerkstelligen. Eine Fahrzeugkolonne kann nicht an einer Tankstelle vorfahren. Die amerikanische Moral läßt eine Unterbrechung, bei der alle Leute aussteigen und sich in die Büsche schlagen können, nicht zu. Und kein Wagen kann einfach ausscheren, so verzweifelt die Insassen auch sein mögen. Die Qual muß hingenommen werden; für gewisse Probleme gibt es eben keine Lösung.

Meine Freundschaft mit Adlai Stevenson, die durch mein Eintreten für John F. Kennedy in den späten fünfziger Jahren nicht fühlbar abkühlte, bestand in den nächsten dreizehn Jahren bis zu seinem Tod fort. 1956 sollte ein weiterer Stevenson-Wahlkampf folgen. Aber für alle, die sich Stevenson anschlossen und ihn liebten, war die Kampagne 1952 der Höhepunkt.

Für junge Leute dürfte es schwer sein, die Überraschung und vor allem auch den Schock zu begreifen, die das Wahlergebnis bei uns auslöste. Zwanzig Jahre lang waren liberale Demokraten als Sieger hervorgegangen; 1948 hatte Harry Truman gezeigt, daß sie es, wie widrig auch die Vorzeichen sein mochten, noch immer schaffen würden. Es war zu einem Naturgesetz geworden. In der Wahlnacht 1952, in Arthur Schlesingers Haus, erfuhren wir, daß dieses Naturgesetz nicht mehr galt.

20

Depression, Zusammenbruch, Kommunismus und die Canadian Pacific Railway

Am Morgen nach der Wahl erwachte ich mit dem Gefühl, irgendein Band, das heißt irgend etwas Lebenswichtiges, das meine Vergangenheit mit der Gegenwart verknüpfte, sei gerissen. Ich quälte mich durch die mündliche Prüfung von Burton Klein, der im Krieg mein Assistent gewesen war. Das Rigorosum ist jene kaum ertragbare Zeremonie, bei der einem Kandidaten, der eine akzeptable Doktorarbeit geschrieben hat (in diesem Fall eine sehr gute über die deutsche Kriegswirtschaft[1]), mitgeteilt wird, daß er seinen Titel haben kann. Sollte man ihm Gegenteiliges sagen, wäre seine Überraschung außerordentlich. Burt, der schwer an akuter Enttäuschung über die Wahlergebnisse litt, verbunden, wie ich glaubte, mit einem tödlichen Kater, deprimierte mich noch zusätzlich, als er am Ende der Prüfung bemerkte, er fühle sich wie jemand, der auf dem Weg zu einer Beerdigung einen Groschen findet.

In den folgenden Tagen verstärkten sich meine Depressionen. Zwei Jahrzehnte lang war mir Washington, von den unlängst erfolgten Loyalitätsüberprüfungen abgesehen, als zugänglicher, freundlicher Ort erschienen. Man fuhr dort leichten Herzens hin, stritt, protestierte, überredete. Von nun an würde es eine verschlossene und verbotene Stadt sein. Spontane Besuche bei Ezra Taft Benson, dem neuen Landwirtschaftsminister, waren mit Sicherheit nicht drin. Und bei John Foster Dulles erst recht keine. Ohne daß es mir je bewußt geworden war, hatte ich mich im Laufe der Zeit als Bestandteil einer Dauerregierung betrachtet. Auch ich war nun nicht mehr im Amt.

Meine Depressionen wurden noch schlimmer. Whisky sorgte für einen kurzen Augenblick der Erleichterung vor dem Abendessen. Immer größere Dosen Seconal waren nötig, um Schlaf zu finden. Die Seminare wurden zur Qual. Im Spätherbst, als die Tage kürzer wurden, wandte ich mich an einen Nachbarn und Freund, der ein brillanter Psychiater war. Meine Besuche bei ihm waren ein sorgsam gehütetes Geheimnis. Ich fürchtete, meine Glaubwürdigkeit als Ökonom würde leiden, wenn es sich herumsprach, daß mir eine derartige Behandlung zuteil wurde. Ich erfuhr zu meiner Überraschung, daß ich schon seit langem zyklischen Euphorie- und Depressionsrhythmen unterworfen war. Sie waren bislang relativ milde gewesen – hatten sich kaum außerhalb der üblichen Reaktionen auf gute oder schlechte Nachrichten bewegt. Der Wahlkampf und seine Nachwehen hatten lediglich die Amplitude des Zyklus vergrößert. Die mit den Reisen verbundenen Aufregungen und die Hoffnung auf den Sieg hatten die euphorische Tendenz verstärkt, die Niederlage und die sich daraus ergebenden finsteren Aussichten zu neuen Tiefen der Depression geführt. Ich bezweifle, daß ich der erste im politischen Leben tätige Mensch war, dem so etwas zustieß. Und ich war auch nicht der letzte.[2] Als ich mir dieser Störung bewußt wurde, versuchte ich mir Spuren früherer Zyklen ins Gedächtnis zurückzurufen. Und schon verzog sich die düstere Wolke. Wenn immer sie von nun an zurückkehrte, vermochte ich sie, von einer einzigen, durch eine Hepatitis verschärften Ausnahme in Indien abgesehen, als das zu erkennen, was sie war. Ich kam später soweit, diese kurze Spanne der Düsternis als eine der nützlichsten Erfahrungen meines Lebens anzusehen, und habe seitdem die Dienste der Psychiater nie wieder unterschätzt.

Ich setzte meine Lehrtätigkeit auf den Gebieten Agrarwissenschaft und Industriebetriebslehre fort. Im letztgenannten Seminar beschäftigte ich mich noch immer mit tiefschürfenden Betrachtungen über die Antitrustgesetze, der offiziellen Konstruktion zur Aufrechterhaltung des Wettbewerbs, die meiner These vom Gegenkartell zufolge keine Bedeutung hatte. Der Unterricht in Wirtschaftswissenschaften besitzt eine Eigendynamik, die völlig unabhängig von der Beweislage und der persönlichen Überzeugung sein kann. Gedanklich beschäftigte ich mich allerdings inzwischen sehr mit den Problemen und Möglichkeiten der wirtschaftlichen Entwicklung. Dies führte dann bald zu Spekulationen über deren natürliches Pendant, die Ursachen der Armut, die ökonomische Verbesserungen so dringend erforderte. Ich beschloß, über dieses zweifellos lebenswichtige Thema ein Buch zu schreiben, falls es mir gelingen sollte, die Ursachen zu ergründen. Der passende Titel für dieses Buch war *Why People are Poor*. Bevor ich mich jedoch ins Ausland begab, um die Armut in Indien, Ägypten oder Mexiko zu studieren, erschien es mir zunächst angemessen, mich mit der einheimischen Not zu befassen, für die es, verstreut über das ganze Land, genügend Einzelbeispiele gab. In starker Konzentration existierte Armut auf dem Plateau der südlichen Appalachen, im agrarischen Süden und in den städtischen Slums. Die Armut auf dem Lande – eine Existenz mit dürftigen Behausungen, einfacher, gleichförmiger Nahrung, schlechter oder gar keiner Schulbildung, mangelnder Gesundheitsfürsorge und im Süden ohne Recht auf Protest – hatte während der New-Deal-Jahre Aufmerksamkeit erregt. Im öffentlichen Bewußtsein und Gewissen hatte die Armut in den ländlichen Gegenden jedoch, wie immer, weit weniger Fuß gefaßt als die Arbeitslosigkeit und die wirtschaftliche Verzweiflung in den Städten. Nichts im puritanischen und presbyterianischen Glauben ist so fest verankert wie die Vorstellung, daß die Leute so stark nicht leiden können, solange sie sich draußen in frischer, gesunder Luft aufhalten – und möglichst unsichtbar in sicherer Entfernung bleiben.

Alle Bestrebungen während des New Deal und danach gingen davon aus, daß die Plage der ländlichen Armut innerhalb der Landbevölkerung gelöst werden würde. So entstanden die frühen Subsistence Homesteads im New Deal, die Bemühungen der späteren Resettlement and Farmers Home Administration sowie die Landgemeinden-Entwicklungsprojekte der Johnson-Regierung. Mit all diesen Vorhaben kamen Kapital und Aufklärung aufs Land, dorthin also, wo die Betroffenen lebten. Aber als schließlich eine Lösung für die ländliche Armut gefunden wurde, die sich für die schwarze, nicht-städtische Bevölkerung als durchgreifend erwies, war es eine total andere: Sie bestand darin, daß die Leute fortzogen. Die städtische Armut, der sie nun anheimfielen, war weit entfernt davon, angenehmer zu sein, aber auch weniger leicht zu ignorieren.

James Perkins, den ich während des Krieges aus Princeton befreit hatte, war inzwischen nach vorübergehender Tätigkeit in der Verwaltung des Swarthmore College zu einem Vizepräsidenten der Carnegie Corporation aufgestiegen. Niemand soll sich nun einbilden, daß sich Gegenseitigkeit in der Ämterpatronage allein auf die Politik beschränkt: Perkins verschaffte mir prompt einen Zuschuß – 8000 Dollar für Forschungsarbeiten und Bürohilfe. Die Bücher, die aus dieser und einer weiteren Zuwendung resultierten, brachten mir schließlich Honorareinnahmen von ein paar hunderttausend Dollar ein. Daß eine philanthropische Investition derartig große persönliche Einkünfte nach sich ziehen sollte, schien mir durchaus anfechtbar. Aber Geld an eine Stiftung zurückzuzahlen, hätte sämtliche akademischen Anstandsregeln verletzt – so wie man auch kein ungebrauchtes Trinkwasser in einen Brunnen zurückschüttet. Deshalb teilte ich meine Einkünfte mit der Wirtschaftswissenschaftlichen Fakultät in Harvard. Die Summe belief sich schließlich auf fast 200 000 Dollar und wurde für Stipendien sowie zur Erleichterung plötzlicher Sorgen graduierter Studenten, die von Schwangerschaft, Krankheit oder unerwarteter Notlage heimgesucht wurden, verwendet. Meine Kollegen führten meine Freigiebigkeit auf Großzügigkeit und nicht auf ein schlechtes Gewissen zurück, und ich unternahm keine ernsthafte Bemühung, sie zu korrigieren.

Ich darf in diesem Zusammenhang darauf hinweisen, daß ich 1969, nach einer Anstandsfrist, wie ich meinte, mein *Ambassador's Journal* veröffentlichte, das Tagebuch meiner Jahre in Indien. Es wurde von Houghton Mifflin mit einer Garantiesumme von 250 000 Dollar, die es dann ohnehin größtenteils einbrachte, angenommen. Die Steuern dafür brachten dem Staat nahezu das Doppelte meines jährlichen Botschaftergehalts von 27 500 Dollar ein. Sowohl als Professor wie auch als Diplomat gelang es mir, meinen Arbeitgebern einen Profit zu erwirtschaften. Von einem Ökonomen kann man ja nun auch einiges erwarten.

Bei der Arbeit zu *Why People are Poor* ergaben sich trotz umfangreicher Literaturstudien und mühevollen Nachdenkens Schwierigkeiten. Ich hatte keine überzeugende Erklärung dafür, warum sowohl in individuellen Fällen als auch in großen ländlichen und städtischen Gemeinden die Armut auch unter Bedingungen allgemeinen und steigenden Wohlstands weiterbestand. Da mir eine solche Erklärung fehlte, waren die einleitenden Kapitel derart mangelhaft, daß ich sie selbst nicht mehr lesen mochte. Daß auch niemand anders dies tun würde, stand für mich fest.

Die Ursache begriff ich erst später. In der etablierten oder neoklassischen Tradition der Wirtschaftswissenschaften, von der ich noch immer abhing, blieb Armut oder etwas sehr Ähnliches für die meisten Menschen der Normalzustand. Arbeitskraft war ebenso wie Kapital und andere Ressourcen bis zu dem Punkt auf Produktion zugeschnitten, an dem jeder weitere Beitrag – *input* nennt man es in der Volkswirtschaftslehre – nicht mehr der Kostendeckung diente. In der Wirtschaftstheorie des 19. Jahrhunderts ging man davon aus, daß Arbeitskraft eo ipso, ja biologisch in Hülle und Fülle vorhanden war, und dieser Überfluß sorgte im Wettbewerb um Arbeitsplätze dafür, daß die Löhne auf dem Existenzminimum blieben. Höhere Löhne würden die Vermehrungsrate vergrößern und damit auch das Überangebot an Arbeitssklaven, durch welches dann die Reallöhne wieder sinken würden.

In den fünfziger Jahren dachte man nicht mehr ganz so malthusianisch. Aber Verarmung war noch immer die Norm. Gewerkschaften konnten Einkommen aufrechterhalten, aber in der Wirtschaftstheorie kam ihnen nach wie vor nur eine unbedeutende Rolle zu – sie waren ein Schönheitsfehler des Arbeitsmarktes. Und selbst die lange, triste Erfahrung der Depressionsjahre mit ihrer gewaltigen Arbeitslosigkeit hatte in keiner Weise den Eindruck gemindert, daß Arbeiter in der modernen kapitalistischen Gesellschaft eben in großer, ja übermäßiger Anzahl vorhanden und darüber hinaus arm zu sein hatten. Bei meinem Versuch, die Armut zu erklären, erklärte ich nur, was die Volkswirtschaftslehre schon immer erklärt hatte. Ich brachte nichts Neues.

Aus dieser sich langsam formenden Erkenntnis entstand die Lösung. Was einer Erklärung bedurfte, war die Natur einer Gesellschaft, in der die meisten Menschen einen angenehmen Lebensstandard erreicht hatten, ja, in der ein solcher Lebensstandard zur Norm geworden war. Erst danach untersuchte man dann die Gründe für die Ausnahmen – warum eine recht beträchtliche Zahl von Menschen, individuell und kollektiv, trotzdem arm blieb.

Dies alles war jedoch Zukunftsmusik. Fürs erste steckte ich in einer Sackgasse und sah mich mal wieder als einen jener Gelehrten, deren tiefschürfende Gesellschaftsanalyse, bis auf Gespräche im Kollegenkreis, immer unvollständig bleibt. Bald bot sich eine Alternative.

Im Frühjahr 1954 schrieb ich auf Ersuchen von Jack Fischer für *Harper's* einen Aufsatz in Erinnerung an den sich in diesem Jahr zum 25. Mal jährenden großen Börsenkrach von 1929. Zur gleichen Zeit beklagte sich Arthur Schlesinger, der in jenen Jahren an seiner gewaltigen, exzellenten Geschichte des New Deal arbeitete, bei mir, daß niemand bisher eine auch nur den geringsten Anforderungen entsprechende Geschichte der Großen Depression geschrieben hätte, eines Ereignisses, dessen Auswirkungen auf die amerikanische Psyche mindestens ebenso bedeutsam waren wie die des Bürgerkrieges. Und ich entdeckte, daß, abgesehen vielleicht von Frederick Lewis Allen in seinem Klassiker *Only Yesterday*, sich bisher niemand an den großen Börsenkrach, der die Depression einleitete, herangewagt hatte. Ich entschloß mich, die Armut erst mal beiseite zu legen und darüber ein Buch zu schreiben.

Mit *The Great Crash*[3] verwandelte sich meine Frustration in Freude. Ich habe darüber und über die Wirkung, die ich damit im Frühjahr 1955 sowohl auf dem Aktienmarkt wie bei den Republikanern im Senat erzielte, in den Vorworten zu späteren Auflagen berichtet und erlaube mir hier, ein wenig davon zu wiederholen.

Meine Freude beruhte zum einen auf der Entdeckung einer der vielen Varianten des Umstands, daß der Kaiser keine Kleider hat. Oder, genauer gesagt, darauf, daß ich herausfand, wie die Schicken, Blasierten, Saturierten und Pompösen sich ihr eigenes Grab schaufeln konnten. Dies war 1929 nämlich das Schicksal der größten Männer in der Finanzwelt, das Schicksal Richard Whitneys, des Vizepräsidenten und späteren Präsidenten der New Yorker Börse, dessen Bruder George ein eminent wichtiger Partner bei Morgan's war; von Albert H. Wiggin, dem Chef der Chase National Bank; von Charles E. Mitchell, dem Chef der New Yorker National City Bank, und von den großen Herren des Investmenthauses Goldman Sachs, zu denen unter anderen ihr Berater und Verbündeter John Foster Dulles gehörte. Alle ritten auf der Erfolgswelle des Booms ebenso wie die weniger prätentiösen Spekulanten. Alle, mit Ausnahme von Wiggin, der von seiner eigenen Bank nicht sehr viele Aktien besaß, waren fest in ihrem Glauben, daß es sich bei den Werten, die sie durch ihren gedankenlosen Optimismus mit erschaffen halfen, um reale Werte handele. Alle gegenteiligen Äußerungen wurden als subversiver Negativismus abgetan. Der Zusammenbruch war eine gewaltsame Kollision mit der Realität, der keiner von ihnen entkam. Nur Mitchell kam wider Erwarten nicht ins Gefängnis. Whitney, der unnachgiebigste Verteidiger der Börse gegen alle und jede Form von Regierungskontrolle, wurde, wie ich bereits erwähnte, nach Sing Sing geschickt. Wiggin wurde entlassen. Indem sie in ihre eigenen Wunschvorstellungen investiert hatten, hatten sie alle, Wiggin ausgenommen, sich selbst rücksichtslos übertölpelt. Die Gefahr für die hohen Würdenträger, Privilegierten und Anmaßenden kommt nicht von den Radikalen, die von ihnen verteufelt werden, sie resultiert vielmehr daraus, daß sie ihren eigenen Mythos für bare Münze nehmen. Die Nemesis der großen Herrschaften bleibt ihre Begegnung mit der Realität. Diese Tatsache wird nur selten verstanden. Der Manager aus der Stahlindustrie, der jede Form von Regierungsintervention verdammt, entdeckt unmittelbar darauf, daß er Schutz gegen japanische Importe benötigt. An dem Tag, da Atomreaktoren für sicher erklärt werden, droht einer von ihnen, das Land zu verstrahlen. Keiner, der sich zum Sprachrohr des gängigen Glaubens macht, braucht sich vor seinen Kritikern zu fürchten, nur vor der Enthüllung der Wahrheit.

The Great Crash erschien am 21. April 1955. Sechs Wochen zuvor, am 8. März, war ich nach Washington gereist, um dort vor dem Senatsausschuß für Finanz- und Währungsfragen als Sachverständiger über die aktuelle Lage auf dem Aktienmarkt zu referieren. In den vorangegangenen Monaten hatte es eine leichte Hausse gegeben, und die Erinnerung an jene Herbsttage des Jahres 1929 war noch so stark, daß Senator J. William Fulbright, der Ausschußvorsitzende, es für angebracht hielt zu prüfen, ob ähnliche Schwierigkeiten bevorstünden.

Das Hearing fand an jenem Morgen im großen Plenarsaal des Senats statt. Wie die meisten Hearings zu Wirtschaftsfragen war es, so seltsam dies erscheinen mag, gut besucht. Aber an diesem Tag kamen die Senatoren und verschwanden, nachdem sie sich den Anschein stirnrunzelnder Geschäftigkeit gegeben hatten, den man so leicht mit dem Eindruck verwechselt, sie müßten dringend auf die Toilette, im Gegensatz zur sonst üblichen Praxis nicht gleich wieder. Im weiteren Verlauf der Sitzung tauchten Kameraleute und Fernsehteams auf.

Meine Aussage war begütigend. Ich berichtete, was 1929 geschehen war, vermied es sorgfältig, eine ähnliche Katastrophe vorauszusagen, und schlug lediglich eine leichte, vorsorgliche Erhöhung der Mindesteinzahlungsbeträge vor. Aber allein die Erinnerung daran war tödlich. Während meiner Aussage erlebte die Börse einen der tiefsten Kursstürze seit Jahren. Es gab Verluste im Gegenwert von 7 Milliarden Dollar, eine in der damaligen Zeit recht große Summe. Ich war nahezu der einzige Teilnehmer, der nicht wußte, was vorging. Fulbright, vielleicht der vielseitigste und humorvollste Parlamentarier der letzten vierzig Jahre, wollte sich den Rücken freihalten und fragte, ob wir uns nicht, wenn der Aktienmarkt infolge unseres Hearings an diesem Morgen »aus dem Bett fallen« würde, scharfer Kritik würden stellen müssen? Wobei er natürlich implizierte, daß diese Kritik zutiefst unfair wäre. Ich antwortete, daß die Historiker, wenn der Markt wirklich so schwach wäre, die Veranstalter dieses Hearings von der Verantwortung freisprechen würden. Fulbright erwiderte daraufhin, daß er, und kein Historiker, in Kürze zur Wiederwahl in Arkansas anstünde. Als meine Aussage gegen Mittag vorüber war, teilte man mir mit, was sich inzwischen ereignet hatte.

In den nächsten Tagen bekam ich dann noch wesentlich deutlichere Mitteilungen. Eine wahre Postflut, bei weitem die größte meines Lebens, brach über Cambridge herein. Ihr Inhalt war denunziatorisch, verleumderisch, gewaltandrohend oder fromm, wobei die letztgenannte Eigenschaft sich auf Briefschreiber bezog, die sagten, sie beteten für meinen Tod oder meine Verstümmelung. Die Finanzpresse spitzte die Ohren, um nur ja kein Wort mit ähnlichen Implikationen zu versäumen. Um dem Trubel zu entrinnen, fuhren wir am Wochenende nach Vermont zum Skilaufen am Mt. Snow. Dort brach ich mir ein Bein. Dies ging durch die Presse, und darauf erfuhr ich, daß ich etwas für die Religion getan hatte; die Frommen lasen die Nachricht und schrieben mir, ihre Gebete seien erhört worden.

Ein paar Tage später humpelte ich mit meinem Gipsbein zu einer Sitzung in New York. Averell Harriman, seit kurzem Gouverneur des Staates, erkundigte sich nach meinem Unfall und sagte, was nicht untypisch für ihn war: »Sie können wahrscheinlich nicht skilaufen.« Später am Abend rief mich im Plaza, wo ich übernachtete, ein Mitarbeiter von Senator Homer E. Capehart (Republikaner, Indiana) an und las mir Zeilen aus einer kleinen Broschüre über die Pläne zur Wiederbelebung der europäischen Wirtschaft vor, die ich ein paar Jahre zuvor geschrieben hatte. Ohne Anspruch auf Neuigkeit zu erheben, hieß es dort, Kommunisten hätten, was die Bewältigung sozialer Probleme und ihre Fähigkeit betraf, kleinkarierten und selbstzerstörerischen Nationalismus zu überwinden, einen besseren Ruf als ihre Gegner. Daher ihre Anziehungskraft. Mein Anrufer benahm sich wie ein Staatsanwalt, er drohte mir sogar. Ob ich zugebe, der Autor zu sein? Ob ich wirklich glaube, was ich da geschrieben hätte? Ich antwortete, er solle doch den Zusammenhang berücksichtigen. Schließlich handele es sich insgesamt um eine Verteidigung der Demokratie. Ich spürte, daß er davon überzeugt war, einer ganz großen Sache auf der Spur zu sein.

Am nächsten Sonntag erschien Senator Capehart im Fernsehen und zitierte meine Lobpreisung des Kommunismus. Er kam zu dem Schluß, daß mein engagierter kommunistischer Aktivismus sich nun in sehr konkreter Weise in der Zerstörung von Aktienwerten äußere.

Durch den nächtlichen Anruf sowie durch eine Warnung von Senator Mike Monroney aus Oklahoma, einem New Dealer ohne Fehl und

Tadel und guten Freund, der in der gleichen, einen oder zwei Tage früher aufgezeichneten Fernsehsendung wie Capehart aufgetreten war, war ich bereits auf der Hut und somit vielleicht ungebührlich gut vorbereitet.

Ich habe bereits darauf hingewiesen, welche Gegenmaßnahmen ich bei solchen Angriffen empfehle. Immer kräftig zurückschlagen; das kann den Feind entmutigen und befriedigt mit Sicherheit einen selbst sowie die natürlichen Verbündeten. Inzwischen hatte ich die folgenden drei Zusatzregeln formuliert: 1. Reagiere schnell, damit die Presse dir die gleiche Aufmerksamkeit widmet wie dem Erstschlag. 2. Sage nichts, was auch nur geringfügig von der Wahrheit abweicht, denn wenn etwas vorher Verschwiegenes herauskommt, untergräbt es deine Position insgesamt. Besser die nachteiligen Einzelheiten gleich alle zugeben. 3. Neige niemals zur Untertreibung.

Noch am selben Sonntag setzte ich mit Telegrammen an die Nachrichtenagenturen sowie die Fernseh- und Rundfunkanstalten diese Prinzipien in die Tat um. Die Kosten – ca. 50 Dollar – waren erschreckend hoch. Welcher Staatsmann, so fragte ich, könnte auf die Idee kommen, eine freimütige Aussage über den Aktienmarkt vor einem Kongreßausschuß für Subversion zu halten? Oder meine Zitate, so wie Capehart es getan hatte, derart aus dem Zusammenhang zu reißen, damit sie ein bißchen mehr nach Lenin klangen? Und ich vertrat, in Anlehnung an eine Reaktion Bernard DeVotos auf einen ähnlichen Angriff, die Meinung, daß jeder, der meine Ansichten nicht kenne, allein schon aus diesem Grund für einen Senatorenposten unqualifiziert sei. Sie befänden sich nämlich nicht nur in Einklang mit der amerikanischen Tradition, sondern seien mehr oder weniger funktioneller Anteil derselben. Dann brachte ich mein einleuchtendstes Argument. Die Anstoß erregende Schrift war das erste Mal in einer Vorlesung an der University of Notre Dame vorgetragen worden. Darin war unverkennbar die Implikation enthalten, daß Capehart ein Monument der Bildung, des aufgeklärten Katholizismus und des universitären Football-Sports in seinem Heimatstaat Indiana angriff. Dank einer jener Zufälle, die ein Romanautor sich nie leisten kann, hatte ich infolge eines bereits fest vereinbarten Vortrags kurze Zeit später die Gelegenheit, an der Purdue University, einem weiteren Denkmal des Staates Indiana, mich weiter über dieses Thema zu verbreiten. Jeder Politiker läßt sich beeindrucken von dem, was in den Zeitungen seines Heimatstaates steht.

Capehart war nun in der Defensive, bekam aber die Unterstützung meines alten Gegners Sinclair Weeks, der inzwischen Handelsminister war. Er hatte meine Aussage miterlebt und wandte sich nun, da er sich an meine Sünden in der nun schon sechs Jahre zurückliegenden Harvard-Kontroverse erinnert fühlte, direkt an das FBI mit der Bitte um eine Untersuchung. J. Edgar Hoover gab daraufhin sofort eine eilige, handschriftliche Order aus: »Was steht über Galbraith in unseren Akten?« Die wichtigste Erkenntnis, die schließlich durch die Freedom of Information Act enthüllt wurde, war nicht erfreulich, muß jedoch sowohl für den Minister als auch für den Senator eine schwere Enttäuschung gewesen sein: »Keine Beanstandungen, ausgenommen eingebildet, egoistisch und snobistisch.«[4]

Capeharts Antwort kam einer Entschuldigung so nahe, wie es mit seiner Senatorenwürde gerade noch vereinbar war. Der einzige, dem diese Episode dauerhaft schadete, war ein untadeliger Konservativer, David McCord Wright. Er hatte mich ja wegen meiner gefährlich laschen Einstellung gegenüber den Monopolen für einen Feind des Kapitalismus gehalten.[5] Diese Schlußfolgerung hatte Capehart, der kein Mann feiner Differenzierungen war, in seine Anklage mit aufgenommen. Wright verbrachte jenes Jahr in Oxford und schrieb an Capehart: »Ich wäre bereit, nach Hause zu fliegen und eine Aussage zu machen, falls es nicht zu teuer ist und falls Sie der Ansicht sind, es könne der Sache dienen.« Er fügte noch den paranoischen Gedanken hinzu, »Galbraith könnte versuchen, meinen Charakter und meine politische Haltung in Bausch und Bogen zu verleumden«, falls man ihn nicht entsprechend fertigmachen würde. Selbst wenn es moralisch gerechtfertigt gewesen wäre, hätte ich ein solches Unterfangen nicht der Mühe für wert erachtet. Capehart, ein Mann, der seine Freunde nicht schonte, brachte Wrights Brief in den Hearings gedankenlos an die Öffentlichkeit.[6]

Ich hatte schon seit einiger Zeit bei gelegentlichen Schreibübungen versucht, nicht nur die Klarheit, sondern auch Tonfall und Rhythmus meines Stils zu üben. Daran ist nichts Geheimnisvolles. Man testet den Klang der Worte und Sätze, bis sich das Ergebnis gut anhört. Wenn man ein gutes Ohr hat, stimmt dann auch der Rhythmus. *The Great Crash* stand eine Woche lang auf der Bestsellerliste der *New York Times*, worüber ich mich sehr freute. Noch mehr Vergnügen machte mir Mark van Dorens Rezension, in der es hieß, ich habe die Sprache der Dichtung in die Geschichtsschreibung eingeführt. Jeder Autor, der von sich behauptet, ein solches Lob kümmere ihn nicht, ist mit ziemlich großer Sicherheit ein Lügner.

Auch glaube ich nicht, daß es irgendeinen Schriftsteller gibt, den schlechte Kritiken kalt lassen. Der einzige überzeugende Gegenbeweis war John Steinbeck. Im Januar 1954 verbrachten Kitty und ich einen Ferienaufenthalt in St. John auf den Jungferninseln. Die einzigen anderen Gäste in dem damals recht bescheidenen Hotel Laurance Rockefeller's in Caneel Bay waren die Steinbecks. Er und ich machten gemeinsame Touren auf der Insel und dachten darüber nach, wie wirkungsvoll die Sklaven sich das letzte Wort vorbehielten, als ihr Aufstand von 1733 durch aufgeklärte internationale Kooperation niedergeschlagen wurde. Sie zerstörten die Plantagenwirtschaft, indem sie sich wie Lemminge von einem hohen Klippenvorsprung ins Meer stürzten – eine einzigartig endgültige Form dessen, was die Briten als *industrial action* bezeichnen. Abends trafen wir uns mit Elaine Steinbeck und Kitty, um etwas zu trinken – ich nannte dies noch immer die Liberale Stunde, und John sprach von »Melkzeit«. Wir blieben miteinander befreundet. 1958 kehrte ich an dem Tag, an dem mein Buch *The Affluent Society* in den Vereinigten Staaten erschien, von einer Polen- und Jugoslawienreise zurück. Als ich gerade neben dem Zeitungskiosk im Dorchester Hotel stand und einen furchtbaren Verriß im *Time*-Magazin durchlas – »ein gut geschriebenes, aber vages Essay mit dem Beigeschmack kummervoller Dinner-Konversation« –, merkte ich plötzlich, daß mir jemand über die Schulter sah. Ich war nicht gewillt, irgend jemandem zu zeigen, was ich las oder wie finster ich darauf reagierte. Aber Johns Bemerkung munterte mich auf: »Wenn die Halunken nicht den Mut haben, dich uneingeschränkt hochzujubeln, dann ignoriere sie ganz einfach.«

Meine Aufmerksamkeit in den Jahren 1953-1955 galt unter anderem auch, wie bereits erwähnt, der ökonomischen Fortbildung Adlai Stevensons. Wie ich schon sagte, gingen alle, die ihn 1952 unterstützten, davon aus, daß er 1956 erneut kandidieren würde. Wir hielten es für wichtig, daß er mit den Ideen, für die er eintrat, vertraut war. Wir konnten es nicht auf einen weiteren Wahlkampf ankommen lassen, in dem er sich bei Themen wie Sozialversicherung, Gewerkschaften, Keynesianischer Wirtschaftslehre und anderen Elementen des zeitgenössischen liberalen Credos als Instrument oder vielleicht sogar Opfer seiner Mitarbeiter fühlen mochte, als hilfloses Gefäß für alles, was sie in ihn hineinschütteten.

Wir verfolgten ein weiteres Ziel, das nebenbei auch dazu geeignet war, unserem Schüler einen Teil unserer erzieherischen Absichten zu verheimlichen. Unsere Amtsjahre waren intellektuell sehr anregend gewesen; die Notwendigkeit, sich auf neue Umstände und neuentstandene Probleme einzustellen, zwang uns zu ständigem Nachdenken, was Politiker nicht weniger als andere Leute gemeinhin zu vermeiden suchen. Nur waren wir nicht mehr im Amt. Würden wir nun nicht politischer und geistiger Nutzlosigkeit und persönlicher Langeweile anheimfallen? Im September 1953 hatte ich in New York darüber ein langes Gespräch mit Averell Harriman, bei dem wir uns auch beide einig waren, daß wir zuviel rauchten.[7] Ich schickte unsere Schlußfolgerungen an Stevenson:

»Wie können wir während dieser Jahre in der Wildnis die Demokratische Partei intellektuell am besten wach und bei guter Stimmung halten? Wir haben uns alle gesagt, daß Opposition allein nicht ausreicht. Und doch wäre es gegenwärtig schwierig zu sagen, was die Demokratische Partei eigentlich will. Innenpolitisch sind wir für das Gute und gegen das Böse und für die Erledigung der noch nicht abgeschlossenen Programme des New Deal. Wir wollen Wirtschaftswachstum, aber es gibt nur wenige, die sich zu einer detaillierten Aussage darüber bequemen ließen, was es bedeutet oder kostet. Wir sind einmütig gegen Hooverismus und wirtschaftliche Depression, aber in der Frage, wie man so etwas verhindert oder kuriert, dürfte es nur wenig Einigkeit und noch weniger neue Ideen geben. In der Tat zehren wir noch immer von der Vorstellungskraft und intellektuellen Stärke der Roosevelt-Ära, und dieses Kapitel geht langsam zur Neige. Sie werden sich selbst daran erinnern, wie oft Sie während des letzten Wahlkampfs alte, wurmstichige Klischees abgelehnt (oder gelegentlich sogar zitiert) haben, weil nichts besser Durchdachtes zur Verfügung stand. [Intellektuelle Lethargie ist] die Krankheit von Oppositionsparteien, da Initiative und Vorstellungskraft gemeinhin bei denjenigen liegen, die für das aktive Handeln verantwortlich sind.«[8]

Stevensons Antwort verriet Interesse, und unter der organisatorischen Führung von Thomas K. Finletter kam es zur Gründung eines Kreises, der später als »Finletter Group« bekannt wurde. Finletter, ehemals Luftwaffenminister und später Botschafter bei der NATO, ein Mann von hoher Intelligenz, Gemeinsinn und großem Charme, sorgte für einen Tagungsort und organisierte das Geld für die Reisekosten. Ich agierte quasi als Dekan der Fakultät und rekrutierte talentierte Mitarbeiter. Averell Harriman, Arthur Schlesinger, George Ball, Roy Blough, ein Mitglied des Wirtschaftsbeirats (Council of Economic Advisers) unter Harry Truman, und Clayton Fritchey, der mit beispielloser Begeisterung, Aufrichtigkeit und ebensolchem Geschick in den Wahlkämpfen von 1952 und 1956 Stevensons Beziehungen zur Presse regelte und später ein weitbekannter Journalist wurde, gehörten zu den regelmäßigen Teilnehmern. Unser erstes Treffen fand am 31. Oktober 1953 in Finletters Wohnung in der East 66th Street statt; das Thema, Agrarpolitik, zielte nicht darauf ab, mitten in New York unangebrachtes Aufsehen zu erregen. Ich hatte das erforderliche Thesenpapier verfaßt. Bei weiteren Treffen wurden Vollbeschäftigung, Finanzpolitik, Geldpolitik, Steuerpolitik, Rüstungspolitik, Indochina, Abhörmethoden und zahlreiche andere Themenkreise unter die Lupe genommen. Seymour Harris von der Harvard University, ein besonders fleißiger Mitarbeiter, schrieb ungefähr zehn Thesenpapiere über Erziehung und Bildung, Gesundheitspolitik, Krankenversicherung, Einkommensverteilung, Rentenversicherung sowie eines mit dem Titel »Ein Volkswirtschaftler untersucht die Versprechungen und Leistungen der republikanischen Regierung«.

Die meisten Folgetreffen fanden in Finletters Wohnung statt und dauerten weit über das Abendessen hinaus bis tief in die Nacht hinein. Ein- oder zweimal trafen wir uns bei uns zu Hause in Cambridge und einmal auch in Chicago. Stevenson war ein alles andere als zuverlässiger Teilnehmer, aber wir empfanden seine Behauptung, er sei ein eifriger Leser der von uns debattierten, verbesserten und verabschiedeten Thesenpapiere, als sehr tröstlich. An einem denkwürdigen Abend in New York brachte Paul Samuelson, der direkt von zwei Seminaren am MIT kam, Stevenson wie einem Wirtschaftsstudenten im ersten Semester mehrere Stunden lang die Bedeutung von Nationaleinkommen und Bruttosozialprodukt, die Gründe, warum diese niedriger sein konnten als ihr Optimum, die Arbeitslosigkeit, die aus einer solchen Verringerung entstehen würde, und die Natur der finanz- und geldpolitischen Gegenmaßnahmen bei. Wir stimmten darin überein, daß Stevenson ermutigende Zeichen nicht nur von Interesse, sondern auch von Verständnis erkennen ließ.

Wenn die Finletter-Gruppe Stevenson auch nicht voll informierte, so trug sie doch wesentlich dazu bei, seine Befürchtungen zu zerstreuen. Im Wahlkampf 1956 zeigte er sich gegenüber einer Reihe von Ideen, von Vollbeschäftigungspolitik bis hin zur positiven Rolle von Gewerkschaften und Krankenversicherung, die ihn vier Jahre zuvor noch mit Sorge erfüllt hatten, aufgeschlossen. Selbst die Folgen seines Volkwirtschaftsstudiums in Princeton waren also überwindbar. Wir anderen nahmen, wie immer, die Freude an der Gemeinschaft und an der Diskussion als Beweis für unseren hohen Wert für die Gesellschaft. Die Finletter-Gruppe war die Vorläuferin eines noch ehrgeizigeren Bildungsunternehmens, des Democratic Advisory Council, der nach unserer zweiten Niederlage 1956 ins Leben gerufen wurde.

Ich befaßte mich in jenen Jahren auch mit Puerto Rico. Bis heute wissen nur wenige Festlandamerikaner, die nicht nur die scheußlichen Hotels in Santurce östlich von San Juan sehen, wie verlockend weltabgeschieden und romantisch die Täler und Bergeshänge im Landesinneren dieser schönen Insel sind und wie arm ihre Bevölkerung dereinst war bzw. großenteils heute noch ist. Als Luiz Muñoz Marín und seine Kollegen sich daranmachten, eine industrielle Alternative zu der abstumpfenden Not und Plackerei in den Zuckerrohrfeldern zu schaffen, wurde ich seitens der University of Puerto Rico gebeten, eine Untersuchung und die Erstellung eines Berichts über die verschiedenen wirtschaftlichen und sozialen Probleme der Insel in die Wege zu leiten. Dies paßte wiederum gut zu unserer Arbeit in Harvard und verschaffte jüngeren Kollegen sowie älteren graduierten Studenten Beschäftigung. Unsere Hauptuntersuchung betraf ein sehr weit verbreitetes Problem.

Als die Industrialisierung Puerto Ricos erste, vielversprechende Erfolge aufwies, richteten wir unsere Aufmerksamkeit darauf, auf welche Weise die Waren der Bevölkerung zugänglich gemacht wurden. Wie bereits berichtet, spielten dort ebenso wie in anderen Gegenden der Karibik und Mittelamerikas die Hafenkaufleute eine mächtige ausbeuterische Rolle. Sie teilten untereinander die Konzessionen für alle Marktprodukte auf, die vom Festland herüberkamen, von Camel-Zigaretten bis Campbell-Suppen. Jeder besaß ein kleines Monopol für den einen oder anderen dieser Markenartikel, und dementsprechend waren die Gewinnspannen. Hand in Hand mit den daraus resultierenden Einkommen ging die reale politische Macht.[9] Dann wurden die Güter in den Dörfern auf dem Land und zu einem wesentlichen Teil auch in den Städten von den kleinen Ladenbesitzern weiterverkauft, die wiederum den Markt unter sich aufteilten und mit größter Sorgfalt darauf bedacht waren, alles, was auch nur entfernt an einen für alle Beteiligten schädlichen Wettbewerb erinnerte, zu vermeiden. Die Verkaufspreise waren, gemessen am Preisniveau des Festlands, erschreckend hoch.

Aus unseren Bemühungen ging *Marketing Efficiency in Puerto Rico*[10] hervor, das bei weitem am wenigsten bekannte meiner wirtschaftlichen Fachbücher. Ein Großteil der Arbeit stammte von Richard Holton, der später Professor an der University of California in Berkeley wurde, es bis heute ist und vorübergehend Dekan der dortigen Betriebswirtschaftlichen Fakultät war. Auch verschiedene Assistenten waren an dem Buch beteiligt.

Ein weiteres Ergebnis unserer Untersuchung war die Einsetzung einer Kommission aus Kettenladenmanagern und Marketingspezialisten durch die Regierung von Puerto Rico. Sie sollte praktische Reformen empfehlen und fördern. Ich war ein Mitglied dieser Kommission. Wir drangen auf Verbesserungen im Hafenbereich, um die Position der Importeure durch die Schaffung größerer Freiräume für den Wettbewerb zu schwächen. Und wir folgten den Empfehlungen der Studie von Holton und mir, indem wir uns für die Förderung moderner Ladenketten und Supermärkte unter Einschluß von Verbraucherkooperativen einsetzten. Ursprünglich hatten wir diesen Vorschlag mit einiger Skepsis gemacht. »In gewisser Hinsicht ist das Verteilungssystem zu einer Art Arbeitslosenunterstützung geworden. Es verschafft Leuten, die anderweitig kein Auskommen finden würden, einen kleinen Verdienst . . . Die puertorikanischen Einzelhändler haben eine ›Leben-und-leben-lassen‹-Einstellung entwickelt, die das geschäftliche Überleben der vielen in diesem Wirtschaftszweig Beschäftigten ermöglicht. Man verzichtet dabei auf potentielle Profite, um anderen einen Lebensunterhalt zu ermöglichen.«[11] In einem früheren Gespräch hatte Holton das Problem deutlicher beim Namen genannt: »Wir müssen diesen Leuten beibringen, das Christentum aus ihrem System zu entfernen.«

Mit der Zeit und vielleicht teilweise als Ergebnis unserer Forderungen wurden moderne Supermärkte und Verkaufsmethoden in Puerto Rico eingeführt. Das Christentum wurde zwar nicht total abgeschafft, aber doch großenteils eingeschränkt. Ökonomen sind in ihrem Streben nach Effizienz bis zur Rechthaberei grausam gegenüber denen, die geopfert werden müssen. Es kann allerdings kein Zweifel daran bestehen, daß hohe Preise für die Armen gleichfalls grausam sind.

Wie bemerkt, wurde *Marketing Efficiency* von der Harvard University Press veröffentlicht. Das Wohlergehen dieser erhabenen Institution hing mit einer anderen meiner ehemaligen Tätigkeiten zusammen. Im vergangenen Jahrhundert hatte David A. Wells, ein hochangesehener Wohltäter Harvards, eine Stiftung für die Veröffentlichung preisgekrönter wissenschaftlicher Arbeiten eingerichtet, vorausgesetzt, daß kein Preis an eine Publikation verliehen werde, die sich für eine Währungsverschlechterung oder verwandte Untugenden aussprach. Die so entstehenden Bücher sollten kostenlos an Bibliotheken und ernsthafte Interessenten verteilt werden. Präsident Eliot lehnte es jedoch ab, Bücher auf diese Weise unter die Leute zu bringen, und zwar mit der Begründung, daß ein Buch, das nichts kostet, niemals für lesenswert gehalten würde. Die Bücher wurden daher verkauft und der Erlös für den Druck einer Buchreihe zur Verfügung gestellt, die später unter dem Namen Harvard Economic Studies bekannt wurde. So fand sich die Wirtschaftswissenschaftliche Fakultät der Harvard University sehr bald im Besitz eines der profitsichersten Verlage seit Caxton[12]: Die Kosten wurden von der Stiftung getragen; der Bruttoertrag war Nettogewinn.

Als ich *Fortune* verlassen hatte und wieder nach Harvard kam, hielt man mich für einen besonders qualifizierten Herausgeber. So wurde ich Vorsitzender des Publikationsausschusses unserer Fakultät, eine Stellung, die ich nahezu zehn Jahre lang innehatte. Erst gegen Ende meiner Amtszeit wurde bemerkt, daß ich in Konferenzen zwar immer von den Entscheidungen meines Ausschusses sprach, daß dieser Ausschuß jedoch nur aus einem einzigen Mitglied, nämlich mir selbst, bestand. Dies vereinfachte die Auswahl und Annahme von Manuskripten ganz erheblich; Bücher, die auf diese Weise abgesegnet waren, passierten mehr oder weniger automatisch die übrige Verlagsmaschinerie des Hauses. Ich gab in jenen Jahren fast genauso viele Bücher heraus, wie zuvor in der Geschichte der Reihe insgesamt publiziert worden waren. Viele waren alles andere als lesbar. Mit meiner Stellung war eine gewisse Machtfunktion verbunden. Beförderungen hängen im amerikanischen Universitätswesen von Veröffentlichungen ab. Auf diese Weise bedeutete die Kontrolle über die Veröffentlichungen einen erheblichen Einfluß auf die akademischen Zukunftschancen meiner jüngeren Kollegen. Ich genoß diese kleine Machtposition und übte sie unvoreingenommen und gerecht aus. Es ist vielleicht nicht gerade eine Überraschung, daß ich *Marketing Efficiency in Puerto Rico* für würdig hielt, von der Harvard Press herausgegeben zu werden.

Überraschender war es da vielleicht schon, daß meine Aufmerksamkeit während jener Jahre auch dem Eisenbahnwesen galt. Die Canadian Pacific Railway (CPR) wurde damals von Norris R. Crump geleitet, und dieser kam auf den Gedanken, es könne nützlich sein, den in Routine erstarrten Betrieb einmal von Außenseitern unter die Lupe nehmen zu lassen. Eine Anzahl junger Universitätsökonomen war dazu vielleicht besser geeignet und darüber hinaus auch billiger als eine Unternehmensberatungsfirma. Ich wurde beauftragt, aus meinen jüngeren Kollegen in Harvard ein Team zusammenzustellen, das alles, was ihm wichtig oder interessant erschien, untersuchen sollte. Die CPR würde zahlen; wir hätten die Freiheit, unsere Ergebnisse zu publizieren. Ein neuinstallierter Computer in der CPR-Zentrale sollte uns zur Verfügung gestellt werden.

Ich stellte eine Gruppe aus begabten Leuten zusammen – wieder Holton, Richard E. Caves, John R. Meyer, Merton J. Peck und Charles Zwick. Alle sollten in der nächsten Generation zu den führenden Volkswirtschaftlern gehören. John D. Black beriet uns. Unsere Arbeit begann 1954. Meine Kollegen benutzten die CPR als eine Sammellinse, durch welche sie die Probleme der Eisenbahnen, der regierungsamtlichen Verkehrspolitik und der kanadischen Wirtschaft betrachten konnten. Mein eigener, nicht sehr umfangreicher Beitrag diente mir zur Vertiefung meiner Studien über die Natur des Konzernmanagements.

Man braucht keinen Kanadier daran zu erinnern, daß die CPR in der kanadischen Geschichte einen bedeutenden Rang einnimmt. Ihre Gleisanlagen und Züge, die 1871 British Columbia versprochen wurden, um die Provinz in die Föderation einzubringen, dienten buchstäblich dazu, Kanada zusammenzuschweißen. Die Gesellschaft selbst war und ist ein Reich von nationalen Ausmaßen. Zu ihren Pfründen gehörten und gehören Ackerland, Wälder, Bodenschätze, Öl und Gebiete von großem landschaftlichem Reiz. Abgesehen von Eisenbahnlinien, die sich bis in die USA hinein erstrecken, betrieb sie damals Hotels, Schiffe, Bergwerke, Telegraphenlinien, Metallhüttenwerke und, widerstrebend allerdings, eine Fluglinie. Die Eisenbahner hielten nicht viel von solchen vorübergehenden Modeerscheinungen wie Flugzeugen.

Gegen Mitte der fünfziger Jahre befanden sich die meisten Aktivitäten der Canadian Pacific in einem Stadium fortgeschrittenen Verfalls. Altgewordene Hierarchen präsidierten über Fracht- und Personenverkehr und andere Abteilungen in starrer Fixierung auf die Praktiken vergangener Zeiten und stolzer Gleichgültigkeit gegenüber den Kunden, den Kosten und den Profiten. Zu den vielen Beiträgen der Bahn zur kanadischen Kultur zählte ihre einzigartige Architektur – damals wie heute als »CPR-Gotik« bekannt –, die ihren Höhepunkt in der höhlenartigen Windsor-Station in Montreal fand, von der aus die Gesellschaft geleitet wird. Einmal nahm ich mit meinen jungen Kollegen an einer Konferenz der führenden Manager im Sitzungssaal dieser Festung teil. Von Crump und ein oder zwei anderen abgesehen, betrachteten alle Anwesenden uns mit an Feindseligkeit grenzendem Unwillen. Ein Grund dafür waren Kalkulationen meiner Mitarbeiter, die gezeigt hatten, daß eine Anzahl von in Auftrag gegebenen Salonwagen selbst unter den günstigsten Umständen nicht das Geld einbringen würden, das es kostete, sie durch die Gegend zu ziehen, geschweige denn einen Profit abwerfen. Wir waren darauf sowie auf die Entdekkung, daß die Aussichten für den Personenverkehr allgemein ziemlich trübe waren, recht stolz; es war die Freude eines Arztes, der der Familie mitteilt, daß man seiner Diagnose vertrauen kann, da es bald jedermann klar sein wird, daß der Patient im Sterben liegt. Die altgewordenen Eisenbahner – die meisten von ihnen hatten von der Pike auf gedient – mochten das ganz und gar nicht. Sie sahen unseren Bericht als unreife Einmischung an, die gegen die Tradition und alles, was einem guten Eisenbahner lieb und teuer war, verstieß.

Das lohnendste Erlebnis unseres CPR-Projekts war eine zehntägige Fahrt über das gesamte Streckennetz der Gesellschaft im späten Frühjahr des Jahres 1955. Weder früher noch später habe ich je eine Reise unternommen, bei der fachliches Interesse und landschaftlicher Reiz mit derartiger Eleganz verbunden waren. Richard Holton begleitete mich; unser Gastgeber war Robert A. Emerson, zuständig für Fahrbetrieb und Streckenwartung und einer der progressiven Männer in der Firma. Wir reisten in dem Privatwagen, der Sir Edward Beatty, den gefürchtetsten aller Präsidenten, den die Gesellschaft je gehabt hatte, in den größten Zeiten des Unternehmens über die Gleise getragen hatte. Bei uns befand sich ein Sekretär, da die kanadische Tugend es nicht zuließ, daß eine Frau allein mit lauter Männern in diesem prachtvollen Gefährt reiste. Unsere Fahrt führte uns von Montreal und Ottawa durch die präkambrische Wildnis von Ontario, vorbei am Nordrand der Großen Seen, über die endlosen Prärien und durch die Spiraltunnels, die die Bahn nach Art einer Wendeltreppe auf der Westseite der Rockies zu Tal führen. Und weiter ging es durch andere, großartige Gebirgslandschaften, entlang des Thompson- und des Fraser-River bis nach Vancouver und zur Strait of Georgia. In den größeren Städten hielten wir an und sprachen mit örtlichen Vertretern der Bahn. Auf der Weiterfahrt wurde unser Wagen manchmal an einen Personenzug angehängt, und manchmal fuhren wir friedlich am Ende eines Güterzuges mit. Erst auf dieser Reise lernte ich die Größe meines Heimatlandes richtig zu würdigen. Wer das Land nur überfliegt, dürfte dazu wohl kaum in der Lage sein. Noch lehrreicher wäre zweifellos, die Strecke zu Fuß zurückzulegen.

Während der Reise machte ich mir einige Gedanken über die Zukunft der CPR. In ihren Wäldern, ihrem Land und den darunter verborgenen Bodenschätzen sah man damals lediglich eine Quelle für ein durch die Bahn zu erschließendes neues Verkehrsaufkommen. Die Bahn und in sehr viel geringerem Maße auch einige Berg- und Hüttenwerke waren im Grunde das einzige, worauf es ankam. Ich drang darauf, die Zukunft mehr auf den natürlichen Reichtum abzustellen. Mein Vorschlag stieß zwar hier und da auf offene Ohren, doch teilte man mir auch mit, daß kein derartiges Konzept jemals den *echten* Eisenbahnern verkauft werden könnte, und sie waren nun einmal die entscheidende Instanz der eingefahrenen bürokratischen Macht. Die Zeit, unterstützt von Tod und Pensionierungen, hat inzwischen die CPR in eine Gesellschaft umgewandelt, die sich tatsächlich im wesentlichen auf ihren enormen natürlichen Reichtum stützt.

Die Eisenbahner waren selbst in ihrem ureigensten Interessengebiet nicht völlig perfekt. In jenen Tagen wurden die ersten Einheiten des »Canadian«, jenes schimmernden *Bubble-top express*, der zwischen Montreal und Vancouver verkehren sollte, ausgeliefert. Es war ein herrlicher Zug. Meine Kollegen fuhren mit Firmenvertretern hin, um das Prachtstück anzusehen. Robert Emerson kehrte dann zu seinen Büroräumen im Bahnhof zurück und suchte diverse Unterlagen über die Streckenführung heraus. Er stellte fest, daß die Glaskuppeln auf dem Zug etwas höher waren als die Minimalhöhen der Tunnels. In den Wirtschaftswissenschaften gibt es eine langwährende Debatte über die Bedeutung von sogenannten Marginaleffekten. In diesem Fall erübrigte sie sich.

Zwei Bücher, eines über die kanadische Wirtschaft und ein anderes, das sich mehr allgemein mit dem Schienentransport und seinen Konkurrenten befaßt, gingen aus diesem Projekt hervor. Auch diese fand die Harvard University Press akzeptabel.[13]

In den Jahren bei *Fortune* hatte ich u. a. eine gewisse Erfahrung mit innovativen oder sonstwie erfolgreichen Organisationsformen in Konzernen gesammelt; derartige Firmen waren es nämlich, die zu feiern sich für die Zeitschrift anbot. Die CPR war bei weitem nicht die schlimmste nordamerikanische Eisenbahngesellschaft; sie war trotz ihrer Verknöcherung sogar noch eine von den besseren. Aber sie war auch eine wertvolle Erinnerung daran, daß konzernimmanente Verblödung auch zu den Kennzeichen des modernen Unternehmens gehört und sich selbst perpetuiert. Mittelmäßigkeit pflanzt sich ebenso fort wie Brillanz. Die CPR war eine Vorbereitung auf Penn Central und Chrysler.

Bei all diesen faszinierenden Erlebnissen blieb das beunruhigende Gewissen, daß mein Buch über die Armut inmitten des Wohlstands nur wenig Fortschritte machte. Die erforderlichen Antworten waren noch immer nicht gefunden und schienen doch wichtig zu sein. Anfang 1955 beschloß ich, vom Sommer an ein Jahr freizunehmen und über nichts anderes mehr nachzudenken.

21
Erster Eindruck von Indien und *Gesellschaft im Überfluß*

Es zeigte sich schließlich, daß mein Instinkt mich nicht getrogen hatte. Auch wenn es schwerfällt: Denken und schreiben läßt sich eben doch am besten, wenn man sonst nichts anderes tut. Man wird zur Leistung gezwungen, um der Langeweile und dem eigenen Ich zu entgehen. Diese Erkenntnis stellte sich jedoch erst mit Verzögerung ein.

Nachdem es mir gelungen war, mich für ein Jahr beurlauben zu lassen, und ich mit einem Guggenheim-Stipendium versehen war, verlud ich zu Beginn der Sommerferien 1955 unsere drei Kinder und Emily Wilson in Trois Rivières am St.-Lawrence-Strom auf einen mit kanadischem Weizen beladenen deutschen Frachter und fuhr mit diesem nach Hamburg. Ich hatte vor, mich in der Schweiz zum Schreiben niederzulassen.

Schon seit meiner frühesten Jugend, als ich die Erzählungen von Studenten gehört hatte, die mit Viehtransportschiffen nach Europa übergesetzt waren, hatte ich den Atlantik einmal auf einem Frachter überqueren wollen. Meine Frau, die von keiner solchen Sehnsucht befallen war, nahm das Flugzeug. Sie hatte Glück. Die Reise verlief ruhig, beengt und, vom Lesen abgesehen, unendlich langweilig. Die einzige Abwechslung gab es mitten auf hoher See, als wir einem Schwesterschiff der gleichen deutschen Linie begegneten und die beiden Pötte eine frivole Zeremonie vollführten, indem sie einander in einer Art maritimem Walzer umkreisten. Bei unserer Ankunft sahen wir die Verwandten der Besatzung an Bord schwärmen; die Liegezeit im Hafen war so kurz bemessen, daß viele von denen, die etwas weiter entfernt lebten, nicht nach Hause fahren konnten. Daher die Besuche der Ehegesponse.

In Sils-Maria, weiter südlich in Brissago am Lago Maggiore und in Saas Fee studierte ich die Ursachen der Armut und bemühte mich, darüber etwas zu Papier zu bringen. Im Herbst ließen wir uns in einer hübschen Wohnung am Chemin Krieg unweit der Route de Florissant in Genf nieder, und ich begann mit einer weiteren Leserunde in der ehemaligen Bibliothek des Völkerbundes, die inzwischen den Vereinten Nationen gehörte.

Gelegentlich blitzte Hoffnung auf. In Saas Fee, wo ich ganz allein arbeitete, stellten sich ein paar ausgereifte, plausible Ideen ein, und so schrieb ich wie ein Wilder. In Genf drängte man mich dazu, ein paar

Vorträge in dem so schön am Seeufer gelegenen Graduate Institute of International Studies zu halten.[1] Die Hochschule, eine Schöpfung von William E. Rappard, wurde damals von dem vielseitigen, klugen und humorvollen Jacques Freymond geleitet, der später ein enger Freund von mir werden sollte. Vorlesungen sind auch eine gute Methode, sich selbst zum Nachdenken zu zwingen. Tag und Stunde kommen unausweichlich näher; und selbst vor das spärlichste Publikum kann man sich nicht hinstellen, ohne ein Wort zu sagen. So zwingt man sich zu inhaltlichen Aussagen und Schlußfolgerungen und vertraut dabei auf die Erkenntnis, daß sich keiner der Anwesenden davon so viel merken wird, um Schaden anrichten zu können. Aber ich war noch immer verwirrt, noch immer nicht der einengenden Orthodoxie entronnen: Die Leute waren arm, weil die Volkswirtschaft es von ihnen so erwartete. Es sah so aus, als ob es gar nicht mehr zu erklären gäbe. Doch dann kam ein Herbstabend, dessen persönliche Bedeutung schicksalhafter war, als wir ahnen konnten.

Wir speisten mit Richard Kahn vom King's College, Cambridge, der nach Keynes Schatzmeister des Colleges geworden und inzwischen anerkannter Nachfolger des Meisters war. Der andere Gast war ein hochgewachsener, schlanker, sehr selbstbewußter Inder mit markanten Gesichtszügen, Prasanta Chandra Mahalanobis. Damals 62 Jahre alt, war Mahalanobis während des Ersten Weltkriegs in Cambridge für seine Leistungen als Physiker mit einem Preis ausgezeichnet worden. Er und Rani, seine scharfsichtige und einzigartig unabhängige Frau, waren intime Freunde des bengalischen Dichters, Schriftstellers und Malers Rabindranath Tagore. Zunächst Professor für Physik an der Universität von Kalkutta, war Mahalanobis über die Meteorologie zur wirtschaftlichen Statistik und dann auf die Volkswirtschaft und die Wirtschaftsplanung gekommen. Inzwischen war er Leiter des von der Regierung unterstützten, aber weitgehend unabhängigen Indischen Statistischen Instituts, einer aufgrund neuer Auswahlverfahren sehr reichen Quelle für – allerdings nicht immer präzise – statistische Informationen über indische Industrie- und Agrarproduktion, Einkommen und Preise, Bevölkerung und Arbeitskräfte. Mahalanobis war darüber hinaus Mitglied der Planungskommission der indischen Regierung, der Jawaharlal Nehru, dessen Berater, Freund und Vertrauter er war, vorstand.

Ebenso wie Nehru gehörte Mahalanobis zum Kreis der Fabian Society um Sidney und Beatrice Webb, George Bernard Shaw, R. H. Tawney, G. D. H. Cole und Harold Laski. Es war eine Welt, in der Anstand, Mitgefühl und eine breitgefächerte Intelligenz mit der Überzeugung verbunden waren, daß die Natur der Wirtschaftsordnung vor allem eine Frage des moralischen Engagements sei. Für den Sozialismus sind weder administrative Probleme die entscheidenden Schwierigkeiten, noch stellen Organisation und Motivation wirklich ernsthafte Fragen dar. Selbst der Bevölkerungsdruck auf das jeweilige Land, ein in Indien anscheinend unlösbares Problem, ist nicht von zentraler Bedeutung. All diese Hemmnisse einer wirtschaftlichen Entwicklung waren inhärente Erscheinungen der kapitalistischen Kultur, Mentalität und Erfahrung. Mit dem Sozialismus würden sie verringert werden oder gänzlich verschwinden. Wer die Schwierigkeiten auf dem Weg der sozialistischen Entwicklung erwähnte, zog den Verdacht auf sich, heimlich im Dienste des Kapitalismus zu stehen oder zumindest ein naives Opfer seiner Doktrin zu sein. Ein solcher Optimismus bezüglich der Zukunftsaussichten Indiens ging einem in den fünfziger Jahren leichter von den Lippen als ein Vierteljahrhundert später. Ich glaube allerdings nach wie vor, daß es Männer und Frauen von solcher Lauterkeit verdienen, recht zu haben.

Mahalanobis sprach an jenem Abend in Genf von Indiens Zweitem Fünfjahresplan (der der erste politisch und intellektuell ernstzunehmende war). Vor allem berichtete er aber von seinen im allgemeinen erfolgreichen Bemühungen, Wissenschaftler aus sozialistischen und westlichen Ländern als Ratgeber für die Planerstellung sowie für die Entwicklung des Landes insgesamt an sein Institut zu holen. Er hatte sich an die Eisenhower-Administration mit der Bitte um Hilfe gewandt, und diese hatte ihm Professor Milton Friedman, der damals an der University of Chicago lehrte, angeboten. Diese Neuigkeit stimmte mich nachdenklich. Friedman um Beratung bei Fragen der Wirtschaftsplanung zu bitten, bemerkte ich, sei soviel, wie den Heiligen Vater darum zu ersuchen, als Berater einer Klinik für Geburtenkontrolle zu fungieren. Mein Vergleich gefiel Mahalanobis, und er schlug mir vor, an Friedmans Statt nach Indien zu kommen. Bedachtvoll bezog er meine Frau mit in die Einladung ein. Kitty hatte unter meinem literarischen Kummer zu leiden gehabt und sah Indien als einen Ausweg. Wir sagten zu, Anfang des folgenden Jahres zu kommen.

An einem Wochenende in jenem Herbst reisten wir ins Berner Oberland und machten von Gstaad aus, einem Dorf, von dem wir beide bis dahin noch nie etwas gehört hatten, eine Wanderung. Auch dieses Ereignis hatte Langzeitwirkung. Wenig später sollte ich hier eine ruhige Atmosphäre zum Schreiben finden, deren ich mich seitdem stets bedient habe. Gstaad ist ein hübsches Dorf, das auf halbem Weg zwischen Montreux und Interlaken in einem Tal liegt, in dem drei Gebirgsbäche zusammenfließen. Es ist sonnig, und die nicht allzu hohen, umgebenden Berge halten die Winde ab. Früher lebte Gstaad außer von Rindern von seinen Sägewerken, und diese sind noch immer in Betrieb. Seit vielen Jahren wuchs die einheimische Bevölkerung von etwa 1500 Einwohnern saisonal auf das Doppelte an und verdreifachte sich später durch den Zuzug der Schickeria. Mit ihr kamen Läden, Restaurants, ein Schwimmbad, Skilifte und alle anderen Annehmlichkeiten. Außerdem geben diese Leute für Schriftsteller mit liberalen Neigungen hervorragende Nachbarn ab: Die Hälfte von ihnen sind praktisch Analphabeten und haben keinerlei Bedürfnis, einem die Zeit zu stehlen. Und diejenigen, die lesen können, schrecken gleichfalls davor zurück: »Ich habe von Galbraith gehört – irgend so ein Bolschewik.« In Gstaad habe ich oft das Telefon angesehen und mir dabei gewünscht, es möge klingeln.

Wir kamen Ende 1955 wieder nach Gstaad, um dort die Weihnachtsferien zu verbringen. Als wir nach Indien reisten, ließen wir Emily Wilson mit unseren beiden jüngsten Söhnen im Alter von inzwischen vier und fünf Jahren dort zurück. Emily schrieb sie in der Dorfschule ein, wo sie, ihren Erzählungen zufolge, ihren Klassenkameraden Englisch beibrachten. Im Januar mußte ich zunächst nach Kanada zurückkehren, zum einen in Sachen CPR und zum anderen, um in Queen's Park, Toronto, im Parlament von Ontario vor der Royal Commission on Canada's Economic Prospects, deren Vorsitz Walter L. Gordon führte[2], über die längerfristigen Aussichten Kanadas als Sachverständiger auszusagen. Ebenso wie Vorlesungen und Einsamkeit zwingt auch die Verpflichtung, eine solche Stellungnahme abzugeben, zum Nachdenken. Mit etwas weniger Selbstvertrauen, als ich nach außen hin vorzukehren versuchte, vertrat ich die Auffassung, daß über kurz oder lang unser Interesse an der Quantität der produzierten Waren – d. h. die Wachstumsrate des Bruttosozialprodukts – der wichtigeren Frage nach der durch sie bewirkten Lebensqualität würde weichen müssen. Diese würde einen besseren Schutz für die Umwelt sowie größere Anforderungen an die öffentlichen und sozialen Dienste stellen.

Nachdem Kitty und ich uns in Zürich wiedergetroffen und dort das Ende eines starken Schneesturms abgewartet hatten, flogen wir nach Beirut, wo ich an der Amerikanischen Universität einen Vortrag hielt. Von dort aus fuhren wir mit dem Wagen nach Damaskus, besichtigten Baalbek, reisten von dort aus nach Norden zu den alten Städten Homs und Hamā, sahen Krak des Chevaliers und kehrten via Byblos nach Beirut zurück.

Stünde einem im Leben nur eine einzige Woche zur Besichtigung der großen Stätten der Antike zur Verfügung, so könnten Athen, Peking und der Nil darauf Anspruch erheben. Aber der Jupiter- und der Bacchustempel in Baalbek, die Zeugnis darüber ablegen, was für hervorragende Baumeister die Römer waren, wären ebenso Konkurrenten wie Damaskus, die möglicherweise älteste, kontinuierlich bewohnte Stadt der Welt. In Damaskus kann man sich die Große Moschee, das Labyrinth der Souks, das mit Waren von höchst zweifelhafter Qualität gefüllt ist, und die umgebende Mauer anschauen, an der das hohe Fenster zu sehen ist, durch welches Paulus in einem Korb entkam. In der gleichen Woche kann man dann auch noch Krak des Chevaliers, das gewaltige Werk des Kreuzritterordens vom Spital des

Heiligen Johannes in Jerusalem, besuchen, von dem Julian Huxley sagte, es sei von allen Burgen diejenige, die dem Vollkommenheitsideal am nächsten käme. Die äußeren Mauern von Krak umschließen einen ganzen Berggipfel, und durch das etwas versetzte Tor konnte sich eine ganze Reiterschwadron bewaffneter Mönche, zu mehreren nebeneinander, in vollem Galopp in Sicherheit bringen. Die Kapitulation der stark geschwächten Garnison vor den Streitkräften des Sultans al-Malik az-Zāhir Rukn ad-Din Baibars am 8. April 1271 war vielleicht das stärkste Anzeichen dafür, daß die fränkische Epoche in *outremer* zu Ende ging. Vom Libanon flogen wir über Bombay nach Kalkutta, wo wir am 9. Februar eintrafen.

Den ersten Eindruck von Indien können nur wenige vergessen, und dies auch nur dann, wenn sie nicht über Kalkutta einreisen. Die Schatten waren an jenem Abend schon lang, als wir vom Dum-Dum-Flughafen zur Barrackpore Trunk Road fuhren. Unser Weg führte uns durch zwei schemenhafte, schweigende Prozessionen, die, weiß gekleidet mit dunklen, nackten Schultern und dunklen, nackten Beinen, auf beiden Seiten der Straße einen endlosen Strom bildeten, dessen Ziel man nicht kannte. Jenseits der Fußgängerkette, noch tiefer im Schatten liegend, befanden sich die kümmerlichen Behausungen derjenigen, die so glücklich waren, ein Dach über dem Kopf zu haben, in diesem Teil der Stadt vor allem Flüchtlinge aus Ostbengalen. Zu sehen waren auch die Charpoys oder Pritschen derjenigen, die keine Unterkunft hatten und im Freien lebten und schliefen. Kühe drehten sich nach uns um und sahen uns nach. Überall lagen Abfallhaufen. All dies wurde für uns sehr bald zur Gewohnheit. Ein paar Tage später sahen meine Frau und ich auf der Fahrt ins Zentrum von Kalkutta neben der Straße ein ausgesetztes, am Boden kauerndes Kleinkind, das ein langes Rinnsal weißen Stuhlgangs ausschied. Das Kind war offensichtlich sehr krank, aber wir reagierten erst später auf das, was wir gesehen hatten. Anderswo, selbst in der South Bronx, hätte man sofort einen Krankenwagen geholt. So trübt sich einem in Indien der Blick.

Das Indische Statistische Institut umfaßte eine Gruppe von Gebäuden außerhalb Kalkuttas an der Straße nach Barrackpore, und dort erwartete uns eine bemerkenswerte Gesellschaft. Norbert Wiener, der Vater der Kybernetik, ein wortkarger, konzentrierter Mann, weilte damals dort auf Besuch. Desgleichen Oskar R. Lange mit seiner um einiges jüngeren Frau Irene Oderfeld, die daheim in Polen als Juristin im Staatsdienst tätig war. Lange, Ökonom und in den dreißiger Jahren aktives Mitglied der polnischen Sozialistischen Partei, war in die Vereinigten Staaten gezogen, um dem primitiven Vorkriegsfaschismus in seinem Heimatland zu entgehen. Er war Professor an der Universität von Chicago geworden, einer Umgebung, die für ihn gar nicht so fremd war, wie man es sich vielleicht denken könnte. Denn in Langes

Sozialismus war die Verteilung der nutzbaren Reserven auf dem Wege des klassischen Wettbewerbs das Ideal. Fehlen würden lediglich die wirtschaftlichen Verzerrungen und der den Monopolen und dem Privateigentum an Land und Kapital innewohnende Machtmißbrauch. So konnte er in Chicago mit Frank H. Knight, Henry C. Simons und anderen, für die der Konkurrenzmarkt ein Totem war, vertrauten Umgang pflegen.

In den letzten Monaten des Zweiten Weltkriegs war Lange nach Rußland gegangen und hatte dort seinen Frieden mit der Sowjetregierung gemacht. Seine Professur in Chicago gab er auf, um zunächst Botschafter Polens in Washington und danach bei den Vereinten Nationen zu werden. Später kehrte er dann nach Warschau zurück. Inzwischen, 1956, war er bei dem damaligen stalinistischen Regime in Ungnade gefallen, und in späteren Jahren erzählte er Paul Sweezy (der es wiederum mir erzählte), er sei monatelang beim Zubettgehen stets von dem Gedanken verfolgt worden, er könne noch vor dem Morgengrauen verhaftet werden.[3] Über all dies verlor er in Indien kein Wort; er war sehr viel zurückhaltender, als ich ihn aus der Vorkriegszeit in Erinnerung hatte.

Während unseres Aufenthaltes in Kalkutta wurde der Weltpresse die Rede bekannt, die Chruschtschow auf dem XX. Parteitag über »Der Personenkult und seine Folgen« – die Exzesse des Stalinismus – gehalten hatte. Wir diskutierten darüber. Nachdem er zunächst einige Zweifel über ihre Authentizität geäußert hatte, entschloß sich Lange schließlich, ihre Aufrichtigkeit zu akzeptieren. Er hielt sie allerdings nicht für das Vorzeichen irgendeiner größeren Veränderung. Sie war jedoch ein Signal für das Ende des stalinistischen Regimes in Polen und seiner, Langes, Rückkehr in eine prestige- und einflußreiche Stellung. Zwei Jahre später sollte ich in Warschau sein Gast sein.

Gleichfalls im Institut tätig war Paul Baran, der gerade seine Eltern in Moskau besucht hatte. Jetzt, da der Kalte Krieg nahezu seinen Höhepunkt erreicht hatte, vertrat Baran, wie immer, die unpopulärste politische Position, die es gab, das heißt, er war prokommunistischer denn je zuvor. Seine Gesundheit, durch starkes Rauchen, nachlässige Ernährung und einen großen Abscheu vor körperlicher Betätigung mißbraucht, befand sich in einem traurigen Zustand. Mahalanobis' sozialistische Ansichten deckten sich im großen und ganzen mit denen Barans, aber da keiner zugeben konnte, daß er mit dem anderen übereinstimmte, gab es zwischen ihnen erbitterte Auseinandersetzungen. Nicholas Kaldor, nicht nur einer der bekanntesten, sondern auch einer der zerstreutesten britischen Ökonomen, traf kurz nach uns mit seiner Frau Clarisse und zweien seiner begabten Töchter ein. Es war die Zeit, da in China die hundert Blumen gerade am Erblühen waren, und Nicky und Clarisse befanden sich auf dem Weg nach Peking, was alle Institutsmitglieder zu offenen Neidbekundungen veranlaßte. Danach wollte er dann nach Indien zurückkehren. Nach einem üppigen Dinner und herzlichem Abschied machten sich die Kaldors eines Abends auf den Weg zum Dum-Dum-Flughafen und nach China. Zwei Stunden später waren sie wieder da; Nicky hatte die Pässe vergessen.

Andere kamen ins Institut, auch ortsansässige Besucher aus Kalkutta. Die Mahlzeiten fanden bei der Familie Mahalanobis in dem großen Haus statt, in dem Kitty und ich eine kleine Wohnung im obersten Stockwerk bezogen hatten. Die Gespräche drehten sich oft um die britische Vergangenheit und die große bengalische Hungersnot der Kriegsjahre. Am Ende kam man jedoch immer wieder auf die wirtschaftlichen Zukunftsaussichten Indiens zurück. Damals schien mehr möglich zu sein, als man sich heute vorstellen kann.

Nirgendwo sonst auf der Welt gab es zu jener Zeit einen so freimütigen und intensiven Gedankenaustausch zwischen Menschen aus den sozialistischen und den nichtsozialistischen Teilen der Welt sowie zwischen Vertretern der reichen und der armen Länder.

Mir war bei diesen Kontakten nicht ganz wohl. John Foster Dulles war Außenminister, und er betrachtete den damals so hohen Ruf der Vereinigten Staaten als seinen Privatbesitz, den er nach eigenem Gutdünken verschleudern konnte. Niemand hätte darin erfolgreicher sein können. Vor allem war er daran interessiert zu beweisen, daß der Kapitalismus das war, wofür alle Sozialisten ihn hielten. Die amerikanische Außenpolitik wurde von einer einzigen, alles andere dominierenden Leidenschaft bestimmt: der Niederwerfung des Kommunismus. Das Christentum, ja Jesus selbst segnete diesen Kreuzzug ab. Jeder antikommunistische Despot war ein Verbündeter; überall bestand unsere Politik darin, militärische Allianzen zu schließen und die Ärmsten zu bewaffnen. Neutralität wurde Neutralismus genannt und galt als unmoralisch, und die Inder waren dafür das Paradebeispiel. Zu allem Überfluß war diese Politik wichtigtuerisch, selbstzufrieden und scheinheilig. Es war schwer, sich eine Figur vorzustellen, die in den armen Ländern mehr Schaden hätte anrichten können als John Foster Dulles, wenngleich dies teilweise darauf zurückzuführen war, daß noch niemand wußte, was sein Bruder Allen bei der CIA alles anstellte.

In Indien fand ich es damals dennoch nicht sehr angenehm, mich an den negativen Kommentaren über den Außenminister zu beteiligen oder gar als Wortführer aufzutreten; es schien mir eine allzu billige Anbiederei. Ich dachte an Churchills Rat: Kritisiere deine Regierung nie, wenn du dich außer Landes befindest, aber höre nie damit auf, solange du zu Hause bist. So wurde ich, wie Oskar Lange, unnatürlich schweigsam, wenn über die Politik meiner eigenen Regierung debattiert wurde.

Ein paar Tage nach unserer Ankunft erschien einer unserer interessantesten Besucher, der Sehr Ehrenwerte Evelyn John St. Loe Strachey.[4]

Damals 55 Jahre alt, hochgewachsen und stattlich, ohne unförmig zu wirken, war Strachey, dessen familiäre Wurzeln in Indien fast bis zu Warren Hastings zurückreichten, ein großartig unterhaltsamer Gesprächspartner mit einer Begabung für ausgiebiges, ansteckendes Lachen. In den dreißiger Jahren war er Kommunist gewesen, obwohl man ihm, wie er mir einmal erzählte, aus taktischen Gründen nie ein Parteibuch gegeben hatte. Er verließ die Partei zum Zeitpunkt des deutsch-sowjetischen Nichtangriffspaktes. Obgleich er mir gegenüber diesen Bruch einmal als die kummervollste Erfahrung seines Lebens bezeichnete, kompensierte er ihn nach seinem Austritt nicht mit verbitterter antikommunistischer Leidenschaft.

Strachey war in den Kabinetten Clement Attlees zunächst Ernährungsminister und dann Staatssekretär im Kriegsministerium gewesen. Das Auftreten eines ehemaligen Kommunisten in der zuletzt erwähnten Position hatte, zu Johns Belustigung, im Pentagon Erschütterungen ausgelöst, denen das Gebäude kaum standzuhalten vermochte.

Mahalanobis wollte, daß seine Besucher Indien bereisten und die Probleme, mit denen die Unabhängigkeit und der Fünfjahresplan zu kämpfen hatten, aus erster Hand kennenlernten. Nichts hätte uns willkommener sein können. Unsere Reise unternahmen wir gemeinsam mit Strachey. Sie führte uns quer durch Indien, von Madras und Mahabalipuram im Süden bis zum Himalaja im Norden. Manchmal reisten wir mit dem Flugzeug, manchmal mit dem Zug und auf kürzeren Strecken auch mit dem Wagen. Es war eine intensive, herrliche Zeit. Nördlich von Puri am Golf von Bengalen besuchten wir die Schwarze Pagode (heute heißt sie Surya Deula) von Konarak, den großen Tempel aus schwarzem Stein, der fast 35 Meter hoch ist. Die Pagode, die einen Streitwagen darstellen soll, ist auf großen, ausgehauenen Steinrädern errichtet und wird von einem Gespann höchst unglaubwürdiger Tiere gezogen. Von unten bis fast zur Spitze hinauf ist sie bedeckt mit kunstvoll gemeißelten Skulpturen, deren Variantenreichtum und Erfindungsgabe im Geschlechtsverkehr Dr. Comfort beeindrucken würde. Strachey war zunächst von zwei Missionaren begeistert, die sich verpflichtet fühlten, den Tempel nur aus einer sicheren Distanz anzusehen; dann begeisterte ihn – *what a jolly good fuck!* – ein steinernes Paar, das seit Jahrhunderten in einer besonders intensiven Umarmung verharrte; und zuletzt ein indischer Archäologieprofessor, der uns begleitete und alles mit der etwas förmlichen Bemerkung entschuldigte, schließlich sei es »unerläßlich für das Fortbestehen der menschlichen Rasse«.

Sechs Jahre später war ich weniger begeistert, als Mrs. Kennedy während eines Besuches in Indien den Wunsch äußerte, Konarak zu besichtigen. Es bedurfte nur einer geringen Anstrengung der Phantasie, um sich vorzustellen, wie man sie bei der Betrachtung einer besonders eindrucksvollen sexuellen Leistung, z. B. einer versierten Frau, die zwei ungeheuer potente Männer gleichzeitig liebte, fotografieren würde. Und ebenso gewiß war, welcher Botschafter für die daraus entstehenden Bilder, ganz egal, in welcher Form und in welchem Zusammenhang sie veröffentlicht werden würden, den Kopf würde hinhalten müssen. Warum, so würden die Bürokratie und die Presse fragen, hatte man diese »Fotografiergelegenheit« nicht sorgfältiger analysiert? Ich warnte Jacky vor dieser Gefahr, aber sie blieb hartnäckig. So wandte ich mich in meiner Einfalt an ihren Mann. Selten dürfte ein Gespräch zwischen einem Beamten und einem Präsidenten unbefriedigender verlaufen sein. Kennedy sagte nur: »Glauben Sie nicht, daß sie alt genug dafür ist?« Aus Zeitgründen und aufgrund eines Nebenhöhlenkatarrhs mußte Konarak schließlich doch aus dem Reiseplan gestrichen werden.

Stracheys Familiengeschichte, sein politischer Rang, seine Bücher und der außergewöhnliche Ruf, den er bei der Linken genoß, ließen in jeder Stadt seine Ankunft zu einem wichtigen Ereignis werden und erforderten unvermeidlich eine Rede. Auch ich wurde darum gebeten, teils aus Höflichkeit, teils aber auch, weil die Inder mehr als alle anderen Völker der Erde einen nahezu unersättlichen Appetit auf Redekunst haben. In Haidarabad im Dekhan besichtigten wir die ausgedehnten Paläste der Nisam, von denen einige architektonisch von der Waterloo Station inspiriert waren und sich bereits im Zustand fortschreitenden Verfalls befanden. Danach waren wir beim Rotary Club zum Lunch eingeladen. Vor dem Essen wurden uns die Rotarier unter der in Indien üblichen Beachtung des Zeremoniells vorgestellt (die Namen sind fiktiv): »Dies, Mr. Strachey und Professor Galbraith, ist Rotarier Ram Singh! Rotarier Singh ist der Leiter unserer Wasserwerke hier in Haidarabad!«

»Dies, Mr. Strachey und Professor Galbraith, ist Rotarier Ahmed Kahn! Rotarier Kahn ist unser führender Juwelier hier in Haidarabad!«

Der nächste in der Reihe war ein kleiner, freundlich lächelnder Mann. Seine Vorstellung versetzte Strachey sichtlich einen Schock.

»Dies, Mr. Strachey und Professor Galbraith, ist Rotarier Krishna Mehta! Rotarier Mehta ist der Vorsitzende unserer Kommunistischen Partei hier in Haidarabad!«

An einem Vorstadtbahnhof nördlich von Kalkutta, von wo aus wir mit dem Zug nach Delhi reisten, erfuhren wir, daß auch in einer geschäftigen, rauhen Welt noch elementare Höflichkeit überleben kann. Nachdem wir es uns in unserem Abteil bequem gemacht hatten – das Gepäck verstaut, Kokosnüsse gegen den Durst, dicke Polster zum Ausruhen –, erschien der Bahnhofsvorsteher, salutierte und sagte: »Meine Herren, darf ich um Ihre Erlaubnis nachsuchen, den Zug abfahren zu lassen?«

In Delhi machte ich die Bekanntschaft Jawaharlal Nehrus. Unsere erste Begegnung fand anläßlich einer Gartenparty für John Foster Dulles auf dem Gelände der amerikanischen Botschaft statt. Nehru stand ein wenig abseits vom Gedränge auf dem weiten, sehr grünen Rasen, ein gutaussehender, schlanker, ziemlich kleiner Mann mit schöngeschnittenen Gesichtszügen, dem für einen Kashmiri typischen hellen Teint und gekleidet in die weißen Reithosen, die zu seinem persönlichen Stil gehörten. Seine Miene verriet, daß ihn der Ablauf der Veranstaltung anwiderte. Später lernten wir einander kennen und sprachen über Wirtschaftsfragen. Es war dies ein Thema, das ihn nur wenig interessierte. Man war, zumindest prinzipiell, Sozialist, und das genügte. Eine Zeitlang betrachtete er mich mit Mißtrauen. Gewiß war ich Teil einer ganz besonders raffinierten Bekehrungskampagne des amerikanischen Kapitalismus.

In Neu-Delhi verfügte das Indische Statistische Institut über ein geräumiges Haus mit Garten an der King George's Avenue, über das ein anderer zur Wirtschaftswissenschaft konvertierter Physiker präsidierte, ein kleiner und charmanter Mann namens Pitamber Pant. Auch in der King George's Avenue waren häufig indische und ausländische Besucher zu Gast. Eines Abends im Garten machte sich Strachey mit einer Eloquenz, die weit über seine eigenen Überzeugungen hinausging, daran, den bekannten französischen Soziologen und glühenden Sozialisten Charles Bettelheim davon zu überzeugen, wie unklug es wäre, Indien zu einem Testfall für den Sozialismus zu machen. Das Niveau des indischen Wirtschaftslebens sei zu niedrig, es sei zu wenig zentralisiert und seine Probleme seien zu schwer in den Griff zu bekommen. Vor dem Sozialismus komme der Kapitalismus. Bettelheim war entsetzt. Dem Gespräch hörte – wie mir schien, recht amüsiert – Indira Gandhi zu.

Einmal besichtigte Strachey zusammen mit Nicholas Kaldor und Wilfred Malenbaum, der bei mir Wirtschaftsentwicklung studiert hatte, sowie einem großen Gefolge von indischen Beamten ein Dorf, das mit Hilfe des Gemeindeentwicklungs- und Kooperationsplans gefördert wurde. Es bestand damals die auch von mir weitgehend geteilte Hoffnung, daß eine Entwicklung der Gemeinden das Gesicht des ländlichen Indien ändern würde. Der Leiter des Projekts, Surendra Kumar Dey, galt allenthalben als Held.

In Übereinstimmung mit der althergebrachten Praxis war das Musterdorf für den Besuch phantastisch herausgeputzt worden. Die Lehmstraßen waren gefegt; Frauen, die normalerweise mit nützlicheren Dingen beschäftigt waren, widmeten sich an jenem Morgen dem Kunsthandwerk; die Kinder hatte man von den Feldern geholt oder beim Spielen gestört und in die Schule gesteckt. Der Höhepunkt des Nachmittags war ein Dialog zwischen Malenbaum und einem hochgewachsenen, netten und sehr alten Sikh.

»Alter Mann, Sie haben große Veränderungen hier in Harapur miterlebt« (der Ortsname ist wiederum fiktiv).

»Jawohl, ich habe in der Tat große Veränderungen miterlebt!«

»Und auch große Verbesserungen?«

»Nein, ich habe keine Verbesserungen miterlebt. Unter den Briten war alles viel besser.«

Als Rechtfertigung für die vielfachen Annehmlichkeiten unseres Besuches schrieb ich eine Anzahl von Artikeln über den Zweiten Fünfjahresplan. Keiner davon ist der Erinnerung wert, und mit einigen lag ich falsch. Die Ausnahme bildete ein Memorandum über die Organisation der neuen Staatsunternehmen.

Es ging um das Verhältnis zwischen den neuen staatlichen Großbetrieben und der Regierung, ein Thema, das für Indien von vorrangiger Bedeutung war und auf das ich noch oft zurückkommen sollte. Wer letztlich der tatsächliche Eigner eines sehr großen Industriekonzerns ist, die öffentliche Hand oder Privatleute, spielt kaum eine Rolle. Worauf es ankommt, sind die Autonomie, die dem Management für seine Entscheidungen eingeräumt wird, und die Rigorosität der Leistungskriterien, denen das Management unterworfen ist. Betriebs-, Personal- und ähnliche Entscheidungen dürfen von Beamten oder Politikern im nachhinein nie in Frage gestellt werden. Die Persönlichkeit eines Konzerns wird ebenso wie die eines Individuums durch paternalistische Überwachung geschwächt oder verzerrt. Und die Verzögerung, die sich bei der Bemühung um die Zustimmung von Ministern oder anderen hohen Stellen ergibt, ist ein gravierender Nachteil. Eine falsche Entscheidung gilt nicht ewig; sie kann immer wieder rückgängig gemacht werden. Die Verluste, die sich aus einer zu lange hinausgezögerten Entscheidung ergeben, sind endgültig; sie können nie wieder gutgemacht werden. Das Management des Staatsunternehmens muß darüber hinaus streng an den Einkünften gemessen werden, und zwar deshalb, weil es keinen anderen Maßstab gibt, der in so umfassender Weise die Effizienz der Bemühungen anzeigt, bei geringstmöglichen Kosten höchste Einnahmen zu erzielen. Die Geschäftsführung sollte ungestört bleiben, solange sie Erfolg hat. Wenn die Gewinne ausbleiben, sollte sie ausgewechselt werden. Den Nachfolgern sollte es dann selbst überlassen bleiben, bessere Leistungen zu erbringen.

In Indien wurden diese Regeln nicht befolgt. Die Staatskonzerne wurden als Erweiterungen der zuständigen Ministerien angesehen. Dementsprechend bemühten sie sich in einer Vielzahl von Fragen um Entscheidungen des zuständigen hohen Beamten oder Ministers. Sie waren dem harten Einkommenstest nicht unterworfen: Es blieb unklar, nach welchen Kriterien Leistung bemessen wurde. Ich nannte dieses gemütliche System »Postamtssozialismus«.

Verschiedene Male – »konventionelle Weisheit« *(conventional wisdom)* und »gefällige soziale Tugend« *(convenient social virtue)* sind dafür Beispiele – habe ich Ausdrücke erfunden, bei denen von vorneherein beabsichtigt war, daß sie sich durchsetzen sollten. *Post office socialism* wurde akzeptiert und schließlich in Indien zu einem Begriff, ohne daß ich es beabsichtigt hätte.

Als ich meinen Aufsatz über die Staatsunternehmen fertiggestellt hatte, gab ich S. S. Khera, dem interessiertesten hohen Beamten, eine Kopie davon. Und um sicherzustellen, daß er auch Beachtung finden würde, gab ich meinem Freund Asoka Mehta, einem der führenden Mitglieder der damals im Parlament in der Opposition stehenden Praja-(Volks-)Sozialistischen Partei, eine weitere Kopie.

Mehta war von meiner These stark beeindruckt. Er erhob sich im Parlament, um aus dem Aufsatz zu zitieren und die Regierung aufzufordern, sich mit dem Autor zu beraten, der, wie er bemerkte, gerade in Indien weile. Obgleich es sich bei ihm um einen Amerikaner handele, seien Galbraiths Ansichten über den verstaatlichten Sektor hörenswert. Der betroffene Minister, Pandit Gouind Ballabh Pant, der von Khera kurz unterrichtet worden war, blieb unbeeindruckt. Er ergriff das Wort und sagte, Galbraith sei zweifellos ein ehrenwerter Mann. Aber seine Beamten stünden in Verbindung mit einem anderen, sehr viel nützlicheren Mann, der zufällig auch Amerikaner sei. Sein Name sei Braithwaite.[5] Pant las dann einige Auszüge aus dem gleichen Aufsatz vor, und zwar aus der Kopie, die Khera ihm gegeben hatte; diese Abschnitte, so meinte er, zeigten die überlegenen Einsichten Braithwaites. Mehta intervenierte und hob die Verdienste von Galbraith hervor. Der Minister wankte nicht in seiner Unterstützung für Braithwaite. Die nachfolgende Debatte über die relative betriebswirtschaftliche Weisheit der beiden Herren endete unentschieden.

All dies stand am nächsten Tag in den indischen Zeitungen. Kitty und ich waren inzwischen nach Kalkutta zurückgeflogen. Wir befanden uns auf dem Weg nach Darjeeling, jenem schönen Gebirgsort, der in britischen Zeiten als Refugium vor der feuchten Sommerhitze in Bengalen diente. Strachey und ich rekonstruierten, zufällig korrekt, die Ereignisse, die zu diesem absurden Parlamentsstreit geführt hatten. Als wir in Baghdogra, dem Flughafen in der Ebene unterhalb von Darjeeling, die Maschine verließen, traten zwei wackere Polizisten vor, um uns zu begrüßen.

Einer von ihnen sah erst zu John herauf, und dann noch weiter aufwärts zu mir und sagte: »Meine Güte, Gentlemen, Sie sind sehr groß!«

John antwortete: »Sie sollten erst mal Braithwaite sehen!«

In Benares fiel mir im Bharat Kala Bhavan, einem schönen Museum, das seine Schätze in sehr ansprechender Form ausgestellt hat, die Sammlung indischer Gemälde aus dem 16. bis 18. Jahrhundert auf.

Der Zauber dieser kleinen, wunderschön ausgearbeiteten Werke, ihre humorvolle Mystik, ihre mitunter komplizierte, manchmal naive Thematik, die exquisite Porträtkunst, ließen mich nie wieder los. Ich suchte mir die über dieses Thema verfügbaren Bücher zusammen und las sie durch. Und ich besuchte Museen in Indien, England und den Vereinigten Staaten, um weitere Bilder zu sehen. All dem verdanke ich einige meiner schönsten Stunden. Eines Tages erwachte ich und stellte fest, daß ich sowohl ein umfangreiches Wissen über indische Malerei als auch ein hervorragendes Urteilsvermögen besaß; ja, ich war tatsächlich eine Autorität auf diesem Gebiet. Schließlich entstand daraus ein Buch, *Indian Painting: The Scene, Themes and Legends*[6], das ich gemeinsam mit Mohinder Singh Randhawa, der bedeutendsten indischen Kapazität, schrieb.[7] Es ist dies meine einzige schriftstellerische Arbeit, die, soweit ich weiß, von niemandem ernstlich kritisiert wurde.

Während unseres Aufenthalts in Neu-Delhi aßen wir einmal im Botschaftsgebäude gemeinsam mit John Sherman Cooper und seiner Frau Lorraine zu Mittag. Wie ich später erfahren sollte, war Cooper einer der wenigen Diplomaten, die auf Jawaharlal Nehru Eindruck machten. Nehru hielt ihn für einen Mann mit Weitsicht und Stil; wiederholt bediente er sich in Gesprächen des Ausdrucks »Botschafter Cooper erzählte mir einmal . . .« Lorraine Cooper liebte nichts auf der Welt so sehr wie das Dasein als Botschaftergattin – und sie machte daraus keinen Hehl. Auf dem Rückweg in die King George's Avenue vertraute ich Kitty ein Geheimnis an: »Wenn die Demokraten wieder drankommen, werde ich mich, glaube ich, zum Botschafter von Indien machen lassen.« Sie glaubte mir genausowenig wie ich mir selbst, aber eben dies sollte geschehen.

Nachdem wir Neu-Delhi verlassen hatten, verbrachten wir ein paar Frühlingstage in Kashmir, denen später noch viele weitere Tage in diesem schönsten aller Täler folgen sollten. Es war die Jahreszeit, in der die grasbedeckten Dächer und die Friedhöfe der Moslems mit Narzissen übersät sind und die Reisterrassen durch die aus dem Wasser sprießenden Pflänzchen in lebhaftem, frischem Grün erstrahlen, und dies alles vor dem nahen Hintergrund des in unglaubliche schneebedeckte Höhen aufragenden Himalaja. Die Alpen, die Rockies und alle anderen Gebirge sind der Erde verbunden, der Himalaja dem Himmel. Von Kashmir aus reisten wir nach Rom. Das Hotel Majestic in der Via Veneto war auf unsere Ankunft nicht vorbereitet, weshalb wir in einer gewaltigen Zimmerflucht untergebracht wurden, von der wir große Teile nicht näher in Augenschein nahmen. In der Stille der Nacht, wir lagen bereits im Bett, rauschte plötzlich die Toilettenspülung in einem unserer etwas entfernter liegenden Badezimmer. Beide hatten wir denselben Gedanken: »Schon wieder Braithwaite.«

Ich hatte geplant, mich ins King's College in Cambridge zurückzuziehen und den Sommer darauf zu verwenden, einen neuen Anlauf mit meinem Buch über die Armut zu unternehmen. Nicholas Kaldor hatte es vorgeschlagen, aber auch vergessen, das College zu informieren.[8] Richard Kahn schien überrascht, als ich ihn von London aus anrief, und äußerte Zweifel daran, daß überhaupt Platz vorhanden sei. So reiste ich statt dessen in die Schweiz zu Kitty, Emily und den Kindern nach Gstaad. In jenem Sommer des Jahres 1956, in einer hübschen Chalet-Wohnung etwas abseits der Hauptstraße – unsere Söhne und Emily wohnten in einer anderen auf der gegenüberliegenden Seite des Gartens, die dem hervorragenden Zimmermann des Ortes gehörte –, nahm das Buch plötzlich Form an. Oft kam es mir beinahe so vor, als schriebe es sich von selbst.

Mir war inzwischen vieles klargeworden. Der neue und interessante Fall war die reiche Gesellschaft; Armut war ein zwar immer noch verbreiteter, aber von der Regel abweichender Zustand. Da jedoch Armut die Norm gewesen war, war es der Überfluß, den noch nie jemand voll durchdacht oder untersucht hatte. In den USA, dem vorrangigen Beispiel für eine Wohlstandsgesellschaft, galt noch immer der quantitative Zuwachs an privatwirtschaftlich produzierten Gütern als das *summum bonum* (höchste Gut) aller gesellschaftlichen Errungenschaften. Jeder Fortschritt wurde ausschließlich an der prozentualen Steigerungsrate der Produktion gemessen. Am Himmelstor, so formulierte ich es später einmal, fragt der heilige Petrus Einlaß begehrende Amerikaner nur danach, was sie zur Steigerung des Bruttosozialprodukts beigetragen haben.

In einer armen Gesellschaft, wo Lebensmittel, Kleidung und Unterkunft an erster Stelle der Bedürfnisskala rangieren, steht die Relation zwischen der gesteigerten Produktion dieser nützlichen Dinge und gesteigertem Glück (oder verminderter Not) außer Zweifel. Wenn jedoch die Quantität der Güter zunimmt und ihre Vielfalt proliferiert, verlieren sie auch – außer für die Armen – ihre Unentbehrlichkeit. Dies ist jedoch eine These, die von Volkswirtschaftlern standhafter Denkart als Ketzerei angesehen wird. Die Güterproduktion tritt in diesem Fall ihre Vorrangstellung an die Sorge um die Sicherheit von Absatz und Verbrauch ab, da diese notwendig sind, um die Arbeitsplätze zu erhalten. Der Genuß der Waren wird der Notwendigkeit untergeordnet, die Arbeitsplätze und das Einkommen, das aus ihrer Produktion resultiert, zu gewährleisten.

Da Bedürfnisse in einer Überflußgesellschaft weniger wichtig sind, sind sie auch variabler. Einen Hungernden kann niemand zu einem betörenden Rasierwasser oder zu extravagantem Schuhwerk überreden. Mit dem Wohlstand wird dies möglich. Lange Zeit ging die Volkswirtschaftslehre davon aus, daß Bedürfnisse gänzlich den inneren Instinkten des Kunden entsprängen. Bei geringer Notwendigkeit werden diese jedoch externalisiert, werden zu Produkten von Verkaufsgeschick, Werbung und Modetrends.

Mit zunehmender Steigerung von Produktions- und Verbrauchsraten wird es auch möglich, die Auswirkungen des Wachstums auf die physikalische Umwelt in Betracht zu ziehen. Lohnen die Zuwachsraten in der Produktion oder gesteigerte Wirtschaftlichkeit überhaupt noch die Beeinträchtigungen, die sich durch sie für Luft, Wasser und Raum – die Landschaft – ergeben? Wenn dem nicht so ist, dann sollte mit dem Produktionswachstum eine ausgleichende Sorge für die Umwelt einhergehen. Heute klingt dies wie eine Binsenweisheit. 1956 war der Gedanke neu – nicht zuletzt auch für mich.

Gesteigerte Produktionsraten bedeuteten automatisch gesteigerte Produktionsraten von privatwirtschaftlich erzeugten Gütern. Bei genauerer Überlegung bedeutet dies, daß in gleicher Weise dafür Sorge getragen werden müßte, das Angebot an öffentlichen Dienstleistungen entsprechend zu erhöhen. Schließlich besteht ein zwingender Zusammenhang zwischen dem Angebot an abgepackten Waren und den Aufgaben der Müllabfuhr, die den Unrat beseitigt. Sonst wird, wie z. B. in New York, die Fortbewegung durch den Dreck behindert. Und es besteht, wenn auch weniger streng mathematisch, die Notwendigkeit, eine vernünftige Relation zwischen der Erziehung durch private Fernsehgesellschaften und der Erziehung durch öffentliche Schulen aufrechtzuerhalten. Selbst die Apologeten privaten Reichtums und minimalen Regierungseinflusses streiten nicht ab, daß es eine Beziehung zwischen den Auslagen für private Fluggesellschaften und dem notwendigen Aufwand für öffentliche Luftraumüberwachung gibt.

Ich nannte dieses notwendige Verhältnis zwischen privater Güterproduktion und Auslagen für öffentliche Dienstleistungen das »soziale Gleichgewicht«. Und hierin lag schließlich auch der größte Irrtum des Buches. Ich erkannte nicht, wie enorm hoch die öffentlichen Kosten im Ballungsraum der modernen Metropolen sein würden; Kosten, die durch die Zuwanderung von Leuten aus armen ländlichen Gegenden, die auf dieses Leben von ihrer sozialen Herkunft her nicht vorbereitet waren, noch erhöht werden. Ich sah nicht, daß ein auch nur halbwegs erträgliches soziales Gleichgewicht in New York City öffentliche Ausgaben erfordern würde, die sämtliche damaligen Vorstellungen weit überstiegen.

Aus der Tatsache des allgemeinen Wohlstands leitete sich die neue Position der Armen ab. In den meisten Gemeinden waren sie jetzt in der Minderheit. Die Stimme des Volkes war nun die Stimme relativen Wohlstands. Bei Politikern, die auf Stimmenfang aus waren, konnte nun mit einem nachlassenden Interesse für die Ärmsten der Armen gerechnet werden. Statt dessen würde Mitleid herhalten müssen – und das ist ein unsicherer Ersatz.

Ich ging auch auf die – von mir so genannte – »insulare Armut« ein, wie sie in den südlichen Appalachen und im tiefen Süden verbreitet ist. Dort hielt eine Neigung, sich sein ganzes Leben lang innerhalb des engsten Umkreises um seinen Wohnort aufzuhalten, verbunden mit kaum vorhandener oder inkompetenter Erziehung und Ausbildung sowie schlechter Gesundheitsfürsorge, die Leute in einem Gleichgewicht der Armut. Maßnahmen, die Abhilfe schaffen sollten, galten, wie man feststellen konnte, normalerweise denjenigen, die in der Gemeinde blieben; die effektivste Gegenmaßnahme war indessen die Flucht. Dies war ein Gedanke von höchster Wichtigkeit, den ich damals noch nicht in angemessener Weise weiterentwickelte. Ich kam allerdings später darauf zurück.[9] Es war eine der wenigen Schwächen, die meine beflissenen Kritiker übersahen.

Ebenso wie von der Neuigkeit des Umweltschutzgedankens ist es heute, 25 Jahre später, schwierig, einen Eindruck davon zu vermitteln, wie sehr die Ökonomie und das offizielle intellektuelle Establishment in den fünfziger Jahren auf die absolute Wichtigkeit einer Maximierung der Güterproduktion festgelegt waren und wie sehr sie im Wachstum des Bruttosozialprodukts einen Gradmesser für den Erfolg einer Gesellschaft sahen. Alles, was dem widersprach, hatte den Beigeschmack des Exzentrischen. Zu Recht sah ich die Verdammung meiner Thesen voraus, verstärkt noch durch aufrechte Empörung über das Argument, daß die Bedeutung von Waren mit wachsendem Angebot zurückgeht. Interpersonelle und intertemporale Vergleiche des aus gesteigertem Verbrauch resultierenden Lustgewinns galten bei Volkswirtschaftlern schon seit langem als ungültig, als Manifestation unprofessionellen Denkens. Kosmetika konnten der einen Frau ebensoviel Freude machen wie einer anderen Brot; das war eine Binsenweisheit, wer konnte so etwas schon leugnen? Genauso war es möglich, daß irgendwann im Leben eines Mannes ein Zeitpunkt kam, da ihm eine Jacke mit Metallknöpfen ebenso zur Freude gereichte wie früher einmal ein Sandwich. Man mußte daher annehmen, daß der Grad der Bedürfnisbefriedigung mit wachsender Güterversorgung nicht geringer wurde und daß ein gegebener Konsumanstieg dem Reichen ebenso zusagte wie dem Armen. Daraus folgte, daß die gesteigerte Güterproduktion ihre gesellschaftliche Notwendigkeit in vollem Umfang beibehielt, ganz egal, wie sehr der Wohlstand zunahm und wie reich der einzelne war.

Ebenso wichtig war es, sich dem Gedanken entgegenzustellen, daß Bedürfnisse in irgendeiner Weise von den Produzenten der Waren erzeugt wurden. Wäre dies möglich, so hätte es bedeutet, daß die Produktion zum Teil ein geschlossener Kreis war; Produktion also als Reaktion auf Bedürfnisse, die ihrerseits vom Produzenten stimuliert wurden. Je höher die Produktion, desto stärker die Stimulation und desto größer dementsprechend auch die so entstehenden und zu befriedigenden Bedürfnisse. Wenn man dies zugestand, gelangten die traditionellen ökonomischen Leistungskriterien an den Rand des Absurden. Je größer der Erfolg bei der Steigerung der Produktionsrate und je größer die *Notwendigkeit* war, weitere Bedürfnisse zu erregen, desto größer wurde auch die *Notwendigkeit*, die Produktionsrate weiter zu erhöhen. Wenn die orthodoxen volkswirtschaftlichen Modalitäten Bestand haben sollten, mußte der Verbraucher der eigentliche, souveräne Urheber der Bedürfnisse bleiben.

Meine Kollegen erkannten ganz richtig, daß meine These, Bedürfnisse würden zumindest teilweise von den Produzenten der Waren hervorgerufen, die etablierte Orthodoxie zutiefst erschütterte. Aus Gründen der Besitzstandswahrung, wenn schon nicht um der Wahrheit willen, waren sie gezwungen, sich zu widersetzen.

Im Laufe der Zeit und dank sehr überzeugender Hilfestellung durch Luft- und Wasserverschmutzung fand mein Argument, die Produktion müsse auf ihre Umweltverträglichkeit überprüft werden, Anerkennung. Einige akzeptierten auch das Konzept des sozialen Gleichgewichts. Daß der Verbraucher zum Teil das Instrument der Produzenten ist und daß seine Bedürfnisse das Ergebnis des Prozesses sind, durch den sie befriedigt werden, trifft noch immer bei allen, die dazu neigen, auf Nummer Sicher zu gehen, auf starken Widerspruch. Wissenschaftlern entgeht es ebensowenig wie Generalen, wenn es keine Möglichkeit mehr für einen Rückzug gibt. Es ist weitaus besser, die 38 Milliarden Dollar, die alljährlich in den Vereinigten Staaten für Werbung ausgegeben werden[10], zu ignorieren, als das Konzept der Verbraucherinitiative und der Verbrauchersouveränität zu opfern. Dies kann, wie bereits bemerkt, nicht zugelassen werden. So bleibt die Werbung in der althergebrachten Liturgie der Volkswirtschaft nach wie vor ein Mittel, mit dem General Motors die geistig Zurückgebliebenen darauf hinweist, daß es bei dem Konzern Automobile gibt, und ansonsten eine für den Absatz von Autos, Kosmetika oder Waschmitteln vollkommen überflüssige Ausgabe. Die Werbekosten der einen Firma werden durch die der anderen aufgehoben. Und alles bleibt beim alten.

Ein kleiner Teil des Buches sollte aufgrund seiner Treffsicherheit und seiner Spontaneität allgemeine Zustimmung finden. Das war der Titel. In Wirklichkeit war er eine Ausgeburt der Verzweiflung, und ich wurde mir seiner Stärke erst nach der Veröffentlichung des Buches bewußt. Mein Arbeitstitel hatte lange Zeit gelautet »The Opulent Society«, und unter dieser Überschrift war auch der Vorabdruck eines Teiles erschienen. Aber *opulent* hatte einen schmierigen, fetten Beiklang; ich brauchte ein Adjektiv, das deskriptiv war, aber weder vollkommen neutral noch abwertend. *Rich* oder *wealthy* waren zu stark und suggerierten darüber hinaus eine inhärente (oder ererbte) Voreingenommenheit. Eines Vormittags in Gstaad kam ich, wie ich an anderer Stelle ausgeführt habe, auf den Gedanken, im Wörterbuch nachzusehen. Und da fand ich *affluent*.

Hinter anderen Erfindungen steckte mehr Absicht. Für die stets mit Beharrlichkeit, Feierlichkeit und Geistlosigkeit in der intellektuellen Schickeria gehandelten Überzeugungen brauchte ich einen Ausdruck, der nach außen hin respektvoll, unterschwellig, aber verächtlich, ja lächerlich klang. Irgend etwas, das hübsch die Waage hielt zwischen Zustimmung und Verulkung. Monatelang experimentierte ich daran herum. Schließlich brachte ich meine jüngste Idee – *the conventional wisdom* – bei Carl Kaysen in Winthrop House an den Mann. Kaysen war damals als Wirtschaftsprofessor in Harvard mein Kollege, später mein Verbündeter gegen Abenteurertum und Verirrungen auf militärischem Gebiet während der Kennedy-Jahre, noch später dann Nachfolger von Robert Oppenheimer am Institute for Advanced Study in Princeton, und heute ist er am MIT. Er sagte mir, ich solle nicht weitersuchen; *conventional wisdom* sei richtig. Ich akzeptierte sein Urteil und schulde ihm Dank. Möglicherweise sollten auch andere ihm dankbar sein, denn der Ausdruck ist längst meiner privaten Verfügung entglitten und in den allgemeinen Sprachgebrauch übergegangen.

Bei der Hervorhebung der kombinierten Bedeutung von Umweltschutz und Gleichgewicht zwischen öffentlichen und privaten Auslagen bemerkte ich:

»Die Familie, die in ihrem kirsch- und fliederfarbenen Wagen mit Klimaanlage, Servolenkung und Scheibenbremsen einen Ausflug macht, fährt über miserable Straßen durch Städte, die durch Unrat, verfallene Häuser, Reklametafeln und Masten für Leitungen, die längst unterirdisch hätten verlegt werden sollen, grauenhaft verschandelt sind. Sie fährt hinaus aufs Land, das vor lauter Kunstwerken der Werbebranche kaum noch zu sehen ist . . . Sie picknickt am Rande eines verschmutzten Baches und verzehrt perfekt abgepackte Lebensmittel aus einer Kühltasche, um dann die Nacht in einem Park zu verbringen, der eine Gefährdung für die öffentliche Gesundheit und Moral darstellt. Kurz bevor diese Leute unter einem Nylonzelt auf ihren Luftmatratzen, umgeben vom Gestank verfaulenden Abfalls, einschlummern, mag sie vielleicht der vage Gedanke an die Unausgewogenheit ihrer Segnungen überkommen. Ist etwa dies der amerikanische Genius?«[11]

Über diesen Abschnitt zerbrach ich mir lange Zeit den Kopf. Ich hielt ihn für zu offensichtlich konstruiert, für übertrieben, ließ ihn aber schließlich doch stehen. Er sollte die meistzitierte Passage des Buches werden.

Gegen Ende des Sommers 1956 verließen wir Gstaad, reisten nach

England und ließen uns in Nicholas Kaldors Haus in Cambridge nieder, wo ich Nickys Bibliothek benutzen konnte. Dort arbeitete ich, während John Foster Dulles das Suez-Debakel inszenierte. Danach reisten wir heim, und nach dem Labor-Day-Wochenende flog ich nach Chicago, um mich dem neuen Wahlkampfteam Stevensons anzuschließen. Diesmal konnte selbst Stevenson nicht so tun, als ob er sich ziere. Nach seiner Niederlage in den Vorwahlen von Minnesota am 20. März hatte er hart um die Nominierung kämpfen müssen. Er schaffte es, und Estes Kefauver, einer der besten Freunde, die ich unter Politikern je hatte, wurde Kandidat für die Vizepräsidentschaft.[12]

Als ich mich dem Wahlkampfteam anschloß, war ich mit dem Buch, von dem ich inzwischen einen kompletten Entwurf besaß, zufrieden. Die Unterbrechung durch die Wahl erwies sich als gottgegebene Pause. Als ich ein paar Monate später wieder an das Manuskript ging, sprangen mir auf jeder Seite seine Unzulänglichkeiten ins Auge – nur halb ausgeführte Argumentationen, sprachliche Ungenauigkeiten, unqualifizierte Verallgemeinerungen, unbegründete Behauptungen, unschönes Englisch. Alles richtigzustellen, jedenfalls in dem Maße, wie es mir möglich war, kostete mich fast ein ganzes weiteres Jahr.

22
A.E.S. Redux

Die Herausforderung Adlai Stevensons durch Estes Kefauver in den Vorwahlen des Jahres 1956 war stärker gewesen, als man erwartet hatte. Um vorhergehende Verluste wettzumachen, mußte sich Stevenson in Kalifornien sehr anstrengen. Während des Wahlkampfes im Herbst klagte er wiederholt darüber, daß er von diesem Vorwahlkampf noch immer etwas erschöpft sei, und dies mochte durchaus der Wahrheit entsprechen. Nach außen hin war die Erschöpfung allerdings nicht zu erkennen, als wir Anfang September auf unserer ersten Wahlkampfreise von Chicago nach Springfield/Illinois zu einer phantasievoll als »Heimkehrfest« bezeichneten Veranstaltung flogen und von dort aus weiter nach Columbus/Ohio und New York. Die Akademiker aus dem Elks Club waren großenteils wieder mit dabei. Daß Personen, die so eng mit der Niederlage von 1952 verbunden waren, sich ein zweites Mal mit einem derartigen Selbstbewußtsein zusammenfanden, wird dem politisch Uninformierten seltsam vorkommen. Damals machte sich darüber niemand Gedanken; die Politik ist kein guter Nährboden für derartige Nabelschau. Außerdem hatten Stevensons Reden als die hervorragendsten und niveauvollsten Aspekte des damaligen Wahlkampfs gegolten und waren prompt zu einem Buch zusammengestellt worden, das sich sehr gut verkaufte. Es waren daher nicht ausschließlich wir selber, die von unserer Arbeit eine gute Meinung hatten.

Weitverbreitet war das Gefühl, daß der Wahlkampf von 1956 mit größerem professionellem Scharfsinn würde geführt werden müssen als das große Abenteuer von 1952, und so wurde, wie ich bereits erwähnte, die Leitung in die Hände von Jim Finnegan aus Pennsylvania gelegt, der ein gründlicher Organisator war. Jims irischer Name ließ professionelle Kompetenz vermuten, ebenso die feierliche Bedächtigkeit, mit der er die simpelsten Fragen abwog, und den überzeugten Ton, in dem er die selbstverständlichsten Entscheidungen verkündete.

Auf unserer Reise gen Osten sprach Adlai auf dem Parteitag der Demokraten von Ohio und bemühte sich dort um die Unterstützung von Frank Lausche, dem damaligen Gouverneur des Staates und späteren Senator. Der neue Professionalismus verlangte von uns, daß wir Lausches politische Ansichten ignorierten, die, wenngleich unbewußt, knapp rechts von Herbert Hoover anzusiedeln waren. Auf dem Flug nach La Guardia in einer ziemlich kleinen, zweimotorigen Convair äußerte sich der Professionalismus gleichfalls unverkennbar in einer intensiven und langwierigen Debatte darüber, wer Stevenson nach Öffnung der Flugzeugtüren in New York als erster begrüßen und wer mit ihm zusammen im Wagen in die Stadt fahren solle. Das Problem bestand darin, daß New York – Stadt und Staat – fast so viele demokratische Häuptlinge wie Stammesangehörige besaß: Da waren Averell Harriman, der Gouverneur; Herbert Lehman, der ehemalige Gouverneur und bedeutendste der in Ehren ergrauten Politveteranen; Robert F. Wagner jr., der Bürgermeister; Thomas Finletter, einer der beiden Leiter der »Independents for Stevenson«; und Eleanor Roosevelt, die »Ziehmutter« aller Demokraten, wie man sie nannte. Jeder von ihnen hatte einen mehr oder weniger großen Anspruch. Die Entscheidung wurde noch weiter kompliziert durch die Ungewißheit, wer denn nun wirklich am Flughafen sein würde. Schließlich wurden Instruktionen vorausgefunkt, ohne die geringsten Hinweise, wie sie durchgeführt werden sollten.

Das machte aber nichts. Als wir gelandet waren und uns dem Flughafengebäude näherten, gewannen wie immer die Schnellsten das Rennen. Mrs. Anna M. Rosenberg, Trumans Staatssekretärin im Verteidigungsministerium und Ko-Direktorin der Independents, hatte den besten Start an der Sperre und erreichte, da sie weit weniger Gewicht mit sich herumtrug als die anderen, die Stufen der Gangway mit einigen Längen Vorsprung. Bei der Fahrt in die Stadt gab es keine Rangstreitigkeiten. Die New Yorker Demokraten hatten für eine Limousine gesorgt, die so lang war, daß es später hieß, die rückwärtige Stoßstange habe sich noch in Queens befunden, als die Vorderfront bereits auf der Seite von Manhattan die Triboro Bridge verließ. Auf jeden Fall konnten alle, die einen Anspruch darauf hatten, mit dem Kandidaten im gleichen Wagen fahren. Die Mitglieder des Teams mußten einzeln auf die nachfolgenden Wagen verteilt werden, und da unsere Zahl nicht ausreichte, wurden zwei oder drei kooperative Zeitungsreporter aus dem Pressebus geholt, um in den übrigen Fahrzeugen mitzufahren.

Im Wahlkampf von 1956 beunruhigten die liberalen Ketzereien Stevenson weitaus weniger als vier Jahre zuvor. Wie ich bereits andeutete, hatten die Zeit und unser Unterricht das Gefühl der Neuheit beseitigt und die Bedenken zerstreut. Seymour Harris aus Harvard produzierte wiederum einen ganzen Stapel von Positionspapieren, die, obwohl sie vom Kandidaten nicht gelesen wurden, keinen Zweifel an dem aufrichtigen Liberalismus seiner Haltung ließen. Es war damals viel leichter, sich für bessere Gesundheitsfürsorge, bessere Renten und eine bessere Behandlung der Armen einzusetzen, weil dem noch keine nennenswerte Sorge um Inflation oder aufgeblähte Bürokratie entgegenstand, sondern nur die prinzipielle Opposition derjenigen, die meinten, eine solche Politik würde sie zu teuer zu stehen kommen oder zu einer sozialen Verweichlichung der Armen führen.

Ein weiterer Beitrag, den Harris zum Wahlkampf leistete, war für mich von nachhaltiger persönlicher Bedeutung. Auf einer politischen Veranstaltung in Cambridge verkündete er eines Abends fröhlich, ich hätte ihm mitgeteilt, es sei mein Ehrgeiz, im Falle unseres Sieges Botschafter in Indien zu werden. Ich war bestürzt, da ich davon ausgegangen war, mein Bekenntnis würde streng vertraulich behandelt. Seymour wußte besser als ich, wie vorteilhaft es ist, solche Dinge unter die Leute zu bringen.

Das Hauptquartier für den Wahlkampf von 1956 befand sich in Washington, wohin ich nach Beginn des Herbstsemesters in Harvard jeweils für einige Tage in der Woche fuhr, um Reden zu schreiben. Oder ich schloß mich der Karawane unterwegs an. Im nachhinein ist es schwierig zu verstehen, daß 1956 auch nur ein einziger Demokrat erwarten konnte, Stevenson würde Eisenhower besiegen. Aber die Politik zieht ihre Energie aus falschem Optimismus, und wir machten uns, zumindest in der Anfangsphase des Wahlkampfs, große Hoffnungen. Meine ersten Zweifel bekam ich dann eines Tages in Iowa. Es war am 22. September. Ich hatte Stevenson nach Des Moines begleitet, und von dort fuhren wir durch die Maisfelder zu einer Farm zwischen Newton und Colfax, dem Schauplatz des nationalen Pflügerwettbewerbs. Dieses Landwirtschaftsfest bot Präsidentschaftskandidaten regelmäßig ein Publikum für die obligatorische Rede zur Agrarpolitik. Ich hörte aufmerksam zu, als Stevenson die seine hielt, hatte ich sie doch selber geschrieben.

Vier Jahre zuvor hatte Ike den Farmern felsenfest Einkommenssteigerungen versprochen. Seitdem waren die Kosten für die Landwirtschaft beträchtlich schneller gestiegen als die Preise für ihre Produkte. Die Farmer waren daher unruhig, und diese Stimmung hatte ich so gut wie möglich ausnutzen wollen. »Ich habe gar nicht vor, Präsident Eisenhowers Motive anzugreifen ... Ich bin sogar bereit zu glauben, daß er gar nicht richtig verstand, was er den amerikanischen Farmern 1952 erzählte. Er war in der Armee gewesen und hatte in New York und in Europa gelebt ...«[1] Nach der Feststellung, daß der relative (Paritäts-)Preis für Mais, Weizen, Baumwolle und Reis gesunken war, hieß es in der Rede des weiteren: »Aber es gibt einen Erfolg in der Leistungsbilanz. Vor vier Jahren betrug die Parität bei Erdnüssen 82 Prozent, inzwischen ist sie auf 88 Prozent gestiegen. Bei den Erdnüssen hat die Regierung also durchaus etwas vorzuweisen! Ich frage mich direkt, ob General Motors nicht ins Erdnußöl-Geschäft eingestiegen ist!«[2]

Diese Anspielungen auf Agrarökonomie, Humor und populistische Gefühle kamen recht gut an. Stevenson war glücklich. Während die

Wahlkampftruppe nach Denver weiterreiste, blieb ich mit Donald R. Murphy, einem sehr gebildeten Mann, der damals Herausgeber von *Wallaces' Farmer* war, zurück. Wir wanderten über die Felder und unterhielten uns mit so vielen Teilnehmern der Veranstaltung wie möglich. Murphy hatte einen weiten Bekanntenkreis. In Cambridge verlor man zwangsläufig den Kontakt zur Landwirtschaft, und hier bot sich mir eine Chance, wieder etwas aufzuholen. Die Antworten auf unsere Fragen waren, wenn sie auch keinen repräsentativen Querschnitt darstellten, für die politische Stimmungslage jener Zeit bezeichnend. Alle stimmten darin überein, daß die Geschäftsleute – die *big boys* – nach den zwanzig Roosevelt/Truman-Jahren wieder ans Ruder gekommen waren. Finanzminister George M. Humphrey stand offen und unverblümt auf der Seite der Reichen, die noch reicher werden wollten, einem Kreis, dem er selbst angehörte. Charles E. (Engine Charlie) Wilson, Verteidigungsminister und ehemaliger Boss von General Motors, hatte in bewundernswerter Weise, wenn auch allzu freimütig, den Nagel auf den Kopf getroffen, als er sagte, daß das, was gut für General Motors sei, auch gut für das Land sei. Später bemerkte er, etwas betreten, das automatische Getriebe sei erfunden worden, um ihm zu ermöglichen, mit einem Fuß im Mund Auto zu fahren.

Daß das populistische Mißtrauen gegenüber dem *big business* noch immer für uns sprach, stand außer Zweifel. Aber die Leute, mit denen wir uns an jenem Nachmittag unterhielten, brachten fast ausnahmslos ein anderes Argument: Sie würden nicht für die Demokraten stimmen, weil sie keinen neuen Krieg wollten. Nach dem Zweiten Weltkrieg und dem Koreakonflikt sah man uns zweifellos als die Kriegspartei an. »Ich wähle vielleicht demokratisch«, sagte ein Bürger, der uns etwas Auftrieb gab, »aber meine Alte tut das bestimmt nicht. Nicht einmal, wenn ich sie durchprügele. Sie will nicht, daß unser Junge in irgendeinen neuen Krieg muß.«

Am Ende dieses Nachmittags befand ich mich in einer sehr nachdenklichen Stimmung, ebenso Murphy. Ich reiste nach Denver, schloß mich dort wieder Stevenson an und teilte ihm meine Bedenken mit. Mehr noch als 1952 sah man 1956 in Eisenhower den Mann des Friedens.

Außenminister Dulles war ein solcher nicht. Seine Politik der *brinkmanship*[3] rief berechtigte Ängste hervor. Sein Meisterstück an Unfähigkeit lieferte er ausgerechnet in jenem Herbst in der Auseinandersetzung mit Nasser über den Suezkanal. Es gelang Stevenson, sowohl dafür wie für zwei wichtige Friedensinitiativen, die beide schon bald als Selbstverständlichkeit akzeptiert wurden, Aufmerksamkeit zu gewinnen. Er schlug vor, wir sollten die Wasserstoffbombentests in der Atmosphäre einstellen und Pläne zur Beendigung der allgemeinen Wehrpflicht ausarbeiten. Der Mann des Friedens blieb jedoch Ike. Und was die Atomwaffentests und die allgemeine Wehrpflicht betraf, so kam Stevenson unter schweren Beschuß durch Mitglieder des außenpolitischen Establishments – durch jene also, die sich gedankenlos gegen jeden neuen außenpolitischen Ansatz sträuben, vor allem, wenn dieser ihnen als zu gemäßigt erscheint.

Die Quintessenz liegt meines Erachtens klar auf der Hand. Es gibt in den Vereinigten Staaten ein riesiges Wählerreservoir für friedliche Konfliktlösungen; es schweigt, ist amorph, unabhängig von Parteizugehörigkeiten, in seinen Anschauungen unergründlich, aber letztlich von ausschlaggebender Bedeutung. Doch die Friedfertigen reagieren nicht auf die Finessen der Außenpolitik. Sie fragen, wer das Land in einen Krieg führt und wer den Krieg beendet. Diese geradlinige Kalkulation wirkte sich im Fall Korea positiv für die Republikaner aus, und im Fall Vietnam später dann erneut. Spezielle Fragen wie die Atomtests und die allgemeine Wehrpflicht dienen nur dazu, die redegewandte und sichtbare Gemeinschaft der Kriegstreiber in Harnisch zu bringen.

Eine weitere Lehre besteht darin, daß es selbst dann, wenn sich die Volksmeinung unaufhaltsam der Richtung zuwendet, die von einem selbst vertreten wird, so wie dies in puncto Wehrpflicht und Bombe der Fall war, rein aus Gründen des politischen Kalküls leider ein Risiko ist, sich zu weit vorzuwagen. Nach wie vor gilt der Satz des nicht ganz so unsterblichen Pariser Revolutionärs von 1848 Alexandre-Auguste Ledru-Rollin, der, als er vor seinem Fenster eine Menschenmenge vorbeilaufen sah, bemerkte: »Ich muß ihnen folgen, denn ich bin ihr Führer.«

Und es gibt noch eine dritte Lehre. Das größte Verdienst von Politikern, die sich auf der Verliererseite befinden, mag darin liegen, daß sie Themen aufwerfen, bevor diese politisch reif sind. So war es auch damals. Hätten sich nicht Stevenson und andere im vollen Bewußtsein der politischen Konsequenzen vorgewagt und gegen die Atomwaffentests Stellung bezogen, so würden wir uns noch heute unter dem radioaktiven Fallout ducken und ihn sowie den damit verbundenen Krebs hinnehmen »als einen unvermeidlichen Preis der Freiheit in einer von der kommunistischen Bedrohung heimgesuchten Welt«, wie es die strategischen Vordenker damals forderten.

Am Samstag, dem 27. Oktober – der Wahltag rückte immer näher –, sprach Stevenson in San Francisco und East Bay. Die Weisheit der Wahlkampfmanager feierte an jenem Tag Triumphe. Man hatte für ihn Termine in den Wahlkreisen nahezu aller unterstützungsbedürftiger Aspiranten auf Sitze im kalifornischen Parlament gemacht. Dazu kam noch eine wichtige Ansprache am Washington Square. Und am Abend eine große Veranstaltung im Gilmore-Stadion in Los Angeles. Mit Hilfe von Clayton Fritchey hatte ich die Rede für Los Angeles geschrieben. Sie ging hart mit Ikes Neigung ins Gericht, in allen bedeutenden Krisenmomenten der letzten Zeit durch Abwesenheit zu glänzen und Golf zu spielen. Außerdem befaßte sie sich eingehend mit den Unzulänglichkeiten Richard Nixons. Was ihn betraf, so hatte ich mich gehenlassen; Stevenson hatte mir schließlich einmal ein bemerkenswertes Kompliment gemacht: »Ken, ich möchte, daß Sie die Reden gegen Nixon schreiben. Sie haben keinerlei Neigung, ihm gegenüber fair zu sein.«

Nichtsdestoweniger hatte ich mich peinlich genau an die Wahrheit gehalten: »Unsere Nation steht an einem politischen Scheideweg. In einer Richtung liegt ein Land der Verleumdung und der Angst; das Land heimtückischer Anschuldigungen, der vergifteten Feder, der anonymen Telefonanrufe, des Schiebens, Stoßens und Drängens; das Land des Zerschlagens und Plünderns und des Gewinnenwollens um jeden Preis ... Das ist Nixonland, Amerika ist das nicht.«[4] Die Rede wurde unter dem Namen »Nixonland-Rede« bekannt.

Erst am späten Nachmittag erreichte ich Stevenson im alten Claremont Hotel an der Grenze zwischen Oakland und Berkeley, um seine Änderungswünsche entgegenzunehmen und die Rede endgültig fertigzustellen. Die Redaktionsschlüsse der Sonntagszeitungen im Osten waren aufgrund der Zeitverschiebung schon gefährlich nahe oder bereits überschritten. Stevenson las, was ich geschrieben hatte, und erschrak sichtlich. Es war ihm zu scharf. »Eine Rede wie diese kann uns nur Stimmen kosten.« Dann sah er auf seine Uhr und stimmte müde zu: »Aber ich denke, wir können ebensogut die Wahrheit sagen.«

Das Stadion war an jenem Abend, zum Teil dank der unmißverständlichen Aufforderung der Automobilarbeiter und anderer aufgeschlossener Gewerkschaften, randvoll. Die Scheinwerfer glitten über das Podium und beleuchteten gnadenlos eine Reihe betagter Filmschauspielerinnen, die, einem ortsüblichen Ritus folgend, in die erste Reihe gesetzt worden waren. Stevenson, der sich seine Müdigkeit nicht anmerken ließ, war in hervorragender Form. Die Menge reagierte überschwenglich und herzlich auf die Charakterstudie Nixons. Ich saß direkt hinter den Filmstars und erlebte alles mit. Es war großartig. Im Frühjahr 1959 machte ich nach einem Indienbesuch in Moskau Station, wo sich damals aus Anlaß seiner Ernennung zum Ehrenmitglied der Sowjetischen Akademie der Wissenschaften auch P. C. Mahalanobis aufhielt, von dem im vorigen Kapitel die Rede war. Als ich ihn eines Abends in seinem Hotel besuchte, befand sich gerade der Ökonom Modest Iosifowitsch Rubinstein bei ihm, ein freundlicher Mann und Mitglied der Akademie, der mir erzählte, daß er 1956 zu der sowjetischen Delegation gehört hatte, die von Präsident Eisenhower zur Beobachtung der Präsidentschaftswahlen eingeladen worden war. Man hatte es für gut befunden, Kommunisten miterleben zu lassen, wie die Amerikaner ihre höchsten Staatsdiener wählten.

Ich fragte ihn, was der Höhepunkt seiner Rundreise gewesen sei.

»Ich glaube, es war die Veranstaltung von Gouverneur Stevenson in diesem Fußballstadion in Los Angeles.«

Es hatte sich um ein Baseball-Feld gehandelt, aber der Unterschied schien mir unwesentlich. Ich sah die Chance, ein großes, persönliches Lob einzuheimsen.

»Was hielten Sie von Mr. Stevensons Rede an jenem Abend?«

Rubinstein verzog schmerzlich das Gesicht. »Das war eine Rede, die Sie in einem kultivierten Land wie dem unseren nicht zu hören bekommen würden.«

Ein paar Tage später in Pittsburgh hörte ich eine lange Diskussion darüber, ob Stevenson ein paar Termine des nächsten Wahlkampftages im Norden des Staates New York streichen und statt dessen im Fernsehen auf Eisenhowers Mittelost-Rede antworten solle. Frankreich, Großbritannien und Israel hatten gerade den Suezkanal und Präsident Nasser angegriffen. Die Diskussion nahm kein Ende, und so ging ich in mein Zimmer und versuchte zu schlafen. Mein Magen verweigerte seit kurzem die Nahrungsaufnahme; jetzt stellte ich auch noch fest, daß ich aus irgendeiner unerkannten inneren Wunde blutete. Man erklärte mich zum Wahlkampfopfer und verfrachtete mich per Flugzeug ins Peter Bent Brigham Hospital in Boston. Auch am Wahltag waren die diversen Unannehmlichkeiten, denen man mich dort unterzog, noch nicht vorüber. Da ich nicht wissen wollte, wie hoch wir verloren hatten, stellte ich den Fernsehapparat in meinem Krankenzimmer gar nicht erst an. Am nächsten Tag gestanden die Ärzte ein, daß sie nichts finden konnten, was mich nicht überraschte, da ich mich nun, nachdem der Wahlkampf vorüber war, merklich besser fühlte.

Anstatt mich nun sofort wieder an die *Affluent Society* zu setzen, wandte ich mein Interesse einem wirtschaftlichen Steuerungsinstrument zu, auf das sich die Eisenhower-Regierung mit der Zustimmung konservativer Volkswirtschaftler mehr und mehr zu verlassen begann. Es war dies die Geldpolitik. Verglichen damit, was wir seither erfahren und erleiden mußten, wurde sie damals noch in bescheidenem Umfang eingesetzt.

Nichts in der Volkswirtschaft ist so sehr zur Mystifikation geeignet wie das Geld. Folglich kann Geldpolitik betrieben werden, ohne daß es zu besonderen Protesten gegen ihre diskriminierenden oder sogar reaktionären Auswirkungen kommt. Heutzutage sieht man dies zumindest teilweise ein. Damals hielt man die monetaristische Politik für eine technische Maßnahme, deren Auswirkungen vielleicht ungewiß waren, hinsichtlich ihres Einflusses auf verschiedene Gruppen jedoch gesellschaftlich neutral.

In Wirklichkeit liegen die Dinge anders, sind aber leicht verständlich. Monetaristische Politik besteht darin, daß das Ausgeben und Wiederausgeben von geliehenem Geld gefördert oder erschwert wird. Sie bedeutet, daß lediglich das Geldausgeben, und nichts anderes, praktische Auswirkungen auf die Wirtschaft hat, das heißt also auf Preise, Produktivität und Beschäftigungslage. Um mit monetaristischen Mitteln der Inflation gegenzusteuern, erschwert die Federal Reserve Bank die Kreditaufnahme. Sie erreicht dies durch eine Erhöhung der Zinssätze und der erforderlichen Mindestreserven der Banken - also jenes Bargeldbetrages, den sie in Reserve halten müssen -, so daß ihnen für Kredite weniger Geld zur Verfügung steht. Das ist alles, was es mit dieser Politik auf sich hat.

Eine solche Vorgehensweise wirkt sich auf kleine und große Betriebe in sehr unterschiedlicher Form aus. Leute, die sich ein Haus bauen wollen, Baugeschäfte, kleine Großhandelsfirmen, Einzelhändler und in beträchtlichem Maße auch Farmer hängen in ihrer Tätigkeit von geborgtem Geld ab und können im Normalfall die höheren Zinsen nicht weitergeben. Ihre Preise werden noch immer in mehr oder weniger starkem Ausmaß durch den Wettbewerb auf dem freien Markt bestimmt.

Der große und mächtige Konzern befindet sich in einer fast genau umgekehrten Situation. Er finanziert seinen Betrieb weitgehend von zurückgelegten Einkünften. Da er seine Preise großenteils kontrolliert, kann er die höheren Kreditkosten auf seine Kunden abwälzen. Oder er wird, wie ich damals argumentierte, über »unliquidierte Monopolprofite« verfügen, durch die die höheren Zinsen ausgeglichen werden können. Wenn also monetaristische Politik zur Inflationsbekämpfung herangezogen wird, trifft sie vor allem den kleinen Mann und nicht die großen Konzerne. Die Zustimmung, der sich diese Politik bei den Reichen und Mächtigen erfreut, reflektiert daher akkurat deren Eigeninteressen. Der Applaus der solchermaßen Begünstigten gilt seit langem Professor Milton Friedman, dem hervorragendsten Verfechter monetaristischer Politik, und er hat ihn sich weidlich verdient. Meine Erläuterung dieser allgemeinen Auswirkungen, die um die Jahresmitte 1957 veröffentlicht wurde[5], hat man angegriffen, aber, wie ich glaube, nie plausibel widerlegt. Ich rechne es zu meinen nützlichsten, wenngleich weniger stark gefeierten volkswirtschaftlichen Beiträgen, daß ich die pekuniäre Verknüpfung zwischen einem so unangebrachten Vertrauen auf monetaristische Politik und den Leuten, die ihre Anwendung mit glühendem Eifer verfechten, klar herausgestellt habe.

Anfang 1957 setzte ich mich wieder an die *Affluent Society*, und bald wich der Schock über die Entdeckung, daß das, was mir so gut vorgekommen war, in Wirklichkeit so schlecht war, wieder der normalen schöpferischen Euphorie. Das Buch ging im Spätherbst an den Verlag und erschien Ende Mai 1958. In der Zwischenzeit leistete es mir bei meinen Lehrveranstaltungen in Harvard einen höchst fragwürdigen Dienst. In meinem Hauptkurs Social Sciences 134 zog ich zu jeder Vorlesung ein Kapitel des Buches in seiner gerade aktuellen Version heran. Ebenso verfuhr ich bei den beiden folgenden Bänden *The New Industrial State* und *Economics and the Public Purpose.* Die Studenten schienen sich nicht daran zu stören und kamen in großen Scharen. Diejenigen, die frühere Versionen zu hören bekamen, die später revidiert wurden, tragen vermutlich seither falsche Ansichten mit sich herum.

In einer Beziehung hatte ich aus einem Präzedenzfall gelernt. Als Keynes in Cambridge sein Meisterwerk *The General Theory of Employment, Interest and Money* vollendete, las er seinen Hörern aus den Korrekturfahnen vor. Gelegentlich rutschte eine Fahne heraus und fiel zu Boden. Wie es hieß, hat er das niemals bemerkt. Ich paßte sorgfältig auf meine Papiere auf.

Anfang Mai 1958, kurz vor Erscheinen des Buches, unternahm ich eine Vorlesungsreise durch Polen und Jugoslawien. In Polen wurde ich von der Polnischen Ökonomischen Gesellschaft und Oskar Lange gesponsert, in Jugoslawien durch das Institut für Internationale Politik und Wirtschaftslehre sowie Janez Stanovnik, den späteren Exekutivsekretär der UNO-Wirtschaftskommission in Europa.

Eine Reise wie diese war damals keineswegs selbstverständlich. Kurz zuvor hatte Shepard Stone, der damals für die Ford Foundation tätig war, polnischen und anderen osteuropäischen Wissenschaftlern für Reisen nach und Studienaufenthalte in den Vereinigten Staaten Stipendiengelder zur Verfügung gestellt, ein bewundernswert nützlicher Schritt zur Überwindung des Kalten Krieges, der sogar ein wenig Mut erforderte und in den Empfängerländern nach der zwanzigjährigen, von Hitler und Stalin erzwungenen Unterbrechung der Beziehungen sehr begrüßt wurde. Mein Besuch in Polen war eine Gegeneinladung und wurde durch das Verschwinden des stalinistischen Regimes unter Bolesław Beirut am 5. August 1956 sowie dessen Ablösung durch die Regierung Władisław Gomulkas ermöglicht. Als meine Einladung nach Polen bekannt wurde, erschien ein Bote aus Washington, um mir mitzuteilen, die Jugoslawen wollten nicht, daß wir sie für weniger liberal als die Polen hielten. Zwar hatten inzwischen verschiedene Naturwissenschaftler den Eisernen Vorhang bereits überwunden, doch Ökonomen waren gefährlicher. Ich glaube, ich war der erste Nicht-Marxist, der dort volkswirtschaftliche Vorträge hielt. Da mir die Gedanken aus der *Affluent Society* für die harte Welt des Sozialismus zu weit hergeholt erschienen, griff ich auf das Gegenkartell und *American Capitalism* zurück.[6]

Die Reise nach Le Havre und schließlich Osteuropa auf dem französischen Linienschiff *La Liberté* sollte mein letztes Luxuserlebnis dieser Art sein. Unter meinen Begleitern befanden sich unter anderen John und Jane Gunther sowie eine hübsche und intelligente Frau namens Barbara Adams, für die es sich um das aufregende Erlebnis ihrer ersten Auslandsreise handelte. Bei einer späteren Reise nach Paris sah ich sie wieder. Danach kreuzten sich unsere Wege erst wieder an einem Apriltag im Jahre 1964, an dem ich in Katmandu (Nepal) an der dortigen, noch etwas hypothetischen Universität eine Laudatio hielt. Nach Beendigung der Rede kam sie, elegant in einen Sari gekleidet, auf mich zu und nahm mich beim Arm. Sie hatte inzwischen geheiratet, sich ihres Ehemanns bereits wieder entledigt und war ein geschätztes Mitglied des erweiterten Kreises der königlichen Familie von Nepal geworden. Eine attraktive und intelligente Amerikanerin kann es weit bringen.

Dreizehn Jahre nach dem Krieg war Warschau noch immer öde und karg. Zwischen schäbigen Wohnblocks, die wahllos in der Landschaft standen, lagen triste, grasüberwachsene Schutthaufen. In angenehmem Gegensatz dazu stand Krakau, das unzerstört geblieben war und wo zu dieser Jahreszeit allenthalben der Flieder blühte. In geringerem Maße galt dies auch für Lublin, wo ich sowohl an der Katholischen als auch an der staatlichen Universität einen Vortrag von jeweils gleicher Länge hielt.

Es war meine erste ausführliche Konfrontation mit sozialistischer Planwirtschaft. Begegnungen mit führenden Volkswirtschaftlern und Beamten der Planungsbehörden in beiden Ländern sorgten dafür, daß sie überaus instruktiv ausfiel. Ich sah in der Praxis eine Überzeugung bestätigt, zu der ich bereits vorher gelangt war - nämlich die, daß der moderne Sozialismus überwiegend eine Verwaltungsangelegenheit ist und daß die administrativen Aufgaben so sehr variieren können wie die zwischen großen und kleinen Firmen.

Großbetriebe sind hochgradig organisiert und bürokratisch, sowohl in der sozialistischen wie in der nichtsozialistischen Welt. In beiden Fällen hängt die Leistung weniger von Marktanreizen und Disziplin ab als vielmehr von dem Gruppenzwang, dem die Beteiligten unterworfen sind, von dem Ehrgeiz, sich auszeichnen zu wollen, von der Hoffnung auf Beförderung sowie von der allgemeinen Begeisterung, die die Führung zu vermitteln versteht. Für die Landwirtschaft und Kleinbetriebe gibt es keinen vergleichbaren Ersatz für den Markt und dafür, wie er nützliche Leistungen belohnt und auf der anderen Seite Inkompetenz und Trägheit bestraft. Dies hat die weithin mißachtete Konsequenz, daß der individuelle Kleinunternehmer aufgrund der langen Arbeitszeit, die ihm seine eigenen Bedürfnisse oder seine Habgier diktieren, sich selbst ausbeutet. Für Kleinbetriebe muß jede Art von planwirtschaftlichem Marktersatz an die Stelle des Systems von Vergütungen und Bestrafungen sowie des Impulses zur Selbstausbeutung einen übergewichtigen, kostspieligen und unproduktiven Überwachungs- und Verwaltungsapparat setzen.

Diese Unterschiede zwischen Groß- und Kleinbetrieben begann man damals in Polen und Jugoslawien bereits zu akzeptieren. Die Landwirtschaft war in beiden Ländern entweder marktwirtschaftlich orientiert geblieben oder kehrte zu einem solchen System zurück. In Jugoslawien wurde unter dem Decknamen des Marktsozialismus das öffentliche oder genossenschaftliche Eigentum an anderen Wirtschaftszweigen dem Test von Gewinn und Verlust unterzogen. Die Bemühung, die Staatsautorität in noch umfassenderer Weise auszuüben, gehörte damals bereits der Vergangenheit an; man bezeichnete sie als die »bürokratische Epoche«.

Man giert in einem kommunistischen Land natürlich nach Anzeichen von Überwachung oder, besser noch, finsterer Intrige. Da ich mich als Pionier fühlte, war ich selbstverständlich entsprechend auf der Hut. In dem schwach beleuchteten, mit etwas zu üppigen Polstermöbeln ausgestatteten Restaurant des Grand Hotels Orbis in Warschau fielen mir, als ich dort einmal allein zu Abend aß, am Nachbartisch zwei Männer von überaus konspirativem Äußeren auf. Sie sprachen in gedämpftem, vertraulichem Ton englisch miteinander. Nachdem ich meinen Stuhl vorsichtig ein wenig näher geschoben hatte, entdeckte ich, daß ich einiges von dem Gesagten verstehen konnte. Meine Erinnerung ist fiktiv.

»Er hat wirklich Mut.«

»Ja, aber er hat sich Feinde gemacht.«

»Egal. Er würde sich ihnen auch stellen.«

»Glaubst du wirklich, er würde das tun?«

Ich lauschte jetzt mit großer Neugier, und meine Phantasie lief auf Hochtouren. Kurz darauf hörte ich jedoch, daß es sich um zwei Chiropraktiker aus Cleveland/Ohio handelte, die darüber diskutierten, ob ihnen das medizinische Establishment und das Parlament ihres Heimatstaates faire Chancen einräumen würden.

Prüfungen und Entbehrungen hatten, wie so oft in der polnischen Geschichte, den Volkswitz genährt. Bei dem Essen, das zu meiner Begrüßung von der Polnischen Ökonomischen Gesellschaft gegeben wurde, sagte einer meiner Gastgeber, ich würde herausfinden, daß »kein Land so viel für die Theorie der Planung getan hat wie Polen – und keines so wenig für die Praxis«. Später wurde ich (sowie nach mir vermutlich viele andere) gefragt, ob ich den Unterschied zwischen Kapitalismus und Kommunismus kenne.

»Gut, ich werde es Ihnen sagen: Im Kapitalismus beutet der Mensch den Menschen aus. Im Kommunismus ist es genau umgekehrt.«

An einem Sonntag fuhr ich mit einem alten Bolschewisten, der über eine langjährige Erfahrung als Landwirtschaftsexperte verfügte, aufs

Land hinaus nach Lowicz. Wir besuchten Bauernhöfe, einen Gottesdienst und eines der zahlreichen Schlösser der Radziwills. In späteren Jahren sollte ich durch seine Frau Lee und seine Schwägerin Jacqueline Kennedy Onassis recht gut mit Stanislas oder Stash, einem der prominentesten Mitglieder der Familie, bekannt werden. Obwohl der Clan zu den ältesten feudalen Ausbeutern gehörte, lebten noch immer zwei andere Radziwills, nämlich Stashs Vater und Bruder, sicher und nicht einmal in Unehren im kommunistischen Polen. Wenn der Patriarch durch die Straßen Warschaus ging, sammelte sich eine wohlwollende Menschenmenge um ihn, und sein Sohn arbeitete im Außenministerium.

Aus den Kirchen, an denen wir an jenem Sonntag vorbeikamen, strömten die Gläubigen. »Es ist eine Form des Protests«, sagte mein radikaler Freund, der sich vorsichtshalber bekreuzigte, als wir eine der Kirchen betraten und den mächtigen Klängen von Orgel, Chor und Gemeinde lauschten. Er erzählte mir, wie er die Bauern dazu gebracht hatte, Kunstdünger zu verwenden, dem sie anfänglich mißtraut hatten. Er war des Nachts auf die Felder gegangen und hatte den Dünger in Form eines Kreuzes ausgestreut. Zur Erntezeit war das Kreuz durch üppigeres, satter grünes Wachstum deutlich sichtbar. Dann erklärte er den Gottesfürchtigen, daß es sich nicht um ein göttliches Werk, sondern um eine Mischung aus Stickstoff, Superphosphaten und Pottasche handle.

Ich lernte auch einige – von den jeweiligen Umständen unabhängige – Gemeinsamkeiten von Parlamenten und Politikern kennen:

»... [Mit] einer charmanten Ökonomin von der Universität besuchte ich Lange im Parlament. Das Plenum tagte, und wir hörten uns ein oder zwei Reden an, als Lange, der auf der Ministerbank sitzt, von unserem Eintreffen benachrichtigt wurde. Das Parlament war etwa zur Hälfte gefüllt. Es war eine beruhigende Parallele zur westlichen Demokratie, daß niemand auch nur die geringste Aufmerksamkeit erkennen ließ. Die Situation hier ist interessant und wird kaum durchschaut. Im demokratischen Staat sind aus Gründen der Repräsentation weitaus mehr Volksvertreter nötig als tatsächlich am Regierungsgeschäft beteiligt werden können. Um einerseits die Katastrophe, die aus ihrer Partizipation entstehen würde, andererseits aber auch den Eindruck von Untätigkeit zu vermeiden, gibt es bei uns die Reden. Jede beliebige Anzahl von Menschen kann dadurch beschäftigt werden, daß man sie Reden halten beziehungsweise sie als Publikum dienen läßt. Zwar wird oft angenommen, daß Reden dem Austausch von Ideen dienen, doch besteht ihr Hauptzweck darin, daß sie die im demokratischen Prozeß unvermeidliche Arbeitslosigkeit kaschieren. Es freute mich zu sehen, daß diese große demokratische Erfindung auch in einem kommunistischen Staat nutzbringend angewendet wird.«[7]

Bei meiner Ankunft in Warschau stellte ich fest, daß ich es aus irgendwelchen Gründen versäumt hatte, mich mit Lesestoff einzudekken. Und selbst in einer sehr dicht besetzten Terminplanung gibt es zwischendrin mal eine Stunde oder einen Abend lang Leerlauf. So suchte ich am nächsten Morgen einige Buchhandlungen auf. Auf englisch gab es lediglich *The Octopus* von Frank Norris. Der Hauptwert dieses Werkes in unserer Zeit besteht darin, daß es den Übergangscharakter von sozialen Auseinandersetzungen hervorhebt. Die ausgebeuteten Farmer im Central Valley in Kalifornien, deren Schicksal der Autor beklagt, sind inzwischen reich und mächtig. Die Southern Pacific Railway – der Oktopus – ist ein harmloser Schwächling. Außerdem ist das Buch schlecht geschrieben. Ich schickte ein Telegramm an Barbara Adams in Paris, die mir bei Brentano einen Dickens besorgte. In meiner Schulzeit, gezwungen, ihn zu lesen, hatte ich Dickens nicht ausstehen können; in Polen, ohne Alternative zu *Dombey and Son*, entdeckte ich, wie treffend mein jugendliches Urteil gewesen war.

In Warschau besuchte ich Michał Kalecki, dem inzwischen die langfristige, »perspektivisch« genannte Planung unterstand. Er teilte mir mit, wie sehr er die amerikanische Wirtschafts- und Außenpolitik mißbillige und wieviel in seinem eigenen Land unternommen werde. Gemeinsam reisten wir nach Belgrad. Im Flugzeug befanden sich zwei modisch gekleidete junge Frauen, die Michał mit Abscheu betrachtete. »Das sind wahrscheinlich Ungarinnen«, sagte er, »jedenfalls sind sie so angezogen.« In Budapest gab es eine Zwischenlandung, und tatsächlich stiegen die Damen dort aus.

Am 30. Mai 1958 traf ich wieder in London ein. Zu Beginn der Woche war die *Affluent Society* erschienen. *Time* erteilte ihr, wie ich schon berichtete, eine massive Abfuhr. Die übrigen Rezensionen, die Kitty neben dem Telefon für meinen Anruf bereitgelegt hatte, bewegten sich zwischen ekelhaft und hochbegeistert. Kermit Gordon, der wenig später Budgetdirektor und danach Leiter der Brookings Institution werden sollte, hielt das Buch »für das brillanteste Essay in politisch-ökonomischer Kritik innerhalb der letzten zehn Jahre«. Die *Chicago Tribune*, die mich zwei Jahre zuvor als »der Mann, der für Adlai denkt« sämtlicher damals unannehmbarer Formen sozialer und moralischer Perversion mit Ausnahme der Sodomie beschuldigt hatte, war dichterisch: »Hei, welch ein Mann von Witz ist erstanden, um das, was Carlyle die ›schauderhafte Wissenschaft‹ der Volkswirtschaft nannte, bei lebendigem Leibe zu sezieren.« Philip Graham, der Herausgeber der *Washington Post*, widmete mir eine ganze Seite voll des Lobes. Ein wenig später schrieb Malcolm Muggeridge: »Ich stelle es in die gleiche Kategorie wie Tawneys *The Acquisitive Society* und Keynes' *Economic Consequences of the Peace*. Es ist originell, geistreich und fesselnd.« Nur ein starker Charakter kann solchem Lob widerstehen. Ich machte erst gar nicht den Versuch dazu.

Ein paar Wochen später starteten Kitty und ich zu einer den ganzen Sommer in Anspruch nehmenden Südamerikareise – Peru, Chile, Argentinien, Brasilien, Guatemala und Costa Rica. Als wir in Rio die Botschaft besuchten, leuchteten meine Augen beim Durchlesen des vertrauten, unförmigen Konvoluts einer neueren Sonntagsausgabe der *New York Times* auf. Die *Affluent Society* stand an zweiter Stelle der Bestsellerliste. Dies ist im allgemeinen kein Kriterium für akademische oder intellektuelle Brillanz, aber ich war imstande, mir einzureden, daß es Ausnahmen davon gibt.

23
Kennedy, die Demokraten und *Die moderne Industriegesellschaft*

John F. Kennedy – für uns alle noch einige Jahre lang Jack Kennedy – trat während der fünfziger Jahre in unser Leben. Wie schon berichtet, hatte ich ihn in den dreißiger Jahren in Winthrop House kennengelernt, wo er der gutaussehende, beliebte, nicht ganz seriöse »kleine Bruder« war. Häufiger sah ich ihn nach dem Krieg, als er Abgeordneter des 11. Kongreßwahlbezirks von Massachusetts war, ein Amt, in das er 1946 gewählt worden war. Dem populären Mythos zum Trotz bereitete die Vorstellung, daß die Kennedy-Brüder wirklich zur Crème de la Crème gehörten und Rang und Ehren Harvards voll und ganz verdienten, vielen Leuten dort Schwierigkeiten. Vielleicht hielt Jack Kennedy aus diesem Grund während seiner Kongreßzeit immer etwas auf Distanz zu Universitätskreisen. Die Harvard-Meinung war nicht ganz unberechtigt. Kennedys Karriere im Kongreß war keineswegs spektakulär, und er selbst fiel in jenen Jahren weder physisch noch politisch besonders auf. Er war dünn, wirkte vom Äußeren her und aufgrund seiner Haltung noch immer ein wenig unreif und zeichnete sich auch nicht durch liberale politische Bemerkungen oder Gedanken aus. 1952 besiegte er im Kampf um einen Senatssitz trotz der Eisenhower-Welle Henry Cabot Lodge jr. Sein Sieg war jedoch weniger Ausdruck einer persönlichen Leistung als vielmehr der des natürlichen Vorteils, den in Massachusetts ein irisch-katholischer Kandidat gegenüber einem allzu makellosen Vertreter des alten republikanischen Establishments genießt. Kennedys Darbietung im Kongreß bot sich in der Auseinandersetzung mit Lodge kaum als Wahlkampfschlager an, sondern mußte eher verteidigt werden. Manche meinten, die Tatsache, daß er auf dem Kapitol häufig durch Abwesenheit glänzte, sei auf ein ungebührlich aktives gesellschaftliches Leben zurückzuführen. Bei einer abendlichen Wahlkampfveranstaltung nahm sich der damalige Gouverneur Paul A. Dever, ein hervorragender Mann und ein Politiker mit einem Blick für das Wesentliche, in aufrichtigem Zorn und mit leicht bebendem Unterkiefer dieses Themas an:

»Ich höre, daß man behauptet, mein junger Freund Jack Kennedy würde da unten in Washington nichts tun, weil er die Mädchen zu gern hat. Well, Ladies and Gentlemen, erlauben Sie mir die Bemerkung, daß ich noch nie jemanden habe sagen hören, Jack Kennedy interessiere sich zu sehr für Jungens.«

Aus dem Senat rief Kennedy gelegentlich bei mir an, um meine Ansichten zu Fragen der Wirtschaftsgesetzgebung zu erfahren. Manchmal hatte ich den Eindruck, er schien zu ermüden, bevor ich ausgeredet hatte. Sein Vertrauen gewann ich jedoch durch eine eher nebensächliche Angelegenheit.

Wie bereits erwähnt, fanden die (subventionierten) Mindestpreise bei den Farmern Zustimmung, weil sie die Effizienz der Landwirtschaft steigerten. Sie ermöglichten es den Farmern, bei – sieht man einmal vom Wetter ab – soliden Erfolgsaussichten in Düngemittel, Maschinen, besseres Saatgut und andere Technologie zu investieren. Sie steigerten das diesbezügliche Investitionsvolumen und förderten die Produktivität pro Farmarbeiter derart, daß der Produktivitätszuwachs der Industrie weit übertroffen wurde.

Nach wie vor nahmen jedoch Volkswirtschaftler, die ihren Glauben an den freien Markt praktischen Erfolgen vorzogen, an den subventionierten Preisen Anstoß. Den Lehrbüchern zufolge pendelten sich die Preise nach den Marktmechanismen ein. Alle Störfaktoren sind in Bausch und Bogen falsch, ganz egal, wie nützlich sie in der Praxis sein mögen. So dauerte die Debatte über die Agrarpolitik an, und in den frühen fünfziger Jahren kam es zu einem Kompromiß – einem Vorschlag allerdings, bei dem es sich im Endeffekt um eine halbe Rückkehr zum Markt handelte. Die subventionierten Preise sollten zwar bestehenbleiben, bei geringem Warenangebot jedoch steigen und bei Überangeboten sinken. In der Praxis würden sie sich somit ähnlich wie unter Marktbedingungen verhalten. Man nannte diese Preise »flexible Unterstützungen«, und bei Leuten mit entsprechend konventionellen Ansichten fanden sie Beifall. Die Farmer mochten sie ganz und gar nicht, vor allem nicht die Preisreduktion bei guten Ernten, wenn dem aufrechten Landmann eine starke Preissubvention am dringlichsten erscheint.

Von Landwirtschaft verstand Kennedy nichts, und manchmal hatte ich den Eindruck, er sei darauf eher stolz. »Wo ich aufwuchs, fuhr man mit uns im Bus aufs Land, um uns eine Kuh zu zeigen.« Nun wandte er sich in der erwähnten Angelegenheit an mich. Mit der eigentümlichen Bestimmtheit dessen, der recht hat, riet ich ihm, die flexiblen Preise abzulehnen. Er hörte zu, ließ sich jedoch schließlich von dem noch prestigeträchtigeren Rat Clinton P. Andersons überzeugen. Anderson, Senator aus New Mexico und kurz zuvor noch Landwirtschaftsminister, hatte sich von den Glaubenstreuen zur Befürwortung der flexiblen Subventionen überreden lassen. Einem Senator aus einem Agrarstaat hätte man vielleicht vergeben; bei einem Senator aus Massachusetts offenbarte sich jedoch eine engstirnige Konsumentenbevorzugung und eine hoffnungslose Unkenntnis der wahren Nöte der Farmer.

Nach seiner Nominierung 1956 erklärte Adlai Stevenson, daß er es dem Parteitag überlasse, den Vizepräsidentschaftskandidaten zu wählen. Kennedy wurde von Estes Kefauver knapp besiegt. Allgemein, und besonders auch von Kennedy selbst, wurde angenommen, daß seine Position in der Landwirtschaftspolitik und bei den Preissubventionen den Ausschlag gegeben hätte. Infolgedessen hielt er fortan meinen Rat in agrarpolitischen Fragen und analog auch bei verschiedenen anderen Problemen für zuverlässig. »Ich will von niemand anderem als von Ihnen etwas über Landwirtschaft hören, Ken, und besonders reiße ich mich auch bei Ihnen nicht darum.«

Damals, in den späten fünfziger Jahren, traf ich mich gelegentlich mit Kennedy, wenn er zu Hause in Massachusetts war, zu einem Gespräch über Wirtschaftsfragen. Seltener kam es vor, daß er vorschlug, am Samstagabend – normalerweise gemeinsam mit den Schlesingers – im Locke-Ober-Restaurant an der Winter Place in Boston essen zu gehen. Dort bestellte er dann unweigerlich gekochten Hummer. Er sprach über einen weiten Themenkreis und zeigte sich gut informiert; mein Respekt und meine Zuneigung wuchsen.

Für seine Januarausgabe 1960 fragte der *Esquire* insgesamt 54 angeblich prominente und gebildete Leute nach ihren Präferenzen unter den möglichen Präsidentschaftskandidaten. Weit in Führung lag Adlai Stevenson mit 16 Anhängern. Kennedy lag hinter Nixon und Humphrey mit fünf Stimmen auf dem vierten Platz. Eine seiner Stimmen kam von mir; eine andere von Crane Brinton, dem Harvard-Historiker, der sich einen Kandidaten wünschte, der keine »orthodoxe oder ›klassische‹, [sondern] eine, wie ich sie nenne, neo-keynesianische oder Galbraithsche Wirtschaftslehre« vertritt. Kennedy, der diese Umfrage ernster nahm als ich, rief mich sichtlich erfreut an, um mir zu meinem guten Urteil und zu meinem Einfluß zu gratulieren. Er gab vor zu glauben, ich hätte Mut bewiesen.

Einen sehr viel größeren Teil meiner Zeit verwendete ich von 1956 an auf ein neues Instrument der politischen Aufklärung und des politischen Fortschritts, das Democratic Advisory Council des Nationalausschusses der Demokratischen Partei.

Gegen Ende der fünfziger Jahre hatte die Führung der Demokratischen Partei eine gewisse Ähnlichkeit mit der Mitgliedschaft eines Clubs. Im Lesesaal oder in der Bar sah man ständig dieselben Gesichter. Einen noch besseren Vergleich bot vielleicht ein episkopaler Kirchenpflegerausschuß – Männer, die wohlig in den Glauben hineingeboren und seine anerkannten Wächter waren. Der Glaube war der, daß die Regierung durch innovative Maßnahmen zugunsten der Alten, der vom Schicksal Benachteiligten oder der Armen Beschäftigung, Gesundheit und Glück ohne große Kosten für die Reichen würde gewährleisten können. Die dazu notwendigen höheren Staatseinnahmen würden sich ganz oder zum größten Teil durch die aus einer besseren Wirtschaftspolitik resultierende Steigerung der Produktion und der Einkommen ergeben. Daß dies möglich war, hatte die liberale Erfahrung gezeigt. Wenn es daran Zweifel gab, konnte man sie verdrängen; in der Politik stellt man ebenso wie im Kirchenpflegerausschuß keine kritischen Fragen über die Gottheit, die Dreieinigkeit oder danach, wie es die anderen Mitglieder mit den Zehn Geboten halten. Niederlagen, selbst eine so schlimme wie die von 1956, erschütterten unsere Glaubenstreue nicht. Gewinnen hieß, daß die Wähler einen in der Erkenntnis der Wahrheit bestätigten; verlieren lediglich, daß die Überzeugungen durch widrige Umstände auf die Probe gestellt wurden.

Die Anfänge des Democratic Advisory Council lagen in der Finletter Group. Viele der großen Männer waren nicht mehr in Amt und Würden – Adlai Stevenson, Averell Harriman, der gerade den Gouverneursposten von New York an Nelson Rockefeller verloren hatte, Dean Acheson, Herbert Lehman, Thomas Finletter, William Benton. Das DAC sollte ihr Sprachrohr werden. Wir wollten uns alle paar Wochen treffen, um außen- und innenpolitische Initiativen zu erörtern – eine Art Schattenkabinett.

Das außenpolitische Komitee des Beirats wurde von Dean Acheson geleitet, während ich nach einem Wettstreit unter Gentlemen die innenpolitische Abteilung übernahm. Paul M. Butler, der damalige Vorsitzende des Nationalausschusses der Demokratischen Partei, unterstützte den Beirat ebenso wie Charles Tyroler II., der Leitender Direktor des DAC wurde. Im Kongreß verfügten die Demokraten über Mehrheiten in beiden Häusern, mit Sam Rayburn aus Texas als Speaker und Lyndon Johnson als Führer der Mehrheitsfraktion im Senat. Wir hatten uns unter anderem vorgenommen, die Partei von dem texanischen Image zu befreien – eine Aufgabe, die sowohl von Johnson als auch von Rayburn für überflüssig gehalten wurde. Als der Beirat sich konstituierte, teilte Rayburn Butler telegraphisch mit, daß das Programm der Demokraten, wie in einer Demokratie allgemein üblich, aus den Reihen derer kommen würde, die vom Volk gewählt worden seien.

Unsere Sitzungen waren gut besucht und hervorragend dazu geeignet zu zeigen, daß wir uns innenpolitisch in einer etwas ausgezehrten Tradition befanden und außenpolitisch in einer anderen, die uns schließlich in die Katastrophe führen würde. So spielte bei unseren Diskussionen die damals im Entwicklungsstadium begriffene, bald schon zentrale Thematik der Bürgerrechte kaum eine Rolle, noch nahmen Schwarze in irgendeiner wichtigen Funktion daran teil. Frauen waren, von Mrs. Roosevelt abgesehen, noch keine Menschen. Ich überredete Mabel Newcomer vom Vassar College, die große Volkswirtschaftsprofessorin, an unseren Sitzungen teilzunehmen. Sie tat es, ergriff aber nur selten das Wort. Die Inflation, von der ich inzwischen überzeugt war, sie würde unser nächstes Problem sein, wurde nicht ernsthaft erörtert. Jeglicher Fortschritt wurde nach wie vor am jährlichen Anstieg des Bruttosozialprodukts gemessen. Viele waren überrascht, als Arthur Schlesinger eines Tages eine aufrüttelnde Rede hielt, in der er sagte, wir sollten nicht nur die quantitative, sondern auch die qualitative Seite des Lebens sehen - den gesamten Wert der Existenz und nicht nur das simple Wachstum der Warenproduktion.

Die wahren Vorboten kommenden Unheils waren jedoch unsere außenpolitischen Diskussionen. Unterstützt von Paul Nitze, der inzwischen ein unbeugsamer Kalter Krieger geworden war und als sein Stellvertreter im Amt des Komiteevorsitzenden sowie als sein Sekretär fungierte, legte Dean Acheson auf jeder Sitzung ein Papier vor, in dem er über alles herzog, was John Foster Dulles in den vergangenen Wochen getan hatte. Die Angriffe enthielten stets den Vorwurf zu großer Nachgiebigkeit gegenüber dem Kommunismus und der Sowjetunion. Lehman, Stevenson und Harriman erhoben daraufhin Einspruch, um eine Mäßigung im Tonfall zu erreichen. Nur Harriman reagierte schroff: »Wissen Sie, Dean«, sagte er einmal, »mit Ihren Kriegserklärungen bin ich gar nicht einverstanden.« In Wirklichkeit erkannten viele die Notwendigkeit, mit der Sowjetunion zu einem *modus vivendi* zu kommen. Aber dies auch laut auszusprechen, ging denn doch zu weit. Daß die Sowjets direkt oder durch ihre chinesischen Marionetten (als welche man die letzteren automatisch ansah) anstrebten, die ehemalige koloniale Welt zu dominieren, wurde nicht in Frage gestellt.

Hier zeigte sich schon früh und *en miniature* die fatale Politik, die zu Vietnam führte. Nicht, daß darüber debattiert und eine falsche Entscheidung getroffen wurde, nein, das Problem lag eher darin, daß überhaupt keine Debatte geführt wurde. Die alte Furcht der Liberalen, als »schlapp« gegenüber dem Kommunismus zu gelten, die Angst, von den Berufspatrioten angegriffen zu werden, und das Wissen um die politische Bestrafung, die auf jede Abweichung vom Wege des Establishment folgte (und sich in der Frage der Wehrpflicht und der H-Bomben-Problematik gegen Stevenson ja auch deutlich manifestiert hatte) - all dies kam zusammen und verhinderte von vornherein eine echte Diskussion. Die Demokratie hat stets ihre eigenen Formen des Autoritarismus.

Ich verhielt mich nicht vollkommen passiv. Zusammen mit den anderen bemühte ich mich darum, Achesons Schlachtrufe zu dämpfen, worauf dieser dann mit einem Kommentar zu irgendeinem innenpolitischen Thema zu reagieren pflegte, der noch erheblich weiter rechts anzusiedeln war als der Standpunkt des unrettbar konservativen Ezra Taft Benson. Insgesamt fraß ich meinen Kummer jedoch eher in mich hinein, als daß ich ihn offen äußerte. Die Sorge über dieses jedes Denken negierende Verfahren, mit dem außenpolitische Probleme behandelt wurden, blieb bestehen und nahm noch zu. Als wir uns immer tiefer in Indochina verstrickten, diente sie mir als frühe Warnung.

Die DAC-Aktivitäten spielten sich unter Ausschluß der Presse ab. Nach den Sitzungen machten Acheson und ich unsere Schlußfolgerungen publik. Für ihn war dies kein großes Problem: In jenen Jahren übertraf die in Washington akkreditierte Presse selbst Dulles in der orthodoxen Denkweise des Kalten Krieges. Eine erfolgreiche Frage war die, der es gelang, eine Andeutung von »Schlappheit«, ein mögliches »Appeasement« zu enttarnen. Acheson war unverwundbar. Meine Aufgabe, einmal mehr unser Engagement für Vollbeschäftigung, bessere medizinische Versorgung, Erziehung und Bildung, Sozialausgaben, einen anständigen Mindestlohn und annähernd paritätische Preise für die Landwirtschaft zu artikulieren, war allenfalls mühselig. Selbst die besten Argumente können irgendwann einmal nicht mehr als Neuigkeiten verkauft werden.

Bei unseren Treffen ging es jedoch nicht immer so bitterernst zu. Eines Nachmittags – es war am 8. Dezember 1958 – nahm Harry Truman an unseren Beratungen teil. Da die Gegenwart eines ehemaligen Präsidenten unser Prestige erheblich steigerte, luden wir die Presse ein, der Sitzungseröffnung beizuwohnen. Fast unmittelbar danach gab es Probleme mit einem unserer Volksvertreter aus dem Westen. Er war nach dem Essen an der Bar geblieben, um sich an kostenlosen alkoholischen Getränken gütlich zu tun – eine Gelegenheit, für die es in seiner Prärie-Vergangenheit wohl keine Parallele gab. Als die Mikrophone und Kameras aufgebaut wurden, kam er zurück und erzählte Truman etwas von einer finsteren Verschwörung in seinem Heimatstaat, derzufolge alle Farmen zuerst zugunsten der Northwestern Mutual Life Insurance Company of Milwaukee mit Hypotheken belegt und dann von ihr enteignet werden sollten. Er wollte dies unterbinden und verlangte eine Verstaatlichung der Gesellschaft. Er implizierte, ja, sagte es sogar ausdrücklich, daß Truman als Präsident den Farmern unrecht getan hatte, indem er dies unterließ. Ich hatte die Diskussionsleitung und bemühte mich, die Debatte wieder in vernünftigere Bahnen zu lenken.

Das beste, was mir einfiel, war, den Altpräsidenten zu fragen, wie es denn in New Haven gewesen sei, wo er kurz zuvor Chubb Fellow an der Yale University gewesen war. Truman fertigte erst den Mann aus dem Westen ab, indem er ihm sagte, so, wie seine Farmer da draußen wählten, verdienten sie nichts Besseres als Enteignung. Dann kam er auf Yale zu sprechen.

»Wissen Sie, Professor, eine Universität ist wie die andere. Die Studenten alle Republikaner, die Lehrkräfte alle Demokraten. Die Leute, die über Unterschiede reden, erinnern mich an etwas, das ich erlebte, als ich damals in Independence ins Gericht ging, um die Zeit totzuschlagen. Wir hatten in jenen Tagen einen Staatsanwalt, der wirklich ganz gut war. Einmal hatte er einen Burschen vor sich, der wegen Vergewaltigung angeklagt war. Er eröffnete die Sitzung mit den Worten: ›Euer Ehren, ich habe die Absicht, darzulegen, daß dieser Mann wider den Willen dieser armen Frau Geschlechtsverkehr mit ihr hatte. Und ich werde darlegen, Euer Ehren, daß er sich auch der Unzucht mit dieser darin nicht einwilligenden jungen Frau schuldig gemacht hat.‹

Das überraschte den Richter irgendwie. Da wir uns da draußen um Formalitäten nicht weiter scheren, sagte er: ›Bill, ich versteh' das nicht. Was ist denn da der Unterschied?‹ Bill sagte: ›Richter, ich muß gestehen, ich habe beides selbst ausprobiert. Es ist beides so ziemlich das gleiche!‹ Und das gilt nach meiner Erfahrung auch für die Universitäten. Verschiedene Namen, ansonsten ein und dasselbe.«

In diesem Moment erschien Charles S. Murphy – ein ehemaliger Berater Trumans im Weißen Haus und später Stellvertretender Landwirtschaftsminister sowie Vorsitzender der zivilen Raumfahrtbehörde – vor dem Tisch, an dem wir saßen und der inzwischen mit technischem Gerät beladen war. Er hielt uns ein Papier hin, auf dem stand: »Das Mikro ist an.«

Auf meiner Stirn bildeten sich Schweißtropfen. Ganz anders Truman, der Profi. Er warf einen Blick auf den Zettel und sagte dann: »Das können sie nicht bringen. Es ist zu dreckig.«

Ich blieb zwar bis zum Ende des Jahrzehnts Vorsitzender des innenpolitischen Komitees des DAC, doch nach der Veröffentlichung der *Affluent Society* schränkte ich meine Tätigkeit etwas ein. Ich glaubte inzwischen, zwar kein falsches Buch, wohl aber nur einen kleinen Teil des richtigen geschrieben zu haben.

Mit der Entwicklung der Industrie, so hatte ich aufgezeigt, verlagerte sich die Initiative im wirtschaftlichen Leben vom Konsumenten, der klassischen Quelle aller ökonomischen Entscheidungen, auf das produzierende Unternehmen. Nachdem der wachsende Wohlstand die Bedürfnisse vom Status elementarer physischer Notwendigkeit befreit hat, passen die Produzenten den Geschmack und das Verhalten der Verbraucher mittels Werbung und Verkaufstechnik *ihren* Bedürfnissen an. Die Ziele der Gesellschaft werden weitgehend zu denen der Produzenten. Die Lebensqualität des Verbrauchers gerät gegenüber der Produktionssteigerung, dem Hauptinteresse des Produzenten, ins Hintertreffen.

Soviel stand in der *Affluent Society.* Eindeutig vorher zu stellen war jedoch die Frage nach der Institution, die diesen Wandel hervorgerufen hatte. Es war nicht der neoklassische oder Lehrbuch-Betrieb, der

der Autorität des Marktes und, wie jeder Bürger, auch der des Staates unterworfen war, sondern vielmehr der moderne Großkonzern. Mit fortschreitender Entwicklung nahm der Konzern an Umfang zu; sein Einfluß auf Preise, Kosten, Verbraucherreaktion und die staatliche Politik machte sich immer stärker bemerkbar. In Fragen der Wirtschafts- und Sozialpolitik wurde diejenige Meinung, die die legislativen und andere den Staat betreffenden Bedürfnisse des Großkonzerns und seiner Führungsschicht reflektierte, in nicht geringem Maße zur allseits respektierten *öffentlichen* Meinung. Die Stimme des Konzerns wurde, durch ihr Gewicht und durch ihre Respektabilität, zur Stimme der Öffentlichkeit. Für nicht weniger als die Hälfte der gesamten Volkswirtschaft war das Lehrbuch-Image des Betriebs nicht nur eine Parodie auf die Wirklichkeit, sondern verschleierte, indem es das Unternehmen so darstellte, als sei es der höheren Autorität von Markt und Staat unterworfen, die Realität der ökonomischen und politischen Machtausübung. Vor allem kaschierte es sie vor denjenigen, die Wirtschaftswissenschaften studierten. Vielleicht war dies zweckdienlich. Vielleicht ist es für die Einflußreichen tatsächlich klug, ihre Karten nicht offen auf den Tisch zu legen. Die politischen Einstellungen könnten sich in ihr Gegenteil verkehren, würde man jungen Wissenschaftlern sagen, wie sie regiert werden. Und die Ansichten der Studenten zur Volkswirtschaftslehre könnten in das Gegenteil umschlagen, wenn bekannt würde, daß es deren Ziel ist, sie einzulullen.

Seit den dreißiger Jahren war durch die Forschungen von Adolf A. Berle und Gardiner C. Means[1] sowie das später erschienene Werk von James Burnham[2] und Robert Aaron Gordon[3] Licht auf den sich wandelnden Charakter und die Rolle des Konzerns geworfen worden. Berle, Means und Gordon hatten anhand von unwiderlegbaren Statistiken nachgewiesen, daß mit zunehmender Größe und zunehmendem Alter eines Konzerns die Kontrolle von den Eigentümern auf die Manager übergeht. Und Burnham hatte die Macht der neuen Managerklasse verherrlicht. Auf die Lehre und Praxis der Volkswirtschaft hatte dieser Strukturwandel, eine Angelegenheit von atemberaubender Wichtigkeit, nie viel Eindruck gemacht, noch hatte man die Auswirkungen, die die Machtverlagerung zugunsten der Manager auf die Motivation ausübte, je in Erwägung gezogen, und dies war wirklich eine schlimme Unterlassung. Die betriebswirtschaftlichen Hochschulen hatten sich dieser Fragen längst angenommen; ihr Gespür für das Wesentliche war besser als das meiner Volkswirtschaftskollegen. Die *Affluent Society* hatte sich mit einigen Konsequenzen dieser Veränderung befaßt. Es wäre logischer gewesen, hätte ich mich zuerst mit der Institution, auf die sie zurückzuführen waren, auseinandergesetzt, das heißt also mit dem Großkonzern. All diese Dinge sollten mich lange Zeit beschäftigen, und ich werde auf sie noch zurückkommen.

In jenen Jahren war McGeorge Bundy Dekan der Faculty of Arts and Sciences in Harvard und, aufgrund der alles andere als überzeugenden Regentschaft Nathan Marsh Puseys, damit auch eigentlicher Chef der Universität. Ende 1958 erzählte ich Bundy von dem nächsten Buch, das zu schreiben ich mich verpflichtet fühlte. Er reagierte spontan: »Wenn Sie wieder mit so einem guten Buch wie *The Affluent Society* schwanger gehen, dann spiele ich gerne den Geburtshelfer.« Er sorgte dafür, daß mich Harvard für die beiden nächsten Wintersemester (1959 und 1960) beurlaubte.

Ich gab nun meine restlichen Lehrverpflichtungen in Agrarwissenschaft auf, und Bundy versetzte Gottfried Haberler vom Paul-M.-Warburg-Lehrstuhl in Volkswirtschaftslehre auf einen anderen, der der Erinnerung an Galen L. Stone gewidmet war. Dies wurde als eine noch ehrenvollere Berufung dargestellt. Ich trat nun an die Stelle Haberlers. Lediglich ein nicht überzeugendes Anstandsgefühl hielt mich davon ab, weiter darüber nachzudenken, daß ich nun den Mann ersetzte, der sich ursprünglich so selbstgerecht gegen meine Ernennung gesträubt hatte.

Paul M. Warburg war der Hauptarchitekt des Federal-Reserve-Bankensystems, ein Mitglied seines ersten Aufsichtsrates und in seiner Eigenschaft als New Yorker Bankier fast die einzige Stimme aus diesem Kreise, die vor der Katastrophe warnte, welche durch die große Aktienspekulation von 1928 und 1929 hervorgerufen wurde. Das Geld für den Lehrstuhl stammte von seinem Sohn, James P. Warburg, der das schwindende Familienvermögen dadurch rettete, daß er zum richtigen Zeitpunkt bei einem unbekannten Cambridger Erfinder namens Edwin Land investierte und dadurch zu einem bedeutenden Miteigentümer der Polaroid Corporation wurde. Daß konservative Harvard-Absolventen Lehrstühle gestiftet hatten, nur um sie dann von liberalen Professoren besetzt zu finden, war in der Vergangenheit schon mehrfach vorgekommen. Die Warburgs hatten indes genau die entgegengesetzte Erfahrung gemacht: Eine überaus liberale Familie mußte feststellen, daß sie einen höchst konservativen Wissenschaftler unterhielt. Jim Warburg war sich dessen kummervoll bewußt, jedoch viel zu kultiviert, um sich darüber zu beschweren. Bei meiner Ernennung zum Warburg-Professor erlaubte er es sich indessen, seine Freude offen zu zeigen. Er kam nach Boston, bestellte uns zu einem Dinner ins Ritz und verkündete als Trinkspruch: »Möge Ihr Hintern immer bequem auf meines Papis Stuhl ruhen.«[4] Kurze Zeit später erhöhte er den Stiftungsbetrag noch um eine ganz erkleckliche Summe. Mein einziges Gewissensproblem in diesem Zusammenhang betraf John D. Black, der sich, so unwahrscheinlich dies war, sehr gewünscht hatte, ich würde Harvard als Zentrum der Agrarwissenschaftlichen Lehre aufrechterhalten. Ich glaube, er war ein bißchen traurig.

Bei *Fortune* hatte ich, wie bereits erwähnt, einen guten Einblick in das Innenleben eines Großkonzerns erhalten und beim OPA ausgiebig mit seinen Führungskräften zu tun gehabt. In späteren Jahren suchte ich Unterstützung bei den Spitzenmanagern von DuPont und Westinghouse sowie bei Robert McNamara, als er noch bei Ford war. 1958 beschloß ich, das industrielle Management in einem ganz anderen Zusammenhang unter die Lupe zu nehmen. Ein Vergleich der Struktur des Managements und seiner Motivation in den Vereinigten Staaten und der Sowjetunion erschien mir sehr lehrreich. Man würde die gemeinsamen Kontrollmechanismen erkennen, die bei der Organisation von Großunternehmen - ganz egal, in welcher politischen Umgebung sie sich befanden - erforderlich waren. Im Frühjahr 1959 reiste ich über Sri Lanka und Indien nach Rußland.

Nach Ceylon war ich von der Regierung Solomon West Ridgway Diaz Bandaranaikes eingeladen worden, der kurz darauf von einem oppositionellen buddhistischen Mönch ermordet wurde. Meine Aufgabe bestand darin, die Wirtschaftspläne dieses schönen Landes durchzusehen, von dem ein päpstlicher Gesandter einmal nach Rom berichtet hatte, es befände sich fünfzehneinhalb italienische Meilen vom Paradies entfernt.[5] Dort, wo floristische und botanische Extravaganz die gleichen Tendenzen in der Politik nährt, wurde in jenen Tagen von der herrschenden trotzkistischen Strömung industrielle Disziplin mit kapitalistischer Ausbeutung in Zusammenhang gebracht. Das gleiche galt in einem gewissen Maße auch für ernsthafte Arbeit. Dementsprechend trafen, vor allem unter den Singhalesen im Gegensatz zu der fleißigeren Tamilenbevölkerung, sowohl Disziplin als auch Arbeit auf oft recht heftigen und entrüsteten Widerspruch. Schiffe wurden veranlaßt, vor der Küste auf Be- und Entladung zu warten; Busse und Eisenbahnen fuhren nur noch unregelmäßig, und dies mit riesigen Verlusten; selbst die Arbeitselefanten in Wald und Feld hatten sich, wie man meinte, dem gemächlichen Trott angepaßt. Ich las Akten und beriet mich ausführlich mit den Mitgliedern des Planungsausschusses. Da meine Ratschläge weder auf die Politik noch auf die Trägheit, die die beiden ausschlaggebenden Faktoren für die wirtschaftliche Entwicklung waren, irgendeinen Einfluß hatten, waren sie auch so gut wie wertlos.

Die Bandaranaikes lebten in einem bescheidenen Bungalow mit gastlich offenen Türen. Der Premierminister war ein zierlicher, intelligenter und unauffälliger Mann. Seine Frau, obzwar kräftig und kompakt, schien nichtsdestoweniger im Schatten ihres Ehemanns zu stehen. Ich hätte mir damals nicht vorstellen können, daß sie später einmal für lange Zeit Premierministerin dieses so herrlich unregierbaren Landes sein oder gar - noch später - ins Gefängnis gesteckt werden würde. Was ich kennenlernte, waren die atemberaubenden Dimensionen der ruinierten Städte des Nordens, die üppige Pracht von

Kandy und Nuwara Eliya, aber auch der Charme von Straßenrändern, an denen festtäglich gekleidete Frauen entlangwandelten und sich nach den vorbeifahrenden Autos umsahen.

In Indien wurden damals gerade drei neue in Staatsbesitz befindliche Stahlwerke unter britischen, westdeutschen und sowjetischen Auspizien installiert. Und in Jamshedpur vollendete die Tata Iron and Steel Company mit amerikanischer Hilfe eine bedeutende Erweiterung ihres original indischen Stahlwerks. Man konnte hier die gemeinsamen Merkmale großindustrieller Organisationsformen und großindustriellen Managements in ihrer Entwicklung aus unterschiedlichen nationalen und ideologischen Zusammenhängen beobachten. Ich verbrachte in jedem Werk mehrere Tage.

Es bereitete mir keine Schwierigkeiten herauszufinden, daß die Probleme und Lösungen praktisch überall die gleichen waren, ganz egal, von wem das jeweilige Volk gefördert wurde. Auch die Organisationsformen, mit denen die Arbeit durchgeführt wurde, ähnelten einander sehr, und dies galt auch für die Mentalität und das Verhalten der Führungskräfte. Hätte man die sowjetischen Manager, die die Fabrik in Bhilai aufbauten, zur Durchführung eines ähnlichen Projekts nach Pittsburgh versetzt, so wären sie sicherlich innerhalb von einer Woche, unterstützt durch ihr unverkennbar ukrainisches Aussehen und ihren ukrainischen Akzent[6], einsatzbereit gewesen. Eindrucksvoll war auch die Entdeckung, daß der Aufenthalt in unmittelbarer Nähe eines Hochofens gegen Ende April, der Jahreszeit, in der die Hitze in Indien am brutalsten ist, jegliche Furcht vor dem Fegefeuer vertreibt.

Außerdem freute ich mich darüber, daß ich die dünne Trennungslinie fand, die, zumindest in der indischen Provinz, Ehrlichkeit von kriminellem Verschulden scheidet. Eines Mittags kam ich in Bhilai auf dem Weg zurück ins Rasthaus, in dem ich der schlimmsten Mittagshitze entgehen wollte, an einer Zweigstelle der Bank of India vorbei. Ein American-Express-Schild hing aus, und mir fiel ein, daß ich kaum noch Bargeld bei mir hatte. Ich ging hinein, um einen Reisescheck einzulösen. Als ich ihn unterschrieben hatte und dem Zweigstellenleiter gab, betrachtete dieser den Scheck genau und sagte ebenso streng wie deutlich: »Dies ist eine *eindeutige* Fälschung.«

Ich hörte mich schwach erläutern, daß dem nicht so sei. Er aber deutete auf die beiden Unterschriften, und sie stimmten tatsächlich nicht überein. Die eine hatte einen ganz anderen Schnörkel am Ende. Er legte mir ein Schmierpapier vor und sagte, ich solle es noch einmal versuchen. Ich versuchte, einen heimlichen Blick auf die Originalunterschrift zu werfen, und kam mir dabei wirklich wie ein Fälscher vor. Auch dieses Autogramm erklärte er für falsch. Aber am Ende ging alles gut. Meinen dritten Versuch bezeichnete er als echt und gab mir daraufhin mein Geld.

In Neu-Delhi sprach ich mit Jawaharlal Nehru über *The Affluent Society*, deren Lektüre er gerade beendet hatte. Er meinte, daß ihn das ökonomische und soziale System, das ich beschrieben hatte, nicht interessierte. Mir kam es so vor, als hätte ich ihm dabei geholfen, eine bislang unentdeckte Qualität in der unkomplizierten Armut zu finden, über die er präsidierte.

Von Neu-Delhi reiste ich weiter nach Taschkent in der UdSSR, von dort nach Alma-Ata und zurück nach Samarkand. In Taschkent wurde ich von den politischen Führern der Provinz eingeladen, von der Tribüne aus die örtliche Maifeiertagsparade anzusehen. Es war eine harmlose Vorstellung ohne Panzer, voller Blumen und Spruchbänder, die die angebliche oder tatsächliche Freude an der Arbeit in Betrieben, Kolchosen und zahlreichen Schulen priesen. Jeder hat schon einmal Pressefotos von den bedeutenden, meist grimmig dreinblickenden Männern gesehen, die nebeneinander in einer Reihe stehen und diese Art von Prozession beobachten. An jenem Tag gehörte ich zu ihnen. Wir wurden fotografiert. Ich fragte mich, ob ein Abzug davon seinen Weg in meine FBI-Akte finden würde, was eine wortreiche Erklärung hätte erforderlich machen können, kam aber zu dem Schluß, daß ich es überstehen würde. Begleitet wurde ich bei diesem Anlaß von der Leiterin einer Delegation aus der Deutschen Demokratischen Republik, einer Frau reiferen Alters und tatkräftiger Statur, deren Kleidung keinerlei Konzessionen an Stil oder Mode machte. Sie wollte von mir wissen, ob ich zufällig ihren Verwandten in Connecticut begegnet sei.

Samarkand, das damals noch nicht an der Touristenroute lag, gehört zu den lohnendsten Erlebnissen, die Asien zu bieten hat. Seit meiner Zeit bei *Fortune* interessierte ich mich für Fotografie und hatte inzwischen mein Geschick und mein Auge auf fast professionelles Niveau getrimmt. Zwei Tage verbrachte ich mit dem Fotografieren der Gräber, Moscheen und Minaretts. Aufgrund der Sorgfalt, die die Arbeit mit der Kamera verlangt – sie ist oftmals wertvoller als die Abzüge selbst –, prägten sich diese Monumente meinem geistigen Auge in all ihrer Pracht ein. Die eigentlichen Fotos fanden schließlich in der Harvard School of Design wissenschaftliche Verwendung.

In Alma-Ata hätte ich der erste sein können, der etwas von dem Bruch zwischen China und der Sowjetunion in Erfahrung brachte. Mit einem indischen Filmproduzenten aus meiner Bekanntschaft machte ich eine Wanderung in den Tien-Shan-Bergen, die mit glänzend weißen Schneegipfeln die Stadt überragen und die Grenze zu Sinkiang bilden. In einem einsamen, verlassenen Dorf abseits der Straße wurde ich, auch hier wieder mit Kamera, von einem wilden Hund angefallen. Er riß mir ein ansehnliches Stück Fleisch aus der Innenseite des Oberschenkels, nur wenige Zentimeter entfernt von dem, was man in meiner Jugend als die »privaten Teile« bezeichnete. Ich wurde schnell nach Alma-Ata zurücktransportiert, wo ein Arzt die

Wunde desinfizierte und nähte und mir erklärte, ich müsse mich gegen Tollwut impfen lassen. »Der Hund«, sagte er, »kam vielleicht aus China herüber.« Je nachdem, ob der Hund, den sie ausfindig machen würden, tollwütig war oder nicht, müßte ich elf oder zweiundzwanzig Injektionen bekommen. Ich sollte dem Arzt meine Reiseroute hinterlassen; er würde mir dann ein Telegramm schicken, auf dem entweder »Der Hund ist krank« oder »Der Hund ist gesund« stünde. Mein Reiseführer übersetzte und fügte dann nachdenklich hinzu: »Dieses Telegramm an einen Amerikaner wird unseren Geheimdienst mindestens sechs Monate lang beschäftigen, so daß Sie es nie erhalten werden.«[7] Und so war es dann auch.

Zusammen mit Lloyd Reynolds, einem alten Freund und Professor für Volkswirtschaft in Yale, und mit John Michael Montias, einem jüngeren, russisch sprechenden Ökonomen, sowie vorübergehend auch mit Averell Harriman, der damals ebenfalls im Lande war, verwandte ich die nächsten Wochen darauf, Industriekomplexe, Beamte der staatlichen Planungsbehörden und wirtschaftswissenschaftliche Fakultäten in der UdSSR aufzusuchen. In einer großen Automobilfabrik in der Nähe von Moskau wurde das Fließband spontan gestoppt, als es sich herumsprach, daß Harriman, der im Krieg die Lieferung von Waffen und vielen anderen Hilfsgütern veranlaßt hatte, den Betrieb besichtigte. Von überall aus der riesigen Halle strömten die Arbeiter zusammen und drängten sich um uns, um ein paar Worte zu hören. Es war eine bemerkenswerte und verdiente Dankesbezeigung, und ich habe selten in meinem Leben einen zufriedeneren Politiker gesehen.

In jenen Wochen erfuhr ich sehr viel über die sowjetische Wirtschaft, und ein bißchen davon zumindest kam meinen unmittelbaren Absichten zugute. Die Struktur des Managements im Sowjetbetrieb ist viel einfacher als die der amerikanischen oder westlichen Konzerne. Dies liegt daran, daß Abteilungen für Verkauf, Marketing, Absatzförderung, Beziehungen zu den Händlern ebenso wie auch Personal-, Rechts-, Verbraucher- und Public-Relations-Abteilungen kaum vorhanden sind oder ganz fehlen. Bei den sowjetischen Verbrauchern kann man sich darauf verlassen, daß sie kaufen, was verfügbar ist. Auch steht der Planungsapparat, der Angebot und Nachfrage regelt, in der staatlichen Bürokratie genauso über dem Unternehmen wie in den Vereinigten Staaten das Energieministerium über den Ölgesellschaften. Aber es gibt im sowjetischen Betrieb den gleichen Zwang zu kollektiven Entscheidungen – zu einem Arrangement, das die bei jeder wichtigen Entscheidung relevanten Informationen oder Erfahrungen von Spezialisten berücksichtigt, die keine Einzelperson voll beherrschen kann. Ebenso wie im kapitalistischen Betrieb erfordern diese Entscheidungen und deren Durchführung im allgemeinen Autonomie; sie dürfen nicht von oben oder von außen in Frage gestellt werden. Wenn es zu einer solchen Intervention kommt, wird sie uninformiert und daher schädlich sein. Auch kann niemand daran zweifeln, daß der industrielle Großbetrieb seinen Mitarbeitern, ob es sich nun um Russen, Deutsche oder Amerikaner handelt, seine Kultur aufprägt – seinen Stundenplan, seine Disziplin, seine Arbeitsauffassung und seine Luftverschmutzung. Aus dieser Erfahrung heraus, aber auch nach dem Studium der damals gerade in der Entstehung begriffenen Fachliteratur über sowjetisches Management, entwickelte ich meine These von einer breiten Konvergenz innerhalb der Industriesysteme der sozialistischen und der nichtsozialistischen Welt. Der Unterschied zwischen beiden liegt nicht in der externen Kontrolle durch den kapitalistischen Eigentümer auf der einen oder staatlichen Kontrolle auf der anderen Seite. Keine der beiden Formen ist angesichts des komplizierten und technischen Charakters der Verwaltung oder Leitung von Großunternehmen effektiv und auf die Dauer haltbar; sowohl dem Eigentümer wie dem Politiker fehlt es an dem dazu erforderlichen Wissen. Was die Großbetriebe in beiden Systemen gemeinsam haben, ist die Unvermeidlichkeit kollektiver Entscheidungsprozesse und kollektiver Leistung, zu denen eine Vielzahl spezialisierter Mitarbeiter die notwendigen Informationen und Erfahrungen beitragen.

Meine These von einer Konvergenz in der Natur der Großunternehmen in der kapitalistischen und der kommunistischen Welt wurde schließlich sowohl in den Vereinigten Staaten als auch in der Sowjetunion veröffentlicht. In beiden Ländern wurde sie angegriffen, gewann jedoch auch in beiden ein gewisses Maß an Zustimmung. Es ist meine innigste Hoffnung, daß durch diese Konvergenz – aus dem Faktum und nicht aus meiner Beschreibung – die Doktrin vom unvermeidlichen Konflikt zwischen den beiden Wirtschaftssystemen letztlich an Bedeutung verlieren wird.

Unsere Begegnungen mit Wirtschaftswissenschaftlern an den Universitäten von Tiflis in Georgien bis hinauf nach Leningrad waren erfreulich, aber nicht besonders informativ. Dies kommt zum Teil daher, daß das Sowjetsystem die besten Ökonomen in den Instituten zusammenzieht, die eng mit dem staatlichen Planungssystem verbunden sind, oder aber sie direkt in die Staatsbürokratie holt. Diejenigen, die der akademischen Welt erhalten bleiben, sind – von Ausnahmen abgesehen – in einer Weise realitätsfern, daß es selbst einem amerikanischen Volkswirtschaftler auffällt. Die Treffen mit den direkt in der Praxis tätigen Kollegen waren weitaus interessanter. Überall mußte man damit rechnen, eine das sowjetische System rühmende Stellungnahme zu hören, und darauf gab man dann eine gleichermaßen den Interessen des eigenen Landes dienende Antwort. Unsere Gastgeber wiesen auf ihre Leistungen und auf die Mißerfolge des Kapitalismus hin. Reynolds und ich fanden uns dann in einer Position, in der wir kapitalistische Errungenschaften zu verteidigen hatten. Seit jener Zeit sind Unterhaltungen mit sowjetischen Ökonomen sehr viel leichter geworden, zum Teil vielleicht deshalb, weil das Vertrauen in die Perfektionierung sowohl des Kapitalismus als auch des Sozialismus merklich gesunken ist. Behauptet hat sich die alte russische Neigung, sich am Absurden zu erbauen. Heutzutage kann eine Begegnung mit sowjetischen Wissenschaftlern gelegentlich zu einer entspannten Diskussion über vergleichbare Mängel werden.

Zu Beginn der siebziger Jahre besuchte ein sowjetischer Verlagsmanager, der sich mit meinen Büchern befaßte, Cambridge. Auf dem Weg zum Mittagessen im Speiseraum der Fakultät deutete ich beiläufig auf die *New York Times*, deren Titelseite verkündete, daß ein Kongreßabgeordneter aus Texas wegen Mißbrauchs der Amtsgewalt eingesperrt worden sei. Ich sagte: »Dort, wo jeder für den Staat arbeitet, braucht man doch sicher ein ganzes Heer von Revisoren.«

Mein russischer Freund antwortete: »Im Prinzip ist das kein Problem. Wie Sie wissen, hat Lenin gesagt, daß mit dem Sozialismus alle raffgierigen Instinkte verschwinden.«

»Es gibt doch aber sicher selbst bei einem so einwandfreien leninistischen Grundsatz Ausnahmen?«

»Unglücklicherweise ja. Vor ungefähr einem Jahr gab es darüber eine Untersuchung. Das Soziologische Institut der Akademie der Wissenschaften unternahm in einer unserer Industriestädte bei sämtlichen Betrieben eine Buchprüfung. Die Leute wollten feststellen, wie es in unserem Land um die Ehrlichkeit bestellt ist.«

»Was kam dabei heraus?«

»Sie stellten fest, daß alle Angehörigen des höheren Managements ihr Einkommen auf die eine oder andere regelwidrige Weise vergrößerten.«

»Und was passierte dann?«

»Die Partei nahm die Sache sehr ernst. Die Soziologen wurden zur Rechenschaft gezogen.«

Beim Verlassen des Hotels Ukraine, jenem gewaltigen, unschönen Denkmal der stalinistischen Architektur, in dem wir untergebracht waren und manchmal bis zu zwanzig Minuten auf den Fahrstuhl warten mußten, sagte ich eines Morgens zu Reynolds, ich wolle bei der nächsten unvermeidlichen Lobrede auf die Erfolge der Sowjetunion eine andere Antwort geben. Ich wollte nach dem Maßstab fragen, nach dem wir beide den Erfolg beurteilten.

An jenem Tag trafen wir uns mit den Mitgliedern des Instituts für Weltwirtschaft und Internationale Beziehungen, das bei allen Wissenschaftlern, die es besuchen, wegen seiner Gastfreundschaft gut bekannt ist. Es war eine durchwegs angenehme Sitzung. Ein führendes Institutsmitglied fragte mich über *American Capitalism* und das Gegenkartell aus. Aber zum Schluß stellte er dann doch wieder die übliche rhetorische Frage: »Wissen amerikanische Ökonomen und Wissenschaftler das Ausmaß unserer Planung zu schätzen? Erkennen sie, daß wir euch eines Tages in der Warenproduktion überholen werden?«

Ich gab mich schockiert und sagte: »Ganz gewiß werden Sie das nicht tun.«

»Sie müssen unsere Absichten ernst nehmen.«

»Genau das ist es ja, was mich bekümmert«, antwortete ich. »Hier in Moskau sind die Straßen breit; Autos gibt es dagegen, nach amerikanischen Maßstäben, nur wenige. Und doch kostet es einen fast das Leben, von einer Straßenseite zur anderen zu gelangen. Haben Sie sich einmal überlegt, was ein Anstieg um das Zehnfache auf das Niveau von New York oder um das Fünfzehnfache auf das von Los Angeles für Ihren Verkehr bedeuten würde, wieviel Parkraum und wie viele Reparaturwerkstätten Sie bräuchten und was mit Ihrer guten, sauberen Luft geschehen würde? Ich bin entsetzt, daß eine Planwirtschaft kein anderes Ziel haben sollte als das, mit den schlimmsten Verfehlungen einer ungeplanten wettzueifern.«

Einen Augenblick lang herrschte vielversprechendes Schweigen. Ich warf Lloyd Reynolds einen Blick zu, da ich glaubte, mich gut geschlagen zu haben. Meine Freude dauerte nicht lange. »Nun, würden Sie uns dann zustimmen, daß wir Sie auf allen Gebieten einholen werden außer bei Automobilen?«

Wir ließen es uns ein paar Tage in Leningrad wohl sein – Oper, Zirkus, die Eremitage und Begegnungen mit noch mehr Ökonomen. Dann reiste ich nach Vermont zurück, um zu schreiben. Ich arbeitete den Herbst über an dem Buch und zog mich während des Winters und des Frühjahrs 1960 (nach einer nicht erwähnenswerten Reise nach Pakistan zur Unterstützung von Harvard-Entwicklungshilfeprojekten) in die Schweiz zurück. Weder vorher noch nachher war ich je an einer Aufgabe emotional so stark beteiligt. Am Ende eines jeden Tages fühlte ich mich physisch und geistig total ausgelaugt. Ich fragte mich, ob ich überhaupt so lange leben würde, um die Angelegenheit, für die ich mich so stark engagierte und die mir so wichtig erschien, zu Ende führen zu können. Meinem Eifer zuliebe verzichtete ich auf Sex, Alkohol und den Umgang mit meinen Freunden.

Im Sommer und Herbst 1960 riß ich mich endlich von dem Buch los, um bei der Nominierung und Wahl von John F. Kennedy zu helfen. Ich hatte dabei ein starkes Schuldgefühl. Den größten Kummer bereitete mir gegen Ende des Jahres die Wahl zwischen der Beendigung von *The New Industrial State*[8], wie das Buch schließlich genannt wurde, und der Zusage, als Botschafter nach Indien zu gehen. Eine Zeitlang konnte ich nicht schlafen, nahm ab und erteilte dann eines

Abends Chester Bowles, der als Stellvertretender Außenminister und ehemaliger Botschafter dort ein großes Interesse daran hatte, wer uns in Indien repräsentieren würde, eine Absage. Ich wollte Professor bleiben und das tun, was zu tun mir aufgegeben war. Angesichts zweier erstrebenswerter Alternativen ist es mir im Leben normalerweise immer irgendwie gelungen, beides zu bekommen. In dieser Situation schien das unmöglich zu sein. Bald änderte ich jedoch meine Meinung wieder und nahm die Ernennung an.

Vier Jahre später stand ich wieder vor einer solchen Wahl. Die Spannung war allerdings diesmal weniger stark. George D. Aiken, der Senator von Vermont (bei dieser Gelegenheit begleitet von Ernest W. Gibson, einem Bundesrichter und hochangesehenen ehemaligen Gouverneur), schlug eines Tages in Washington vor, ich solle für diesen Staat für den Senat kandidieren. Aiken war (und ist noch immer) Republikaner, aber solche Details kümmerten ihn, in bester Vermontscher Manier, nur wenig, und den Kandidaten der Republikaner mochte er nicht. Im Wahlkampf sollte dann bekanntgemacht werden, daß ich seine Freundschaft, aber natürlich nicht seine Unterstützung genösse. Ich überlegte mir die Sache gründlich. Wieder stand das Buch, an dem ich gerade arbeitete, im Weg. Und zweifellos auch natürliche Vorsicht. Ich kandidierte nicht. Bei dem Erdrutsch zugunsten Johnsons in jenen Herbsttagen hätte ich die Wahl vermutlich nicht verloren.[9]

24
John F. Kennedy: Der Wahlkampf

Im Jahre 1960 hatte John F. Kennedy bereits einen persönlichen und politischen Stil entfaltet, der sein Markenzeichen werden sollte. Manches daran war sorgfältig geplant, einschließlich und insbesondere seine dunklen, gutgeschnittenen, unauffälligen sowie – mangels Weste und Hut – ein wenig lässig wirkenden Anzüge. Die Kleidung eines Politikers durfte nicht ablenken, meinte er. Ihr mochte vielleicht eine gewisse Bedeutung zukommen, vor allem aber durfte sie seiner Meinung nach nicht aufdringlich wirken. Bisweilen konnte man ein amüsiertes Blinzeln in Kennedys Augen beobachten, wenn er das schillernde Sportjackett eines forschen Politikers musterte, der gerade frisch aus der Provinz kam.

Mehr jedoch wurde Kennedys Stil von Instinkt und instinktiver Reaktion geprägt. Die Bostoner politische Welt, in die er hineingeboren war – und deren Archetyp sein Großvater mütterlicherseits, John Francis »Honey Fitz« Fitzgerald war –, gab sich barock und überschwenglich, wenn nicht sogar übertrieben enthusiastisch. Die Menge begrüßte ihn mit lautem Geschrei und stimmte ihm gegebenenfalls jubelnd zu; der Kandidat schwenkte die Arme, schüttelte sich selbst in einer narzißtischen Geste die Hände über dem Kopf und schrie, vom Überschwang angesteckt, auch selbst einmal mit. Kennedy verabscheute das alles. Applaus nahm man mit einer Verbeugung entgegen, mit einem Lächeln, allenfalls mit einer halberhobenen Hand. Jubel dieser Art war ein Ritual der Masse; nur ein Idiot konnte sich einbilden, es sei Ausdruck bleibender Zuneigung. Die bemühten Fratzen, mit denen Nixon auf Zustimmungsbekundungen reagierte, die er gerne für Liebe gehalten hätte, waren albern. Sogar Ike ging Kennedy zu weit. »Wenn ich meine Hände über dem Kopf schwenken muß, um Präsident zu werden, verzichte ich lieber auf den Job.«

Adlai Stevenson hatte sich, seit er erwachsen war, stets erfolgreich darum bemüht, sich so darzustellen, wie er eigentlich gar nicht war. Die Eleganz, mit der er den gehetzten, schwankenden, in der harten, strengen, dogmatischen Welt der Politik verlorenen Intellektuellen spielte, war eine seiner anziehendsten Eigenschaften. Kennedys Charme resultierte aus dem genauen Gegensatz: Er blieb er selbst, und einiges von der Spannung zwischen den beiden Männern wurde, wie Kennedy es sah, durch Stevensons Neigung zur Verstellung hervorgerufen. Seit Roosevelt hat es, wie ich bereits erwähnte, keinen amerikanischen Politiker gegeben, der so vollkommen mit sich selbst im reinen war wie Kennedy. Bei allem, was er sagte, hielt er es nie für nötig, sich selbst in den Vordergrund zu stellen.

Er war allerdings bemüht, seine gesundheitlichen Probleme zu banalisieren. Vor allem spielte er die Beschwerden herunter, die ihm sein Rückenleiden machte. Bei einem Essen nach dem Parteitag 1960 in Hyannis Port ließ er sich des längeren darüber aus, daß die Addisonsche Krankheit, an der er litt, sowie die Auswirkungen der erforderlichen Behandlungen ziemlich unerheblich seien. Er wollte sie während des Wahlkampfes nicht erwähnen, ebenso wie sein Vater nie erwähnte, daß er sich ab und zu ins Krankenhaus begab, um einen relativ harmlosen Hautkrebs auskratzen zu lassen. Die unmittelbare und im Endeffekt irrige Reaktion wäre gewesen, Joe Kennedy als Krebskranken darzustellen. Eine ähnliche Übertreibung entstünde, würde über John F. Kennedys Krankheit berichtet, also erwähnte man sie am besten gar nicht erst.

Zu den unangenehmen Zügen eines Politikers gehört, wenn er sein Zeitungs- oder Fernseh-Image nachahmt: Hoppla, hier bin ich, der nette, ungeschliffene, kreuzehrliche, kontaktfreudige Bursche, ganz so, wie man mich immer schildert. Das war nichts für Kennedy. Er machte sich über derlei Posen ganz offen lustig. Zu abschätzigen Kommentaren über andere ließ er sich jedoch nicht leicht verführen, weil er so etwas bereits als eine Art öffentlicher oder privater Selbstbeweihräucherung betrachtete.

Gegen eine seiner Eigenschaften kämpfte Kennedy mit geradezu einzigartiger Erfolglosigkeit an: seine Ungeduld. Grundsätzlich drückte sie sich in seinem betonten Unwillen aus, sich etwas auch nur kurz anhören zu müssen, was er bereits wußte oder gar nicht zu wissen brauchte. Ich hatte ihn über vielerlei Themen auf dem laufenden zu halten, von der Landwirtschaft über die Volkswirtschaft bis hin zu Vietnam und den Unwägbarkeiten der indischen Politik. Die Berufskrankheit jedes Professors ist didaktische Weitschweifigkeit, und ich lernte bald, auf die Warnsignale zu achten, die deutlich machten, daß er genug gehört hätte: ein Finger, mit dem er sich nervös die Stirn rieb, eine knappe Unterbrechung.

Chester Bowles, ein bewundernswerter und netter Mensch, war eine Spur zu enthusiastisch, wenn er von einer guten Idee hörte. Oft konnte er seine Begeisterung nicht bezähmen; dann wurde man des langen und breiten über seine neuen Kenntnisse aufgeklärt. Eines Tages, Chester war Abteilungsleiter im Außenministerium, betrat ich das Oval Office unmittelbar, nachdem er es verlassen hatte. Kennedy sagte: »Chet hat mir eben erzählt, daß es zur Zeit sechs Revolutionen in der Welt gibt. Eine davon ist die Revolution der steigenden Ansprüche. Bei den anderen fünf habe ich den Faden verloren.«

Daß Kennedy als Gesetzgeber nicht sonderlich effizient war, lag zumindest teilweise an seiner Ungeduld. Das mühselige Geschäft des Überredens, der Zugeständnisse und Kompromisse, von denen der gesetzgeberische Erfolg abhängt, mochte er gar nicht. Er schätzte auch seine Kollegen als Stand insgesamt nicht übermäßig. Während einer langen nächtlichen Sitzung ließ er sich auf den Stuhl neben John Sherman Cooper, damals republikanischer Senator aus Kentucky, fallen, dessen persönlichen Stil Kennedy sehr bewunderte. Er musterte die anderen Republikaner in der Runde und sagte: »Schreckliche Leute, mit denen du leben mußt, John.«

»Über deine Demokraten ließe sich auch manches sagen«, antwortete Cooper.

»Ich weiß«, sagte Kennedy. »Lauter Windbeutel und Demagogen.«[1]

Für diejenigen, denen Kennedy vertraute, war sein dankbarster Charakterzug seine atemberaubende Aufrichtigkeit, seine raschen, treffenden Bemerkungen, bei denen man sofort wußte, daß sie vertraulich zu behandeln waren. Um diese Diskretion habe zumindest ich ihn niemals bitten hören. Er wurde auch nur selten verraten. Am 10. April 1962, nachdem sein Arbeitsminister Arthur Goldberg bei einem Tarifstreit in der Stahlindustrie die Gewerkschaften erfolgreich zur Zurückhaltung bewogen hatte, kam Roger Blough, der Aufsichtsratsvorsitzende von U. S. Steel, zum Präsidenten, um ihm mitzuteilen, daß der Konzern die Preise um sechs Dollar pro Tonne erhöhe. »Mein Vater«, bemerkte Kennedy darauf Freunden gegenüber, »hat mir immer gesagt, alle Geschäftsleute seien Schweinehunde, aber ich habe es ihm bis heute nicht geglaubt.«[2] Die Verallgemeinerung wurde ausgeplaudert und kam schließlich in die Zeitungen. Kennedy war allerdings hauptsächlich darüber betrübt, daß durch das Zitat außer Blough so viele andere verurteilt wurden.

Jahre später erzählten Carl Kaysen[3] und ich uns gegenseitig unsere besten Anekdoten über Kennedys Aufrichtigkeit. Meine stammte vom Tag nach der Amtseinführung. Richard Kardinal Cushing nutzte den freudigen Anlaß zu einem umfangreichen Gebet. Kennedy sagte dazu: »Ich wußte, es würde so lang werden, aber mittendrin fiel mir Gott sei Dank ein, daß hier ein Kennedy sitzt, der erste Katholik, der in das Amt des Präsidenten eingeführt wird, und Kardinal Spellman muß sich das alles im Fernsehen angucken.«

Francis Joseph Spellman, gebürtig aus Massachusetts und damals Leiter der Erzdiözese von New York, war der wichtigste Brückenkopf der Kirche zum konservativen republikanischen Establishment. Er war kein Freund der Kennedys.

Kaysen entsann sich eines Kennedy-Kommentars über die Panamakanal-Verhandlungen im Juni 1962 mit Panamas Präsidenten Roberto Francisco Chiari. Die beiden Männer hatten sich unter vier Augen unterhalten und schließlich eine Pause eingelegt. Bevor sie das Gespräch fortsetzten, brachte Carl Informationen, um die Kennedy gebeten hatte. Der Präsident sah von seinem Schreibtisch auf und sagte: »Ich bin bei diesen Verhandlungen gar nicht gut, Carl.«

Kaysen drückte seine Betroffenheit aus und fragte nach dem Grund.

»Er sagt, wir hätten sie all die Jahre über ausgenommen, und ich finde, er hat recht.«

Eine seiner offenherzigsten Bemerkungen hätte Kennedy damals einige Schwierigkeiten bereiten können und heutzutage sicherlich noch viel größere. Er glaubte, es gäbe eine unentdeckte Verbindung zwischen Geschlecht und Politik: Wie sonst sollte man sich erklären, daß es so wenige erfolgreiche Politikerinnen gab. Eines Tages sagte er in seinem Büro zu diesem Thema: »Nennen Sie mir auch nur eine Frau, die *wirklich* politisches Talent hat.«

Prompt nannte ich Eleanor Roosevelt, worauf er sagte: »Klar, eine andere bitte.«

Ich fügte Königin Elisabeth I. hinzu, und er sagte entzückt: »Richtig! Fehlt nur noch Maggie Smith.«[4]

Kennedy hatte großen Respekt vor Eleanor Roosevelt und noch mehr vor ihrem Einfluß auf den linksliberalen Flügel der Demokratischen Partei. Dieser Einfluß, der sowohl auf der Reputation ihres Ehemannes als auch auf ihrer eigenen beruhte, war in den späten fünfziger Jahren geradezu enorm. Unglücklicherweise war ihr Mißtrauen gegenüber Kennedy, bevor er Präsident wurde, sehr groß. Dies war auf ihre Überzeugung zurückzuführen, sein Vater habe sich als Botschafter in Großbritannien bereitwillig defaitistisch verhalten und sei mittlerweile hoffnungslos konservativ geworden. Folglich war keinem Kennedy zu trauen. Mein Plan, Mrs. Roosevelt und John F. Kennedy Anfang 1960 zusammenzubringen, ist ein weiteres Kapitel in der ansehnlichen Geschichte meiner fehlgeschlagenen Bemühungen, im politischen Ränkespiel mitzumischen.

Mrs. Roosevelt leitete damals für die Brandeis University eine Interviewsendung im Fernsehen. Nachdem ich selbst eines Tages dort interviewt worden war, kam mir der Gedanke, der ideale Weg, die Beziehungen zwischen den beiden zu verbessern, sei ein Interview mit Kennedy. Es würde die Linksliberalen ermutigen und Mrs. Roosevelt beruhigen.

Mit etwas Mühe gelang es mir, sie dazu zu überreden, Kennedy einzuladen. Weniger schwierig war es, Kennedy dazu zu überreden, die Einladung anzunehmen, wenngleich er ein ungutes Gefühl dabei hatte. Die Angelegenheit wurde in den letzten Tagen des Jahres 1959 arrangiert und als guter Start fürs neue Jahr angesehen. Ihr Probetreffen, die Show selbst und das nachträgliche Gespräch verliefen gut. Als alles vorüber war, stellten sich die beiden der Presse, und ein Reporter fragte Mrs. Roosevelt, ob ihre Unterhaltung bedeute, daß sie Kennedy nunmehr unterstützen werde. Sie antwortete nachdrücklich und sogar etwas ungehalten, dies sei nicht der Fall. Und prompt machte nicht die Show, sondern Mrs. Roosevelts Abneigung Schlagzeilen. Am Abend aßen wir bei Locke-Ober. Kennedy, der am gleichen Tag seine Kandidatur formell angekündigt hatte, war beunruhigt und niedergeschlagen und fühlte sich in seinen Zweifeln an meinem politischen Fingerspitzengefühl bestärkt. In den nächsten Monaten gelang es ihm, ihr Vertrauen und sogar ihre Zuneigung zu gewinnen – ohne meine Hilfe.

Im Winter des Jahres 1960 fuhr ich in die Schweiz, um an meinem Buch *The New Industrial State* zu arbeiten. Einem kleinen Kreis von Kennedy-Mitarbeitern – Theodore Sorensen, Kenneth O'Donnell, Lawrence O'Brien und Sargent Shriver – blieb es überlassen, bei den Vorwahlen zu helfen und die Parteitagsdelegierten zu bearbeiten. Im modernen amerikanischen Präsidialsystem gibt es zwei konzentrische Kreise, von denen der innere aus jenen besteht, die sich mit Haut und Haaren schon an den ersten Schlachten beteiligen. Der äußere Kreis besteht aus jenen, die erst nach dem Sieg aufgrund ihres großen Ansehens in der Öffentlichkeit oder beim Establishment ein Amt bekommen. Zwischen diesen beiden Kreisen besteht ständig ein gewisses Maß an Spannung. Wo, fragen sich die Insider, wo waren denn die Spätkömmlinge, als das Risiko groß und die Arbeit hart war? Ich selber war irgendwo zwischen den beiden Kreisen angesiedelt.

So versäumte ich die Vorwahlen in Wisconsin, wo Hubert Humphrey auf eigenem Territorium von Kennedy herausgefordert wurde. Das Ergebnis war aufgrund des mysteriösen Auszählungsmodus dieser Wettbewerbe unklar. Auch in West Virginia war ich bei den Vorwahlen nicht dabei. Obwohl Kennedy ein unbekannter, reicher Katholik war, der sich dort an Arbeiter und an protestantisch-ländliche Wählerschichten wenden mußte, die immer für Humphrey gewesen waren, überholte er diesen hier und warf ihn aus dem Rennen, nicht zuletzt deshalb, weil er über mehr Geld und eine bessere Organisation verfügte.

Da ich in Virginia nicht dabei war, versäumte ich eine der größten politischen Reden aller Zeiten – eine, die das Kennedy-Team im anfänglichen Trübsinn des Wahlkampfes aufmunterte und seine Moral stärkte. Sie wurde von einem begeisterten einheimischen Anhänger gehalten, dem redegewandtesten Demokraten West-Virginias, der sich auch als Lokalhistoriker hervortat. Seine Ansprache begann mit der ergreifenden Anrufung der höchsten Grundsätze:

»Dieser Wahlkampf basiert auf der Quelle aller geistigen Wahrheit.« Um diesen Punkt deutlich zu machen, legte der Redner mit ehrfurchtsvoller Geste eine Bibel vor sich aufs Podium.

»Er basiert auf der Quelle jeglicher historischer Wahrheit.« Noch ehrfürchtiger legte er nun ein Exemplar von Kennedys *Profiles in Courage* auf die Bibel. Dann zog er schweigend eine amerikanische Flagge aus seiner Brusttasche und breitete sie über die beiden Bücher.

Die nun folgende Rede war an sich nicht bemerkenswert, bis der Redner zu seiner abschließenden Zusammenfassung kam. Hier bezog er sich auf seine eigenen Geschichtsstudien sowie auf die Tatsache, daß andere Männer schon lange vor John F. Kennedy verzweifelte Augenblicke erlebt hatten.

»Ich sage Ihnen«, rief er, »daß Napoleon am zweiten Tage der großen Schlacht von Waterloo ein entmutigter Mann war. Er schaute über das Schlachtfeld und sprach zu dem Tambour neben ihm: ›Tambour, die Engländer stehen felsenfest. Die Alte Garde kommt nicht voran. Wir sind geschlagen. Trommle zum Rückzug.‹ Der Tambour sah Napoleon an und sagte: ›Herr, auf all unseren Kriegszügen in Europa habe ich niemals gelernt, zum Rückzug zu trommeln.‹ – Napoleon war gerührt – zutiefst gerührt. So sprach er: ›Also gut, Tambour, SCHLAGE DIE TROMMEL ZUM ANGRIFF.‹ Und die Geschichte lehrt uns, was geschah. Der Tambour schlug die Trommel zum Angriff, und Napoleon kämpfte weiter und siegte in Waterloo, so wie auch John F. Kennedy in West Virginia weiterkämpfen und siegen wird.«

Was er natürlich auch tat.

Da ich die Vorwahlen 1960 versäumt hatte, wollte ich eigentlich auch den Parteitag auslassen. Diese ausgedehnten Zeremonien sind heutzutage wie aufgedunsene Leichen. Kandidaten werden, wie wir wissen, bei Vorwahlen, durch örtliche Wahlmännergremien oder auf innerstaatlichen Parteitagen aufgestellt. Zwei verschiedene Einrichtungen können nicht die gleichen Aufgaben erfüllen, weshalb nur die Kandidatenauswahl vor dem Parteitag zählt. Daraus folgt, daß der Kandidat bereits gekürt ist, wenn sich die Delegierten versammeln. Oder die Auswahl hat sich doch auf höchstens zwei Bewerber verengt, und es ist schwierig, ein Patt oder auch nur so etwas Ähnliches wie einen Wettbewerb zu schaffen, wenn zwei (oder weniger) im Rennen liegen. Aber jetzt kommt der Schwindel ins Spiel. Delegierte, die ge- oder ausgewählt wurden und zu dem großen Ereignis anreisen, möchten gern glauben, daß sie dort etwas zu sagen haben, also tun sie so, als bliesen sie der Leiche Leben ein. In diesem ihrem Wunsch werden sie noch von der Presse, die sich einer Vollversammlung auf Spesen und eines geistlosen Karnevals erfreut, vor allem aber von Fernsehkommentatoren bestärkt, deren Lebensunterhalt ebenso auf dem Spiel steht wie ihr Ruf, Banalität zu einer Kunstform zu erheben:

»Wie würden Sie den Applaus für diese Rede einschätzen, John?«

»Beim gegenwärtigen Stand der Dinge würde ich sagen: durchschnittlich, David.«

Lester Markel, langjähriger Herausgeber der Sonntagsausgabe der *New York Times*, sagte mir einmal, er warte zuversichtlich auf den Tag, an dem die *Times* einen einzigen Reporter zu einem nationalen Parteikonvent entsenden würde mit dem Auftrag, nicht mehr als 1500 Wörter durchzugeben.

Es kommt vor, daß die Langeweile eines Parteitags durch ein wirklich wichtiges Thema aufgehoben wird. Dies war der Fall im Jahre 1968. Es war nie bezweifelt worden, daß Hubert Humphrey in diesem Jahr nominiert würde; die Frage war nur, wie deutlich man machen konnte, daß er kein Mandat zur Fortsetzung des Vietnamkrieges bekam. Das machte die aufrührerische Versammlung in Chicago zum einzigen wirklich wichtigen Parteitag, den ich miterlebt habe, und ich werde in einem späteren Kapitel darauf zurückkommen.

1960 in Los Angeles bestand für Kennedys Mitbewerber Lyndon Johnson, Stuart Symington und Adlai Stevenson keine echte Chance. Jedem, der rechnen konnte, war das bereits vor dem Konvent klar. Trotzdem war der Drang dabeizusein stärker, als ich vermutet hatte, und als ich Anfang Juli in Vermont eines Tages im Radio hörte, ich sei zusammen mit anderen demokratischen Parteifunktionären soeben in Kalifornien eingetroffen, buchte ich umgehend ein Zimmer und reiste ab.

Ich erreichte Los Angeles ein paar Tage vor der Eröffnung des Parteitags. Der Empfang, der mich dort erwartete, war besser, als ich eigentlich hätte annehmen können. Ich fand eine Nachricht vor, die mich umgehend in die Kennedy-Suite 8314 des Biltmore zitierte, wo sich das Epizentrum einer kaum noch erträglichen Aufregung befand. Dort bat mich Robert Kennedy, dem Organisationskomitee des Parteitags beizutreten und die Leitung der Kennedy-Delegationen aus den Staaten westlich des Mississippi und des nördlichen Südwestens zu übernehmen. Im Falle Kaliforniens würde ich mit Jesse M. Unruh zusammenarbeiten, der damals im Begriff stand, Speaker des kalifornischen Parlaments zu werden; im Falle Colorado würde sich eine ähnliche Liaison mit Byron R. White, einem ehemaligen Leistungssportler und zukünftigen beigeordneten Richter am Obersten Gerichtshof, ergeben, der ein führender Kennedy-Mann vor Ort war. Das Kennedysche Kontingent an Parteitagsausweisen war schon vergeben, weshalb Bobby mir seinen Ausweis gab. Er hielt es für unwahrscheinlich, daß irgendeine Wache ihn nicht einlassen würde.

In der amerikanischen Politik gibt es, wie bereits erwähnt, die unglaublichsten Karrieren. Schnell wird man in den Rang eines politischen Weisen hinaufkatapultiert; noch schneller und sicher auch mit größerer Berechtigung kommt es nach Niederlagen zu tiefen Stürzen.

Nichtsdestoweniger verwirrte mich mein plötzlicher und unerwarteter Aufstieg. Erst später erfuhr ich, daß die Kennedys bei ihrer Ankunft in Los Angeles entdeckt hatten, daß sich in ihrer Umgebung – von Theodore Sorensen, der als Assistent und Redenschreiber unentbehrlich war, abgesehen – keiner befand, der nicht Jude, Katholik oder Ire gewesen wäre. Für den großen protestantischen Nordwesten brauchten sie jemanden, der ganz ostentativ für die weiße angelsächsisch-protestantische Schicht stand, also ein WASP (White Anglo-Saxon Protestant) war oder doch zumindest noch eben als solcher durchgehen konnte.

An jenen Julivormittagen machte ich im Auto, gesteuert von einem freiwilligen Kennedy-Helfer und dekoriert mit riesigen Bildern des Kandidaten, die Runde durch die Hotels, in denen meine Delegierten untergebracht waren, nahm an Zusammenkünften teil, bei denen nichts Wesentliches passierte, sprach Gutes über Kennedy und antwortete auf Fragen wie etwa die nach seiner Haltung zur Sozialversicherung, zu Bürgerrechten und seiner Politik gegenüber den Russen, zur Rückführung von bundeseigenen Territorien in Staatseigentum, zur Wirtschaft und zum Vatikan. Bei meinen Antworten mußte ich ziemlich improvisieren, und es machte mir einen Riesenspaß. Wenn der Parteitag nachmittags zusammentrat, suchte ich die verschiedenen Kennedy-Delegationen in der Versammlungshalle auf, um sicherzugehen, daß niemand abgesprungen war. Dem war nicht so[5], und als ich das Bob Kennedy berichtete – entweder an Ort und Stelle oder auf einer überfüllten morgendlichen Stabsbesprechung –, fiel es ihm schwer, mir zu glauben. Einmal, kurz vor der ersten Abstimmung, sagte ich zu ihm, alles liefe prima. Er war empört und warnte mich strikt vor solch übertriebener Zuversicht.

Über die nächsthohe Delegiertenzahl, wenngleich sie viel niedriger war als die Kennedys, verfügte sein Rivale Lyndon Johnson. 1960 war ein Südstaatler, selbst ein Texaner, politisch noch immer auf den amerikanischen Süden beschränkt. So zuverlässig seine Unterstützung durch die Anhänger eines weißen Überlegenheitsdenkens dort war, so sehr schadete sie ihm anderswo. Niemand wußte das besser als Johnson selbst. Dieses Wissen sowie seine eigene, grundanständige Einstellung hatten ihn als Führer der Senatsmehrheit unter der Eisenhower-Regierung veranlaßt, die erste Bürgerrechtsgesetzgebung seit der Phase des Wiederaufbaus nach dem Sezessionskrieg zu unterstützen. Er hatte auch nicht versäumt, die Liberalen aus dem Norden, mich selbst eingeschlossen, auf die Mühe und Geschicklichkeit, die er diesem Anliegen gewidmet hatte, hinzuweisen. Es reichte jedoch nicht aus, um den Bann zu brechen.

Für einen Mann von seiner Persönlichkeit und Größe war Johnsons Bekanntheitsgrad nördlich der ehemaligen Sklavenstaaten nur gering.

Es überraschte mich immer wieder, wie oft man mich fragte, was für ein Mensch er denn sei. In Los Angeles traf ich ihn eines Abends beim Verlassen des Biltmore, als er aus seinem Wagen stieg und ins Hotel ging. Auf dem Trottoir hatte sich eine Menschenmenge versammelt, um das Kommen und Gehen der Honoratioren zu beobachten. Johnson grüßte die Leute, indem er nach links und rechts nickte. Es war nur allzu offensichtlich, daß die meisten nicht wußten, wer er war. Mich, der ich ihn erkannte, begrüßte er mit beispielloser Herzlichkeit.

Unter jenen, die noch immer eine stille Hoffnung nährten, daß auf dem Parteitag die Dinge noch in Fluß kommen könnten, befanden sich auch Adlai Stevenson sowie seine – zumindest vor der Öffentlichkeit – beiden tapferen Fürsprecher und Manager George Ball und Senator Mike Monroney aus Oklahoma. Letzterer war vielleicht der einzige Abgeordnete aus diesem Staat, der sich jemals einer Erhöhung des Rohölpreises widersetzt hat (er tat dies während des Zweiten Weltkriegs). Stevenson war überaus beliebt auf den Rängen, bei den Menschenmengen vor der Parteitagshalle sowie, ungeachtet ihrer Abstimmungsverpflichtung, bei vielen Delegierten. Als er ankam, um seinen Sitz in der Illinois-Delegation einzunehmen und dabei auf die Bühne genötigt wurde, begnügte er sich in seltener Fehleinschätzung der Stimmung damit zu sagen, der Sieger könne sich durchaus als der letzte Überlebende aus dem Gedränge im Biltmore erweisen. Jeder hatte eine Kostprobe seiner alten Redegewandtheit erwartet und keine bloße Witzelei. Doch Eugene McCarthy machte das durch eine klangvolle Nominierungsrede wett, die beste auf diesem Parteitag und sicherlich auch eine der wenigen, denen überhaupt zugehört wurde. Erst als es zur Abstimmung kam, zeigten sich die Delegierten ungerührt.

Da ich Stevenson in zwei Wahlkämpfen unterstützt hatte, wurde ich von seinen ergebenen Anhängern als undankbar, als Renegat, Kennedy-Opportunist sowie als moralisch und ethisch verderbt angesehen. All dies wurde durch meine Allgegenwart bei den Delegierten noch verschlimmert. Ich hielt das für nicht ganz fair; immerhin unterstützte ich Kennedy nun schon seit ein paar Jahren in aller Öffentlichkeit. Überdies hatte sich Stevenson schon frühzeitig glaubhaft aus dem Rennen zurückgezogen. Nach seiner Ankunft im Ambassador hatte ich Adlai gemeinsam mit Arthur Schlesinger, der ebenfalls Kennedy unterstützte, einen Besuch abgestattet. Er hatte dabei in keiner Weise angedeutet, daß er uns als politische Gegner betrachtete. Aber nicht jeder, der sich mit Politik befaßt, ist imstande, differenziert zu denken. Am Samstag, dem 9. Juli, vor Eröffnung des Parteitags, fuhr ich fröhlich in einem Kennedy-Wagen nach Pasadena zu einer Gartenparty. Sie wurde von Agnes Meyer, der stark motivierten Mutter der *Washington Post* und treuen Stevenson-Anhängerin, für einige auserlesene Delegierte und Besucher gegeben. Ich schlenderte nichtsahnend in den Garten und fand mich im Nu von Stevenson-Freunden umzingelt, die mich wortreich kritisierten – Agnes Meyer selber, Gay (Mrs. Thomas K.) Finletter und, wie ich glaube, Alicia Patterson vom *Newsday*. Das verbale Gewitter, mit dem sie über meine Abtrünnigkeit herzogen, verschlug mir nicht nur die Sprache, sondern betäubte mich geradezu. »Der schlimmste persönliche Verrat in der amerikanischen Geschichte« war noch eine der gnädigeren Bemerkungen.[6] Ich täuschte ein dringendes Bedürfnis vor, ging ins Haus, zur Vordertür wieder hinaus und entfloh.

Die Landwirtschaft, Kennedys Nemesis während seiner Bemühungen um die Vizepräsidentschaft 1956, verfolgte ihn noch immer, und am Tag vor der Abstimmung trafen sich die Delegierten der Agrarstaaten, um auf die Nöte ihres Berufsstandes hinzuweisen. Ich wurde losgeschickt, um Kennedy zu verteidigen, und kam gerade zurecht, um eine erstklassige Rede für Lyndon Johnson mitzubekommen, die William Robert (Bob) Poage aus Waco/Texas hielt, der 23 Jahre lang Mitglied des Landwirtschaftsausschusses im Repräsentantenhaus und danach sein Vorsitzender war. Die Wände hallten wider von den Gefahren, die ein Präsident aus dem verstädterten, konsumorientierten Osten für die Farmer bedeutete. Niemand aus diesem Landesteil, verkündete er nicht allzu unzutreffend, sei imstande, die amerikanische Landwirtschaftspolitik zu verstehen. Während Poage allmählich seinem Höhepunkt zustrebte, setzte sich Kennedy, der sich entschieden hatte, selbst zu kommen und für sich zu sprechen, auf den Stuhl neben mir. Ich empfahl ihm das Argument, das ich selber in den Mittelpunkt meiner Ausführungen hatte stellen wollen: daß Franklin D. Roosevelt aus dem Bundesstaat New York, der ebenso östlich und verstädtert war wie Massachusetts, der beste Freund gewesen sei, den die Farmer jemals gehabt hätten. Mit Eigenlob für seine Geistesblitze sollte man äußerst vorsichtig umgehen, aber jede Regel hat ihre Ausnahmen. In seiner Rede machte John F. Kennedy die Wahl eines Liberalen von der Ostküste, heiße er nun Roosevelt oder Kennedy, geradezu zu einem Muß für die amerikanische Landwirtschaft.

Als ich an diesem Tag ins Auto stieg, um ins Biltmore zurückzufahren, erlebte ich eine typische Kennedy-Geste. Ich wollte in den Fond einsteigen, doch Kennedy winkte mich zu sich auf den Vordersitz. »Sie sollten sich mittlerweile genügend in der Politik auskennen, um zu wissen, wo Ihr Platz ist. Es ist demokratischer, vorne zu sitzen, und wenn Sie hinten einsteigen, klettern bloß noch sechs Politiker auf Sie drauf.«

Kennedy und ich besuchten gemeinsam einige der Parteiversammlungen der Bundesstaaten, und sowohl vor der Delegation aus Iowa als auch vor der aus Kansas hörte ich ihn sagen, wie hervorragend sich ihr jeweiliger Gouverneur – Loveless in Iowa, George Docking in

Kansas – für das Amt des Vizepräsidenten eigne. Ich fragte ihn anschließend nach seiner wirklichen Meinung, da ich annahm, daß er keinen von beiden haben wollte. »Es ist ihnen lieber, erwähnt und später übergangen als überhaupt nicht genannt zu werden«, sagte er.

Eines Abends gab es ein weiteres Beispiel dafür, wie ausgeklügelt das Parteitagsdrama sein mußte. Beim politischen *small talk* in der Parteitagshalle traf ich Edward R. Murrow, der mit seinen eigenen Antennen herumlief und aussah wie ein Astronaut. Er fragte mich, was es Neues gebe.

»Ach, wir haben alles unter Kontrolle«, antwortete ich, ohne weiter nachzudenken.

Parteitage machen fußlahm, und so ging ich kurz darauf in einen separaten Fernsehraum, um mich ein wenig auszuruhen. Da erschien Murrow auf der Mattscheibe und nahm gegenüber von Walter Cronkite Platz.

»Na, Ed, was gibt's Neues?«

»Ich sprach gerade mit Ken Galbraith, Walter.«

»Das ist interessant, Ed. Professor Galbraith, wie? Der hat ja immer was Interessantes zu sagen.«

»Hatte er, Walter. Er sagte, sie hätten alles unter Kontrolle.«

»Das ist ganz schön wichtig, Ed. Die Kennedy-Leute meinen also, sie hätten alles unter Kontrolle?«

»Ganz recht, Walter: unter Kontrolle.«

»Das ist überaus interessant, Ed. So sehen sie das also: alles unter Kontrolle?«

Am Mittwoch, dem 13. Juli, ging Robert Kennedy beim vormittäglichen Stabstreffen im Biltmore ein letztes Mal seine Liste der Delegationen aus den einzelnen Staaten durch. Nachdem sich diverse Lokalfavoriten von ihrer Kandidatur zurückgezogen hatten, war unser Vorsprung nun überwältigend – es fehlten nur noch 21 Stimmen zur Nominierung. Nach der pflichtgemäßen Berücksichtigung gegebener Versprechen oder fester Abmachungen würde der Wunsch, auf der Seite des Siegers zu stehen, übermächtig sein. Wir hatten es geschafft. Doch Bob ließ solche Kalkulationen nicht gelten. Vorsicht und die Überzeugung, daß Parteitagsdelegierte durch irgend etwas schwankend werden könnten, ließen es geboten erscheinen, unsere Mehrheit als unsicher anzusehen, jeden Moment imstande, sich aufzulösen. Ich fuhr mit Sargent Shriver und anderen Mitgliedern der Familie zur Sport-Arena. Keiner sprach ein Wort; es war wie bei einem Begräbnis. Nachdem die Delegierten des Staates Washington ihre Stimme abgegeben hatten, wurde Kennedys Wahl unumgänglich, und Wyoming – die Übersee-Territorien hatten noch nicht abgestimmt – schloß sich an und gab den Ausschlag. Innerhalb weniger Minuten gab es kaum noch einen, der nicht von vorneherein beabsichtigt hatte, bei uns einzusteigen.

Ich ging zu einer von der *New York Post* veranstalteten Party, gab etliche Interviews in der Art meines Kommentars gegenüber Edward R. Murrow und nahm gegen Mitternacht an einer Dinnerparty teil, die von Joseph Alsop gegeben wurde und in einem teuren Restaurant namens »Perino« stattfand. (Meine Freundschaft mit Joe Alsop fiel dem Vietnamkrieg zum Opfer; mittlerweile hat sich unser Verhältnis jedoch wieder etwas gebessert.) Das Restaurant, nach lokaler Sitte üppig ausgestattet, besteht (oder bestand damals) aus einer großen zentralen Fläche, die von lauter kleinen, wie Höhlen gestalteten Nischen umgeben war. In jeder dieser Nischen stand ein Tisch, um den die Gäste einer nach dem anderen herumrutschen mußten. Als ich dort ankam, wurde ich inmitten der großen Fläche von Bart Lytton abgefangen, eine Lokalgröße im Spar- und Kreditwesen und ein Demokrat, der später noch harte Zeiten erleben sollte. In Anerkennung meiner jüngsten Prominenz in Delegiertenkreisen begrüßte er mich überschwenglich und nannte mich beim Vornamen wie einen alten Freund, obwohl ich ihm zuvor nur ein paarmal begegnet war. Da ich spät dran war, kam ich seinem Wunsch, einige seiner Freunde von der Presse kennenzulernen, widerstrebend und nur mit Rücksicht auf eine zu erwartende Wahlspende für Kennedy nach. Ich schlüpfte vor ihm in eine der Höhlen, und er stellte mich dem Ehepaar gegenüber vor.

»Buffy, Norman, das ist Kenneth Galbraith.«

Der Mann namens Norman, schon in fortgeschrittenem Alter, legte eine Hand ans Ohr.

»Ich hab den Namen nicht verstanden.« Ich merkte jetzt, daß es sich um Norman Chandler handelte, den Verleger und Hauptteigner der *Los Angeles Time*. Buffy war seine nicht minder einflußreiche Frau.

»Norman«, wiederholte Lytton stolz und mit Nachdruck, »John Kenneth Galbraith.«

»Das muß ein peinlicher Name sein. Klingt wie der Halunke da bei Kennedy.«

Das Alsop-Dinner fand schließlich ein Ende, und ich fuhr mit Jean Stein van den Heuvel, einer alten Freundin, zum Haus ihrer Eltern irgendwo in den westlichen Außenbezirken der Stadt zum Schwimmen. Es tagte bereits, und ich kam erst nach dem Frühstück wieder zum Mayflower Hotel schräg gegenüber dem Biltmore, wo ich einquartiert war. Seit ich denken konnte, war dies das erste Mal – Nachtflüge ausgenommen –, daß ich die ganze Nacht nicht ins Bett gekommen war. Als ich mein Zimmer betrat, klingelte das Telefon. Bob Kennedy rief an, um mir mitzuteilen, daß sein Bruder Lyndon Johnson zum Kandidaten für das Amt des Vizepräsidenten bestimmt habe und daß ich zur Sport-Arena hinauskommen solle; ich könnte es, sagte er, mit einem Aufstand zu tun kriegen. Es fiel mir auf, daß Bobby nicht zufrieden klang, und er war es tatsächlich nicht, wie ich später erfuhr. Aber ich fragte weder bei ihm noch bei Ted Sorensen, der, wenn mich mein Gedächtnis nicht trügt, etwas später anrief, nach.

Auf dem Weg zur Parteitagshalle legte ich mir meine Argumentation zurecht. Wieder kam ich auf Roosevelt: »Das gleiche hat Franklin D. Roosevelt gemacht, als er 1932 John Nance Garner wählte.« Wieder ein Texaner.

Es gab tatsächlich Widerspruch. Joseph L. Rauh jr., früher und später mein Verbündeter bei zahlreichen liberalen Anliegen, nahm sich ein Mikrophon und forderte den Kandidaten, wo immer er sich gerade befinden mochte, auf, diesen Skandal in Ordnung zu bringen. Einige aus meinen Delegationen protestierten vernehmlich. Doch war es wohl eher ihrer Erschöpfung und ihrem Wunsch, auf seiten des Siegers zu stehen, als meiner Beredsamkeit zu verdanken, daß der Widerstand rasch in sich zusammenfiel. Ich selbst hatte zu dieser Zeit Lyndon Johnsons Qualitäten bereits zur Genüge schätzengelernt, um selbst keinerlei Bedenken zu haben.

Ein paar Wochen nach dem Parteitag besuchte eine Gruppe von Liberalen der Americans for Democratic Action Kennedy in Hyannisport. John A. Roche, später ein Berater Johnsons im Weißen Haus und noch später Professor an der Fletcher School of Law and Diplomacy, fragte Kennedy, warum er Johnson ausgesucht habe.

In der für ihn typischen Art zählte Kennedy seine Gründe an den Fingern ab.

»Erstens: Ich hatte irgendwie das Gefühl, daß Johnson mich eher als irgendein anderer vom Beigeschmack des Katholizismus befreit. Ein Protestant aus den Südstaaten eben.

Zweitens: Im Süden ist er ganz offensichtlich eine Hilfe.

Drittens: Es würde sich nicht lohnen, Präsident zu sein, wenn Lyndon Führer der Mehrheitsfraktion ist.«

Kennedy, der mein Interesse oder Vergnügen an Johnsons skandalträchtigen Charakterisierungen und erfindungsreichen Zoten überhaupt nicht teilte, fügte dann hinzu: »Aber der Mann ist, wie Bobby schon sagte, ein Langweiler.« Es gab nicht viele, die diese Meinung teilten.

Ziemlich zu Anfang des Wahlkampfes kam ich erneut nach Los Angeles, um, wie es im politischen Geschäft heißt, Hollywood-Gelder lokkerzumachen. Ich nahm an einer Party teil, die Henry und Afdera Fonda in einem Haus gaben, das sie von Linda Christian gemietet hatten und das durch Nacktporträts und Statuen der früheren Bewohnerin sehr gewann. Die zweite Attraktion der Party war Edward Kennedy. Als die Spendensammlung begann, trat Bart Lytton vor und gab 5000 Dollar. Als niemand mit ihm gleichzog, spendete er noch mal denselben Betrag.

Im Herbst kam ich auf einer Wahlkampfreise mit Henry (Scoop) Jackson wiederum nach Kalifornien; auch diese Freundschaft sollte später unter dem Vietnamkrieg zu leiden haben. Während einer Wahlveranstaltung in San Diego am 26. September, dem Tag der ersten Kennedy-Nixon-Fernsehdebatte, teilte man mir mit, daß Kennedy mich zu einer Vorbesprechung »herüberbäte«. Er dachte, ich sei mit ihm und seiner Wahlkampfmannschaft in Chicago. Am 13. Oktober, dem Tag der dritten Fernsehdebatte, wurde ich erneut aufgefordert, meine Verpflichtungen abzusagen, um im Carlyle Hotel in New York an einer solchen Diskussion teilzunehmen. Diesmal befand ich mich glücklicherweise nur ein paar Häuser weiter. Kennedy, Sorensen, Arthur Schlesinger und ich aßen zusammen zu Mittag. Kennedy war sichtlich nicht in bester Verfassung. Mehrmals stellte er eine Frage zur Debatte, die möglicherweise in der Diskussion angesprochen würde, und wechselte dann das Thema, ohne eine Antwort abzuwarten. Einmal lenkte ihn die Suche nach einem Scheck ab, den ihm Mary Lasker, New Yorks beständigste Mäzenin für gute Zwecke, ein paar Minuten zuvor gegeben hatte. »Ich muß lernen, sorgfältiger mit Geld umzugehen.« Schließlich brach er die Sitzung ab und schlug Sorensen vor, mit ihm ins Studio zu gehen und sich an die dortige Atmosphäre zu gewöhnen.

Kennedy und ich fuhren gemeinsam im Lift hinunter, und ich sagte zu ihm, er wirke ein wenig angespannt – was zu diesem Zeitpunkt vielleicht nicht gerade die angebrachteste Bemerkung war. Historisch betrachtet, war seine Antwort faszinierend: »Ich sage mir dauernd: Kennedy, du bist das einzige, was noch zwischen Nixon und dem Weißen Haus steht.«[7]

Mit der Verfassung von Kennedys Reden hatte ich nicht sehr viel zu tun, wenngleich ich in späteren Jahren von der Presse dafür gelobt wurde. Die Reden, die Kennedy während des Wahlkampfes hielt, wurden durchweg von Sorensen und Richard Goodwin geschrieben. Mein Beitrag beschränkte sich hauptsächlich auf Randbemerkungen oder Telefongespräche mit Goodwin zu Wirtschaftsfragen. Vielleicht war es klug, einen gewissen Abstand zu wahren. Im Süden verkündete Nixon lauthals seine Entdeckung, die Demokratische Partei sei »die Partei von Schlesinger, Galbraith und Bowles« geworden, ein Dreigestirn, das er politisch gleichsetzte mit Lenin, Stalin und Mao Tse-tung.

Wirklich von mir stammte der Entwurf zur obligatorischen Rede über die Wirtschaft, und meine Version wurde nach etlichem Hin und Her einer anderen vorgezogen, die, wie man es damals sah, weniger radikal klang. Bei der Debatte um die beiden Reden war Joe Kennedy anwesend und stellte sich zum großen Erstaunen seines Sohnes entschieden auf meine Seite. »Es würde mich interessieren«, sagte Kennedy hinterher zu mir, »wie Sie es geschafft haben, meinen alten Herrn so für sich einzunehmen.« Die Rede wurde vor einer Versammlung von Wirtschaftsautoren und -redakteuren in New York gehalten. Kennedy spulte sie rasch herunter. Einige der Anwesenden fanden, er hätte Schwierigkeiten, seinen Abscheu vor dem Thema zu verbergen; andere vermuteten, seine Abneigung gelte dem Publikum.

Meine Hauptaufgabe während des Wahlkampfes bestand darin, an jenen Orten aufzutreten, wo Kennedy keine Chance hatte, doch wo aus Gründen der Höflichkeit und des politischen Anstandes ein wenigstens einigermaßen bekanntes Gesicht auftauchen mußte. Außerdem sollte ich gemeinsam mit Averell Harriman und Arthur Schlesinger versuchen, die jüdischen Wähler zu beruhigen, insbesondere im Staat New York.[8] Um einem liberalen und jüdischen Publikum glaubhaft zu machen, daß Kennedy kein neuer Torquemada und der Heilige Vater nicht ständig im Oval Office zugegen sein würde, reichte ein weiterer Katholik nicht aus. Auch kein weiterer Jude; den hätte man nur allzu leicht in die große Tradition der Assimilierten gestellt. Es zeigte sich somit einmal mehr, daß der Zugehörigkeit zu einer ethnischen Gruppe größere Bedeutung zugemessen wird als politischer Befähigung. Kaum eine jüdische oder vorwiegend jüdische Organisation in Manhattan, Brooklyn, in der Bronx bis hinaus zum Great Neck und nach Westchester blieb von meinem Auftritt verschont.

Meine Sternstunde bei diesen Bemühungen erlebte ich an einem schönen Oktobermorgen. Aus dem Carlyle kam die Order, eine Rede vor einem Demokraten-Klub in West Side abzusagen und statt dessen Kennedy vor der Federation of Jewish Women's Organizations zu vertreten, deren Mitglieder sich in einem Theater in der Broadwaygegend versammelt hatten, um sich die Ansichten der beiden Präsidentschaftskandidaten anzuhören. Ursprünglich hatte Kennedy selbst sprechen sollen, doch dann wurde bekannt, daß Nixon nicht kommen und statt dessen von Senator Jacob Javits vertreten würde. Das Wahlkampfprotokoll verbot Kennedys Auftritt gegen jemanden aus dem zweiten Glied. Also wurde jemand aus dem dritten Glied geschickt.

Javits sprach zuerst. Es gab keinen Tempel, kein B'nai B'rith, keine Leistung des United Jewish Appeal oder irgendeiner anderen Organisation in New York oder Israel – egal, wieviel sie noch mit dem Hebräertum zu tun hatte –, die nicht in seiner Einleitung oder gar in seiner Rede selbst Erwähnung gefunden hätte. Ich dachte an meinen Namen aus dem schottischen Hochland und an meine frühe, aber von Unbotmäßigkeit gekennzeichnete Beziehung zur Vereinigten Baptistischen Kirche und griff schließlich nach dem Ordner der selbstbewußten, hübschen Frau, die den Vorsitz innehatte, nahm die Vorstellung, die sie für mich vorgesehen hatte, heraus und schrieb statt »Professor für Wirtschaftswissenschaft in Harvard« »Professor für Wirtschaftswissenschaften am *Paul-M.-Warburg*-Lehrstuhl«. Als dieser Titel genannt wurde, lief hörbar ein Seufzer der Erleichterung durchs

Publikum. In versöhnlichem Ton erklärte ich, sie könnten beruhigt für den Mann stimmen, den Javits verdientermaßen mit überschwenglichem, ja kaum noch zu überbietendem Lob überschüttet hatte. Doch dieser Mann sei unglücklicherweise Javits selbst, nicht Nixon. Und Javits bewerbe sich nicht um die Präsidentschaft.

Selbst wer noch heute begeistert von den Kennedy-Jahren schwärmt, wird kaum der Ansicht sein, daß sich der Wahlkampf 1960 durch besonders klar umrissene Themen ausgezeichnet hätte. Wie immer in den Jahren seit 1948 setzten sich die Demokraten so sehr für die Belange des kleinen Mannes ein, wie es nur anging, ohne gleichzeitig die Wähler der Mitte damit zu schrecken, daß ihnen übermäßige Besteuerung oder anderes drohte. Umgekehrt setzten sich die Republikaner so sehr für das Wohl des privaten und korporativen Eigentums ein, wie es ihnen nur möglich war, ohne diejenigen hoffnungslos zu vergraulen, die auf die Hilfe der Sozialversicherung, der Agrarpreissubventionen, Gewerkschaften und garantierten Mindestlöhne bauten. In der Außenpolitik vertraten die Republikaner eine stramm antikommunistische Linie, und die Demokraten machten wie immer deutlich, daß auch sie dem Kommunismus gegenüber nicht nachgiebig waren.

Kennedy versprach in einer bedacht ungenauen Wendung, »dieses Land wieder in Gang zu bringen«. Dabei wurde ihm von Eisenhowers Wirtschaftsberatern Hilfe zuteil, die sich ausgerechnet die Wahlzeit ausgesucht hatten, einen Vorstoß zugunsten einer positiven Zahlungsbilanz zu machen und eine Politik des knappen Geldes zu betreiben. Die Folge war, daß die Preise für landwirtschaftliche Erzeugnisse sanken und die Arbeitslosigkeit etwas anstieg. Ikes Berater bewiesen, daß Ökonomen nicht einmal von Kalten Kriegern ausgestochen werden können, wenn es darum geht, einem Politiker der eigenen Partei eine Niederlage zu bereiten. Auch Herbert Hoover, Gerald Ford und Jimmy Carter fielen ihnen zum Opfer.

Außenpolitisch versprach Kennedy, die Raketenlücke zu schließen, die gar nicht existierte, und sicherte kubanischen »Freiheitskämpfern« seine Unterstützung zu. Dieser rhetorische Fauxpas bescherte ihm, als die CIA ihn ein paar Monate später in die Tat umsetzte, das Desaster in der Schweinebucht. Als Kennedys Stellungnahme zu Kuba an einem Abend Ende Oktober in den Schlagzeilen erschien, sprach ich gerade auf einer Versammlung in Brooklyn. Ich hatte sofort ein ungutes Gefühl, das durch die scharfe Kritik aus meinem Publikum noch verstärkt wurde. Mir war es eine Lektion, die allerdings viele bis heute noch nicht gelernt haben: Da Superpatrioten mehr Lärm machen als friedliebende, vernünftige Menschen, wird ihre Zahl und ihre Macht häufig überschätzt. Erst nach einer Niederlage oder am Rande einer Katastrophe (und hoffentlich nicht erst danach) werden sie als die Minderheit entlarvt, die sie – glücklicherweise – tatsächlich sind.

Kennedy hatte diese Lektion 1960 noch nicht gelernt. Aber kein politischer Führer lernte jemals schneller als er aus seinen Erfahrungen. Später kam er immer wieder auf die Rücksichtslosigkeit der Berufs-Chauvinisten zu sprechen. Dazu trug sowohl das mißlungene Abenteuer in der Schweinebucht bei als auch der Rat, den man ihm während der Raketenkrise erteilt hatte. Im Spätherbst 1962 kam ich aus Indien nach Washington und ging mit dem Präsidenten und Jacqueline Kennedy ins National Theater.[9] Um den Autogrammjägern zu entgehen – »Mr. President, ich habe Sie nicht gewählt, aber manche Ihrer Standpunkte bewundere ich sehr« –, gingen wir in der Pause hinter die Bühne und setzten uns auf die Treppenstufen. Er berichtete mir sehr emotionell und ziemlich ärgerlich von der Rücksichtslosigkeit einiger Expertenempfehlungen, die er während der gerade überstandenen Krise erhalten hatte, insbesondere von dem Vorschlag, die Raketenstandorte bombardieren zu lassen. »Ich hatte niemals die geringste Absicht, so etwas zu tun.« Die schlechtesten Ratschläge kamen wie immer von jenen, die fürchteten, Vernunft könne ihnen als Schwäche und mangelnder Heldenmut ausgelegt werden.

Die politische Rhetorik und Ranküne waren bald vorüber und die Wahlen gewonnen. Ausschlaggebend war dabei nicht die Brillanz der Kennedyschen, sondern die Schwäche der Nixonschen Kampagne. Viele von uns hielten Kennedy für besser als seinen Wahlkampf, und in diesem Punkt hatten wir recht.

25
Diplomatie und Gespenster

Kennedy, davon war ich stets überzeugt, war froh, mich in seiner Administration zu haben – aber in angemessener Entfernung, wie z. B. in Indien. Dies ersparte ihm eine zu enge Identifizierung mit meinen nun ausführlich dargelegten ökonomischen Ansichten. Auf seiner allerersten Pressekonferenz in Los Angeles nach seiner Nominierung wurde er gefragt, ob man nun davon ausgehen könne, daß er und die Demokratische Partei sich den Ideen der *Affluent Society* verschrieben hätten. Mit Geschick und Eleganz vermied er eine klare Antwort. Ein paar Tage nach der Wahl fragte er Arthur Schlesinger, ob ich den Vorsitz des Council of Economic Advisers übernehmen wolle. Schlesinger brachte mein Interesse an Indien zur Sprache. Kennedy schien darüber, wie Arthur später sagte, alles andere als bekümmert. Was mich betraf, so war ich wenig begeistert von dem Gedanken, das, was ich zwanzig Jahre zuvor mit enormer Machtbefugnis getan hatte, nun mit geringer Autorität erneut zu tun. Ebensowenig hatte ich Lust dazu, jeden Tag an demselben Eichentisch die gleiche Diskussion über die gleichen Fragen zu führen, und dies meistens mit Leuten, von denen ich manche nicht besonders gerne sah. Professoren, die direkt aus der relativen Armut universitärer Büros kommen, fühlen sich von Washington sehr angezogen, von der wohlüberlegten Platzverschwendung, den gerahmten präsidentialen Ernennungsurkunden und all dem anderen Zierat des hohen Beamtentums. Das hatte ich alles schon gehabt.

Ich wußte außerdem, daß das Weiße Haus zwar eine hervorragende Adresse, beruflich jedoch ein ungesunder Arbeitsplatz ist. Zwar ist es recht heikel, den Präsidenten anzugreifen, doch kann man sich getrost an seine Untergebenen halten. Die Zahl derer, die den Dienst für die Exekutive blessiert verließen – Harry Vaughan, Sherman Adams, Walt Rostow, Bert Lance –, würde ein kleines Krankenhaus oder aber, wie im Falle der Nixon-Leute, ein mittelgroßes Gefängnis der niedrigsten Sicherheitsstufe füllen. In Anbetracht meiner exzeptionellen Auffälligkeit gab es wenig Zweifel, wer als Blitzableiter fungieren würde.[1]

Mein Widerstand war indes nicht absolut. Im Dezember, während eines Besuches bei Kennedy in Palm Beach, erklärte ich mich nach einigem guten Zureden bereit, für ein paar Monate nach der Amtseinführung im Stab des Weißen Hauses mitzuarbeiten. Ich übernahm das alte Büro von Cordell Hull im ehemaligen State, War and Navy Building, das heute das Executive Office Building gleich neben dem Weißen Haus ist. Dort war es meine Aufgabe, Theodore Sorenson bei seiner umfangreichen literarischen Produktion behilflich zu sein, die im wesentlichen aus Memoranden an den Kongreß bestand, wie sie nach einem Regierungswechsel erforderlich sind oder für nötig gehalten werden. Abgesehen von einigen Aufenthalten in Cambridge verbrachte ich diese Wochen damit, schwarze Mercury-Limousinen in Anspruch zu nehmen, im Speisesaal des Weißen Hauses zu essen und in beispielloser Schnelle meine Telefonate beantwortet zu bekommen. Es war nett. Aber ich war nicht besonders traurig, als ich im April nach einer Überprüfung, bei der 106 Informanten befragt wurden und die sich über einen Zeitraum von drei Jahrzehnten voller Versuchungen erstreckte und dennoch keinen zwingenden Beweis für subversive Tätigkeit erbrachte, vom FBI und vom Senat grünes Licht bekam und nach Indien fahren konnte.

Während meiner Zeit als Botschafter führte ich genau Tagebuch in der Absicht, es eines Tages zu veröffentlichen. Dies tat ich dann auch sechs Jahre nach meiner Rückkehr aus Indien[2], als man mir nicht länger vorwerfen konnte, ich wolle mit jener unanständigen Hast, wie sie heutzutage die Norm ist, aus meinen Erfahrungen Profit schlagen. Ich habe nicht die Absicht, das, was ich in jenem Buch über die Kennedy-Ära erzählt habe, zu wiederholen, und um sicherzugehen, daß ich mich auch daran halte, behält mein Verleger *Ambassador's Journal* im Programm. Aus Gründen des Mitleids oder des Takts milderte ich darin mein Urteil über einige meiner Kollegen ein wenig. Einige geheime Angelegenheiten ließ ich aus, weil ich der Meinung war, ich sollte mich an die Regeln, denen zu gehorchen ich versprochen hatte, halten, oder aber, und dies war ein noch wichtigerer Grund, weil die Verantwortung eines Botschafters für die Aufrechterhaltung guter Beziehungen mit den Menschen und den Behörden des Landes, in das er geschickt wurde, nicht mit dem Ablauf seiner Amtszeit endet. Außerdem rettet die Geschichte manche Aktionen vor der Obskurität, während sie andere der Vergessenheit anheimfallen läßt. So hat heute unsere zunehmende Verstrickung in Vietnam, welche mich damals zwar bekümmerte, aber keineswegs voll beanspruchte, einen sehr viel höheren Stellenwert. Den Dingen, die ich in meinem Tagebuch ausließ, will ich mich nun zuwenden und mich im wesentlichen auch auf sie beschränken.

Die Aufgabe eines amerikanischen Botschafters besteht darin, die zivilen Kontakte mit der Regierung, bei der er akkreditiert ist, aufrechtzuerhalten und in dem Maße, wie es seine Persönlichkeit zuläßt, die Majestät und Würde der Vereinigten Staaten zu personifizieren. Niemand sollte meinen, dies sei intellektuell oder physisch besonders anstrengend. Seit langem ist es einer der Grundsätze der amerikanischen Politik, daß jeder, ohne Rücksicht auf Erfahrung, Bildung, politische Fähigkeiten oder auch nur eine elementare Kenntnis des englischen Satzbaus, amerikanischer Botschafter sein kann, und nur wenige Grundsätze sind so ausgiebig getestet worden. Die Ergebnisse waren nicht immer glücklich, doch wird die schlimmste Konsequenz nur selten erwähnt. Sie liegt in der unfairen Tatsache, daß man professionelle Beamte des diplomatischen Dienstes ihr ganzes Leben lang von der Pike auf dienen läßt und ihnen schließlich den höchsten Posten versagt. Statt dessen beenden sie ihre Karrieren als Untergebene eines politisch unbedarften Fabrikanten für Hundefutterkonserven, dessen Ernennung vermutlich obendrein noch das System der freien Marktwirtschaft eines gesellschaftlich wertvollen Unternehmers beraubt.

In Indien befanden sich während meiner Zeit dort etwa fünfzig Botschafter einschließlich der sogenannten Hochkommissare aus den anderen Commonwealth-Ländern. Sie boten ein spektakuläres Beispiel für das, was Wirtschaftswissenschaftler nach Joan Robinson von der Universität Cambridge »verschleierte Arbeitslosigkeit« nennen. Die Botschafter von Argentinien oder Brasilien dürften insgesamt nicht mehr als einen Tag ernsthafte Arbeit pro Monat gehabt haben. Die stärker engagierten Diplomaten aus Skandinavien, den Niederlanden, Belgien oder Spanien konnten sich ihrer wesentlichen Aufgaben an einem Tag pro Woche entledigen. Die Vertreter einiger kleinerer lateinamerikanischer oder levantinischer Republiken waren stärker beansprucht – von vornehmen Schwarzmarktgeschäften, insbesondere dem diplomatisch getarnten Import von Uhren, Gold, Pharmazeutika und anderen Gütern von hohem Wert und geringer Größe, die in Indien hoch im Kurs standen. Auf diese Art und Weise besserten die Gesandten ihre unzureichenden offiziellen Gehälter auf.

Alle, auch meine amerikanischen Kollegen, legten großen Wert auf die routinemäßigen offiziellen Veranstaltungen. Dergleichen Festivitäten galten als Goodwill-Aktionen, und man ging davon aus, daß unter dem Einfluß von Essen und Alkohol viele nützliche Informationen ausgetauscht wurden. Der Wert des Goodwill, den man auf diese Weise kaufen kann, entspricht, sieht man von Teilen der Presse ab, seinen Kosten: Während meiner Indienjahre erfuhr ich auf einer Cocktail- oder Dinnerparty niemals etwas, das ich nicht schon längst wußte, unbedingt hätte wissen müssen oder im normalen Geschäftsverlauf nicht ohnehin bald erfahren hätte. Die Bedeutung, die Diplomaten aller Länder in sämtlichen Hauptstädten Empfängen und Einladungen zumessen, ist das Ergebnis einer Verschwörung, deren Funktion sich in netten gesellschaftlichen Kontakten und in kontrollierten Besäufnissen erfüllt.

Eine der wichtigsten Instruktionen, die ich auf dem Weg nach Indien mitbekam, bestand darin, soviel Zeit wie möglich auf Reisen zu verwenden.[3] Dadurch, so glaubte man, würde ich unmittelbar mit Land und Leuten in Berührung kommen. Obwohl es unklar war, wer oder was davon profitieren würde, versprach es, großartig zu werden. Nur wenige Anweisungen in meinem Leben habe ich so freudig befolgt. Ich würde die so unendlich abwechslungsreichen Landschaften und Städte Indiens sowie seine Kultur kennenlernen, ja es war dies sogar meine Pflicht. Und das war noch nicht einmal alles. Eine kurze, problemlose Unterredung mit Robert McNamara, dem damaligen Verteidigungsminister, bei der ich die große Ausdehnung Indiens hervorhob, brachte meinem Luftwaffenattaché eine hübsche Convair ein, die meine Mobilität erleichtern sollte. Gleichzeitig trug mir dieser Erfolg einen Verweis von Kennedy ein, der glaubte, mein Flugzeug würde unserer Freundschaft zugeschrieben werden, und meinte, alle anderen Botschafter würden nun ähnlich ausgestattet werden wollen. Er gab sich erleichtert, als ich vorschlug, Convairs sollten generell auf Botschafter in Ländern mit einer Bevölkerung von 400 Millionen und mehr Einwohnern beschränkt bleiben.

Auf den Reisen mußten Reden gehalten werden. Ich lernte jedoch leichter, als ich erwartet hatte, daß sich in diesen bescheidene Eleganz mit Inhaltslosigkeit verbinden ließ. Unsere Reisen stärkten die Position der von uns besuchten Lokalpolitiker, von denen wir zur Schau gestellt wurden; unglücklicherweise galt dies für die schlechten ebenso wie für die guten. Im übrigen förderten sie meine Weiterbildung in indischer Architektur, Landwirtschaft, Geographie und Geschichte erheblich, trugen aber nur wenig zu den Fragen bei, die für Washington von Bedeutung waren: Derartiges erfährt man nahezu ausschließlich in der Hauptstadt. Ich lernte Menschen kennen, aber von den damals 440 Millionen Einwohnern Indiens traf ich nur einen winzigen Bruchteil, und die Vorteile solcher Besichtigungen (oder des Besichtigtwerdens) sind höchst fragwürdig. All dies sah ich mit der Zeit ein, wenn auch nur widerwillig. Ein Begriff wie »raus und unter die Leute gehen« klingt so überzeugend, daß mir das Geständnis, wie wenig man damit erreicht, noch heute peinlich ist.

In Neu-Delhi konzentrierte ich mich mit Fleiß auf jene Dinge, die ich besser beherrschte als die Mitarbeiter meines Stabes – auf Besuche bei Nehru (der gleichzeitig Außenminister war) und anderen hohen Regierungsbeamten, auf die Beantwortung dieses oder jenes Telegramms, das in verständliches Englisch übertragen werden konnte und ernsthafte politische Fragen betraf, sowie auf die Wahrnehmung gesellschaftlicher Verpflichtungen, bei denen nur der Botschafter gut genug ist. Administrative Pflichten, für die andere qualifizierter waren – sie reichten von Fragen der Personalauswahl bis zu Krisen im Sexualleben des Marinekontingents und der Überwachung der diplomatischen Routine, d. h. den konsularischen und berichtenden Aktivitäten –, suchte ich zu umgehen. Bald entdeckte ich, daß die notwendigen Aufgaben in ungefähr zwei Stunden der offiziellen täglichen Arbeitszeit erledigt werden konnten. Bei jedem Zeitaufwand, der darüber hinausging, war schlechtverhülltes Nichtstun mit im Spiel.

Ich verbrachte die verbleibenden Stunden mit Schreiben, Lesen und dem Studium der indischen Kunst. Ich schrieb in diesen Jahren eine Anzahl von Büchern, von denen ich einige bereits erwähnt habe: eine Erinnerung an die schottische Volksgruppe in Süd-Ontario zur Zeit meiner Jugend[4], ein aus Reden zu dieser Thematik hervorgegangenes Buch über wirtschaftliche Entwicklung, bei dem ich allen, die sich danach erkundigten, stets geraten habe, es nicht zu lesen[5]; mein erstes belletristisches Experiment, *The McLandress Dimension*, das unter dem Pseudonym Mark Epernay veröffentlicht wurde[6], sowie das Tagebuch, aus dem später *Ambassador's Journal* wurde. Außerdem begann ich zusammen mit M. S. Randhawa das Buch über die indische Malerei des 16. bis 18. Jahrhunderts, das ich bereits erwähnt habe.[7] Damit dürfte der Beweis erbracht sein, daß meine Botschafterpflichten mich nicht vollkommen in Anspruch nahmen. Mit nur wenig Schwindelei gewann ich jedoch in der indischen ebenso wie in der Washingtoner Presse den Ruf, ein außergewöhnlich fleißiger Diplomat zu sein.

Andererseits gibt es aber für Botschafter genauso wie für Piloten oder Bewacher bei einer Bank Augenblicke höchster Spannung und Aktivität. Der erste dieser Art betraf nicht die indische Regierung, sondern die CIA.

Am 27. März 1961, kurz vor meiner Abreise nach Indien, traf ich mich im Metropolitan Club in Washington mit G. Lewis Jones, einem konservativ gesinnten Beamten des diplomatischen Dienstes, der damals Staatssekretär im Außenministerium für nahöstliche und südostasiatische Angelegenheiten war, zum Essen. Er sagte mir, daß er vergangene oder beabsichtigte Aktivitäten der CIA in Indien angesichts der von uns gepriesenen und gutgeheißenen demokratischen Prozesse für eine Schande hielt. Er forderte mich auf, mich selbst zu informieren und dem Treiben ein Ende zu setzen. Lewis Jones war ein guter Mann.

Zwei Tage später wurde ich von der CIA über seine Aufklärungsoperationen in Indien in Kenntnis gesetzt. An dem Treffen nahm auch Richard M. Bissell jr. teil, der mir ein Papier mit dem Budgetentwurf für das kommende Jahr zeigte. Bissell war ein fähiger, intelligenter Ökonom und alter Keynesianer, der sich in den Tagen des New Deal aus den politischen Schwärmereien jener Zeit herausgehalten hatte. Keynes war eine Sache, liberale Politik eine andere. Sein mit professioneller Kompetenz verbundener konservativer Kern ließ ihn folglich für die Geschäftsleute sehr interessant werden, die in späteren Jahren mit dem Marshall-Plan befaßt waren, bei dessen erfolgreicher Durchführung er besonderen Einfluß ausübte. Danach schloß er sich Allen Dulles an, in dem Glauben, daß der Kommunismus überall eine automatische und oft gedankenlose Antwort erfordere und daß ein derartig böses System im Gegenzug unsaubere Methoden rechtfertige.

Die Zeit, die sich Bissell an jenem Morgen nahm, muß ihn aus den letzten Planungsstadien für die Schweinebucht-Invasion herausgerissen haben, falls man bei einem so chaotischen Unternehmen überhaupt von Planung reden kann. Er war Stellvertretender Direktor der CIA für »Pläne«, dem Euphemismus für geheime Operationen oder solche, von denen optimistischerweise angenommen wurde, sie würden geheim bleiben.

Bissells Liste entsetzte und deprimierte mich gleichermaßen. In einer Hinsicht waren die Vorschläge, wie ich damals notierte, unerheblich; nichts würde durch ihre Ausführung geändert werden. Die indische Politik hat ihre eigene unkontrollierbare Dynamik, weshalb sie unabhängig von allen möglichen äußeren Einflüssen abläuft. Von nichts konnte man weniger Ergebnisse erwarten als von irgendwelchen CIA-Aktivitäten. Dagegen konnten der Umstand, daß die vorgeschlagenen Unternehmungen mit Gewißheit auffliegen würden, und die sich daraus ergebenden Auswirkungen auf unsere Beziehungen zur indischen Regierung (sowie die Auswirkungen auf mich selbst als amerikanischem Botschafter) sehr schädlich sein. Da viele Inder darin verwickelt und den wechselnden Zwängen der Politik und des Gewissens unterworfen sein würden, war eine Aufdeckung unvermeidlich. Eine große, in die Millionen gehende Summe sollte antikommunistischen Kandidaten in den zwölf Monate später stattfindenden Wahlen zufließen. Kleinere Summen sollten für die Unterstützung von Zeitungen und ein paar einflußreichen Politikern sowie zur Finanzierung eines politischen Magazins mit entsprechend antikommunistischer Tendenz beiseite gelegt werden. In jener Nacht schrieb ich in mein Tagebuch, daß man mich »über verschiedene gespenstische Aktivitäten informiert habe, von denen mir einige nicht gefallen. Ich werde sie unterbinden.«[8] Es war ein Optimismus, der ganz und gar nicht meinen Gefühlen entsprach; wenn alles andere mißlingt, können Tagebücher der persönlichen Beruhigung dienen.

Vielleicht einen Tag später – es war einer meiner letzten Tage in Washington – erfuhr ich von Chester Bowles von der geplanten Aktion gegen Kuba. Ich machte mir finstere Gedanken über die Aktivitäten, mit denen ich es nun zu tun bekommen sollte. Mir tat das Land leid und ich mir selbst leider noch mehr. Ich war dabei, zu akzeptieren, was ich eigentlich hätte ablehnen sollen; eines Tages würde ich dafür geradestehen müssen. Aber wie Tausende vor und nach mir, sagte ich mir, daß ich, indem ich den Job behielt, vielleicht ein wenig würde verändern können. Wie viele andere, die sich dies einreden, ging es mir darum, daß ich jetzt wirklich Botschafter werden wollte. Zum Thema

Kuba schrieb ich einen Brief an den Präsidenten, in dem ich auf die Kosten unseres, wie ich es nannte, militärischen und politischen »Abenteurertums« in der Vergangenheit hinwies, zum Beispiel MacArthurs Vorstoß zum Yalu, die durch die U-2-Affäre geplatzte Pariser Gipfelkonferenz oder auf Guatemala, wo scheinbarer Erfolg schwer zu Lasten unseres Rufes in den anderen lateinamerikanischen Ländern ging. Der Brief diente weniger dazu, den Präsidenten zu überzeugen, als vielmehr zur Beschwichtigung meines eigenen Gewissens.

Am meisten beunruhigte mich ein ganz besonders wahnwitziges Vorhaben. Die CIA unternahm von Stützpunkten in der Nachbarschaft von Bangkok aus ausgedehnte Flüge über Indien bis hin zur nepalesischen Nordgrenze. Dort wurden von den Flugzeugen Waffen, Munition und andere Nachschubgüter für aufständische und höchst unhygienische Stammesangehörige abgeworfen, die dereinst im benachbarten Tibet durch die Landschaft gezogen waren und sich nun mit Überfällen auf das Territorium, aus dem man sie hinausgeworfen hatte, die Langeweile vertrieben. Man glaubte, diese Militäraktionen würden in Peking (oder Peiping, wie Dean Rusk es noch immer beharrlich nannte), großen Kummer verursachen.[9] Die Stämme hatten jedoch den Rang eines treuen Alliierten erreicht; und einem treuen Alliierten mußten wir nach dem Ehrenkodex der Zeit die Treue halten, egal, was es kostete.

Als ich im April in Neu-Delhi ankam, leitete ich eine gründliche Untersuchung der CIA-Operationen ein. Ich war nicht belastet von Unbefangenheit, sondern überzeugt davon, daß die meisten der vorgeschlagenen Projekte, was ihre antikommunistischen Ziele betraf, nutzlos waren und uns außerdem, wurden sie erst einmal bekannt, großen Schaden zufügen könnten. Der CIA-Leiter vor Ort, ein intelligenter ehemaliger Geschichtslehrer namens Harry A. Rositzke[10], unternahm keine großen Anstrengungen, sie zu verteidigen. Weder er noch andere waren enttäuscht, als sie erfuhren, daß ich dagegen war.

So kehrte ich im Mai 1961 mit der Absicht nach Washington zurück, Geheimoperationen aller Art in Indien, d. h. finanzielle Unterstützungen von Parteien, Politikern oder Zeitungen und alle anderen unnötigen geheimdienstlichen Aktivitäten, zu beenden. Lediglich die normale Berichterstattung, wie sie unparteiisch und genau von allen größeren Staaten durchgeführt wird, sollte bleiben.[11] Ich schrieb ein Memorandum, in dem ich meine Einwände präzisierte, und ließ es all jenen zugehen, von denen ich mir Zustimmung erhoffte. Und zusammen mit meinen noch stärkeren mündlichen Argumenten nahm ich es mit zu John F. Kennedy und McGeorge Bundy, der inzwischen Sonderbeauftragter des Präsidenten in Fragen der Nationalen Sicherheit war. Nachdem ich meine Hauptargumentation so vorbereitet hatte, griff ich dann Richard Bissell, andere hohe CIA-Beamte und schließlich Allen Dulles an. Indem ich durchsickern ließ, daß ich die Sache im Weißen Haus vorgebracht hatte, nährte ich den Eindruck, der Präsident habe sich aufgeschlossen gezeigt, was im allgemeinen auch stimmte. Auf jeden Fall wußten sie, daß Kennedy ohne Einwände darüber informiert worden war, daß die Operationen Wahnsinn seien.

Ich war auf einen harten Kampf vorbereitet. In Wirklichkeit ging alles viel leichter, als ich je zu hoffen gewagt hätte. Der Zeitpunkt erwies sich - zufälligerweise - als hervorragend. Das Fiasko in der Schweinebucht hatte die ehemals gefährlich selbstbewußten Drahtzieher der Geheimoperationen in eine sehr gedämpfte Stimmung versetzt. Als ich mich an Dulles wandte, interessierte sich dieser fast ausschließlich für die Empfänger meines Memorandums, da er sich die Kopien zurückholen wollte. Sie waren Beweismaterial gegen seine Amtsführung; in manchen Dingen war er eben genauer als die anderen. Einer von Dulles' leitenden Mitarbeitern sagte mir anfangs im Zorn und dann unter Tränen, daß ich Indien den Kommunisten ausliefere. Ich überlegte, ob ich antworten solle, daß angesichts der individualistischen, um nicht zu sagen mitunter anarchistischen Tendenzen der indischen Linken niemand dem Kommunismus ein derartiges Unglück wünschen könne, verzichtete dann aber darauf. Im Herbst 1962, während des indisch-chinesischen Grenzkrieges, sollte mir dieser Gedanke jedoch noch gute Dienste leisten.

Alle heimlichen Operationen mit Ausnahme der Flüge nach Nepal wurden gestrichen. Mit Hilfe Robert Kennedys überredete ich später den Präsidenten, auch diesen ein Ende zu setzen. Dies geschah, während der Präsident in der Badewanne seinen Rücken mit heißem Wasser behandelte und dabei den Wasserhahn mit dem Fuß bediente. Bob Kennedy gesellte sich zu uns, und einer seiner Söhne, der damals acht Jahre alt war, lauschte unseren Gesprächen über diese streng geheimen Angelegenheiten mit offenkundigem Interesse. Es ist durchaus möglich, ja sogar wahrscheinlich, daß andere inzwischen ähnliche Empfehlungen gegeben hatten.

Seitdem ich Indien verlassen habe, gab es in der indischen Presse und im Parlament wiederholt Skandale wegen CIA-Einmischungen in die indische Politik. Keiner dieser Skandale beschäftigte sich ernsthaft mit Aktivitäten, die sich während meiner Amtszeit oder in deren unmittelbarer Folge abspielten. Wären die Dulles/Bissell-Vorschläge in die Tat umgesetzt worden, so wären sie auch ans Licht gekommen und hätten auf indischer Seite zu wutentbrannten Reaktionen und einer Vergiftung der Beziehungen zwischen unseren beiden Staaten geführt. Eine - außer für mich selbst - weniger bedeutende Folge wäre meine eigene Verstrickung in die Sache gewesen. Daß ich diesen Aktivitäten einen Riegel vorschob, war vielleicht meine nützlichste Tätigkeit in jenem Frühjahr.

Es erübrigt sich zu sagen, daß der indische Kommunismus in der Folgezeit keineswegs aufblühte. Die Wahlen von 1962 wurden zu einem Riesenerfolg für die Kongreßpartei unter Jawaharlal Nehru. Im Laufe der Jahre spalteten sich die indischen Kommunisten in prosowjetische, prochinesische und proindische Parteien mit diversen Randgruppen, die ihre Namenspatrone durchwegs für zu gemäßigt hielten. Bei zwei indischen Kommunisten besteht die hohe Wahrscheinlichkeit, daß man es mit zwei kommunistischen Parteien zu tun hat. Kommunistische Regierungen sind in Westbengalen und Kerala an die Macht gekommen; sie haben dort gezeigt, daß zu viele Menschen, zu wenig Land, zu wenig Industrie und das daraus resultierende Gleichgewicht der Armut für Kommunisten ebenso unlösbare Probleme sind wie für alle anderen. In Indien wie überall sonst in den armen Ländern gibt es keine revolutionäre Erlösung. Gäbe es sie, hätte der Kommunismus schon lange triumphiert.

Zurück in Washington, im Herbst 1961, begegnete ich Richard Bissell eines Tages im Hay-Adams Hotel. Er erzählte mir, daß er den Staatsdienst verlasse. Der Präsident hatte ihm gesagt, daß nach dem Desaster in der Schweinebucht alle zukünftigen Mißgeschicke unvermeidlich ihm, Bissell, angelastet werden würden. Es wäre daher besser für ihn zu gehen. Es war traurig. Ein Mann von ruhigem, höflichem Auftreten und mit einem hochintelligenten Gesicht, hatte er in seiner Funktion als führender Architekt und Organisator des Marshall-Plans die Bewunderung aller Beteiligten verdient. So wie Dulles sich auf einem Posten befand, der seine Intelligenz weit überforderte, so hatte Bissell sich auf Unternehmungen eingelassen, die weit unter seinem Wert lagen. Zu meinem Bedauern habe ich ihn seither nicht mehr gesehen.

26
Das Außenministerium, Jawaharlal Nehru und Indien

Die Regeln des bürokratischen Erfolges – wie man eine Organisation bewegt und wie man sich in einer Organisation bewegt – sind oft diskutiert worden. In den hektischen Tagen des Zweiten Weltkriegs hatte ich viel darüber nachgedacht; in den Kennedy-Jahren bemerkte ich, wie ich sie für die weitaus leichteren Aufgaben eines Botschafters wiederentdeckte.[1] Ich würde insgesamt acht Regeln empfehlen:

1. Vergewissere dich entweder der Unterstützung des Präsidenten oder pflege mit größtmöglicher Vorsicht den Eindruck, du hättest sie. Aus dem gleichen Grunde bilde dir niemals ein, du könntest gegen das Weiße Haus kämpfen; wenn du Schwierigkeiten hast, mußt du deine Niederlage eingestehen und, wenn es die Sache erfordert, zurücktreten.

2. Nutze die Presse völlig freimütig. Der Beamte mit guten Verbindungen zur Presse wird respektiert, vielleicht sogar gefürchtet. Derjenige, der keine solchen Verbindungen hat, der Reporter meidet und keine Stimme hat, die für ihn spricht, bekennt Unsicherheit oder Schüchternheit und lädt andere geradezu ein, dieselben auszunutzen. In ähnlicher Weise gesteht auch der Mann, der sich auf heimliche Indiskretionen verläßt, einen Mangel an Effizienz ein. Außerdem muß er viel Zeit darauf verwenden, seine Spuren zu verwischen, und kann, ohne daß dabei auf den Wert seiner Argumente eingegangen werden muß, besiegt werden, indem man seine Aktivitäten aufdeckt. Die meisten bürokratischen Indiskretionen entspringen nicht der Stärke, sondern der Schwäche.

3. Laß deine Ansichten mit Hilfe des gedruckten Wortes in weiten Kreisen der maßgeblichen Regierungsbehörden kursieren und stelle sie überzeugend dar. Die moderne Bürokratie ist sehr groß; nur wenige Leute kann man aufsuchen, um sie persönlich zu überzeugen. Aber die Zahl derer, die mit einem gut durchdachten Memorandum erreicht werden können, ist unbegrenzt. Und wenn dies lesbar ist, so wird es auch gelesen werden, da Lesen die Hauptbeschäftigung von Bürokraten ist.

4. Stehst du vor der Wahl, das Vertrauen deiner Freunde zu behalten oder deine Feinde beschwichtigen zu können, so zögere nie. Es sind deine Freunde, die dich mächtig machen. Du kannst dich gegen Opposition durchsetzen, aber das geht nicht ohne Verbündete.

5. Zorn und Entrüstung können nützlich sein, wenn sie simuliert werden, sollten jedoch nie echt sein. Sie beeinträchtigen die Urteilsfähigkeit.

6. In der Außen- ebenso wie in der Wirtschaftspolitik liegt der Schlüssel zur Weisheit darin, sich nicht allzu sicher zu sein – niemand kann das Ergebnis einer bestimmten Vorgehensweise exakt voraussagen. Um bürokratischen Erfolg zu haben, muß man nichtsdestoweniger eine Aura von Selbstsicherheit kultivieren. Andere, die selbst unsicher sind, werden dein Selbstvertrauen als Ersatz für ihre eigenen Zweifel nehmen. Wenn es dir an Selbstvertrauen mangelt, werden sie ihres an seine Stelle setzen.

7. Nimm dort, wo es angemessen ist, eine leicht bedrohliche Haltung an. Viele öffentliche Bedienstete werden zur Vermeidung einer Auseinandersetzung ihre eigenen Überzeugungen verleugnen. Und manche haben bequemerweise gar keine.

8. Sei, wenn irgend möglich, geistig stets darauf gefaßt, praktisch jeden Tag Washington mit dem nächsten Flugzeug verlassen zu können. Nichts schwächt die Stellung eines höheren Beamten so sehr, wie wenn allgemein bekannt ist, daß er seinen Job so liebt oder ihm anderweitig so verpflichtet ist, daß er letztlich doch immer wieder klein beigibt.

In Indien bediente ich mich einiger dieser Regeln mit Erfolg. Angesichts meiner vorausgegangenen Zusammenarbeit mit John F. Kennedy versuchte ich im Außenministerium stets den Eindruck zu vermitteln, ich stünde in engem und ständigem Kontakt mit dem Oval Office. Ich verstärkte dieses Gefühl noch durch häufige Briefe an den Präsidenten, die ich so interessant oder vulgär abfaßte, daß sie ganz sicher seine Aufmerksamkeit fesseln würden. Wenn er sich in Gesprächen auf diese Briefe bezog, wurde mein Zugang zu ihm bekannt.

Dem amerikanischen Pressekorps in Neu-Delhi mangelte es immer an Nachrichten, die, wie seine Mitglieder es phantasievoll nannten, »einen amerikanischen Blickwinkel« hatten. Insbesondere bei zwei Reportern – Selig S. Harrison von der *Washington Post* und Philip Potter von der *Baltimore Sun* – konnte man darauf zählen, daß sie Gedanken und Ideen schneller und effektvoller nach Washington und ins Weiße Haus übermittelten als die offiziellen Kommunikationswege. Aber die Telegramme an das Außenministerium, die in Hunderten von Exemplaren auch außerhalb desselben im Weißen Haus, im Pentagon und beim CIA die Runde machen, sind eine großartige Methode, andere zu überzeugen. Ebenso wie bei meinen Briefen an den Präsidenten verwendete ich große Mühe darauf, die wichtigeren Telegramme interessant oder gelegentlich auch unanständig oder beleidigend klingen zu lassen, da ich sichergehen wollte, daß man sie auch las. Noch immer treffe ich mitunter pensionierte Admirale, die mir von dem Vergnügen erzählen, das sie empfanden, wenn sie eines meiner Telegramme in der Vormittagspost fanden.

Gegen Ende 1961 führte ich eine Telegrammkampagne bescheidenen Umfangs gegen die fortgesetzte und unerschütterliche Unterstützung der portugiesischen Regierung unter Ministerpräsident Antonio de Oliveira Salazar durch das Außenministerium sowie gegen unsere damit verbundene, längst überlebte Befürwortung kolonialer Herrschaftsformen in Afrika und Indien. Neben anderen Übertreibungen bemerkte ich, daß wir unsere gesamte Position in jenem Teil der Welt für ein paar Hektar Asphalt auf den Azoren aufs Spiel setzten. Dean Rusk bat McGeorge Bundy, er möge darum ersuchen, den Gebrauch der Telegramme zur Weiterverbreitung meiner Ansichten zu unterbinden. Kennedy weigerte sich strikt. Im Gegensatz zum Rest seiner offiziellen Lektüre, so sagte er, erheiterten meine Depeschen seinen Alltag, selbst wenn sie keine Informationen enthielten.[2] Die Fähigkeit, so zu schreiben, daß man Aufmerksamkeit erregt, gehört zu den wertvollsten bürokratischen Waffen.

Bemerkungen dazu, wie ich andere Prinzipien des bürokratischen Erfolgs oder der bürokratischen Aggression anwandte, erfordern zunächst ein paar Worte über die Leute, mit denen ich es zu tun hatte.

Der Staatssekretär für nahöstliche und südasiatische Angelegenheiten, mein direkter Kontaktmann im Außenministerium in jenen Jahren, war Phillips Talbot, der Nachfolger des prinzipienbewußten Lewis Jones. Talbot war für diesen Posten von Chester Bowles mit meiner anfänglichen und ziemlich überhastet erteilten Zustimmung angeworben worden. Er gehörte zur New Yorker außenpolitischen Liga *(foreign policy guild)*, einer gelehrten Vereinigung, deren Mitglieder, unterstützt von wohltätigen Stiftungen, ihre Karrieren mit dem Studium oder der Diskussion der Außenpolitik sowie mit der Förderung der internationalen Verständigung oder deren Gegenteil machen. Die Zulassungsbedingungen variieren. Vor allem ist ein guter Riecher für das jeweils gerade gängige Klischee erforderlich. Talbot, damals 46 Jahre alt, war ein Mann von knapp überdurchschnittlicher Größe, gediegener Körperfülle und vollem Gesicht, das auffallend weich, ja fast verformbar wirkte. Er hatte, offensichtlich recht kompetent, eine Organisation namens »The American University Field Staff« geleitet, die durch die Stationierung von Vertretern der amerikanischen akademischen Gemeinde in verschiedenen fremden Ländern die internationale Verständigung förderte. Nach seiner Übersiedlung nach Washington richtete er sich alsbald häuslich im Kreise der noch amtierenden Mitarbeiter der Gebrüder Dulles ein. Es war ihre Überzeugung, daß zur Politik gegenüber den armen Ländern auch ein bißchen mildtätige Hilfe gehörte. Aber diese sollte unserem System der Militärallianzen untergeordnet sein. Wie irrelevant der Kommunismus in einem verarmten Dorf auf dem Lande auch sein mochte, wie schwer es auch war, einen kommunistischen von einem antikommunistischen Urwald zu unterscheiden – Antikommunismus war die Grundlage jeder Politik. Viele von uns hatten gehofft, gerade diese Haltung ein wenig ändern zu können. Mit Bestürzung stellten wir fest, daß wir einen Glaubensfesten engagiert hatten.

Bald bekam ich jedoch heraus, daß vieles auch für Talbot sprach. Seine Freude über den unerwarteten Aufstieg ins – verglichen mit der philanthropischen Peripherie – Hauptfahrwasser der Außenpolitik war ungeheuer. Das gleiche galt für seinen Wunsch, Auseinandersetzungen zu vermeiden. Indem ich, der oben erwähnten Regel 7 folgend, eine entsprechend bedrohliche Haltung einnahm, konnte ich, wie ich herausfand, in allen wichtigen Angelegenheiten meinen Standpunkt durchsetzen. Gleichfalls hilfreich war die Aura höchster Selbstsicherheit. Nach einer Begegnung mit ihm in New Delhi notierte ich im August 1961 in mein Tagebuch: »Am Nachmittag schwang Talbot weitere Reden über die Harmonie in Washington, die vielen außenpolitischen Studien, die gerade in Arbeit seien, und legte sich selbst auf nichts fest. Er wird sich, denke ich, immer von der unangenehmsten Person in seiner Umgebung beherrschen lassen. Vielleicht kann ich mich dafür qualifizieren.«[3] Noch heute empfinde ich beim Gedanken an Talbot wenn schon nicht Zuneigung, so doch Dankbarkeit.[4]

Eine insgesamt viel eindrucksvollere und interessantere Persönlichkeit war Dean Rusk, in vielfacher Hinsicht der Inbegriff des staatlichen Managers. 1961 war er 52 Jahre alt, von angenehm unathletischem Äußeren und einer Redeweise, in der noch immer ein gefälliger leichter Südstaatenakzent mitschwang. Er war im persönlichen Umgang durchweg höflich und zuvorkommend, aber auch unerschütterlich von seiner eigenen Vorstellung vom Allgemeinwohl überzeugt.

Selbst nach einem erholsamen Drink, gegen den er nie etwas einzuwenden hatte, vermittelte Dean Rusk den Eindruck, unentwegt auf der Hut zu sein. Meinungen, die den seinen zuwiderliefen, hörte er sich geduldig an und, wie man bald herausfand, ohne auch nur im entferntesten daran zu denken, seine eigene zu ändern. Sein öffentliches Glaubensbekenntnis heischte perfekte Loyalität gegenüber dem Präsidenten, dem er gerade diente. Mit vielem von dem, was er von Kennedy und mehr noch von Bundy, Schlesinger, Richard Goodwin und anderen Mitarbeitern des Weißen Hauses zu hören bekam, war er nicht einverstanden. Doch weder opponierte er, noch beteiligte er sich häufig an Debatten. Seine Meinung änderte er gleichfalls nicht.

Bei Dean Rusk waren weit stärkere Einflüsse zum Tragen gekommen und hatten einen weitaus stärkeren Charakter geformt als im Falle des passiven Talbot. Häufig ist auf Rusks streng religiöse Erziehung und seine von daher rührende Empfänglichkeit für hochmoralische Urteile und kanonische Glaubenstreue verwiesen worden. Aus diesem Grund hielt man ihn für einen Parallelfall zu John Foster Dulles und sah in beiden Produkte eines frühen, unbeugsamen Presbyterianertums. Das ist hochgestochener Blödsinn. Rusk wurde von Prinzipien geleitet, ganz egal, wie unklug oder unbequem diese auch sein mochten. Dulles dagegen kümmerte sich immer nur um seine aktuellen Bedürfnisse, Interessen oder Bequemlichkeiten. Seine Verschlagenheit war hochentwickelt. Und niemals wäre jemandem eingefallen zu behaupten, daß sein Bruder Allen, der denselben religiösen Hintergrund hatte, irgendeiner Form von moralischem Imperativ unterworfen war.

Zunächst in einer zweitrangigen akademischen Position als Dozent für Politische Wissenschaften und Sprecher des Lehrkörpers an dem kleinen, aber angesehenen Mills College in Oakland/California tätig, war Rusk auf dem chinesisch-burmesisch-indischen Kriegsschauplatz während des Zweiten Weltkriegs in verantwortliche Stabsposition aufgerückt. Dieser Übergang von kleinen zivilen zu größeren militärischen Aufgaben hinterließ bei ihm einen tiefen Respekt für die Militärs, die Art und Weise, wie diese andere Menschen beurteilten, ihre Vaterlandstreue und ihre Fähigkeit, von Worten zu Taten überzugehen. Nachdem er eine Militärlaufbahn erwogen hatte, in der er fraglos reüssiert hätte, trat er 1946 in den Dienst des Außenministeriums, wo er mit Fragen der Vereinten Nationen befaßt war. Danach wurde er Staatssekretär für fernöstliche Angelegenheiten, wo ihm nach 1950 die Verantwortung für die täglich anfallenden politischen Entscheidungen im Koreakrieg oblag. Dieser Konflikt, der damals für ein Unternehmen gehalten wurde, hinter dem der Kreml steckte, führte bei Rusk zu einer festen Vorstellung von der Einheit und dem Umfang des kommunistischen Plans zur Eroberung der Welt, die ebenso fixiert war auf die Funktion der militärischen Macht, die darauf zu reagieren hatte. Dazu kam ein anderer Einfluß, der weniger Beachtung fand. Wie Richard Bissell, viele höhere Beamte des Außenministeriums, die in den fünfziger Jahren Einfluß besaßen, und diverse Personen in Schlüsselstellungen der CIA hatte Rusk sein Konservatismus vor McCarthy und den Loyalitätstraumata bewahrt, denen so viele Liberale ausgesetzt waren. Dies verschaffte ihm Flankenschutz von rechts und eine bemerkenswerte Selbstsicherheit im persönlichen Auftreten und in seiner Stellung. Seine Ansichten waren in den fünfziger Jahren über alle Kritik erhaben. Und daran hatte sich nichts geändert.

Dean Rusk war aufgrund einer im politischen Leben weitverbreiteten Gewohnheit Außenminister geworden. Die Fehler unserer Freunde kennen wir; andere, deren Fehler unbekannt sind, gelten als solider. Eigentlich sprachen die meisten Gründe für William Fulbright. Aber der designierte Präsident und Robert Kennedy kannten ihn gut und meinten, er sei zu eng mit der weißen Überlegenheitsideologie verquickt, der er sein Verbleiben im Senat verdankte. Was würden die jungen afrikanischen Nationen dazu sagen? Kennedy kannte auch Stevenson gut, eine andere naheliegende Wahl. Aber Kennedy mochte, wie ich schon erwähnte, den politischen Stil Stevensons nicht besonders, und er wußte, daß Stevenson über eine außerordentlich loyale persönliche Anhängerschaft verfügte. Im Bewußtsein dieser Unterstützung und vielleicht unter Berufung auf sie wäre Stevenson möglicherweise über Gebühr unabhängig gewesen. Und auch Chester Bowles war Kennedy bekannt; er hielt ihn für etwas romantisch, was die armen Länder anging, und für zu redselig. Dean Rusk kannte er nicht, und deshalb unterstellte er ihm keine Unzulänglichkeiten.

Rusk hatte in Wirklichkeit jedoch recht beachtliche Schwächen. Sein übertriebener Respekt vor den Militärs und militärischer Macht führten bei ihm zu einer gefährlichen Zuversicht gegenüber dem militärischen Leistungsvermögen. Außerdem hatte er eine streng dichotome Vorstellung von der Welt. Auf der einen Seite standen die freien Länder; auf der anderen der monolithische kommunistische Block. China war keine separate Einheit, sondern, wie er behauptete, »eine sowjetische Mandschurei« ohne jedes Attribut wirklicher Souveränität. Auf gegenteilige Argumente oder Informationen reagierte Rusk in dieser und anderen Fragen überhaupt nicht. Als im Laufe der Zeit die Kluft zwischen den Chinesen und der Sowjetunion immer deutlicher zutage trat, blieb er unbeeindruckt. Er paßte lediglich die Fakten an sein Glaubensbekenntnis an. Hartnäckig beharrte er darauf, daß die kommunistischen Länder allenfalls über die Frage nach der besten Methode zur Zerstörung der freien Welt uneinig seien.

Anders als Talbot konnte man Rusk weder einschüchtern noch ignorieren. In den ersten Monaten, die ich in Indien war, machte ich den Fehler, mich auf eine frontale Auseinandersetzung mit ihm einzulassen. Im August 1961, im Vorfeld der herbstlichen Sitzungsperiode der UNO-Generalversammlung, bekamen die Botschafter den Auftrag, den Regierungen, bei denen sie akkreditiert waren, einen neuen Plan zur Verhinderung des UN-Beitritts der Chinesen zu unterbreiten. Da wir in dieser Frage keine Majorität mehr mobilisieren konnten, wollten wir sie per Abstimmung zur »Wichtigen Frage« erklären lassen. Durch diesen Verfahrenstrick würde die Zulassung eine Zweidrittelmehrheit erfordern. In einem langatmigen Telegramm wurde mir in ermüdender Ausführlichkeit mitgeteilt, wie man den Indern diesen Schwindel erklären sollte. Ich betrachtete dieses Vorhaben mit Abscheu. Eine Chance, Nehru zu überreden, bestand ohnehin nicht, da die indische Regierung sich damals ausdrücklich für die Aufnahme der Chinesen einsetzte. Außerdem war es bei der Senatsopposition gegen meine Bestätigung als Botschafter um meine Befürwortung der

Aufnahme Chinas in die UNO gegangen. Ich konnte nicht zulassen, daß die gegnerischen Senatoren zu der Überzeugung gelangten, sie hätten für nichts und wieder nichts opponiert. Ein oder zwei Tage ließ ich die Instruktionen auf meinem Schreibtisch liegen. Dann erhielt ich ein Telegramm, das von meinem Kollegen im Nachbarland Nepal, Henry E. Stebbins, über Neu-Delhi an das Außenministerium geschickt werden sollte. Zu der qualvollen Überredungskunst, die von ihm verlangt wurde, bemerkte er, daß das einzige Mitglied der königlich-nepalesischen Regierung, das dazu fähig wäre, einer solchen Unlogik zu folgen, gegenwärtig zum Zwecke einer Zahnbehandlung in Kalkutta weile. Stebbins war ein Karrierebeamter des diplomatischen Dienstes. Risikobereitschaft erwartet man von politischen Botschaftern. Ich versicherte mich der Unterstützung unserer Botschafterin in Ceylon, Frances E. Willis, und schrieb einen nachdenklichen Bericht, in dem ich dafür plädierte, sich mit dem Unvermeidlichen zu versöhnen. Laßt uns unter der Bedingung, daß die Position Taiwans gewahrt bleibt, und mit dem Vorbehalt einer Änderung der Zusammensetzung des Sicherheitsrats, den Willen der Mehrheit akzeptieren. Daraufhin erhielt ich ein Telegramm, dessen Text, wie ich später erfuhr, von Rusk persönlich stammte: »Ihre Position ist, soweit sie überhaupt einen Wert hat, erwogen und abgelehnt worden.«

Eine ähnliche Niederlage erlitt ich, als ich den Standpunkt vertrat, wir sollten nicht länger daran interessiert sein, unter den armen Ländern militärische Verbündete zu suchen, da die Inder dann unsere Freundschaft nicht mehr als Tarnung irgendwelcher militärischer Absichten anzusehen brauchten. Rusk schickte mir ein scharf formuliertes Telegramm, in dem er mir mitteilte, daß die ihm am Herzen liegenden militärischen Allianzen immer noch Teil unserer Politik seien. Das stimmte in Wirklichkeit nicht, doch hatte sich bisher nie jemand davon distanziert. In diesem Punkt rechtfertigten mich später die Ereignisse. Im Herbst 1962, während des Grenzkriegs mit China, geriet die indische Regierung nach schweren Rückschlägen im Osthimalaja eines Nachts in Panik und ersuchte uns dringend um militärische Unterstützung. Washington war alles andere als glücklich darüber, einen neuen und außergewöhnlich teuren militärischen Verbündeten zu haben. Die Wiederholung meiner ehemaligen Ketzerei wurde daher sehr begrüßt.

Den Fehler, mich auf eine direkte Konfrontation mit Rusk einzulassen, machte ich nicht noch einmal. Wo immer es möglich war, umging ich ihn, und zahlreiche Anlässe, die mir wichtig erschienen, waren zu unbedeutend, um seine Aufmerksamkeit zu erlangen. Dies galt auch für meine ersten Schritte gegen unser Engagement in Vietnam. Hier und in anderen Angelegenheiten konnte ich mich direkt ans Weiße Haus wenden. Auf diese Art und Weise ließ sich Rusk überstehen.

Unwandelbare Glaubensbekenntnisse in einer sich wandelnden

Welt sind indessen gefährlich. Ebenso gefährlich ist ein großes moralisches Sendungsbewußtsein bei der Verfolgung von Zielen, die alles andere als moralisch sind. 1963 hatte Kennedy bezüglich Rusks keine Illusionen mehr. Nun sollte er trotz oder wegen seines Charakters gehen. Als ich Kennedy zum letztenmal privat sah – es war auf einem nachmittäglichen Bootsausflug mit der *Honey Fitz* vor Hyannis Port am Samstag, dem 3. August 1963[5], sagte er mir, daß er den Außenminister nach der Wahl ersetzen wolle. Er sprach auch schon über einen Nachfolger: »McNamara wäre in Ordnung. Aber wenn ich McNamara nicht zur Kontrolle der Generäle im Verteidigungsministerium habe, dann habe ich auch keine Außenpolitik.«

Kennedys Tod war Rusks besondere Tragödie. Mit Johnson erreichte er seine Erfüllung. Seine militärische Orientierung und seine feste Überzeugung von einem vereinten Kreuzzug aller Kommunisten führte dazu, daß er den Vietnamkrieg nach Kräften unterstützte. Lyndon Johnson, für den diese anscheinend komplexen und subjektiven Themen ziemlich neu waren, verließ sich auf ihn und blieb somit ohne ziviles Gegengewicht gegen die militärische Ideologie und Mystik.

Für beide Männer hatte dies die Konsequenz, daß ihre politische Karriere ein schmerzvolles Ende nahm. Ich schrieb in jenen Tagen: »Die Entwicklung des Außenministeriums zu einem vollwertigen Teilhaber an der militärischen Macht kann der hoffentlich nur vorübergehende Erfolg von Außenminister Rusk gewesen sein. Abgesehen von seinem hohen Respekt vor militärischem Scharfsinn und militärischen Erfordernissen, war er bis zu einem gewissen Grade der Ansicht, die Diplomatie sei dem militärischen Zweck untergeordnet.«[6]

Allein die Verhinderung mancher Aktionen hat in der praktischen Politik vieles für sich. Indem ich unseren rastlosen Gespenstern ihre Chancen in Indien zunichte machte, verhinderte ich die ansonsten unvermeidlichen späteren Ärgernisse. Sie wären schmerzlich gewesen. Die Katastrophen, die wir verhindern, erfahren wir nicht, und daher haben wir auch keine Maßstäbe für sie. Doch verband ich mit meiner Übersiedlung nach Indien auch konstruktivere Absichten. Die erste bestand darin, die enge Freundschaft mit Jawaharlal Nehru zu festigen, die soweit wie möglich auf verdientem Respekt und ebensolchem Vertrauen basierte. Meine zweite Absicht war es, Nehru, der indischen Presse, den Intellektuellen und allen anderen Indern, die die Zeit hatten, sich mit diesem Thema zu beschäftigen, klarzumachen, daß die Vereinigten Staaten Interessanteres zu bieten hätten als den bornierten und endlos wiederholten Antikommunismus der Dulles-Ära. Ich wollte zeigen, daß ich dank einer glücklichen Schicksalsfügung eine vielseitige, allem Neuen gegenüber aufgeschlossene und mitleidsfähige Gesellschaft repräsentieren durfte, die in ihre Leistungen ein gewisses Vertrauen hatte und, von einer Anzahl von Generälen, Ideologen und Schwärmern abgesehen, nicht der Meinung war, der Kampf gegen den Kommunismus sei die einzige Realität. Wir suchten Freundschaft mit anderen Staaten um ihrer selbst willen. Wir hatten nichts gegen Neutralität und Paktfreiheit einzuwenden. Dies war Indiens Entscheidung, nicht unsere. In einem Anflug von Humor hatte Kennedy einmal zu mir gesagt: »Erkundigen Sie sich doch mal bei Nehru, wie seine Paktfreiheit funktioniert. Ich glaube, sie könnte mir gefallen.« Außerdem war ich entschlossen, unser großes Entwicklungshilfeprogramm, das von der neuen Regierung erheblich aufgestockt wurde, so zu handhaben, daß es maximalen Nutzen bringen würde.

Hinzu kam, daß ich in eine weitere Aufgabe verstrickt wurde, die ich nicht im geringsten voraussehen konnte. Es war dies das politische Management während des Krieges zwischen Indien und China im Jahre 1962, bei dem es darum ging, das geringstmögliche Maß an amerikanischer Einmischung mit einem Minimum an indischer Erniedrigung zu verbinden. Es handelte sich um einen kleinen Krieg, aber er war der einzige, bei dem ich eine wichtige, vielleicht sogar entscheidende Rolle spielen sollte. Meine Reflexionen über diese spannungsgeladenen und aufschlußreichen Erfahrungen folgen im nächsten Kapitel.

Die Freundschaft mit Nehru entwickelte sich ohne Schwierigkeiten. Meine früheren Besuche und meine Bücher hatten ihr den Weg geebnet.[7] Im Rahmen unserer Pflichten erneut zusammengeführt, blieben unsere Beziehungen frei von Formalitäten und uneingeschränkt harmonisch. Ich freute mich auf jeden Besuch, ganz gleich, worum es ging. Das gleiche galt, wie ich glaube, auch für ihn.

Nehru – er ging auf die 72 zu – hatte damals seine Partei und das Parlament fest im Griff und keinen Rivalen in der politischen Szene. Sadashiv Kanoji Patil, sein Minister für Ernährung und Landwirtschaft, ein ehemaliger Bürgermeister von Bombay und Politiker mit dem Gespür für das Wesentliche, der im vergangenen Jahrhundert auch in Boston leicht zu Amt und Würden gekommen wäre, war in London in einem Interview gefragt worden, wer wohl Nehrus Nachfolger sein würde. Er hatte daraufhin mit charakteristisch indischer Betonung und Emphase geantwortet: »Wer kann das schon sagen? Der Premierminister ist wie der große Banyan-Baum. Tausende suchen unter ihm Schutz, aber nichts wächst darunter.«[8] Nehru reagierte auf diesen Vergleich ärgerlich – teilweise deshalb, weil er stimmte – und strafte Patil ein paar Monate lang mit Schweigen.

Seinem Alter zum Trotz erhielt sich Nehru eine außerordentliche Arbeitsfähigkeit. Er war stolz darauf, daß kein wichtiges Dokument die Nacht über unerledigt auf seinem Schreibtisch lag. Daneben blieb er jedoch ein einsamer Mann. Seine Frau war seit vielen Jahren tot.

Viele seiner Kollegen aus Parlament und Kabinett sowie andere Politiker langweilten ihn. Das gleiche galt für die meisten Diplomaten. In einer Beziehung war er Kennedy seltsam ähnlich: Politisches Imponiergehabe, diplomatische Spiegelfechterei, das Wiederkäuen der anerkannten Wahrheiten über Freiheit, Demokratie, wirtschaftlichen Fortschritt – all dies kannte er nur allzugut. Hörte er es erneut, und noch dazu aus dem Munde eines Menschen, der sich für originell, gescheit oder tiefschürfend hielt, dann verschleierten sich seine Augen, und es war unverkennbar, daß seine Gedanken abschweiften. Ich bekam mit der Zeit einen echten Horror vor amerikanischen Besuchern, die sich über die notwendige Einheit der freien Welt oder die Bedeutung des freien Unternehmertums bei der wirtschaftlichen Entwicklung verbreiteten.

In der Nostalgie des Alters wandte sich Nehru nicht Gandhi und dem Unabhängigkeitskampf zu, sondern seinen noch weiter zurückliegenden Erlebnissen in England, wo er in Kreisen faszinierender Persönlichkeiten verkehrt hatte – in der Welt R. H. Tawneys, der Webbs, des Trinity College und in Cambridge. Einmal sagte er von sich selbst, er sei der »letzte Engländer, der Indien regiert«. Bei einer anderen Gelegenheit fragte ich ihn, ob er in dem jüngst veröffentlichten Band der Churchill-Memoiren eine Notiz aus dem Krieg gesehen hätte, in der nach den Haftbedingungen gefragt wurde, denen Gandhi und Nehru ausgesetzt waren, und der Empfänger daran erinnert wurde, daß es eines Tages notwendig sein würde, mit den beiden zu verhandeln. Nehru hatte die Notiz nicht gelesen, meinte jedoch, er habe von Churchill immer eine gute Behandlung erwartet: »Wir waren beide in Harrow.« 1961 in Washington fragte er in einem entspannteren Augenblick, nachdem er mit Rusk und Fulbright, die beide Rhodes-Stipendiaten waren, zusammengetroffen war, ob sich nicht eine ungebührlich große Zahl von Oxford-Absolventen in Machtpositionen befände. Als ich ihn daran erinnerte, daß die Schlüsselpositionen dieser Welt – indischer Premierminister und amerikanischer Botschafter in Indien – von Cambridge-Leuten gehalten würden, gab er sich erleichtert.

Der Sog der Geschichte hatte Nehru von der Welt seiner Jugend weit entfernt. Ich kannte sie noch aus erster Hand, kannte Harold Laski, G. D. H. Cole, Hugh Dalton, John Strachey und bildete somit eine Brücke zu seiner Vergangenheit – alles in allem eine bessere als die Karrierediplomaten der britischen Hochkommission. Eine Einladung am späten Nachmittag beim Premierminister bedeutete stets, daß es etwas Geschäftliches zu erledigen gab. Danach ging das Gespräch jedoch immer in eine allgemein gehaltene oder erinnerungsschwere Konversation über. Nehru war überdies sehr beeindruckt von John F. Kennedy, obwohl er der Ansicht war, der Präsident sei bedenklich jung und unerfahren. Vor Kennedys Gipfeltreffen mit Chruschtschow in Wien im Jahre 1961 bat er mich, den Präsidenten vor Chruschtschows Neigung zu unbeherrschten und verletzenden Antworten zu warnen. Diese würden den Präsidenten irritieren, doch wäre seine Verwirrung geringer, wenn ihm klar sei, daß sie auch Chruschtschow selbst irritierten, wenn er Gelegenheit bekam, über sie nachzudenken. Nehru »sagte mir, ich solle dem Präsidenten mitteilen, daran zu denken, daß Chruschtschow ein Mann überhasteter Reaktionen ist. Bei seinem ersten Besuch in Indien vertraute er Nehru an, er habe das Gefühl, er müsse die britische und amerikanische Einstellung gegenüber den Sowjets verbessern – im Endeffekt also das von Stalin hinterlassene Image bereinigen, obgleich dies nicht die Worte waren, derer sich Nehru bediente. Dann reiste Chruschtschow weiter nach Burma. Verärgert über eine Frage, die man ihm gestellt hatte, schimpfte er über den britischen Imperialismus und all seine schmutzigen Machenschaften. Wieder in Neu-Delhi, fragte Nehru ihn, ob er diese Methode für geeignet halte, sich Freunde zu schaffen. Chruschtschow erwiderte: ›Wir reagieren so. Wir waren vierzig Jahre lang umzingelt und belagert.‹«[9]

Wir sprachen auch über Bücher, und ich versorgte Nehru mit solchen, von denen ich annahm, sie würden ihm gefallen. Ich hatte mit diversen Verlagen vereinbart, mir Titel von besonderer Aktualität zuzuschicken. Die Auswahl war alles andere als begeisternd, aber Nehru hielt meine unzureichenden, doch immer noch den seinen überlegenen Verbindungen für einen einmaligen Segen. Einmal gab ich ihm Edwin O'Connors *The Last Hurrah*, das Nonplusultra über die Volksriten und die Politik der Bostoner Iren. Er war begeistert. Danach pflegte er, bevor er Neu-Delhi mit der Aussicht auf ein wenig freie Zeit verließ, anzurufen und mich um etwas ebenso Gutes zu bitten.

Mehr noch als Bücher mochte er hübsche, intelligente und unterhaltsame Frauen. Barbara Ward Jackson, die Autorin und Ökonomin, Angie Dickinson, die Filmschauspielerin, und Mitglieder des Robert-Joffrey-Balletts, die für ihn in der von Edward Durrell Stone entworfenen neuen amerikanischen Botschaft tanzten, erleichterten mir den Zugang zu ihm und trugen wesentlich zu meinem guten Ruf bei. Dies galt auch für meine Frau. Ihre Schönheit und ihren Widerstand gegen jede Form der politischen Verstellung bewunderte Nehru sehr.

Seit dem Zweiten Weltkrieg ist der Besuch eines Staatsoberhaupts in der Hauptstadt die beliebteste Form der internationalen Begegnung geworden. Er findet eine eindrucksvolle, wenngleich deprimierend gleichförmige Berücksichtigung durch die Presse, doch bleibt sein eigentlicher Zweck weitgehend unverstanden.

Besuche dieser Art sind keine Arbeitstreffen; die Hauptdarsteller sind nur selten mit den Details so vertraut, wie dies für echte Verhandlungen erforderlich ist. Auch müssen – und dies ist ein weiteres

Hemmnis für jeden praktischen Fortschritt – sowohl Meinungsverschiedenheiten wie Übereinstimmungen vermieden werden. Meinungsverschiedenheiten bedeuten Fehlschläge und werfen auf die Teilnehmer ein schlechtes Licht. Übereinstimmung – im Unterschied zur reinen Ratifikation – ist zu gefährlich, da zumindest einer der beiden Hauptdarsteller mit Sicherheit unzureichend informiert ist. Eine auf diesem Niveau geschlossene Übereinkunft läßt sich nicht leicht wieder ungeschehen machen. Staatsbesuche sind daher fast ausschließlich ein vergnügliches Vorrecht des hohen Amtes. Denjenigen, die sie unternehmen, machen sie Spaß, und häufig führen sie in dem besuchten Land zu Begeisterungs- und Zuneigungsbekundungen, von denen der Besucher weiß, daß er sie zu Hause nie erreichen oder verdienen würde.

Nach Washington, London und vielleicht Paris war Neu-Delhi der beste Ort zur Beobachtung solcher Zeremonien. Die indische Szenerie und Tradition eignen sich gut für prunkhafte Spektakel. Da es an anderer Beschäftigung fehlt, kann man damit rechnen, daß Tausende von Indern zu Ehren des Besuchers erscheinen, obwohl dazu gelegentlich – bei Staatsoberhäuptern sehr kleiner Fürstentümer – denjenigen, die mit Ochsenkarren die Fahrtroute säumten, ein kleines Entgelt gezahlt werden mußte. Während meiner Zeit dort fand in der von der Witterung her erträglichen Jahreszeit ungefähr alle vierzehn Tage ein Staatsbesuch statt.[10]

Wie immer gibt es jedoch bei allen Verallgemeinerungen Ausnahmen. Ein Besuch in jenen Jahren, der von Jacqueline Kennedy, war für die internationale Verständigung vielleicht nicht so wichtig, trug aber erheblich zur Festigung meiner Beziehung zu Nehru bei.

Jacqueline Kennedy beschäftigte sich ausgiebigst mit Fragen der Kleidung und den dazugehörigen stilvollen Accessoires. Sie erhöhten ihre Schönheit nur unmaßgeblich, und wenn sie überhaupt einen Nutzen hatten, dann den, eine wache und scharfsinnige Intelligenz zu verhüllen. Die Leute in der Umgebung des Präsidenten wurden von ihr stets schärfer beobachtet als von ihrem Mann, und während John F. Kennedy zur Nachsicht tendierte, war sie mehr für die Wahrheit. Ihre Charakterisierungen konnten knapp und vernichtend sein. Der Vorsitzende des Vereinigten Generalstabs war zur Zeit des Amtsantritts der neuen Regierung General Lyman L. Lemnitzer, den Schlesinger später als »liebenswürdigen« Mann beschrieb.[11] Lem, wie er genannt wurde, war ein Soldat mit kräftiger Statur, guter Haltung und einem breiten, eindrucksvollen Gesicht. »Wir alle«, sagte Jacqueline Kennedy einmal, »hielten viel von ihm, bis er den Fehler machte, eines Samstagvormittags in einer Sportjacke ins Weiße Haus zu kommen.«

Als Mrs. Kennedy im März 1962 nach Neu-Delhi kam, fuhr Nehru hinaus zum Flughafen, um sie zu begrüßen, und sorgte bei der erstbesten Gelegenheit dafür, daß sie aus der Unterkunft, die wir für sie herausgesucht hatten, aus- und in sein Privathaus einquartiert wurde.[12] Dort belegte sie (und ihre Schwester) das Apartment, das dereinst Edwina Mountbatten, die Frau von Lord Louis Mountbatten, dem letzten Vizekönig von Indien, bewohnt hatte, die hoch in Nehrus Gunst stand. Nehru versäumte nicht, von der ehemaligen Bewohnerin zu erzählen, und widmete sich ganz und gar der Unterrichtung und Unterhaltung seiner Gäste. Als der ortsansässige Experte erhielt ich den Auftrag, eine Miniatur aus dem 18. Jahrhundert zu besorgen, die der Premierminister Mrs. Kennedy überreichen wollte. Nach ihrer Abreise äußerte sich Nehru im Parlament positiv über ihren Aufenthalt. Für den Rest meiner Dienstzeit war mein Zugang zu ihm, obgleich ohnehin schon gut, absolut gesichert. Der Besuch, den die Presse keineswegs als besonders feierliches Ereignis betrachtete, war der einzige, von dem ich sichtbar profitierte.

Wie ich bereits erwähnte, hielt Jawaharlal Nehru nicht viel von Volkswirtschaft. Man hatte ihm beigebracht, daß der wirtschaftliche Erfolg sich schon einstellen würde, sofern der Glaube an den Sozialismus nur tief genug war. So folgte er der häufig geübten Praxis amerikanischer Präsidenten, die von wirtschaftlichen Problemen geplagt werden, und suchte Zuflucht in der Außenpolitik. Seine Methode, sich unerwünschter Ideen und unwillkommener Anliegen zu entledigen, war wirksam, aber höchst verwirrend. Sie bestand ganz einfach in totalem Schweigen. Man empfahl ihm diese oder jene wirtschaftspolitische Maßnahme oder bat ihn um eine gemäßigte Haltung gegenüber Pakistan oder in den Vereinten Nationen. Er widersprach nicht. Er sagte überhaupt nichts. Wenn das Schweigen unerträglich wurde, wiederholte man seine Idee oder sein Ersuchen, und nun hörte man seine eigenen Worte schon mit Verzweiflung. Wiederum Schweigen. Jetzt sehnte man sich schon danach, ihn nein sagen zu hören. Wenn er es endlich tat, machte man sich dankbar davon.

1961 begann Nehru etwas von der politischen Spannkraft früherer Jahre zu verlieren. Während des Grenzkriegs mit China im Herbst 1962 wurde dies vollends klar. Die Umstellung, die damals von ihm verlangt wurde, war sehr groß. Nichts in seinem Leben hatte ihn auf militärische Entscheidungen vorbereitet; er glaubte, ein moderner, kultivierter Staatsmann brauche sich nicht mit solcher Barbarei zu beschäftigen. Vor allem aber glaubte er, Indien könne sich aus Meinungsverschiedenheiten und Spannungen zwischen der kommunistischen und der nichtkommunistischen Welt heraushalten und könne selber der über dem Kampfgetümmel stehende Schiedsrichter sein. Sein einzigartiges internationales Prestige hing davon ab, daß dies möglich sei, und bis zu einem gewissen Grad galt dies auch für mich, denn der Umstand, daß man den Botschafterposten in Indien für wichtig hielt, war darauf zurückzuführen, daß Nehru wichtig war.

Der Konflikt mit China zerstörte diese Rolle Nehrus buchstäblich innerhalb von Stunden. Das Vergnügen, das er damit den überzeugten Chauvinisten in aller Welt bereitete, kann ihm nicht entgangen sein.

1963, meine Amtszeit näherte sich dem Ende, reiste ich einen Tag lang mit dem Premierminister durch den Pandschab. Die Menschen säumten die Dorfstraßen und füllten die Hallen, um ihn zu sehen und zu hören. Er wirkte müde, und wenn er die Gelegenheit zu reden hatte, sagte er nur wenig – eine Geste, ein paar Grußworte, seine übliche Erinnerung, daß Indien für die Regierten regiert werde. Der größten Zuhörerschaft an jenem Tag verkündete er jedoch, wie sehr es ihn freue, mich in Neu-Delhi zu wissen, wie sehr er mich vermissen werde und wie aufrichtig ich mich seiner Ansicht nach darum bemüht hätte, dem Land zu helfen. Mir tat es wohl. Vielleicht war ich tatsächlich über die bürokratischen Intentionen hinaus zu echter Freundschaft vorgedrungen; ich hoffte es jedenfalls. Ein Jahr, nachdem ich Indien verlassen hatte, starb er. Es war ein Augenblick tiefer Trauer, aber besonders überrascht war ich nicht. Die psychischen Wunden aus jenem unnötigen Krieg im Himalaja hatte er nie richtig überwunden. Einmal sagte er zu mir über Lyndon Johnson: »Er gehört zu jener Sorte von Politikern, die ich verstehe.« Johnsons Verzweiflung nach Vietnam hätte er verstanden.

Meine Bemühung zu zeigen, daß es für uns in der Welt auch noch andere Dinge gab als den engstirnigen Antikommunismus der Ära Dulles und daß ich eine interessantere und vielseitigere Gesellschaft repräsentierte, fiel in der Praxis sehr viel leichter, als ich es erwartet hatte. Daß ich bereits sehr früh mehrfach verkündet hatte, wir suchten keine Alliierten für den Kalten Krieg, war mir dabei sehr hilfreich, auch wenn Dean Rusk sich darüber erregte. Außerdem fand ich bei diesem Vorhaben nachhaltige Unterstützung durch Edward R. Murrow.

Murrow war ein Freund der Familie – Kitty war mit seiner Frau Janet Brewster zeit ihres Lebens befreundet. Als er jedoch zum Leiter der United States Information Agency vorgeschlagen wurde, hatten Arthur Schlesinger und ich uns über die Freundschaft hinweggesetzt und uns gegen seine Ernennung ausgesprochen. Wir nahmen an, daß er nach den langen Jahren, in denen er in Rundfunk und Fernsehen oftmals die Meinung Washingtons verbreitet hatte, lediglich in den Chor der herrschenden Orthodoxie einfallen würde. Wir taten ihm bitter unrecht. Er gab sofort seine Opposition gegen die traditionelle Liturgie zu erkennen. Und was Indien betraf, so berief er die dortigen Leiter der United States Information Agency, Männer, die unerschütterlich in der alten Tradition standen, schnell zurück und schickte mit William H. Weathersby und Barry Zorthian[13] zwei Leute, die meine konstruktiven Absichten voll unterstützten.

In Washington selbst ging der Wandel, wie immer, etwas langsamer vonstatten. Die USIA produzierte noch monatelang nach dem Amtsantritt Kennedys halb analphabetische Warnungen vor dem unbegrenzten Ausmaß und der nicht minder großen Verruchtheit der internationalen kommunistischen Verschwörung und, wenngleich seltener, Lobhudeleien auf die zum Teil höchst unwahrscheinlichen Tugenden der amerikanischen Wettbewerbswirtschaft und amerikanischen Konzerne. All dieses Material horteten wir jetzt. Zuvor war es vor allem von jenen gelesen worden, die die Kurzsichtigkeit unserer kulturellen Voreingenommenheit verdammen wollten oder sonstwie Streit mit uns suchten. Der sowjetische Botschafter fragte mich eines Tages, warum wir nicht mehr auf der Bedrohung durch den Sowjetkommunismus herumritten; er vermißte es.

Einen phantasiereichen Artikel aus Washington, in dem die Politik der Vereinigten Staaten selbst als prototypisch für einen großen modernen Konzern beschrieben wurde, machte ich mir indes zunutze. Alles in den USA, hieß es dort, passe zusammen. Die Bürger der Republik waren die Aktionäre, der Kongreß war der Aufsichtsrat, das Kabinett die Firmenleitung, der Präsident der Vorstandsvorsitzende der Gesellschaft. Alle, Regierung und Geschäftswelt, waren in derselben demokratischen Struktur und demselben demokratischen Glauben vereinigt. Ich teilte diese Erkenntnis nicht den Indern mit, sondern, per Diplomatenpost, Kennedy und bemerkte dazu, daß das amerikanische Volk einen Fehler gemacht habe. Da es einen Mann mit Konzernerfahrung zum Präsidenten haben wollte, war offenbar Kennedy Senior gemeint. Vielleicht sei es noch nicht zu spät für einen Wechsel. Hochvergnügt ließ Kennedy sich daraufhin mit Murrow verbinden und las ihm ausführlich am Telefon aus dem Text vor. Dabei erweckte er den Eindruck, als glaube er, Murrow selbst habe ihn verfaßt. »Was wollen Sie damit sagen, Ed?« – »Ist das wirklich wahr, Ed?« Murrow meinte nachher, es sei dies der schlimmste Anruf gewesen, den er je erhalten habe. Die Schrift zugunsten des Konzerns Amerika wurde nicht wieder aufgelegt.

Ebenso überflüssig wie unlesbar waren vor allem auch die kostenlosen Bücher über die kommunistischen Machenschaften. In früheren Jahren waren sie freigiebig an einflußreiche Persönlichkeiten und an solche, die man gegenüber der Bedrohung für besonders anfällig hielt, verteilt worden. Das gepriesenste Beispiel war J. Edgar Hoovers *Masters of Deceit.* Ich brachte auch diese Flut zum Stillstand. Gleichzeitig strich ich die *Affluent Society* von der Liste der von der USIA mißbilligten Bücher, welche Bibliotheken und anderen Interessenten nur auf besondere Anfrage in Washington zur Verfügung gestellt wurden. Nur selten habe ich das Gefühl gehabt, meine Macht mit größerer Berechtigung auszuüben.

Es blieb das Problem Pakistan, ein Dulles-Vermächtnis. Das Land, das damals auf zwei Seiten an Indien grenzte, war von John Foster Dulles als großes, militärisches und moralisches Bollwerk gegen den sowjetischen und chinesischen Kommunismus angesehen worden. Zu diesem Zweck war es in die SEATO und obendrein noch in ein bilaterales Bündnis mit den Vereinigten Staaten aufgenommen worden. Praktische Konsequenz dieser Maßnahmen war eine erhebliche Aufrüstung der pakistanischen Armee und Luftwaffe.

Daß Pakistan der Roten Armee würde widerstehen können, entsprang jener Art von Phantasie, zu der sich lediglich Geister aufschwingen können, die darauf gedrillt sind, jeden realistischen Gedanken tunlichst zu vermeiden. Die Pakistani selber waren zu einem solchen geistigen Höhenflug nicht in der Lage. Da sie praktischer dachten, sahen sie in den Waffen und dem Bündnis ein überaus nützliches Hilfsmittel für ihre gegen Indien gerichteten Ansprüche auf Kashmir. Und darin lag die Bedeutung der Waffen. Der antikommunistische Kreuzzug in Washington führte somit in Asien zu einem potentiell tödlichen Krisenherd zwischen zwei Nachbarn. Die kommunistischen Mächte blieben außen vor. Und zur Zeit meines Eintreffens in Indien kam als weitere Komplikation noch hinzu, daß die Pakistani Anstalten trafen, enge Beziehungen mit Peking zu knüpfen. Sie waren dabei, die Unterstützung jener vereinten weltweiten Bewegung zu gewinnen, gegen die sie aufgerüstet wurden. Das volle Verständnis der Außenpolitik erfordert eine gewisse geistige Flexibilität.

Der naheliegende Kurs bestand darin, uns unauffällig aus unserer militärischen Verbindung mit Pakistan zurückzuziehen und so die Spannung zwischen den beiden Staaten des Subkontinents zu verringern. Ich begann mich mit größtmöglicher Überzeugungskraft für diese Politik einzusetzen, suchte dazu Verbündete in Washington und hielt mich, wenn nötig, auch an meine anderen bürokratischen Erfolgsregeln. Im August 1961 brach über Neu-Delhi die Nachricht herein, daß Pakistan eine große Lieferung von F-104-Überschalljägern erhielte. Aus Gründen der Geheimhaltung sollten sie mitten in der Nacht in Karatschi ausgeladen werden. Wie asiatische Städte nun einmal sind, würden somit nur einige Tausende, die über keinen überdachten Schlafplatz verfügten, in der Lage sein, das Geheimnis zu lüften. Washington hatte außerdem einem pakistanischen Ersuchen stattgegeben, die Anzahl der Flugzeuge geheimzuhalten. Dies potenzierte die Aversionen noch mehr, da der indische Verfolgungswahn die Zahl der Flugzeuge von den tatsächlichen zwölf auf mehrere hundert emporschnellen ließ. Ich forderte, man solle die relative Bedeutungslosigkeit des Geschenks bekanntmachen, mein Ersuchen wurde jedoch abgelehnt. Zu diesem Zeitpunkt kam Talbot anläßlich eines Treffens der amerikanischen Botschafter in dieser Region nach Neu-Delhi. Ich fragte ihn, wer für diese Dinge zuständig sei; er versicherte mir, er sei es selber. Daraufhin stellte ich ihn vor die Wahl, entweder den Indern durch mich mitteilen zu lassen, wie unbedeutend der Umfang der Lieferung war, oder aber die volle Verantwortung für die voraussagbare indische Bitte an die Sowjets um eine viel größere Anzahl von MIG-Jägern zu übernehmen. Nach einigem Protest gab er nach. Obgleich es viel zu lange dauerte, zeitigten die Argumente gegen Waffenlieferungen an Pakistan Wirkung. Der Waffenstrom verringerte sich und war bald kein Thema mehr.[14] Die gleiche F-104, der Lockheed-Starfighter, erlangte in Deutschland aufgrund der Opfer, die sie unter den Piloten forderte, traurigen Ruhm. Ein Lockheed-Vertreter – ein freundlicher Ex-General – war damals in Neu-Delhi und versuchte mit der indischen Regierung ins Geschäft zu kommen. Er bat die Botschaft um Hilfe. Indem ich sie ihm versagte, ersparte ich den Indern vermutlich nicht nur Ausgaben, sondern auch Tote.

Unser Wirtschaftshilfeprogramm für Indien belief sich, als ich dort war, auf ungefähr 670 Millionen Dollar im Jahr, einschließlich der Nahrungsmittellieferungen.[15] Dadurch wurde das böse Blut, das unsere militärische Hardware in Pakistan anrichtete, annähernd ausgeglichen. Meine dritte und letzte Bemühung als Botschafter in Indien galt der traditionelleren Verwendung unserer Wirtschaftshilfe. Hier hatte ich große Bewegungsfreiheit. Mein Prestige in Fragen der Wirtschaft und der Wirtschaftsentwicklung war so groß, daß niemand in Washington und keiner meiner Mitarbeiter in Indien das Risiko einging, mich zu korrigieren oder mir gar Vorschriften zu machen. Mein Ruf erstreckte sich sogar auf die Inder; bei unserem ersten Treffen gab Nehru höflich der Hoffnung Ausdruck, der Umstand, daß ich nun Botschafter sei, möge meine frühere Rolle als Wirtschaftsberater nicht beenden.

Mit meinem AID-Direktor[16] kam ich auch gut zurecht. Es handelte sich, wie schon einmal erwähnt, um C. Tyler Wood, den ehemaligen Teilhaber des Wall-Street Maklergeschäfts Gilbert Eliott & Company, den der Zweite Weltkrieg zum öffentlichen Dienst bekehrt hatte. Als Freund und Rechtsberater der Familie meiner Frau war er ein Gegengewicht zu meines Schwiegervaters etwas romantischen Vorstellungen von Geldangelegenheiten gewesen: Einmal hatte Mr. Atwater in Eisenbahnen investiert – aus einem Gefühl des Mitleids heraus, wie er sich ausdrückte. Wood hatte keine Vorurteile gegen unsere Hilfsbemühungen und war ein freundlicher und fähiger Manager.

Was industrielle Investitionen betraf, prägte ich in jenen Jahren den Ausdruck »Massenverbrauchsnorm« *(mass consumption standard)*. Er bedeutete lediglich, daß unsere Investitionen streng in jene Industriezweige fließen sollten, die letztlich den Bedürfnissen der Volksmassen zugute kamen.[17] Auf diese Weise war der Praxis, Geld für Projekte auszugeben, die nur dem nationalen Prestige oder der Eitelkeit, der Elite und den Reichen nutzten, ein Riegel vorgeschoben. Ich bezweifle, daß meine Formel einen großen Unterschied bewirkte. Sie kodifizierte weitgehend das, was ohnehin den allgemeinen indischen und amerikanischen Neigungen entsprach. Die relativen Meriten von Investitionen in Stahl oder elektrischen Strom wurden noch immer diskutiert, aber dies nur, weil niemand so recht wußte, was von beiden besser dem Massenverbrauch diente. Und es war auf jeden Fall am besten, solche Entscheidungen den Indern zu überlassen, die schließlich mit dem Ergebnis würden leben müssen. Meine Hauptsorge in der Industriepolitik galt vor allem der betrieblichen Autonomie der öffentlichen (und privaten) Unternehmen, von der kompetentes Handeln in so entscheidendem Maße abhängt. Das Galbraith/Braithwaite-Memorandum[18] zu diesem Thema und die im Konzept vorliegenden Kapitel des *New Industrial State* spielten bei meinen Überlegungen eine große Rolle.

Die gravierendsten amerikanischen Fehler betrafen nicht die industriellen Investitionen, sondern die Agrarhilfe. Es erübrigt sich fast zu sagen, wie sehr es in einem Land, in dem die Lebensmittelversorgung über Leben, Hunger und möglicherweise den Tod entscheidet, auf die richtige Agrarpolitik ankommt. Es war dies überdies ein Gebiet, auf dem die Inder bereit waren, infolge des guten Rufs und des großen Erfolgs der amerikanischen Agrarwissenschaft auf die Vorstellungen der USA einzugehen. Was wir ihnen jedoch empfahlen, war alles andere als sinnvoll.

Weder das US-Landwirtschaftsministerium noch die großen amerikanischen Zentren agrarwissenschaftlicher Forschung, Lehre und Beratung - die Universitäten von Iowa, Michigan, Kalifornien, Wisconsin, Minnesota, Ohio State, Illinois sowie Cornell[19] - haben irgendwo in der Welt ihresgleichen. Aus den erwähnten und anderen *land-grant*-Universitäten[20] kamen Männer von hohen beruflichen Qualitäten (wenn auch manchmal zu hohem Alter) in die AID-Mission, stießen zu den in einzelnen indischen Städten arbeitenden Spezialteams oder zur Ford Foundation. Sie hatten sich ihrer Aufgabe mit Leib und Seele verschrieben; selbst phantasievollste antiamerikanische Kritiker hätten ihnen kapitalistischen Missionseifer oder kapitalistische Unterwanderung nicht vorwerfen können. Ihr Fehler lag darin, daß sie einem technischen und institutionellen Imperialismus anhingen.

Und darin waren sie keineswegs besonders zurückhaltend. Sie glaubten, daß das, was in den Vereinigten Staaten hervorragend klappte, gewiß auch in Indien funktionieren müsse. Daraus folgte, daß alles, was man den Farmern zu Hause empfahl oder ihren Frauen,

Söhnen und Töchtern beibrachte, in ähnlicher Weise auch auf dem Subkontinent empfohlen oder gelehrt werden müsse. Hauswirtschaft, Geflügelzucht, Tierkunde, Veterinärmedizin, landwirtschaftliche Betriebswirtschaft, Agrarwissenschaft – sämtliche Fächer des College-Lehrplans und des landwirtschaftlichen Beratungswesens in den Vereinigten Staaten sollten in ähnlicher Form auch in Indien angeboten werden.[21]

Was Indien indessen brauchte, war kein umfassendes Programm, sondern die größtmögliche Konzentration auf Wesentliches – auf Saatgut für Hybridgetreide, flankierende Boden- und Bewässerungsprogramme sowie auf Schädlingsbekämpfung. Es war das Getreide, was die Leute am Leben hielt, es waren reiche Weizen- und Reisernten, die die Preise niedrig hielten. Und es kam darauf an, daß ansonsten so wenig wie möglich getan wurde, denn abgesehen davon, daß man knappe Mittel für weniger dringliche Dinge ausgegeben hätte, lenkten breitgefächerte Projekte die Aufmerksamkeit der Leute auf dem Land von wichtigeren Sachen ab. In großen Teilen Indiens bedeutete es überdies, daß der kleine, normalerweise analphabetische Bauer derart viele komplizierte Empfehlungen bekam, daß er sie samt und sonders ignorierte. Ein Pädagoge muß sich mitunter darum bemühen, die geistigen Anforderungen, die er von seinen Studenten verlangt, in Grenzen zu halten. Wenn sie zu groß sind, fordern sie Resignation und Ablehnung geradezu heraus.

Kein anderer amerikanischer Botschafter hatte je mehr agrarwissenschaftliche Voraussetzungen mit ins Amt gebracht als ich: ein Diplom in Tierzucht, höhere Diplome in Agrarökonomie, Dienst bei der American Farm Bureau Federation, einige Jahre agrarökonomischer Lehrtätigkeit in Harvard, berufsbedingte Bekanntschaft mit sämtlichen bedeutenden Männern der Farmszene. Meine Landwirtschaftsexperten waren beeindruckt, doch zum großen Teil auch entsetzt. Wie ich bereits andeutete, hatten alle früheren Botschafter einen hochentwickelten Minderwertigkeitskomplex in Agrarfragen gehabt. In der Tat handelt es sich um ein Fachgebiet, auf dem ein Princeton-Mann seine Ignoranz sogar mit einem gewissen Stolz bekennen kann. Diese Ignoranz hatten die Landwirtschaftsexperten gewöhnlich kultiviert und ausgenutzt; es gibt halt einige Dinge, die kein städtischer Dummkopf je zu verstehen braucht. Nun war alles ganz anders. Ein Botschafter drang in ihr bislang autonomes Refugium ein.

Mit aller Beredsamkeit, die mir zu Gebote stand, trug ich meine Argumente für eine Konzentration unserer Landwirtschaftshilfe auf lebenserhaltende Getreideprodukte vor. Man hörte mir respektvoll zu, aber wenn ich auf Einzelheiten zu sprechen kam, war man schockiert oder gar beleidigt. Als ich mich gegen den Einsatz von Hauswirtschaftsexperten als Berater für die winzigen indischen Haushalte aussprach, bemerkte ein ehemaliger Student von mir – ein guter Mann –

mit Nachdruck, daß der Unterricht in Hauswirtschaft in Kansas eine bewährte Praxis sei. In Bangalore verkündete ich deshalb eines Tages eine Politik der starken Konzentration auf Bodenbearbeitung und Bewässerung inklusive Kunstdüngereinsatz und der Züchtung von Getreidehybriden. Zur Politik wurde es erklärt. Geändert hat sich dadurch in der Realität, wie ich glaube, jedoch nichts.

Die Weizen- und die Reisproduktion in Indien ist in den letzten zwei Jahrzehnten in den guten Monsunjahren enorm gestiegen. Dieser Anstieg war es, der die grüne Revolution bewirkte. Größtenteils reflektierte er die persönliche Initiative der guten Farmer Nordindiens, vor allem im Punjab. Zum Teil ging er aber auch auf die technischen Bemühungen in Fragen der Bewässerung, Düngung und Getreidehybriden zurück. Auf anderen Gebieten zeigten die Bemühungen keine ähnlich sichtbaren Erfolge.

Hunderte von Malen bin ich gefragt worden, ob ich als Botschafter die CIA unter Kontrolle hatte. Immer habe ich dies wahrheitsgemäß bejaht, habe gesagt, daß mein örtliches Kontingent sich friedlich darauf beschränkte, leicht zugängliche Informationen zu sammeln, und ein Modell disziplinierten Gehorsams war. Niemand hat mich je nach meinen Landwirtschaftsexperten gefragt. Nicht einmal mit den größten Anstrengungen der Phantasie könnte man von ihnen das gleiche behaupten.

27
Ein Krieg aus nächster Nähe

Die indische Halbinsel, ungefähr wie ein Diamant geformt, ist im Süden beidseitig vom Meer geschützt und im Norden durch das höchste Gebirge der Welt. Keine andere Zivilisation von dieser Größe erfreute sich je so wehrhafter natürlicher Grenzen, und doch könnte es kein größeres Monument für die Wirkungslosigkeit eines solchen Schutzes geben. Seit zweitausend Jahren sind Invasoren nach Indien gelangt – erst über die Gebirgspässe und dann auf dem Seeweg. Alle, die sich ernsthaft anstrengten, hatten dabei Erfolg. Eine Konsequenz dieser Geschichte ist ein Gefühl von extremer Verwundbarkeit, vor allem, was die Gebirge angeht, über die die meisten Eindringlinge kamen. Diese Sorge bemächtigte sich auch der Briten; nie gaben sie ihre Furcht auf, die Russen könnten eines Tages über die Pässe kommen und die indische Ebene für den Zaren beanspruchen. Und einige warnten auch vor der späteren Bedrohung durch ein wiedererstarktes China.

Mit der Unabhängigkeit übernahm Indien die britischen Ängste. Dies konnte nicht überraschen, übernahm es ja auch Beamte und Soldaten indischer Herkunft, die zu Zeiten des Empire schon von ihrem Beruf her der britischen Besorgnis ausgesetzt gewesen waren. Nach wie vor blickte Indien nicht im Gefühl der Sicherheit, sondern in Sorge zu seinen Bergen auf.

Der Himalaja läßt sich mit keiner anderen Gebirgskette vergleichen. Man schaut zu ihm auf wie in eine andere Welt, und eine solche ist er in der Tat. Die indische Ebene ist heiß, wenn es Wasser gibt, grün, und dort, wo es Wasser gibt, ist man nur selten so allein, daß man keine Stimmen vernimmt. Das Gebirge und die Hochebenen sind kalt und furchterregend, und wenn man Menschen trifft, ist man überrascht. In der Ebene sind die Menschen Arier und ihrer Religion und Kultur nach Hindus oder Moslems. Die Bevölkerung der Berge unmittelbar oberhalb der indischen Ebene verbindet buddhistische mit hinduistischen Traditionen und hat ethnische und kulturelle Verbindungen zu China und der Mongolei. Diese Verbindungen verstärken sich auf dem Hochplateau auf der anderen Seite des Gebirgskammes.

Die britische Politik gegenüber den Bergregionen und der dahinter liegenden tibetischen Hochebene variierte von Ort zu Ort und von Zeit zu Zeit. An der Ostseite des Diamanten, nördlich der Täler von

Ganges und Brahmaputra, bestand die Politik darin, ausreichend unterworfene Fürstentümer als Pufferstaaten zu belassen; daher die noch heute bestehenden Staaten Nepal und Bhutan, und eine Zeitlang auch Sikkim.

Anderswo pflegten sie mitunter weiter vorzudringen und die oftmals kriegerischen Grenzstämme zu unterwerfen; diesbezügliche Bemühungen wurden vor allem im Hochland an der Nordwestkante des Diamanten unternommen. An anderen Orten und zu anderen Zeiten bestand die Politik darin, sich zurückzuziehen und, ganz nach Art der New Yorker Polizei in ihren Auseinandersetzungen mit der Mafia, darauf zu hoffen, daß diese Leute ihre Energien zügelten und andere Eindringlinge durch die Wildheit ihrer stammesinternen Kämpfe abschreckten.

Hoch oben an der Spitze des indischen Diamanten liegt das ehemalige Fürstentum Kashmir und jenseits eines hohen Gebirgspasses östlich von Shrinagar und des Tales von Kashmir, auf einer Höhe von 5300 Metern, das weite Wüstenplateau von Ladakh. Ladakh ist eine Fortsetzung der tibetischen Hochebene und kulturell wie geographisch eine Brücke nach Tibet, so wie Tibet seinerseits eine Brücke nach China darstellt. Eine Generation, die ein wenig Bescheid weiß über das Klima und die Landschaft auf dem Mond, kann sich auch eine Vorstellung von Klima und Landschaft Ladakhs machen.

1841 drang in diese Wüstenei – ein Niemandsland, das durch geographische Nähe und Tradition mit Tibet und somit auch entfernt mit dem damals unbedeutenden Chinesischen Kaiserreich verbunden war – eine von Gulab Singh, dem Herrscher des indischen Fürstentums Jammu in den nördlichen Ebenen, entsandte Truppe ein. Die Invasoren überrannten die tibetischen Verteidiger, doch dann brach der Winter herein. Im Winter ist die Hochebene kein angenehmer Aufenthaltsort. Die Sonne kann kräftig und warm sein, aber wenn man in den Schatten tritt, wird einem plötzlich sehr kalt. Die siegreichen Invasoren erfroren fast bis zum letzten Mann.

Gulab Singh gewann die Stellung im folgenden Jahr wieder zurück und unterschrieb (oder unterzeichnete jedenfalls irgendwie) einen Friedensvertrag mit den Tibetern, welcher von beiden Seiten Respekt für die jeweiligen territorialen Rechte des anderen verlangte, ohne daß sich dabei jemand die Mühe machte, diese Rechte zu definieren. In Asien zerbrach man sich damals noch nicht den Kopf über präzise Grenzmarkierungen; das war eine rein europäische Sitte. Ein paar Jahre später fiel Kashmir selbst an die Briten, und Gulab Singh wurde als Herrscher eingesetzt. Die Hochebene jenseits des Gebirges, die er erobert hatte, wurde somit Teil Kashmirs und des Britischen Empires.

Die Grenze zwischen britisch-indischem und chinesisch-tibetischem Territorium wurde nie festgelegt. Die chinesische Regierung war machtlos und daher verständlicherweise der Ansicht, daß alles, dem sie zustimmen würde, ihr nur zum Nachteil gereichen würde. Wenn immer die Briten darüber nachdachten, welches Territorium zu besitzen sich lohne, waren sie ähnlich unsicher. Die Leute vor Ort waren im allgemeinen für mehr – für Vorwärtspolitik. Die weiter Entfernten bevorzugten es, die Dinge zu lassen, wie sie waren. In den sechziger Jahren des vorigen Jahrhunderts zog ein abenteuerlustiger Landvermesser namens W. H. Johnson durchs Land und schlug eine Grenze weit nördlich und östlich von Kashmir vor. Annähernd die gleiche Grenzlinie empfahl 1897 dann auch der damalige Direktor des Militärischen Geheimdienstes beim britischen Generalstab, Generalmajor Sir John Ardagh, ein Mann mit einem entschiedenen Vorwärtstrieb. Andere, denen es mehr auf die Qualität der betreffenden Immobilien ankam, zögerten.

Die Johnson-Ardagh-Linie umfaßte das Aksai Chin, eine 5000 Meter hoch liegende Einöde aus Sand und Steinen von mehr als 160 Kilometer Durchmesser. Selbst nach den harten Maßstäben von Ladakh ist das Aksai Chin eine schreckliche Gegend. Die etwas überlegteren Grenzziehungen schlossen dieses Territorium aus und verliefen um einiges weiter westlich unweit der Hauptkette des Karakorum.

Das souveräne Indien erbte diese unklare und unmarkierte Grenze, aber im großen und ganzen nicht die Zweifel darüber, wo sie verlaufen sollte. Obwohl Nehru anfangs noch Vorbehalte hatte, entschloß sich seine Regierung, eine Grenzlinie zu beanspruchen, die ungefähr der Johnson-Ardagh-Linie entsprach und somit auch das Aksai Chin einbezog. Ein feststehender Besitz war dies jedoch noch lange nicht. Bis weit in die fünfziger Jahre hinein war es unwahrscheinlich, daß auch nur ein einziger Inder in verantwortlicher Position das beanspruchte Gebiet gesehen hatte, und niemand scheint gewußt zu haben, daß die Chinesen dort eine Straße bauten. Wie unwirtlich diese Landschaft auch sein mochte, sie bot den Chinesen einen Zugang zu ihrer abgelegenen Provinz Sinkiang.

Erst 1957 erreichten Neu-Delhi Gerüchte von diesem Bauvorhaben, und erst 1958 wurden Patrouillen ausgeschickt, die diese beeindrukkende Grenzübertretung bestätigen sollten; die eine der Patrouillen verschwand prompt in chinesischem Gewahrsam. Nun protestierte die indische Regierung gegen das Vordringen, und kurze Zeit später begann die indische Armee, soweit es die komplizierte Logistik erlaubte, Posten auf dem umstrittenen Territorium oder in dessen Nähe aufzustellen. Danach schwärmten kleine Abteilungen aus, um die Ansprüche zu bekräftigen. Es dürfte wenige Flecken auf dieser Welt geben, wo es feindliche Truppen leichter haben, einander aus dem Weg zu gehen, doch kam es im Oktober 1959 zu einem unangenehmen Zusammenstoß mit den Chinesen, und neun Inder und ein oder zwei Chinesen wurden dabei getötet.

An einem anderen Grenzabschnitt gab es einen weiteren ererbten Konflikt zwischen Indern und Chinesen. Bei den diversen Hochgebirgspässen entlang der indisch-tibetischen (jetzt chinesischen) Grenze standen die Chinesen generell auf dem Standpunkt, die Pässe selbst und die schattenwerfenden Berggipfel gehörten nach uraltem Recht ihnen. Die Inder meinten, der höchste Punkt der Straße oder, genauer gesagt, des Pfades gehöre ihnen. Normalerweise wurde das Problem dadurch gelöst, daß man zusah, wer bei der Schneeschmelze im Frühjahr zuerst auf die Paßhöhe kam, da die Besitzfrage während des Winters höchst irrelevant war. Weitaus gravierender war der Streit über ein anderes großes Gebiet, das 1600 Kilometer südöstlich von Ladakh liegt.

Es handelt sich um das große Rechteck, das auf heutigen Indienkarten als die North East Frontier Agency (NEFA) bezeichnet wird und östlich des Königreichs Bhutan liegt. Bis in die späten sechziger Jahre hinein gehörte ich zu den wenigen – möglicherweise waren es nur ein paar hundert – Nichtasiaten, die sowohl dieses Gebiet als auch Ladakh besucht hatten, obwohl ich die NEFA nur von einem Alouette-Hubschrauber aus sah. Selbst im Vergleich mit Ladakh wirkt dieses Gebiet beunruhigend. Täler mit dichtem Dschungel weichen urplötzlich großen Bergketten. Die Pässe liegen dort in Höhen von fast 5000 Metern; das heißt, man muß in Regionen steigen, die höher liegen als Europas höchster Gipfel, der Mont Blanc, wenn man die Berge überqueren will. Ganz im Norden folgt eine letzte Gebirgskette und dahinter dann die tibetische Hochebene. Für indische Soldaten, die aus den heißen, grünen Ebenen und Tälern, ihrer vertrauten Welt, kamen, war diese antarktische Szenerie mit ihrer dünnen, kräftezehrenden Luft fremd und furchterregend, um so mehr, als auch von ihren Offizieren nur sehr wenige hier schon Erfahrungen gesammelt hatten.

Im vergangenen Jahrhundert war die NEFA von zerstreuten Stämmen besiedelt, die ein kümmerliches Leben mit Herdenwirtschaft und ein paar Flecken landwirtschaftlicher Nutzfläche fristeten. Wenn sich die Gelegenheit ergab, fanden sie Erlösung von dieser Existenz, indem sie sich gegenseitig auf blutrünstige Weise niedermetzelten. De facto war es ein Niemandsland, und die Politik der Briten war es gewesen, diesen Zustand zu bewahren. Zu diesem Zweck wurde eine Grenzlinie entlang der Südseite, die die Nordgrenze des Brahmaputra-Tals darstellt, gezogen. Niemand durfte diese »Äußere Linie« (Outer Line), als die sie bekannt wurde, ohne offizielle Erlaubnis überschreiten. Während chinesische Karten dieses Territorium schon seit langem als Teil Tibets auswiesen, war die Haltung der Chinesen und der Tibeter gegenüber den Stämmen und ihrem ungastlichen Terrain ebenso zurückhaltend. Auch sie hielten es für sinnvoller, sich aus dieser Gegend herauszuhalten, was jedoch nicht für ein keilförmiges Gebiet von ungefähr 2500 Quadratkilometer Größe galt, das sich von Tibet her entlang der Ostgrenze von Bhutan erstreckte, dort zunehmend schmaler wurde und in einer Siedlung namens Tawang ein großes buddhistisches Kloster mit einschloß. Der »Tawang-Trakt« befand sich sozusagen unter tibetischer Verwaltung.

1914, wenige Wochen vor Ausbruch des Ersten Weltkriegs, trafen sich die Briten in Simla, der britischen Sommerresidenz am Fuße des Himalaja, mit den Tibetern und Chinesen zu Verhandlungen. Es ging um Konzessionen und exterritoriale Rechte in Tibet. Die britischen Unterhändler nutzten die Gelegenheit, einen Anspruch auf das östliche Territorium anzumelden, welches sie zuvor mit so intelligenter Zurückhaltung behandelt hatten. Sie schlugen vor, die Grenze über den Kamm des Himalaja am Rande der tibetischen Hochebene verlaufen zu lassen. Die Karte und die Grenze, auf denen dieser Anspruch basierte, waren das Werk eines Landvermessers der britischen Armee, eines gewissen Hauptmanns Henry McMahon. Sein Ziel war es, die gesamte NEFA einschließlich des Tawang-Trakts Indien einzuverleiben. Indessen hatte diese Landschaft selbst dem fähigen McMahon Grenzen gesetzt. Seine Demarkationslinie folgte in ihrem westlichen, auf Bhutan zulaufenden Teil nicht den Gipfeln, sondern wurde statt dessen zu einer einfachen Geraden. Die Tibeter in ihrer damaligen De-facto-Unabhängigkeit von China akzeptierten damals in Simla die McMahon-Linie. Zu Widerstand waren sie gar nicht in der Lage. Die ebenso schwache chinesische Delegation wurde, wie es scheint, von diesen Zugeständnissen gar nicht unterrichtet.

In den nächsten dreißig Jahren blieb die lokale Bevölkerung südlich der McMahon-Linie auch weiterhin glücklich und zufrieden ihren oftmals tödlichen Lebensgewohnheiten überlassen. Erst 1944 schafften es die Briten endlich, den Tawang-Trakt, eine Gegend, die im Gegensatz zu den Stammesregionen fest besiedelt und kulturell relativ hoch entwickelt war, zu besetzen. In den Jahren nach Erlangung der Unabhängigkeit blieb auch die indische Autorität schwach und stets etwas gefährdet. In den frühen fünfziger Jahren wurde eine Einheit der indischen Grenztruppen, die Assam Rifles, auf dem Weg durch die Stammesgebiete von den Bewohnern festlich und herzlich begrüßt, mit Nahrung und Obdach versorgt und daraufhin bis fast zum letzten Mann massakriert.[1] 1959 waren dann jedoch die Inder bis in die Nähe der McMahon-Linie vorgedrungen. Es kam dort ebenso wie auf dem Aksai Chin zu Zusammenstößen mit den Chinesen. Der Streit ging nicht um die Anerkennung der Grenze; diese, so scheint es, waren die Chinesen, vielleicht aufgrund einer fortbestehenden und einsichtsvollen Rücksicht auf die ungastlichen Eigenschaften der Stämme, geneigt zu akzeptieren. Uneinig war man sich vielmehr darüber, wie die letzten paar Kilometer der Grenzlinie ausgelegt werden sollten.

In diesem Gebiet hatte McMahon, wie erwähnt, zu einer Geraden

Zuflucht genommen, und eine solche Linie konnte in diesem Landstrich direkt über den nahezu senkrecht abfallenden Steilhang eines Gebirsmassivs verlaufen. Eine Patrouille, die ein Lager errichten oder verlegen wollte, mußte in das teilweise flache Gelände des am Fuße des Abhangs gelegenen Tales hinabsteigen, das heißt also in das Nachbarland eindringen. Dies geschah häufig. Da anderswo in Indien und ebenso weiter östlich in Burma McMahons Linie den Kämmen gefolgt war, gingen die Inder von der begreiflichen Überzeugung aus, daß die beabsichtigte Grenze auf dem Kamm der Thag-La-Kette[2], vier oder sechs Kilometer nördlich der Geraden McMahons, verlaufe. Rivalisierende Gebietsansprüche, die von den Unterschieden im kartographischen bzw. topographischen Grenzverlauf herrührten, wurden zu einem Kriegsgrund. Selten in der langen Geschichte menschlicher Kriege haben sich so viele Leute so sehr über so wenige Quadratkilometer eines so fragwürdigen Terrains aufgeregt.

Seit Ende der fünfziger Jahre wurden zwischen Peking und Neu-Delhi diplomatische Noten gewechselt – erst freundlich, dann scharf und schließlich wütend im Ton. Beide Seiten protestierten gegen Grenzverletzungen der jeweils anderen im Osten oder im Westen. Anfang 1960 kam Tschu En-lai nach Neu-Delhi, wo er ziemlich kühl empfangen wurde, um eine Übereinkunft auszuhandeln. Wie erwähnt, waren die Chinesen anscheinend bereit, ihre alten Ansprüche auf die NEFA im Osten aufzugeben und die McMahon-Linie so, wie sie auf der Karte stand, anzuerkennen. Im Gegenzug wollten sie das Aksai Chin und ihre Straße nach Sinkiang. Aber 1960 hatte bereits die indische Demokratie – so wie es nur die Demokratie kann – interveniert und die Verhandlungsfreiheit der Regierung eingeschränkt. Zwar war es der indischen Regierung nicht gelungen, die Chinesen davon zu überzeugen, daß das Aksai Chin und das Land zwischen den beiden McMahon-Linien Indien gehörte; es gelang ihr jedoch vollauf, die indischen Politiker, die Presse und die politisch aktive Öffentlichkeit zu überzeugen, daß dieses Gebiet unwiderruflich indisch war. Gulab Singh und spätere Reisende hatten einen Anspruch auf das Aksai Chin erhoben, der nicht minder stark war als der von Lewis und Clark auf das Territorium von Oregon. Dies war heiliger indischer Boden, und von nun an gehörten Anspielungen auf eine solche Weihe zum indischen Sprachgebrauch.

Hinzu kam, daß die zahlenmäßig zwar relativ unbedeutende Opposition gegen Nehru in Parlament und Presse glühend antikommunistisch war. Sie verdächtigte Nehru gering und seinen Verteidigungsminister und Sonderbotschafter Krishna Menon schwer, gegenüber der Überredungskunst, dem Druck oder den Intrigen der Kommunisten empfänglich zu sein. Selbst in Indien bestand damals für jeden, der links von der Mitte stand, der oft zitierte Zwang, beweisen zu müssen, daß er gegenüber dem Kommunismus nicht nachgiebig war. Einerseits um solche Stärke unter Beweis zu stellen, andererseits aber auch um ihrem Anspruch vor Ort durch ihre Gegenwart sichtbar Ausdruck zu verleihen, begannen die Inder nach 1960, Patrouillen und Posten bis an die Grenze des Aksai Chin und, vorsichtiger, auch an das Stück Land zwischen den beiden McMahon-Linien vorzuschicken.

Die Zwänge hinter dieser Vorwärtspolitik waren nicht militärischer, sondern ziviler und politischer Natur. Die indische Armee kannte die Schwierigkeiten sehr gut. Bis Ende 1960 mußten Truppen in Ladakh aus der Luft versorgt werden – durch amerikanische Fairchilds, die fliegenden Seifenkisten – oder per Saumpfad und Maultier. Danach wurde eine Straße fertiggestellt, aber die Hin- und Rückfahrt mit dem Lastwagen aus der indischen Ebene dauerte einen vollen Monat und ließ zusätzlich zu dem für die Reise notwendigen Benzin lediglich eine Nettoladung von ungefähr einer Tonne zu. Verglichen mit dem umstrittenen Winkel östlich von Bhutan war jedoch Ladakh von Indien aus so leicht zugänglich wie Nevada von Kalifornien aus. Dort war ein elftägiger Marsch vom Brahmaputra-Tal aus nach Norden erforderlich, über Gebirgspässe, die nur zu Fuß und gelegentlich nur mit Hilfe von Seilen zu bewältigen waren. Auf der tibetischen Seite, sowohl im Osten wie im Westen, hatten die Chinesen dagegen über die Hochebene relativ leichten Zugang.

Im Dezember 1961 hatte Leonid I. Breschnew, damals noch das mehr oder weniger zeremonielle Staatsoberhaupt der UdSSR, Neu-Delhi besucht. Im Gespräch vor dem Staatsbankett zu seinen Ehren hatte er zu mir gesagt: »Wie ich höre, gelten Sie in Ihrem Land als ein Mann der Linken.«

Meine Antwort war relativ unverbindlich, hatte ihn aber zu der Erwiderung veranlaßt: »Ich lade Sie ein, die Sowjetunion zu besuchen. Sie werden dann wissen, wie man sich als Reaktionär fühlt.«

Ich dankte ihm. Am 20. Oktober 1962 befand ich mich, nachdem mein sowjetischer Botschafterkollege Iwan Alexandrowitsch Benediktow inzwischen die Einladung erneuert hatte, in London und beabsichtigte, im Anschluß an einen Besuch in Washington nach Moskau zu reisen. Als ich an jenem Abend aus dem Theater kam, erfuhr ich aus der Schlagzeile einer höchst zugänglichen nachrichtendienstlichen Quelle, nämlich dem *Evening Standard*, daß zwischen Indern und Chinesen in der NEFA heftige Kämpfe im Gange seien. Gegen die beharrlichen Proteste der unmittelbar beteiligten Armeeoffiziere, die es besser wußten, hatte die indische Regierung mit dem Ziel, die Chinesen über die Thag-La-Kette zurückzudrängen und die hohen Gipfel des Himalaja als Grenze festzusetzen, losgeschlagen. Unter den Gründen, die man dafür anführte, befand sich die kaum haltbare Behauptung, daß aus strategischen Gründen der Grenzverlauf über die Gebirgskämme unerläßlich sei – Kämme, die man unmöglich mit Garnisonen besetzen konnte.

Am späten Abend des 20. Oktober oder vielleicht auch am frühen Morgen des nächsten Tages wurde ich im Hotel geweckt, um eine Botschaft von Präsident Kennedy in Empfang zu nehmen, in der es hieß, ich solle sofort nach Indien zurückkehren. Nicht der Kriegsausbruch zwischen Indien und China war der Anlaß. Die Botschaft war vielmehr eine Folge der kubanischen Raketenkrise und der Notwendigkeit, an Ort und Stelle der blockfreien Welt die amerikanische Position zu erklären. Einer der schlimmsten Fälle von Duplizität der Ereignisse in der jüngeren Geschichte war somit eingetreten. In ein und derselben Woche, ja fast an ein und demselben Tag, an dem die beiden großen abendländischen Mächte über Kuba in Konflikt gerieten, brach im Himalaja ein Krieg zwischen den beiden größten Ländern Asiens aus.

Außenminister Dean Rusk war überzeugt, daß die Chinesen in Erwartung dessen, daß wir uns hauptsächlich mit Kuba befassen würden, die Gelegenheit für ihren Angriff genutzt hatten. Dies war Unsinn. In der Position der beiden Demokratien gab es indessen eine gewisse Parallele. Beide, Nehru und Kennedy, waren durch die politische Gefahr, nicht standfest genug zu erscheinen, in ihrem Verhandlungsspielraum eingeengt. Folglich mußten beide Aktionen unternehmen oder Risiken eingehen, die unklug waren. Dies ist stets mein Vorbehalt gegenüber jenen geblieben, die in der Raketenkrise einen großen Erfolg Kennedys sehen. Auf amerikanischer Seite drängten sich innenpolitische Erwägungen – der Zwang, hart zu bleiben – in viel zu starkem Maße einer Problematik auf, bei der das zivilisierte Überleben der Menschheit auf dem Spiel stand.

Kein Botschafter hat in jüngerer Zeit während eines Krieges in einem fremden Land so viel Handlungsfreiheit gehabt wie ich in den folgenden Tagen aufgrund jenes zufälligen Zusammentreffens. Washington war vollauf mit der Raketenkrise beschäftigt. Die regulären diplomatischen Kommunikationswege waren nahezu total ausgelastet mit Eilmeldungen über diese Krise.[3] Ein oder zwei Tage nach meiner Rückkehr aus London bestätigte eine knappe Nachricht aus dem Weißen Haus, alle Aufmerksamkeit sei anderweitig konzentriert, und informierte uns, daß Carl Kaysen vom Stab des Weißen Hauses der ranghöchste Beamte sei, der Zeit für meine Probleme habe. Kaysen und ich waren uns seit langem über die Notwendigkeit einer weniger abenteuerlichen, weniger militärisch orientierten Außenpolitik einig. So konnte ich mich auf sein Verständnis und seine Unterstützung verlassen. Dean Rusk, höchst großzügig angesichts des in der Vergangenheit oftmals scharfen Tons unserer Korrespondenz und unserer Beziehungen, beschränkte sich selbst die ganze Zeit darauf, mir dafür, wie ich die Dinge handhabte, sein volles Vertrauen auszusprechen.

Im weiteren Verlauf des Krieges veranlaßte eine Reihe schwerer Niederlagen die Inder, sich mit der Bitte um materielle Hilfe und damit auch moralische Unterstützung sowie um militärische und politische Ratschläge an die amerikanische Botschaft zu wenden.[4] Im Gegensatz zu anderen Botschaftern hatte ich kein unabhängiges Militär-(oder CIA-)Kontingent, mit dem ich die Macht teilen mußte. Als schließlich eine größere militärische Beratertruppe eintraf, war ich imstande, sowohl sie als auch ihre Kommunikationswege voll unter Kontrolle zu halten.[5] Ich möchte an dieser Stelle auf die Erfahrungen eingehen, die man bei der Ausübung derartiger Macht gewinnt, doch muß ich zunächst noch einmal auf den eigentlichen Kriegsverlauf zu sprechen kommen.

Die östliche Front, den kartographischen Konflikt, hatten die Inder General Brij Mohan Kaul anvertraut, einem stämmigen Mann von leicht unterdurchschnittlicher Größe, zackigem militärischem Auftreten und einmalig schlechtem Urteilsvermögen. Seine Karriere in der indischen Armee verdankte er eher seiner Fähigkeit, sich politisch anzupassen, insbesondere an Krishna Menon, als seinen militärischen Führungserfahrungen, an denen es ihm nahezu vollkommen gebrach. Bei der Erteilung von Befehlen neigte er zu Doppeldeutigkeit, Kompromissen und, wenn sich Mißerfolge einstellten, zu allem, womit sich die Schuld auf andere abwälzen ließ. Darüber hinaus war er ein Mann von nicht geringem Charme.

Meine ersten, wenngleich noch unzureichenden Zweifel an Kauls Urteilsvermögen wurden kurz vor meiner Abreise nach London im Oktober geweckt. Er war gerade von einem Besuch vor Ort an der Thag-La-Front zurückgekehrt und hatte mich gebeten, ihn spätabends in seinem Haus in Neu-Delhi zu besuchen. Dort erzählte er mir, daß eines baldigen Tages die Chinesen aus dem von Indien beanspruchten Land hinausgeworfen würden. Jawaharlal Nehru, Krishna Menon und die Regierung seien sich aber nicht ausreichend über die Schwierigkeit dieser Aufgabe im klaren. Sie sei nur mit unserer Hilfe durchführbar. Wie er mir sagte, habe er dementsprechend der indischen Regierung geraten, ihre Paktfreiheit aufzugeben und sich um unsere Unterstützung zu bemühen. Er setzte ganz selbstverständlich voraus, unsere Antipathie gegen den Kommunismus sei so stark, daß man uns nur darum zu bitten brauche. Ich hielt ihn für ein bißchen überspannt und sagte, wir würden eine solche Verwicklung nicht wünschen, wobei mir allerdings der Gedanke durch den Kopf ging, daß es in Anbetracht der gegenwärtigen Darstellung Chinas als Instrument der kommunistischen Weltverschwörung unter meinen Landsleuten einige gäbe, die genau diesen Ehrgeiz hätten. Ich war von dieser Unterhaltung weitaus weniger beeindruckt, als ich hätte sein sollen. Wie jeder, der den Zweiten Weltkrieg miterlebt hatte, war ich gegen die Idiosynkrasien von Generälen abgehärtet.

Der Versuch, die Chinesen Mitte Oktober über die Thag-La-Kette zurückzuwerfen, kam nie auch nur in die Nähe der Gipfelregion. Statt dessen endete er am 19./20. Oktober mit einer schweren Niederlage im daruntergelegenen Tal. Die schlechtversorgten und schlechtausgerüsteten indischen Einheiten wurden versprengt.[6] Einige wurden getötet, eine größere Anzahl gefangengenommen, und der Rest entkam über die Grenze nach Bhutan.[7] General Kaul, der physisch an der Höhe und psychisch an der Niederlage litt, wurde nach Neu-Delhi zurückgeflogen.

Indien selbst war durch diese Niederlage (oder dieses Scharmützel) kaum gefährdet. Einige der höchsten Gebirgszüge der Welt lagen zwischen den Chinesen und dem Brahmaputra-Tal im Süden. Die Inder sammelten sich wieder, um die Hochpässe, die über diese Berge führten, zu verteidigen. Der 4790 Meter hohe Se-La-Paß, etwa 30 Kilometer südwestlich der McMahon-Linie, wurde zum wichtigsten Stützpunkt ausgebaut; Bomdi La, weitere 30 Kilometer südwestlich, diente als Hilfsbollwerk. Beide Pässe waren schwer zu verteidigen. Daß der Zugang zu ihnen gleichermaßen problematisch war, überrascht nicht. Immerhin waren die Inder in kampflosen Zeiten, die der Niederlage am Thag La folgte, imstande, ein paar tausend Soldaten zusammen mit einiger Ausrüstung in dieses Gebiet zu verlegen. Das Nachschubproblem blieb in jenen hochgelegenen Regionen jedoch bestehen.

Es war eine Zeit höchster Erregung. Das Kriegsfieber in Neu-Delhi erreichte seinen Höhepunkt. Überall ertönten Forderungen, die Chinesen wieder zu vertreiben; sämtliche Probleme des Geländes und der militärischen Durchführbarkeit wurden ignoriert. Krieg hat stets fatale Auswirkungen auf die Vernunft, was sich in trauriger Weise darin manifestierte, daß man General Kaul erlaubte, wieder das Kommando zu übernehmen.

Mitte November schlugen die Chinesen Verhandlungen vor. In Anbetracht der zu diesem Zeitpunkt in Indien herrschenden öffentlichen Meinung, die mit der militärischen Lage nicht das geringste zu tun hatte, kamen diese nicht in Frage, und auch ich schlug nicht vor, auf dieses Angebot einzugehen. In einer so erregten Atmosphäre hätte ein solcher Vorschlag bedeutet, daß ich meine Glaubwürdigkeit als Freund verloren hätte. Vielleicht hätte ich es dennoch tun sollen.

Die Chinesen gingen daraufhin wieder zum Angriff über. Nach einigen unverhüllten Straßenbauaktivitäten kamen sie auf Schleichwegen, die man weitgehend für unpassierbar hielt, um die Berge und Pässe herum, die von den indischen Truppen besetzt waren. Ich hatte nach Diskussionen mit meinen Mitarbeitern in Neu-Delhi die Ansicht vertreten, daß die Chinesen ihr Ziel noch nicht erreicht hätten und daß sie mit ihrem Straßenbau bestimmte Absichten verfolgten. Sie würden also ihrem Angriff einen weiteren folgen lassen. Washington war nicht meiner Ansicht. Als die Chinesen die Hochgebirgspässe umgangen hatten, erwies es sich, daß ich recht gehabt hatte. Im folgenden blieben meine Lagebeurteilungen unbeanstandet, obgleich es sich herausstellen sollte, daß meine Hauptvorhersage unzutreffend war.[8]

Als die Chinesen die indische Haupttruppe am Se-La-Paß umzingelt hatten, war die Verwirrung der Verteidiger groß und die Niederlage vollkommen. Einige indische Soldaten wurden getötet, andere starben an Hunger und Entkräftung, mehr noch wurden gefangengenommen. Viele schlugen sich in kleinen Gruppen bis in die Ebene durch. Sämtliche Ausrüstung ging verloren. Kein Chinese geriet in Gefangenschaft. Zwei oder drei Jahre später besuchte General Kaul mich in Cambridge und erzählte mir, daß er an einem Buch arbeite, welches beweisen würde, daß der Feldzug, insgesamt gesehen, ein Erfolg gewesen sei – eine anspruchsvolle literarische Aufgabe.

Gegen den hartnäckigen Widerstand der in ihren eiskalten, weitverstreuten Posten ausharrenden Soldaten, deren Geschick und Entschlossenheit im Gefolge der allgemeinen Niederlage unbeachtet blieb, verdrängten die Chinesen inzwischen in Ladakh die Inder aus dem Aksai Chin. Dann, am 21. November, war der Krieg abrupt zu Ende.

Meine erste Lehre aus diesem Krieg betraf die physischen Probleme, mit denen man zu kämpfen hat. In normalen Zeiten überarbeitet sich ein Botschafter, wie aus diesen Seiten deutlich wird, nicht. Doch in den Herbstmonaten des Jahres 1962, in einem Moment, da Zeit für ruhiges Nachdenken dringend erforderlich war, fand ich mich plötzlich in einer Lage, mehr und folgenschwerere Entscheidungen treffen zu müssen als in allen vorausgegangenen Monaten zusammengenommen. Wenn ich dringend Schlaf brauchte, trafen die meisten, großenteils negativen Nachrichten ein und raubten ihn mir. Nach einiger Zeit erlitt mein Stellvertreter, Benson E. L. Timmons, einen Schwächeanfall, kam ins Krankenhaus, und ich hatte noch mehr zu tun. Erneut entdeckte ich, wie zuvor bereits als Leiter der Preiskontrollbehörde, daß sich die eigene Arbeitskapazität in längeren Perioden starker Beanspruchung enorm ausdehnen läßt. An normalen Tagen leisten wir nur einen Bruchteil von dem, was wir leisten könnten, und erleichtern unser Gewissen durch Bemerkungen darüber, wie hart wir arbeiten. Aber es gibt Grenzen. Zweifellos besteht eine der größten Gefahren unserer Zeit darin, daß die folgenschwersten Entscheidungen von müden Leuten getroffen werden müssen.

Hinzu kommt außerdem das selten diskutierte Problem Schlaftabletten. Es gibt ohne Zweifel Menschen, die das Denken abstellen, sich entspannen und nach großen, komplizierten, anspruchsvollen oder gefährlichen Aufgaben sofort einschlafen können. Wahrscheinlich kommt dies daher, daß sie nicht genau wissen, was sie tun. Für andere gibt es keine Alternative zu Beruhigungsmitteln, die die Gedanken unterbrechen und das Einschlafen ermöglichen. So war es in meinem Fall. Ich zweifle daran, daß andere, die sich in ähnlichen Situationen befunden haben, andere Fähigkeiten entwickelt oder andere Erfahrungen gemacht haben. Präsident Kennedy jedenfalls nicht. Ich nahm damals die gleichen, schnell wirkenden Barbiturate, die Dr. Janet Travell dem Präsidenten verschrieb. Am nächsten Morgen bezahlt man dafür mit Benommenheit, zweifellos auch mit geschwächtem Urteilsvermögen. Und dazu kommt, daß die Dosen im Laufe der Wochen erhöht werden müssen, wodurch die Neigung zu Müdigkeit und Anspannung nicht vertrieben, sondern unterdrückt und aufgestaut wird. Nur totale Schlaflosigkeit wäre schlimmer.

Nach meiner Rückkehr aus London entdeckte ich des weiteren, wie nötig Geschichtskenntnisse sind. Ich mußte sofort den Hintergrund und die Ursachen des Konfliktes, mit dem ich es zu tun hatte, kennen- und verstehen lernen. Nachdem über die Unruhen in jenen entfernten Bergregionen in den Nachrichten ausführlich berichtet worden war, war es unverzeihlich, daß ich mich mit der Geschichte des Gebietes nicht voll vertraut gemacht hatte. Auch in meinem Stab wußte keiner Bescheid, und aus Washington kam nichts Brauchbares. Von der indischen Regierung gab es ein riesiges Memorandum, in dem sie ihre Argumentation darlegte. Es war, um einen Ausdruck Franklin D. Roosevelts über unsere Memoranden zur Preiskontrolle zu benutzen, »zu schwer zu heben«. Und der Ton, in dem es gehalten war, war nicht gerade objektiv. Ohne die Kenntnis der Problematik waren vernünftige Entscheidungen nicht möglich. Meine erste unerwartete Aufgabe in diesem Krieg bestand also darin, seine Ursachen und die Argumente, die beide Seiten für sich ins Feld führen konnten, verstehen zu lernen.

Ich kam zu dem Schluß, daß eine Menge zugunsten des indischen Anspruchs auf die NEFA sprach, wenn man einmal von den Details der genauen Grenzziehung absah. Es handelte sich um einen Konflikt zwischen dem älteren Imperialismus Chinas und dem jüngeren Imperialismus, den Indien von den Briten geerbt hatte. Keine moderne Nation darf sich auf uralte imperiale Rechte berufen. Es wäre dies eine furchtbare Quelle für Konflikte; Iraner, Griechen, Italiener, Mongolen und Türken hätten dann einander überschneidende Ansprüche, und die Nachfolgestaaten wären inzwischen alle in entsetzliche Kämpfe verwickelt. Die Geschichte zeigt überdies, daß dieses Gebiet für die Chinesen nicht der wichtigste Stützpunkt war. So verkündete ich, mit der zögernd erteilten Erlaubnis Washingtons – es handelt sich hierbei um Angelegenheiten, bei denen kein Botschafter sich einbilden sollte, er habe Generalvollmacht –, daß wir Indien in seinem Anspruch auf die McMahon-Linie unterstützten. *Welche* Linie dabei gemeint war, sagte ich nicht. Ein paar Stunden nachdem ich am 27. Oktober diese Versicherung veröffentlicht hatte, traf ein heftiger Protest aus Taiwan ein. Als nach wie vor anerkannte Regierung von China verteidigte man dort mit einiger Einbildungskraft jeden Meter chinesischen Bodens.

Nachdem ich zu dem Schluß gekommen war, daß die Inder im Osten berechtigte Ansprüche hatten, entschloß ich mich, was den Westen anging, zu schweigen. Für die Chinesen war das Aksai Chin ein Durchgangsland, für die Inder eine Wüste. Die Tatsache, daß die Inder über zwei Jahre lang die chinesische Straße nicht entdeckt hatten, schien ihren Anspruch nicht gerade zu festigen. Ich setzte mich daraufhin mit der einzigen, unbeteiligten Autorität in Verbindung, die für mich in Neu-Delhi verfügbar war, nämlich mit Chester Ronning, dem kanadischen Hochkommissar, einem gutaussehenden, gutinformierten, selbstbewußten Mann, der große China-Erfahrung besaß. Er kannte die geschichtlichen Hintergründe. Und er war fest davon überzeugt, daß die indische Position im Westen nicht stark sei.[9] Noch immer war ich nicht glücklich. Während all dieser Wochen fühlte ich mich aufgrund meines Mangels an ausreichendem, fundiertem Wissen nicht wohl in meiner Haut.

Eine grundsätzlichere Unsicherheit betraf die Natur des Krieges, in den ich nun verwickelt war und in dem ich Rat und materielle Hilfe anbot. Alles hing von den chinesischen Intentionen ab; und diese waren in einzigartiger Weise schleierhaft. Handelte es sich nur um einen Grenzkonflikt? Wenn dem so war, dann war es am besten, einen kühlen Kopf zu behalten und sein möglichstes zu tun, um eine Eskalation in einen echten Krieg zu vermeiden. Oder war dieser Krieg Ausdruck der aggressiv-expansionistischen Neigungen, die dem internationalen Kommunismus, als dessen voll integrierter und bereitwilliger Partner China galt, von den dickschädeligen alten Kämpfern stets zugeschrieben worden waren? Sollten diejenigen, die solche gefährlichen Phrasen, welche ich und andere Liberale stets empört zurückgewiesen hatten, von sich gaben, etwa doch recht haben? Die Propheten eines zügellosen kommunistischen Expansionismus beherrschten in Washington die Szene. Allerdings war der Angriff auf Indien so etwas wie eine Probe aufs Exempel für ihr Glaubensbekenntnis. Bisher hatte man immer militärische Verbündete, nicht das neutrale Indien, für gefährdet gehalten. Daß Indien vor dem Kommunismus geschützt werden müßte, war für manche ein neuer, beunruhigender und teurer Gedankengang.

Die herkömmliche Verhaltensregel in solchen Angelegenheiten ist klar: Rechne immer mit dem Schlimmsten. Insbesondere, nachdem die Chinesen in die NEFA vorgerückt und das Adlernest am Se La umzingelt hatten, mußte man dies tun. Die Chinesen würden Assam einnehmen und daraufhin die höchst berechtigte Unzufriedenheit und die diversen revolutionären Leidenschaften Kalkuttas und der Bengalen für den Kommunismus ausbeuten. Der Osten ist rot oder soll es zumindest werden. Die Lektion, die ich nun lernte, war die, daß man nie zugunsten einer oberflächlichen Annahme aufs Denken verzichten sollte. Die Annahme des schlimmsten Falls hätte sein Eintreten erheblich beschleunigen können. Wenn eine Invasion in Assam und Bengalen beabsichtigt war, so wären Gegenschläge auf Stützpunkte und Transportwege in Tibet angebracht gewesen. Der Feind muß dort getroffen werden, wo es ihm weh tut. Als Freunde hätte es unsere Politik sein müssen, die Inder mit den notwendigen Flugzeugen und Artilleriegeschützen zu versorgen, ihnen beim Schutz ihrer Städte zu helfen und damit zu beginnen, andere militärische Güter für einen größeren Krieg bereitzustellen.

Auf all dies, vor allem aber auf die Luftangriffe gegen Tibet, hätten die Chinesen zwangsläufig reagieren müssen. Und die indische Öffentlichkeit, die bereits jetzt großen Lärm schlug, hätte daraufhin alle weiteren Verhandlungsangebote als durchsichtige kommunistische Tricks zurückgewiesen. Außerdem wären die Entscheidungen nun in die Hände von Leuten – Indern wie Amerikanern – übergegangen, deren Aufgabe es ist, Kriege zu führen, und die dies oft auch gern tun. Und dies hätte vielleicht mehr als alles andere das Schlimmste heraufbeschworen.

Eine kluge und sichere Politik bestand darin, nicht den schlimmsten, sondern den harmlosesten Fall anzunehmen. Und dies war die Annahme eines Grenzstreits, einer großangelegten chinesischen Demonstration zur Erzwingung einer Lösung unter für sie günstigen Bedingungen. In diesem Fall war eine begrenzte und somit wieder zurücknehmbare Reaktion angebracht. Nicht ohne große Zweifel entschloß ich mich, auf der Basis dieser Annahme zu handeln.

Einiges sprach dafür. Die chinesische Außenpolitik war, der Doktrin des Kalten Krieges zum Trotz, vorsichtig gewesen. Noch immer existierte Hongkong als ein Überbleibsel des britischen Imperialismus. In Korea hatten die Chinesen erst interveniert, als MacArthur seinen sinnlosen Vorstoß zum Yalu unternommen hatte. Sie hatten lauthals gegen Matsu und Quemoy, die zu Nationalchina gehörenden Inseln vor der Küste des chinesischen Festlands, protestiert, sie jedoch nie erobert. Konnten verantwortliche Kommunisten sich einen Krieg wünschen, bei dem der Nachschub über den Himalaja laufen mußte – über Ziegenpfade und an Seilen anstatt über Straßen? Oder – ein subjektiver Gedanke – etwas so Katastrophales wie ein kommunistisches Bengalen? Die Chinesen haben eine Begabung für die im Sozialismus unerläßliche Organisation; der Charakter der Bengalen, nie ohne Charme, tendiert zur Anarchie.

Ich war mir meiner Sache keineswegs so sicher, wie es hier klingt.

Wenn ich mich irrte, hätten sich daraus unangenehme Konsequenzen ergeben, für die Inder, für die Vereinigten Staaten und – für Galbraith. Ein Professor, der sich elementaren Vorschriften widersetzte, hat die kommunistische Bedrohung verharmlost. Ziehen wir ihm das Fell über die Ohren und exorzieren wir ihn; möge seine Verwirrung für alle Zeit jedem eine Mahnung sein! Ich hätte den Rest meines Lebens damit verbringen müssen, ähnlich anspruchsvolle Erklärungen zu suchen wie General Kaul. Nach dem Fall von Tawang am 26. Oktober notierte ich in mein Tagebuch, daß die Chinesen darauf aus sein könnten, die gesamte NEFA einzunehmen, und warnte mich selbst: ». . . Ich darf mich diesen Gedanken nicht verschließen. Das schlimmste Vergehen besteht darin, daß man eine Schätzung macht und dann so stolz auf sie ist, daß man sie nicht mehr einer veränderten Beweislage anpassen kann.«[10] Nach wie vor widerstand ich jedoch der Annahme, daß die Chinesen es auf Indien selbst oder einen nennenswerten Teil von Indien abgesehen hatten. Worum es ging, war jenes dubiose Grenzgebiet. In späteren Jahren traten die Notwendigkeit, die Wahrung des persönlichen Rufes von klugen, der Allgemeinheit dienenden Entscheidungen zu trennen, und die Schwierigkeiten, die damit verbunden waren, in Washington deutlich zutage. Vielen erschien es, was die persönliche Karriere betraf, am klügsten, sich auf den Standpunkt zu stellen, daß der kommunistische (und insbesondere der chinesische) Ehrgeiz in Ostasien unbegrenzt sei. Überall würden die Dominosteine angestoßen werden und umfallen. Indem man das Schlimmste annahm und in Vietnam entsprechend handelte, konnte man nie beschuldigt werden, die kommunistische Bedrohung zu unterschätzen.

Auch meinen eigenen Mitarbeitern mußte ich diese meine Annahme vom geringsten – oder geringeren – Übel vermitteln. Meine Position wäre gründlich unterminiert worden, wenn meine Untergebenen den Indern gesagt hätten, sie rechneten mit einer großangelegten Invasion und einem totalen Krieg. Bei dieser Gelegenheit lernte ich, daß Amerikaner diszipliniert sind und auf vernünftige Argumente eingehen.

Daß mein Stellvertreter Lane Timmons ein Mann des Kalten Krieges war, wußte ich aus Erfahrung. Aber ebenso wie die anderen Karriereoffiziere akzeptierte er schnell meine Argumente für das kleinere Übel. Die leitenden Mitglieder des militärischen Stabes der Botschaft, Armeeoberst Clifford A. Curtis und Oberst George Hannah jr., der Luftwaffenattaché, waren ruhige und nachdenkliche Männer. Auch sie sahen beide ein, daß alles mit Sicherheit schlimmer werden würde, wenn wir unser Handeln von der Annahme des Schlimmsten bestimmen ließen. Ein weiterer führender Mitarbeiter meines militärischen Stabes – ich sehe, nachdem so viel Zeit darüber verflossen ist, keinen Grund dafür, ihm durch die Nennung seines Namens Unannehmlichkeiten zu bereiten – war damit ganz und gar nicht einverstanden, ja, geradezu entsetzt darüber, daß wir die Inder nicht sofort hochbegeistert als neue Verbündete im antikommunistischen Kreuzzug in die Arme schlossen. Auf einem Treffen mit seinen indischen Kollegen sprach er über die Lieferung von Militärgütern, die die Chinesen in der Luft, auf dem Land und vor allem zur See in ihre Schranken verweisen würden. Der Inhalt dieser Gespräche wurde dann in indischen Militärkreisen und durch sie bis hinauf in die indische Regierung bekannt. Ich erfuhr, daß unter den indischen Militärs von wunderbaren Sachen – Zerstörern, U-Booten, Artilleriewaffen – die Rede war. Ich löste das Problem dadurch, daß ich meinen Untergebenen ersuchte, sich gegenüber keinem indischen Offiziellen in irgendeiner Frage, die mit dem Krieg zu tun hatte, festzulegen. Hier nutzte die Disziplin; er gehorchte.

Die CIA-Abteilung in Neu-Delhi war nicht nur entgegenkommend, sondern besaß mit W. Lowrie Campbell auch einen hervorragenden Kenner der Bergvölker und des Geländes, in dem die Kampfhandlungen stattfanden. Durch ihn sowie aufgrund meines früheren Besuches hatte ich ein besseres Gefühl für den Landstrich dort oben in der Nähe von Bhutan als manche meiner indischen Gesprächspartner. Und für so etwas ist ein guter Nachrichtendienst angeblich ja auch da.

Als der Krieg seinen Höhepunkt erreichte, gab es indessen einen Augenblick, in dem ich fürchtete, die Kontrolle zu verlieren. Desmond FitzGerald erschien in Neu-Delhi. FitzGerald befand sich damals nahezu im Zenit seiner Karriere als der blutrünstigste, einfallsreichste und sympathischste Drahtzieher geheimer Operationen in der Geschichte der CIA. Und auch als der unverantwortlichste. William Colby, später selbst Leiter der Behörde, erwähnt ihn in seinen Memoiren. Gefragt, was er von FitzGerald, der als Leiter sämtlicher Geheimoperationen im Gespräch war, halte, hatte er geantwortet: »Ich empfahl, Des FitzGerald zu nehmen, legte Helms [Richard Helms, dem damaligen CIA-Direktor] jedoch nahe, ihn streng zu kontrollieren und ihn davon abzuhalten, uns eine neue Schweinebucht einzubrokken. Helms wählte tatsächlich FitzGerald . . .«[11] FitzGerald führte in kameradschaftlicher Zusammenarbeit mit gleichgesinnten Abenteurern unter den Indern irgendeinen Guerilla-Unfug im Schilde. Ich stellte einen zuverlässigen Untergebenen ab, der ihm als Führer und Assistent zur Seite stehen sollte und außerdem beauftragt war, mich über alles, was vorging, genau auf dem laufenden zu halten. Ein Spion zur Überwachung eines Spions. Glücklicherweise endete der Krieg, und FitzGerald flog nach Hause, bevor er Unheil anrichten konnte.

Als sich die Kubakrise entspannte, konzentrierte sich das Interesse Washingtons mehr und mehr auf den Krieg im Himalaja. Bald wurden wir mit Hilfsangeboten überschwemmt. Hier gab es eine weitere Lektion zu lernen: die Bedrohung durch zu viele Leute. Jeder auch nur halbwegs bedeutende Neuankömmling verwischte und gefährdete meine eigene Autorität. Ebenfalls betroffen davon war meine Politik der minimalen Reaktion, denn vielen dieser Freiwilligen stand der Sinn nach Heldentaten. Timmons und ich setzten uns jeden Morgen zusammen, um Telegramme zu verfassen, in denen wir angebotene Talente ablehnten. Der Schlüssel zur Kontrolle der Telegramme, die kamen, lag, wie immer, darin, die volle Kontrolle über die Kommunikationswege zu behalten. Man weiß dann immer genau, was vorgeht, und kann gegen Unerwünschtes die notwendigen Maßnahmen ergreifen, wozu auch das Veto gegen die Übermittlung einer Nachricht selbst gehört. Als wir nach den indischen Niederlagen damit begannen, die verlorenen Waffen zu ersetzen, ließ sich ein umfangreicher militärischer Stab nicht mehr vermeiden. Man teilte mir mit, daß diese Mission der Autorität des Verteidigungsministeriums unterstellt sei. Ich schickte sofort ein Telegramm zurück, in dem ich sagte, daß in Wirklichkeit alles meiner Autorität unterstellt sei und »daß jegliche ... Kommunikation natürlich über mich gehen wird«. Ich empfehle diese Sprache allen Botschaftern, die in unruhigen Ländern leben.

In jenen Wochen lernte ich auch die größte Versuchung solcher Zeiten kennen; nämlich die, daß einem nach einiger Zeit der Krieg zu gefallen beginnt. Zivile Verwaltung funktioniert durch Diskussion und Konsens, militärische Aktion durch Information und Befehl. In ihrer Einfachheit sind Befehle für alle Zivilisten eine Verlockung, insbesondere für diejenigen, die aus den zur Umständlichkeit neigenden Traditionen des akademischen Lebens kommen. Aus diesem Grunde entwickeln nur wenige Menschen eine so gefährliche Kriegsbegeisterung wie Akademiker, die zufällig mit militärischen Angelegenheiten zu tun bekommen.

Außer mit der Macht, die mir durch unsere Lieferungen von Waffen und anderem Material zufiel, fand ich es relativ leicht, die militärischen Probleme zu bewältigen. Amerikanische Zivilisten meiner Generation sind stark von der Kultur des Zweiten Weltkriegs, des Koreakriegs und der stets gefährdeten Friedensperioden vorher und nachher geprägt. Den politischen Führern Indiens fehlte dagegen eine ähnliche Erfahrung, und so neigten sie sowohl in Hinblick auf mit Waffengewalt möglicherweise erzielbare Erfolge als auch in ihren Befürchtungen zur Übertreibung. Als die Inder Se La aufgaben, schwirrte Neu-Delhi vor Gerüchten, von denen eines ein großes chinesisches Luftlandeunternehmen betraf. Jawaharlal Nehru sollte demnach als Regierungschef durch den kürzlich entlassenen Krishna Menon ersetzt werden. Die ernsthaften Probleme, die es den Chinesen bereitet haben würde, ohne Lufttransportflotte Fallschirmjäger über Neu-Delhi abzusetzen, wurden ignoriert. Diejenigen, die eine Bedrohung durch Fallschirmjäger nicht als gegeben sahen, nahmen es für bare Münze, daß die Chinesen in ganz Assam und möglicherweise Bengalen einzufallen beabsichtigten. Auch dies hieß, gravierende Nachschubprobleme außer acht zu lassen. Mit Nachdruck und letztlich erfolgreich setzte ich mich im Außenministerium und direkt bei der indischen Luftwaffe dafür ein, daß die Inder auf den Einsatz ihrer Flugzeuge verzichteten. Es war unwahrscheinlich, daß es ihnen gelungen wäre, die in den Bergen operierenden chinesischen Truppen zu treffen. In diesem Punkt konnte ich umfangreiche professionelle Kenntnisse, die von meiner Tätigkeit beim U. S. Strategic Bombing Survey herrührten, zur Geltung bringen. Aber es gab noch einen wichtigeren Grund, die Flugzeuge am Boden zu lassen. So lange, wie die einander bekämpfenden Truppen Infanteristen sind, die über die Felder kriechen oder, wie in diesem Falle, über nahezu unpassierbare Gebirgspfade, hat der Krieg kontrollierbare Zeitdimensionen. Es gibt Zeit zum Nachdenken, für Verhandlungen. Sobald Flugzeuge ins Spiel kommen, eskaliert der Konflikt und gerät außer Kontrolle. Ich war sehr zufrieden mit meinem Erfolg in diesen Bemühungen, und noch heute schaue ich darauf in möglicherweise ungebührlicher Selbstgefälligkeit zurück. Nicht jeder hat dazu beigetragen, einen Krieg zu begrenzen oder abzukühlen.[12]

Zu den weiteren Lehren, die mir zuteil wurden, gehört auch die Erfahrung, daß das seelische Gleichgewicht in solchen Zeiten in Gefahr gerät. Nach der Niederlage unterhalb des Thag La schickten wir auf mein Ersuchen Gewehre, Geschütze und Munition per Flugzeug von Europa nach Kalkutta, um die Verluste auszugleichen. Nach der Katastrophe am Se-La-Paß überredete ich Washington, C-130-Maschinen zum Transport von Ersatztruppen aus dem Pandschab und zur Lieferung von Nachschubgütern nach Ladakh zur Verfügung zu stellen. Statt der einmonatigen Lkw-Touren, mit denen jeweils eine Tonne Nachschub aus den Ebenen nach Leh in Ladakh gebracht wurde, konnte eine C-130 an einem Vormittag ein Mehrfaches dieses Gewichtes in Delhi laden und um 12 Uhr mittags wieder zurück sein. Diese bescheidenen Beiträge trugen mir den Ruhm eines Wohltäters von beispielloser Güte ein. Und ohne die geringste Anstrengung kann sich ein Botschafter, so wie ein Senator, der einen Dammbau in die Wege leitet oder einen Manager der Ford Foundation zur Vergabe eines Stipendiums veranlaßt, in die Überzeugung hineinsteigern, die ganze Großzügigkeit sei tatsächlich nur seine eigene. In der Diplomatie mißt ein Botschafter seinen Erfolg gemeinhin an der Herzlichkeit der Beziehungen zu Regierung und Bevölkerung des Landes, in dem er dient. Die entscheidenden Faktoren in solchen Beziehungen sind jedoch fast ausnahmslos die Geschichte und der zufällige Gang der Ereignisse, nicht hingegen die persönlichen Fähigkeiten. Die Botschafter sind aber schließlich diejenigen, die dafür gelobt werden. Die Chinesen und der Krieg machten mich über Nacht zu einem Ausbund an diplomatischem Geschick. Der Herausgeber der in puncto Antiamerikanismus hartnäckigsten und erfinderischsten Wochenzeitschrift, des Bombayer *Blitz*, kam eines Tages vorbei, um mir mitzuteilen, daß die Vereinigten Staaten in seiner Zeitschrift ein vollkommen neues Image bekommen hätten und daß ich forthin als die beliebteste Persönlichkeit nach Krishna Menon dargestellt würde. Wenn ich die Botschaft verließ, warteten Delegationen mit Girlanden auf mich. Einmal behängten sie sogar meinen Cadillac mit Blumen. Ich reiste einmal in die NEFA und zweimal nach Ladakh, um mich dort von den Soldaten als Retter empfangen zu sehen. Bald merkte ich, wie mir all dies nur allzugut gefiel. Mehr zu versprechen und den Chauvinismus zu fördern, hätte dieses zweifelhafte Vergnügen noch erhöht. Es wäre einfach gewesen. Die Lehre liegt auf der Hand.

Meine militärische Euphorie erreichte jedoch nie wirklich gefährliche Dimensionen. Ich war mir der Gefahr bewußt, wenn auch nur ungenügend. Und ich wurde von den Chinesen vor Schlimmerem bewahrt. Am 19. November hatten sie den größten Teil der NEFA eingenommen. An jenem Tag baten die Inder in zwei verzweifelten Depeschen an Washington um umfangreiche amerikanische Hilfe und Luftwaffenintervention als Gegenmaßnahme gegen die angenommene Bedrohung Assams und Bengalens. Diverse Pläne zur Aufgabe Assams wurden gemacht, und in der Vorwegnahme derselben machten sich einige zivile Regierungsangestellte von sich aus aus dem Staube.[13] Es wurde berichtet, daß General Kaul in Gefangenschaft geraten sei, und Präsident Sarvepalli Radhakrishnan, den ich an jenem Abend zusammen mit den Senatoren Mike Mansfield aus Montana und Claiborne Pell aus Rhode Island aufsuchte, sagte ruhig: »Unglücklicherweise stimmt das nicht.«[14]

An einem anderen spannungsgeladenen Tag besuchte Bourke B. Hickenlooper, republikanischer Senator aus Iowa und eine außenpolitisch sehr einflußreiche Stimme im amerikanischen Senat, Neu-Delhi. Ich begleitete Hick auf sein Ersuchen hin zum Premierminister, dem er einen halbstündigen Vortrag über die Gefahren des aggressiven Kommunismus hielt. Danach blieb ich noch eine Weile dort, um mit Nehru über dringendere Angelegenheiten zu sprechen. Versonnen grübelte dieser darüber nach, warum der Senator geglaubt habe, er, Nehru, bedürfe gerade an diesem Tag ausgerechnet dieses Vortrages.

Obwohl ich noch immer große Zweifel hatte, was die chinesischen Intentionen in Assam und Bengalen betraf, ließen mich doch einmal meine Nerven im Stich, und ich bat darum, Einheiten der Siebten Flotte in die Bucht von Bengalen einlaufen zu lassen. Bald darauf zog ich das Ersuchen wieder zurück. Dann, am frühen Morgen des

21. November, erfuhr ich, daß die Chinesen tags zuvor einen Waffenstillstand und eine Beendigung des Krieges verkündet hatten. Sie wollten ihre Truppen einseitig zurückziehen, und zwar auf Positionen, die hinter dem Frontverlauf zu Kriegsbeginn lagen. Damit würden die Inder die NEFA behalten; die Chinesen würden das ungemütliche Aksai Chin und ihre Straße nach Sinkiang bekommen.

Als ich diese Nachricht hörte, überfiel mich der Gedanke, die indische Regierung könnte diesen Waffenstillstand nicht akzeptieren. Das Parlament und die Presse befanden sich trotz der Niederlagen noch immer in höchst kriegerischer Stimmung; Indiens Erniedrigung sollte getilgt und seine Würde wiederhergestellt werden. Die große psychologische Barriere, amerikanische Hilfe zu erbitten, war bereits durchbrochen worden; sie konnten sich auf unsere antikommunistische Leidenschaft verlassen und sicher sein, daß alle ihre militärischen Bedürfnisse erfüllt würden. Ich hatte keinerlei Instruktionen, aber auch nicht die geringsten Zweifel daran, wie diese hätten lauten sollen. Ich suchte Nehru auf und bedrängte ihn mit größerer Leidenschaft, als ich sie je zu ähnlichen Überredungszwecken aufgewandt habe, den Waffenstillstand anzunehmen. Dann bat ich Paul Gore-Booth, den britischen Hochkommissar und die zweite Quelle der Inder für militärische Hilfe, sich in gleicher Weise dafür einzusetzen, was er dann auch tat.

Ich traf Nehru an jenem Tag in seinem kleinen, schäbigen Büro neben dem großen, kreisrunden Plenarsaal des von den Briten für die indische Demokratie erbauten Parlaments. Er hörte mir – wie immer – schweigend zu. Ich glaube, er hatte nie ein Plädoyer gehört, das ihm willkommener gewesen wäre. Schließlich hätte ich auch kommen können, um ihm zu sagen – so wie man es ihm wenig später und mit aller Heftigkeit im Parlament sagte –, er solle dieses Angebot zurückweisen und es für Betrügerei, für einen chinesischen Trick, eine kommunistische Intrige halten: Indien sollte weiterkämpfen. Für ihn wäre dies eine traurige Nachricht gewesen.

Später an jenem Tag mußte ich mich der amerikanischen Presse stellen. Sie war inzwischen in Neu-Delhi sehr stark vertreten, und die Kunde von meinem Überredungsversuch in Sachen Waffenstillstand hatte schnell die Runde gemacht. Der Fehler der amerikanischen Presse ist nicht, daß sie gegenüber der aktuellen Tagespolitik eine allzu kompromißlose oppositionelle Haltung vertritt. Weit häufiger vertritt sie die Position eines militanten Wächters vor jedem vermeintlichen Rückzieher. Hier gab es nach Ansicht mancher nun ein Beispiel: weiches *appeasement* statt einer harten Linie. Geradezu eine Einladung an die Chinesen zu weiteren Aggressionen. Auch waren die Reporter um den halben Globus herum angereist, nur um jetzt feststellen zu müssen, daß sich der Krieg vor ihren Nasen in Wohlgefallen aufgelöst hatte. Wie konnte ich mich so sehr in den Dienst der Chinesen stellen und ihnen, den Reportern, solches Ungemach zufügen? Phil Potter, ein enger Freund von mir im Pressekorps und, wie bereits erwähnt, unermüdlich fleißiger Mitarbeiter der *Baltimore Sun* und ihrer Schwesterpublikationen, verkündete, ich sei ein neuer Kennedy, wobei er den Vater des Präsidenten, Botschafter Joseph P. Kennedy, meinte, der als ein Mann des Münchner Abkommens galt. Zu meiner Überraschung stellte ich fest, daß es mir gar nichts ausmachte. Insgesamt war ich viel zu froh über die Erfolge jenes Tages.

Die Kritik hielt nicht länger als ein oder zwei Tage an. Und auch dabei gab es noch eine kleine Lektion zu lernen. Kritik, die nicht durch Ereignisse bestätigt wird – die Chinesen brachen keinen neuen Konflikt vom Zaun –, hat keine Dauerwirkung.

Auch die Kritik an Nehru im Parlament verflüchtigte sich in der tiefergehenden Erleichterung über die Beendigung des Krieges. Mein eigener Nimbus in Indien blieb unbeeinträchtigt. Und selbst das war noch nicht alles. Fast genau ein Jahrzehnt später besuchte ich Peking. Höhere Beamte des chinesischen Außenministeriums äußerten sich positiv über meine Rolle bei der Überredung Nehrus zum Waffenstillstand, denn diese war in ihren eigenen Annalen über den Konflikt ausdrücklich hervorgehoben worden. Wenn man Glück hat, kann man in ein und demselben Krieg auf beiden Seiten Erfolg haben. Verlassen sollte sich darauf allerdings niemand.

Washington präsentierte den Indern eine Art Rechnung für die Militärhilfe, indem es nach Beendigung der Feindseligkeiten darauf drang, den Kashmirkonflikt mit Pakistan beizulegen. Es war vergeblich. Nehru, der eine Niederlage im Himalaja verkraftet hatte, konnte sich eine weitere in Kashmir nicht leisten. Normalerweise spielen bei den umstrittenen Territorien in der Welt kulturelle und nationale Belange aus gutem Grund die geringste Rolle. Das Tal von Kashmir ist es – ein nahezu einmaliger Fall – wert, daß man sich darüber streitet. Ich konnte die Verhandlungen nicht verhindern und beteiligte mich an ihnen ohne Hoffnung und Begeisterung. Es kam dabei auch außer einer freundschaftlichen Beziehung zu dem damaligen pakistanischen Außenminister Zulfikar Ali Bhutto nichts heraus. Die Freundschaft bezog später auch seine Frau und vor allem seine Tochter Benazir mit ein und ließ mich noch später mit tiefem Zorn auf die Bösartigkeit reagieren, mit der man seiner politischen Karriere ein Ende setzte.

In jenen Monaten erlaubte ich mir eine zweifelhafte Phantasie. Vietnam beschäftigte mich mittlerweile sehr. Als *quid pro quo* für unsere Hilfe im Himalaja schlug ich vor, die Inder sollten in irgendeiner nicht näher definierten Weise sich mit uns gemeinsam um Stabilität in Indochina bemühen. Unsere eigene Rolle würde somit etwas verschwimmen. Ich hielt uns für unfähig, in Ländern, die geographisch und kulturell weit entfernt von uns lagen, Anleitungen zur politischen Entwicklung geben zu können. Die Inder würden unsere Mängel ausgleichen. Es gab Äußerungen, die das Interesse der Inder bekundeten, aber Washington und dort besonders das Weiße Haus zeigten sich, was die Aussichten betraf, sehr skeptisch. Carl Kaysen gab diesem Vorhaben das negative, aber nicht unangebrachte Akronym GATO – »Galbraith's All-Purpose Treaty Organization«. Als die chinesische Bedrohung nachließ, verflüchtigte sich auch das indische Interesse an meinem Plan, ebenso wie mein Traum. Hier lag eine letzte Lehre: Hoffnung ist ein kümmerlicher Ersatz für Substanz.

Die Grenze zwischen China und Indien ist bis heute nicht genau festgelegt, weder im Osten noch im Westen. Die Chinesen haben noch immer ihre Straße durch das Aksai Chin; die Inder haben die NEFA. Seit dem Waffenstillstand hat es keine nennenswerten Schießereien mehr gegeben. Der Friede ist nicht perfekt, aber jedem Krieg weit überlegen, und ich freue mich, daß ich an seinem Zustandekommen beteiligt war.

28
Lyndon B. Johnson

Nach dem chinesischen Krieg verfiel die Botschaft in Neu-Delhi wieder in ihren normalen, synthetisch geschäftigen, anspruchslosen Trott. Der Konflikt hatte unserem Stab eine Militärmission beschert; und dies brachte, wie immer, die außerordentlichen Annehmlichkeiten modernen Soldatentums mit sich. Zu diesen gehörte ein Flugzeug, das im Gegensatz zu den beiden Maschinen, die wir bereits hatten, imstande war, auf kleinen Flugfeldern zu landen. Während der Wintermonate bedienten wir uns seiner, um die abenteuerlichen Wüstenmetropolen Bikaner und Jodhpur zu besuchen. In Bikaner machten wir einen Ausflug mit dem Jeep, um den Herden der schwarzen Hirschziegenantilopen nachzufahren und sie zu beobachten. Die eleganten Tiere drehten sich mit empörten Blicken nach unserem Fahrzeug um. Wir besuchten auch Simla, und ich arbeitete mit Mohinder Singh Randhawa an unserem Buch über die indische Malerei. Dazu besichtigten wir die verfallenen Paläste im Kangra-Tal und die Hügel des Pandschab, wo seinerzeit eine hervorragende Malerei, die zu dem Bezauberndsten gehört, was je geschaffen wurde, entstand. Dort sahen wir auch die Objekte jener Malereien: atemberaubende Gebirgsszenerien und schöne Dogra-Frauen. Schließlich reisten wir nach Kishangarh in Rajasthan, einer winzigen Märchenbuchhauptstadt, in der die phantastischsten Malereien des 18. Jahrhunderts entstanden waren. Auf dem Weg nach Kishangarh unterbrachen Randhawa und ich unsere Reise in Jaipur; er nächtigte, wie es sich für einen Staatsdiener gehörte, im staatlichen Gästehaus; ich hingegen, aufgrund einer seit längerem bestehenden Einladung und für den Repräsentanten eines demokratischen Staates vielleicht nicht ganz korrekt, im Palast der Fürsten von Jaipur. Der Maharadscha war abwesend. So dinierte ich mit Aisha Jaipur, der rangdritten seiner Gattinnen, die zu Recht als eine der schönsten Frauen Indiens galt und damals das bei weitem ansehnlichste Mitglied des indischen Parlaments war. Eine Übernachtung im Jaipur-Palast schloß keine Intimitäten ein, genausowenig wie man dergleichen von zwei Leuten vermuten kann, die eine Nacht in Schloß Windsor oder in der Grand Central Station verbringen. Kurze Zeit später, als ich aus Anlaß eines Staatsbesuches von Präsident Radhakrishnan in Washington weilte, zeigte mir Präsident Kennedy höchst vergnügt eine vom indischen Geheimdienst an die CIA weitergeleitete

Depesche, die mit doppelter Schallgeschwindigkeit ans Weiße Haus geschickt worden war. Der Bericht meldete meinen Aufenthalt und hob die inkriminierende Abwesenheit des Maharadscha hervor. Kennedy schrieb sorgfältig an den unteren Rand: »Gesehen, J. F. K.« und forderte mich auf, so zu unterzeichnen, daß der Eindruck eines Geständnisses entstünde. Er äußerte die Vermutung, daß das belastende Dokument dereinst in der Kennedy Library eine lohnende Entdekkung für einen Historiker darstellen und einiges zur Aufpolierung meines ansonsten ungebührlich soliden Images beitragen würde.

Harvard genehmigt seinen Professoren maximal zwei Jahre Beurlaubung; ausgenommen davon sind Kriegszeiten und nationaler Notstand. Da kein Zweifel bestand, daß ich in einen Krieg verwickelt gewesen war – wenn auch in einen, der in Cambridge keine großen Auswirkungen zeitigte –, war mein Urlaub verlängert worden. In Indien zu bleiben, war schon eine Versuchung. Meine Frau hatte sowohl das Land als auch das Leben dort liebengelernt. Wir waren, wenn auch nicht ausschließlich um unserer selbst willen, sondern ebenso aufgrund unserer von der Regierung bezahlten Großzügigkeit bei den Indern sehr angesehen. Auch die auf solche Weise erkaufte Zuneigung ist angenehm. Die große Zahl von Dienern und die klug organisierten Dienstleistungen der Botschaft beseitigten all die üblichen Sorgen und Ärgernisse des Lebens. Mrs. Charles »Chip« Bohlen, eine Veteranin mit viel Erfahrung im Botschaftsleben, sagte einmal: »Wenn man sich daran erinnert, daß der Wagen zur Inspektion muß, und dann merkt, daß man ihn selber hinbringen muß, dann weiß man, daß man wieder in Washington ist.«

Möglicherweise fürchteten wir allmählich, an diesem Leben allzuviel Gefallen zu finden. Eine zentrale Lehre unserer Baptist Church war die, daß der Mensch Gnade erlangt, indem er sich und soweit wie möglich auch anderen jedes Vergnügen versagt. Wie dem auch sei, ich entschloß mich, im Herbst 1963 meine Lehrtätigkeit wiederaufzunehmen und vor allem auch den *New Industrial State* zu beenden.

Mitte Juli verließen wir dann also Neu-Delhi. Im November 1961 war Chester Bowles als Stellvertretender Außenminister entlassen worden, nach außen hin seiner unangebrachten Redseligkeit wegen, in Wirklichkeit jedoch, weil er mit dem blutrünstigen antikommunistischen Credo von Dean Rusk nicht übereinstimmte. Bowles war zu der Überzeugung gelangt, daß soziale Mißstände und politische Fehlleistungen in den Ländern der Dritten Welt zu extremen Lösungen führten und kommunistische Strategien begünstigten. Unkomplizierte militärische Reaktionen hielt er für allzu simpel. Von diesen seinen Ansichten ließ er sich leiten und verbreitete sich zugestandenermaßen auch sehr ausführlich über sie. Die in ihrem Credo gefestigten Außenpolitiker der damaligen Zeit hatten darauf mit spöttischer Verachtung, aber auch mit dem festen Vorsatz reagiert, solchem Unfug ein Ende zu bereiten. Infolgedessen vertat Bowles schon seit vielen Monaten seine Zeit in einer sein Prestige wahrenden Position im Weißen Haus als Berater des Präsidenten für wirtschaftliche Entwicklung. Nun wurde er, zu seiner großen Erleichterung, mein Nachfolger. Er war bereits zuvor unter Harry Truman Botschafter in Indien (und Nepal) gewesen.

Wieder in Washington, unterwegs nach Harvard, wurde ich von Kennedy und Carl Kaysen zunächst einmal auf das Problem der kanadischen Flugrouten angesetzt, von dem ich bereits berichtet habe[1], sowie auf eine spezielle Untersuchung über die Zahlungsbilanz. Das Defizit, das nach späteren Maßstäben winzig war, wurde für alarmierend hoch gehalten. Einige Zeit danach gewann ich den Eindruck, daß meine Untersuchung diese Beunruhigung unnötigerweise noch verstärkt hatte. In dieser und in anderen Angelegenheiten traf ich mich mit Kennedy. Am 22. November, als ich gerade bei *Newsweek* mit Katherine Graham und Arthur Schlesinger zu Mittag aß, kam ein Mitarbeiter herein, um uns zu sagen, daß die Medien über Schüsse auf den Präsidenten berichteten. Ich habe an anderer Stelle über diesen und die folgenden unseligen Tage bereits geschrieben[2] und möchte weder mich noch meine Leser damit erneut quälen.

Am Nachmittag des 23. November traf ich Lyndon Johnson auf dem Weg zwischen dem Executive Office und dem Westflügel des Weißen Hauses. Er hielt mich an und nahm mich mit zurück in sein ehemaliges Vizepräsidentenbüro im EOB, um mit mir über die Aufgaben, mit denen sich seine Regierung konfrontiert sehen würde, zu sprechen. Außerdem bat er mich, ihm bei der Ausarbeitung der Rede, die er in der kommenden Woche in der gemeinsamen Sitzung von Senat und Repräsentantenhaus würde halten müssen, behilflich zu sein. Er betonte ausdrücklich sein Engagement für die Bürgerrechte und den Liberalismus, das eine wie das andere unser gemeinsames Erbe von Roosevelt. Ich ließ mich leicht von ihm überreden und kam auf ein anderes Problem zu sprechen, das mir am Herzen lag. Fast drei Jahre war ich aufs engste mit unserer Außenpolitik verbunden gewesen. Ich fand, daß sie den Präsidenten auf unüberlegte, unnötige und potentiell ruinöse Abenteuer festlegte. Den politischen Schaden würden nicht die Architekten dieser Politik zu tragen haben, sondern der Präsident. Wie aus dem nächsten Kapitel hervorgehen wird, dachte ich dabei an Indochina und besonders an Vietnam. Während ich Lyndon B. Johnsons innenpolitische Zusicherungen gar nicht gebraucht hätte, gewann ich den Eindruck, daß ihn meine außenpolitischen Sorgen nicht sonderlich interessierten. Unser Gedankenaustausch war eine Parabel auf die Johnson-Jahre. Ein Mann, der in der Innenpolitik stark, reformfreudig, selbstbewußt und ausdauernd war, sollte durch ein militärisches Unternehmen zerstört werden, das der amerikanischen Sache nicht diente und das in seinen politischen Aspekten die Natur der Macht und die Einflußmöglichkeiten in der postkolonialen Welt vollkommen falsch beurteilte.

Lyndon B. Johnson und John F. Kennedy bezogen ihr politisches Credo aus ein und derselben Quelle, dem New Deal und der Überzeugung, daß die Regierung – und zwar vor allem die Bundesregierung – eine entscheidende Kraft auf seiten der weniger Privilegierten sein konnte. Sie glaubten außerdem, daß entsprechende Bemühungen mit Gewißheit politische Früchte tragen würden. Der Beweis dafür waren die zwanzig Jahre der Macht von 1933 bis 1953. Johnsons Überzeugung war indessen stärker als die Kennedys. Er war weniger detachiert, weniger intellektuell, mehr darauf aus, sein Engagement zu zeigen und Erfolge vorweisen zu können. Zwischen Roosevelt und John F. Kennedy lag eine ganze Generation, und nach Joseph P. Kennedys Bruch mit Franklin D. Roosevelt war letzterer im Hause Kennedy kein Heiliger mehr. Johnson war demgegenüber ein echter Roosevelt-Mann; Franklin D. Roosevelt war für ihn stets der Prototyp des guten Präsidenten. Wie viele andere aus unserer Generation, war sich Johnson in seiner Jugend immer erst dann über seine politische Position im klaren, wenn der Präsident sie festgelegt hatte. Nichts hatte in seinem Gedächtnis einen so nachhaltigen Eindruck hinterlassen wie seine Ernennung zum Leiter der National Youth Administration[3] in Texas durch Franklin D. Roosevelt 1935, als er 27 Jahre alt war, und seine Tätigkeit im Kongreß seit 1937, wo er unter den jungen Abgeordneten Roosevelts Favorit war. Später gab es viele Anlässe, bei denen Lyndon Johnson sich dem texanischen Reichtum, dem Öl, den Volksriten oder der Habgier dieses Staates beugte und es für klug hielt, seine liberalen Überzeugungen zu unterdrücken. Aber er gab sie nie auf, und es lag ihm besonders viel daran, sich selbst und anderen zu beweisen, daß er sie nie aufgegeben hatte. Dieses Bedürfnis lag der oft zitierten Bemerkung über seinen einstmaligen Protegé John B. Connally zugrunde: »Dieser *son of a bitch* hat vergessen, daß er einmal arm gewesen ist.«[4]

Daß Johnson verglichen mit Kennedy im Umgang mit der Macht eine sehr viel handfestere Einstellung hatte, ist alles andere als neu. Teils aufgrund seiner relativen Jugend, teils wegen des knappen Vorsprungs, mit dem er 1960 gewählt worden war, vor allem aber, weil er es instinktiv vermied, aufdringlich, extravagant oder einschüchternd zu wirken, brachte John F. Kennedy im Umgang mit dem Kongreß, der Exekutive, der Presse und der Öffentlichkeit die Macht seines Amtes stets nur sehr vorsichtig zur Geltung. Als ich mich einmal für eine Sache einsetzte, die ich für vernünftig hielt, antwortete Kennedy: »Ich stimme zu, aber ich glaube nicht, daß die Regierung zustimmen wird.« Johnson hätte eine solche Bemerkung nie gemacht.

Wir sprechen häufiger über die Macht des Präsidenten als über die Mittel, mit denen sie ausgeübt wird. Diese sind weder sehr subtil noch besonders eindrucksvoll. Zumindest Johnsons Methoden waren dies nicht. Er stellte fest, welche legislativen, bürokratischen, publizistischen oder öffentlichkeitswirksamen Aktionen oder Unterstützungsmaßnahmen er brauchte, und wandte sich dann direkt an die Betroffenen. Er griff nicht besonders gerne auf Drohungen zurück, wie manchmal behauptet wird, und ebensowenig auf Versprechungen. Seine Methode kalkulierte die natürliche Neigung der Menschen ein, ja zu sagen, wenn dieses Ersuchen in besonders nachhaltigem Ton gehalten war und Präsidentensessel und Präsidentengesicht dem Gebetenen dicht auf den Pelz rückten. Indem man zustimmte, konnte man sich beliebt machen und dabei noch glauben, daß man der Allgemeinheit einen Dienst erwies. Nachdruck verlieh Johnson seinen Ersuchen durch Appelle an die Eitelkeit – die Unterstützung des gebetenen Individuums war immer von entscheidender Bedeutung – und, wenn es ihm nützlich schien, auch durch mitleidheischende Bitten. Oder er nahm sogar Zuflucht zu einer Art Weinerlichkeit. Wenn Furcht mit im Spiel war, so war sie auf das zurückzuführen, was der Betroffene herausgehört zu haben glaubte, oder auf Johnsons einfallsreiche Skatologie, in der er sich darüber ausließ, wie unsäglich dumm oder absurd diejenigen waren, die sich geweigert hatten, das Licht zu sehen und ihm zu folgen. Man konnte sich nur allzu leicht vorstellen, wie man selbst beschrieben würde, wenn es einem gelang, der Johnsonschen Überredungskunst zu widerstehen.

Ich hatte Johnson im Jahr 1941 kennengelernt. In späteren Jahren und als Präsident wirkte er groß und bezwingend. 1941 war er mager und linkisch, ein Junge vom Lande, der, wenn schon nicht direkt verletzlich, so doch alles andere als die selbstsichere, gefestigte Persönlichkeit war, als die ihn die Welt später kannte. Ebenso wie sein Altersgenosse Jerry Voorhis aus Kalifornien (der 1946 von Nixon besiegt wurde), war Lyndon Johnson im Repräsentantenhaus ein lupenreiner Liberaler. Wir wurden im Verlaufe von Wahlspendeaktionen zugunsten Johnsons miteinander bekannt, die Clifford und Virginia Durr veranstalteten. Die beiden waren aus Montgomery/Alabama nach Washington übergesiedelt. Ihr engagierter (und in Virginias Fall hemmungsloser) Liberalismus sollte schließlich in der McCarthy-Ära die schlimmsten Verdächtigungen heraufbeschwören. Viele Jahre später erzählte mir Johnson, eine seiner stolzesten Leistungen im Senat habe darin bestanden, daß er Joe McCarthy und einem anderen Hexenjäger, William E. Jenner aus Indiana, gesagt hatte, sie sollten ihre Finger von den Durrs lassen oder sie würden die vollen – wenngleich nicht näher beschriebenen – Konsequenzen des Johnsonschen Zornes zu spüren bekommen. McCarthy, so Johnson, »kuschte prima«.

Während meiner Tätigkeit im Democratic Advisory Council in den fünfziger Jahren bekam ich Lyndon Johnson ziemlich häufig zu Gesicht, denn der Beirat hatte, wie ich bereits andeutete, unter anderem den Zweck, die Demokratische Partei von ihrem texanischen Image zu befreien. Dieses Vorhaben hielt Johnson für ganz und gar unnötig, aber wir verkehrten dennoch freundschaftlich miteinander. Ich erinnere mich vor allem an einen Besuch auf der Johnson-Ranch am 19. September 1957. Johnson war damals Führer der Mehrheitsfraktion im Senat. Ich hatte Vorlesungen am Air War College auf dem Luftwaffenstützpunkt Maxwell in Alabama gehalten – eine etwas betrübliche Erfahrung für mich, weil mir dort auffiel, daß die Offiziere nur jung aussahen. Von dort aus begab ich mich nach Austin. Dort holte man mich am Flughafen ab und brachte mich zu Johnson und zu einer Taubenjagd in dem schönen Hochland unweit seiner Ranch. Die Jagd war eine Qual, denn ich hatte bislang praktisch noch nie ein Gewehr abgefeuert. Aber als Intellektueller aus Neuengland glaubte ich, mich nicht blamieren zu dürfen, und machte daher ab und zu, wenn eine Taube oder etwas anderes vorbeiflog, die Augen zu und drückte ab. Jacqueline Kennedy erzählte mir einmal, ihrem Mann sei es ähnlich ergangen, ja sogar noch schlimmer; man hatte ihn gezwungen, auf einen Hirsch zu schießen.

Arthur Schlesinger war kurz zuvor in Washington zu einem Besuch bei Lyndon B. Johnson eingeladen worden – Johnson umwarb mit Blick auf die Wahlen von 1960 die Liberalen aus dem Norden. Schlesinger erzählte, er habe sich einem Redeschwall ausgesetzt gesehen, den zu unterbrechen er weder für wünschenswert noch für möglich gehalten hatte. Die Politik, die persönlichen Schwächen, das Sexualleben und die Fähigkeiten und Schrullen von Johnsons Senatskollegen passierten im Laufe eines langen Vormittags Revue. Arthur hatte nach seinem Bekunden die ganze Zeit still und aufmerksam zugehört.

An jenem Tag unterhielt ich mich mit Johnson bei ein paar Drinks auf der Ranch, auf der die Jagd stattgefunden hatte, in Johnson City, auf der Rückfahrt zur Johnson-Ranch, beim Abendessen, nach dem Abendessen, auf einem Spaziergang am Ufer des Pedernales und bis in den frühen Morgen hinein am Swimmingpool. Einmal erwähnte er anerkennend den Besuch Schlesingers und fügte mit einem Seufzer hinzu: »Der verdammte Bursche quatscht mir zuviel.«

Er hatte mich gebeten, ihm einen besonderen Gefallen zu tun und ihm eine wirtschaftspolitische Rede mitzubringen. Ich hatte eine wenig originelle Exegese des damaligen liberalen Credos geliefert, in die ich ein paar Gedanken einflocht, mit denen ich mich in der *Affluent Society* gerade näher beschäftigt hatte. Zum Dinner versammelten sich die Johnsons um einen langen Tisch. Lyndon B. Johnson saß am Kopfende, während die Gästeschar so viele Plätze wie nötig an den beiden Längsseiten belegte. Waren zu viele Gäste anwesend, dann gab es noch eine zweite Sitzung – »farm style« nannten wir so etwas in Kanada. Beim Dinner las Johnson der Versammlung mit anerkennenden Gesten meine Rede vor.

Unser Gespräch an jenem Abend drehte sich größtenteils um Wirtschaftsfragen. Ich zweifle daran, daß Johnson jemals ein ernsthaftes Buch darüber gelesen hatte. Nichtsdestoweniger beherrschte er die Grundbegriffe sicher, was später von Wirtschaftsfachleuten, die im Weißen Haus für ihn arbeiteten, ausnahmslos bestätigt wurde. Durch mündliche Informationen hatte er eine Menge mitbekommen und sich mit seinem aufmerksamen und aufnahmefähigen Verstand gemerkt. Außerdem nehmen gute Kongreßabgeordnete oder Senatoren viele ökonomische Erkenntnisse durch den täglichen Umgang mit ihnen sozusagen durch die Poren auf.

Wie jeder andere Besucher erfuhr ich an jenem Tag, welche Dämme und Seen Lyndon B. Johnson mit Unterstützung einer weisen und zugänglichen Regierung seinen texanischen Wählern und Nachbarn beschert hatte. (Am nächsten Tag sah ich einige.) Auch erfuhr ich von seinen Befürchtungen, daß seine jüngste Herzattacke seine politische Arbeitskraft beschränken könne, wovon ich indes alles andere als überzeugt war. Schließlich erfuhr ich – und zwar auf der Fahrt von Johnson City zur Ranch – von dem harten Überlebenskampf seiner Eltern auf diesem Land. In Wirklichkeit hatte Johnsons Vater, Abgeordneter im texanischen Parlament und ein einflußreicher Bürger, durchaus über zufriedenstellende Mittel verfügt. In späteren Jahren lernte ich Sam Houston Johnson, Lyndons humorvollen, liberalen, intelligenten und höchst unmotivierten Bruder kennen. Sam Houston erzählte mir, daß Lyndons Schätzwert des Familieneinkommens mit jedem Jahr, das er in öffentlichen Ämtern verbrachte, um etwa 50 Prozent gesunken war.[5]

Johnson wußte auch weiterhin meine Redeentwürfe sehr zu schätzen; er war der letzte Politiker, der sie ausdrücklich haben wollte. Selbst nachdem er Präsident geworden war, bat er mich gelegentlich um Unterstützung. Das letzte Mal, Mitte der sechziger Jahre, wurde mir sein Ersuchen durch meinen Cambridger Nachbarn und Freund Francis M. Bator überbracht, der damals als Assistent Johnsons fungierte. Der Präsident hatte alle lokalen Quellen erschöpft; ich war in Vermont, und er würde ein Flugzeug schicken. Ein solches traf dann auch auf dem nächstgelegenen Flughafen – Keene in New Hampshire – ein. In New Jersey gab es eine Zwischenlandung, um Joe Califano, damals Rechtsberater des Weißen Hauses, der sich dort zu Geschäften aufhielt, mit an Bord zu nehmen. Zwischen mir und der Regierung war es mittlerweile wegen meiner Opposition gegen die Vietnampolitik zu einem Bruch gekommen. Johnson bat mich, nichts über meinen Besuch verlauten zu lassen; er sagte, er wolle Dean Rusk nicht beunruhigen.

Den ganzen langen Nachmittag über saß ich dann im Westflügel des Weißen Hauses im Büro Jack Valentis, Johnsons wichtigstem Assistenten in solchen Angelegenheiten, und arbeitete zwei Reden aus. Am Abend kam Johnson herein, ließ sich, einen Fuß auf Valentis Schreibtisch, nieder und las kritisch durch, was ich geschrieben hatte.

Die erste Rede war zeremoniell und unwichtig. Die andere drehte sich um Wirtschaftsfragen und die damit zusammenhängenden Ziele der »Great Society«. Ich hatte verschiedene eigene Überzeugungen und das, was mir von denen Johnsons bekannt war, mit aller zulässigen Rhetorik kombiniert, und als ich den Präsidenten beobachtete, merkte ich, daß ihm die Rede gefiel. Bald legte er das Manuskript auf den Schreibtisch.

»Ken, Sie haben mir das Leben gerettet. Das ist genau das, was ich sagen will. Ich werde nicht ein einziges Wort ändern.«

Nur ein sehr selbstsicherer Mann akzeptiert ein Redemanuskript unverändert. Die meisten meinen, sie müßten ihre eigene literarische Kompetenz und ihren persönlichen politischen Stil, so gering diese Eigenschaften auch entwickelt sein mögen, durch ein paar eigenhändige Verbesserungen noch zur Geltung bringen.

»Ich werde nicht ein einziges Wort ändern. Die Rede ist großartig.«

Dann umwölkte sich sein Gesicht, und er fügte hinzu: »Aber ich kann Ihnen eins sagen: Niemand außer mir wird so denken.« Und dann kam ein typisch Johnsonscher Vergleich: »Ist Ihnen jemals aufgefallen, Ken, daß eine Rede über Wirtschaftspolitik ganz ähnlich ist wie sich selbst am Bein runterpissen? Dir selber kommt es heiß vor, aber anderen nie.«[6]

So wie die Leute, die Kennedy umgaben, diesen vor seiner Offenheit schützten, so schützten alle, die auch nur entfernt mit Johnson zu tun hatten, diesen vor seiner Skatologie. Im Gegensatz zu Kennedy, der sie nicht ausstehen konnte, bewunderte ich sie sehr – vielleicht aufgrund meiner ähnlichen früheren Erfahrungen mit dem Farmleben und bäuerlichem Humor. Gelegentlich ging durch die Spezialreinigung für den Gebrauch in der Öffentlichkeit einiges an literarischer Qualität verloren. So sagte Johnson über Gerald Ford nicht, wie vielfach berichtet, dieser sei nicht dazu imstande, gleichzeitig zu gehen und Kaugummi zu kauen. Das wäre schwach und stilistisch mangelhaft gewesen. Johnson sagte: »Dieser Gerald Ford. Der kann nicht mal gleichzeitig furzen und Kaugummi kauen.«[7]

Im Dezember 1963, ein paar Wochen nach Präsident Kennedys Tod, hielt ich in Washington eine Rede über die Notwendigkeit, endlich ernsthaft etwas gegen die Inseln der Armut zu unternehmen, die eine Schande für die Republik darstellten und mit denen ich mich in der *Affluent Society* befaßt hatte.

»... über einen elementaren Punkt darf es keine Zweifel geben.

Wenn ein Familienvater inmitten des Cumberland Plateaus gestrandet ist, wenn er nie eine Schule besucht hat, nichts Vernünftiges gelernt hat, wenn seine Gesundheit zerstört ist, wenn er in seiner Jugend dem Einfluß eines Slum-Milieus erlag oder wenn man ihm, weil er ein Neger ist, keine Chance gibt (eine noch immer übliche Praxis), dann wird er arm sein, und seine Familie wird arm sein, und dies vollkommen unabhängig davon, wie wohlhabend alle anderen werden.

Ebenso darf es keinen Zweifel daran geben, daß die Maßnahmen zur Rettung dieses Mannes oder seiner Kinder – Investitionen zur Entwicklung und Erhaltung von Fähigkeiten, zur Unterstützung bei der Umsiedlung von Arbeitern, zur Förderung neuer Industrien, für erhebliche Verbesserungen im Erziehungswesen, bei der Berufsausbildung und Umschulung sowie bei der medizinischen und psychologischen Versorgung, Bereitstellung von Arbeitsplätzen für Jugendliche, in der Rechtsberatung, bei städtischen Erholungsangeboten, im Wohnungsbau, bei der Slum-Sanierung und der Sicherstellung voller bürgerlicher Gleichberechtigung –, daß all diese Dinge Anstrengungen der öffentlichen Hand und öffentliche Gelder erfordern. Die Armut kann vertrieben werden. Aber allein durch eine simple Steigerung der Wachstumsrate wird sich dies ebensowenig durchsetzen lassen wie durch Beschwörungsformeln oder rituelle Fußwaschungen.«

Im weiteren Verlauf meiner Rede propagierte ich, wie ich glaube erstmalig, die Idee von einem Teachers Corps: »Nach allem, was wir wissen, gibt es keinen Ort auf der Welt, wo gut ausgebildete Leute wirklich arm sind. Warum wählen wir nicht, von Beginn nächsten Jahres an, die hundert Regierungsbezirke mit dem geringsten Pro-Kopf-Einkommen (bzw. im Fall der städtischen Slums kleinere Gebiete mit entsprechender Bevölkerung) aus und erklären sie zu besonderen Bildungsschwerpunkten? Sie sollten daraufhin mit wirklich hervorragenden Gesamtschulen, die sowohl die Primär- als auch die Sekundärstufe umfassen, ausgestattet (oder wieder ausgestattet) werden, zusammen mit Verkehrsmitteln und dem bestmöglichen Freizeitangebot. Die in dieser Phase des Projekts entstehenden Arbeitsplätze im Baugewerbe wären nicht unwillkommen. Danach sollte, nach dem Vorbild des Peace Corps, aber mit großzügiger Bezahlung, eine Elitetruppe junger Lehrer aufgestellt werden, die bereit sind, in den abgelegensten Gebieten zu arbeiten und über die Härte und Qualifikation verfügen, sich selbst in die schlimmsten Slums hineinzuwagen, die stolz darauf sind, nach Harlan County oder Harlem zu gehen.«[8]

Johnson las meine Rede und stimmte ihr weitgehend zu. Ich bin sicher, daß ähnliche Gedanken ihn und andere bereits beschäftigt hatten. Wie er später erzählte [9], beeindruckte ihn auch die These, die ich in der *Affluent Society* entwickelt und auch in Gesprächen vorgebracht hatte, daß nämlich die Ärmsten in den Vereinigten Staaten der Aufmerksamkeit der Politiker – die liberalen eingeschlossen – leicht entgingen. Sie leben in der Anonymität der städtischen Gettos und in der noch größeren Stille der Appalachen, des Ozark-Gebirges und den ländlichen Gebieten des Südens. Der Zugang zu Presse, Radio und Fernsehen, aber auch zu den Politikern ist selbst eng mit dem Einkommen verknüpft. Wenn der Chef von Lockheed, Chrysler oder einer hochbedürftigen Bank um die Bereitstellung öffentlicher Gelder bittet, wird ihm sofort Gehör geschenkt; der arme Mann fragt nicht, denn er weiß, daß ihm keiner zuhört.

Während der Weihnachtsferien 1963 schlugen Wirtschaftsexperten aus Johnsons Stab Pilotprogramme vor, in denen ausprobiert werden sollte, was mit Hilfsmaßnahmen gegen die Armut zu erreichen wäre. Nichts besänftigt das liberale Gewissen so kostengünstig wie ein Pilotprogramm. Dessen war sich Lyndon B. Johnson voll bewußt. Er stellte statt dessen eine Milliarde Dollar für einen substantiellen Schritt nach vorne zur Verfügung und bat Sargent Shriver, einen umfassenden Plan zu erarbeiten. Und er bat mich um meine Mitarbeit. Von Februar an arbeiteten wir in den Büros des Peace Corps, das damals von Shriver geleitet wurde.

Es war eine an praktischen Erfahrungen reiche Aufgabe, aber keine, auf die ich mit Befriedigung zurückblicke. Sie hätte meine volle Aufmerksamkeit verdient. Aber statt dessen ging ich meiner Lehrtätigkeit nach, schrieb und fuhr regelmäßig zu Sitzungen nach Washington. Schlimmer noch. Wir hatten einen Überfluß an plausiblen Vorschlägen: Berufsausbildung, Geld und Talent zur Verbesserung schlechter Schulen, Vorschulprogramme zum Ausgleich familiärer Erziehungsmängel, medizinische Hilfe zur Überwindung körperlicher Behinderungen und zur Förderung des armen Kleinbauern das unvermeidliche Agrarprogramm – ein verschwommener, die Naivität der Städter ausnützender Entwurf. Den Armen ein Einkommen zu verschaffen, wäre ein mögliches Mittel gegen die Armut gewesen; das allein wurde jedoch ausgeschlossen.

Ich setzte mich vor allem dafür ein, arbeitslosen Jugendlichen eine Chance zur Erlernung marktfähiger Berufe zu verschaffen (daraus wurde später das Job Corps). Außerdem kümmerte ich mich um einen Stamm gut motivierter Lehrer, aus dem dann das Teachers Corps hervorging. Für die Verbesserung der Schulen konnten diese Lehrer etwas erreichen, was infolge von traditionell schlechten Schulverwaltungen, Desinteresse und Vernachlässigung durch die Gemeinden mit Geld niemals zu leisten war. Was den populärsten dieser Vorschläge betraf, die Bereitstellung von Geldern, mit denen den Gemeinden ermöglicht werden sollte, Selbsthilfeprogramme zu entwickeln – die sogenannten Community Action Programs –, war ich mir weniger sicher. Die Fähigkeiten der Gemeinden, die Verbesserung ihrer Lebensumstände in eigener Regie zu organisieren, werden von uns zweifellos unterschätzt. Aber es besteht auch die Gefahr, daß Männer und

Frauen mit Idealismus und gutem Willen der Mystik der Gemeinde-Selbstverwaltung verfallen und die Leistungsfähigkeit lokaler Initiativen über Gebühr optimistisch beurteilen. Die Community-Action-Programme erwiesen sich als sehr populär. Ich weiß heute noch nicht mit Sicherheit zu sagen, was daran gut und was weniger gut war.

Als das Office of Economic Opportunity[10] formell eingerichtet wurde, ernannte mich der Präsident zum Mitglied des Aufsichtsgremiums, in dem ich so lange tätig war, bis meine Haltung in der Vietnamfrage Johnson zu große Schwierigkeiten bereitete. Wie bei Aufsichtsräten von Konzernen besteht der Wert der von Präsidenten eingesetzten Aufsichtsgremien, von ganz seltenen Ausnahmen abgesehen, hauptsächlich in der Erziehung ihrer eigenen Mitglieder. So erging es in diesem Fall auch mir. Eine unserer besten Sitzungen fand in einem Job-Corps-Lager in New Jersey, auf dem ehemaligen Armeestützpunkt Camp Kilmer, statt. Ich unterhielt mich an jenem Tag mit zahlreichen Kursteilnehmern. Die meisten von ihnen waren Schwarze. Es war beeindruckend und ein wenig peinlich, mitanzuhören, wie sie sich für die Chance, etwas zu lernen, bedankten - wozu unter anderem die Unterweisung in die geheimnisvolleren Aspekte der Autoreparatur gehörte.

Unser Aufsichtsgremium bekam an jenem Tag einen Vortrag über Alkohol und Alkoholismus als Ursache der Armut zu hören, bei dem die erzieherische Funktion der Veranstaltung besonders deutlich zutage trat. Ich saß neben James B. Conant, der inzwischen in Harvard pensioniert war und ebenfalls dem Gremium angehörte. Während des Vortrags beugte er sich zu mir herüber, um mir zu sagen, daß seiner mehr als ausreichenden Erfahrung nach der Alkohol keineswegs nur ein Problem der Armen sei. Die am meisten betroffene Gruppe seien, wie er aus erster Hand bestätigen konnte - vermutlich aufgrund seiner Erfahrungen mit ihren Festen -, die Absolventen der Harvard-Universität.

Die Aktivitäten des Office of Economic Opportunity mit all ihren Schwächen, die enorme Steigerung der Bundesmittel für die Bildung, die medizinische Versorgung der Alten und Armen, vor allem aber die Revolution auf dem Gebiet der Bürgerrechte entsprachen dem wirklichen Geist Johnsons. Es gibt viele Strategien zur Durchsetzung konservativer oder reaktionärer Interessen. Diejenigen, denen es gelang, Johnson von seinen Hauptanliegen abzulenken, ihn in den Vietnamkonflikt hineinzuzerren und seinen Nachruhm damit zu belasten, waren in dieser Hinsicht begabter als alle anderen in der Geschichte.

1964 beobachtete ich in Atlantic City die Nominierung Lyndon B. Johnsons. Es war ein Parteitag, bei dem es selbst den Fernsehkommentatoren nicht gelang, ein Mindestmaß an Spannung zu entdecken. Johnson gab sich zwar alle Mühe, indem er mit einem durchsichtigen

Manöver den Eindruck zu erwecken versuchte, als habe er sich noch nicht für seinen Vizepräsidentschaftskandidaten entschieden. Vielleicht würde anstelle von Hubert Humphrey Eugene McCarthy oder Thomas J. Dodd aus Connecticut (der wenig später vom Senat wegen eines einfallslosen Diebstahls scharf gerügt werden sollte) das Rennen machen. Und es gab eine kurze Auseinandersetzung über die Plazierung der Freedom-Delegation aus Mississippi.[11] Dies alles konnte aber die Langeweile nicht mindern, und die Reden, die gehalten wurden, waren dazu erst recht nicht angetan. Ich traf alte Freunde, schlenderte mit Arthur Schlesinger über die verfallenen Planken am Strand, schritt mit bedeutender Miene durch die Versammlungshalle und reiste vorzeitig wieder ab.

In jenem Herbst beteiligte ich mich auf Ersuchen Lyndon B. Johnsons – dem ich keineswegs widerwillig nachkam – in Neuengland und New York, im Mittleren Westen und an der Westküste von Los Angeles bis hinauf nach Seattle am Wahlkampf. Der unaufhaltsame Lauf des politischen Fortschritts hatte es mit sich gebracht, daß ich inzwischen aus der Rolle des Redenschreibers und des in hoffnungslosen Wahlkreisen auftretenden Statisten herausgewachsen war und nun sogar schon auf halbwegs aussichtsreichem demokratischem Territorium als annähernd ausreichende Attraktion galt. Einen Lockvogel hielt man indessen noch immer für angeraten. Einen herrlichen Herbsttag verbrachte ich in Begleitung von Lucy Bird Johnson auf Wahlkampfreise in Ohio, wo wir mit einem kleinen Flugzeug quer über den Staat flogen. Auf einer Reihe von Veranstaltungen, deren letzte eine große Versammlung in Cleveland war, erzählte sie Gutes über ihre Eltern, und ich folgte mit einer eindringlichen Warnung vor Barry Goldwaters kriegerischen Neigungen und seinem Engagement für eine Revolte der Reichen gegen die Armen. Goldwater war seiner Zeit voraus.

In Wisconsin bestand meine Staffage aus Suzanne Roosevelt, der hübschen Frau von Franklin D. Roosevelt jr., sowie der schlagfertigen Scotty Fitzgerald Lanahan (später Smith). Die Reden seiner Tochter hätten Scott Fitzgerald fasziniert, aber auch ein wenig verstört, blieb er doch als Künstler immer innerhalb der allgemein anerkannten Modalitäten. Seine Figuren küßten sich, aber sie gingen nicht miteinander ins Bett; ihre Sprache war bestechend, aber nie vulgär. Ganz anders Scotty. Bei einer Wahlveranstaltung an der University of Wisconsin in Madison brachte sie eine glänzende Verballhornung von Goldwaters Wahlkampfslogan »In your heart you know he's right« (»In Ihrem Herzen wissen Sie, daß er recht hat«). Sie lautete: »In your ass you know it's just gas« (»In Ihrem Arsch wissen Sie, daß es bloß Wind ist«). Das Publikum raste vor Begeisterung. Mit Mühe überredete ich sie dazu, am nächsten Abend vor einem solideren Publikum im Süden von Illinois auf den Spruch zu verzichten.

Anfang Januar 1966 bat Lyndon B. Johnson mich einmal im Weißen Haus, die Leitung des Peace Corps zu übernehmen, da Sargent Shriver inzwischen mehr und mehr mit dem Krieg gegen die Armut beschäftigt war. Ich war vollkommen unvorbereitet, was mit großer Wahrscheinlichkeit genau seinen Absichten entsprach. Deshalb flüchtete ich mich in die Ausrede, daß ich darüber erst mit meiner Frau sprechen müsse. In ihrem Tagebuch bemerkte Lady Bird, die dabei war, daß »er [Galbraith] so klang, als wolle er es wirklich tun, dann aber sagte: ›Ich muß mit meiner Frau darüber reden‹, und so etwas sagt ein Mann nur, wenn er auf die Bremse treten will.«[12] Wie üblich, hatte diese gescheite und vielseitig begabte Frau den Nagel auf den Kopf getroffen.

Ein früheres, von Johnson erwogenes und dann aufgegebenes oder möglicherweise nur hypothetisches Angebot hatte weiterreichende Konsequenzen. Am Abend des 15. Juli 1965 rief Lyndon B. Johnson bei mir in Cambridge an. Ich war nicht da, und als ich später zurückrief, war der Präsident unabkömmlich. Am nächsten Morgen reisten Kitty und ich in aller Frühe nach Washington, um an der Beerdigung Adlai Stevensons teilzunehmen, der zwei Tage zuvor auf der Upper Grosvenor Street in London einen Herzinfarkt erlitten hatte, zusammengebrochen und gestorben war.

Wir versammelten uns kurz im Hause Arthur Schlesingers, eine traurige Gemeinschaft, zu der neben anderen treuen Freunden Adlais auch Laureen Bacall und Marietta Tree gehörten. In der Kathedrale saß ich neben Arthur. Als der Gottesdienst begann, gesellte sich Edward Kennedy zu uns. Während des ersten Liedes, in einer Szene, die direkt von Evelyn Waugh hätte stammen können, bekam ich von Schlesinger oder Kennedy – möglicherweise waren es auch beide – erste Informationen:

Oh God, our help in ages past
Our hope for years to come
You are the first on Lyndon's list
In our eternal home.[13]

Mit einem Schlag fiel mir wieder der Anruf vom vergangenen Abend ein. Der Rest des Gottesdienstes entging mir. Als wir aus der Kirche kamen, bat uns McGeorge Bundy, der noch immer Nationaler Sicherheitsberater war, hinüber ins Weiße Haus. Mir sollte also Stevensons Job als Botschafter bei den Vereinten Nationen angeboten werden. Fast auf den Tag genau zwei Jahre waren verstrichen, seit ich die Botschaft in Neu-Delhi verlassen hatte. In den jungen Staaten hatte ich einen guten Ruf – und bei den Liberalen im eigenen Land ebenfalls. Meine Tätigkeit in Indien hielt man für erfolgreich. Daß Dean Rusk konsultiert worden war, schien indessen unmöglich.

Ich wollte den Posten nicht. Man ist durch ein Telefon ans Außenministerium gebunden und bekommt von ziemlich untergeordneten Beamten detaillierte Instruktionen, die oft mit den eigenen Überzeugungen in Konflikt stehen. Weder die Politik noch die Art, wie man sie verteidigt, stammt von einem selbst. Ein Rechtsanwalt, der von Berufs wegen Sprachrohr ist, kann das Unwahrscheinliche, das Unfaßbare oder das Kriminelle verteidigen, ohne daß man von ihm erwartet, daß er das, was er sagt, auch glaubt. Ein Professor kann dies nicht; von ihm erwartet man Aufrichtigkeit. Wenn er etwas sagt, woran er selbst nicht glaubt, ist er ein Heuchler. Außerdem war ich inzwischen auch emotionell mit dem *New Industrial State* intensiv beschäftigt. Ich konnte das Buch nicht schon wieder beiseite legen.

Trotzdem war es kein Job, den man ohne weiteres ablehnen konnte. Da war noch Johnsons geschickte Überredungskunst. Wenn meine Weigerung bekannt würde, würde es in weiten Kreisen heißen, Galbraith sei nicht daran interessiert, die Sache des Friedens voranzutreiben. Die Vereinten Nationen sind eine Organisation, aber auch ein Akt des Gewissens.

Die einzige Lösung bestand für mich darin, einen besseren Vorschlag zu machen. »Sehen Sie, Mr. President, ich weiß, wer der richtige Mann für den Job ist.« Solche Gedanken – wenngleich weniger zusammenhängend – schossen mir an jenem Vormittag durch den Kopf. Einen Namen hatte ich.

Ein paar Wochen zuvor war Arthur Goldberg, damals seit kurzer Zeit Richter am Supreme Court, nach einer Vorlesung an der Harvard Law School bei uns zu Besuch gewesen. Er hatte mir erzählt, daß er am Obersten Gerichtshof nach seiner jahrelangen, höchst angespannten Tätigkeit als Fachanwalt für Arbeitsrecht, Politiker und Arbeitsminister große Druckausgleichsschwierigkeiten habe. Die sehr viel gemächlichere Gangart dort bedeutete für ihn eine große Veränderung, und zwar keineswegs eine sehr willkommene. Mit der Erinnerung an Goldbergs Besuch kam der rettende Gedanke.

Bundy ging es in Wirklichkeit um etwas ganz anderes. Doch während wir uns in seinem Kellerquartier unterhielten, erfuhr Lyndon B. Johnson von unserer Anwesenheit und bestellte uns zu sich hinauf ins Oval Office. Er war in bester Johnson-Form.

»Dieser Stevenson. Warum muß er ausgerechnet jetzt sterben? Mit seinem Timing lag er immer falsch. Wen nehm' ich jetzt an seiner Stelle?«

Johnson mochte inzwischen Zweifel bekommen haben. Es war aber auch gut möglich, daß er niemals ernsthaft an mich gedacht hatte. Oder er hatte mittlerweile den Außenminister gesprochen. Ich war jedoch darauf bedacht, alle Risiken zu vermeiden, und so erzählte ich ihm von meinem Treffen mit Goldberg, und daß Goldberg sich am Obersten Gerichtshof ein bißchen langweile.[14] Johnson zeigte sofort

Interesse. Er fragte, ob man Goldberg wohl überreden könne, wechselte das Thema, kam dann aber wieder darauf zurück.

»Wie würde Goldberg mit den Arabern klarkommen?«

Ich führte Selbstverständlichkeiten ins Feld: Daß Goldberg nicht nur ein überaus erfahrener – und extrem ausdauernder – Unterhändler sei, sondern in solchen Angelegenheiten auch völlig vorurteilslos. Wieder schweiften wir ab, und wieder kam Johnson auf Goldberg zurück. Als wir das Weiße Haus verließen, bemerkte meine Frau, die den Präsidenten beobachtet hatte, ich hätte ihm Goldberg erfolgreich angedreht. Da ich Johnsons virtuose Eigenschaften kannte, äußerte ich Zweifel. Aber ich war fein heraus – immer vorausgesetzt, es hatte tatsächlich Gefahr bestanden.

An jenem Tag flogen wir nach Hyannis Port, wo wir mit der Familie Robert Kennedys und zahlreichen anderen Mitgliedern des Clans zu Abend aßen. Von dort begaben wir uns zurück nach Cambridge. Einen Tag später rief Johnson an, um mir mitzuteilen, daß er mit Goldberg gesprochen und dieser eingewilligt habe. In diesem Moment fiel mir ein, daß ich Robert Kennedy von meiner Empfehlung erzählt hatte, was bestimmt nicht Johnsons Billigung gefunden haben würde. Er mochte nicht, daß der Eindruck entstand, seine Entscheidungen stammten nicht von ihm selbst. Ich gestand. Die Antwort war, obgleich ich mich nicht ganz genau erinnere, auch wieder ein echter Johnson. »Na gut. Wenn irgend jemand Sie fragt, ob Sie eine Empfehlung gegeben haben, halten Sie's Maul. Streiten Sie's ab.«

Ich hatte eine ziemlich üble Sache angerichtet. Goldbergs Rücktritt kostete den Obersten Gerichtshof einen guten und liberalen Juristen. Er wurde durch Abe Fortas ersetzt, der später zum Mittelpunkt der heftigen Opposition gegen die Bürgerrechte wurde. Verbunden mit Unregelmäßigkeiten in seinen privaten Finanzen, führte sie zu seinem Rücktritt und öffnete somit, zumindest indirekt, den Weg für Warren Burger in das Amt des Obersten Richters. Für den Liberalismus tat ich an jenem Morgen wenig.

Es war, wie ich schon erwähnte, die Außenpolitik, in der Johnson seinem eigenen Urteilsvermögen nicht traute. Von dieser Unsicherheit hatte ich mehr als nur eine dunkle Ahnung. Mitte Mai 1961 – in einer Jahreszeit, in der Indien, Kipling zufolge, ein »Sandhaufen unter einem Brennglas« ist – waren Lyndon B. Johnson und Lady Bird zu einem offiziellen Besuch eingetroffen. Er war für mich mein erster wichtiger Besucher in der Botschaft und hatte mich gebeten, ihn in Bangkok zu treffen und dort mit sämtlichen brauchbaren Informationen zu versorgen, die mir zur Verfügung stünden. Unterwegs in Stadt und Land war Johnson während der folgenden Tage in Indien so selbstbewußt, schlagfertig und redegewandt, wie ich ihn kannte. Sein Verhältnis zu den Dorfbewohnern war unbeschwert und optimal. Das gleiche galt für seinen Kontakt zu lokalen Würdenträgern, und, was zu erwähnen sich fast erübrigt, zu den indischen und amerikanischen Presseleuten, die uns umgaben. In einem traurigen Kontrast dazu standen die offiziellen Gespräche. Nehru war, obgleich er sich von Johnson in bezug auf Herkunft, Interessen, Kultur, Mentalität und Auftreten kaum stärker hätte unterscheiden können, sichtlich von ihm angetan, wie er später selbst einmal sagte. Aber in den außenpolitischen Diskussionen, ja selbst bei den Banalitäten, auf die sich Männer in hohen Ämtern meist beschränken, war Johnson schüchtern, ohne Selbstbewußtsein und unsicher. Wiederholt suchte er bei mir mit Blikken Bestätigung. Es gab Momente peinlichen Schweigens, die Nehru typischerweise nicht beendete und die Johnson sich, höchst untypischerweise, nicht zunutze machte. Bei der wichtigsten Begegnung wurde diese Beklemmung erst überwunden, als das Gespräch zufällig auf die Elektrifizierung ländlicher Gebiete kam. Beide Männer waren sehr dafür.

Seine außenpolitische Unsicherheit versuchte Johnson mit zur Schau gestellter Standfestigkeit, Stärke und Entschlossenheit zu kompensieren. Dies machte ihn für den Rat jener empfänglich, die im Gegensatz zu einem zurückhaltenden und überlegten Kurs eine harte Linie vertraten. Vielleicht neigte er auch instinktiv, wie verschiedentlich vermutet wurde, zu aggressiv maskuliner Pose. Gemeinsam lieferten ihn diese Eigenschaften auf Gedeih und Verderb denjenigen aus, die sich nicht mit ihrem Wissen, sondern mit ihrem Willen zum Handeln brüsteten. Daher das Desaster in Südasien.

Die bedrohliche Lage in Vietnam begann mich während der sechziger Jahre gedanklich mehr und mehr zu beschäftigen. Anfangs sprach ich mit Johnson über meine Besorgnis. Später war es nicht mehr möglich, mit ihm darüber zu reden; statt dessen hörte man sich seine erregte, ja wütende Rechtfertigung an. Ich fing an, Reden gegen den Krieg zu halten, und beteiligte mich an der Organisation der Antikriegsbewegung. Lyndon B. Johnson sah darin eine Infamie. Die Jugend mochte wegen des Krieges davonlaufen; ich war in seinem Alter und gehörte zu seiner Generation. Von alten Mitarbeitern durfte Unterstützung erwartet werden. Ein verständlicher Gedanke.

Ein letztes Mal rief er mich 1966 kurzfristig nach Washington. Indien litt an den Folgen einer schlechten Ernte und war von einer Hungersnot bedroht. Als Botschafter war ich zu dem Schluß gekommen, daß leicht erhältliche Getreideimporte aus den Vereinigten Staaten in gewissem Maße eine entschlossene indische Politik zur Förderung der heimischen Getreide- und Düngemittelproduktion ersetzten, wodurch die Gefahr einer späteren Hungersnot noch vergrößert wurde. Während eines Besuches in Bombay hatte ich einmal einen riesigen Frachter amerikanischen Weizen löschen sehen und mir dabei überlegt, wie gefährdet die Situation von Menschen sein mußte, deren

Überleben von dem Eintreffen solcher Schiffe abhängig war – von einer Lebensader, die bis in die großen Ebenen des amerikanischen Mittelwestens reichte. Nun bestand, ohne unmittelbares Leid herbeizuführen, eine Gelegenheit, diese Gefahr zu dramatisieren. Helfen sollten wir. Aber die Hilfe sollte schrittweise geleistet werden – nach einer, wie es später hieß, »Politik der kurzen Leine«. Dies geschah dann auch. Zweifellos hatte Johnson von anderen Ähnliches zu hören bekommen. Aber man redet sich stets gerne ein, den Ausschlag habe der eigene Rat gegeben.

In den folgenden Monaten wurde Johnson wegen seiner Politik sowohl von den Indern als auch von amerikanischen Liberalen heftig kritisiert; sie erschien sehr knauserig. Wie so oft war es besser, der Berater zu sein als derjenige, der die Verantwortung trug.

Es war dies einer unserer letzten Kontakte. Der letzte fand am 21. April 1967 oder, genauer gesagt, sehr früh am Morgen des folgenden Tages statt. In Griechenland hatte eine Militärjunta die Macht übernommen und Andreas Papandreou, den Sohn des früheren Premierministers und Führers der antiroyalistischen Zentrumsunion, Georgios Papandreou, verhaftet. Es gab Informationen oder zumindest den Verdacht, daß Andreas in Kürze hingerichtet werden sollte.

Andreas Papandreou hatte in Harvard Wirtschaftswissenschaften studiert und an der University of Minnesota, der Northwestern University und der University of California gelehrt. In Berkeley war er Leiter der Wirtschaftswissenschaftlichen Fakultät gewesen. Er war ein guter Ökonom und ein sehr guter Universitätspolitiker; weniger geschickte Leute blieben in jenen Tagen nicht lange auf einem Posten wie dem in Berkeley. Andreas hatte dann jedoch seine akademische Karriere in Amerika aufgegeben und war nach Griechenland und in die Politik zurückgekehrt. Seine Beliebtheit in amerikanischen Universitätskreisen wurde durch den Argwohn, den ihm zahlreiche Leute in Washington entgegenbrachten, ausgeglichen. Er unterstützte die NATO nicht ausreichend genug, sein Antikommunismus ließ zu wünschen übrig, und er neige zu sehr dazu, der CIA omnipotente Niedertracht zuzuschreiben.

Die ganze Nacht über erhielt ich Anrufe aus allen Teilen des Landes – von Kenneth Arrow aus Stanford, Leonid Hurwicz aus Minnesota, Robert Dorfman aus Harvard. Man nahm an, daß ich als ehemaliger Botschafter einen direkten Draht zu Washington hätte. Ich selbst war mir dessen weit weniger sicher. Rusk würde nicht helfen. Und Phillips Talbot, der Botschafter in Athen, auch nicht. Keiner von beiden würde die griechischen Obristen wegen eines Mannes verärgern wollen, der in seinem antikommunistischen Glauben so ungefestigt schien wie Papandreou. Die einzige Hoffnung war Johnson, doch das hieß, den Mann um Hilfe zu bitten, den ich wegen Vietnam im Stich gelassen hatte. Tat ich es jedoch nicht und wurde Papandreou umgebracht, so würde meine Verantwortung groß sein. Gegen Mitternacht entschloß ich mich, wenigstens einen Versuch zu machen.

Ich rief bei Joe Califano im Weißen Haus an und stellte fest, daß er noch im Büro war. Er sagte mir, Johnson habe in der Präsidentenwohnung eine kleine Gesellschaft. Wir faßten die Einzelheiten auf einer halben Seite zusammen und ließen dabei die Sorge um Papandreou, die in akademischen Kreisen überall im Lande geäußert wurde, nicht unerwähnt.[15] Califano brachte den Zettel hinauf.

In den frühen Morgenstunden klingelte mein Telefon wieder. Am Apparat war Nicholas Katzenbach, damals Stellvertretender Außenminister. Mit deutlich vernehmbarem Kichern las er mir eine Notiz vor, die er gerade vom Präsidenten erhalten hatte:

»Rufen Sie Ken Galbraith an und sagen Sie ihm, daß ich diesen griechischen Halunken gesagt habe, sie sollen diesen *son-of-a-bitch* – wer immer er ist – in Ruhe lassen.«

Eine mittels Gedankenstrichen gesäuberte Version dieser Notiz erschien in *Newsweek.* Vermutlich hatte einer meiner Ökonomenfreunde, demgegenüber ich sie zitiert hatte, geplaudert. Nach kurzer Zeit wurde Papandreou entlassen, und es wurde ihm gestattet, aus Griechenland auszureisen. Einige Wochen später begegnete ich ihm eines Abends in Paris, als ich in mein Hotel zurückkehrte, und setzte mich mit ihm und der Schauspielerin Irene Papas zu einem Drink zusammen. Er erzählte mir, daß ein *Newsweek*-Heft, welches ihm ein Besucher beiläufig in seine Gefängniszelle brachte, das erste Anzeichen dafür war, daß sich die Dinge zum Besseren wendeten. Heute ist Andreas Ministerpräsident von Griechenland.[16]

29
Vietnam: Der Anfang

Zwischen jugendlichem Überschwang und altersbedingter Unbrauchbarkeit bleiben dem Individuum bestenfalls fünfzig Jahre, um mit sich und seiner Welt ins reine zu kommen, sich ihrer zu erfreuen und sich, je nachdem, wie Gewissen und Ehrgeiz es von ihm verlangen, in öffentlicher Verantwortung zu engagieren. Es beeinträchtigt dies alles, wenn man über einen längeren Zeitraum hinweg durch eine von außen kommende, tiefe Sorge belastet wird. Indochina und vor allem Vietnam waren eine solche Sorge.

Man soll nicht übertreiben. Von 1961, als ich mich zum erstenmal mit der Problematik auseinandersetzte, bis zu jenem Tag im Jahre 1975, als Helikopter die letzten Amerikaner aus Saigon ausflogen, hatte ich noch viele andere Sorgen, die unter anderem die Bücher betrafen, auf die ich in einem späteren Kapitel noch zurückkommen werde. Ich mußte in diesem buchstäblich umnachteten[1] Land nicht arbeiten, geschweige denn kämpfen, ebensowenig die Mitglieder meiner Familie. Ich habe den Eindruck, daß nur wenige Söhne von Harvard-Professoren oder, allgemein gesehen, des amerikanischen Establishments von dieser Gefahr bedroht waren. Als sie in Gefahr zu geraten schienen, nahm die Opposition gegen den Krieg sichtlich zu. Anders als vielen ehemaligen Freunden, die den Krieg unterstützten oder sich mit ihm abfanden, erwuchsen mir und meinem Ruf keine dauerhaften Nachteile. Trotzdem blicke ich mit Abscheu und Kummer auf jene vierzehnjährige Verstrickung zurück.

Besser als die meisten meiner Kollegen in Washington kannte ich diesen Teil der Welt – oder zumindest vergleichbare Regionen – sowie die riesige, ja unüberbrückbare Kluft, die sowohl die Kulturen als auch die sozialen und politischen Strukturen Asiens (ausgenommen Japans) von denen Europas und der Vereinigten Staaten trennt. Und da ich dies wußte, kannte ich auch die Gefahr einer verallgemeinernden Übertragung des politischen Denkens und Handelns unserer Welt auf die asiatische. Die Neigung zu derartigen Verallgemeinerungen war und bleibt eine der Hauptfehlerquellen.

Die westliche Industriegesellschaft hat eine feste ökonomische und politische Struktur, innerhalb deren nahezu die gesamte Bevölkerung lebt. Mittels Regierungen und direkt oder indirekt auch durch Konzerne, Gewerkschaften und andere Organisationen können diese Gesellschaften gelenkt oder sogar kontrolliert werden. Wie ich aus Indien, Pakistan und Ceylon wußte, lebt in Asien die große Mehrheit der Bevölkerung außerhalb der Regierungsstruktur und außerhalb strukturierter ökonomischer Organisationsformen, das heißt also auch außerhalb des modernen Handels und Gewerbes. Dieses Losgelöstsein ermöglicht überhaupt erst ihr Überleben. Die Staatsautorität trat hier, historisch gesehen, meistens als Feind auf – ihre Agenten und Offiziere, die über die verschlammten Wege oder die Deiche kamen, wollten Steuern, Lebensmittel, Beute, Rekruten; kaum je führten sie Gutes im Schilde.

Es liegt in der Natur dieser ruhigen und durchaus funktionierenden Anarchie, daß es keine Machtinstrumente, keine Handhabe gibt, derer die Autorität sich bemächtigen und die sie benutzen kann. Die Briten regierten nicht in den indischen Dörfern. Sie hielten lediglich die Ordnung aufrecht, die meist schon herrschte, regelten Pachten und Steuern, trieben Handel, rekrutierten ein paar Soldaten zu Söldnerdiensten. Das Leben von Millionen Dorfbewohnern ging weiter wie zuvor; in der Macht der Briten lag weniger oder gar nichts, was eine Veränderung hätte herbeiführen können. Wenig oder gar nichts *wurde* in den zweihundert Jahren der britischen Herrschaft in Indien auf den Dörfern geändert.

Für Kommunisten ist der Mangel an Struktur weitaus gravierender. Zum Kommunismus gehört ein kompliziertes industrielles und staatliches Management. Die alte Organisationserfahrung und das alte Organisationstalent der Chinesen gab dem Kommunismus in China eine begrenzte Chance, obgleich in den ländlichen Gebieten viel mehr beim alten blieb als je geändert wurde. Indien und der indische Kommunismus boten, wie ich bereits berichtet habe, eine glänzende Anleitung dafür, was dem Kommunismus in Indochina bevorstand. Selbst wenn das Land sich als kommunistisch bezeichnen würde, bliebe es doch noch immer eine dörfliche und agrarische Gesellschaft mit nur oberflächlicher Kontrolle von oben und noch weniger Kontrolle durch Moskau oder Peking. Auch würde Indochina, global gesehen, unbedeutend bleiben. Und außerdem kann, wie schon bemerkt, selbst der schärfste Antikommunist einen kommunistischen Dschungel nicht von einem kapitalistischen unterscheiden.

Vier andere Faktoren wirkten sich auf meine Überlegungen aus. Da der Kommunismus (oder Sozialismus) eher ein Traum als eine realisierbare Zukunftsaussicht ist, lockte er in Indien diejenigen an, die zur Träumerei neigten. Und jeder Mensch hat eine große Vorliebe für seinen eigenen Traum. Infolgedessen war ich zu dem Schluß gekommen, daß der Kommunismus in den armen Ländern weit variantenreicher war, als die konventionelle Doktrin des Kalten Krieges annahm. Die

Vorstellung von einem großen monolithischen Block, die in dem System der Gebrüder Dulles, des Pentagons, Dean Rusks und sogar einiger meiner Kollegen in Harvard eine so zentrale Rolle einnahm, war ein künstliches Gebilde, das lediglich für modisches Palaver taugte. Meinen Anspruch, all dies vorhergesehen zu haben, muß ich hier jedoch einschränken. Nicht einen Augenblick lang sah ich den Pluralismus und die Zersplitterung voraus, die der Kommunismus, vor allem in Indochina, schließlich an den Tag legen würde.

Ich war auch tief beeindruckt von der Sensibilität, mit der die Politiker der jungen Staaten auf Einflüsse von außen, woher sie auch kommen mochten, reagierten. Im Gegensatz zu vielen anderen hatte ich diese Empfindlichkeit selbst erlebt – diesen Stolz von Menschen, die weder von einem peripatetischen Wirtschaftsberater noch, wie später oft üblich, von finanziell gut ausgestatteten und angeblich mächtigen Diplomaten darüber belehrt werden wollen, was sie zu tun haben. In meiner Zeit als Botschafter verging kaum ein Tag, an dem ich nicht – bald schon ganz automatisch – darüber nachdachte, wie sich eine bestimmte Position vertreten ließ, ohne daß es den Anschein hatte, ich wolle einen unangemessenen Einfluß ausüben. Mit Blick auf Vietnam konnte man nur vermuten, daß die Notwendigkeit, solche Vorsicht walten zu lassen, angesichts der eifersüchtig gehüteten Unabhängigkeit die Rolle Chinas oder der Sowjetunion – und unserer eigenen – wirksam beschränken würde.

Darüber hinaus verstand ich inzwischen die – nach unterschiedlichen Bezeichnungen – globale, geopolitische oder strategische Mentalität Washingtons. Sie motiviert eine bis zum heutigen Tage existierende Spezies von Politikern, denen es niemals erlaubt werden sollte, eine Landkarte anzusehen. Tun sie es und fällt ihr Blick dabei auf Afrika, Asien oder Lateinamerika – auf Angola, Äthiopien, das Horn von Afrika, den Iran, Afghanistan, Nicaragua oder Chile –, so fragen sie, wer dort die »Kontrolle« ausübt. Sind es nicht die Vereinigten Staaten, so müssen es die Russen sein. Erfahrung mit der postkolonialen Welt ist ein hervorragendes Heilmittel für globale strategische Mentalität. Sie liefert einem reichhaltiges Anschauungsmaterial darüber, wie unwahrscheinlich es ist, daß Völker und politische Führer, nachdem sie gerade einer Form von imperialistischer Herrschaft entronnen sind, nun nichts Eiligeres zu tun haben als sich einer anderen an den Hals zu werfen – der amerikanischen, sowjetischen oder chinesischen. Und wenn, wie zum Beispiel in Äthiopien, niemals eine Regierung eine starke Kontrolle nach innen hat ausüben können, so werden auch die tatsächlichen Auswirkungen externer Macht nicht so groß sein. Die Fähigkeit eines Landes, ein ökonomisch, kulturell und geographisch weit entferntes Volk zu kontrollieren – und dies ohne Machtmittel, die eine entwickelte Regierungs- und Industriestruktur bieten –, ist sehr beschränkt.

Schließlich begann ich in jenen Jahren, wenngleich nur unzureichend, die Dynamik der Revolution in diesen Ländern gefühlsmäßig zu erfassen. Wenn eine Regierung korrupt oder ausbeuterisch ist, muß es nicht unbedingt eine bessere Alternative geben. Die Regierung kann gestürzt werden, selbst wenn die Alternative noch viel schlechter ist. Die bestehende Ausplünderung ist eine konkrete leidvolle Erfahrung. Die Alternative dazu ist hypothetisch; sie besteht in Versprechungen, Rhetorik und Hoffnung, und diese wirken, bevor der Nachweis durch die Praxis erbracht worden ist, rigoros und ohne Einschränkung gut. Die militärische, politische, ökonomische Gewalt und die Macht der Trägheit können auf der Seite der schlechten Regierung stehen. Freiheit, Leistung, Anständigkeit und Fortschritt sind immer, als Vision, auf seiten der Alternative. Wie später in Teheran nach dem Schah hätte man argumentieren können, daß sich die zugestandenermaßen üblen Zustände in Saigon nach dem Abtreten der von uns unterstützten Führer nur noch verschlimmert hätten. Aber überzeugen hätte eine Argumentation wie diese niemals können.

Das erste Land, mit dem ich es in Indochina näher zu tun bekam, war Laos. Unruhen dort hatten Kennedy dazu veranlaßt, meine Abreise nach Indien im Frühjahr 1961 um einige Wochen vorzuverlegen. Der Genfer Indochinavertrag von 1954, der den französischen Kolonialkrieg beendet und auch anderweitig versucht hatte, die betroffenen Länder zu befrieden und den ausländischen Einfluß zu beschränken, hatte eine Internationale Kontrollkommission geschaffen, deren Mitglieder Kanada, Polen und Indien waren. Den Vorsitz führte ein Inder.

Nach dem Vertrag kam in Vientiane eine neutralistische Regierung unter Prinz Suvanna Phuma, einem charmanten und gebildeten Mann, den ich später kennenlernen sollte, ins Amt. Es bestand eine unsichere Koalition und ein unsicherer Friede mit den erklärt kommunistischen Truppen der Pathet Lao unter Prinz Suvannaphong. Die Pathet Lao dominierte in den nördlichen Provinzen. 1958 wurden Prinz Suvanna Phumas Neutralisten durch eine Rechtsregierung unter Phumi Sananikone ersetzt. Obwohl er ein Protegé Amerikas war, wurde auch Phumi Sananikone schon bald von einem General namens Phumi Nosavan abgelöst, den die CIA für besser hielt, und dieser wurde seinerseits 1960 durch einen jungen Fallschirmjäger namens Kong Le gestürzt, der Prinz Suvanna Phuma an die Spitze des Staates zurückbrachte. Ein paar Tage nach der Wahl Kennedys wurde Prinz Suvanna Phuma mit amerikanischer Billigung durch Phumi Nosavan gestürzt. Eine führende Rolle spielte dabei J. Graham Parsons, der zuvor Botschafter in Vientiane gewesen und nun, wieder in der Heimat, im Außenministerium für diesen Teil der Welt zuständig war. Fast unmittelbar danach begann die Regierung von Phumi Nosavan, einem

Manne von bestürzender Inkompetenz, auseinanderzubröckeln. Es bestand keine Hoffnung, daß es ihm gelingen könne, dem Druck der Pathet Lao im Norden zu widerstehen. Im Frühjahr 1961 unterrichtete John F. Kennedy, der inzwischen die Namen aller Hauptdarsteller beherrschte, auf einer Pressekonferenz das amerikanische Volk über diese Entwicklungen. Er machte dies sehr eindrucksvoll, und die Tonbänder wurden später nicht aus Informationsgründen, sondern zum Spaß abgespielt, da dem Präsidenten die klangvollen laotischen Namen so einwandfrei über die Lippen gingen.

Auf das laotische Volk hatten die geschilderten Entwicklungen glücklicherweise keine größeren Auswirkungen. Es war vor den erwähnten Rivalitäten durch das vollständige Fehlen eines Eisenbahnnetzes, das nahezu vollständige Fehlen von Straßen, durch ausgedehnte Urwälder sowie den glücklichen Umstand, daß der Mekong auf weite Strecken nicht schiffbar ist, geschützt. So blieb die Bevölkerung weitgehend ungestört, konnte ihren Reis anbauen und sich genügsam ihrer Neigung zu schwachen Drogen und freundlicher Plauderei hingeben. Der Konflikt störte die Laoten erst, wenn bewaffnete Banden der rivalisierenden Generäle und Prinzen zufällig in ihr jeweiliges Gebiet vordrangen. Was die diversen und irrelevanten politischen Bezeichnungen zu bedeuten hatten, wußten sie nicht. Selbst wenn zwischen den gegnerischen Truppen, wie sie genannt wurden, Kämpfe ausbrachen, hielt sich der Schaden in Grenzen - und zwar aufgrund einer freundlichen Übereinkunft, die gefährlicheren Waffen - Granatwerfer und rückstoßfreie Gewehre - aufs Geratewohl abzufeuern, ohne jede ernsthafte Bemühung, auf der gegnerischen Seite etwas zu treffen.

Für die Vereinigten Staaten war diese abgelegene Szenerie völlig unbedeutend. Weder war Laos, wie Arthur Schlesinger in jenen Jahren einmal bemerkte, ein Dolch, der auf das Herz von Kansas gerichtet war, noch hielt Präsident Kennedy es für einen solchen. Aber durch einen kontinuierlichen Prozeß unkritischer Wiederholung in angespannten und scheinbar gut informierten bürokratischen Klausuren wurde Laos für viele Leute im Außenministerium, in der CIA, im Pentagon und bei ihren leicht zu beeindruckenden Helfern im außenpolitischen Establishment bedeutsam. Laos, so hieß es, sei ein lebenswichtiger Faktor in der freien Welt und unser Verhalten dort ein Testfall für die Führungskraft der Vereinigten Staaten. Nicht um zu erkunden, was wir überhaupt in Laos zu suchen hätten, wurden Konferenzen einberufen, sondern ausschließlich, um in Betracht zu ziehen, was in Laos unternommen werden sollte. Derjenige, der die Frage stellte, was wir in jenem Land eigentlich für uns selbst erreichen wollten, schlug einen Ton an, der ablenkte und ernstem Geschäftsgebaren zuwiderlief. Das nächste Mal wurde er dann vermutlich gar nicht mehr eingeladen. »Wir wissen, was er sagen wird. Aber wir müssen in der Sache schließlich weiterkommen.«

Vor allem aber waren wir in Laos einem der immer wiederkehrenden und gefährlichen Einflüsse auf unsere Außenpolitik unterworfen, und zwar der Furcht vor den politischen Konsequenzen des Vernünftigen, das in vielen Fällen darin besteht, auf Aktionen weitgehend zu verzichten. Während die Regierung von Phumi Nosavan in Vientiane militärisch wertlos war und sich das Volk draußen im Lande gegenüber seinen Herrschern vernünftigerweise gleichgültig verhielt, hieß es bei uns, sie in Ruhe zu lassen sei ein Rückzug vor dem Vormarsch des internationalen Kommunismus. Kennedy reagierte auf eine vorauszusehende politische Empörung.

Mit dieser Einschätzung lag er jedoch falsch. Das, was in Laos geschah, kostete nur wenige Wählerstimmen, falls überhaupt welche, ebenso wie nur wenige Stimmen durch unseren endgültigen Rückzug aus Vietnam verlorengingen – weniger jedenfalls, verglichen mit der Zahl derer, die bei einem fortdauernden Engagement auf dem Spiel gestanden hätte. Dies sah Kennedy jedoch nicht voraus – und auch ich nicht, obwohl ich gegen unsere Intervention in Laos war.

Im Frühjahr 1961 bestand, nachdem es nun an der Abneigung der königlich laotischen Armee gegen Gewaltanwendung keinen Zweifel mehr gab, die einzige Alternative zur Entsendung von Marineinfanteristen darin, Suvanna Phuma und seine Neutralisten wieder an die Macht zu bringen und die Internationale Kontrollkommission zu veranlassen, nach Laos zurückzukehren, um dort bei der Erhaltung des Friedens zu helfen. Auf Konferenzen im Weißen Haus hatten die Stabschefs und ihr Vorsitzender, General Lyman L. Lemnitzer, dem Präsidenten zugesichert, daß sie, wenn genügend Truppen zur Verfügung stünden, eingreifen und für Phumi Nosavan siegen könnten. Festgenagelt auf die Frage, was im Falle einer größeren Gegenaktion Hanois oder Pekings geschehen würde, sagten sie, diese würde in Grenzen gehalten werden, wenn man Nuklearwaffen einsetzen könne. Kennedy war darüber zutiefst schockiert und somit in seiner Ansicht bestätigt, daß Neutralisierung – die Rückkehr von Suvanna Phuma – die einzige Lösung sei.

Jawaharlal Nehru spielte dabei eine wichtige Rolle. Seine Unterstützung war bei jeder Bemühung unerläßlich, die Internationale Kontrollkommission wieder nach Vientiane zu bringen. Außerdem schien er unsere beste Hoffnung zu sein, die kommunistischen Länder dazu zu bewegen, den Neutralisierungsbestrebungen zuzustimmen.

John Foster Dulles hatte Neutralität mit Immoralität gleichgesetzt und dadurch die diplomatischen Beziehungen zu Indien belastet. Nehru ließ sich erst nach einer Weile von unserem Gesinnungswandel überzeugen. Nachdem ich mich genauer, als es mir lieb war, über die laotische Politik informiert hatte, setzte ich mich mit großer Energie bei Nehru für den Plan ein. Auch Averell Harriman, der gerade in Neu-Delhi auf der Durchreise war, nahm sich die Zeit, mich zu unterstützen. Nehru erklärte sich zunächst vorsichtig, später dann mit einigem Enthusiasmus dazu bereit, uns zu helfen. Ich habe mir stets eingebildet, daß eine etwas respektlose Antwort wesentlich zu seiner Beruhigung beitrug. Als er mich Ende April 1961 fragte, wie er denn sicher sein könne, daß wir es mit Suvanna Phuma und der neutralen Lösung ernst meinten und nicht nach wie vor nur darum bemüht seien, unsere militärische Einflußzone und die der SEATO auszudehnen, antwortete ich, wir hätten endlich eingesehen, daß die Laoten militärisch nicht sehr nützlich seien und »nicht gelernt hatten, einander umzubringen«. Er reagierte darauf sehr vergnügt und versprach fast unmittelbar darauf, sich bei den Sowjets und bei Ho Tschi Minh für uns zu verwenden.[2] Und dies tat er dann auch, nicht ohne Erfolg.

Nach vielen weiteren Bemühungen auch an anderer Stelle wurde eine Laos-Konferenz nach Genf einberufen, und in den nächsten Monaten handelte Harriman die Rückkehr von Suvanna Phuma aus.[3]

Während der Laos-Verhandlungen und vor allem im weiteren Verlauf des Jahres 1961 bekam ich das Gefühl, daß unsere Sorgen bezüglich Indochinas das falsche Land betrafen. Weiter mekongabwärts waren wir in eine sehr viel bedrohlichere Sache verwickelt. Vietnam, nach dem Genfer Indochina-Vertrag von 1954 geteilt, war von der Natur weniger zur Obskurität bestimmt als Laos und spielte daher in den geopolitisch gesinnten Köpfen Washingtons eine größere Rolle. Die von Hanoi unterstützte Erhebung des Vietkong gegen die Regierung von Ngo Dinh Diem schien weit eher dazu geeignet, eine Intervention von unserer Seite herbeizuführen. Ich fing an, Kennedy mit Nachdruck auf meine Befürchtungen hinzuweisen. Am 10. Mai 1961 schrieb ich ihm, daß »ich nach meiner Beschäftigung mit Laos und dem Kongo[4] zu zwei Schlußfolgerungen gekommen bin. Diese Dschungelregimes, bei denen die Regierungsgewalt höchstens bis zum Flughafen reicht, werden in den nächsten Monaten zu einem üblen Problem für uns werden ... Die Machthaber kontrollieren oder beeinflussen ihre Völker nicht, und sie haben weder die Unterstützung ihres Volkes, noch verdienen sie sie. Als militärischer Verbündeter ist die gesamte laotische Nation selbst einem Bataillon von Kriegsdienstverweigerern aus dem Ersten Weltkrieg klar unterlegen. Von ihrer Unterstützung haben wir gar nichts, und ich muß sagen, ich frage mich, was die Kommunisten davon haben. Eine Antwort besteht zweifellos darin, daß die Kommunisten beim Hinausexpedieren vorhandener Führer bessere Arbeit leisten werden. Ich bin nichtsdestoweniger davon überzeugt, daß wir in diesen primitiven Ländern nicht immer Sieger unterstützen können und daß wir uns nicht sicher sein können, daß die von uns unterstützten Sieger auf unserer Seite bleiben werden. Aus den gleichen Gründen sollten wir niemals davon ausgehen, daß irgend jemand an die Kommunisten verloren ist. Vor allem müssen wir mit der Wahrscheinlichkeit von Gewinnen und Verlusten rechnen, und ein einzelner Verlust wird gewiß nicht entscheidend sein. Und ganz besonders dürfen wir nicht bei uns oder im Land die Vorstellung aufkommen lassen, daß Gewinne oder Verluste in diesen unzusammenhängenden Gegenden dasselbe sind wie Gewinne oder Verluste in der organisierten Welt, vergleichbar etwa mit Frankreich, Italien oder – Indien.«[5]

Zwei Monate später, am 11. Juli, hatten sich meine Überlegungen Vietnam zugewandt. Ich schrieb an Kennedy: »... Südvietnam ist außerordentlich schlimm. Ich hoffe übrigens, daß Ihre Informationen von dort gut sind, und habe das unangenehme Gefühl, daß die Nachrichten, die auf regulären Wegen kommen, nicht viel taugen. Wenn ich mich nicht irre, hat Diem sich seinem Volk in weit größerem Maße entfremdet, als wir uns eingestehen. Dies ist unser alter Fehler. Wir glauben dem jeweiligen Herrscher und unseren eigenen Leuten, die inzwischen auf ihn eingeschworen sind. Die Gegner des Regimes sind Räuber und Banditen; das Problem besteht darin, die Polizei zu holen. Ich bin sicher, daß das Problem in Vietnam zum Teil in den Mitteln liegt, die zur Aufrechterhaltung von Gesetz und Ordnung verwendet werden. Aber ich fürchte, daß wir es hier lediglich mit einer weiteren Regierung zu tun haben, die, in ihrer gegenwärtigen Form, niemand unterstützen will.«[6]

Im September wieder in Washington, teilte ich meine Sorgen Kennedy direkt mit und fügte später noch einen eher nebensächlichen Gedanken hinzu:

»Wenn ich in der Nacht aufwache, habe ich Sorge, man wird uns in unserem ersten Amtsjahr den Verlust von Laos, das wir nicht besaßen, den Verlust von Ostberlin, das wir nicht besaßen, den Verlust von Ostdeutschland, das wir ebenfalls nicht besaßen, sowie – eine heikle Angelegenheit – das Versagen ankreiden, die Welt nicht davon überzeugt zu haben, daß Formosa China ist. Als extremer Idealist bin ich für Verluste. Aber ich frage mich, ob wir unsere Verluste mehr als einmal erleiden müssen.«[7]

An Kennedys Zustimmung zweifelte ich kaum. Er stimmte mit mir nahezu vollkommen überein. Wie immer bestand das Problem in dem politischen Druck derer, die nach raschem Handeln schrien, jener Leute also, die unbedingt etwas tun wollten, irgend etwas, selbst um den Preis, das Falsche zu tun. Ich kann mich noch immer an seine Worte erinnern. Mit Bezug auf die Schweinebucht und die Akzeptierung der laotischen Neutralität sagte er: »Sie müssen einsehen, daß ich mir nur so und so viele Niederlagen im Jahr leisten kann.«

Nachdem der Vietkong im September 1961 Phuoc Vinh, eine Provinzhauptstadt knapp 100 Kilometer nördlich von Saigon, eingenommen hatte, wobei die Truppen Diems in ihrer gandhischen Hingabe an die Gewaltlosigkeit selbst noch diejenigen von Phumi Nosavan übertrafen, begannen in Washington die ersten Vorschläge für eine bewaffnete amerikanische Intervention zu zirkulieren. Kennedy beschloß in der üblichen Manier, durch die Entsendung einer Kommission, die über das bereits Bekannte Untersuchungen anstellen und berichten sollte, Zeit zu gewinnen. Maxwell D. Taylor, der militärische Berater Kennedys, ein selbstbewußter, gutaussehender, hochgebildeter Fallschirmjägergeneral, dessen Stil den Kennedys sehr imponierte und dessen systematisch harte Linie noch nicht zur Gänze klar war, wurde zum Leiter der Kommission ernannt. Sein Mitarbeiter war Walt Whitman Rostow, und es bestand die Gewißheit, daß der Bericht weitgehend von ihm geschrieben werden würde. Walt Rostow, ein alter persönlicher Freund von mir, galt zu jener Zeit nicht als fanatischer Antikommunist. Vom Außenministerium, in dessen Dienste treten zu können er nach der Wahl Kennedys erwartet hatte, hatte man ihn ferngehalten, und zwar mindestens teilweise deswegen, weil ihn, wie ich bereits erwähnte, alte FBI-Berichte mit dem Makel einer verdächtigen Anpassungsbereitschaft zu belasten schienen. In einem alles andere als einsichtigen Kompromiß hatte man ihn statt dessen im Weißen Haus untergebracht. Mein Respekt vor Walt Rostow als einfallsreichem und erfinderischem Wissenschaftler von außerordentlichem Fleiß hat viele ernsthafte Meinungsverschiedenheiten mit ihm überlebt. Sein Fehler bestand in der Leichtigkeit, mit der er sich Autoritäten und dem vorherrschenden politischen Klima der Zeit anpaßte. Auch hatte er eine unvorteilhafte Schwäche für neuartige politische und militärische Konzeptionen. Zur Zeit seiner Entsendung nach Vietnam setzte er sich für die Aufstellung einer SEATO-Schutztruppe von etwa 25 000 Mann ein, die in der Praxis weitgehend aus Amerikanern hätte bestehen müssen, um mit ihr die Nordgrenze Vietnams abzuschotten. Bei der Natur des Geländes und angesichts der Alternativroute durch Laos wären diese Schotten höchst undicht gewesen und hätten außerdem womöglich eine Verpflichtung zum Kampf bedeutet.

Taylor, Rostow und ihr Stab führten die Untersuchung durch, begaben sich dann auf die Philippinen, um ihre Erkenntnisse niederzuschreiben, und kehrten mit ihrem Bericht ungefähr zur gleichen Zeit – Anfang November – nach Washington zurück wie ich, der ich Nehru auf einem offiziellen Besuch begleitete. Auf der Hammersmith-Farm in Newport, Rhode Island, dem Anwesen der Schwiegermutter und des Schwieger-Stiefvaters des Präsidenten, Mr. und Mrs. Hugh D. Auchincloss, bedrängten wir Nehru und M. J. Desai, den indischen Außenminister und alten Südostasien-Experten, uns bei der Suche nach einer neutralen Lösung in Vietnam zu helfen. Nehru war nicht sehr zugänglich, unter anderem deshalb, weil unsere Vorstellungen von einer Beendigung des Vietkong-Aufstands alles andere als präzise waren. Mal baten wir Nehru, mit Ho Tschi Minh Kontakt aufzunehmen, mal wollten wir eine Beobachtertruppe der UNO haben oder sprachen uns für eine stärkere internationale Kontrollkommission aus, dann wieder setzten wir uns für die Errichtung eines neutralen Gürtels quer durch Südostasien unter indischer Führung ein, ein Gedanke, für den sich damals Chester Bowles stark machte. Bei einigen dieser Schritte war die Hoffnung größer als die Erfolgsaussicht. Alle spiegelten deutlich Kennedys Abscheu vor einem umfangreicheren militärischen Engagement wider.

Während dieser Diskussionen – vielleicht auch schon ein oder zwei Tage vorher – erfuhr ich, daß Taylor und Rostow die Entsendung von Truppen empfahlen. Am Tag nach dem Treffen in Newport, wieder zurück in Washington, ging ich in Rostows Büro im Executive Office Building, um ein Exemplar des Berichts zu bekommen. Eine Kopie lag auf seinem Schreibtisch. Sie galt als Verschlußsache, zu der nur der liebe Gott und der Präsident der Vereinigten Staaten Zugang haben sollten; den anderen Mitgliedern der Dreieinigkeit war er ausdrücklich verwehrt. Rostow zögerte sichtlich, mich den Bericht lesen zu lassen. Dies war eine durchaus normale Handlungsweise, denn zu den althergebrachten Zwecken der Geheimhaltung gehört es, die Kritik potentiell Andersdenkender zu vermeiden. Möglich und ganz nützlich ist in solchen Angelegenheiten jedoch ein weniger förmliches Vorgehen. Da ich als Botschafter zur gleichen Geheimhaltungsstufe wie die Autoren des Berichts autorisiert war, ergriff ich ganz einfach das Exemplar und ging damit hinaus.

Es handelte sich um eine sehr gründliche und kompetente Dokumentation über die administrative Unzulänglichkeit des Diem-Regimes und die Irrelevanz jener schwerfälligen Ansammlung von Politikern, Unternehmern, Ganoven und unterbezahlten Infanteristen, die als Armee bezeichnet wurde. Des weiteren wurde die – unbegründete – Annahme geäußert, Ngo Dinh Diem könne mit einem Willensakt Reformen durchsetzen. Außerdem schlug der Bericht, wie ich schon vorher gehört hatte, die Entsendung einer bescheidenen, ca. 8000 Mann umfassenden bewaffneten amerikanischen Truppe nach Vietnam vor. Dies wäre nicht jene Art von nackter Intervention, die nach außen hin dem noch immer eine gewisse Rolle spielenden Interventionsverbot des Genfer Indochina-Vertrags zuwiderlaufen würde oder in anderer Weise die öffentliche Meinung der Welt oder Amerikas gegen uns aufbringen könnte. Aber der Mekong war damals über die Ufer getreten – eine ständig wiederkehrende Eigenschaft dieses Stromes –, und die Soldaten, zu denen ein starkes Kontingent von technischen Einheiten zählen würde, sollten als menschenfreundliche Flutbekämpfungsspezialisten im Delta, der Region, in der die Aufständischen am stärksten waren, eingesetzt werden. Wenn auf sie geschossen würde, würden sie allerdings zurückschießen. Die wahre Absicht bestand darin, Diem und seinen Bataillonen voller unmotivierter Drückeberger moralische und militärische Unterstützung zu geben. Impliziert gingen diese Vorschläge davon aus, daß alle, die davon hörten, seien sie nun Amerikaner oder nicht, auch alles glauben würden. Außerdem sollten umfangreiche Waffenhilfe, logistische Unterstützung und taktische Beratung gewährt werden. Nachdem ich den Bericht gelesen hatte, ließ ich mir einen Termin bei Kennedy geben, um meinen Protest anzumelden. Der Präsident zeigte großes Verständnis.

In den vorausgegangenen Tagen hatte er über Robert McNamara und den Stellvertretenden Verteidigungsminister Roswell Gilpatric eine Empfehlung der Stabschefs erhalten, in der diese den Taylor-Rostow-Vorschlag für eine bewaffnete Intervention guthießen und dabei anführten, daß letztlich eine Truppenstärke von 205 000 Mann erforderlich werden könnte, was nach ihrer Einschätzung sowohl praktikabel als auch noch ziemlich bescheiden war. Außerdem befand sich ein Memorandum von Robert McNamara und Dean Rusk in den Händen des Präsidenten, in dem sich die beiden gegen eine sofortige Truppenentsendung aussprachen, welche, wie es hieß, katastrophale Auswirkungen auf die damals in Gang befindlichen Verhandlungen über einen Rückzug aus Laos haben würde.

Der Vorschlag der Oberkommandierenden war mir damals in großen Zügen bekannt, und ich habe meine Erinnerung an die Einzelheiten mit Hilfe der *Pentagon Papers*[8] aufgefrischt. Es war eine häufige Klage über Robert McNamara, die vor allem von George Ball vorgebracht wurde, daß er es regelmäßig verstand, in der Frage einer Vietnam-Intervention auf beiden Seiten zu stehen. Dies ist gar nicht so sehr überraschend, berücksichtigt man seine Absicht, im Amt zu bleiben, oder seinen Glauben, es sei besser, wenn er dies täte. Als Verteidigungsminister war er gezwungen, die hartnäckig kriegerischen Pläne der Oberbefehlshaber weiterzugeben. Als Präsidentenberater konnte er, wenn auch nur mit Vorsicht, sagen, was er glaubte. Während der gesamten Dauer des Vietnamkonflikts waren die drei Männer, zu denen diejenigen von uns, die gegen den Krieg waren, Zutritt hatten, George Ball – der akzeptierte Opponent unter den »Insidern« –, McGeorge Bundy und McNamara. Diesen später vielkritisierten Männern war die Dankbarkeit all derjenigen unter uns gewiß, denen sie nicht die Tür vor der Nase zuschlugen.

Ein Präsident hat kein leichtes Leben. Kennedy forderte mich auf, via Saigon nach Indien zurückzukehren, dort mit den Leuten zu reden und ihm dann mitzuteilen, was ich von allem hielt. Ich bin sicher, daß er nicht die geringsten Zweifel darüber haben konnte, wie mein Bericht ausfallen würde. Der Präsident wollte offensichtlich Gegenargumente haben.

Als ich ging, sagte mir McGeorge Bundy, daß die Frage der bewaffneten Intervention in Vietnam noch ungeklärt sei. Im Außenministerium teilte mir U. Alexis Johnson, ein schwerfälliger, dicker Interventionist, mit, daß die Entscheidung zugunsten einer Truppenentsendung bereits gefallen sei; meine Opposition und meine Reise seien überflüssig. Ich beschloß, Bundy Glauben zu schenken.

Den Eindruck besonderer Gründlichkeit konnten meine Untersuchungen vor Ort nicht erwecken. Ich verbrachte ein paar Stunden beim CINCPAC (Commander-in-Chief-Pacific) in Hawaii mit Admiral Harry Felt, dem Mann, der das militärische Oberkommando in dem Gebiet innehatte, und ein paar Tage in Vietnam an der Botschaft, bei CIA- und AID-Beamten und mit General Lionel C. McGarr, dem Leiter der MAAG (Military Assistance Advisory Group) und seinen Offizieren. Der Botschafter, Frederick (Fritz) E. Nolting jr., ein wakkerer und attraktiver Mann, hatte zwar erst kürzlich sein Amt angetreten, war aber bereits voll auf Diem eingeschworen. Desgleichen darauf, jede Truppe, die für dessen Überleben erforderlich war, nach Vietnam zu holen. Aber wie in jedem amerikanischen Unternehmen gab es auch hier einzelne, die unbeirrbar an der Realität festhielten. Diese – untergeordnete Beamte in der Botschaft und in der CIA – bezeichneten das Diem-Regime und die Armee der Republik Vietnam als hoffnungslos. Ersteres war korrupt, inkompetent und unpopulär. Letztere ebenfalls.

Besonders instruktiv war ein Vormittag bei General McGarr und seinem Stab, der größtenteils aus Obristen bestand. Wir befanden uns in einer schmutzigen Räumlichkeit des militärischen Hauptquartiers. Soldaten gewinnen im Gelände politische Stärke aus der bei Zivilisten verbreiteten Neigung zu Respekt, ja sogar zu Unterwürfigkeit angesichts strammer militärischer Verhaltensformen. Diejenigen von uns, die im Umgang mit den Generälen des Zweiten Weltkriegs Erfahrungen gemacht hatten, waren, wie ich schon einmal erwähnte, in dieser Hinsicht weniger anfällig. Ein Offizier erzählte mir, daß militärische Operationen im Dschungel den amerikanischen Truppen und dem amerikanischen Gerät keine Schwierigkeiten bereiten würden; es gäbe nur wenig Unterholz. Ein anderer berichtete dagegen, der Dschungel sei undurchdringlich. Ich hakte bei dem Widerspruch ein. Dann wurde mir auf eine entsprechende Frage eine Zahl von etwa 15 000 aktiven Aufständischen auf Feindesseite genannt, während ein anderer Offizier, der ein gutes Wort für die südvietnamesische Armee einlegen wollte, schätzte, daß diese in den vergangenen zehn Monaten dem Feind bereits Verluste von ca. 17 000 Mann zugefügt habe. Ich fragte, ob überhaupt eine Truppe eine solche Zermürbungstaktik aushalten und überstehen könne. An dieser Stelle verlor General McGarr die Geduld und sagte seinen Soldaten, sie sollten sich zusammenreißen.

Es bestand Übereinstimmung darüber, daß Diems Militärstruktur – die Armeechefs in den Provinzen verquickten lokale Regierungsfunktionen und politische Korruption mit ihrem militärischen Kommando – einzigartig und schlecht war. Eine militärische Aufklärung über die Operationen der Rebellen existierte nicht.

Weitere Erfahrungen konnte ich auf einem Autoausflug im Norden Saigons – in der Gegend, die später unter dem Namen »Eisernes Dreieck« berühmt werden sollte – sammeln. Dieser erforderte schon damals ein Begleitfahrzeug voller grimmig aussehender Beschützer, die sich mit ihren Thompson-Maschinengewehren aus dem Fenster lehnten.

Am Ende meines kurzen Aufenthalts flog mich der Luftwaffenattaché der Saigoner Botschaft nach Bangkok. Wir hoben steil von der Piste ab, da ein- oder zweimal zuvor Vietkong-Heckenschützen sich still am anderen Ende verborgen und die Tragflächen niedrig fliegender Flugzeuge durchlöchert hatten. Von Bangkok aus sandte ich über den »rückwärtigen Kanal« der CIA Kennedy eine Zusammenfassung meiner Schlußfolgerungen. Sie waren in der Sprache gehalten, bei der ich ziemlich sicher sein konnte, daß er sie lesen würde – obwohl ihr Inhalt ja vorhersehbar war.

»Es besteht so gut wie überhaupt keine praktische Chance, daß die administrativen und politischen Reformen, die man jetzt von Diem verlangt, eine reale Veränderung nach sich ziehen werden ... Während die Lage zweifellos schlecht ist, scheinen mir militärische Aspekte außer Betracht zu liegen. Eine verhältnismäßig gut ausgerüstete Armee mit paramilitärischen Formationen – insgesamt eine Viertelmillion Menschen – steht maximal 15 000 bis 18 000 leichtbewaffneten Soldaten gegenüber. Wenn das Gleichgewicht sein soll, dann dürften die Vereinigten Staaten kaum vor den Sioux sicher sein.«[9] Tags darauf, von Neu-Delhi aus, führte ich diese Schlußfolgerungen noch detaillierter aus.[10]

Eine Etüde in allumfassender Vorausschau waren diese Papiere nicht. Ich hatte insofern recht, als ich die Gefahr und die Vergeblichkeit eines Truppeneinsatzes erkannte. Auch war mein Bericht ebenso korrekt wie leicht emotionell, indem er behauptete, es bestehe keine Chance, daß Ngo Dinh Diem (oder seine Familie) in Erfüllung der amerikanischen Wünsche nun Reformen durchführen würde. Falsch lag ich indessen mit meiner Annahme, daß nahezu jede Alternative zu Diem besser wäre und den Vietkong zur Umkehr bewegen würde. In diesem Optimismus war ich das Opfer meiner eigenen Ausflüchte. Indem ich schrieb, daß das Diem-Regime hoffnungslos sei, woran ich glaubte, und daß es nicht von unseren Truppen aufgepäppelt werden könnte, woran ich ebenfalls glaubte und glauben wollte, kam ich der Aussage: »Laßt doch die Aufständischen ans Ruder«, ziemlich nahe.

Aber so etwas durfte niemand sagen. Solch ein Eingeständnis war genau das, was alle diejenigen, die für die Intervention waren, brauchten, um mich in meine Schranken zu verweisen. Ein Verrat. Meine Einflußmöglichkeiten wären ein für allemal beendet gewesen. Ich mußte also sowohl eine Alternative zur Intervention, zu Diem *und* zum Vietkong haben. Aus der Notwendigkeit heraus, andere von der Existenz einer solchen Alternative überzeugen zu müssen, überzeugte ich mich recht erfolgreich selbst.

Meine Argumente hatten, wie ich glaube, einigen Einfluß auf Kennedys Entscheidung, keine Truppen zu entsenden. Die Kommentatoren der *Pentagon Papers* glaubten indes, sie hätten eher mit dem Schluß des Präsidenten zu tun, daß mit Reformforderungen an Diem kaum etwas zu gewinnen sei. Da es sich im Hinblick auf die spätere Geschichte Vietnams möglicherweise um einen meiner wichtigeren Textbeiträge handelt, gebe ich hier die einschlägigen Absätze aus meinem Memorandum wieder:

»Höchstens 18 000 leichtbewaffnete Männer sind in den Aufstand verwickelt. Dabei handelt es sich um Schätzungen [der Regierung von Vietnam], und der Übertreibungsfaktor ist fraglos beträchtlich. Wahrscheinlicher ist eine Zahl von 10 000. Was wir dagegenzusetzen haben, ist eine Streitfrage höchst theologischen Charakters. Von Diem heißt es, er sei ein großer, aber verleumdeter politischer Führer. Gleichfalls heißt es, er habe den Kontakt zu den Massen verloren, habe einen schlechten politischen Ruf und tauge auch sonst nichts. Man kann diese Diskussion umgehen, indem man sich an Tatsachen hält, über die Einhelligkeit besteht. Übereinstimmung besteht darin, daß die Administration Diems überaus schlecht ist. Er hält viel zuviel Machtbefugnisse in eigener Hand, setzt seine Armee falsch ein, verfügt über keine Aufklärung, die diese Bezeichnung verdienen würde, seine Untergebenen in den Provinzen handeln eigenmächtig oder inkompetent, und seine Wirtschaftspolitik ist trotz einiger Erfolge schwach. Außerdem hat er sich seit langer Zeit Verbesserungen wirksam widersetzt, obgleich sich die Situation beträchtlich verschlechterte. Das genügt. Ob seine Politik schlecht ist, weil sie nepotistisch oder despotisch ist oder weil sie den Kontakt zur Dorfbevölkerung verloren hat, oder aber ob dieser Schaden ein Hirngespinst Saigoner Intellektueller ist, wirkt sich auf unsere unmittelbare Politik nicht aus und kann zumindest teilweise außer acht gelassen werden.

Die [südvietnamesische] Armee zählt 170 000 Mann, und wenn man die paramilitärischen Einheiten der Zivilgarde und der Heimwehr hinzurechnet, eine Viertelmillion.

Würden diese Truppen auf seiten einer kompetenten Regierung gut eingesetzt, so müßte es eigentlich klar sein, daß der Vietkong keine Chance auf Erfolg oder Machtübernahme haben dürfte. Die Vorstellung von einem nicht zu gewinnenden Guerillakrieg führt in Washington derzeit zu einem intellektuellen Orgasmus. Wären Guerillas in einem Verhältnis von eins zu fünfzehn oder eins zu fünfundzwanzig durchschlagskräftig, so wäre natürlich keine Regierung sicher. Man sollte sich vergegenwärtigen, daß der Vietkong in der Deltaregion im Süden, also nicht im Dschungel, sondern im offenen Reisanbaugebiet am stärksten ist.

Es gibt zwei fundamentale Schwierigkeiten bei der Bekämpfung des Aufstands, wenn man einmal von dem Mangel einer militärischen Aufklärung absieht. Die erste liegt in schlechter Kommandostruktur, schlechter Truppenverteilung, Ausbildung und Moral sowie in anderen Schwächen der Armee und der paramilitärischen Truppen. Die zweite Schwierigkeit liegt darin, daß die Truppen zwar in jedem Teil des Landes operieren – hindurchfegen – und alle sichtbaren Insurgenten verschwinden lassen können, aber nicht dazu imstande sind, die Sicherheit auch danach zu garantieren. Der Vietkong kommt zurück und macht sich über die Kollaborateure her. Dieser Tatsache kommt im Zusammenhang mit Ersuchen um amerikanische Truppenunterstützung große Bedeutung zu. Unsere Truppen würden die Aufräum-Operation durchführen, zu denen die [südvietnamesischen] Truppen bereits jetzt in der Lage sind. Es ist nicht abzusehen, daß wir genügend Leute schicken könnten, um die Sicherheit der Dörfer zu gewährleisten, und die als Ersatz für eine gutausgebildete Zivilgarde und Heimwehr und eine – vielleicht – politisch kooperative Bevölkerung dienen könnten.

Diem wird keine administrativen oder politischen Reformen von irgendwelcher Durchschlagskraft durchführen. Und zwar deshalb, weil er es nicht kann. Damit zu rechnen, ist politisch naiv. Er spürt, daß er keinerlei Macht aufgeben kann, weil er dann gestürzt würde. Dies mag er, möglicherweise sogar vor sich selbst, mit der Feststellung verbergen, daß es ihm an fähigen Untergebenen fehlt. Aber die Tatsache selbst bleibt dadurch unverändert.

Wahrscheinlich spürt er auch, daß die größte Gefahr für ihn von der Armee kommt. Daher dürfte die Reform, die einen effektiveren Einsatz seiner Truppen ermöglichen würde, die unwahrscheinlichste sein, obgleich sie die dringendste ist.

Sogar noch unwahrscheinlicher sind politische Reformen, doch ist dieses Thema rein akademisch. Steht das Image eines Politikers erst einmal fest, sei es bei oppositionellen Intellektuellen oder bei Bauern, ändert es sich nicht mehr. Diems Image würde sich nicht ändern, selbst wenn er ein paar andere Nichtkommunisten in die Regierung aufnehmen, ein paar soziale Reformen einleiten oder sonstwie den Forderungen unserer Demarche nachkommen würde.«

Dann kamen ein paar Sätze, von denen mir einige, wenn ich sie heute wieder lese, überhaupt nicht gefallen. Ein jeder möge bei seinen Ansprüchen auf Vorausschau Vorsicht walten lassen:

»Daß es zu Diems Regime keine Alternative gibt, ist ein Klischee und politisch naiv. Wenn ein einzelner Mann die Szene auf Gedeih und Verderb beherrscht hat, scheint es nie eine Alternative zu geben. Niemand sah in Truman eine Alternative zu Roosevelt. Zu Nehru gibt es keine, zu Rhee gab es, glaube ich, keine. Es handelt sich hierbei um eine optische Täuschung, die sich aus dem Umstand ergibt, daß das Auge auf die sichtbaren Figuren fixiert ist. Eine bessere Regel ist die, daß nichts so erfolgreich ist wie ein Nachfolger.

Der Gedanke an die Armee als Alternative sollte uns nicht schrekken. Sie würde Zeit gewinnen und frische Dynamik mit sich bringen. Eine Ideallösung ist sie nicht; normalerweise ist eine Zivilregierung dauerhafter und der Welt besser zu verkaufen. Aber ein Wechsel und ein neuer Beginn sind wesentlich, und was die öffentliche Meinung betrifft, so dürfen wir bemerken, daß Diem in Asien nicht gerade in gutem Ruche steht.

Unsere Politik in Südostasien wird in eine kritische Phase geraten, sobald sich erkennen läßt, daß aus den Reformen, die wir verlangt haben, nichts wird und daß unsere gegenwärtig gebotene Hilfe nichts erreicht. [Amerikanische] Truppen werden zur Unterstützung Diems angefordert werden. Es dürfte hinreichend klar sein, daß dies meiner Überzeugung nach abgelehnt werden muß. Unsere Soldaten würden gegen die entscheidende Schwäche nichts ausrichten. Sie könnten sie sogar zur Dauereinrichtung machen.«[11]

Anstelle von Truppen schickte Kennedy Hubschrauber, Militärhilfe und Militärberater, und da alle militärischen Unternehmungen sehr personalintensiv sind, war die Zahl der ausgesandten Berater erheblich. Ich machte mir weiterhin Sorgen. Im März kam ich in einem Brief an den Präsidenten auf das Thema zurück: »Wenn ich mir keine Sorgen über Ihre Frau mache[12], dann mache ich mir Sorgen über Indochina (Ross sagte 1940 zu Thurber[13], als letzterer sein Augenlicht verlor: ›Thurber, ich mache mir Sorgen über Sie und England!‹) . . . Ich bin nach wie vor in schlimmer Weise uneins mit dem Establishment . . . Immer mehr ersetzen wir die Franzosen als koloniale Militärmacht, und immer mehr werden wir die damit verbundenen Ressentiments schüren. Hinzu kommt noch, daß wir mit Sicherheit das Spiel der Russen spielen, wobei ich nicht glaube, daß sie clever genug sind, es so zu arrangieren. Wir können ihnen kein größeres Vergnügen bereiten, als unsere Milliarden in diese abgelegenen Urwälder zu stecken, wo sie uns nichts einbringen und ihnen nichts schaden.

Wer ist übrigens der Mann in Ihrer Regierung, der darüber entscheidet, welche Länder strategisch wertvoll sind? Ich hätte gerne seinen Namen und seine Adresse und würde ihn gerne fragen, was eigentlich im Zeitalter der Raumfahrt an solchen Immobilien noch so wichtig ist . . .«[14]

Im folgenden schlug ich vier Grundsätze vor, von denen sich unsere Politik leiten lassen sollte:

»Halten Sie die Schwelle gegen das Engagement amerikanischer Kampftruppen hoch. Dies ist von äußerster Wichtigkeit – fängt man auch nur mit wenigen an, so werden es bald mehr und mehr und mehr. Und die südvietnamesischen Boys werden zurück auf ihre Höfe gehen. Kämpfen werden wir.

Bewahren Sie [die amerikanische] Zivilkontrolle in Saigon. Sobald das Militär das Sagen hat, werden wir keine Möglichkeit mehr haben, uns aus der Verstrickung herauszumanövrieren ...

Wir müssen die Tür für jede Art von politischer Lösung weit offen halten. Vor allem müssen wir mit Hilfe der Inder oder sogar der Russen die Kommunikation mit Hanoi aufrechterhalten. Sobald sie auch nur eine Andeutung von Einigungsbereitschaft zeigen, sollten wir die Gelegenheit beim Schopf packen. Jede Form von Entflechtung wird, wie schon im Falle von Laos, Kritik eines kampfeslustigen Joe Alsop einbringen. Aber eine ständig steigende Verwicklung wird mehr Schaden anrichten und zu noch schärferen Angriffen führen. Politik ist nicht die Kunst des Möglichen. Sie besteht vielmehr in der Wahl zwischen der Katastrophe und dem Unangenehmen. Ich frage mich, zieht man die Einstellung der Amerikaner in Betracht, ob diejenigen, die von einem zehnjährigen Krieg reden, wirklich wissen, wovon sie reden. Wir verzeihen nicht so leicht wie die Franzosen.

Ich stehe schließlich zu meiner Meinung, daß jede Alternative zu Diem, was immer wir öffentlich darüber verkünden mögen, eine Wendung zum Besseren bedeuten muß. Ich glaube, ich erwähnte zuvor bereits einmal, daß keiner je eine Alternative zu dem sieht, der gerade an der Macht ist. Aber wenn der Mann an der Macht auf dem absteigenden Ast sitzt, dann ist alles besser als er.«[15]

Am ersten April 1962, dem Tag der Narren, kam ich noch einmal auf diese Problematik zu sprechen. Ich war wieder in Washington und verbrachte den Tag zusammen mit Arthur Schlesinger bei den Kennedys in ihrem zeitweiligen Refugium Glen Ora bei Middleburg im Pferdeland Virginias. Während der Präsident ein Sonntagnachmittagsschläfchen hielt – und bevor wir uns im Fernsehen den Film über Jacquelines Indienreise ansahen –, probte ich mit Schlesinger meinen Auftritt. Mein Vorschlag bestand darin, jetzt eine neutrale Lösung zu suchen. Wenn die Saigoner Regierung wirklich so schlecht war, wie ich glaubte, so konnte sie die stets überlegene Anziehungskraft einer revolutionären Alternative nicht überleben. Als ich Kennedy daraufhin ansprach, zeigte er sich sofort interessiert, bat mich, die Angelegenheit mit McNamara und Averell Harriman weiterzuverfolgen und alles schriftlich festzuhalten. McNamara und Harriman (vor allem der letztere) waren sehr aufgeschlossen. Mein Memorandum begann mit der Feststellung: »Unser militärisches Engagement wächst ständig. Es könnte sich Schritt für Schritt in eine größere, langwierige, entscheidungslose militärische Verstrickung ausweiten.« Daraufhin forderte ich, wir sollten uns »gegen alle Schritte, die amerikanische Truppen zu Kampfhandlungen verpflichten, zur Wehr setzen«, und entwarf ein Szenario, wie so etwas genannt wird, für eine internationale Verhandlungslösung. Wir würden Indien um Hilfe bitten. Harriman würde sich mit den Russen in Verbindung setzen. Daneben wurden weitere Maßnahmen, die zur Bildung einer blockfreien, international garantierten Regierung würden führen können, umrissen.[16] Da Kennedy das Memorandum bei unseren Generälen verwenden wollte, befleißigte ich mich eines knappen, militärischen Stils.

Weder Inhalt noch Form beeindruckten die Stabschefs. Ein paar Tage später, am 13. April, kam die Antwort durch Lyman Lemnitzer, ihren Vorsitzenden. Sie war ein Paradebeispiel für militärische Unerschütterlichkeit. Sowie für erforderlichen Stil:

»5. Die Probleme, die von Mr. Galbraith im Zusammenhang mit unserer Politik aufgeworfen wurden, sind bei der koordinierten Entwicklung jener Politik bereits erwogen worden. Die Stabschefs sind sich der Mängel der gegenwärtigen Regierung in Südvietnam bewußt. Die Politik des Präsidenten, das Diem-Regime bei gleichzeitigem Drängen auf Reformen zu unterstützen, erscheint uns indessen als die zu diesem Zeitpunkt einzige praktikable Alternative. In dieser Hinsicht werden die Ansichten der Stabschefs, wie sie in JCSM-33-62 formuliert sind, noch einmal bekräftigt.

6. Die Stabschefs sind der Meinung, daß die gegenwärtige US-Politik gegenüber Südvietnam, so wie der Präsident sie verkündet hat, tatkräftig bis zu einem erfolgreichen Abschluß geführt werden soll.«[17]

Meine Besorgnis, ja Verzweiflung über Vietnam hielt an, und ich sah mich weiterhin nach Einflußmöglichkeiten jeder Art um, um Bewegung in die Sache zu bringen. Im Januar 1963 besuchte der polnische Außenminister Adam Rapacki Neu-Delhi. Am 21. dieses Monats bat er mich um eine Unterredung, die dann im Hause M. J. Desais stattfand. Rapacki sagte mir, wie ich in mein Tagebuch schrieb, daß »wir [d. h. die Vereinigten Staaten] wahrscheinlich in Südvietnam nicht verlieren könnten, desgleichen aber auch nicht siegen. Inzwischen zwingen wir die Nordvietnamesen dazu, sich mehr und mehr bei den Chinesen um Protektion zu bemühen. Dies ist schlecht. Warum nicht eine liberale Regierung in Südvietnam, die von allen unterstützt werden kann. Ho Tschi Minh würde den Aufstand abblasen.«[18] Prompt berichtete ich über diese Unterhaltung nach Washington, wo sie vom Außenministerium ignoriert wurde. Kennedy indes sah das Telegramm und ließ mir sagen, ich solle die Sache weiterverfolgen. Dies konnte ich jedoch nicht; Rapacki war inzwischen abgereist.

Ich erzählte bereits von der Begegnung mit Johnson am Tag nach Kennedys Tod. Als ich nachdrücklich darauf hinwies, daß wir unser Kapital und unser Prestige auf hoffnungslose außenpolitische Abenteuer verschwendeten, dachte ich fast nur an Vietnam.

In den nächsten beiden Jahren kam ich in Unterredungen mit Lyndon B. Johnson, aber auch mit McNamara und Bundy oftmals auf das Thema zu sprechen, manchmal bis zur Ermüdung. Johnson war kein großer Zuhörer, obwohl ich manchmal den Eindruck hatte, er habe Verständnis. Wiederholt sagte er zu mir wie auch zu anderen, daß er in Wirklichkeit einen mäßigenden Einfluß ausübe. »Ken, haben Sie auch nur eine Ahnung davon, was [General] Curtis LeMay tun würde, wenn ich nicht da wäre und ihn zurückhielte?« Im Endeffekt kam ich jedoch zu dem traurigen Schluß, daß er auf einem hoffnungslos anderen Kurs lag. Da es anscheinend kein Entrinnen vor einer weiteren Verwicklung gab, nahm er sie hin. Eine besonders traurige Zeit waren für mich die ersten Monate des Jahres 1965. Nachdem ich mich mit Freude am Wahlkampf für Johnson und gegen den Kriegstreiber Barry Goldwater beteiligt hatte, mußte ich erleben, wie es zu der lange bekämpften Entsendung von Kampftruppen und zu den ersten Bombenangriffen auf Nordvietnam kam. Ich war sehr wütend. Die Initiative dazu ging von Leuten aus, die nichts für die Wahl Johnsons getan hatten und keinerlei persönliches oder emotionelles Interesse am Präsidenten oder an der Demokratischen Partei hatten. Allmählich und widerwillig erkannte ich, daß offene Opposition die einzige ehrliche Vorgehensweise war, sowenig aussichtsreich sie damals erscheinen mochte.

30
Die Politik des vorsichtigen Widerstands

Keine große Nation hat je inmitten eines Krieges innegehalten, um zu untersuchen, ob der Krieg notwendig, durchführbar oder gerecht ist. Es war keineswegs unbegründet, daß diejenigen, die sich für ein militärisches Eingreifen in Vietnam stark gemacht hatten, davon ausgingen, daß das amerikanische Volk schon mitziehen würde, sobald die Musik erst einmal angefangen hatte zu spielen. So war es immer gewesen. Und eine Zeitlang sah es 1965 und 1966 auch ganz so aus, als ob es dieses Mal genauso sein sollte.

So standen die Aussichten, als ich langsam zu der Überzeugung gelangte, daß allein öffentliche und politische Opposition eine immer tiefere Verstrickung verhindern würde und daß episodenhafte Bemühungen im Kreise von Insidern, so nützlich sie für das eigene Gewissen waren, zu nichts führten. Zu den wenig gerühmten Machtmitteln von Präsidenten und anderen hohen Regierungsbeamten gehört es, daß sie ihren Kritikern mit genau jenem Mindestmaß an Sympathie zuhören, das deren Schweigen garantiert.

In jenen frühen Jahren des Konflikts fuhr ich einmal[1] nach Washington, um mit Mitgliedern der Democratic Study Group im Repräsentantenhaus über den Vietnamkrieg zu diskutieren. Die DSG ist eine Vereinigung liberaler Mitglieder des Repräsentantenhauses; mit vielen der Anwesenden war ich befreundet. Sorgfältig darauf bedacht, Neuigkeiten zu vermeiden, faßte ich in meiner Rede die Argumente zusammen, die ich, wie im vorigen Kapitel geschildert, ursprünglich mit Kennedy entwickelt hatte. Der weitere Verlauf der Diskussion wurde fast ausschließlich beherrscht von höflichem, aber scharfem Tadel meiner Verirrung. In Kriegszeiten *mußte* man den Präsidenten unterstützen. Zu meiner Erleichterung und fast zu meiner Überraschung schlug sich gegen Ende der Sitzung noch ein New Yorker Kongreßabgeordneter auf meine Seite. Der einzige, der mir ansonsten noch wohlgesonnen blieb, war ein ehemaliger Student von mir, ein Republikaner mit indianischen Vorfahren aus South Dakota namens Ben Reifel, der aus Loyalitätsgründen an dieser ihm sonst fremden Versammlung teilnahm. Er sagte den Anwesenden, daß seine Zuneigung zu seinem ehemaligen Lehrer ihn seine gänzlich andere Meinung sehr bedauern ließe.

Im Laufe der Zeit kam es auch zu bisweilen ungelegenen Aktionen von Mitstreitern. Diejenigen, die religiöse Überzeugung, überlieferter Pazifismus oder ein tiefer persönlicher Widerwille gegen die Wehrpflicht motivierten, störten niemanden. Aber es ist alles andere als gewiß, ob diejenigen, die sich zu einer womöglich unerwiderten Liebe zu Ho Tschi Minh bekannten, unsere Sache förderten.

Und noch eine andere Schwierigkeit kam hinzu. Die Opposition gegen den Krieg erforderte, sollte sie mehr sein als nur ein Akt persönlichen Protests, einen Plan für seine Beendigung, mit dem man auch zahlenmäßig politische Unterstützung gewinnen konnte. Einfach einen Sieg zu verkünden und sich zurückzuziehen – der spätere Plan von Senator George Aiken – hätte einem vor 1967 nicht die geringste Unterstützung eingebracht. Man mußte sich irgendeine Verhandlungslösung ausdenken. Aber das, was sich in Verhandlungen gewinnen ließ, hing davon ab, was die andere Seite akzeptieren würde. Und das wußte niemand. So mußte, wie in der Außenpolitik üblich, eine äußerst sichere Ausdrucksweise die extreme Unsicherheit hinsichtlich der Fakten wettmachen.

Und diese Ungewißheit hielt an. Ende 1971 machte ich mich einmal auf den Weg nach Choisy-le-Roi in den Außenbezirken von Paris und traf mich dort mit Repräsentanten Hanois und der Nationalen Befreiungsfront in deren bescheidenem, kärglich ausgestattetem und, wie ich annahm, sorgfältig »verwanztem« Hauptquartier. Ich wurde höflich empfangen und bekam eine detaillierte Schilderung ihrer Forderungen, ihrer Friedenssehnsucht und ihrer deprimierend zutreffenden Ansichten über die Regierung und die Persönlichkeit Nguyen Van Thieus zu hören. Wofür man sich einsetzen und was man möglicherweise in Verhandlungen würde aushandeln können, war mir nachher ebenso unklar wie zuvor. Ich darf hinzufügen, daß über meinen Besuch zu meiner Überraschung nichts verlautete. Ein ähnlicher Besuch in ähnlicher Absicht, den Pierre Salinger, der damals für George McGovern und dessen Wahl arbeitete, unternahm, fand große Aufmerksamkeit in der Öffentlichkeit. Salinger, ein rundlicher Mann, hatte nichts für meinen Gedanken übrig, daß sich Hochgewachsene für Geheimaktionen besser eignen.

Im Laufe des Jahres 1965 nahm unsere aktive Gefechtsbeteiligung in Vietnam ständig zu, und die Bombardierung Nordvietnams wurde, von einer sechstägigen Unterbrechung im Frühjahr abgesehen, fortgesetzt. Im Dezember suspendierte Johnson dann die Luftangriffe und schickte Emissäre in verschiedene Hauptstädte – Averell Harriman nach Warschau, Foy Kohler nach Moskau, Arthur Goldberg in den Vatikan –, um seinen Wunsch nach Beendigung des Krieges bekanntzumachen. Man nannte dies die Friedensoffensive. Zwar kam dabei nichts heraus, doch konnte niemand, der während dieser Monate mit Johnson sprach, daran zweifeln, daß sein brennendster Wunsch dem

Frieden galt. Was er indessen nicht wollte, war, wie immer, der politische Lärm, der einem scheinbaren Kneifen folgen würde. Und wie immer gab es die leichtfertigen, heroischen Stimmen, die verkündeten: »Let's go on with the job«. Im Januar 1966 unternahm ich einen letzten Überredungsversuch, dieses Mal mit einem Memorandum, das auch die Unterstützung Arthur Goldbergs besaß, der inzwischen bei den Vereinten Nationen war. Ich nannte es »Die Ansichten eines Gemäßigten über Vietnam«.[2] Damals schrieb ich:

»Dies ist ein gewissenhafter Versuch, die Probleme Vietnams nicht im Lichte meiner eigenen Präferenzen oder denen eines bestimmten Ministeriums, einer bestimmten Behörde oder Gruppe zu sehen, sondern insofern, als es die Präsidentschaft und das ganze Land betrifft. Es ist eine von den meisten Leuten übersehene Tatsache, daß der Präsident der einzige gegenwärtig mit diesem Problem befaßte Mann ist, der über die Geschehnisse in Wahlen geradestehen muß ... Wir müssen dort beginnen, wo wir uns zur Zeit befinden, mit einer Geschichte, die wir bedauern mögen, jedoch nicht ändern können. Lassen Sie mich zunächst folgende Grundsätze darlegen.

1) Wir haben kein größeres nationales Interesse an Vietnam. Der Durchschnittsamerikaner hat recht, wenn er meint, daß es von zu Hause sehr weit entfernt liegt. Wie ich bereits früher gesagt habe, würden wir keinen Gedanken darauf verschwenden, wenn Vietnam nach dem Zweiten Weltkrieg kommunistisch geworden wäre. Es ist ein praktisches Problem und nicht der Mittelpunkt eines heiligen Kreuzzugs gegen den Kommunismus. Es verlangt nach einer Betrachtung aus dem Blickwinkel praktischer Politik und nicht aus dem antikommunistischer Eiferer.

2) Vorausgesetzt, das bisher Gesagte stimmt, so müssen wir unsere Risiken in der Region so niedrig wie möglich halten. Dies trifft vor allem auf jedes Risiko eines Krieges mit China zu.

3) Andererseits können wir uns allein schon aus innenpolitischen Gründen nicht einfach davonmachen. Zuviel ist schon gesagt und versprochen worden ... Und während es dem einfachen vietnamesischen Bauern wahrscheinlich gleichgültig ist, unter welcher Regierung er lebt – ganz egal, was passiert, er rechnet immer damit, den Kopf dafür hinhalten zu müssen –, so haben wir doch eine Verpflichtung gegenüber den Katholiken und anderen, die gegen die Kommunisten gekämpft haben.

4) Sie haben zwar ohne Zweifel die Mehrheit in diesem Land hinter sich, doch verdanken Sie dies zum großen Teil dem Gefühl, daß man Sie in dieser Situation für den großen mäßigenden Einfluß hält ... Und es besteht natürlich kein Zweifel darüber, daß es sich um eine kontroverse Angelegenheit handelt, die Sie einiger Ihrer besten und idealistischsten Helfer unter der Jugend und bei den Akademikern beraubt ...

5) Dieser elende Konflikt monopolisiert die Schlagzeilen, die eigentlich Ihren innenpolitischen Erfolgen gebühren, sowie die Energien, die eigentlich unseren innerpolitischen Problemen zukommen sollten.

Was wir tun und was wir nicht tun

1) Wir müssen die Vorstellung aufgeben, daß wir den Vietkong zurücktreiben und ihn ein für allemal vernichten werden. Vielleicht könnten wir dies, wenn wir das Land zerstörten – und die dabei entstehenden Verluste in Kauf nähmen. Aber wie jedermann weiß, hat er einen Großteil von Vietnam seit zehn Jahren unter Kontrolle. Unser Ziel ist die Verhinderung einer Expansion und nicht ein *roll-back* oder ein Befreiungskrieg à la Dulles. Dazu kommt noch, daß wir unseren Leuten keine andere Alternative als den Kampf bis zum bitteren Ende lassen, wenn sie weiterhin behaupten, wir könnten mit dem Vietkong keinerlei Kompromisse schließen. (Ich weiß, daß Sie selber so etwas nie gesagt haben.)

2) Mit unserer enormen Truppenstärke dort sollten wir zusammen mit den südvietnamesischen Kräften die Städte und einen beträchtlichen Teil uns zur Zeit freundlich gesonnener Landgebiete halten und sie so sicher wie irgend möglich machen. Und wir sollten ein umfangreiches Flüchtlingsprogramm einleiten sowie alles Erdenkliche tun, um das Leben für den übrigen Teil der Bevölkerung erträglicher zu machen. Eine derartige Eindämmungsstrategie wird uns, wenn die entsprechenden Gebiete nicht zu ehrgeizig gewählt sind, vor keine unüberwindlichen Probleme stellen. Die Verluste werden sich in Grenzen halten. Und dann wird Vietnam weitgehend von den Titelseiten verschwinden.

3) Unseren Militärs wird das nicht gefallen. Sie werden weitere Aktionen fordern. Das gleiche gilt für Republikaner und einige Leitartikler. Sobald Ihre Strategie einmal durchschaut worden ist, wird sich dies sehr zu Ihrem Vorteil auswirken. Ohne Rückzug oder Verlust an Terrain sind Sie die Kraft der Mäßigung und des Friedens. Sie sind der Mann, der sich der Ungeduld und einem großen Krieg widersetzt. Eine Politik des Hinhaltens und der Geduld kann erklärt werden. Die Militärs müssen hier ebenso wie anderswo einsehen, daß sie das Instrument und nicht der Zweck der Politik sind. Politik wird nicht betrieben, um den Militärs gefällig zu sein.

4) Wir halten selbstverständlich das Verhandlungsangebot offen. Eines Tages wird es akzeptiert werden. Natürlich weiß niemand, wann dies geschehen wird. Aber die meisten Kriege in der Geschichte sind, wie Churchill zu sagen pflegte, dadurch vermieden worden, daß man sie einfach aufschob.«

Meine Lösung gehörte zu den ersten Versionen einer Politik, die später als »Enklavenpolitik« bezeichnet wurde. Wir sollten unsere Truppen auf die Küstengegenden und städtischen Gebiete, die leicht und sicher gehalten werden konnten, zurückziehen und dann auf Verhandlungen warten. Wir sollten uns auf eine lange Wartezeit einrichten. In der Zwischenzeit wäre es weder zu einem Sieg noch zu einer Niederlage gekommen – noch zu großen Verlusten. Es war keine perfekte Lösung; aber es war fraglos die beste politisch realisierbare Lösung.

Ich war in jenen Monaten des Jahres 1966 intensiv mit dem *New Industrial State* beschäftigt. Wenn ich mein tägliches Arbeitspensum an dem Buch hinter mir hatte, wandte ich mich meiner obligatorischen Vietnam-Sorge zu. Man neigt dazu, sich einzubilden, daß man mit solchen Sorgen allein ist. Dem ist jedoch niemals so. Wenn sich die eigene Beunruhigung verstärkt, kann man sicher sein, daß sich auch bei anderen eine ähnliche Reaktion einstellt, und ein Ereignis im Herbst 1966 überzeugte mich davon, daß die politische Opposition gegen den Krieg dabei war, zu einer praktischen Möglichkeit, ja zu einer Notwendigkeit zu werden.

Paul H. Douglas, Professor für Wirtschaftswissenschaften an der University of Chicago, ehemaliger Präsident der American Economic Association und früherer Stadtrat von Chicago, der es während des Zweiten Weltkriegs vom einfachen Soldaten bis zum Oberstleutnant im Marinekorps gebracht hatte, war inzwischen dienstältester Senator von Illinois und stand nun vor der Wahl zu einer dritten Amtsperiode. Sein Gegner, Charles H. Percy, ein liberaler Geschäftsmann, war, verglichen mit Douglas, unbekannt und vertrat auch keine auffallend anderen politischen Ansichten. Allen anfänglichen Kalkulationen zufolge war Paul Douglas, ein persönlicher Freund und Kollege von mir, unschlagbar.

Ein paar Tage vor der Wahl erhielt ich einen dringenden Anruf von seinem Wahlkampfleiter, Richard Wade. Paul wollte, daß ich nach Illinois kommen und ihm helfen solle. Wie vorherzusehen war, sollte mein Einsatz vor liberal gesonnenem Publikum in den Vorstädten und an den Universitäten stattfinden. Dort, so glaubte man, könne ich überzeugen.

Bei goldenem Herbstwetter reisten Dick Wade und ich mit einem kleinen Flugzeug quer durch den Süden von Illinois bis nach Chicago. Unsere Veranstaltungen, von denen die meisten in College- oder Universitätszentren stattfanden, waren gut besucht. Ich sprach überall von der Hingabe, mit der Douglas sich für liberale Wirtschaftspolitik, Umweltschutz und Bürgerrechte eingesetzt habe. Wo immer ich redete, sah ich mich einem Sperrfeuer von Fragen ausgesetzt, die seiner Befürwortung des Vietnamkrieges galten. Zu Beginn seines Lebens ein

Pazifist und Quäker, hatte Paul erkannt, daß seine Überzeugung unzureichend war, um mit Hitler und dem Faschismus fertig zu werden. Hinzu kam noch sein Stolz, eines der ersten Mitglieder des Marinecorps gewesen zu sein, das aktiv im Kampf eingesetzt wurde. Was Vietnam betraf, so war er nicht militant; im Senat meldete er sich hauptsächlich bei innenpolitischen Themen zu Wort. Aber in seiner Unterstützung des Krieges war er unnachgiebig. Dies genügte, um weitverbreitete Opposition gegen ihn und, im Endeffekt, seine Niederlage zu provozieren.

Ein paar Monate später, im Frühjahr 1967, aßen Arthur Schlesinger, Richard Goodwin und ich eines Tages im Quo Vadis in New York gemeinsam zu Mittag. Wie ich schon erwähnte, war Goodwin zusammen mit Theodore Sorensen der fähigste Redenschreiber John F. Kennedys gewesen. Er war dann bei Johnson geblieben, dessen Stil, politische Energie und Haltung in innenpolitischen Fragen ihn sehr anzogen. Aber mit der Zeit realisierte auch er, daß die Außenpolitik und der Krieg die Szene beherrschten, worauf er dann das Weiße Haus verließ. Wir sprachen über den Krieg. Schlesinger sagte, es sei dies die Zeit der Prüfung; in jener letzten Millisekunde vor dem endgültigen Holocaust sollten wir uns nicht daran erinnern müssen, daß wir den Sommer am Strand verbracht hätten.[3] Wir kamen überein, daß wir uns, solange es nötig oder nützlich war, der Opposition gegen den Krieg verschreiben müßten.

Fast unmittelbar darauf bot sich mir ein Forum: das Amt des Chairman bei den Americans for Democratic Action.[4] Wie erwähnt, war ich ein Gründungsmitglied, doch war in späteren Jahren die Demokratische Partei das Hauptventil meiner politischen Energien gewesen, und meine Identifikation mit ADA hatte allenfalls episodischen Charakter.

Auf dem politischen Friedhof Amerikas ruht eine Vielzahl vergessener Leichen liberaler Organisationen. Die ADA sind fast die einzigen Überlebenden. Sie verdanken dies zum Teil der unermüdlichen Aufmerksamkeit, die ihnen von Joseph L. Rauh jr. zuteil wurde, der ebenfalls Gründungsmitglied sowie der erfolgreichste individuelle Exponent des Reformflügels in der höchst ambivalenten Geschichte der Washingtoner Rechtsanwaltschaft war. Seit einem Dritteljahrhundert produziert er kontinuierlich juristische Schriftsätze im Interesse der bürgerlichen Freiheiten, gegen den Machtmißbrauch der Regierung und gegen den Mißbrauch von Bankkonten durch Gewerkschaften. Da er fast immer als Sieger hervorgeht, wird er von allen Missetätern mit Fug und Recht gehaßt. Kurze Zeit nach meiner Rückkehr aus Indien hatte Rauh mich gefragt, ob ich den Vorsitz der ADA übernehmen wolle. Ich hatte abgelehnt. Jetzt erneuerte er zusammen mit Leon Shull, dem langjährigen, unverdrossen optimistischen Geschäftsführer, sein Angebot. Es würde ein sehr gutes Antikriegsforum abgeben.

Nun nahm ich an. Daraufhin mußte ich mich bei der Jahreshauptversammlung im Frühsommer zur Wahl stellen, doch wurde dieser Wettstreit durch das Fehlen einer Opposition beträchtlich erleichtert. Opposition gab es ohnehin nur selten, wenn Joe Rauh seine Entscheidung getroffen hatte.[5]

Am Sonntag nach meiner Wahl (oder Auswahl) stand ein Vortrag in El Paso, Texas, auf meinem Terminkalender. Außerdem war ich in meiner Eigenschaft als ehemaliger Botschafter eingeladen worden, als Ehrengast beim alljährlichen »Hands-across-the-border«-Freundschaftsfest zwischen El Paso und Ciudad Juárez (Mexiko) eine Rede zu halten. Die Meldung, daß ich zum Vorsitzenden der ADA gewählt worden war, traf den Bürgermeister von El Paso wie ein Blitz aus heiterem Himmel. Er sah nun einem Tag voller Zeremonien mit zahlreichen Reportern und noch zahlreicheren Fotografen entgegen, bei dem ein verbriefter Radikaler an seiner Seite stehen würde. Seine Lösung verriet durchaus Findigkeit. Er richtete es so ein, daß der General, der den nahe gelegenen Stützpunkt repräsentierte, in vollem Militärornat stets zwischen uns stand, so daß die Uniform als Desinfektionsmittel diente. Nachdem ich ihm auf die Schliche gekommen war, legte ich es darauf an, mich in freundschaftlicher Manier neben dem Bürgermeister zu postieren. Es war ein schöner Tag.

Mein Aufstieg in diese bescheidene Autoritätsposition blieb für die ADA nicht ohne finanzielle Folgen. Seit langem war sie von den Gewerkschaften mit liberaler Einstellung einschließlich der Vereinigten Automobilarbeiter und mehrerer »Internationaler« des Gewerkschaftsdachverbandes AFL-CIO unterstützt worden.[6] Die AFL-CIO-Mitglieder befürworteten im allgemeinen, ebenso wie George Meany und die Gewerkschaftsführung, das amerikanische Engagement in Vietnam. Meine Wahl wurde für einige der Gewerkschaften ein Rückzugssignal, und die zeitlich extrem deplazierte und unnötige Kritik, die ich in meiner Antrittsrede an der Gewerkschaftsordnung übte, war auch nicht gerade hilfreich.

Im folgenden Jahr benutzte ich ADA-Veranstaltungen überall im Land als Forum gegen den Krieg. Außerdem spielte ich eine aktive Rolle in einer weiteren Organisation, die sich »Negotiations Now« (»Verhandlungen Jetzt«) nannte. Meine Ansichten konnte ich so vor anderen verfügbaren Zuhörerschaften kundtun – vor dem California Democratic Council, vor universitären Gruppen und bei *ad-hoc*-Veranstaltungen.

Eine der letzteren, die im Spätsommer 1967 stattfand, war besonders vielversprechend. Sie war von örtlichen Kriegsgegnern organisiert worden und fand im Skihotel auf dem Mount Ascutney in Vermont statt, von dem aus man den Connecticut River und dahinter die Landschaft New Hampshires überblicken kann. Die Bürger von Vermont und New Hampshire gelten als nicht leicht erregbar; noch weniger die dort ihre Ferien verbringenden und daher somnambulen Sommergäste. Erwartet wurden ein paar Dutzend überzeugte Antikriegsaktivisten. Als ich zusammen mit Joe Bates aus Newfane, einem der letzten einheimischen Uhrenhersteller Neuenglands, eintraf, war die Bergeshöhe voller Autos und Menschen. Die Teilnehmerzahl übertraf die Erwartungen um das Zwanzigfache. Und aus der Aufmerksamkeit und den Fragen der Teilnehmer ging eindeutig hervor, daß ihre Opposition gegen unsere Präsenz in Vietnam wütend und intensiv war.

So hilfreich Reden für das eigene Gewissen sein mochten, so wenig brachten sie das Ende der Feindseligkeiten näher. Joe Rauh und ich teilten die Ansicht, daß wir nur dann größere Wirkung erzielen würden, wenn wir 1968 einen Präsidentschaftskandidaten bekämen, um den sich die Antikriegsbewegung würde sammeln können. In diesem Falle wäre die Opposition politisch anerkannt. Und nur politische Opposition würde Lyndon B. Johnson beeindrucken.

Aber wir hatten keinen Kandidaten. Im Frühjahr und Sommer 1967 spielten wir mit dem Gedanken an eine Ersatzlösung. Anstelle eines einzelnen Sprechers wollten wir versuchen, einen großen, einflußreichen Delegiertenblock aus eingeschworenen Kriegsgegnern für den Nominierungsparteitag der Demokraten im Jahr 1968 zusammenbringen. Heißen sollte dieser Block »Peace Caucus«, und er würde alles dransetzen, die Oppositionsmeinung in so deutlicher Weise im Wahlprogramm zu verankern, daß nicht einmal Johnson einfach darüber hinweggehen könnte. Wir fanden bald heraus, daß dies ein hoffnungsloses Unterfangen war. In Amerika dreht sich die Politik um Personen. Vorwahlen und Parteiversammlungen bestimmen Parteitagsdelegierte, die Kandidaten und nicht politischen Positionen verpflichtet sind.

Die Notwendigkeit, einen Kandidaten zu finden, rief mitunter, wie ich selbst miterleben konnte, Verzweiflung hervor. Als ich mich im Herbst 1967 in politischer Mission in Berkeley/Kalifornien befand, marschierte eine Delegation liberaler und gegen den Krieg eingestellter Demokraten sowie Mitglieder der Peace and Freedom Party, die damals aktiv gegen den Krieg opponierte, in unsere Hotelsuite, und ihr Sprecher bat mich ziemlich schüchtern, meinen Namen auf die demokratische Wahlliste setzen zu lassen. Es mußte unbedingt ein anerkannter Kriegsgegner her, um den sie sich scharen konnten, und ich sei dazu geeignet. Ich zitierte die Verfassung. Bei ihrer Verfügung, daß Präsidentschaftskandidaten gebürtige Amerikaner sein mußten, verfolgten die Gründerväter in Philadelphia vor allem die Absicht, den Posten vor gebürtigen Briten – wozu in meiner Jugend auch noch Kanadier zählten – zu schützen. Die Besucher hörten mir offenbar bekümmert zu und trollten sich wieder. Am nächsten Tag dachte ich im Flugzeug nach Boston zum erstenmal über die Diskriminierung nach, der ich unterworfen war. Ein paar Wochen später rief Arthur Schlesinger aus New York an und drängte mich, meinen Namen für die Vorwahl von New Hampshire herzugeben, da kein anderer zur Verfügung stand. Ich bat meinen Sohn Alan, der damals im Büro eines Richters am Obersten Gerichtshof von Kalifornien arbeitete, die Sache zu untersuchen. Vielleicht annullierte ja der Vierzehnte Verfassungszusatz den älteren konstitutionellen Bann.[7] Alan vertrat die dezidierte Meinung, daß jede derartige Interpretation betrügerisch wäre. Auch meinte er, daß ich in einem solchermaßen belasteten Wahlkampf mehr Zeit auf die Verteidigung meiner Wählbarkeit als auf die Opposition gegen den Krieg verwenden würde. Auf jeden Fall bestand der politische Zweck der Aktion darin, Lyndon B. Johnson unter Druck zu setzen, und es war klar, daß eine solche Aktion glaubwürdig sein mußte.

Im Herbst 1967 wurde immer deutlicher, daß ein Antikriegs-Kandidat dringend vonnöten war. So beschlossen Joe Rauh und ich Ende Oktober oder Anfang November in Washington, uns im Kapitol aktiv nach einem Freiwilligen oder jemandem, der sich überreden ließ, umzusehen.[8] Wir trennten uns, und ich begab mich zunächst einmal zu George McGovern. Er sah die Notwendigkeit ein, blieb aber, was ihn persönlich betraf, unnachgiebig. Er hatte sich ein Jahr später in South Dakota der Wiederwahl zu stellen, und das würde seine gesamte Kraft in Anspruch nehmen. (Später, 1968, sollte er kurzfristig und unklugerweise seine Meinung ändern.) Die einzige Chance war nach seiner Ansicht Robert Kennedy.

Danach suchte ich Kennedy auf. Es war nicht das erste Mal, daß wir uns über dieses Thema unterhielten. Ich erneuerte meine Bitte, aber seine Antwort war die gleiche, die er schon früher und auch anderen gegeben hatte. Ein Kandidat mit einer klaren Antikriegsposition war in der Tat unerläßlich. Aber wenn er ins Rennen ging, würden die Leute darin einen privaten Rachefeldzug der Kennedys gegen Lyndon B. Johnson sehen. »Sie würden glauben, ich kandidiere nur, weil ich mich darüber ärgere, daß er der Nachfolger meines Bruders ist.« Dann schlug er zu meiner Überraschung vor, ich solle mich an Eugene McCarthy wenden, der 1968 keine Neuwahl zu fürchten hatte. Kennedy vermutete, daß McCarthy eine Kandidatur in Erwägung ziehen könnte. Für mich war dies der erste ernstzunehmende Hinweis auf Gene McCarthy als möglichen Kandidaten.

Was die Innenausstattung ihres Büros angeht, so haben amerikanische Senatoren einen einzigartigen und nahezu obligatorischen Hang zu Farbfotos von Präsidenten aus jüngerer Zeit mit kaum lesbaren Widmungen, die eine höchst fragwürdige Zuneigung bekunden, sowie zu ähnlich signierten Bildern von kaum weniger ehrfurchtgebietenden Persönlichkeiten, einschließlich des Reverend Billy Graham. Hinzu kommen: die Standardszene im Ballsaal mit dem frischgebackenen Senator, erheblich gesünder wirkend als gegenwärtig, der seinen ersten Sieg feiert, an seiner Seite die überstolze Gattin; dann ein paar Bilder des Kandidaten in der Türöffnung eines Flugzeugs, winkend; und Plaketten vom Rotary, Kiwanis und Elks Club oder den Veterans of Foreign Wars, mit denen die Leistung des Staatsmanns gepriesen und der Aversion des Vereins Ausdruck verliehen wird, Tischreden mit irgendeiner Form von substantiellerer Bezahlung zu belohnen.

Allein Eugene McCarthy verzichtete auf diesen Klimbim; die Wände seines Büros waren schmucklos wie die einer Mönchsklause. Das gleiche galt für sein Mobiliar. Er saß vor dem Fenster an seinem Schreibtisch und erweckte den Eindruck, als sei er den mannigfaltigen Trivialitäten des Alltags ziemlich entrückt. Zumindest schien dies an jenem Morgen der Fall zu sein. Auch sein Schreibtisch war leer, denn sowohl aus Prinzip als auch aus Abneigung arbeitete Gene nicht sehr viel. Ende 1967 grub Senator John J. (»Whispering Willie«) Williams aus Delaware ein paar besonders überschwengliche Briefe von Hubert Humphrey aus, die noch aus dessen Senatorenzeit stammten. Darin wurde der Verkauf gebrauchter Maschinen, die als Hilfsgüter nach Indien gehen sollten, zu überhöhten Preisen durch eine Firma in Minnesota an die US-Regierung unterstützt.[9] Auf Lyndon B. Johnsons Ersuchen wurden die Akten nach ähnlichen Hilfsaktionen Eugene McCarthys für einen Wähler aus Minnesota durchstöbert. Damit sollte Dampf abgelassen und der Vizepräsident entlastet werden; Hubert hätte dann nur getan, was jeder Senator aus Minnesota tun würde. Man fand aber keine Briefe. Thomas Farmer, ein Washingtoner Staatsanwalt und in seiner Eigenschaft als Rechtsberater der AID derjenige, der die Nachforschungen vorgenommen hatte, sah sich gezwungen, das Weiße Haus daran zu erinnern, daß McCarthy überhaupt keine Briefe schrieb, in denen er sich für seine Wähler einsetzte.

Ich kannte Gene, wenngleich alles andere als gut, seit seinen ersten Wochen im Repräsentantenhaus. Henry Reuss aus Wisconsin, mein Freund und OPA-Kollege sowie lange Zeit Kongreßabgeordneter für Milwaukee, hatte mich damals zu einem Abendessen eingeladen, um mir McCarthy vorzustellen. Er beschrieb ihn als den vielseitigsten Mann – Ökonom, Dichter, Lehrer, Philosoph –, der seit langen Jahren in den Kongreß gewählt worden war.

An jenem Morgen in seinem Büro hörte sich McCarthy, wie mir schien durchaus mit Anteilnahme, meine Bitte an und sagte mir, daß er in ein paar Tagen nach Boston käme. Dort würden wir weiter über die Sache sprechen. Ich flog dann nach Chicago, um dort auf einer wichtigen Antikriegsveranstaltung an der Universität eine Rede zu halten – wichtig deshalb, weil sie von einer Gruppe örtlicher Gewerkschaften organisiert worden war. Auf dem Podium saß ich dort gemeinsam mit einem wachen Mann reiferen Alters, dessen Antikriegsvergangenheit außer Frage stand. Es handelte sich um Warren K. Billings, der 1916 zusammen mit Tom Mooney, dem bekannten Radikalen, verhaftet worden war, weil er auf der Preparedness-Day-Parade in San Francisco eine Bombe geworfen hatte. In einem Prozeß, von dessen Unfairness heute jeder überzeugt ist, war er zu einer langjährigen Gefängnisstrafe verurteilt worden.

Wieder in Cambridge, stellte ich McCarthy auf einer Versammlung junger Demokraten im damaligen Continental Hotel vor. Nach der Veranstaltung jubelte ihm vor dem Gebäude eine eindrucksvolle Zahl von Harvard-Studenten zu, deren Anwesenheit und Begeisterung zum Teil auf meine Veranlassung zurückgingen: Ich hatte ein paar jüngere Kollegen gebeten, die Werbetrommel zu rühren. Wir begaben uns dann zu uns nach Hause, um die Aussichten zu erörtern. Unter den Anwesenden befanden sich Mary McCarthy, Genes in Radcliffe studierende Tochter, verschiedene Mitglieder meiner Familie sowie Jimmy Breslin. Breslin war beunruhigt, als er erfuhr, daß Charles H. Townes, der bekannte Physiker und Nobelpreisträger, der während eines Indienaufenthaltes in unserem Haus wohnte, im Keller einen Atombunker eingerichtet hatte. Townes hielt es für unklug, auch nur ein einziges Jahr ohne einen solchen zu leben. Unsere Söhne, die ebenfalls das Schlimmste befürchteten, erzählten Breslin, daß sie den Bunker benutzten, um darin Futter für ihren Hund zu lagern. Die Diskussion wurde nicht fortgeführt. Gene hatte sich bereits zur Kandidatur entschlossen.

Im November 1967 brachte ich ein kleines Buch über den Krieg heraus – genauer gesagt eine Streitschrift oder ein Pamphlet. Es trug den brüsken Titel *How to Get Out of Vietnam*[10]. Ich begann damit, Dean Rusks Standpunkt darzustellen, da der Außenminister inzwischen zusammen mit den Generälen zu den Hauptbefürwortern des Krieges gehörte. Laut Rusk waren wir dort einmarschiert, um

»... der verkündeten Entschlossenheit [zu widerstehen], denjenigen, die ihr noch nicht unterworfen sind, eine Welt des Zwangs aufzuerlegen ... es ist dies [ein Problem], das zwischen dem sino-sowjetischen Imperium und allen anderen [Ländern], seien es alliierte oder neutrale, steht; und es stellt sich auf jedem Kontinent ...«[11]

Es fiel auf, daß in diesem Imperium nun die Chinesen die führende Position einnahmen. Auf einer Pressekonferenz am 12. Oktober 1967 hatte Rusk diesen Punkt noch einmal besonders hervorgehoben, indem er sagte, daß unsere Präsenz in Vietnam dazu diene, dem Expansionsdrang von einer Milliarde Chinesen, die inzwischen über Nuklearwaffen verfügten, Einhalt zu gebieten.

Mein Lösungsvorschlag in der Broschüre war der gleiche wie schon früher – Rückzug in die Städte oder die Enklaven an der Küste und abwarten, bis der Widerstand nachließ. Geduld statt Tod. Wie schon früher wußte ich auch jetzt nicht, was Hanoi und der Vietkong akzeptieren würden. Und außerdem bestand die Notwendigkeit, eine Lösung zu erzielen, die die größtmögliche politische Unterstützung in unserem eigenen Land würde finden können. Einfach aus Vietnam zu verschwinden war keine solche Lösung. Daher wieder die Enklaven.

Inzwischen beschäftigte mich jedoch noch ein weiterer Gedanke, der, im Lichte späterer Entwicklungen betrachtet, alles andere als unwichtig war. ». . . Es gibt in jenem unglücklichen Land auch einige Millionen Menschen, die sich aus dem einen oder anderen Grund – Religion, politischer Überzeugung, politischem Ehrgeiz, eifrigem Profitstreben oder in ihrem finsteren Streben als Militärpolizisten – unserer Sache angeschlossen haben. Wir können sie nicht einfach abschreiben; selbst bei einem Mehrheitsbeschluß überlassen wir Menschen nicht den blutrünstigen Nachstellungen ihrer Feinde. Jede Lösung muß die Bedürfnisse der südvietnamesischen Minderheit, die eine Machtübernahme durch die Nationale Befreiungsfront und deren kommunistische Führer fürchtet, berücksichtigen.«[12]

So fügte ich meiner Forderung nach Schutzzonen den Gedanken hinzu, daß ». . . wir den Südvietnamesen zumindest einen anständigen Zufluchtsort für diejenigen zur Verfügung stellen müssen, die sich bei unserem Vietnam-Unternehmen auf unsere Seite gestellt haben.«[13]

Meine Warnung vor dem Schicksal der Boat People war berechtigter, als ich damals vermutete.

In den folgenden Monaten war ich für McCarthy in New Hampshire, Wisconsin, Massachusetts, New York, Kalifornien, und wo immer es sonst nützlich erschien, auf Wahlkampfreise. Und am 15. August war ich Versammlungsleiter bei der großen, krönenden Abschlußveranstaltung vor dem Parteitag im Madison Square Garden und litt schmerzlich unter dem Management von Fernseh-Festivitäten, das man bei solchen Anlässen gemeinhin für nötig hält. Noch schmerzlicher litt ich an der hochgradigen Indifferenz, mit der meine salbungsvolle Eröffnungsrede aufgenommen wurde. Vor allem hatte ich in jenem Jahr aber Spenden gesammelt.

Es ist dies der letzte Schritt in einer Entwicklung, auf die ich bereits hinwies: Am Anfang steht, mit dem größten Glamour, das Redenschreiben; dann folgen die einsamen Reden vor Zuhörerschaften, die des Kandidaten Zeit nicht wert sind; als nächstes die Seufzer der Enttäuschung, wenn man als Ersatzmann auftritt[14]; zum Schluß die Bitte: »Womit uns wirklich geholfen wäre, wäre ein bißchen Unterstützung in finanzieller Hinsicht.«

Abgesehen vielleicht von dem Erfolg des massiven Einsatzes von Maurice Stans, Nixons Geldmann, bei freundlich gesonnenen Spendern aus Konzernkreisen im Jahre 1972, war es für niemanden so einfach, Geld aufzutreiben, wie für McCarthy 1968. Der Aktienmarkt war seit Monaten stark, und die Kapitalgewinne waren enorm. Viele, die auf diese (oder andere) Weise zu Geld gekommen waren, hatten Schuldgefühle wegen des Krieges oder waren beunruhigt darüber. Und sie glaubten, daß sie diese Gefühle am besten mit Spenden an McCarthy beschwichtigen könnten.

Die Aufgabe war in mehrfacher Hinsicht lehrreich und mitunter sogar amüsant. Im Frühjahr 1968 finanzierte Bernard Cornfeld, der damals auf dem Höhepunkt seiner kurzfristigen Wertschätzung als Gründer und finanzieller Genius der Investors Overseas Services (IOS), jener großen Auslands-Investitionsgesellschaft, stand, eine Friedenskonferenz in Genf. Robert Maynard Hutchins stellte das Programm zusammen. Da ich mich oft in der Schweiz aufhielt, wußte ich über die Natur der IOS-Unterstützung besser Bescheid als viele der Eingeladenen und äußerte meine Zweifel. Hutchins antwortete, daß diejenigen, die Gutes tun, sich ihr Geld dort holen müssen, wo sie es bekommen, und fügte hinzu, daß Geld, das durch seine Hände fließe, durch eben diese Tatsache sauber würde. Ich war nicht ganz überzeugt und zahlte, da ich bereits in Europa war, meine Fahrtkosten selber. Gemeinsam mit den Senatoren Joseph S. Clark aus Pennsylvania und William Fulbright aus Arkansas, die mittlerweile vehemente Kriegsgegner waren, erfuhr ich in Genf von Chester Ronning, meinem ehemaligen Kollegen in Indien[15], der inzwischen als Vermittler beim Vietkong und den Nordvietnamesen tätig war, von seinen Bemühungen, Verhandlungen in Gang zu bringen, und von den erfolgreichen Versuchen Washingtoner Hardliner, sie zu hintertreiben. Clark und Fulbright waren darüber zutiefst empört. Einen Nachmittag lang unterhielt ich mich auch mit Martin Luther King jr. und seinem jungen Assistenten Andrew Young. Wir waren uns einig darüber, daß die schwarzen Soldaten, die in Vietnam sinnlos ihr Leben verloren, mehr unseres Beistands bedurften als jede schwarze Bevölkerungsgruppe in den Vereinigten Staaten. Bis zu seinem Tod ein Jahr später war Dr. King der erfolgreichste Antikriegssprecher der Nation.

Howard Stein von der Dreyfus Corporation und Yura Arkus-Duntov, ebenfalls aus der Wall Street, waren die führenden Geldsammler für McCarthy. Hinzu kamen Harold Willens, ein tiefbesorgter Textil- und Immobilienmann aus Los Angeles, und Stewart Mott, der Philanthrop und General-Motors-Erbe. Mal mit diesem, mal mit jenem reiste ich weit herum, und wo immer wir hinkamen, hinterließen wir größtmögliche Armut. Kurz vor dem Nominierungsparteitag 1968 traten wir gemeinsam bei einer denkwürdigen Veranstaltung auf, die unter der Schirmherrschaft von Hugh Hefner im *Playboy*-Haus in Chicago stattfand. Das in jenen Tagen höhlenhaft wirkende, düstere Gebäude gewann durch einen Swimmingpool mit Glaswänden, die es einem ermöglichten, von der anschließenden Bar aus schwimmenden Bunnies zuzuschauen.

Unsere Bemühung um Spenden galt an jenem Abend der Schickeria des Chicagoer Liberalismus. Nachdem ein ohrenbetäubendes Orchester zum Schweigen gebracht worden war, begannen wir mit dem sogenannten *pitch*, der Spendensammlung, die inzwischen zur Routine geworden war. Ich sprach mit ernsten Worten über den Krieg und die bizarren und ungeprüften Klischees, derer man sich bediente, um unsere Intervention zu rechtfertigen. Stewart Mott deutete beiläufig die Größenordnung der Hilfeleistung an, die wir für angemessen hielten, indem er seine eigene Spende erwähnte. Danach kam Harold Willens an die Reihe, um die Beiträge durch das System direkter Einschätzung und Besteuerung, welches vom United Jewish Appeal zur höchsten Vollendung gebracht worden war, einzufordern und zu begrüßen.

Nachdem mein Auftritt vorüber war, setzte ich mich ans andere Ende zu Michael Laurence, der damals ein erfolgreicher *Playboy*-Redakteur war. Er befand sich in Begleitung einer hübschen, schlanken Frau mit strohfarbenem Haar und durchsichtiger Bluse, von welcher ich meine Augen abwandte. Sie war, wie Mike bei der Vorstellung erklärte, eine *Playboy*-Rekrutin aus Deutschland.

Wir hörten Mott zu, der kurz darauf routiniert erklärte, daß er selbst, von seinen starken Gefühlen geleitet, McCarthy 100000 Dollar gespendet habe und plane, noch mehr zu geben.

Meine deutsche Tischgenossin war plötzlich hellwach und fragte eilig mit hartem Akzent: »Woher hat der soooo viel Geld?«

Da es sich bei ihr nicht um eine Frau zu handeln schien, die auf Details großen Wert legte, antwortete ich, sein Vater sei der Besitzer von General Motors.

»Was«, fragte sie, »ist der General Motors?«

Ich stellte die Dinge in vertrauteren Dimensionen dar.

»Das ist so, als ob seinem Vater Opel gehöre. Ich glaube, sein Vater hat ihm Opel ganz allein überlassen.«

»So groß ist ein Opel nun auch wieder nicht.«

Meine folgende Erklärung war ausführlicher. Danach heftete sie ihren Blick auf Mott, studierte ihn beifällig und ausgiebig und suchte dann Bestätigung mit einer letzten Frage. »Ist er echt?«

Im März und Anfang April hielt ich in Kalifornien Reden für McCarthy und gegen den Krieg. Am 31. März fuhren wir quer durch die trostlose Stadtlandschaft in den Westen von Los Angeles. Ich war gerade mit dem Essen fertig, als mir jemand einen Zettel reichte. Lyndon B. Johnson hatte verkündet, daß die Bombardierung Nordvietnams eingeschränkt werde. Und daß er auf eine erneute Kandidatur verzichte.

Einige Monate, nachdem Johnson nach Texas zurückgekehrt war, fuhr Walter Cronkite zu ihm, um für das Columbia Broadcasting System ein Interview mit ihm über die Höhepunkte seiner Präsidentschaft aufzunehmen. Umfangreiche Vorbereitungen wurden getroffen; das Aufstellen der Scheinwerfer und Kameras durch die zahlreichen Gewerkschaftsmitglieder nahm, wie es hieß, fast den ganzen Tag in Anspruch. Danach ließen sich – folgt man der Geschichtsüberlieferung, die ich als apokryph bezeichnen möchte – die beiden Männer auf ihren Plätzen nieder, die Mikrophone wurden angebracht, die erforderlichen Signale ausgetauscht, man klopfte sich, wie üblich, in der letzten Sekunde abergläubisch an die Stirn, und Cronkite sagte: »Nun, Mr. President, ich glaube, das amerikanische Volk würde gerne die Gründe erfahren, die hinter ihrer Entscheidung vom 31. März 1968, nicht wieder zu kandidieren, standen.«

»Was haben die Leute denn erwartet, Walter? Dieser Halunke McCarthy hätte mich in New Hampshire um ein Haar erwischt und war drauf und dran, in Wisconsin meinen Arsch auf Grundeis zu setzen. Was blieb mir anders übrig?«

»Mr. President, das waren nur 30 Sekunden. Wir haben eine ganze halbe Stunde Zeit.«

»All right, Walter. Ich gebe Ihnen die andere Erklärung.«

31
Der Parteitag der Gewalt

Unter den Kennedy-Brüdern war Robert Kennedy derjenige, mit dem ich die größten Kommunikationsschwierigkeiten hatte. Dies lag nicht daran, daß wir uns nur unzureichend gekannt hätten. Ich hatte auf dem Parteitag von 1960 sowie im darauffolgenden Wahlkampf unter seiner Leitung gearbeitet. Während der Amtszeit seines Bruders bekam ich ihn häufig zu sehen. Wenn ich eine gute Idee oder einen Verbesserungsvorschlag hatte, pflegte mir der Präsident oft zu sagen (und anderen erging es genauso): »Warum reden Sie nicht erst einmal mit Bobby darüber?« In seinem Senatswahlkampf 1964 reiste ich nach New York und bemühte mich einmal mehr darum, den jüdischen Wählern Zuversicht zu geben. Ein Katholik konnte ihnen diese nicht vermitteln, und einem jüdischen Fürsprecher hätte man nicht ganz getraut. Manchen Zuhörerschaften, vor denen ich bereits vier Jahre zuvor im Namen von John F. Kennedy gesprochen hatte, sagte ich nun: »Ich war 1960 hier, um Ihnen zu sagen, daß Ihre Befürchtungen gegenüber dem Katholiken John F. Kennedy unangebracht waren. Das wissen Sie jetzt. Sie können mir daher vertrauen, wenn ich mich jetzt für seinen Bruder in gleicher Weise einsetze.« Diese Veranstaltungen gehörten zu den seltenen Begebenheiten in der Politik, bei denen man sich seiner Wirkung sicher sein konnte. Man gab den Leuten lediglich die Bestätigung, die sie hören wollten.

Meine Distanz zu Robert Kennedy entsprang unserer unterschiedlichen Einstellung zum politischen Engagement. Ich habe mich immer um ein gewisses Maß an Distanz bemüht und meine, daß man sich stets einen Teil seines eigenen Ichs bewahren und niemals total von der Richtigkeit seines Tuns überzeugt sein soll. Der Glaube sollte immer durch Besonnenheit gemäßigt werden. Nichts von alledem entsprach der Einstellung Robert Kennedys; sein Engagement war total. Man war entweder für eine Sache oder gegen sie, entweder für die Kennedys oder ein Aussätziger. Es gab keinen Platz für Mehrdeutigkeit, Unentschlossenheit oder Zwischenpositionen. (Diese Intensität war es, die in liberalen jüdischen Kreisen politische Zweifel aufkommen ließen.) Ich wurde von Bobby niemals als der totale Kennedy-Mann angesehen, der man eigentlich hätte sein sollen. Das Jahr 1968 sollte dafür unerwartete Beweise liefern.

Auch seine Frau Ethel betrachtete mich mit Skepsis. Die jugendliche, energische, kräftige Frau, bei der das Wort den Gedanken unmittelbar folgte, hatte einen Sinn für das Absolute, der noch stärker ausgeprägt war als bei ihrem Mann. Vor allem erstreckte er sich auch auf die Religion. Bei Zusammenkünften im Hause der Kennedys auf Hickory Hill in McLean/Virginia, nordwestlich von Washington am Potomac gelegen, war das Tischgebet obligatorisch, und einmal überkam mich das – höchstwahrscheinlich unbegründete – Gefühl, Ethel Kennedy hätte mich beim Lächeln ertappt. Ich hatte das Verlangen, ihr zu erklären, daß es nicht unserem Gebet galt. Ich hatte mir bloß die Überraschung Gottes über den Umstand ausgemalt, daß so viele lebenslange Ketzer so plötzlich so devot geworden sein sollten, nur weil sie sich im Haus des US-Justizministers befanden, der obendrein auch Bruder des Präsidenten war.

Im Februar und Anfang März 1968 – wir greifen ein wenig zurück – hatten sich Studentengruppen, deren Teilnehmer sich zuvor in beispielloser Weise gewaschen, rasiert und mit sauberer Wäsche versorgt hatten, nach New Hampshire begeben und waren dort mit bislang unerreichter Effizienz losgeschickt worden, um bei der von der Politik arg heimgesuchten Bevölkerung jenes Staates für Eugene McCarthy zu werben. Am 12. März erfuhren diejenigen, die »clean for Gene« geblieben waren, daß ihr Kandidat 42,4 Prozent der Stimmen erhalten hatte, während auf Lyndon B. Johnson 49,5 Prozent entfallen waren. Den Erinnerungen eines Präsidenten muß natürlich geglaubt werden, und wenn man sich an Johnson orientiert, so war dies ein beachtlicher Sieg für ihn.[1] Innerlich hatte er sich bereits entschlossen, nicht zu kandidieren, und so war ihm das Ergebnis gleichgültig. Sein Name hatte nicht auf der Wahlliste gestanden; er hatte McCarthy mit einer *write-in*-Kampagne[2] knapp besiegt. In den Augen der Öffentlichkeit handelte es sich aufgrund der seltsamen Kalkulationen, die bei der Einschätzung derartiger Ereignisse Anwendung finden, nichtsdestoweniger um einen großen Triumph für McCarthy. Am nächsten Abend besuchte uns Arthur Schlesinger in unserem Haus in Cambridge, um die Geschehnisse zu analysieren. Im Laufe des Abends rief Ethel Kennedy an, um uns mitzuteilen, daß ihr Mann dazu neige, ins Rennen um die Präsidentschaftskandidatur einzusteigen. Sie bat Arthur, vorbeizukommen und ihm gut zuzureden. Da Kennedy ein weitaus stärkerer Kandidat zu sein schien als McCarthy, waren wir beide von der Neuigkeit sehr angetan.

Am Ende jener Woche reiste ich nach New York, um dort in der Wall Street bei einem kleinen Imbiß eine Spendenrede für McCarthy zu halten. Veranstalter war Benjamin J. Buttenweiser, ein liberaler, gebildeter und gewandter Bankier und Schwiegersohn von Herbert Lehman. Wie immer in diesem Frühjahr war es leicht; innerhalb von Minuten kamen zehn- oder zwanzigtausend Dollar herein. Ich wiederholte daraufhin meine Bemühungen bei einem größeren Empfang für kleinere Summen im Columbia University Faculty Club in Morningside Heights. Fernsehkameras und Mikrophone erwarteten mich dort. Zuerst glaubte ich, die unwiderstehliche Anziehungskraft meiner Redekunst sei dafür verantwortlich, doch erfuhr ich schnell, daß die Reporter gekommen waren, um die Reaktion eines führenden McCarthy-Helfers auf die am gleichen Tage erfolgte Ankündigung Robert Kennedys zu hören, sich am Rennen zu beteiligen. Mit niederschmetternder Plötzlichkeit wurde mir bewußt, daß ich auf McCarthy festgelegt war. Meine Reden für ihn hätte man vergessen können. Was aber nicht vergessen werden konnte, war, daß Hunderte von Leuten Tausende von Dollars auf mein Ersuchen hin in McCarthy investiert hatten. Geld ist keine *quantité négligeable.* Ich hatte einen bindenden Vertrag geschlossen.

Während die Kameras in Position geschoben wurden, schossen mir diese Gedanken und ihre Konsequenzen durch den Kopf. Bestätigt wurden sie von einem Columbia-Professor, der sagte: »Ich habe gerade die Nachricht gehört. Sie werden doch hoffentlich nicht zu Kennedy überlaufen.« In meiner Rede ließ ich keinen Zweifel daran, daß ich fest zu McCarthy stand.

Ein paar Tage später reiste ich nach Wisconsin, um dort für ihn Reden zu halten. Dort fand ich heraus, daß Mitglieder von McCarthys Stab zu denjenigen zählten, die von meiner Loyalität am meisten überrascht waren. Sie wollten es einfach nicht glauben, daß sie sich auf mich verlassen konnten, und waren sehr beunruhigt darüber, daß ich einer Pressekonferenz bei meiner Ankunft zugestimmt hatte. Diese war offensichtlich mit dem Risiko von Pro-Kennedy-Äußerungen verbunden, die man nicht hören wollte. Aus diesem Grund hatten sie die Pressekonferenz einfach abgesagt. Von höherer Stelle wurde sie dann doch wieder einberufen, aber eine hübsche, höchst mißtrauische junge Frau kam heraus zum Flughafen von Milwaukee, um sich neben mich zu setzen und mich zu überwachen, damit ich nicht klammheimlich Propaganda für Kennedy betrieb. Als es nicht dazu kam, wirkte sie enttäuscht.

Als Lyndon B. Johnson ausstieg, befand ich mich, wie schon gesagt, in Kalifornien, und ein oder zwei Tage danach traf ich Eugene McCarthy in Los Angeles. In seinem Apartment im Beverley Wilshire Hotel setzten wir uns zu einem Gespräch zusammen. Politische Hoffnung, die verwirrendste aller Drogen, wirkte selbst bei Gene. Halb im Spaß, halb im Ernst, redete er über die Dinge, die er tun würde, wenn er ins Weiße Haus käme. Er riskierte sogar die scherzhafte Vermutung, zwei Stunden Arbeit pro Tag würden in diesem Job ausreichen.

Wegen eines Vortrags an der University of California – politische Werbung in anständiger wissenschaftlicher Verbrämung – war ich noch immer in Los Angeles, als plötzlich die Nachricht kam, daß alle akademischen Veranstaltungen abgesagt worden wären. Martin Luther King jr. war ermordet worden. Universitätskanzler Franklin D. Murphy, ein Freund, mit dem ich einmal gemeinsam in der UdSSR gewesen war, bat mich, mäßigend auf eine große Studentendemonstration auf dem Campus einzuwirken. Es bestand die Gefahr von Unruhen. Ich kam seiner Bitte nach und durchforschte mein Gedächtnis nach allem, was mir an Erinnerungen über Dr. King einfiel. Dann argumentierte ich, daß die richtige Antwort auf Gewalt - egal ob in Memphis, Vietnam oder Westwood/Kalifornien - niemals in weiterer Gewalt liegen könne. Möge ein jeder unterscheiden zwischen der ruhigen, standfesten Opposition, die sinnvoll war - wie bei dem Marsch der Bürgerrechtler von Selma -, und der selbstsüchtigen Wut, die nichts nützte. Die Studenten, eine Versammlung von mehreren Tausend, hörten zu, stimmten offenbar mit mir überein und gingen ruhig ihrer Wege.

Im August dieses Jahres sollte ich im Grant Park von Chicago vor derselben Aufgabe stehen und zwei Jahre später, nach dem Gemetzel an der Kent-State-University in Ohio, erneut, und zwar an der University of Texas und an der University of Minnesota in Minneapolis.[3]

McCarthy und Kennedy standen sich am 28. Mai in Oregon direkt gegenüber, und McCarthy gewann mit 45 Prozent vor Kennedy mit 39 Prozent. Dann, eine Woche später in Kalifornien, besiegte Kennedy McCarthy. Der Sieg war knapper als erwartet oder zumindest nicht so hoch wie die Kennedy-Truppen in der Euphorie der ersten Resultate dachten. Als das Ergebnis in Los Angeles feststand, klingelte mich Richard Goodwin, der von McCarthy zu Kennedy übergewechselt war[4], daheim in Cambridge aus dem Bett. Bobby hatte es geschafft; er würde nominiert werden. Nun sei für mich der Zeitpunkt gekommen, ihn öffentlich meiner Unterstützung zu versichern. Mein Wechsel würde ein Signal für die ADA sein. Ich sagte zu Goodwin, daß ich ihm zustimme, aber zunächst mit McCarthy reden müsse. Dann stellte ich den Fernseher an, um die Endergebnisse mitzubekommen. Robert Kennedy bahnte sich seinen Weg durch überfüllte Korridore unweit der Hotelküche. Er hatte gerade seine Siegesrede gehalten. Da gab es plötzlich Bewegung, gedämpfte Verwirrung, eine aufgeregte Stimme. Ich weckte Kitty auf und holte sie; irgend etwas war passiert. Kurz darauf erfuhren wir, daß auf Robert Kennedy geschossen worden war.

In der St.-Patrick's-Kathedrale stand ich mit anderen an der Bahre und lauschte der wohlgesetzten Predigt und den Worten Edward Kennedys. »Mein Bruder braucht nicht idealisiert oder im Tod über das hinaus, was er in seinem Leben war, erhöht zu werden. Er sollte einfach als guter und anständiger Mann in Erinnerung bleiben, als ein

Mann, der Unrecht sah und versuchte, es zu beseitigen, der Leiden sah und versuchte, es zu heilen, der Krieg sah und versuchte, ihn zu beenden.« Dann bestiegen wir den langsamen, traurigen Zug nach Washington, wo wir uns, lange nach Einbruch der Dunkelheit, einmal mehr auf dem Hügel in Arlington zusammenfanden. Es war fast zuviel.

Als es vorbei war, blieben mir nur mehr ein paar Stunden bis zu einer Rede anläßlich einer Promotionsfeier an der Tufts University außerhalb von Boston. Ich handelte mit Nelson Rockefeller einen Flug nach New York in seiner Maschine und von dort aus weiter nach Boston aus, nur um dann festzustellen, daß ein extra zu diesem Zweck gechartertes Flugzeug die Harvard-Abordnung zurück nach Cambridge brachte. Als ich heimkam, hatte ich nur noch zwei Stunden bis zu meiner Rede, in der ich mich gegen die Neigung zu Brutalität und Gewalt in dieser Zeit aussprach. Ein paar Tage später reiste ich wieder nach Washington, um dort Gene McCarthy aufzusuchen.

Wir trafen uns in seinem großen, etwas feierlich wirkenden Haus in der Woodley Road, das bis vor kurzem Walter Lippmann gehört hatte. Gene war tief deprimiert; der Tod Robert Kennedys zeigte, wie hoffnungslos das Spiel war. Aus der Realität war Schein, aus Vergnügen Schmerz geworden. Unterstützt von Abigail, seiner politisch hellwachen Frau, die weit weniger romantisch war als er, bekniete ich ihn, weiterzumachen. Die Banalität meiner Argumente klingt mir noch heute in den Ohren. Gene blieb traurig und unbewegt, schlug jedoch vor, ein paar Tage später in Cambridge noch einmal darüber zu reden. Dies geschah dann auch, zusammen mit Coretta King und einer Anzahl lokaler McCarthy-Anhänger. Seine Stimmung hatte sich gebessert, und wir gingen die Aufgaben durch, die vor dem Nominierungsparteitag noch zu erledigen waren. Ich glaube jedoch, daß Eugene McCarthy nach Robert Kennedys Tod nie wieder mit ganzem Herzen bei der Sache war.

Der Nominierungsparteitag, der am 26. August in Chicago eröffnet wurde, bleibt in der Erinnerung der Amerikaner ein Ereignis voller Brutalität und Schrecken: Hellblau behelmte Chicagoer Polizisten, die mit ihren Schlagstöcken auf die Köpfe von unfrisierten, verschreckten Jugendlichen eindroschen. Zur Abwehr gegen die Schläge erhobene Arme. Chemical Mace. Die Nationalgarde von Illinois marschierte in den Straßen auf und bildete eine erbarmungslose Barriere zwischen dem Lager der Protestierenden im Grant Park und dem Parteitagshauptquartier im riesigen, unschönen Conrad Hilton Hotel auf der anderen Seite der Michigan Avenue. Rückblickend kann ich sagen, daß jene Zeit die arbeitsreichste Epoche meines Lebens und darüber hinaus eine der interessantesten war. Ich verbrachte dort nahezu zehn Tage mit Pressekonferenzen, Spendenveranstaltungen, Konferenzen über Parteitagsstrategie, Reden, der Entgegennahme von Ratschlägen und der Beantwortung unzähliger Fragen anderer Delegierter. All diesen Aktivitäten war ein völlig unhaltbarer Optimismus bezüglich der Aussichten des McCarthy-Kreuzzugs gemeinsam.

Meine positive Einschätzung jener Tage rührte zum Teil daher, daß ich von der Gewalt selbst nichts mitbekam. Wenn man, wie peripher auch immer, zum Establishment gehört oder als dazugehörig anerkannt wird, bahnt einem die Polizei den Weg, ganz egal, welche Meinung man vertritt. Eines Abends überquerte ich, vom Hilton kommend, die Michigan Avenue, um zu den jungen Demonstranten im Park zu sprechen. Ein Polizist vor dem Hotel sagte: »Guten Abend, Herr Botschafter.« Die Nationalgarde öffnete ihre Reihen, um mich durchzulassen. Von einer improvisierten Tribüne aus und mit Hilfe eines schnell zusammengebastelten Lautsprechersystems erzählte ich den Jugendlichen von unseren Hoffnungen und Anstrengungen in der Versammlungshalle und beschwor sie, Gewalt nicht mit Gewalt zu vergelten. Ich deutete auf die Männer der Nationalgarde, die in einer festgefügten Reihe standen, und sagte, sie seien keine Feinde der Kriegsgegner. Auch sie seien gegen den Vietnamkrieg; aus diesem Grund seien sie ja zur Nationalgarde gegangen. Nach dem Ende meiner Rede scherte der befehlshabende Sergeant aus und folgte mir bis zurück auf die Straße. Als er mich anrief, verkrampfte ich mich, entspannte jedoch sogleich wieder, als er sagte: »Ich danke Ihnen, Sir! Das war das erste Mal, daß in dieser Woche jemand über uns was Nettes gesagt hat.«

Mein Hauptquartier als ADA-Vorsitzender, McCarthys außenpolitischer Sprecher und überflüssigerweise auch als sein Fraktionsführer, befand sich im 12. Stock des Hotels. Von dort aus konnte man die Michigan Avenue, die Demonstranten und den See überblicken. Ich hatte inzwischen gelernt, daß man auf einem Parteitag nie versuchen sollte, in den Räumen, die einem angewiesen worden sind, zu schlafen. Die Zeitgenossen mit unfehlbaren Plänen für Sieg und Ruhm wünschen einen Tag und Nacht zu sehen; und alle denken, es sei dringend. So kommt man nie zum Schlafen. Ich zog mich also jede Nacht für ein paar Stunden in einen Club an der Near North Side zurück, wo ein Freund für mich ein Appartement organisiert hatte. Meine Suite im Conrad Hilton wurde dann von McCarthys jüngeren Anhängern als Biwak verwendet und konnte nur mit Schwierigkeiten für die tägliche Arbeit benutzbar gemacht werden. Von der Durchsuchung des Hotels am letzten Abend des Parteitags durch die Chicagoer Polizei waren auch diese Räume betroffen; die Polizei behauptete, daß die Bewohner, von anderen Protestkundgebungen abgesehen, aus den Fenstern heraus auf die Köpfe der Hüter von Recht und Ordnung uriniert hätten. In Anbetracht der Verhältnisse innerhalb der Zimmer war dies nur schwer zu glauben. In den darauffolgenden Monaten erhielt ich vom Hilton wiederholt eine Rechnung für im Laufe der Invasion erfolgte Beschädigungen zugeschickt. Ich verwies jedesmal darauf, daß man sich in der Adresse geirrt habe, und bat, die Forderungen an Bürgermeister Richard Daley weiterzuleiten. Bezahlt habe ich nie.

Wenige Tage vor Eröffnung des Parteitags hatte McCarthy mich zu seinem außenpolitischen Sprecher ernannt. In dieser Rolle erschien ich am Abend des 20. August vor der Programmkommission, um dort seine (und meine) Vietnamposition zu vertreten. Es war keine einfache Angelegenheit. Das Komitee war dicht besetzt mit Anhängern Hubert Humphreys und Verteidigern des Regierungsstandpunkts. Mein Gegenspieler auf dem Treffen war ein außergewöhnlich moderater Dean Rusk: »Es [d. h. Südostasien] ist ein Gebiet mit 250 Millionen Menschen – fast so vielen wie in Europa ... Mir scheint, daß die meisten Amerikaner über das, was fair und vernünftig wäre, übereinstimmen würden ... Nordvietnam und Südvietnam [sollten] aufhören zu kämpfen und alle ihre Differenzen mit friedlichen Mitteln beilegen ... Warum entsprechen diese fairen und vernünftigen Ideen nicht der Realität? Weil die Machthaber in Hanoi sie nicht akzeptieren ... Unglücklicherweise war niemand willig oder in der Lage, uns zu sagen, was geschehen würde, wenn wir die Bombenangriffe einstellten ...«[5]

Als Rusk seine Rede beendet hatte und man ihm noch dafür dankte, daß er das Komitee mit seinem Erscheinen beehrt habe, und man ihm außerdem noch Komplimente für sein staatsmännisches Auftreten machte, wurde ihm ein Zettel überreicht. Sowjetische Truppen waren gerade in die Tschechoslowakei einmarschiert. Rusk berichtete über den Inhalt der Botschaft und verließ dann unter weiteren Beifallskundgebungen die Versammlung, um sich mit der Reaktion auf die neue Lage zu befassen. Mir blieb es nun überlassen, den Kampf gegen die Kommunisten in Vietnam abzulehnen. Es waren die Chinesen, nicht die Sowjets, die in jener Gegend angeblich die unmittelbare Bedrohung darstellten. Aber in jenen Tagen liefen selbst nach Ansicht der klügsten Köpfe alle Fäden in Moskau zusammen. Die Kommissionsmitglieder, von ein paar willkommenen Ausnahmen abgesehen, hörten mir mit gequälter Toleranz zu. Zu meiner Freude traf kurz darauf McCarthy ein, um mich zu unterstützen.[6]

McCarthy ernannte mich daraufhin zu seinem Fraktionsführer für den Parteitag, eine Position, die alles andere als machtvoll war[7], und bald hörte ich erfreut, wie es im Fernsehen und in den Pressemeldungen hieß, daß ich mich nun mit anderen Parteigrößen in den berühmten Hinterzimmern traf. Eine Aufforderung an Edward Kennedy, sich zur Verfügung zu stellen, war unterwegs. Damit sollten sämtliche

Meinungsverschiedenheiten unter den Demokraten auf wundersame Weise aus der Welt geschafft werden. Kennedy würde sowohl den Krieg weiterführen als auch einen Frieden schließen können, mit dem alle Seiten einverstanden waren. Als die Abstimmung näherrückte, kam es tatsächlich zu einer Konferenz in einem schmutzigen Hinterzimmer hinter der Bühne der Versammlungshalle. McCarthy hatte wissen lassen, daß er einverstanden sei und seine Delegierten für Kennedy freigeben werde. Unser Schluß war der, daß sie selbst dann, wenn man es ihnen freistellte, nicht überlaufen würden. Und Humphreys Delegierte würden auch nicht desertieren. Soviel zu der Macht der Parteiführer – der sogenannten *brokers* – auf einem modernen Parteitag. Als Kennedy verlauten ließ, er stehe nicht zur Verfügung, verursachte dies eine kleine Antiklimax.

Einen interessanten Augenblick gab es, als über die Plazierung einer der beiden einander befehdenden Delegationen von Alabama abgestimmt wurde. Die Humphrey-Leute mußten die Stimmen der Delegation haben, in der sich wenigstens ein paar Alibi-Schwarze befanden, oder wollten sie jedenfalls. Endicott Peabody, bekannt als Chub und ehemaliger Gouverneur von Massachusetts, war in der Delegation von Massachusetts die Stimme Humphreys. Seine Mutter war (und ist) eine bekannte Bürgerrechtsaktivistin, die einmal sogar für ihre Ansichten ins Gefängnis gegangen war. Als die Wahl zwischen den beiden Alabama-Delegationen zur Abstimmung kam, organisierte ich eine Umfrage unter den Delegierten von Massachusetts und ließ ein Bostoner Fernsehteam kommen, um den historischen Augenblick zu filmen. Dann nahm ich neben Chub Platz und wies ihn vor den laufenden Fernsehkameras mehrmals darauf hin, daß seine Mutter zusehe. Als sein Name zur Abstimmung aufgerufen wurde, schaute er sehr bekümmert drein und enthielt sich der Stimme. Mein Vorgehen war nicht eben freundschaftlich.

Da es vollkommen klar war, daß wir nicht genügend Delegiertenstimmen besaßen, um McCarthy zu nominieren, bestand unsere Strategie darin, vor den Beobachtern des Parteitags so stark wie nur irgend möglich unsere Opposition gegen das amerikanische Engagement in Vietnam herauszustellen und uns jedem Kompromiß im Wortlaut des Parteiprogramms zu widersetzen, der eine Fortsetzung der Feindseligkeiten tolerierte. In der Politik kämpft man normalerweise, um Kompromisse durchzusetzen; Kompromisse sind es, die die Gesetzgebung und Parteiprogramme (was immer deren symbolischer Wert sein mag) überhaupt erst möglich machen. Aber es gibt Zeiten, in denen man vollkommen unnachgiebig sein muß, und in einer solchen Situation befanden wir uns. Der Krieg war das alles beherrschende Thema. Kompromisse hätten uns nicht nur das Vertrauen unserer eigenen Anhänger gekostet, sondern auch denjenigen, die da sagten, der Krieg müsse weitergehen, einen Freibrief gegeben. Eine harte Haltung würde Humphrey während des Präsidentschaftswahlkampfes dazu zwingen, sich unserer Position anzunähern. Bei der Debatte über den Wortlaut des Programms war der Drang zur Kompromißbereitschaft stark. Theodore Sorensen, der für die Kriegsgegner sprach, war kompromißbereit; Richard Goodwin blieb (mit anderen) bewundernswert standhaft. Schließlich kam die Sache vors Plenum, und in der Debatte ebenso wie der Abstimmung zeigten wir in der Niederlage unsere Stärke.

Wie schon 1960 machte ich die Runde bei den Delegationen der Bundesstaaten. Jeden Morgen wartete ich in McCarthys Suite vor seinem Zimmer, bis Abigail McCarthy herauskam und mir sagte, ob und wohin Gene an dem betreffenden Tag gehen wolle. Und, wie früher schon, bekam ich die Seufzer der Enttäuschung zu hören, wenn ich eintrat und die versammelten Delegierten sahen, daß es nicht der Kandidat, sondern Galbraith war. Ich konnte den Schlag immer etwas mildern, wenn ich Gore Vidal mitnahm. Vidal wurde damals politisch sehr gefeiert, da er sich während des Parteitags allmorgendlich im Fernsehen unflätige Redeschlachten mit William F. Buckley jr. lieferte. Wenn ich ihn den Delegierten der einzelnen Staaten vorstellte, pflegte ich darauf hinzuweisen, daß Vidal in seinem Kongreßwahlkampf ein paar Jahre zuvor in Dutchess County, New York, einen absoluten Rekord für Niederlagen der Demokratischen Partei aufgestellt habe. Was Vidal daraufhin verneinte. »Eine gute, solide Niederlage, aber kein Rekord.« Dann kam unweigerlich die Frage:

»Mr. Vidal, wo ist Ihr Freund Mr. Buckley?«

»Mr. Buckley?« antwortete er dann mit überraschtem Blick. »Oh, Buckley. Er ist drüben im Hauptquartier von Wallace und näht Kapuzen.«

Für die ehrenvolle und weniger wichtige Aufgabe, McCarthy offiziell zu nominieren, verzichtete ich auf meine Chance, zum Tagesordnungspunkt Vietnam zu reden, der im übrigen ein eindrucksvolles Beispiel für eine ausführliche, präzise und verantwortungsbewußte Debatte bot. Gouverneur Harold Hughes aus Iowa hielt die Nominierungsrede; Julian Bond aus Georgia und ich folgten. Bei all dem, was ich in jenen Tagen zu tun hatte, war mir kaum Zeit geblieben, eine denkwürdige Rede zu schreiben.

Ich hätte mir gar nicht den Kopf darüber zerbrechen sollen. Wenige Aufgaben in der Politik dürften so undankbar sein wie der Versuch, die Aufmerksamkeit eines Parteitagspublikums auf sich zu ziehen. Und als ich endlich mit meiner Rede dran war, war das Fernsehpublikum bereits nicht mehr dabei. Die Kameras zeigten die eskalierende Schlacht, die zu diesem Zeitpunkt zwischen den Demonstranten und der Chicagoer Polizei tobte. Auch war meine Rede nicht denkwürdig. Nur mit einer Improvisation in allerletzter Minute hatte ich Erfolg. Es hatte zuvor Anspielungen auf den Dichter McCarthy gegeben, und in diesem Zusammenhang war behauptet worden, daß in dieser Zeit eher praktische Männer gefragt wären. Unmittelbar vor dem Podium saß John B. Connally, damals noch Demokrat, ein Marschall der Johnson-Truppen, die jetzt für Humphrey votierten, und beredter Befürworter einer Fortsetzung des Krieges.

»Es mag«, sagte ich, »jetzt noch nicht das Zeitalter von John Milton sein. Aber gewiß ist es auch nicht das Zeitalter von John Wayne oder John Connally.«

Mitglieder der Delegationen aus Kalifornien und New York wurden für kurze Zeit aufmerksam, sprangen auf und riefen: »Connally kann uns mal!«

John wurde sofort von Reportern umringt, die ihn interviewten. Er wurde später mit der Bemerkung zitiert: »Wo ich herkomme, ist es ganz hilfreich, diesen Galbraith gegen sich zu haben.«

Nach Beendigung meiner Rede sah ich in einem hinter der Bühne liegenden Raum im Fernsehen das Gemetzel in der Innenstadt. Danach ging ich zurück ins Plenum, um jemanden aus dem Humphrey-Lager zu finden, der zu Daley und Humphrey gehen und von ihnen verlangen würde, er sollte um Gotteswillen die Polizei zurückpfeifen. Es war nicht leicht. Diejenigen, die ich bat, hatten nicht mit eigenen Augen gesehen, wie die Polizei außer Rand und Band geraten war, und ließen sich daher nicht aus der Ruhe bringen. Schließlich überredete ich Robert C. Weaver, den damaligen Minister für Wohnungsbau und Stadtentwicklung, einen Versuch zu machen. Es war zu spät und vielleicht ohnehin hoffnungslos.

Humphrey wurde mit weitem Vorsprung nominiert – 1761 Delegierte plus eine schwer begreifliche Dreiviertelstimme gegen 601 Delegierte für McCarthy und ein paar Versprengte plus South Dakota für George McGovern. McGoverns Donquichotterie hatte ihm weder von McCarthy noch von mir Beifall eingetragen. Aber Respekt und Freundschaft blieben bestehen, und irgendwann in jenen Tagen trat ich mit McGovern gemeinsam auf einer Pressekonferenz auf und beschrieb mich als einen überzeugten McCarthy-Mann mit einem umfassenderen persönlichen Loyalitätsverständnis.

Während Humphreys Sieg entschieden war, war unsere Niederlage alles andere als total. Wir gewannen überwältigend in Kalifornien, Massachusetts, Wisconsin, Oregon, New Hampshire und Iowa und verloren in New York nur knapp. Selbst Minnesota war gespalten. All dies waren Staaten, auf die Humphrey bei der Wahl im Herbst angewiesen war.

Nicht alles in dieser Woche war düster gewesen. Es gab ergreifende Momente und solche von bezeichnender Absurdität. Bei meiner Ankunft übernahm eine junge McCarthy-Freiwillige, die sich von ihrem

Job als Assistentin in einem Fotogeschäft hatte beurlauben lassen, voll die Kontrolle über mein Leben. Kurzgewachsen, mit breiten Hüften unter einem Minirock, steuerte sie meinen Parteitagswagen durch alle Verkehrslücken. Im Hotel und in der Versammlungshalle ging sie in bedrohlicher Haltung immer ein paar Schritte vor mir her, um mir den Weg freizumachen. Wenn ich mich zum Schlafen zurückzog, verschwand sie, aber wenn ich aufwachte, wartete sie draußen jedesmal schon auf mich. Als das Endergebnis bekanntgegeben wurde, brach sie in Tränen aus. Sie hatte erwartet, ja, war davon überzeugt gewesen, daß McCarthy gewinnen würde.

Eine ihrer Leistungen bestand darin, daß sie das elektronische Sicherheitssystem in der Versammlungshalle durchbrechen konnte, um, wenn nötig, ins Plenum zu gelangen. Es war für sie eine Sache von Minuten. Anderen bereitete das elaborierte System von Wachen und elektronisch kodierten Ausweisen größere Schwierigkeiten. An einem Abend kam ich zusammen mit Richard Goodwin und Leon Shull von den ADA hinter Allen Ginsberg an die Pforte. Letzteren hatte die Zeitschrift *Eve* in einer einfallsreichen Reverenz an die Literatur für die Berichterstattung über den Parteitag engagiert. Seine Kleidung, seine Frisur und sein Bart sind nur schwer zu beschreiben – sie waren weniger die eines Reporters oder Poeten als die einer Geistererscheinung. Die Wache am Drehbalken hielt ihn an. Ginsberg zeigte seinen Presseausweis vor. Die Wache weigerte sich, ihn anzuerkennen. Ein Kommissar der Chicagoer Polizei von respektheischendem Äußeren schlenderte herbei, um sich zu erkundigen, aus welchem Grund die Schlange ins Stocken geraten sei.

»Was ist los, Jack?«

»Er will herein.«

»Hat er Papiere?«

»Verdammt, er hat ja nicht einmal Schuhe!«

Ich hatte die Absicht, nach dem Parteitag und vorausgesetzt, in der Kriegsfrage kam einiges in Bewegung, Humphrey zu unterstützen und die ADA zu veranlassen, dasselbe zu tun. Die Alternative hieß Nixon. Aber das akzeptierte Ritual der Partei-, Vorwahl- und Parteitagspolitik beißt sich mit der politischen Glaubwürdigkeit. Man kann nicht eine glühende Auseinandersetzung führen, die an die höchsten Prinzipien appelliert, und dann, wenn die Sachfragen entschieden und die Würfel gefallen sind, sich die Hand geben, sagen, wie gern man sich hat, und erklären, daß die Meinungsverschiedenheiten völlig unwichtig waren. Dies galt insbesondere für 1968. Gegen Ende des Parteitags verfügte ich bei den Gegnern des Vietnam-Engagements über ein Ansehen, das nur noch von dem McCarthys übertroffen wurde. Hätte ich mich nun Humphrey und Muskie in die Arme geworfen, so hätte ich meine eigene Klientel damit bitter entfremdet. Auch war es keineswegs sicher, ob ich die ADA zur Unterstützung dieses Gespanns würde überreden können. Und der Zwang für Humphrey, uns entgegenzukommen, wäre durch ein schnelles Einschwenken auf ihn nur geschwächt worden.

Ich löste das Problem dadurch, daß ich mich in dem Moment, als die Kandidatenwahl vorüber war, unsichtbar machte und danach so schnell wie möglich die Stadt verließ. Ein paar Tage später flogen Kitty und ich nach Kalifornien, der ersten Etappe auf einer vom Zufall gut getimten Reise nach Neuseeland. Die erhitzten Gemüter würden sich inzwischen abkühlen, und Humphrey konnte von sich aus kommen.

Meine Strategie ging nicht auf. Humphrey fand mich im Fairmont Hotel in San Francisco in dem Augenblick, als wir zum Flughafen fahren wollten und der Gepäckträger unsere Koffer ergriff. Nie war Humphrey besser in Form. Eine halbe Stunde lang ließ er seiner Überredungskunst freien Lauf. Gewiß würden sich nun seine alten Freunde um ihn scharen; auch er sei einmal Vorsitzender der ADA gewesen. Ich wies mit Nachdruck darauf hin, daß er uns in der Kriegsfrage ein bedeutendes Stück würde entgegenkommen müssen. Und ich vertrat die Ansicht, es sei besser, ihn später geschlossen anstatt jetzt nur halbherzig zu unterstützen. So verblieben wir.

Bei meiner Rückkehr war bereits, wie ich vermutet hatte, der Nixon-Spuk am Werke. Im Oktober waren die ADA sicher, wenn auch nicht gerade mit Begeisterung, an Bord. Und nach einer ermutigenden Antikriegsrede Humphreys in Salt Lake City beschlossen die Liberalen und die Friedensgruppen, sich auf einer großen Konferenz für Humphrey und Muskie oder jedenfalls gegen Richard Nixon zusammenzuschließen. Das Treffen sollte im Manhattan Center, einer großen und überaus deprimierenden Halle in der West 34th Street in New York stattfinden. Shelley Winters sollte den Vorsitz führen; ich war als Hauptredner vorgesehen. Die Führer von sechs oder acht anderen Organisationen sollten dort ihre Unterstützung öffentlich bekanntgeben; die gesamte Veranstaltung würde im Radio übertragen werden. Ein langer Abend.

Ich verbrachte den späten Nachmittag mit Spendensammlungen. Bei einer Party traf ich Mrs. Vijaya Lakshmi Pandit, die Schwester von Jawaharlal Nehru, ehemalige Botschafterin Indiens in Washington und Moskau und ehemalige Präsidentin der UNO-Vollversammlung. Sie fragte, ob sie mich an jenem Abend begleiten könne. Desgleichen taten Natacha Stewart Ullman von *The New Yorker* und Prinzessin Irene der Niederlande, obwohl diese später zu einer Nixon-Veranstaltung im Madison Square Garden desertierte. Ich vertraute sie alle der Obhut meiner Frau an. Im Manhattan Center saßen sie in der ersten Reihe.

Die Reden dauerten zwei oder drei Stunden, und dann war, gegen

22.45 Uhr, endlich ich an der Reihe. Vor der Rednertribüne gab es einen Tumult; ich sah hinunter und erblickte einen vollkommen nackten Mann und eine lediglich mit alten Turnschuhen bekleidete junge Frau, die mir einen Schweinskopf heraufreichten. Dies war in jenen Tagen ein anerkanntes Kennzeichen der Mißgunst; der Beschluß, Humphrey zu unterstützen, war nicht überall auf Zustimmung gestoßen. Während ich mich bemühte, meine Rede fortzuführen, schoß mir der Gedanke durch den Kopf, daß der Mann unvergleichlich schamloser wirkte als die Frau. Die Eindringlinge wurden von der Polizei ohne viel Federlesens fortgeschafft. Als der Abend schließlich doch ein Ende fand, sagte Nan Pandit, wie sie unter Freunden heißt, draußen auf dem Broadway: »Mein lieber Ken, es war wunderbar, eine typisch amerikanische politische Veranstaltung miterleben zu können.«

Ich schloß mich in den letzten Stunden des Wahlkampfes Humphrey und Muskie in Los Angeles an und war, angeblich zur Beschwichtigung der kalifornischen Liberalen, andauernd im Fernsehen zu sehen und im Radio zu hören. Ein Auftritt galt einem gemeinsamen Interview mit einer hübschen Tochter Ronald Reagans, die sich von meinen brüderlichen Kommentaren über ihren Vater in seiner Eigenschaft als Pionier und Mitstreiter in den frühen Tagen der Americans for Democratic Action überrascht zeigte. Ein nachweisbar schwachsinniger Interviewer nagelte sie auf die Frage fest, ob es denn von ihrem Vater und dem damaligen kalifornischen Senator George Murphy, einem bekannten Sänger und Tänzer, nicht unfair sei, daß sie ihren Ruhm als ehemalige Filmschauspieler zur Förderung ihrer politischen Karrieren benutzten. Sie antwortete darauf vernünftigerweise, daß es in der Tat eine Diskriminierung bedeuten würde, wolle man Schauspieler vom politischen Leben ausschließen. Sie war überrascht und zunächst sogar erfreut, als der Fragesteller, der sich nun in Erwartung eines Widerspruchs an mich wandte, herausfand, daß ich ihr von ganzem Herzen zustimmte. Ich hatte Zeit gehabt, mir eine Antwort zurechtzulegen. Nach meiner Ansicht, so sagte ich, stelle sich das Problem der Diskriminierung ganz anders: Nach Reagan und Murphy würden Filmschauspieler nie wieder eine Chance haben. Welch ein Irrtum!

Es gibt, wie ich hinzufügen darf, eine Art politische Schlagfertigkeit, die dem, der sie beherrscht, und vielleicht noch ein paar anderen Spaß macht, dabei aber Stimmen kostet. Dies war ein Beispiel. »Warum«, so fragen die Zuschauer in so einem Fall, »muß ein großspuriger, klugscheißender Professor aus Harvard so ungezogen zu dieser netten jungen Frau sein?«

Als die Reden und die Fernseh-Marathons alle vorüber waren, flogen Ed Muskie und ich in seiner Maschine durch die Nacht nach Portland/Maine. Von dort aus begab ich mich nach Hause, um meine Stimme abzugeben. Muskie erzählte mir (wie er zuvor schon anderen erzählt hatte, denn ich erfuhr später, daß es verschiedene Versionen gab) von jenem Tag, an dem er von Maine aus in den Wahlkampf eingestiegen war. Er hatte eine Rede gehalten. Danach gab es einen Empfang. In der Reihe der Gäste, die zum Händeschütteln anstanden, kam es während der Wartezeit zu einem Gespräch zwischen einem Texaner, den Lyndon B. Johnson als seinen Vertreter geschickt hatte, und Muskies Mann aus Aroostook County.

Fragt der Texaner: »Sind Sie Farmer?«

Der Aroostook-Mann bejaht das.

»Wieviel Land bearbeiten Sie?«

»Vierzig Hektar. Kartoffeln.«

»Ich selbst habe fast zweieinhalbtausend.«

Der Mann aus Aroostook schien nicht sehr beeindruckt. Lässig erhöhte Johnsons Mann den Einsatz.

»So groß ist das Land für die Gegend, aus der ich komme, eigentlich gar nicht. Da unten im Süden von San Antonio gibt es eine Ranch, die Familie heißt Kleberg. Ich geb Ihnen mal eine Vorstellung davon, wieviel Land der Bursche hat: Der setzt sich am Morgen in seinen Wagen, und mittags um zwölf hat er das andere Ende von seinem Grund noch nicht erreicht.«

»So einen Wagen hatte ich auch mal.«

32
Die moderne Industriegesellschaft und danach

Die Vietnam-Agonie war noch lange nicht vorüber. Der Krieg sollte, während wir uns Schritt für Schritt zurückzogen, noch weitere vier Jahre dauern. Bis zum Tag der Helikopter, den das Fernsehen mit der Verzweiflung der im Stich Gelassenen und der besonderen Seelenqual von Botschafter Graham Martin zelebrierte, sollten sogar noch sechseinhalb Jahre vergehen. Martin, ein ehemaliger Freund von mir und ein gewissenhafter Beamter, wurde zum Gefangenen von Ereignissen und Plänen, die wie ein Wirbelsturm über ihn hereinbrachen und an die er, ganz nach Art eines Mannes aus dem Apparat, seine eigenen Überzeugungen angepaßt hatte. Die Schnelligkeit, mit der die Amerikaner diese bösen Tage verdrängt haben, sowie die nur in geringem Maße negativen politischen Konsequenzen sind Beweis dafür, wie niedrig die politischen Kosten eines früheren Rückzugs gewesen wären.

Mein eigener Kurs jedoch wurde nun, mit der Regierung Nixon im Amt, sehr viel einfacher. Ich stand jetzt nicht länger in Opposition zu alten Freunden, zu meiner eigenen Partei und zu einem Präsidenten, für den ich früher einmal gearbeitet hatte. Es kam nun lediglich darauf an, die Demokratische Partei so stark wie möglich gegen den Krieg einzuschwören (sowie gegen dessen Ausweitung auf Kambodscha, sobald sie bekanntgeworden war) und 1972 für einen Kandidaten zu arbeiten, der über alle Zweideutigkeiten erhaben war.

Meine Opposition gegen die Vietnampolitik der neuen Regierung war alles andere als absolut. Ich schwankte niemals in der Überzeugung, daß die »Vietnamisierung« des Krieges ein Betrugsmanöver war. Die Saigoner Regierung und die südvietnamesischen Streitkräfte waren, wie man wußte, viel zu inkompetent und viel zu sehr an ihren Geschäften interessiert, als daß sie allein hätten bestehen können. Eine solche Regierung und eine solche Armee – wie später auch im Iran – mit komplizierten Waffen, den dazugehörigen Reparatureinrichtungen, Logistik und ausgetüftelter Organisation zu belasten, vergrößert die Gelegenheit zur Korruption beträchtlich und führt am Ende mit Sicherheit zu einem noch klangvolleren Zusammenbruch. Waffen müssen, wie wir eines Tages begreifen werden, in ihrer Komplexität dem Entwicklungsstand und der Kompetenz des Landes, das sich ihrer bedienen will, entsprechen. Der Schwindel mit der »Vietnamisierung« war indessen, ebenso wie die Argumente, die ich selber früher vertreten hatte, ein politisches Deckmäntelchen für das höhere Ziel des Rückzugs. Und unter dieser Voraussetzung konnte man gar nichts gegen ihn einwenden.

An Sommerwochenenden nach 1968 traf sich in unserem Haus in Newfane und in der Nähe der großen, fleißigen Biberkolonie an unserem kleinen See ein Freundeskreis zur Diskussion über die jeweilige aktuelle politische Situation. Richard Goodwin, Gloria Steinem, Elizabeth Stevens[1] und George McGovern waren verschiedene Male mit dabei. Von Anfang an gingen wir davon aus, daß McGovern unser nächster Präsidentschaftskandidat sein würde (oder sein sollte). Er war gerade für weitere sechs Jahre in den Senat gewählt worden. Verglichen mit McCarthy war er fleißiger und verläßlicher, wenngleich weniger mitreißend künstlerisch. Keine Gedenktafel kennzeichnet den Ort, an dem diese feierlichen Diskussionen stattfanden; um solchermaßen geehrt zu werden, darf man nicht so hoch verlieren wie 1972. Darauf werde ich später noch zurückkommen. Nun muß ich jedoch ein paar Jahre zurückgehen, um einige Dinge zu erörtern, die – aus meiner eigenen Sicht – von mindestens ebenso großer Bedeutung sind.

Im Herbst 1963 hatte ich meine Lehrtätigkeit in Harvard wieder aufgenommen, und in den darauffolgenden Jahren waren meine Seminare gut besucht. Mit Hilfe dieser oder jener Tricks gelang es mir, mich weiterhin in der Politik zu engagieren, ohne daß ich, soweit ich mich erinnern kann, jemals auch nur eine einzige Lehrveranstaltung absagen mußte. Selbst die Fluggesellschaften meinten es gut mit mir; wenn sie mich ein- oder zweimal im Stich ließen, so geschah dies beim Abflug von Boston, nicht bei der Rückkehr. An langweiligen Fakultäts- und Universitätsinterna wie Berufungen, Beförderungen, Lehrplänen, Zeitschriften, anderen Veröffentlichungen und Studentenbelangen beteiligte ich mich indessen nicht oder nur wenig. Mein Einfluß auf Universitätsdinge war daher gering. Im Laufe der Zeit handelte ich regelmäßig freie Winter zum Schreiben aus und setzte mich daraufhin alljährlich für drei oder vier volle Monate in der Schweiz an die Schreibmaschine.

Anfang der sechziger Jahre war *The McLandress Dimension*[2], an der ich in Indien gearbeitet hatte – mein erster Versuch in Belletristik – erschienen und im großen und ganzen freundlich aufgenommen worden, und 1964 folgte *The Scotch,* das ich nach wie vor als mein gelungenstes schriftstellerisches Werk betrachte.[3] Dieses Buch diente, wie ich schon erwähnte, zur Überbrückung der erzwungenen Nichtstuerei des Botschafterlebens; der Hauptzweck seiner Entstehung war also der, die Zeit auszufüllen. Da kein Abgabetermin drängte, konnte ich ausgiebig über das jeweils richtige Adjektiv, den passenden Satz oder eine treffende Charakterisierung nachdenken. Meine Frau wußte überhaupt nicht, daß ich ein Buch schrieb, und erfuhr davon erst auf dem festlichen Familiendinner, auf dem ich ihr ein in schönem McDonald-Tartan gebundenes Exemplar überreichte.[4] Sie war, zu meinem Kummer, ein wenig verletzt und meinte, ich hätte sie nicht an meinem Leben teilhaben lassen. Es war nicht meine Absicht.

Kritiker, die *The Scotch* rezensierten, konnten auf Warnungen vor meinen ökonomischen und politischen Ansichten verzichten; letztere kamen darin nämlich nicht zum Ausdruck. Aus diesem und vielleicht auch noch aus anderen Gründen wurde das Buch hervorragend aufgenommen – nur nicht in Elgin County, wo man es als eine Verletzung der Privatsphäre betrachtete. Es gab viele Übersetzungen. Daß Pariser, Römer und zahlreiche Japaner auf diese Weise in den Genuß eingehender Kenntnisse über das kulturelle Leben auf Iona Station, Ontario, kamen, war gewiß sehr nutzbringend. In Kanada war das Buch ein Bestseller, was bedeutete, daß innerhalb eines Jahres zwei- oder dreitausend Exemplare verkauft wurden. Kanadier neigen in deprimierendem Ausmaß dazu, sich ihren Lesestoff in öffentlichen Büchereien zu besorgen. Mein britischer Verleger war damals Hamish Hamilton, selbst ein passionierter Schotte. Er weigerte sich, die britische Ausgabe des Buches unter dem Titel *The Scotch* herauszubringen. Nördlich des Tweed, so sagte er, würden alle annehmen, es gehe um Whisky.[5] Er griff daher auf die Beschreibung meiner Clangenossen zurück:

»Unsere schottischen Nachbarn mochten groß oder klein, dick oder dünn, untersetzt oder schlank sein, obwohl die meisten von ihnen irgendwie unauffällig dazwischen anzusiedeln waren. Es fiel jedoch sofort ins Auge, daß sie zur Dauerhaftigkeit bestimmt waren *(made to last).* Ihre Gesichter und Hände waren nicht mit einer dünnen, rosafarbenen oder weißen Haut überzogen, sondern mit schwerem, rotem Pergament, das den Zweck erfüllen sollte, ihnen ein ganzes Leben lang gegen die Unbilden der Witterung Schutz zu bieten. Es sah so aus wie Leder, und der Schein trog hier nicht.«[6]

Aus diesen Zeilen wählte Hamilton *Made to Last* als Titel aus.

Jeder, der Bücher schreibt oder herausgibt, sollte wissen, was von einem Sachbuchtitel verlangt wird. Nur wenige wissen es wirklich. Der Titel soll etwas über den Inhalt aussagen. Der Käufer im Buchladen oder der Leser in der Bibliothek muß wissen, wovon das Buch handelt. Autoren und Verleger, die dies vergessen, neigen samt und sonders zu modischen, gefälligen, wohlklingenden oder abstrakten Titeln. *Made to Last* war ein völlig uninformativer Titel. Als das Buch im Penguin-Taschenbuch erschien, sah man dies ein und nannte es *The Non-Potable Scotch* (Der nicht-trinkbare Scotch). Zu meiner Schande hielt ich den Titel anfangs für gut. Drei Titel für ein einziges kleines Buch waren zuviel.

Mehr als alles andere beschäftigte mein Denken nach meiner Rückkehr aus Indien der *New Industrial State,* ein zu jenem Zeitpunkt noch unentdeckter Titel und nicht gerade ein Ausdruck von Cleverness. Ich holte mir das Manuskript aus dem Safe des Cambridge Trust zurück, in dem es seit meiner Abreise nach Indien gelegen hatte. Daß ich einen solchen Schutz für ratsam hielt, ist ein Maßstab für die Wichtigkeit, die ich ihm zumaß, obwohl man es zum Teil wohl auch auf die Tatsache zurückführen muß, daß es damals noch keine Fotokopiergeräte gab.

Es sei daran erinnert, daß ich mit dem Buch das Ziel verfolgte, die wirtschaftliche, politische und gesellschaftliche Theorie jenes Teils der Ökonomie zu schreiben, der inzwischen von den großen Konzernen beherrscht wurde. Die tausend größten von ihnen stellten ungefähr die Hälfte aller produzierten Güter her und sorgten für Dienstleistungen, die von AT&T, den Stromversorgungsbetrieben, Kaufhäusern und Kettenläden angeboten wurden. Die Organisationsstruktur dieser Großunternehmen war skizziert worden, die Führungsmethoden beschrieben, und es gab eine große, wenn auch keineswegs überwältigende Informationsfülle über Management-Theorie, Eingriffe des Gesetzgebers usw., die durchgesehen und verwertet werden mußte. Sah man von Marx und den Marxisten in ihrem Kontext ab, so hatte niemand die Ökonomie der Riesenkonzerne als *das* ökonomische System aufgefaßt. Das Unternehmen der Lehrbücher war in seiner Struktur, seinem Einfluß auf dem Markt, seiner politischen Macht und seiner Motivation nach noch immer der mikroskopisch kleine Konkurrenzbetrieb der Marshallschen Welt. Gab es Abweichungen, so handelte es sich um den Ausnahmefall des Mono- oder Oligopols, und hier waren Motivationen und innere Struktur im wesentlichen dieselbe. Ob groß oder klein – dahinter stand noch immer die treibende Kraft des profitmaximierenden Unternehmers. Diejenigen, die glauben konnten, daß der Zeitschriftenhändler in der Nachbarschaft und General Motors Brüder im Geiste waren, daß beide in ähnlicher Weise stärkeren, von ihnen nicht kontrollierten Marktkräften unterworfen und in politischen Dingen, von ihrer Rolle als Wähler abgesehen, passiv waren, konnten alles glauben.

Viele glaubten allerdings nicht daran. Aber große Trägheit und sogar noch weniger sublime Kräfte hielten die Fiktion aufrecht. Ein Großteil der ökonomischen Diskussion – die Erstellung theoretischer Modelle, wie man es nennt – findet im Rahmen einer niemals überprüften Annahme statt. »Wir gehen von einem Konkurrenzmarkt aus.« Die Gültigkeit des Ergebnisses hängt dann nicht von der Übereinstimmung mit dem, was existiert, also mit der Realität ab, sondern davon, ob es in logisch korrekter Weise von der Annahme abgeleitet worden ist.

Es gab (und gibt) indessen auch tendenziösere Einflüsse gegen die Realität. Die Lehrbücher, die volkswirtschaftliches Wissen vermitteln, sind eine wichtige und für viele auch eine enttäuschende Einkommensquelle. Am klügsten verhält sich der Lehrbuchautor, der treu und brav wiederholt, was früher bereits gesagt worden ist, und dies mit einigen kleineren Neuigkeiten ausschmückt, auf die der Verleger in seinen Anzeigen verweisen kann. Wer so verfährt, hat die besten Chancen, daß sein Buch angenommen wird. Ein Autor, der sich kühn in die volle Realität vorwagt, der sich zum Beispiel zur Anerkennung der Welt der Großkonzerne durchringt, geht ein inakzeptables Risiko ein.[7]

Das Risiko liegt in der Infragestellung der Glaubensgrundsätze des Durchschnittslehrers sowie im gewaltsamen Zerstören des sedativen Effekts der etablierten Wirtschaftslehre. Die orthodoxe Sicht der Dinge unterwarf – und unterwirft – sämtliche Produzenten dem Markt; selbst Monopole werden durch ihre bindende Verpflichtung zur Profitmaximierung unter Kontrolle gehalten. Lediglich ihre Preise sind höher, ein anderer Punkt im Koordinatensystem. Wenn ein Unternehmen unpersönlichen Marktkräften zur Gänze unterworfen ist, verfügt es über keinerlei Machtmittel. Es steht passiv im Dienst der Konsumenten und der Öffentlichkeit insgesamt. Diese Sicht vom wirtschaftlichen, gesellschaftlichen und politischen Leben ließ und läßt es zu, daß noch immer Hunderttausende von Studenten jedes Jahr in Volkswirtschaft unterrichtet werden, ohne störende und schädliche Gedanken darüber, daß der Großkonzern infolge des ihm innewohnenden organischen Charakters Macht über Preise, Kosten, Technologie, Verbrauchergeschmack, Militärausgaben und Regierungspolitik ausübt. Es ist wahr, daß nicht alle Studenten sich von einer derartigen Ausbildung überzeugen lassen. Aber es ist immer noch sicherer, als das Thema der Konzernmacht zu einer Sache der offenen Indoktrination zu machen.

Diese gesellschaftspolitische Einlullung entsprang keinen überlegten Absichten. Sie reflektierte die nie in Frage gestellte Geisteshaltung derer, die sich mit der Konzernwirtschaft und der Macht ihrer Teilhaber in Einklang befanden. Wie ich bereits einmal erwähnte, mag es gesellschaftliche Gründe geben, die für einen solchen psychischen Dämmerzustand sprechen. Es mag besser sein, den Menschen störende Gedanken zu ersparen. Aber hier melden sich zwangsläufig Zweifel an. Bei hochzeremoniellen Anlässen sprechen sich Redner aus Universitätskreisen öffentlich für die Wahrheit und gegen die Bequemlichkeit aus. Ihre Rhetorik sollte der Praxis nicht gar so deutlich untergeordnet sein.

Die erste Aufgabe beim Schreiben des *New Industrial State* bestand darin, die dominierende Rolle jener Handvoll von Großkonzernen festzustellen und ihren Anteil an der Gesamtproduktion aufzuzeigen. Der bimodale Charakter der modernen industriellen Ökonomie erklärt sich wie folgt: Es gibt noch immer Millionen von Kleinunternehmern, aber die Hälfte des privatwirtschaftlichen Sektors befindet sich in Händen der Großen. Dies zu beweisen war nicht schwierig. Die Statistiken waren hervorragend und im allgemeinen unwiderlegbar. Die Verhältnisse in den Vereinigten Staaten entsprechen außerdem denen in anderen Industrieländern. Die von den Konzernen beherrschte Hälfte nannte ich das Industrielle System *(Industrial System)*, eine unverdient schmeichelhafte Bezeichnung, die ich in späteren Auflagen in Planungssystem *(Planning System)* abänderte.

Der Großbetrieb sucht die Kräfte, die auf ihn einwirken, zu kontrollieren; dies ermöglicht Planung. Der Markt, aus seiner Natur heraus unberechenbar, muß soweit wie möglich ausgeschaltet werden; Preise, Kosten, Verbraucherverhalten und Regierungspolitik gilt es soweit wie möglich unter Kontrolle zu halten. Wenn ein neues Automobil drei oder fünf Jahre nach riesigen Anfangsinvestitionen in großer Stückzahl auf den Markt geworfen werden soll, muß, innerhalb einer sicheren Marge, eine bestimmte Gewißheit über den zukünftigen Preis bestehen. In ähnlicher Weise müssen die wichtigsten Zulieferungsquellen und die Kosten feststehen. Und aus den Einnahmen sowie aus einem angemessenen Verhältnis zu Banken angemessener Größenordnung muß sich die Gewißheit ergeben, daß das erforderliche Kapital vorhanden sein wird. Wenn das Auto schließlich herauskommt, muß es Händler geben, die es verkaufen, und Verbraucher, die man dazu bringt, genau die vorgelegte Mischung aus Originalität und Banalität erwerben zu wollen. Schließlich muß eine genügend große Einflußnahme auf den Staat gegeben sein, um sicherzustellen, daß Straßen vorhanden sind, die die Leute mit ihren Autos befahren können, und daß keine willkürliche oder inopportune Sicherheitsvorschrift oder Verordnung zur Reinhaltung der Luft den Verkauf und den Gebrauch des Wagens behindert. Die Chrysler Corporation zeigt, was passiert, wenn die Planung versagt.

Der Umstand, daß eine so umfassende ökonomische und politische Macht ausgeübt wird, sollte weder Überraschung noch Entrüstung hervorrufen. Wenn man davon ausgeht, daß Automobile – oder Gummireifen, Chemikalien, Stahl und hundert andere Produkte –, so, wie die Öffentlichkeit es verlangt, in riesigen Quantitäten produziert werden müssen, dann sind Planung und somit Kontrolle unerläßlich. Ökonomen, die von der unpersönlichen Autorität des Marktes geistig gelähmt sind, protestieren nun und sagen, dem sei nicht so. Desgleichen die Sprecher der Unternehmen, die die anspruchslose Litanei von der freien Marktwirtschaft herunterleiern. Anerkannt wird die Wahrheit von denjenigen, die ernsthafte operative Verantwortung tragen, also vom Management der Konzerne, für die Planung in einem kontrollierten Umfeld eine alltägliche Gegebenheit ist, aber auch von Betriebswirtschaftlichen Hochschulen, die Planungstechniken und Mechanismen der Marktkontrolle breite Aufmerksamkeit widmen.

Als der *New Industrial State* Form annahm, gewann auch die Vorstellung von einer Matrix, in der alle Teile der modernen Konzernökonomie eine beachtenswerte und mitunter verblüffende Interrelation zeigten, an Konturen. Diese Entdeckung war in mehrfacher Hinsicht der lohnendste Teil der Arbeit. So erschien die moderne Steuerung der Gesamtnachfrage in der Wirtschaft – die Gewährleistung, daß ein Mangel an effektiver Kaufkraft nicht wieder zu einer verheerenden Depression führen würde – nicht länger als einmalige wirtschaftspolitische Innovation. Sie war vielmehr Teil der staatlichen Anpassung an die Notwendigkeiten der Konzernplanung und wurde aufgrund der Instabilität erforderlich, die jetzt der relativen Starre der Preise und der Löhne bei den Konzernen innewohnte, sowie aufgrund des großen Investitionsspielraums, über den die Konzerne bei ihren Entscheidungen inzwischen verfügten. Die Steuerung der Gesamtnachfrage suchte die extremen Absatzschwankungen zu verhindern, gegen die die Planung eines individuellen Konzerns nichts ausrichten konnte. Damit fügte sie der Konzernplanung eine weitere Sicherheitsdimension hinzu.

Die Macht der Konzerne über die Preise eliminierte in ähnlicher Weise Ungewißheiten über die Lohnkosten. Lohnerhöhungen konnten nämlich nach dem zeremoniellen Austausch einiger Beleidigungen zugestanden und dann an die Öffentlichkeit weitergegeben werden. Die Gewerkschaft wurde eine Art Behörde, die die tägliche Arbeitsroutine und das Schlichtungswesen überwachte. Da sie nicht mehr kämpfen mußte, büßte sie, keineswegs überraschend, ihre gesellschaftliche Militanz ein.

Der explosionsartige Aufschwung der universitären Ausbildung und Forschung war im allgemeinen als ein originärer Akt sozialer Aufklärung angesehen worden. Plausibler ist jedoch die Erklärung, daß es den neuen, ganz erheblichen Bedarf des Planungssystems an qualifizierten Managern, gutausgebildetem technischem und wissenschaftlichem Personal sowie einer Flut von brauchbaren wissenschaftlichen und technischen Innovationen reflektierte.

Die enorme Größe der Konzerne und die damit verbundenen Planvorhaben waren eng verknüpft mit Strukturveränderungen im Konzern. Ein einzelner Mensch, dessen Machtposition sich von seinem Eigentum herleitete, konnte in der Organisation nicht länger nennenswerte Macht ausüben. Alle wichtigen Entscheidungen erforderten das gemeinsame Wissen und die gemeinsame Erfahrung vieler Menschen – von Produktionsfachleuten, Marketingspezialisten, Werbegenies, Ingenieuren, Wissenschaftlern, Rechtsanwälten, Buchhaltern, Steuerexperten, Gesetzgebungsspezialisten und Leuten, die anderweitig auf dem Sektor der Regierungsverordnungen Bescheid wußten. Auf diese Weise verschwand der klassische Unternehmer. Zugang zu Wissen und Geschicklichkeit im Umgang mit ihm wurden die neue Quelle der Macht. Der einzelne Aktionär, der mit dem Management nichts zu tun hatte, wurde, selbst wenn er über bedeutende Anteile verfügte, zur weitgehend passiven Figur. Er oder sie mochte vielleicht einen Sitz im Aufsichtsrat haben und dort respektvolle Zuhörer finden. Aber es war nun gewiß, daß seine oder ihre uninformierten Ideen auch prompt wieder vergessen würden.

Indem die Macht auf diejenigen überging, die das relevante Wissen besaßen, fiel sie einem Kollektiv zu, welches ich als Technostruktur bezeichnete. Dieses anonyme Kollektiv entpuppte sich als die wahre Quelle der Unternehmensmacht. Zu ihrer Zeit waren John D. Rockefeller, J. P. Morgan, Henry Ford und Julius Rosenwald volkstümliche Männer ersten Ranges. Ihre kapitalistische Macht wurde allenthalben gefeiert oder verdammt. Heute kennt niemand außerhalb der unmittelbaren Konzernkreise den Namen der Chefs von Exxon, Morgan, Guaranty, Ford oder Sears. Kein Beben durchfährt den Aktienmarkt, wenn der Vorstandsvorsitzende einer dieser Firmen zurücktritt, sich dem Alkohol hingibt oder einen Herzschlag erleidet. Der Markt akzeptiert die Realität - und diese besteht darin, daß die Macht bei der Organisation liegt, in der Technostruktur.

Nun rückte auch einer der angenehmeren Widersprüche in der etablierten Doktrin ins Blickfeld, und niemand sollte das Vergnügen in Zweifel ziehen, das selbst der mitleidvollste Wissenschaftler empfindet, wenn er seine Berufskollegen in einem Konflikt mit der Logik ertappt. In der gesamten neoklassischen Orthodoxie spielt das Profitmotiv eine entscheidende Rolle. Es ist die simple Muskelkraft, die die gesamte Wirtschaftsmaschinerie bewegt und belebt. Doch je weiter das Konzernsystem ausreift, desto mehr Macht geht auf die Technostruktur über. Und dieser Prozeß ist derart offenkundig, daß selbst die Orthodoxen die Kontrolle des Managements über den modernen Großkonzern längst eingestanden haben. Dies jedoch bedeutet, daß die Profite jetzt von Menschen erstrebt und maximiert werden, die sie nicht bekommen. Die Konzernmanager, die nicht selbst Eigner sind, arbeiten, planen, erneuern und investieren nun, um die Enkünfte von Aktionären zu erhöhen, die sie nicht einmal kennen. Ich brachte den Vergleich mit einem sexbesessenen Mann, der sein Leben darauf verwendet, die sexuellen Chancen anderer Menschen, denen er nie begegnet ist, zu vergrößern.

Eine Versöhnung wurde dadurch möglich, daß man das Wachstum der Konzerne und des Profits der Konzerne zum Ziel der Technostruktur erklärte. Wachstum bedeutet größere Verantwortung und höhere Bezahlung für diejenigen, die dazu beitragen. Und auch in einem Großkonzern gibt es Motivation. Sie entspringt dem Wunsch nach Anerkennung bei den Kollegen und dem allgegenwärtigen Drang, sich mit den Zielen der Organisation zu identifizieren, sowie der damit verbundenen Hoffnung, mit entsprechendem Einsatz die Ziele der Organisation an die eigenen anzupassen. Ich analysierte diesen Motivationsbegriff und kam zu dem Schluß, daß der Großkonzern, je größer er wird, immer mehr vom profitorientierten Unternehmen abweicht und sich immer mehr der andersgearteten und besonderen Motivation der Organisation angleicht. Daran ist nichts Bemerkenswertes. Die Männer, die in der Vergangenheit im Marine Corps dienten, taten dies nicht des Geldes wegen, sondern weil sie stolz darauf waren, Marines zu sein. Durch ihre Identifikation mit dem Corps wurde ihre Persönlichkeit aufgewertet, und sie glaubten, sie durch ihr Dabeisein zu verbessern. Die aufgeklärten Beamten im Auswärtigen Dienst arbeiten nicht des Geldes wegen im Außenministerium; sie tun dies vielmehr, weil sie die Anerkennung ihrer Kollegen suchen, sich selbst mit der außenpolitischen Position des Ministeriums identifizieren oder weil sie hoffen, diese Politik an ihre eigene anpassen zu können.[8] Und so ist es auch in der Welt der großen Industriekonzerne.

Die organisatorischen Imperative, die die Massenproduktion dominieren, sind keine besondere Eigentümlichkeit des Kapitalismus. Das gleiche gilt für das Motivationssystem. Ich hatte sie mir in der Sowjetunion angesehen und war dabei zu einer weiteren höchst ominösen Schlußfolgerung gelangt, auf die ich bereits eingegangen bin. Wo immer Großorganisationen existieren, stehen sie vor den gleichen oder ähnlichen Imperativen. Der große kapitalistische Konzern und das große sozialistische Kombinat haben weitgehend die gleiche Organisationsstruktur; sie reagieren auf die gleichen technologischen Erfordernisse; sie prägen den Gemeinden, in denen sie angesiedelt sind, ihre Ansprüche und ihre Kultur in ähnlicher Weise auf. Die Motivation – das heißt die Sehnsucht nach Anerkennung durch Kollegen, die Identifikation mit den Zielen der Organisation, der Wunsch, diese den eigenen anzupassen – ist gleichfalls ähnlich, wenn nicht identisch. Die moderne kapitalistische Organisation und die fortgeschrittene sozialistische Organisation sind einander nicht diametral entgegengesetzt. Sie befinden sich weitgehend auf Konvergenzkurs – einer Konvergenz nicht in der unvermeidlichen Macht des Marktes, sondern in den gemeinsamen Erfordernissen der Technologie und der Massenproduktion, der damit verbundenen Organisationsform, im gemeinsamen Planungsbedarf und in ähnlichen Motivationskräften.

Zwischen dem Herbst 1963 und dem Herbst 1966 gab es Wochen und Monate, in denen, wie schon zuvor, der *New Industrial State* von meinem ganzen Leben Besitz ergriff. Meine Gedanken waren vom frühen

Morgen bis zum Schlafengehen damit beschäftigt. Fast ununterbrochen tauchten neue Erkundungslinien auf, neue Möglichkeiten zu klarer oder überzeugender Darstellung. Ende 1966 war das Buch schließlich fertig und ging an den Verlag. Ich war von der BBC eingeladen worden, in jenem Herbst in London die Reith Lectures[9] zu halten, und nahm die Druckfahnen mit ins Flugzeug, um sie zu korrigieren und zu bewundern. Zunächst mit Überraschung, dann mit Entsetzen und schließlich mit nahezu unkontrollierbarer Wut stellte ich fest, daß mein damaliger Lektor bei Houghton Mifflin, normalerweise ein sehr zurückhaltender und sorgfältiger Mann, beschlossen hatte, meine Nomenklatur zu verbessern und zu verdeutlichen. Aus »Wettbewerb« war »freier Wettbewerb« geworden; jedesmal, wo es »Kapitalismus« geheißen hatte, stand nun »unser amerikanisches System des freien Unternehmertums«; der Markt war zum »freien Markt« geworden. Überall herrschte Freiheit. In einer Geste der Versöhnung und der Beschwichtigung ließ der Verleger nahezu das gesamte Buch noch einmal setzen. Seitdem sind mir derartige Lektoratsverbesserungen stets erspart geblieben.

Die britische Öffentlichkeit nahm meine Gedanken mit äußerlicher Gelassenheit auf.[10] Als das Buch herauskam[11], entsprach die Reaktion allen meinen Hoffnungen und ging noch beträchtlich darüber hinaus. Es lief sofort gut an und erreichte hohe Verkaufsziffern – mehr als einhunderttausend Exemplare der Hardcover-Ausgabe in den ersten Monaten. Auch zwei weitere Auflagen und verschiedene Taschenbuchausgaben verkauften sich sehr gut. Ein Senatskomitee unter dem Vorsitz von Wayne Morse aus Oregon rief mich zur Erläuterung meiner Ansichten vor ein großes Publikum in den Plenarsaal des Senats. Senator Russell Long lenkte die Aufmerksamkeit auf meine Schlußfolgerung, der moderne Großkonzern habe viel Entscheidungsfreiheit bei der Festlegung der Preise, und fragte, ob dies auch für die Arzneimittelhersteller gelte. Ich bejahte dies, worauf er die Frage stellte, ob man ihnen, wenn dem so sei, nicht sagen könne, sie sollten ihre Preise reduzieren. Im Prinzip bestätigte ich dies, und er gratulierte mir zu einer der nützlichsten Entdeckungen in der Wirtschaftsgeschichte.

Übersetzungen des *New Industrial State* erschienen in allen westlichen Industrieländern sowie in der Sowjetunion, in Ungarn, Polen und Jugoslawien. Mein deutscher Verlag, Droemer Knaur in München, ein Haus, das für seine Kunstbücher bekannt ist und nun zu seiner eigenen Überraschung mit Wirtschaftswissenschaften zu tun hatte, zeigte sich besonders verwundert, als das Buch auf den deutschen Bestsellerlisten emporkletterte.

Die orthodoxen Rezensionen waren wie erwartet. Robert Solow vom MIT in *The Public Interest* und Scott Gordon im *Journal of Political Economy* der Universität von Chicago waren besonders eloquent. Eine solche Aufmerksamkeit ist sehr zu begrüßen. Derartige Kritiken sind, vielleicht unverdient, eine Werbung für die schöpferische Kraft des Rezensierten. Und die Entrüstung des Rezensenten, sein aufgeputschter Glaubenseifer oder ganz einfach sein Wunsch, zu zerstören, ersetzen regelmäßig sorgfältige Kommentare. Folglich kann man im Gegenzug deplazierte Angriffe, Irrtümer und Absurditäten sehr vorteilhaft ausnutzen und gewinnt dabei noch die Aufmerksamkeit, die jeder polemische Schlagabtausch unweigerlich auf sich zieht. Solows Rezension war in dieser Hinsicht besonders wertvoll. Meine Antwort war, wie ich glaube, ein vollendeter Gegenverriß, und der Streit wurde zu einem obligatorischen Bestandteil in Textbüchern, die man Wirtschaftsstudenten zur zeitweiligen Erholung von ihren Lehrbüchern gibt.

Eine breitere Leserschicht wurde von Irving Kristol in *Fortune* davor gewarnt, daß ich die gesamte logische Grundlage des Kapitalismus unterminiere. Das hatte ich beabsichtigt. Deshalb antwortete ich darauf nicht.

Die weniger motivierte Reaktion war positiver, und dies galt auch für die der Studenten in Harvard. Seit einigen Jahren hatte ich in meiner Hauptvorlesung Social Science 134 nach und nach Kapitelentwürfe aus dem *New Industrial State* vorgetragen. Anfänger waren in großer Zahl von den umfassenderen, aber leider auch rigoroser orthodoxen Einführungskursen abgesprungen und zu mir gekommen. Nach der Veröffentlichung des *New Industrial State* erlebte ich einen plötzlichen Rückgang bei meinen Hörerzahlen, da meine jüngeren Kollegen im Grundkurs nun zusammen mit den konventionellen Lehrbüchern ihren Studenten den *New Industrial State* zur Lektüre gaben. Mich brauchten sie dabei nicht.

Als John Stuart Mill seine *Principles of Political Economy* beendet hatte, brachte er das Manuskript zum Verleger, und ungefähr vierzehn Tage später wurde das Buch bereits verkauft. Heutzutage, im Zuge des Fortschritts, würde es mindestens sechs Monate lang dauern, bis er die fertigen Bände zu Gesicht bekäme. Während der *New Industrial State* diese lange Keimungsperiode durchlebte, schrieb ich den Roman *The Triumph.* Die Idee dazu spukte mir schon lange im Kopf herum, denn nur im Roman kann man die hervorragend ausgebildeten, absolut selbstsicheren und so überaus erhabenen außenpolitischen Experten voll auswerten, die, unterstützt durch die gesamte verfügbare Intelligenz, von falschen Annahmen ausgehen und katastrophale Ergebnisse heraufbeschwören. In meinem Roman führt der Staatsmann Grant Worthing Campbell das Außenministerium während der letzten Tage eines zentralamerikanischen Diktators, Luis Miguel Martínez Obregón, der die besitzmehrenden Eigenschaften von Trujillo und Somoza in sich vereint und in einer Hauptstadt residiert, deren lebendige Vorbilder Port au Prince, Santiago und Guatemala City sind. Der Diktator wird gestürzt und durch einen ehrenwerten, aber auch ehrgeizigen Sozialdemokraten ersetzt, dessen Ansichten und Mitstreiter in Washington die finstersten Verdächte erregen. Verzweifelt benötigte Hilfe wird verweigert. Statt dessen wird der Sohn des Diktators, ein Student an der University of Michigan, ermuntert, nach Hause zurückzukehren, wo er durch einen Putsch junger Offiziere an die Macht gelangt. Unvorhergesehenes Pech ist es, daß der junge Martínez in Ann Arbor zum Radikalen, ja zum Kommunisten geworden ist. Von US-Flugzeugen eingeflogene Waffen helfen ihm bei der Festigung seiner Position. Noch nie war die Sozialisierung der Produktionsmittel so leicht; alles, was auch nur von geringem Wert war, hatte seinem Vater gehört. Die Besitzrechte mußten lediglich auf die Regierung übertragen werden.

Arthur Schlesinger, der einen frühen Entwurf von *The Triumph* las, meinte, meine Liebesszenen läsen sich wie Forschungsberichte aus der Entbindungsstation einer Bostoner Frauenklinik. Ich nahm sie heraus, ja, ich strich sämtliche Frauen. Niemandem fiel es auf.

Als *The Triumph* etwas abseits vom Broadway als Bühnenstück aufgeführt wurde, war die Liebe wieder mit von der Partie. Verschiedene Darsteller gingen, soweit es sich beurteilen ließ, aus nicht ganz ersichtlichen Gründen miteinander ins Bett und vollführten dort gymnastische Übungen. Es war schlimm. Gott sei Dank wurde das Stück wieder abgesetzt, bevor irgend jemand darauf aufmerksam wurde.

Nur wenige Arbeiten haben mir größere Freude gemacht als die Arbeit an diesem Roman. Ich schrieb zunächst in Gstaad, dann hoch über dem Canal Grande in Venedig und zuletzt in Deyá auf Mallorca. Wenn ich mir abends durchlas, was ich geschrieben hatte, empfand ich fast orgiastische Schöpferfreude. Die Personen wurden zu meinen Begleitern. Ich spazierte tagtäglich durch die Straßen von Flores, der Hauptstadt von Puerto Santos, meiner kleinen, gefährdeten Republik. Nach der Veröffentlichung kam das Buch sofort auf die Bestsellerliste. Mein Verleger gab mir eine eindrucksvolle Urkunde, auf der meine Leistung gerühmt wurde. Nie zuvor hatte sich einer seiner Autoren in ein und demselben Jahr sowohl auf dem Gebiet der Belletristik als auch auf dem Sachbuchsektor in dieser illustren Gesellschaft befunden. Erneut breche ich meinen Vorsatz, nicht über Geld sprechen zu wollen. Die Einnahmen von *The Triumph,* einschließlich des Verkaufs zweier Filmversionen, die jedoch nie gedreht wurden, entsprachen grob gerechnet dem, was ich in den ersten fünfzehn Jahren als Harvard-Professor verdiente. Während meiner Arbeit an dem Buch erhielt ich auch einen tiefen Einblick darein, wie sich die Geschichte auf die Sorgen der Gegenwart auswirkte.

In Deyá, an dem olivenbestandenen Küstenhang, arbeitete ich in einem Haus, das Ricardo Sicré gehörte, einem gebildeten spanischen Bankier und Geschäftsmann und Freund von Robert Ranke-Graves, der gleich gegenüber wohnte. Eines Nachmittags, ich hatte gerade aufgehört zu arbeiten, kam Graves in unser Wohnzimmer und sah dort die *International Harald Tribune,* die neben meiner Schreibmaschine lag. Groß und schwarz verkündete die Schlagzeile: Gamal Abd el Nasser hatte gerade den Golf von Akaba geschlossen. Krieg zwischen Israel und Ägypten schien nun unvermeidlich zu sein.

Graves wandte sich von der Zeitung ab und sagte zu mir: »Sie machen sich keine Sorgen wegen dieser Israels [sic], oder?«

Doch, sagte ich. Ein kleines Land umgeben von so vielen feindlichen Nachbarn ...

»Ihre Generation, mein lieber Ken, hat wohl keine vorklassische Geschichte mitbekommen, wie?« In der Tat, zu den Hauptfächern gehörte dieses Gebiet am Ontario Agricultural College nicht.

Graves fuhr fort: »Ist Ihnen klar, daß die ägyptische Armee ihren letzten militärischen Erfolg im Jahre 1299 vor Christus bei Kadesh gegen die Hethiter errang?«[12]

1972 beteiligte ich mich an den Vorwahlen und im Herbst am Wahlkampf für George McGovern. Als Delegierter nahm ich auch in seinem Namen am Parteitag in Miami teil. Ich blieb dort einem gewissen Hang zur politischen Katastrophe treu und trug zumindest am Rande zu McGoverns Pech und seiner späteren Niederlage bei.

Nach John F. Kennedys Tod war George McGovern mein engster Freund unter den Politikern, ausgenommen vielleicht Edward Kennedy. Er ist ein gütiger, hochintelligenter und humorvoller Mann, der mit hartnäckiger Aufrichtigkeit liberale Ziele verfolgt. Vielleicht war er zu kompromißlos er selbst, um ein erfolgreicher Präsidentschaftskandidat zu sein. Da gab es George McGovern, der immer George McGovern blieb.

Am Tag nach seiner Nominierung in Miami befand ich mich gegen zwölf Uhr mittags kurz in meinem Hotelzimmer, bevor ich mich mit Demetrius Sakellarios, der lange Jahre als Funker auf amerikanischen Handelsschiffen und Tankern gearbeitet hatte und der kompetenteste Autodidakt ist, den ich kenne, zum Essen traf. Nach einer langen Nachtsitzung war der Vormittag ziemlich anstrengend gewesen. Die 104 Mann starke Delegation aus Massachusetts hatte getagt und sich – vor allem bei mir – darüber beschwert, daß ihre Mitglieder nicht auf dem laufenden gehalten würden. Eine beiläufige Bemerkung McGoverns, der Rückzug aus Vietnam könne an den Verbleib einer Resttruppe gebunden werden, hatte die Spannung noch weiter angeheizt. Irgend jemand hatte vorgeschlagen, den Raum unter Protest zu verlassen, falls dies wirklich die politische Linie sei. Auf jeden Fall: Was ging da vor?

Nun erhielt ich einen Anruf aus McGoverns Suite. George hatte sich für Kevin White als Vizepräsidentschaftskandidat entschieden.

White war damals wie heute, da ich dies schreibe, Bürgermeister von Boston und überhaupt der beste unter den zeitgenössischen Großstadtbürgermeistern. Boston ist während seiner Amtsjahre aufgeblüht; und ein Großteil dieser Veränderung ist ihm zu verdanken. Aber 1972 hatte Kevin White in der Vorwahl von Massachusetts die Muskie-Liste angeführt, und ich sah für den Fall, daß McGoverns Wahl bekannter werden sollte, einen weiteren Eklat in der Delegation voraus. Meine Freunde wären der Ansicht gewesen, daß sie gerade in dieser Frage am allerehesten hätten konsultiert werden müssen. Ich fürchtete, es könne zu einem Auszug aus dem Plenum kommen. Daher ging ich ins Zimmer nebenan und suchte dort den Kongreßabgeordneten Robert Drinan auf, der ebenfalls Delegierter war. Er wollte es nicht glauben.

»Kevin White? Der heißt ja genauso wie der Bürgermeister von Boston!« Ich rief McGovern an und erzählte ihm von meinen Befürchtungen. Die Zeit drängte, und er sagte, er würde sich nun an seine zweite Wahl wenden, Senator Gaylord Nelson aus Wisconsin. Ich ging zum Essen und drehte am Nachmittag den Fernseher an, um die Bekanntgabe des Namens mitzubekommen. Nelson hatte abgelehnt; Vizepräsidentschaftskandidat würde Senator Thomas Eagleton aus Missouri sein.

Sofort lief eine gewaltige Kampagne gegen diesen hervorragenden Mann an, die sich auf die Behandlung konzentrierte, der er sich wegen einer vorübergehenden unerfreulichen, aber in keiner Weise katastrophalen oder auch nur außergewöhnlichen Depression unterzogen hatte. McGovern gab nach und ersetzte ihn durch Sargent Shriver. Der Wahlkampf stand von Anfang an unter einem schlechten Stern.

Der Legende nach soll Edward Kennedy gegen White sein Veto eingelegt haben, weil er in ihm einen politischen Rivalen in Massachusetts sah, und ich agierte angeblich als sein Vollstrecker. Ich hatte weder an diesem Tag noch überhaupt während des Parteitags mit Kennedy Kontakt. Und er opponierte nicht gegen die Wahl Whites, wenngleich er vielleicht vorübergehend Bedenken dagegen hatte. Die einzig wirksamen Einwände kamen von mir.

Dies war ein Fehler. Was immer die Entscheidung an Unruhe in die Delegation gebracht hätte – diese hätte keine dauerhaften Auswirkungen gehabt. Wieder in Cambridge, schrieb ich an White, um ihm mitzuteilen, daß mir mein Verhalten leid täte. Wir einigten uns darauf, nicht mehr über die Sache zu sprechen. Unsere Freundschaft blieb bestehen. 1979 unterstützte ich ihn in seinem Kampf um dic Wiederwahl als Bürgermeister, und zwar mit dem Slogan: »Sie müssen nicht in Boston leben, um für Kevin White zu stimmen.« Klugerweise wurde dieser vor der Bekanntgabe geändert und lautete dann: »Sie müssen nicht in Boston leben, um für Kevin White zu sein.«

33
Letztes Kapitel

Leser und ganz besonders auch Autoren seien vor Büchern von über Sechzigjährigen gewarnt; der schöpferische Impuls bleibt nach meiner Überzeugung länger erhalten als die Kritikfähigkeit gegenüber dem Geschriebenen. Wenn man weiterschreibt, muß man sich vor allem davor in acht nehmen, sich selbst zu plagiieren. Es fallen einem Worte von wohlklingender Bedeutung oder Aussagekraft ein. Der so formulierte Gedanke besticht durch Klarheit und Brillanz. Bald fällt einem auf - manchmal allerdings auch nicht -, daß ein Grund für die ganze Schönheit darin liegt, daß man alles schon einmal gesagt hat.

Als ich nach Beendigung des *New Industrial State* zu dem Schluß kam, ich müsse diesem und der *Affluent Society* einen weiteren Band folgen lassen, nahm ich dieses Risiko in Kauf. Das dritte Buch würde das Planungssystem - die tausend Riesenkonzerne - in den gesamtwirtschaftlichen Zusammenhang stellen. Ich wollte den Bedingungen nachgehen, unter welchen diese rund tausend Giganten, die die Hälfte des Bruttosozialprodukts der Nation stellen, mit den Millionen von Kleinbetrieben koexistieren, die die andere Hälfte ausmachen. Außerdem würde sich dieses Buch im Detail mit der staatlichen Politik befassen, die diese bimodale Wirtschaftsstruktur erforderte. Zuerst dachte ich daran, all dies im didaktischen Ton eines Lehrbuches zu erklären. Ich hätte somit die neoklassische und Keynesianische Vormachtstellung bei der Ausbildung von Studienanfängern herausfordern können. Ich gab diese Absicht jedoch nach ein paar Tagen wieder auf. In den archaischen Lehrbüchern steht eine Menge Wahres, und das hätte ich mit aufnehmen müssen. Ich fand, daß ich mich in klarem, schnörkellosem Englisch nicht über etablierte Wahrheiten verbreiten konnte. Das war mir zu langweilig.

R.A. Butler, neben vielem anderem ehemaliger britischer Schatzkanzler, dessen Autobiographie ich später dem amerikanischen Lesepublikum vorstellte, war inzwischen Master des Trinity College in Cambridge/England. Er lud mich ein, als Fellow an das College zu kommen und mich dort zum Schreiben zurückzuziehen. Total sollte meine Abgeschiedenheit nicht sein; es war vorgesehen, daß ich während der ersten beiden Trimester des akademischen Jahres 1970/71 eine Reihe von Vorlesungen halten sollte, wodurch mir, wie schon früher, die Gelegenheit gegeben würde, meine Gedanken an einem lebendigen Publikum zu testen. Im Oktober 1970 richtete ich mich in Nevile's Court in einer komfortablen Wohnung – die Briten machen physisches Unbehagen nicht mehr zum Preis des akademischen Erfolges – häuslich ein und gestattete mir, wenn ich müde war, meine Blicke über die Wren Library schweifen zu lassen, die nach der King's Chapel das ausdrucksvollste Gebäude in Cambridge ist. Anders als in Harvard, wo das Belegen eines Kurses auch die Absicht zur Teilnahme impliziert, was durch Prüfungen noch verstärkt wird, ist der Vorlesungsbesuch an englischen Universitäten freiwillig. Die Anzahl der Teilnehmer gegen Trimesterende ist eine brutale Richtschnur für den Erfolg der Bemühungen, die vorangegangenen Vorlesungen interessant zu gestalten. Ich fing mit ungefähr 300 Studenten an; im folgenden Frühjahr war ihre Zahl auf ein Drittel oder weniger geschrumpft, und ich hörte voll Mitgefühl von einem amerikanischen Gastprofessor in Oxford, der mit fünf Studenten anfing und am Ende überhaupt keinen mehr hatte.

Die Voraussetzungen zum Schreiben waren fast zu perfekt. Der Portier vermittelte vor dem Mittagessen keine Telefongespräche weiter. Das Eintreffen der morgendlichen Post war eine hochwillkommene Unterbrechung, und mit ihr kamen die neuesten Nachrichten aus dem College: »Professor Galbraith, ich bedaure, Ihnen mitteilen zu müssen, daß wir heute morgen Professor Broad an seinem Schreibtisch sitzend vorfanden. Er war ganz tot.«[1] Mein Rückfall ins Junggesellendasein war nicht ganz vollständig, denn Kitty nahm sich in London eine Wohnung. Aus den ersten Jahren unserer Ehe hatte sie eine starke Aversion gegen den selbstgefälligen männlichen Chauvinismus der englischen College-Szene zurückbehalten. In Wirklichkeit machten sich zwar langsam zivilisierte Ansichten breit, aber ihre Entdekkung, daß Ehefrauen im Gegensatz zu nicht mit Angehörigen des Colleges verwandten Frauen von Rang noch immer nicht an der High Table des Trinity College zugelassen waren, stimmte sie alles andere als versöhnlich. An einem Abend wurde das Gebot außer Kraft gesetzt, als der Kaplan Kitty und ich die Frau des Kaplans einlud.

Economics and the Public Purpose[2], wie das dritte Buch in meiner von Wohlmeinenden als Trilogie bezeichneten Serie schließlich hieß, berichtete unter anderem darüber, wie der Kleinbetrieb überlebt. In Großbetrieben sind den Arbeitsanforderungen Grenzen gesetzt; dem Kleinunternehmer steht es frei, sich selbst auszubeuten. In dieser Rolle kann er ein sehr strenger Arbeitgeber sein. In den Industrien, einschließlich der Landwirtschaft, in denen die Leute nicht in Sichtweite miteinander oder an ungenormten Aufgaben arbeiten, sind solche Arbeitsmethoden vorteilhaft, durch die Fleiß belohnt und Trägheit bestraft wird. Es ist dies eine inhärente Eigenschaft des Klein- oder Einmannbetriebs und im übrigen der Grund dafür, daß sich die Landwirtschaft so schlecht für den Sozialismus eignet. Eine letzte und wichtige Ursache für das Überleben des Kleinbetriebs ist die wachsende industrielle Bedeutung von Kunst und Ästhetik. Wenn die Dinge erst einmal gut funktionieren, wollen die Leute, daß sie auch gut aussehen. Bei ausreichender Versorgung mit - oder einem Übermaß an - materiellen Gütern suchen die Leute nach Unterhaltung und ästhetischer Befriedigung. Daher rührt, was oft verkannt wird, die wachsende wirtschaftliche Bedeutung des Künstlers in seinen verschiedenen Erscheinungsformen.

Von seltenen Ausnahmen abgesehen, paßt der Künstler nur schlecht in eine Organisation. Außerdem neigt er dazu, mit seinesgleichen zusammenzuglucken - in London, Paris, irgendwo in Italien oder in Los Angeles. Dort verkauft er sein Produkt - Design, Gemälde, Musik oder was auch immer - als Individuum oder in einem Kleinbetrieb.

Die Erwähnung Italiens verdient besondere Beachtung. Die moderne italienische Wirtschaftspolitik erhebt nicht den Anspruch auf hervorragende Brillanz oder gar auf Kohärenz. Weder die italienische Ingenieurtechnik noch das italienische Management sind außergewöhnlich. Italienische Gewerkschaften setzen sich über sämtliche Konventionen ebenso hinweg wie über Karl Marx. Dennoch führt die Wohlstandskurve Italiens trotz einer Krise nach der anderen aufwärts. Dies kommt daher, daß italienische Produkte, aus einer uralten künstlerischen Tradition heraus, stilistische Trendsetter für andere sind, was auch stillschweigend eingeräumt wird. Während ich diese Zeilen schreibe, ist es noch unklar, ob jemand ohne italienischen Namen als Chef einer amerikanischen Automobilgesellschaft voll und ganz akzeptiert werden kann.

In *Economics and the Public Purpose* beschäftigte ich mich auch mit den Belastungen, die in der Aufrechterhaltung eines gehobenen familiären Konsumniveaus liegen, sowie mit dem daraus entstehenden Bedürfnis nach Frauen, die darauf konditioniert sind. Oberhalb einer gewissen Einkommensgrenze erfordern Autos, Häuser, Unterhaltung, Freizeitbeschäftigung für Heranwachsende sowie Kleidung und Einhaltung gesellschaftlicher und kultureller Bräuche ein großes Maß an Zeit und Aufmerksamkeit. Und altmodische Diener sind, sobald es industrielle Alternativen gibt, bald nicht mehr verfügbar. Da der Konsum nur weiter expandieren kann, wenn es jemanden gibt, der die Arbeit der modernen Verbrauchsgüterwirtschaft übernimmt, sind Ehefrauen, insbesondere solche aus den einkommensstarken Schichten, zur neuen Klasse der Kryptodienerinnen geworden.

Nachdem ich den von den Kleinbetrieben bestimmten Sektor der Wirtschaft gebührend abgehandelt hatte, faßte ich im folgenden die Charakteristika des Konzerns- oder Planungssektors zusammen und nahm daraufhin die staatliche Politik unter die Lupe, die den beiden Sektoren eine Koexistenz und vor allem auch ein Zusammenleben mit der Öffentlichkeit insgesamt ermöglichte. Ich plädierte dafür, die

Rolle, die der Großkonzern in der öffentlichen und in der privaten Verwaltung spielte, anzuerkennen, und bezeichnete es als Hauptproblem der staatlichen Politik, die von den Konzernen verfolgten Ziele mit den Zielen der Allgemeinheit in Einklang zu bringen. Dies schließt die Versöhnung privater Geschäftsinteressen an Rüstungsausgaben und der Entwicklung neuer Waffen mit dem Interesse der Allgemeinheit an Rüstungskontrolle und am Überleben ein. Nichts, was geschehen ist, seitdem ich dies schrieb, deutet darauf hin, daß ich dieses Thema in unangebrachter Weise überbetont habe.

In *Economics and the Public Purpose* setzte ich mich zwar mit dem tiefen und andauernden Widerspruch in der modernen Industriegesellschaft auseinander, aber ich löste ihn nicht. Die Ziele der Konzerne und die der Allgemeinheit divergieren. Die Allgemeinheit muß sich bei der Behauptung des Allgemeininteresses auf den Staat verlassen. Der Staat wird jedoch weitgehend von der Macht der Konzerne kontrolliert. Der Vorstandsvorsitzende von General Motors, General Electric oder General Dynamics hat unmittelbaren Zugang und Einfluß in Washington. Der Normalbürger oder der kleine Geschäftsmann hat das nicht. Und es gibt noch subtilere Einflußmöglichkeiten. Zu jedem beliebigen Zeitpunkt werden Bemerkungen über die Bedürfnisse und Interessen der von den Konzernen dominierten Technostruktur für die verantwortungsbewußte öffentliche Meinung gehalten. Und doch ist es eben eine solchermaßen von der Macht der Konzerne beeinflußte Regierung, an die man sich zur Wahrung der Allgemeininteressen halten muß. Man könnte meinen, daß schon etwas erreicht ist, wenn der Widerspruch erkannt wird. Verschwinden wird er dadurch freilich noch nicht.

Die Arbeit an dem neuen Buch hatte auch einen langweiligen Aspekt, den ich nicht vorhergesehen hatte. Ich konnte meinen Lesern nicht sagen, sie sollten erst einmal die *Affluent Society* und den *New Industrial State* lesen. Solch ein Ansinnen wird selten honoriert. So mußte ich alles Wesentliche aus den zwei vorangegangenen Bänden zusammenfassen. In seiner Rezension von *Economics and the Public Purpose* wies Kenneth Boulding, der am schwierigsten einzuordnende Ketzer meiner Ökonomengeneration und darüber hinaus einer der interessantesten, auf die Wiederholungen hin. Ich ärgerte mich darüber, denn ich hatte mich ja selbst darüber aufgeregt. Die Reaktion auf das Buch war nicht unbefriedigend. Besonderen Zuspruch fand es in Universitätskreisen. In Büchern, die in Seminaren Pflichtlektüre sind, werden Wiederholungen aus früheren Bänden nicht bemerkt. Studenten haben das ältere Werk normalerweise nicht gelesen.

An einem Sommertag des Jahres 1973 – John Dean machte gerade seine Watergate-Aussagen – wurde ein Telefongespräch aus London zu mir nach Vermont durchgestellt. Es war Adrian Malone von der

BBC. Ob ich eventuell daran interessiert sei, eine Fernsehserie über ein paar noch nicht näher definierte wirtschaftliche Themen, möglicherweise eine Wirtschaftsgeschichte, zu machen? Malone und ein begabtes Team von Regisseuren, Kameraleuten, Tontechnikern, Beleuchtern, Produktionsassistenten und anderen Fachleuten hatten gerade ein größeres Projekt über Geschichte und Wesen der Wissenschaft beendet – »The Ascent of Man« (Die Entwicklung des Menschen), geschrieben und erzählt von Jacob Bronowski. Jetzt hatten sie etwas Ähnliches über die Gesellschaftswissenschaft vor.

Der Anruf markierte den Beginn eines dreieinhalbjährigen Unternehmens, das von allem, womit ich mich bisher in meinem Leben beschäftigt hatte, erheblich abwich. Mit dem gebührenden Ernst betrachtet, war es ein zweifelhafter Zeitvertreib. Nicht viel von dem, was man im Fernsehen sieht, wird auch geistig wahrgenommen; es wird daher schnell wieder vergessen, was zweifellos ein Glück ist. Aus einer wöchentlichen Vorlesung, verbunden mit ein paar erläuternden (oder ablenkenden) Bildern und ohne Begleitlektüre, Diskussion oder Prüfungssorgen, läßt sich gewiß nicht viel über Ökonomie lernen. So einfach ist Bildung nicht. Vermied man jedoch derartige Gedanken, so war das Projekt selbst – Reisen von Singapur nach Spanien, im Osten bis nach Polen und durch große Teile Westeuropas, quer durch die Vereinigten Staaten von Boston bis Los Angeles und von Minnesota bis Louisiana, und all dies mit ungewöhnlich begabten und oft recht streitbaren Leuten, die halb so alt waren wie ich – überaus interessant und oft faszinierend. Da sich diese Aufgabe nicht mehr mit meiner Lehrtätigkeit vereinbaren ließ, hielt ich im Herbst 1973 meinen letzten regulären Kurs in Harvard – und bedauerte dies weniger, als ich erwartet hatte.

Adrian Malone, mit dem ich diese Jahre verbrachte, war, falls es so etwas gibt, der Ire mit dem Sinn für das Wesentliche. Er stammte aus einer Familie in Liverpool, deren Einkommen ebenso wie das der Eltern von Lyndon B. Johnson in seinen Erzählungen immer kleiner wurde. Er hatte lachsrosa Haare und einen ebensolchen Teint, merkliches Übergewicht und war – von extrem feierlichen Anlässen abgesehen, bei denen man ihm ansah, wie unwohl er sich fühlte – stets nur teilweise bekleidet. Mit Jackett, Krawatte oder einem Hemd, das oberhalb der Mitte seiner überbreiten Brust zugeknöpft war, konnte er nicht arbeiten. Mit offenkundiger Anstrengung gelang es ihm, in Benehmen und Sprache eine eindrucksvolle Grobheit an den Tag zu legen, die er für den Ausdruck von Kompetenz und Führungskraft hielt. Er war ein extremer männlicher Chauvinist, teilweise deshalb, weil intelligente Frauen seine Fähigkeiten genügend respektierten, um trotz seiner Beleidigungen für ihn zu arbeiten. Wenn er mit den Händen über den Brauen sein Blickfeld verengte, konnte er jede Fernsehszene – einschließlich der entsprechenden Zuschauerreaktion, glaubte man

– so sehen, wie sie schließlich auf dem Bildschirm erscheinen würde. Für alle Vorschläge zu Drehbuch, Schauplatz, Regie oder Schnitt hatte er nur ein wütendes Nein übrig. Nach einigem Nachdenken stimmte er dann oftmals zu. Er hatte die Erfahrung gemacht, daß er sich durch zu schnelle Zustimmung die Chance versagte, weiter darüber nachzudenken.

Ich hatte mit der BBC vereinbart, daß ich für die Ideen und das Drehbuch sorgen würde und daß meine BBC-Kollegen – Malone, Richard Gilling, sein Stellvertreter in der Gesamtleitung, und zwei Regieassistenten, Mick Jackson und David Kennard – die Verantwortung für die Illustrationen und die Szenenfolge haben sollten. Die Vereinbarung hielt nicht lange. Meine Mitarbeiter brachten unzählige nützliche und unnütze Verbesserungen zu meinen Ideen vor; und ich machte viele – akzeptierte und nicht akzeptierte – Vorschläge dazu, wie man dieselben illustrieren könne.

Die Reise führte uns auch nach Trier, wo wir im Elternhaus von Marx drehten, einem geräumigen Gebäude, das teilweise einen eleganten Hof umrahmt, sowie zu dem wesentlich bescheideneren Haus von Adam Smith in Edinburgh. Sie schloß den Geburtsort von Thorstein Veblen im Süden Minnesotas ein und – als Tribut an die Eitelkeit – auch das Farmhaus in der Nähe von Iona Station Ontario, aus dem ich stamme. Wir drehten in dem schönen, offenen Hochland in Sutherland am Nordende Schottlands, von dem die Scotch durch die Highland Clearances gewaltsam vertrieben worden waren, sowie auf der Delta Queen flußabwärts von Natchez auf dem Mississippi.

Für den Winter und das Frühjahr mieteten Kitty und ich eine möblierte Wohnung in der Hill Street in Mayfair, und ich fuhr zu den umfangreichen Dreharbeiten, für die Requisiten und Kulissen erforderlich waren, jeden Tag hinaus nach Ealing zu einem riesigen BBC-Gebäudekomplex, der wie eine Lagerhalle aussah und Studio genannt wurde. Es war nicht ganz Hollywood; in England bewahrt sich selbst das Fernsehen ein gewisses Maß an vornehmer Zurückhaltung. Die Garderobe, in die ich mich zwischen den einzelnen Aufnahmen zurückzog, war besonders scheußlich. Mit 67 Jahren in ein Filmstudio zu kommen, an einen Ort, von dem man als Kind träumt, blieb für mich nach wie vor ein Wunder. Mein Leben und das Ronald Reagans verliefen in entgegengesetzten Richtungen.

Rücksichtslos gefordert von meinen Regisseuren, lernte ich zum erstenmal, mich sorgfältig und klar in Sätzen auszudrücken, die Konsonanten ihrem Wert entsprechend zu berücksichtigen und die verwirrenden, um Luft ringenden »Ahs« zu vermeiden, mit denen meine Sprechweise zuvor durchsetzt war. Wäre mir diese Ausbildung früher zuteil geworden, hätten Generationen von Harvard-Studenten davon profitiert. Viele meiner Professorenkollegen und alle Politiker sollten bei der British Broadcasting Corporation in die Schule gehen.

Die mehr esoterischen Anforderungen des Theaters fielen mir nicht so leicht. Allen, denen sowohl die Sendung als auch das dazugehörige Buch entging, sei gesagt, daß die Reihe »The Age of Uncertainty« (Das Zeitalter der Ungewißheit) hieß und eine kurzgefaßte Geschichte der ökonomischen und wirtschaftspolitischen Ideen von Adam Smith über David Ricardo, Thomas Malthus, Karl Marx, die Amerikaner einschließlich der Sozialdarwinisten und Thorstein Veblens bis hin zu John Maynard Keynes und seinen Nachfolgern war. Jeden dieser Autoren versuchten wir in seinem historischen Kontext darzustellen. Über Marx drehten wir an einem winterlichen Tag im Jardin du Luxembourg in Paris, dem Epizentrum der Revolution von 1848, an der Marx emotionell stark beteiligt war und auf die er große Hoffnungen gesetzt hatte. (Es war das gleiche Jahr, in dem er mit Engels das *Kommunistische Manifest* herausgab.) In einem Artikel über unser Projekt für die Zeitschrift *American Film* gab meine Frau den folgenden Wortwechsel wieder:

Regisseur: Können wir das noch mal probieren, Professor. Nur ein bißchen positiver. Das war eben etwas flach.
J. K. G.: Mehr Pep, meinen Sie? Wie wär's so?
Regisseur: Tut mir leid, Professor, aber Sie haben vergessen, sich zum Schluß wegzudrehen.
J. K. G.: Und ich habe ein Wort verhunzt. Aber ich kann das besser.
Regisseur: Bitte, Professor, wenigstens die Andeutung eines Lächelns. Ihre Ironie kommt sonst nicht rüber.
J. K. G.: Hören Sie, Adrian, Sie wissen, daß ich das nicht kann. Ich will nicht so aussehen, als würde ich über meine eigenen Witze lachen. Das ist nicht mein Stil.
Regisseur: Ich habe nicht gesagt lachen. Nur eine kleine Andeutung.
J. K. G.: Na gut, ich probier's.
Regisseur: Kamera läuft . . . Stop! Wir müssen warten, bis dieses Flugzeug vorbei ist . . . Diesmal, Professor, haben Sie den letzten Satz nicht betont. Sie müssen das, worum es Ihnen geht, deutlicher hervorheben.
J. K. G.: Ich wollte es unterkühlt bringen. Sie wollen, daß ich etwas tue, was mir nicht liegt. Mein Stil ist Understatement.
Regisseur: Nein, Professor, hier ist das nicht angebracht. Sie *müssen* uns wirklich vertrauen. *Sie* wissen, was Sie sagen wollen, aber glauben Sie mir, *wir* kennen unser Fernsehen. Bitte noch einmal, Professor, . . . Perfekt, Professor, das ist gebongt. Was meinst du, Dick?
Regieassistent: Prima.
Regisseur: Bei dir auch alles klar, John?
Der Tontechniker nickt bestätigend unter seinem Kopfhörer.
Kameramann: Sorry, there's a hair in the gate.[3]

Im Sommer 1975 reisten wir nach Tucson/Arizona zu der unweit der Stadt gelegenen Luftwaffenbase Davies-Monthan. Es ist dies der größte Sperrmüll-Lagerplatz der Welt; die Reihen veralteter oder ausrangierter Flugzeuge erstrecken sich über Meilen. Dort sprach ich über die Macht des militärisch-industriellen Komplexes in unserem Wirtschaftsleben und darüber, daß wir im ständig wachsenden Teufelskreis der Ausgaben gefangen wären. Wir zwingen die Sowjets zum Handeln, und sie zwingen uns. Und so geht es immer weiter. Nicht weit von Colorado Springs beim North American Defense Command (NORAD) begaben wir uns eine Meile weit ins Gebirge, um den auf großen Federn montierten Kommandoposten zu sehen, der den Berechnungen zufolge einen thermonuklearen Schlag überleben soll – wenn auch nur für kurze Zeit. Und im Death Valley ließen wir die Kameras über ein Gelände schweifen, das einen glaubhaften Eindruck davon vermittelte, wie das städtische Ballungsgebiet zwischen New Haven, New York und Philadelphia nach der Explosion von nur vier Zwanzig-Megatonnen-Bomben aussehen würde. Wie sehr sich das Publikum davon beeindrucken ließ, weiß ich nicht. Mir reichte es jedenfalls, um zu beschließen, daß ich der Bemühung um nukleare Abrüstung so viel Zeit widmen würde, wie ich für den Rest meines Lebens noch erübrigen kann.

Für die letzte Folge versammelten wir im Sommer 1976 einen repräsentativen Querschnitt des weltweiten politischen Establishments in Vermont: Henry Kissinger, damals Außenminister; Georgij Arbatow aus der Sowjetunion; Edward Heath, ehemaliger britischer Premierminister; Jack Jones, britischer Gewerkschaftsführer; Katherine Graham von der *Washington Post;* Shirley Williams, ehemalige britische Kabinettsministerin; und ein halbes Dutzend andere. Wir diskutierten über aktuelle Themen, unter anderem auch darüber, wie eine Kontrolle des Rüstungswettlaufs zu erreichen wäre, die sich der Menschheit, zu ihrem eigenen furchtbaren Risiko und potentiellen Grauen, leider noch immer entzieht.

Der denkwürdigste Kommentar während jener Sommertage stammte von Kukrit Pramoj, einem langjährigen persönlichen Freund von mir und ehemaligen Premierminister von Thailand. Nachdem Kissinger und Arbatow die geheimnisumwitterten Fragen der Kontrolle vom Standpunkt der Atommächte aus diskutiert hatten, wandte sich das Gespräch der Weiterverbreitung von Atomwaffen zu. Pramoj gab ein paar nützliche Beobachtungen wieder, insbesondere über die herablassende Art und Weise, mit der die Großmächte für sich selbst inakzeptable Risiken akzeptierten und sich dabei über die kleineren Risiken der Proliferation in den kleineren Ländern Sorgen machten.

Zum Schluß sagte er mit wohlbedachtem, sorgenvollem Blick: »Aber lassen Sie es mich klar aussprechen. Wir in Thailand wollen diese Bomben nicht haben. Wir sind ein sehr sorgloses Volk, und es könnte passieren, daß wir eine von ihnen einfach fallen ließen.«

Ich war zunächst sehr beunruhigt über die Aussicht gewesen, so viele Primadonnen nahezu drei Tage lang auf so kleinem Raum zusammenzuhaben. Mit Sicherheit würde irgend etwas schiefgehen, woraufhin dann irgend jemand garantiert seine Nerven verlieren würde. In Wirklichkeit war es gar nicht so schlimm. Edward Heath wurde von einem ortsansässigen Bestattungsunternehmer die etwa 200 Kilometer vom Logan Airport in Boston herbeichauffiert – im Begräbnistempo von ungefähr 30 Kilometern pro Stunde. Die Presse, von der ich wegen ihres Ausschlusses von den Ereignissen ärgerliche Reaktionen erwartet hatte – die BBC wollte natürlich das Monopol behalten –, war nicht besonders zahlreich vertreten, und die, die kamen, wurden durch den zehn Kilometer langen Wald zwischen unserem Haus und Newfane abgeschreckt. Am meisten entsetzte der Wald den Secret Service, der für die Sicherheit Henry Kissingers zuständig war. »Mit Gebäuden kennen wir uns aus, mit Bäumen nicht.« Die Attentäterarmee, die sich leicht in Schußweite um unsere erhabene Versammlung hätte scharen können, erschien jedoch gleichfalls nicht. Die Männer des örtlichen Sheriffs halfen dem Secret Service bei seiner dreitägigen Überwachung des Waldes, und einer von ihnen begleitete Kissinger auf seinen Fahrten zwischen unserem Haus und dem Gasthof im Dorf in seinem Wagen. Einem vielzitierten Bericht zufolge wurde Kissinger, als am Sonntag die Filmerei auf der Farm endgültig vorüber war, in Newfane von einem Beamten des Außenministeriums ein Päckchen mit den Telegrammen vom Wochenende überreicht. Der Minister blätterte sie in Gegenwart des Stellvertretenden Sheriffs durch und murmelte in seinem charakteristischen Akzent: »Oh, mein Gott, wieder Schießereien in Libanon.«

»Das gehört nicht zu unserem Bereich, Herr Minister. Libanon liegt auf der anderen Seite des Flusses und damit in New Hampshire.«

Als »The Age of Uncertainty« für die Ausstrahlung vorbereitet wurde, überfiel sowohl ein paar Leute in der BBC als auch unter den amerikanischen Sponsoren bei der Fernsehstation KCET in Los Angeles die Furcht, sie könne für radikal gehalten werden. Vielleicht war sie es auch. Die zweite Folge der Serie befaßte sich mit dem demonstrativen Konsum der Reichen in Newport im vergangenen Jahrhundert sowie mit Sitten und Moral der kapitalistischen Raubritter, gesehen durch die sardonische Brille Thorstein Veblens. Für amerikanische Verhältnisse war es ein ganz normaler Kommentar über das Güldene Zeitalter. Ein BBC-Manager jedoch, ein angenehm rundlicher Herr namens George Anthony Geoffrey Howard, sah die Sendung in Vermont und war angeblich zutiefst betrübt darüber. Das war ein Angriff auf die

Legitimität von Privilegien, wirtschaftlicher Ausplünderei und Beutemacherei. (Inzwischen ist Mr. Howard Vorsitzender des Aufsichtsrates der BBC.) Die Nervosität nahm noch zu, als eine Gruppe hochgestellter britischer Konservativer Professor Milton Friedman den weiten Weg von Chicago her einflog, um ihn Vorträge gegen meine wirtschaftspolitischen Ansichten halten zu lassen. Schließlich legte sich die Aufregung in England wieder, aber am KCET herrschte nach wie vor eine sogar noch gesteigerte Besorgnis. Man versicherte sich der Dienste des Hoover-Instituts an der Stanford University, einem Talentreservoir, ja, geradezu einem Museum der ehrwürdigen intellektuellen Rechten, für die Ausstrahlung der Serie in Amerika. Nach jeder meiner Sendungen wurde eine kurze Stellungnahme eines der Angeworbenen aufgenommen, worin dieser erklärte, daß ich unrecht habe. Mir gefiel das ganz und gar nicht, ebensowenig wie meinen BBC-Produzenten. Aber gegen die freie Meinungsäußerung von Andersdenkenden kann man nichts einwenden.

»The Age of Uncertainty« ging, ergänzt durch französische, deutsche und japanische Versionen, um die Welt. Die britischen Kritiker waren im großen und ganzen unzufrieden. Sie hielten die Serie für überillustriert; man hätte mehr hören und weniger sehen sollen. Eine solche Kritik ist nicht leicht von der Hand zu weisen, denn Großbritannien ist das einzige Land, das das Fernsehen zu einer Kunstform erhoben und infolgedessen sehr viel rigorosere Beurteilungskriterien als andere Länder hat. Vielleicht kollidierte auch, wie meine BBC-Kollegen glaubten, die phantasievolle und bisweilen schwer verständliche Veranschaulichung abstrakter Ideen mit den mehr an harten Fakten orientierten Vorstellungen der britischen Kritiker. In anderen Ländern wurde die Sendereihe positiv aufgenommen, mancherorts sogar mit eindrucksvollem Applaus.

Aus dem Fernsehmaterial entstanden zwei Bücher. Bei der Vorbereitung der Sendung über das Geld fesselte mich dieses Thema ebenso wie das Fehlen jeder guten Geschichte dieses interessanten und wichtigen Gebrauchsgegenstandes. Ein Manuskript von Kapitellänge wuchs zu einem Buch von fast 120000 Wörtern heran: *Money: Whence It Came, Where It Went*[4], ein Titel, der den traurigen gegenwärtigen Zustand einer Sache reflektierte, von der man Studenten dereinst erzählte, sie diene als dauerhafte Wertanlage. Aus der Sendereihe insgesamt ging unvermeidlich *The Age of Uncertainty* hervor.[5] Auch dieses Buch fand im Inland sowie in Übersetzungen eine zufriedenstellende Leserzahl. In Japan wurden etwas mehr als eine halbe Million Exemplare verkauft. Meine Bewunderung für den literarischen Geschmack der Japaner kannte keine Grenzen. Im Herbst 1978 reisten Kitty und ich als Gäste meines Verlegers nach Tokio. Niemals zuvor war mir aufgefallen, wie herzlich Gastgeber reagieren können, wenn ihr Besucher ihnen auch Geld einbringt.

Ich muß noch ein paar Worte darüber sagen, wie diese und überhaupt alle meine Bücher geschrieben wurden.[6] Man hält mich für einen außerordentlich fleißigen Schriftsteller, und für eine gewisse tägliche Zeitspanne bin ich dies auch. Seit Jahren habe ich drei oder vier Stunden an jedem Vormittag für mein gerade in Arbeit befindliches Buch oder für das dazugehörige Quellenstudium reserviert. Und wenn es ging, habe ich den Rest des Tages auf weiterführende Lektüre oder ergänzende Gedanken verwandt.

Ich habe gelernt, meine Ohren vor den störenden Geräuschen von Familie, Haushalt und Telefon zu verschließen und, wenn ich auf Reisen bin, diejenigen von Flughäfen, Flugzeugen und Mitreisenden zu ignorieren. Ich habe gelernt, kurz aber höflich mit Sitznachbarn fertig zu werden, die zu mir sagen: »Sie sind Doktor Galbraith. Ich habe nie eines Ihrer Bücher gelesen und stimme mit Ihren Ansichten ganz und gar nicht überein. Aber ich bin sehr stolz darauf, Sie kennenzulernen.«

Ich fand es, wie ich bereits andeutete, darüber hinaus sehr hilfreich, mich gelegentlich zurückzuziehen und so viel Zeit wie möglich in vollkommener Abgeschiedenheit zu verbringen, da die Gedanken, wenn sie nicht abgelenkt werden, sich automatisch der Arbeit des nächsten Tages zuwenden oder den ungelösten Problemen des gerade vergangenen Vormittags. Eine alljährliche Flucht von einigen Wochen oder Monaten Dauer, normalerweise in die Schweiz, hat bei jedem Buch seit der *Affluent Society* unschätzbare Dienste geleistet.

Um etwas Passables zu Papier zu bringen, muß man vor allem wissen, wie schlecht die jeweils ersten Entwürfe sind. Sie sind schlecht, weil die Notwendigkeit, Aufbau und Gedanken, die beide schon für sich genommen anspruchsvoll sind, miteinander zu verbinden, zu einem fragwürdigen, ja scheußlichen Ergebnis führt. Bei jeder Überarbeitung wird die Aufgabe leichter und das Resultat besser. Am Ende kann dabei Klarheit herauskommen, vielleicht sogar Eleganz. In seiner Autobiographie erzählt Anthony Trollope stolz, daß er niemals ein Manuskript an seinen Verleger schickte, welches er zuvor nicht wenigstens einmal sorgfältig durchgelesen hatte. Ich lege Wert auf nicht weniger als fünf Durchgänge. Das vorliegende Dokument, von dem ich hoffe, daß es sich ganz nett liest, erfuhr deren sechs.

Viel geholfen hat mir beim Schreiben über Wirtschaftsthemen auch die Überzeugung, daß es keinen mit diesem Sachgebiet verbundenen Gedanken gibt, der, ausreichende Bemühung vorausgesetzt, nicht in klarem Englisch ausgedrückt werden kann. Die Obskurität, die die professionelle volkswirtschaftliche Prosa charakterisiert, leitet sich nicht von der Schwierigkeit des Faches ab. Sie ist das Ergebnis unvollständiger Denkprozesse, reflektiert eine priesterhafte Sehnsucht, das eigene Ich von der banalen Welt des Laien abzugrenzen, oder aber rührt aus der Angst her, die eigenen Unzulänglichkeiten könnten herausgefunden werden. Nichts schützt Irrtümer besser als ein Mangel an Lesern oder an Verständlichkeit.

Für den zweifellos erheblichen Umfang und die angebliche Qualität meiner schriftstellerischen Arbeit gibt es indes eine weniger egozentrische Erklärung. Sie heißt Andrea Williams. 1958 bemerkte ich, daß ich zur Bewältigung der nach der *Affluent Society* einlaufenden Korrespondenz und für die Arbeit am *New Industrial State,* den ich damals im Kopf hatte, einer besseren Hilfe bedurfte als der jenes rein mechanischen Tipptalents, auf welches ich mich bis dahin verlassen hatte. Ich ließ meinen Wunsch bekannt werden. Die erste Bewerberin war eine hübsche blonde Frau aus einer alten Familie in Rhode Island, die kürzlich am Smith College graduiert war und über einen superben Humor und, wie sich später herausstellte, eine Engelsgeduld verfügte. Sie war vor kurzer Zeit aus der Ehe befreit worden und war ein Flüchtling aus der New Yorker Verlags-Subkultur, in der sie als persönliche Assistentin von Thayer Hobson, dem Präsidenten der William Morrow Company, gearbeitet hatte. Andrea Williams und ich bildeten eine Partnerschaft, die zur Zeit, da ich diese Zeilen schreibe, bereits 22 Jahre alt ist. Nach Indien begleitete sie mich, meiner besten Überredungskünste zum Trotz, nicht. Republikanerin, wo immer es möglich war, arbeitete sie in jenen Jahren für Elliot Richardson, der damals ein aufstrebender Politiker in Massachusetts war, sowie als Lektoratsassistentin bei Houghton Mifflin. Die ganze Zeit über wartete sie auf meine Rückkehr.

Andrea hat mein Büro und eine ganze Reihe von begabten Assistentinnen geleitet, die ihre Stellung liebten, weil sie Andrea liebten. Sie hat ein wachsames Auge auf unsere Haushaltsausgaben, unsere Freunde und deren Bedürfnisse, meine Verlagsverträge und Verpflichtungen, und sie führt das Kommando über meine Reisen, mein Bankkonto und meine Einkommensteuer. Sie hat den Touristenstrom reguliert – jene beträchtliche Zahl von Reisenden, die sich nach der Besichtigung von Concord, Lexington, der Old North Church und Harvard aus irgendwelchen seltsamen Gründen bemüßigt fühlen, Galbraith anzugucken. Vor allem aber ist sie meine Lektorin. Nur wenige Schriftsteller dürften ein solches Glück haben. Meine Rechtschreibung ist oft impressionistisch, meine Zeichensetzung unberechenbar. Letzteres gilt, wenn auch seltener, für meine Syntax. Mein Gedächtnis ist zwar im allgemeinen gut, läßt mich aber oftmals gerade unter Bedingungen, die zu keinerlei Unklarheit Anlaß geben, im Stich. Mein Geschmack ist anfechtbar, ebenso wie meine Vorstellung davon, was klar ist und was nicht. Alle diese Fehler werden von Andrea Williams mit großer Perfektion verbessert. Nichts, buchstäblich nichts von dem, was ich in den letzten 22 Jahren mit dem Ziel der Veröffentlichung geschrieben habe, ist ihrer kritischen Überarbeitung entgangen.

Die Disziplin, um deretwillen man mich manchmal bewundert, ist die klare, objektive Disziplin meiner geliebten Freundin.

Anders als alte Soldaten, die unmerklich dahinschwinden, sterben Politiker. Und sie sterben zweimal. Einmal vor den berühmten, erinnerungsträchtigen Nachrufen und einmal bereits dann, wenn sie, nachdem sie ihr Amt verloren haben, beim Einwechseln eines Schecks in Bargeld gefragt werden, ob sie sich ausweisen können.

Von Beginn der siebziger Jahre an zog ich mich aus der Politik zurück. Die Nixon-Regierung beanspruchte mich wenig; die BBC war eine kompetente Ablenkung. Und die Erinnerung an Bernard Baruch in den Kriegsjahren kam mir oft zu Bewußtsein - er war damals siebzig, für uns alle uralt, aber noch immer entschlossen, mitzumischen und im Mittelpunkt zu stehen. Wir hielten ihn ein bißchen für einen Langweiler. 1976 unterstützte ich die Bewerbung von Morris Udall um die Präsidentschaftskandidatur und beteiligte mich ein wenig an seinem Wahlkampf. 1980 unterstützte ich - mit größerer Energie - Edward Kennedy. Noch immer ist der Hang, mich für Aussichtsloses einzusetzen, eine Konstante in meinem Leben. 1976 sah ich mir den Nominierungsparteitag von den Rängen aus an. 1980 begab ich mich kurz herunter und hielt eine Rede über Abrüstung:

»Wenn wir bei der Kontrolle der nuklearen Wettrüstung versagen, werden all die anderen Dinge, über die wir in diesen Tagen debattieren, ohne Bedeutung sein. Es wird keine Fragen mehr zu den Bürgerrechten geben, denn es wird niemand mehr dasein, der sich ihrer erfreuen kann. Der Verfall der Städte wird kein Problem mehr sein, da unsere Städte verschwunden sein werden. So laßt uns gutgelaunt bei all den anderen Themen, die diesem Parteitag vorliegen, uneins sein. Aber laßt uns darüber einig sein, daß wir all unseren Landsleuten, allen unseren Alliierten und allen Menschen sagen werden, daß wir darauf hinarbeiten, diesem nuklearen Grauen, das jetzt wie eine dunkle Wolke über der gesamten Menschheit schwebt, ein Ende zu bereiten.«

Von dieser Feststellung bin ich zutiefst überzeugt, und es liegt mir sehr viel daran, andere davon zu überzeugen. Doch nachdem ich die Rede gehalten hatte, kehrte ich zurück auf die Tribüne. Ich habe beobachtet, daß Memoirenschreibern die Entscheidung darüber, wann sie aufhören sollen, über öffentliche Belange zu reden, schwerfällt. Der Punkt, an dem man einhalten soll, ist dann gekommen, wenn man das Geschehen von den Rängen aus beobachtet.

Danksagung

Ein Freund erzählte mir einmal, daß er Noel Coward bei dessen Abreise nach Jamaica, wo er seine Memoiren schreiben wollte, gefragt habe, ob er eine Menge Notizen und Aufzeichnungen habe. »Nein«, erwiderte Coward, »ich habe ein Gedächtnis wie ein Elefant. Ja, Elefanten fragen sogar häufig bei mir an.« Beim Schreiben dieses Berichts habe ich mich in ähnlicher Weise auf meine Erinnerung verlassen (wenngleich unter zeitweiliger Zuhilfenahme von Notizen, Aufzeichnungen und Veröffentlichungen), und dies mit dem gleichen Selbstvertrauen. Mein Gedächtnis erwies sich bei größeren Zusammenhängen sowie bei herausragenden Gesprächen, Handlungen, Äußerungen, Reden, Szenen und Albernheiten als sehr gut. Bedauerlich mangelhaft war es dagegen bei Daten, Initialen zweiten Vornamen, nebensächlichen geographischen Einzelheiten und anderen Trivialitäten, die für eine wahrheitsgemäße Darstellung nichtsdestoweniger sehr wichtig sind. Hilfe dabei, die Dinge richtig- oder doch beinahe richtigzustellen, leistete mir wie immer meine Freundin und Partnerin Andrea Williams, von der ich in diesem Buch schon mehr erzählt habe. Bei Recherchen speziellerer Natur verließ ich mich auf eine gebildete und reizende Kollegin, Londa Schiebinger von der Historischen Fakultät in Harvard, sowie auf meine ebenso versierte und attraktive Freundin Rosamaria Toruño Tanghetti, die ein Leben in den Vereinigten Staaten dem in Nicaragua unter dem Somoza-Regime vorzog. Mrs. Tanghetti hat das Manuskript zu diesem Buch mehrmals getippt und korrigiert. Ich bin ihr so dankbar, daß es mir schwerfällt, nicht auch Anastasio Somoza Debayle dankbar zu sein. Edith Tucker aus Wellesley leitete, wenn sie nicht gerade am hervorragenden Schulamt jener Stadt arbeitete, mein Büro und ermöglichte es mir auch anderweitig, meine Aufmerksamkeit auf dieses Buch zu konzentrieren. Ich habe sie bereits an anderer Stelle als die in jeder Hinsicht überqualifizierteste Büromanagerin der jüngeren Geschichte beschrieben. Sie übernahm die Stelle von Sarah Field-Johnson, die aus London kam, um mir zu assistieren, und dann leider an die eheliche Treue verlorenging. Nichts kann lästiger sein. Mrs. Tucker und Mrs. Field-Johnson gilt mein herzlicher Dank.

Catherine Galbraith las das Manuskript, steuerte viele Informationen bei und brachte viele Korrekturen an. In diesem Buch ist sie, gemeinsam mit unseren Söhnen John Alan, Peter Woodard und James Kenneth, ständig gegenwärtig. Wenn ich meine Familie nicht häufiger erwähne, so liegt das zum Teil daran, daß es hier bewußt um eine nach außen gerichtete Betrachtung von Ereignissen, Menschen und Ideen geht. Den eher nach innen gerichteten Blick auf meine Familie und mein Privatleben habe ich mir zum Teil deshalb erspart, weil es darüber kaum etwas Bedauernswertes zu berichten gibt. Mein Leben blieb von den Seelenqualen verschont, die gemeinhin das Interesse an solchen Dingen nähren und zu damit verbundener Introspektion ermutigen. Jenen, die in ihrer Liebe so ausdauernd und tolerant waren, habe ich am meisten für diese glückliche Reise durch ein gewisses Maß an ichbezogenen Mühen und Sorgen zu danken.

Anmerkungen

1 Über den Seen

1 Die Light Brigade im Krimkrieg war berühmt für die Tapferkeit ihrer Soldaten und die Inkompetenz der Offiziere. (Anm. d. Übers.)

2 *The Scotch* (Boston 1964), das in Großbritannien unter den Titeln *Made to Last* und *The Non-Potable Scotch* erschien.

3 Übersetzen ließe sich dies etwa:

Ruckediguh, Ruckediguh,
wir sind die Mädchen vom Institut.
Wir rauchen nicht und wir kau'n nicht Tabak,
und mit Jungs, die das tun, geben wir uns nicht ab.

Mrs. Virginia Gillham, heute Bibliothekarin der University of Guelph, hat – ohne Verantwortung für das Ergebnis – mein Gedächtnis in verschiedenen Punkten hilfreich überprüft. Ich bin ihr dafür sehr dankbar. Sie hat mir versichert, daß weder dieses noch ein im folgenden erwähntes Zitat in den Akten des Colleges zu finden sei.

4 Nach der *Morril Act* von 1862 wurde zur Errichtung »von mindestens einem College in jedem Staat« Grund zur Verfügung gestellt. (Anm. d. Übers.)

5 »The Farm Bureau«, *Fortune,* vol. XXIX, no. 6, Juni 1944, S. 159; *corn belt* ist die Bezeichnung für die Maisanbaugebiete im Mittleren Westen der USA. (Anm. d. Übers.)

6 Teilnehmer an einem vom US-Landwirtschaftsministerium ausgehenden Programm, das sich das vierfache Ziel gesetzt hatte, die Landjugend an Haupt, Herz, Händen und Gesundheit – »Head, heart, hands, health« – zu verbessern. (Anm. d. Übers.)

7 Zieht euren alten rot-blauen Pullover an,
einen bessern gibt es nicht.
Und laßt uns noch ein Faß Bier aufmachen.
Denn nicht um zu lernen sind wir aufs College gekommen,
sondern um das ganze Jahr über auf den Putz zu hauen.

2 Berkeley und die höhere Bildung in Amerika

1 Mit subgeorgianischen Gebäuden ist eine primitive Form des georgianischen Stils gemeint, der für die Zeit der vier George 1714–1830 typisch war. (Anm. d. Übers.)

2 Darüber habe ich berichtet in *Economics, Peace, and Laughter,* Boston 1971, S. 344–360; dt. *Wirtschaft, Frieden und Gelächter,* München 1972; TB-Ausg. 1974.

3 Okies und Arkies: abgeleitet von den Namen der Bundesstaaten Oklahoma und Arkansas. (Anm. d. Übers.)

4 Ungefähr vierzig Jahre später untersuchte mein Freund, der Nobelpreisträger Wassily Leontief, in einer bemerkenswerten Rede als Präsident der American Economic Association die Forschungsergebnisse der verschiedenen Sparten der Wirtschaftswissenschaften und kam dabei zu dem Schluß, daß die Agrarwirtschaft bei diesem Test besonders gut abschnitt.

5 Darauf komme ich in Kapitel 32 zurück.

6 8. Auflage unter dem Titel *Theorie der feinen Leute*, München 1982 (dtv).

7 D. h., die Leute hatten kein Geld, um die Kfz-Steuer zu bezahlen. (Anm. d. Übers.)

3 Ein erster Hauch von Größe

1 Hoovervilles = von den Betroffenen selbst errichtete Slums, benannt nach Präsident Hoover, der für die sie verursachende Politik verantwortlich war. (Anm. d. Übers.)

2 Ein Freund, der weder sich selbst, noch anderen gegenüber falsche Bescheidenheit pflegte. Ich schätze mich glücklich, ein kleines Buch von Thurman zu besitzen, eine fragmentarische Autobiographie. Die Widmung darin lautet: »Für Kenneth Galbraith, den größten Ökonomen der Welt, von dem einzigen Menschen, der die Qualifikation besitzt, diese Behauptung aufzustellen.«

3 Die Protektion war allerdings nicht vollständig. Während der Regierungszeit der Republikaner war es zu einer berühmten Hexenjagd gekommen. Bei der Berechnung des zu erwartenden Volumens an heimischen Getreide- und Tierprodukten und zur Vorhersage von Nachfrage und Preisen wurden damals zum erstenmal systematisch ökonometrische Methoden angewendet. Eine dieser Vorausberechnungen kam zu dem Schluß, daß der Baumwollpreis fallen würde, wozu es denn auch prompt kam, als die Vorhersage veröffentlicht wurde. Dies erregte den Zorn zweier der furchtbarsten Demagogen in der Geschichte der Republik – der Senatoren J. Thomas (Tom Tom) Heflin aus Alabama und Ellison D. (Cotton Ed) Smith aus South Carolina. Sie setzten eine Untersuchung in Gang und fanden Sündenböcke in Mordecai Ezekiel, einem der Begründer der modernen statistischen Methode, und Louis Bean, einem der Erfinder moderner Methoden der Meinungsumfrage. Beide waren Juden. Im Kreuzverhör vermochte keiner von beiden die richtige Farbe der Baumwollblüten zu nennen. Schlimmer noch: Es wurde zweifelsfrei festgestellt, daß Bean in Rußland geboren war. Man schaffte rigoros Abhilfe, indem man ein

Gesetz verabschiedete, das die Veröffentlichung von Baumwollpreisvorhersagen durch staatliche Behörden zum kriminellen Delikt erklärte.

4 Harvard vor der Demokratie

1 Der Text hatte allerdings einen etwas besorgten Unterton: »Die Testgruppe repräsentiert die umfangreichste Zufallsauslese ..., die erfahrenste ..., die am wenigsten voreingenommene ..., eine Testgruppe, die bisher immer korrekte Ergebnisse gebracht hat.« *Literary Digest*, Vol. 72, 31. Oktober 1936, S. 6.

2 Dieser Begriff – einer der bekanntesten, die Schumpeter prägte – stammt aus einer sehr viel späteren Arbeit: *Capitalism, Socialism, and Democracy*, New York 2. Auflage 1947; dt. *Kapitalismus, Sozialismus und Demokratie*, München 3. Auflage 1972, S. 138.

3 Schumpeter, a. a. O., S. 43.

4 Ebenda, S. 105.

5 Etwas früher im gleichen Herbst hatte Harvard seinen 300. Geburtstag gefeiert. An einem Nachmittag spielte das Bostoner Symphonieorchester auf dem Campus, was jedoch aufgrund einer organisatorischen Panne nicht bekannt gemacht worden war. So schickte man Studenten, die bei der großen Veranstaltung aushalfen, an die Tore und ließ sie dort verkünden, was für ein Kulturereignis in der Halle unbemerkt vonstatten ging. Jedermann war willkommen; der Eintritt war frei. Ein Student, der für das Tor bei der Widener Library zuständig war, fügte noch den Wunsch hinzu: »Bitte tragen Sie auf dem Campus keine Landon-Buttons!« Ich stand daneben und sah zu. Fast alle Harvard-Absolventen, die zu der Feier gekommen waren, trugen die Buttons mit der Sonnenblume. Die meisten von ihnen nahmen sie ab.

5 Offenbarung

1 Der Vergleich ist nicht ganz korrekt, da ich Anfang der siebziger Jahre die Universität gebeten hatte, auf die normalen jährlichen Gehaltserhöhungen zu verzichten – für mich sorgten inzwischen andere Einnahmequellen. Nach ausgiebigen Dankesbekundungen und einer weiteren Gehaltserhöhung infolge eines Computerirrtums stabilisierte sich mein Einkommen.

2 Wie berichtet in *Ambassador's Journal*, Boston 1969, S. 52; dt. *Tagebuch eines Botschafters*, München 1970.

3 *Economics and the Art of Controversy*, New Brunswick 1955, New York 1959.

4 So wie später auch ich. Ziel der in den USA sehr bekannten philanthropischen Stiftung war es, »den nächsten Schritt nach vorn im gesellschaftlichen und wirtschaftlichen Leben des Volkes zu studieren und zu fördern«.

5 Als ich sie in den frühen fünfziger Jahren, nachdem ich einige Jahre lang nicht viel mit akademischen Belangen zu tun gehabt hatte, im englischen Cambridge besuchte, fragte ich sie, welche guten jungen Ökonomen derzeit an der Universität tätig seien. Sie sah mich mit strengem Blick, der in ihrem Fall in der Tat sehr streng sein konnte, an und sagte: »Mein lieber Ken, die letzte gute Generation waren wir.«

6 Die erste deutsche Übersetzung erschien 1936 unter dem Titel *Allgemeine Theorie der Beschäftigung, des Zinses und des Geldes,* Berlin 5. Auflage 1974.

7 I. N. Dvorkin, *Critique of the Theories of Contemporary Bourgeois Economists (J. Galbraith, G. Myrdal, L. Erhard),* Moskau 1971.

8 Henry S. Dennison, Lincoln Filene, Ralph E. Flanders u. Morris E. Leeds, New York und London. Filene hörte zu und unterstützte uns, leistete aber selber keinen nennenswerten Beitrag.

9 »Der Herrgott sprach: ›Es wäre gut,
unser Henry bekäme eins auf den Hut.
Schon siebenzig Jahre währte sein Leben,
Nun soll er Bessern 'ne Chance geben.‹«

10 »Es gibt schlimm're Halunken dort unten, o Herr!
Ich muß es wissen, ich war F. D. R.«

11 Aus seinen veröffentlichten Papieren geht hervor, daß er dies nur widerwillig und mißtrauisch tat.

12 *New York Times,* 19. September 1936.

13 Wesley C. Mitchell von der Columbia University, ein Freund und in manchen Punkten Epigone von Thorstein Veblen, gehörte auch zu ihnen und ist nicht ganz so vergessen wie die anderen.

14 Richard F. Gilbert, George H. Hildebrand jr., Arthur W. Stuart, Maxine Yaple Sweezy, Paul M. Sweezy, Lorie Tarshis und John D. Wilson, *An Economic Program for American Democracy,* New York 1938.

6 In Unschuld außer Landes

1 Schumpeter machte auch die Beobachtung, daß Tausende von zutiefst demokratisch gesinnten Amerikanern alljährlich im Sommer nach Europa reisten und ihre Zeit damit verbrachten, sich Monumente einer despotischen Vergangenheit anzusehen.

2 Kalecki hatte 1935 von der Rockefeller Foundation ein Stipendium für volkswirtschaftliche Studien bekommen und war daraufhin zu Forschungszwecken nach Schweden, an die London School of Economics und nach Cambridge gereist. 1936 wurden seine Kollegen am Institut für die Erforschung von Konjunkturzyklen in Polen entlassen; es handelte sich um eine Disziplinarmaßnahme wegen eines Berichts über die Lage der polnischen Wirtschaft, dessen Gesinnung Mißfallen erregt hatte. Daraufhin entschloß sich Kalecki, in England zu bleiben.

3 Rationale und irrationale Verbraucherpräferenzen. (Anm. d. Übers.)

4 *The Economic Journal,* vol. XLVIII, Nr. 190 (Juni 1938), S. 342.

5 *Proctors:* Mitglieder des Lehrkörpers, die mit disziplinarischen Aufgaben betraut sind. Ihnen stehen speziell in Oxford und vor allem bei zeremoniellen Anlässen die *bulldogs* zur Seite. Beide Funktionen haben eine alte Tradition. (Anm. d. Übers.)
6 *High Tables:* Bisweilen etwas höher stehende Tische in den Speisesälen von Colleges und Universitäten, an denen Professoren und Dozenten dinieren. (Anm. d. Übers.)

7 *Intermezzo*

1 »How Keynes Came to America«, in: *Economics, Peace, and Laughter,* Boston 1971, S. 43.
2 *Resident tutor:* im Hause wohnender Tutor.
3 U. S. Department of Commerce, Bureau of the Census, *Historical Statistics of the United States, Colonial Times to 1957,* Washington, D. C., 1960, S. 73.
4 Ebenda, S. 139.
5 Ebenda, S. 711.
6 *The Economic Effects of the Federal Public Works Expenditures, 1933–1938,* National Resources Board, Washington, D. C., November 1940, S. 4.
7 Ebenda, S. 3.
8 Zusatz zur Verfassung. (Anm. d. Übers.)
9 Siehe Kapitel 4.
10 Das Farm Bureau verdankt seine Entstehung der Einrichtung des landwirtschaftlichen Beratungsdienstes auf Bezirksebene zu Beginn dieses Jahrhunderts sowie der Überzeugung, daß die Farmer ihr Interesse an solchen Spezialisten durch die Organisation einer als Sponsor auftretenden Behörde oder eines entsprechenden Ausschusses beweisen sollten, bevor man ihnen Hilfe angedeihen lassen konnte. Aus dem Zusammenschluß der lokalen Behörden entstanden bundesstaatliche Verbände, die sich ihrerseits zur Verfolgung politischer Ziele auf nationaler Ebene zusammenschlossen. Das Farm Bureau war also in Wirklichkeit eine ursprünglich von der Regierung zur Förderung regierungsamtlicher Dienstleistungen auf dem Agrarsektor geschaffene Lobby. Zu den politischen Zielen der Farm Bureaus waren in einigen Staaten Einkaufskooperativen und Versicherungsgesellschaften hinzugekommen, von denen einige 1940 zu großen Unternehmen herangewachsen waren.
11 Wenn der Farmer in die Stadt kommt
Mit seinem zusammengebrochenen Fuhrwerk,
Ist der Farmer der Mann, der sie alle ernährt.

Wenn du hinschaust, wirst du es sehen,
Und ich glaube, du wirst mir zustimmen,
Daß der Farmer der Mann ist, der sie alle ernährt.

Der Farmer ist der Mann
Der Farmer ist der Mann,
Lebt auf Kredit bis in den Herbst.
Der Zinssatz ist so hoch,
Es ist ein Wunder, daß er nicht stirbt,
Und der Geldverleiher ist der, der alles kriegt.

8 Washington 1940

1 Die Securities and Exchange Commission wurde zur Durchführung zweier Gesetze gebildet: der Federal Security Act von 1933, die Managern die Offenlegung ihrer Bezüge und Pensionsverträge auferlegte; und der Public Utility Holding Company Act von 1935, die die Bildung von Holding-Gesellschaften mit dem Ziel beschränkte, den Eigentümern die Kontrolle zu nehmen. (Anm. d. Übers.)

2 Viele Jahre später erhielt ich für *The Affluent Society* (Boston 1958; dt. *Gesellschaft im Überfluß,* München 1959; TB-Ausg. 1963) den dem Andenken dieses hervorragenden Menschen gewidmeten und mit einer Geldprämie verbundenen Sidney-Hillman-Preis. Keine Ehrung hat mich jemals so gefreut wie diese. Kitty, die, da ich in Europa war, den Preis für mich entgegennahm, entzückte die Versammlung, indem sie ein Epigramm von Omar Chayyām zitierte:
»Some for the Glories of This World; and some
Sigh for the Prophet's Paradise to come;
Ah, take the Cash, and let the Credit go . . .«
(Es sehnt gar mancher sich nach Ruhm auf Erden,
und mancher sich nach des Propheten Eden.
Ah, nimm das Bare und laß fahren den Kredit . . .)

3 *New York Times,* 12. Juli 1936.

4 Die ursprünglich vorveranschlagten Beschäftigtenzahlen habe ich vergessen, und die noch existierenden Quellen führen sie nicht auf.

5 Harold Stein, *Public Administration and Policy Development. A Case Book,* New York 1952.

6 Zusätzliche Konfusion entstand 1921 durch Henry Fords Angebot, den Wilson-Damm auf hundert Jahre zu pachten und die Nitratfabriken samt Grund und Boden für fünf Millionen Dollar zu übernehmen, nur weil er Gutes tun wollte. In den zwanziger und frühen dreißiger Jahren galt als Liberaler, wer wünschte, die Regierung würde Muscle Shoals übernehmen und betreiben. Konservative machte man ebenso leicht an ihrer Abneigung dagegen aus. 1933 wurde die Frage schließlich gelöst, und zwar auf eine derart verheerende Weise, wie sie sich nicht einmal der hitzigste Verfechter des freien Unternehmertums hätte erträumen können. Aus Muscle Shoals und der Notwendigkeit, den Damm sowie die Stickstoffabriken zu nutzen, entwickelte sich – mit Unterstützung von Senator George W. Norris aus Nebraska und Franklin D. Roosevelt – das gewaltige Projekt der Tennessee Valley Authority (TVA).

7 Stein, a. a. O., S. 401.
8 In Kapitel 26 komme ich aus meiner Sicht als Botschafter noch einmal auf dieses Thema zurück.
9 Stein, a. a. O., S. 408.
10 Ebenda, S. 430.
11 Ebenda.
12 Ebenda, S. 442.
13 Siehe Kapitel 7.
14 »Er suchte sich zwölf Männer aus den untersten Rängen der Geschäftswelt und schmiedete aus ihnen eine Organisation, die die Welt eroberte.« Bruce Barton, *The Man Nobody Knows: A discovery of the real Jesus*, Indianapolis 1924, S. iv.
15 *Mutual of Omaha:* große amerikanische Versicherungsgesellschaft. (Anm. d. Übers.)

9 Lehrzeit als Preiszar

1 Der Reim lautete:
»James G. Blaine, James G. Blaine,
Continental Liar from the State of Maine.«
(Anm. d. Übers.)
2 Office of Price Administration, *First Quarterly Report*, Washington, D. C., 1942, S. 7.
3 »Die Lektion, die wir uns nach den Erfahrungen des Weltkriegs zweifellos am besten gemerkt haben, betrifft die Inflation. Die mit den rapide steigenden Preisen verbundenen Unbequemlichkeiten machten tiefen Eindruck auf die Menschen; und in einem Newtonschen Analogieschluß wurde die Nachkriegsdeflation weithin eng mit dem voraufgegangenen Preisanstieg assoziiert.« John Kenneth Galbraith, »The Selection and Timing of Inflation Controls«, *The Review of Economic Statistics*, Bd. XXIII, Nr. 2, Mai 1941, S. 82.
4 *How to Pay for the War*, New York, 1940, S. 51. Mit »Rückstellungen« bezog sich Keynes auf zwangsweises Sparen – Ersparnisse, die wie Steuern eingezogen, nach dem Krieg jedoch mit Zinsen zurückgezahlt würden. Für diese Neuerung setzte er sich sehr ein.
5 Ebenda.
6 William Jerome Wilson, *The Beginnings of OPA. Part I: The Price Control Act of 1942.* Historical Reports on War Administration, Washington, D. C., 1947, S. 29.
7 Die Summen entsprechen jenen, die damals allgemein angenommen wurden und in aller Munde waren. Hier die Rechnung, die Dean Acheson in *Present at the Creation* aufmachte: »Mr. Baruch machte, wie er selbst behauptet hat, zweifellos gutes Geld mit raffinierten Börsenspekulationen. Ähnlich geschickt setzte er sein Vermögen für politische Ziele ein, indem er es nur selten auf große Parteispenden verschwendete, sondern es wohlüberlegt – und häufig ohne Rücksicht auf Parteizugehörigkeit – auf kleinere, individuelle Spenden für Vor- oder

Hauptwahlkämpfe von Senatoren und Kongreßabgeordneten aufteilte. Diese Praxis mehrte seine Bewunderer im Kongreß, während sein begabter Freund, Herbert Bayard Swope, sein öffentliches ›Image‹ pflegte.« (New York 1969, S. 154)

8 Im Sommer 1961 vermittelte ich Baruch eine Audienz bei Kennedy. In einem Brief an den Präsidenten hatte ich bemerkt, daß damit »ein Wahlkampfversprechen«, Baruch zu konsultieren, »eingelöst« würde. Außerdem wies ich Kennedy darauf hin, daß er sich an einem Maß an Eitelkeit erfreuen könne, auf das ihn selbst seine Tätigkeit im Senat nicht ausreichend vorbereitet haben dürfte.

9 Wilson, a. a. O., S. 7.

10 Aussage vor dem Finanz- und Währungsausschuß des Repräsentantenhauses am 19. September 1941. Auch enthalten in: Bernard Baruch, *Baruch: The Public Years,* New York 1960, S. 287. Die Entstehungsgeschichte dieses Buches ist ein weiteres Beispiel für Baruchs Selbstdarstellungstrieb. Seine offizielle Biographie sollte die von Margaret L. Coit (Pulitzer-Preisträgerin und Biographin von John C. Calhoun) sein (*Mr. Baruch,* Boston 1957). Kompetent, verständnisvoll und interessant geschrieben, war sie keine Lobhudelei und kam der Wahrheit gefährlich nahe. Baruch distanzierte sich also davon und begann, mit Hilfe anderer seine Autobiographie zu schreiben. Vor Erscheinen der beiden Bücher wurde ich mehrmals angerufen und freundlich um meinen Rat bei einer Reihe von Wirtschafts- und Finanzangelegenheiten gefragt – die einzigen Anrufe dieser Art, die ich je von ihm erhielt. Baruch entdeckte den Wert meines Rates in dem Augenblick, da ihm auffiel, daß man sich bei solchen Büchern häufig mit der Bitte um Rezension an mich wandte.

11 Und dies tat, wie die offizielle Geschichtsschreibung berichtet, fast niemand. Wilson, a. a. O., S. 7.

12 Im Laufe der Zeit wurden diese Unterabteilungen weiter aufgeteilt und unterteilt, so daß unter Textilien und Bekleidung nun Alltagskleidung rangierte, unter Alltagskleidung Schuhwerk und darunter wiederum ein ganzer Mikrokosmos für Sohlen und (Alt-)Gummiabsätze. Von alldem verstand ich kaum etwas. Ein Jahrzehnt später in Harvard erhielt ich zu meinem Entzücken eine enorm lange Doktorarbeit, die zur schriftlichen und mündlichen Prüfung anstand und sich mit der Preisbindung für Sohlen und Absätze während des Krieges befaßte; der Autor hatte in jener Zeit diese Unterabteilung geleitet. Eindrucksvoll war die in der Arbeit beschriebene Motivation, das durch sie vermittelte Gefühl einer hohen Verantwortung. Die Sohlen waren in Güteklassen und Preise eingeteilt, die sich nach ihrer Lebensdauer richteten, welche wiederum durch Tests an den Füßen von Washingtoner Postboten ermittelt worden war. Mein Büro wurde in dieser Arbeit überzeugend als distanzierter und unfreundlicher Engpaß dargestellt. Als der Doktorand merkte, daß ich es war, der ihn prüfen sollte, war er sichtbar darüber erleichtert, daß ich seine Kritik mit unnatürlicher Toleranz hinnahm.

13 Heute in Partnerschaft mit Edward Bennett Williams ein angesehener Strafverteidiger in Washington.
14 Vor dem Zweiten Weltkrieg, als man Frauen noch für schwach hielt, dauerte der Klinikaufenthalt nach einer Entbindung normalerweise etwa zwei Wochen.
15 Wilson, a. a. O., S. 64.
16 U. S. Congress, House, Committee on Banking and Currency, *Price Control Bill: Hearing on H. R. 5479*, 77th Cong., 1st sess., 14. August 1941, S. 572.

10 Das innere Antlitz des Krieges

1 Kapok ist ein baumwollartiges Polstermaterial. (Anm. d. Übers.)
2 *The Great Crash, 1929*, 50th Anniversary Ed., Boston 1979, S. 139.
3 Professor Lewis erinnert sich zwar seiner Sendung in Hawaii, jedoch nicht meiner Besorgnis über die Begrenzung der Liebeskosten. In dieser Angelegenheit jedoch trügt mich mein Gedächtnis nicht. Die Militärs beschritten in ihrem Vorgehen gegen die, historisch gesehen, schon immer kostspielige Schwäche der Männer einen neuen Weg.
4 Die verantwortlichen Manager der Ölgesellschaft, William S. Farish und Walter C. Teagle, überlebten diese Vereinbarung nicht lange. Farish starb an einem Herzinfarkt; Teagle wurde entlassen.
5 Der große Nationalökonom Thomas Robert Malthus meinte, daß vielleicht Geistliche bei Trauungen freiwillige Zurückhaltung als Mittel zur Eindämmung des Bevölkerungszuwachses empfehlen könnten. Sowohl in seinem als auch in unserem Fall war das voraussichtliche Ergebnis ungefähr das gleiche.
6 Die höchste Verantwortung lag bei Henderson, der die Leitung der Zivilversorgung im OPM/SPAB innehatte.
7 So Richter Leventhals eigene Interpretation, für die ich ihm sehr dankbar bin.
8 Dieses Arrangement war wie geschaffen dafür, sich in Washington Feinde zu machen: Demokratische Kongreßabgeordnete und vor allem Senatoren sahen Republikaner oder rivalisierende Demokraten in ihren Heimatstaaten Pfründen verteilen und sich in kriegsbedingten Ernennungen sonnen, die rechtmäßig, wie sie glaubten, eigentlich ihnen zustanden.
9 Zumal es einige Zeit brauchte, um traditionelle Verhaltensweisen zu überwinden: Schon vor Monaten hatte sich die Regierung in den Besitz sämtlicher Bestände an Rohkautschuk gebracht und die Vollmacht darüber an die Rubber Reserve Corporation übertragen, eine Tochter der Reconstruction Finance Corporation. Die RFC wurde damals – wie schon seit vielen Jahren – von Jesse Holman Jones aus Houston/Texas geleitet. Im Oktober 1941 brannte in Fall River/Massachusetts ein Lagerhaus voll Gummi ab. Der Verlust betrug 15 850 bis 20 000 Tonnen. Die außergewöhnliche Gelassenheit, mit der Jesse die

Nachricht aufnahm, wirkte wie eine kleine Sensation. »Das Gummi«, sagte er, »war voll versichert.« *The Nation*, 10. Januar 1942, S. 28.

10 AID = Agency for International Development (Behörde für Entwicklungshilfe).

11 Darüber habe ich in »My Forty Years with the FBI« berichtet, in: *Annals of an Abiding Liberal*, Boston 1979, S. 159–160.

12 Ausdruck aus der Sprache der Wildwestfilme, den berüchtigten Tonbändern des Watergate-Skandals entnommen; bedeutet soviel wie: Wir erstickten die Sache im Keim. (Anm. d. Übers.)

11 Die Dynamik des Irrtums

1 Zu Beginn des Krieges unterstanden die kanadischen Preiskontrollen einem Komitee aus höheren Beamten – dem Wartime Prices & Trade Board –, das von James Coyne geleitet wurde, dessen Großvater zeitweilig politischer Verbündeter meines Vaters in Elgin County (Ontario) war, häufig aber auch sein Gegner. Später ging die Leitung auf Donald Gordon über, einen schwer arbeitenden und manchmal ebenso schwer trinkenden, hochbefähigten Beamten, der vollkommen mit meiner Meinung übereinstimmte, daß die Preiskontrollen und die durch sie den Möchtegern-Geschäftemachern entstehenden Kümmernisse eine Aufgabe waren, für die ein Schotte aufgrund seines Volkscharakters und seiner religiösen Erziehung bewundernswerte Voraussetzungen mitbringt.

2 Ein Gebäude-Eck 1. und 15. Straße, das Jesse Jones, in einem Anfall von Narzißmus, mit Hilfe eines Kredits an einen privaten Bauunternehmer gegen die Sicherheit eines Pachtvertrages mit der Reconstruction Finance Corporation finanziert hatte.

3 Seymour E. Harris, *Problems in Price Control, Part I. Stabilization Subsidies 1942–46*, Office of Price Administration, Office of Temporary Controls, Washington, D. C., 1947, S. 14.

4 Ebenda, S. 238.

5 Ebenda.

6 *Economic Report of the President*, 1959, S. 140.

7 Harris, a. a. O., S. 239.

8 *Economic Report of the President*, 1959, S. 141.

9 *Economic Report of the President*, 1958, S. 160.

10 *Economic Report of the President*, 1980, S. 263.

11 *Economic Report of the President*, 1959, S. 140. Diese zu Preisen von 1958.

12 In absoluten Zahlen beliefen sich die privaten Sparguthaben auf 2,9 Milliarden Dollar im Jahre 1940, auf 38,4 Milliarden Dollar im Jahr 1944. *Economic Report of the President*, 1968, S. 231.

13 Später nannte ich es »the disequilibrium system«, »das System des Ungleichgewichts«. Diese Bezeichnung fand in begrenztem Rahmen Zustimmung. »The Disequilibrium System«, *The American Economic Review*, Vol. XXXVII, no. 3 (Juni 1947), S. 287–302.

14 Die Rede hatte den Titel: »The Disequilibrium System«.
15 *A Theory of Price Control*, Cambridge/Mass. 1952; 2. Aufl. 1980.
16 Ebenda, S. 16 f.
17 Ebenda, S. 17.
18 »Im Prinzip ist unser Programm ganz einfach: Man eliminiere einen generellen Nachfrageüberschuß nach Rohstoffen und Produkten durch direkte Einschränkung der Ausgaben von Verbrauchern, Firmen und Streitkräften, und sobald man dieses inflationäre Potential einmal los ist, verlasse man sich möglichst weitgehend auf den Preis-Lohn-Mechanismus, der die Rohstoffe und Produkte verteilen wird. Sogenannte direkte Kontrollen über Kontingentierung und Verteilung würden durch den Preis-Lohn-Mechanismus zwar nicht ersetzt, jedoch mit dem Ziel konzipiert werden, ihn zu beleben oder zu ergänzen, falls er nicht rasch oder aggressiv genug auf die Steigerung oder Verteilung der Produktion wirkt oder sogar die Verteidungsanstrengung hemmt.« Tibor Scitovsky, Edward Shaw und Lorie Tarshis, *Mobilizing Resources for War*, New York 1951, S. 232 f. Die Autoren empfahlen Verbrauchsrationierung statt Steuererhöhung zur Senkung der Nachfrage. Dies ist eine Differenzierung, die – volkswirtschaftlich gesehen – keinen Unterschied macht.

12 Ein rauhes Spiel

1 Harvey C. Mansfield and Associates, *A Short History of OPA: Office of Temporary Controls.* Office of Price Administration, Washington, C. D., 1947, S. 52.
2 Auch ein Jahrzehnt später wurde ich noch belehrt. Auf einer Wahlkampfreise für Adlai Stevenson im Jahre 1956 erwachte ich eines Morgens in einem deprimierenden Hotel in einer Stadt am Mississippi. Vor der Tür lag die *Tribune.* Die mehrspaltige Überschrift lautete: »THE MAN WHO THINKS FOR ADLAI« (Der Mann, der für Adlai denkt). Wie üblich ignorierte ich Davis' Verdikt. Der Artikel ließ nichts Nachteiliges unerwähnt. »Galbraith ist Stevensons Spezialist für Wirtschafts- und Finanzfragen ... [Während des Zweiten Weltkriegs] benutzte er seine Macht zu dem Versuch, hinterrücks Güteklassenbezeichnungen auf allen Konserven einzuführen, womit er Warenzeichen und Markenartikeln den Garaus machen wollte ... Jetzt geht es ums Ganze: Wollen die Amerikaner wirklich ihre persönliche und wirtschaftliche Freiheit für einen sozialistischen Einheitsbrei aufgeben?«
Der Artikel ging davon aus, daß sie es nicht wollten. Im nächsten bitteren Moment kam mir der Gedanke, daß ich, der ich mich für einen kleineren (oder sogar höheren) Trumpf in Stevensons Wahlkampf gehalten hatte, zu einer schweren Belastung geworden war. Als ich später an diesem Morgen mit Stevenson zusammentraf, hörte ich von ihm, wie sehr er sich über die Entdeckung gefreut hatte, daß es sich bei den

intellektuellen Mängeln, die ihm von der *Tribune* so oft vorgeworfen worden waren, seit neuestem in Wirklichkeit um meine handele.

3 Der Sonderausschuß zur Überwachung der Regierungsbehörden, Special Committee to Investigate Executive Agencies.

4 Cotton Ed Smith = Baumwoll-Smith.
Boll Weevil = Baumwollkapselkäfer, *Anthonomus grandis,* ein Schädling der Baumwollpflanze. (Anm. d. Übers.)

5 U. S. Congress House, Special Committee to Investigate Executive Agencies, H. R. 102, 78. Cong., 1st sess., 14. April 1943, S. 157.

6 Douglas Galbraith, der sieben Jahre später an Leukämie starb.

13 Deutschland 1945

1 Über dieses Hotel und seine Bewohner habe ich in »The ›Cure‹ at Mondorf Spa« geschrieben, *Life,* 22. Oktober 1945, S. 17–24.

2 Bei unseren Verhören entpuppte sich Schacht als ein Mann, der sich außer bei Finanzklischees als unzugänglich erwies und fast keine Ahnung davon hatte, was eigentlich vorgefallen war.

3 Siehe »The ›Cure‹ at Mondorf Spa«, a. a. O., S. 24.

4 Soviel wie: US-Untersuchungskommission für die Auswirkungen des strategischen Bombardements (USSBS). (Anm. d. Übers.)

5 Amerikanischer Frontkämpferverband. (Anm. d. Übers.)

6 Der mir dankenswerterweise seine literarische, im Selbstverlag erschienene Autobiographie zur Verfügung gestellt hat.

7 Uneskortierte Angriffe mußten danach aufgegeben werden, die Eighth Air Force konnte monatelang nicht mehr richtig eingesetzt werden; und die deutsche Kriegsgüterproduktion wurde nicht nennenswert geschädigt. *Summary Report (European War),* United States Strategic Bombing Survey, 30. September 1945, S. 5.

8 Orvil Andersons militärische Laufbahn fand 1950 ein abruptes Ende, als er wegen seiner Bemerkung, er würde bereitwillig ein Bombergeschwader gegen Zentren der sowjetischen Atomenergie und Atomrüstung führen, von General Hoyt S. Vandenberg als Kommandant des Air War College entlassen wurde.

9 Supreme Headquarters, the Allied Expeditionary Forces: Hauptquartier der Alliierten Expeditions-Streitkräfte.

10 Das vermeintliche Ende wurde durch eine Fehlinformation bereits am 7. November 1918 gefeiert: John Toland, *No Man's Land,* New York 1980; dt. *Gebe Gott, daß es nicht zu spät ist. 1918 – Entscheidungsjahr des Ersten Weltkriegs,* München 1982, S. 509 ff.

11 In meinen Aufzeichnungen steht »Dollar«, doch das klingt unwahrscheinlich.

12 Sie trugen den Vermerk der höchsten deutschen Geheimhaltungsstufe, was mit *top secret* ins Englische übertragen wurde. Die übersetzten Dokumente blieben eines Nachts auf meinem Schreibtisch liegen und erregten die Aufmerksamkeit einer Streife, die nach Übertretungen der

Sicherheitsbestimmungen Ausschau hielt. Am nächsten Morgen verbrachte ich ungefähr eine Stunde damit, zu beteuern, daß eine deutsche Geheimsache nicht automatisch zur amerikanischen Geheimsache werden müsse, zumindest nicht in diesem Stadium des Krieges.

13 *The Effects of Strategic Bombing on the German War Economy,* United States Strategic Bombing Survey, 31. Oktober 1945, S. 278–279. Diese Daten entstammen den Statistischen Schnellberichten zur Kriegsproduktion, ergänzt und überprüft durch weitere Dokumente aus dem Reichsministerium für Bewaffnung und Munition (dem Amt Speer). Sie entsprechen nicht unbedingt der exakten Reihenfolge in dem Dokument, das uns zuerst in die Hände gefallen war, das Resultat ist aber das gleiche.

14 Albert Speer

1 Soviel wie: »einen Soldaten von echtem Schrot und Korn«. (Anm. d. Übers.)

2 Soviel wie »zweitklassige Filmstreifen von Warner Brothers«. (Anm. d. Übers.)

3 In Großbritannien wurden 20100 Militärflugzeuge gebaut, in Deutschland 10775; bei Panzern beliefen sich die Zahlen auf 4845 zu 3790, bei Geschützen vom Kaliber 20 mm an aufwärts auf 16700 zu 11200. Aus: Burton H. Klein, *Germany's Economic Preparation for War,* Harvard Economic Studies, Cambridge/Mass. 1959, S. 99. Die deutsche Produktionsrate lag 1941 lediglich bei den kleinen Infanteriewaffen und bei Torpedos merklich über den britischen. Colin Clark, der britisch-australische Statistiker, schätzt, daß das britische Vorkriegs-Nationaleinkommen sich auf etwa 70 % des deutschen belief (Klein, S. 96). Klein war – dies zur Erinnerung – mein Stellvertreter in der Direktion der Wirtschaftsabteilung des US Strategic Bombing Survey.

4 Klein, a. a. O., S. 235–236. Diese bescheidene Anfangsleistung spiegelte vielleicht auch eine Aversion gegen einen neuerlichen Zermürbungskrieg mit großen wirtschaftlichen und menschlichen Opfern wider, eine Aversion, die in Deutschland, ebenso wie in Frankreich und Großbritannien, ein Erbe des Ersten Weltkriegs war.

5 Die Speer-Zitate sind so wiedergegeben, wie sie in meinen Aufzeichnungen stehen. Es ist jedoch möglich, daß ich seine Äußerungen und Antworten damals paraphrasiert habe.

6 *The Effects of Strategic Bombing on the German War Economy,* United States Strategic Bombing Survey, 31. Oktober 1945, S. 204.

7 Speer sagte (oder wurde so verstanden), daß es 25 000 gewesen seien, und diese Zahl erreichte einige Verbreitung.

8 Siehe auch mein Artikel »Germany Was Badly Run«, *Fortune* XXXII, Nr. 6. (Dezember 1945), S. 173–200.

9 United States Strategic Bombing Survey Special Document, *Speer on the Last Days of the Third Reich,* S. 2.

10 Wie aus dem Gesamtindex der Rüstungsproduktion hervorgeht. *The Effects of Strategic Bombing on the German War Economy,* S. 283.

11 Dies wurde später von Speer selbst bestätigt. (Albert Speer, *Erinnerungen,* Berlin 1969, S. 425).

12 *Summary Report (European War),* United States Strategic Bombing Survey, 30. September 1945, S. 8.

13 Ebenda, S. 6.

14 *The Effects of Strategic Bombing on the German War Economy,* S. 277.

15 Orvil Anderson hatte mit seinen Air-Force-Leuten befehlswidrig über Deutschland Einsätze geflogen – von uns anderen hatte keiner je auch nur einen einzigen im Zorn abgefeuerten Schuß zu hören bekommen, allenfalls freudetrunkene Herumballerei. Unser Schwindel bereitete uns dennoch in eigenartiger Weise Vergnügen.

16 Dieses wurde abgeschrieben, doch ging der Bericht in den Geheimdienstarchiven verloren. Erst 34 Jahre später wurde er von meiner Freundin und Assistentin Londa Schiebinger während der Recherchen für diese Memoiren wiederentdeckt und im Juli 1979 unter dem Titel »The Speer Interrogation: Last Days of the Third Reich« in *The Atlantic* veröffentlicht.

17 Der Wortlaut entspricht meinen Aufzeichnungen. In dem auf diesen Aufzeichnungen basierenden Dokument und in Speers Memoiren findet sich eine etwas andere Version.

18 Göring rechnete mit einem freundlichen Empfang seitens der Amerikaner. Nach Speers in Flensburg mit großem Nachdruck vertretener These war Göring durch seine Inkompetenz in der Tat unser bester Freund gewesen.

19 *Speer on the Last Days of the Third Reich,* S. 10.

20 In den Tagen vor diesem Treffen mit Speer hatte sich Himmler ziellos in der Umgebung von Flensburg herumgetrieben. Später wurde er von den Briten verhaftet und zerbiß während einer Routineuntersuchung eine Zyanidkapsel.

21 Diese Darstellung basiert weitgehend auf Paul M. Sweezys »Paul Alexander Baran: A Personal Memoir«, in *Paul A. Baran 1910–1964: A Collective Portrait,* Hrsg. Paul M. Seezy und Leo Huberman, New York 1965, S. 28–80.

22 Meine Erinnerung an den Markennamen ist impressionistisch.

23 Ich kann mich ganz genau an diesen Vorfall erinnern. Als ich kürzlich bei dem betreffenden Offizier, der heute ein bedeutender Professor ist, nachfragte, stellte sich heraus, daß er von der Angelegenheit nichts mehr weiß. Er war ziemlich ungehalten und bestritt, jemals einen so aufgeklärten Vorstoß begangen zu haben. Aus diesem Grund verzichte ich hier auf eine Namensnennung.

24 Die Geschichte wird in einer Reminiszenz an Berlin in *Annals of an Abiding Liberal,* Boston 1979, S. 197–198 geschildert. Ich wiederhole sie hier zum Teil deswegen, weil Kuczynski 1980 in der Presse mit der Bemerkung zitiert wurde, er und seine Schwester hätten in jenen Monaten für den sowjetischen Geheimdienst gearbeitet. Sehr wichtig

kann dieser Auftrag allerdings nicht gewesen sein, da es in jener deutschen Phase unserer Tätigkeit, mit der er zu tun hatte, gar keine Geheimnisse gab. Wir bezogen unser Material ausschließlich aus deutschen Quellen, zu denen die Sowjets gleichfalls Zugang hatten, und außerdem wurde schließlich ohnehin alles veröffentlicht.

25 Der inzwischen emeritierte Professor der Humboldt-Universität verfaßte u.a. eine mehrbändige Geschichte der deutschen Arbeiterbewegung.

26 *Noncommissioned Officer:* Unteroffizier im Sinne einer Rangklasse, nicht als Dienstgrad. (Anm. d. Übers.)

27 *Daily Record of USSBS Spearhead Team,* United States Strategic Bombing Survey, 16. Juli 1945, S. 3, 5.

28 Auch hier folge ich meinen Aufzeichnungen.

29 Nach meiner Erinnerung und damaligen Nacherzählungen: zitiert erneut aus *Annals of an Abiding Liberal.*

15 Japan 1945

1 »Germany Was Badly Run«, *Fortune* 32, Nr. 6, Dezember 1945, S. 200.

2 *Catch 22:* Titel eines Romans von Joseph Heller (1961); dient zur Umschreibung einer sehr verzwickten oder gar aussichtslosen Lage. (Anm. d. Übers.)

3 *Bottled Especially . . .:* Soviel wie: »Abgefüllt speziell für die auf Besuch weilenden Besatzungstruppen.« (Anm. d. Übers.)

4 *The Effects of Strategic Bombing on Japan's War Economy,* United States Strategic Bombing Survey, Dezember 1946, S. 2.

5 Ebenda, S. 2–3.

6 Ebenda, S. 59.

7 *Summary Report (Pacific War),* United States Strategic Bombing Survey, Chairman's Office, 1. Juli 1946, S. 26.

8 Ebenda. Siehe auch *Japan's Struggle to End the War,* United States Strategic Bombing Survey, Chairman's Office, 1. Juli 1946, S. 13.

9 Wenn mich mein Gedächtnis nicht trügt, handelte es sich um die Yasuda-Gruppe.

10 Die Preisangaben sind spekulativ, da mir die richtigen längst entfallen sind.

11 Das »Beton-Schlachtschiff« *(concrete battleship)* war eine Festung in der Manila Bay. (Anm. d. Übers.)

16 Kalter Hauch

1 Zitiert in Martin Weil, *A Pretty Good Club: The Founding Fathers of the U. S. Foreign Service,* New York 1978, S. 47.

2 Ebenda, S. 103.

3 James Byrnes, *Speaking Frankly,* New York 1947, S. 189.

4 *The Papers of General Lucius D. Clay,* Bd. II, Hrsg. Jean Edward Smith. Bloomington 1974, S. 528. Die Fairness gebietet es zu sagen, daß General Clay auch nach einer sorgfältigen Durchsicht der Rede noch der Ansicht war, Semlers Behauptung sei böswillig gewesen.
Eine ausführliche Darstellung aus deutscher Sicht findet sich bei Bernt Engelmann, *Wie wir wurden, was wir sind,* München 1980, S. 161–165.
5 Oder in Regierungsobligationen, so diese in die Umtauschaktion einbezogen sind.
6 *The Papers of General Lucius D. Clay,* Bd. II, S. 325.
7 Mein Nachbar in Cambridge, James C. Thompson jr., der später Kurator der Nieman Foundation wurde, machte auf diese Tendenz allgemein aufmerksam, indem er auf das Schicksal der Vietnamkriegsgegner in Washington verwies.

17 Time – Fortune – Life – Luce

1 »Writing and Typing«, in: *Annals of an Abiding Liberal,* Boston 1979, S. 289.
2 Elisabeth II. hatte gerade Indien besucht.
3 »The Business Suit«, *Fortune,* vol. XXXVIII, Nr. 1, Juli 1948, S. 104.
4 *Blandings' Way,* New York 1950, S. 39.
5 Siehe Kapitel 32.

18 Academia Redux

1 »Monopoly and the Concentration of Economic Power«, in: *A Survey of Contemporary Economics,* Hrsg. Howard S. Ellis, Homewood/Ill. 1948, Bd. I, Published for the American Economic Association.
2 Lewis D. Stillwell, *Migration from Vermont,* Montpellier 1948, S. 77. Er zitiert Walter H. Crockett, *Vermont: The Green Mountain State,* New York 1921, Bd. I, S. 258.
3 Auf den Wiesen siedelten sich Kiefersämlinge an. Diese wuchsen heran, wurden geschlagen und durch Laubbäume ersetzt.
4 Mein Fleisch ruht schlummernd in dieser Erde
Und Freunde und Nachbarn ruhn um mich herum
Und Du, geneigter Leser, halt ein und betrachte
Den Rasen, der auch Dich bald decken mag.
5 *The Nature of Mass Poverty,* Cambridge/Mass. 1979; dt. *Die Arroganz der Satten,* Bern–München 1980.
6 *American Capitalism: The Concept of Countervailing Power,* Boston 1952; überarb. Aufl., 1956; ern. White Plains 1980; dt. *Der amerikanische Kapitalismus im Gleichgewicht der Wirtschaftskräfte,* Stuttgart–Wien 1956.
7 *American Capitalism: The Concept of Countervailing Power,* überarb. Aufl., S. 114–115.

8 *Papers and Proceedings* of the Sixty-sixth Annual Meeting of the American Economic Association in Washington, D. C., 28.–30. Dezember 1953, *The American Economic Review*, Bd. XLIV, Nr. 2, Mai 1954, S. 30.

9 *American Capitalism: The Concept of Countervailing Power*, überarb. Aufl., S. 128.

10 Ebenda, S. 201. Dies ist der letzte Satz des Buches.

11 *A Theory of Price Control*, Cambridge/Mass. 1952; Neuauflage 1980.

19 Adlai Stevenson

1 T. R. = Theodore Roosevelt
W. W. = Woodrow Wilson
C. C. = Calvin Coolidge
H. H. = Herbert Hoover
F. D. R. = Franklin D. Roosevelt
J. F. K. = John F. Kennedy

2 Das Antioch College in Yellow Springs/Ohio hat ein berühmtes Seminar für Englische Literatur. (Anm. d. Übers.)

3 Er hatte George Ball bei der ersten Untersuchung über die Auswirkungen der Bombenangriffe geholfen, war jedoch schon ausgeschieden, bevor ich kam.

4 Einer der beiden engsten Vertrauten Stevensons; der andere war William McCormick Blair jr. McGowan wurde später Bundesrichter. Blair fügte sich, indem er später Botschafter in Dänemark und auf den Philippinen wurde, makellos in die Reihe derer ein, die aus dieser Gruppe in den Staatsdienst aufstiegen oder innerhalb desselben Karriere machten.

5 *Major Campaign Speeches of Adlai E. Stevenson, 1952*, New York 1953, S. 248.

6 Ebenda, S. 31–32. Daraus entnahm ich den Titel *The Liberal Hour* für eine ein paar Jahre später veröffentlichte Essay-Sammlung (Boston 1960).

7 *Adlai Stevenson of Illinois*, New York 1976, und *Adlai Stevenson and the World*, New York 1977.

8 *whistle stop speech:* kurze Wahlkampfrede; *whistle stop:* Bedarfshaltestelle der Eisenbahn. (Anm. d. Übers.)

9 »Sekundäre Boykotts« sind Maßnahmen wie z. B. die Boykottierung von Waren und Materialien aus Betrieben, deren Arbeiterschaft nicht gewerkschaftlich organisiert ist, oder Sympathiestreiks in Zulieferfirmen von bestreikten Betrieben; *closed shop* bezeichnet die Zwangsmitgliedschaft in Gewerkschaften. (Anm. d. Übers.)

10 Martin, *Adlai Stevenson of Illinois*, S. 677. Das Zitat entspricht ziemlich genau meiner Erinnerung an Stevensons Worte.

11 Damals wie heute boten diese Vorreden reichlich Zeit für eine solche Aufgabe. Bei einer großen Wahlveranstaltung am 28. Oktober in New

York klammerte sich der Senatskandidat John Cashmore derart am Mikrophon fest, daß für Stevenson nur durch Anwendung physischer Gewalt ein wenig Fernsehzeit gerettet werden konnte.

12 *Major Campaign Speeches of Adlai E. Stevenson, 1952*, New York 1953, S. 35–36.

13 Der bekannte Essayist und Historiker, den ich in Cambridge zu meinen besten Freunden zählte und der für uns Benny hieß. An jenem Abend nannte McCarthy ihn Richard DeVoto.

14 Er sagte dies am 23. Dezember 1960 in Palm Beach. Während des Wahlkampfes in jenem Jahr war Martin Luther King in Georgia ins Gefängnis gesteckt worden, und es gab sehr positive Reaktionen, als John Kennedy prompt Mrs. King anrief und Robert Kennedy ebenso prompt mit dem Richter telefonierte. Beide Brüder handelten ohne das Wissen des jeweils anderen. (John Kenneth Galbraith, *Ambassador's Journal*, Boston 1969, S. 6.)

15 Martin, *Adlai Stevenson of Illinois*, S. 743.

16 Ebenda, S. 687.

20 *Depression, Zusammenbruch, Kommunismus und die Canadian Pacific Railway*

1 Später wurde daraus das in Kap. 14 bereits erwähnte Buch *Germany's Economic Preparation for War*, Harvard Economic Studies, Cambridge/Mass. 1959.

2 Thomas Francis Eagleton, 1972 für kurze Zeit Vizepräsidentschaftskandidat, was in geringem Maße auf meine Bemühungen zurückzuführen war, machte eine ähnliche, wenngleich schmerzhaftere Erfahrung (s. Kap. 32).

3 Boston 1955; überarb. Aufl. zum 50. Jahrestag, 1979, dt. *Der große Krach 1929*, Stuttgart 1963.

4 Office Memorandum, United States Government, 23. März 1955. Wiedergegeben in der Akte über J. K. G.

5 Siehe Kapitel 18.

6 U. S. Congress, Senate, Committee on Banking and Currency, *Stock Market Study*. 84. Kong., 1. Sitzung, 1955, S. 298.

7 Ich hörte ein paar Monate später abrupt damit auf, als ich auf die ersten Statistiken stieß, die Zigarettenrauchen mit Lungenkrebs in Verbindung brachten. Auch Harriman gab das Rauchen auf.

8 Dieser Brief ist zitiert in John Bartlow Martin, *Adlai Stevenson and the World*, New York 1977, S. 83–84.

9 Siehe Kapitel 12.

10 Von John Kenneth Galbraith und Richard H. Holton, Cambridge/Mass. 1955.

11 Galbraith und Holton, S. 3.

12 Caxton (?1422–1491). Gründer der ersten englischen Druckerei. (Anm. d. Übers.)

13 *The Economics of Competition in the Transportation Industries* von John R. Meyer, Merton J. Peck, John Stenason und Charles Zwick, und *The Canadian Economy* von Richard E. Caves und Richard H. Holton. Beide Bücher erschienen 1959. Caves und Meyer sind inzwischen Professoren in Harvard, Peck lehrt in Yale. Holton ist, wie schon bemerkt, Professor an der University of California in Berkeley. Zwick war später Budgetdirektor und ist jetzt Bankier. Stenason, der ursprünglich bei der CPR tätig war, ist Exekutiv-Vizepräsident und Direktor der Canadian Pacific Investments Ltd.

21 Erster Eindruck von Indien und Gesellschaft im Überfluß

1 Seit einigen Jahren bin ich dort Honorarprofessor und halte in jedem Winter Vorlesungen.

2 Gordon, der fleißigste, vielseitigste und intellektuell unabhängigste politische Führer Kanadas, war zeitlebens bei den verschiedensten liberalen Angelegenheiten mein Verbündeter.

3 Das bedeutete allerdings nicht den Tod. In jener Zeit war die polnische Regierung nicht blutrünstig, ein Umstand, auf den man später nicht ohne Stolz hingewiesen wurde.

4 Siehe Kapitel 6.

5 Braithwaite ist der in Indien bekannte Name einer alteingesessenen anglo-indischen Firma.

6 Boston 1968.

7 Später kaufte ich auch Bilder, und daraus entstand eine angesehene Kollektion, die sich teils im Fogg Art Museum in Harvard, teils im Smith College befindet.

8 Man hätte das vorhersehen können, denn für seine Vergeßlichkeit gab es inzwischen weitere Beweise. Ein paar Wochen zuvor hatten wir uns mit den Kaldors zu einer gemeinsamen Reise durch Nordindien verabredet. Nicky war mittlerweile ein begeisterter Fotograf, doch wurde seine Tätigkeit dadurch beeinträchtigt, daß er, wie seine Tochter erklärte, niemals daran dachte, die Kappe vom Objektiv zu nehmen.

9 In Vorlesungen und Schriften in den späten siebziger Jahren, die unter dem bereits erwähnten Titel *The Nature of Mass Poverty* (Cambridge/Mass. 1979) veröffentlicht wurden.

10 *Statistical Abstract of the United States, 1978.* United States Department of Commerce, Bureau of the Census, S. 854.

11 *The Affluent Society*, Boston 1958, S. 253 (dt. *Gesellschaft im Überfluß*, München 1959; TB-Ausg. 1963).

12 Während des Wahlkampfes von 1956 verspätete sich Estes bei jedem Redetermin um mindestens eine Stunde, und manchmal gar um drei oder vier. Einer seiner kalifornischen Bewunderer führte dies darauf zurück, daß er jedem Mann, dem er begegnete, die Hand schütteln und jede Frau hofieren mußte.

22 *A. E. S. Redux*

1 Zitiert in Adlai E. Stevenson, *The New America*, New York 1957, S. 180.
2 Ebenda.
3 *brinkmanship:* soviel wie »Politik am Rande des Abgrunds«, ein z. Z. des kalten Krieges geläufiger Terminus. (Anm. d. Übers.)
4 Zitiert in Stevenson, a. a. O., S. 248–249. Während der Watergate-Jahre wurden diese Zeilen in Washington wieder ausgegraben, um zu zeigen, mit welcher Weitsicht Adlai Stevenson den Charakter des 37. Präsidenten beurteilt hatte.
5 »Market Structure and Stabilization Policy«, *Review of Economics and Statistics*, Bd. XXXIX, Nr. 2, Mai 1957, S. 124–133.
6 Die Harvard University Press veröffentlichte meine Reisenotizen zusammen mit meiner Grundvorlesung »Economic Power in the American Setting«. (*Journey to Poland and Yugoslavia*, Cambridge 1958.)
7 *Journey to Poland and Yugoslavia*, S. 67–68.

23 *Kennedy, die Demokraten und Die moderne Industriegesellschaft*

1 *The Modern Corporation and Private Property*, New York 1932 und 1968.
2 *The Managerial Revolution: What is Happening in the World*, New York 1941. Teils, weil der Autor ein eingefleischter Rechter war und mit den politischen Hauptströmungen der Zeit nichts zu tun hatte, teils, weil es ihm an akademischen Ehren gebrach, wurde der Beitrag James Burnhams niemals voll gewürdigt. In der ersten Auflage des *New Industrial State* gehörte auch ich zu denen, die ihn verkannten.
3 *Business Leadership in the Large Corporation*, Washington 1945.
4 Was er dann auch bis zu meiner Emeritierung 1975 tat.
5 Dies ist die Entfernung, an die ich mich erinnere.
6 Anspielung auf die große Zahl ukrainischer Einwanderer im Gebiet von Pittsburgh. (Anm. d. Übers.)
7 Der Reiseführer war ein junger Russe aus Kiew. Er hatte sich zuvor schon Adlai Stevenson zur Verfügung gestellt, den er, wie viele andere Russen auch, sehr bewunderte.
8 Boston 1967; dt. *Die moderne Industriegesellschaft*, München 1967; TB-Ausg. 1968.
9 Gedrängt von Edward Kennedy, zog ich 1972 eine Senatskandidatur für Massachusetts in Betracht, die mir von demokratischer Seite mehr oder weniger angeboten worden war. Mein Konkurrent wäre Edward W. Brooke gewesen, ein Freund von mir und der einzige Schwarze im Oberhaus des Kongresses. Ich erkundigte mich bei Freunden, dem Black Caucus (Anm. d. Übers.: Vereinigung der schwarzen Abgeordneten) in Washington (der positiv reagierte) und dem schwarzen Establishment in Boston (das hartnäckig dagegen war). Ein oder zwei

Tage vor dem Parteitag stieg ich aus dem Rennen aus. Ich hätte mich mit der Bemerkung konfrontiert gesehen: »Galbraith ist ein großer Freund der Minoritäten, außer wenn er für sich selbst etwas haben will.« Außerdem beeinflußte die Überzeugung, daß ich damals Ed Brooke nicht hätte schlagen können, meine Entscheidung.

24 *John F. Kennedy: Der Wahlkampf*

1 Diese Begebenheit hat mir Cooper berichtet.
2 Zitiert in Arthur M. Schlesinger jr., *A Thousand Days*, Boston 1965, S. 635.
3 Siehe Kapitel 21.
4 Margaret Chase Smith, lange Zeit hindurch republikanische Senatorin aus Maine.
5 Oder doch beinah nicht so. Als Stevensons Name ins Spiel gebracht wurde, verlor ich eine halbe Stimme aus Iowa, und zwar die von Stephen Garst, dem Sohn des Maiskönigs und großen Stevenson-Verehrers Roswell Garst. Dieser Verlust wurde jedoch durch den Rückzug des Mitbewerbers Herschel Loveless, Gouverneur von Iowa, dessen Delegierte frei wurden und für Kennedy stimmten, mehr als wettgemacht.
6 Diese Bemerkung habe ich Arthur Schlesinger gegenüber erwähnt. Siehe *A Thousand Days*, S. 34.
7 Arthur Schlesinger, der sich mit uns im Lift befand, hat diese Bemerkung in leicht abgewandelter Form ebenfalls zitiert. *A Thousand Days*, S. 72.
8 Dieser Mühe mußten wir uns erneut und diesmal noch ausgiebiger 1964 unterziehen, als Robert Kennedy seinen Wahlkampf um einen Senatssitz führte; er bezeichnete ihn am Ende als den größten christlichen Missionsfeldzug gegenüber den Juden seit dem Neuen Testament.
9 Diesen Abend erwähne ich in *Ambassador's Journal*, Boston 1969, S. 520.

25 *Diplomatie und Gespenster*

1 Unmittelbar nach der Wahl wurde aus Sargent Shriver, Arthur Schlesinger und mir ein Komitee gebildet, das Namen für die wirtschaftspolitischen Posten in der Regierung vorschlagen sollte – für Finanzen, Budget-Amt, Council of Economic Advisers und andere. Erste Wahl Kennedys für den Wirtschaftsrat dürfte nach meiner Ansicht Paul Samuelson vom Massachusetts Institute of Technology gewesen sein, doch Samuelson hatte es stets abgelehnt, nach Washington in den Staatsdienst zu gehen. Zusammen mit anderen setzte ich mich nun für Walter W. Heller ein, der damals ein relativ unbekannter Wirtschafts-

professor an der University of Minnesota war. Desgleichen tat, zweifellos mit größerem Erfolg, Hubert Humphrey. Einen weiteren Mann aus Minnesota, Orville L. Freeman, schlug ich für das Amt des Landwirtschaftsministers vor. In seiner Autobiographie (*Grassroots*, New York 1977) erwähnt George McGovern, daß ich seiner Berufung auf diesen Posten vor Freeman den Vorzug gab. Soweit ich mich entsinnen kann, setzte ich mich in verschiedenen Stadien der Entwicklung für beide ein.

2 Wie schon vorher erwähnt, *Ambassador's Journal*, Boston 1969.

3 ». . . [M]oderne Diplomatie erfordert, daß man nicht nur die Regierungen, sondern auch die Menschen gut versteht . . . Ich hoffe daher, Sie werden Ihre Arbeit so gestalten, daß Ihnen Zeit für ausgedehnte Reisen außerhalb der Hauptstadt des Landes bleibt.« Präsident Kennedy an die Missionschefs, 29. Mai 1961.

4 *The Scotch*, Boston 1964.

5 *Economic Development*, Cambridge/Mass. 1962; dt. *Wirtschaftliches Wachstum*, Frankfurt a. M. 1967.

6 Boston 1963; dt. *Die McLandress Dimension*, München 1970.

7 *Indian Painting: The Scene, Themes and Legends*, Boston 1968. Siehe Kapitel 21.

8 *Ambassador's Journal*, S. 51.

9 Einmal überfielen sie einen chinesischen Lkw-Konvoi und kehrten mit angeblich wichtigen militärischen Informationen über chinesische Truppenaufstellungen zurück.

10 Autor des erhellenden und interessanten Buches *The CIA's Secret Operations*, New York 1977, über seine Jahre bei der CIA.

11 Sie sollte ebenfalls dem von mir in jenen Jahren so genannten »Ersten Galbraithschen Gesetz der Spionage« unterworfen sein: »Du kannst die Absichten einer Regierung nicht kennen, wenn sie sie selbst nicht kennt.«

26 Das Außenministerium, Jawaharlal Nehru und Indien

1 Die Intensität der bürokratischen Kriegführung hatte sich nach meinem Eindruck 1961, verglichen mit der Zeit des New Deal, gemäßigt. Damals focht man gnadenlos, um zu gewinnen; wenn man verlor, so wie ich im Jahr 1943, war man weg vom Fenster. In den sechziger Jahren war alles umgänglicher und zivilisierter. Ich war überrascht, als ich entdeckte, wie gefährlich man wirkte, wenn man das Spiel nach den alten Regeln spielte.

2 Die Antwort ihres Mannes wurde mir von Jacqueline Kennedy berichtet, die zufällig dabei war.

3 *Ambassador's Journal*, Boston 1969, S. 183.

4 In späteren Jahren kam seine Anpassungsfähigkeit Talbot sehr zupaß. Er wurde Botschafter in Griechenland und mußte sich mit den Obristen arrangieren, als sie 1967 die Macht ergriffen. Als Frau Helen Vla-

chos, die brillante, unabhängige (und konservative) griechische Zeitungsverlegerin, ihn um Hilfe bat, wurde ihr gesagt, sie täte besser daran, bei einer kleineren Botschaft Schutz zu suchen. Wir durften keinen Anstoß erregen.

5 An diesem Tag beging Philip L. Graham, der begabte, charmante und mit schweren psychischen Problemen belastete Verleger der *Washington Post*, Selbstmord. Er war ein enger Freund des Präsidenten und ein langjähriger Bekannter von mir. Während unserer Unterhaltung an Bord traf per Funk die Nachricht von seinem Tod ein.

6 *How to Control the Military*, New York 1969, S. 24.

7 Außer der *Affluent Society* hatte inzwischen auch eine Aufsatzsammlung mit dem Titel *The Liberal Hour* (Boston 1960) ihren Weg nach Indien gefunden.

8 *Ambassador's Journal*, S. 175.

9 *Ambassador's Journal*, S. 127–128.

10 In Washington begibt sich traditionsgemäß der Doyen des Diplomatischen Corps zum Flughafen, um den dort eintreffenden Regierungschef im Namen aller seiner Diplomatenkollegen willkommen zu heißen. In Delhi bestiegen alle Botschafter ihre Wagen, entrollten die Nationalstander auf den vorderen Kotflügeln und fuhren hinaus nach Palam. Das half ihnen, den Tag herumzubringen. Am Flughafen waren unter einem Zelt Sitze in der genauen Rangfolge aufgestellt. Einmal gab es irrtümlicherweise keinen Stuhl für den argentinischen Botschafter, der zu spät kam. Er war ein kleiner, untersetzter Mann mit sehr kurzen Beinen, dem es nichtsdestoweniger gelang, eine beträchtliche Würde auszustrahlen. »Es gibt keinen Sitz für den argentinischen Botschafter«, sagte er, »ich bin beleidigt. Meine Regierung ist beleidigt. Ich werde gehen. Aber ich bin ein praktischer Mann, deshalb bleibe ich.« Ich machte es mir zur Gewohnheit, meinen Stellvertreter oder einen anderen Beamten vorzuschicken, zusammen mit einem wohlformulierten Brief an den eintreffenden Potentaten, in dem ich den unaufschiebbaren Charakter meiner Pflichten an jenem Tag erläuterte. Der Eindruck, ihr Botschafter sei stark beschäftigt, schien mir durchaus im Einklang mit der Würde der Vereinigten Staaten zu sein. Ich konnte in der Zeit dann lesen oder schreiben. Die Kunde von meiner Nachlässigkeit drang schließlich nach Washington und wurde dort einer Analyse unterzogen. Ergebnis war ein gedankenschweres Telegramm, in dem die besondere Bedeutung meiner Anwesenheit beim nächsten Besuch, dem des Prinzen Norodom Sihanuk von Kambodscha, hervorgehoben wurde. Ich begab mich zum Flughafen und begrüßte den Prinzen herzlich. Er sah mich mißtrauisch an. Kurze Zeit später fuhr ich einmal in den frühen Morgenstunden hinaus, um meine Frau, die von einer Reise in die Heimat zurückkehrte, abzuholen. Ich hatte mich jedoch im Flug geirrt. Sie war nicht an Bord. Statt ihrer befand sich der Premierminister von Barbados an Bord. Ich begrüßte ihn überschwenglich und genoß fortan einen besonderen Ruf für pünktliche Einhaltung des Protokolls.

11 Arthur M. Schlesinger jr., *A Thousand Days*, Boston 1965, S. 200.
12 In imperialen Tagen das weiträumige Haus des Oberkommandierenden.
13 Weathersby wurde später Public-Relations-Chef an der Universität Princeton. Zorthian, später ein leitender Manager bei Time Inc., war während der schlimmsten Zeit des Vietnamkriegs der Presseoffizier in Saigon. Er vollbrachte die nahezu unmögliche Leistung, seinen Job zur Zufriedenheit seiner Vorgesetzten zu erledigen und sich dabei den Respekt selbst der mißtrauischsten Reporter zu bewahren. Seine äußere Erscheinung, der es an jeder persönlichen Schönheit gebrach, half ihm bei dieser Aufgabe nicht. Wahrscheinlich nähte er sich seine Kleidung nicht selbst, doch kann er niemals auf den Gedanken gekommen sein, sie abzulegen, bevor er unter die Dusche ging.
14 1980, nach der Afghanistan-Krise, wurde eine neuerliche Anforderung von Pakistan zurückgewiesen. Sie wurde korrekterweise als für die Verteidigung des Landes gegen die UdSSR irrelevant angesehen.
15 U. S. Congress House, Committee on Appropriations, *Foreign Operations Appropriations for 1963*, 87. Kongreß, 2. Sitzung, 1961–62, 34, Teil 3, S. 389.
16 Agency für International Development; der Name und die Abkürzung wurden während der Kennedy-Jahre eingeführt.
17 Und den Exportindustrien, da diese dem gleichen Endzweck dienten.
18 Siehe Kapitel 21.
19 Vielleicht sollte ich auch Connecticut hinzufügen, wo der Großvater meiner Frau, Wilbur Olin Atwater, in Storrs Gründer und erster Direktor der ersten landwirtschaftlichen Experimentierfarm des Landes war. Er war auch ein Gründervater des US-Landwirtschaftsministeriums.
20 *land-grant*-Universitäten: siehe Kapitel 1.
21 Wie übrigens auch in Pakistan und anderen dichtbevölkerten Agrarstaaten.

27 Ein Krieg aus nächster Nähe

1 Ungefähr siebzig Soldaten und Zivilisten kamen dabei ums Leben. Die Episode wird in Neville Maxwells kompetenter, obgleich vom indischen Standpunkt aus ein wenig prochinesisch erscheinender historischen Studie *India's China War* erwähnt. London 1970, S. 74.
2 *La* heißt Paß. Im Falle von Dohla, Simla usw. sind Orts- und Paßname miteinander verbunden worden.
3 Schließlich wurden zwei Notsender von der CIA nach Neu-Delhi geflogen, und ein riesiger Rückstand von Meldungen, die sich inzwischen aufgestaut hatten, mußte abgebaut werden. Irgend etwas klappte dabei nicht; während der ersten beiden Tage gingen die Meldungen hinauf in die Troposphäre und kamen nie wieder herunter.
4 Neville Maxwell bemerkte: »Der amerikanische Botschafter ...

[wurde] praktisch zum geheimen Berater der indischen Regierung.« Er fügte hinzu, wie ich mir zu erwähnen erlaube, daß dies »eine Rolle [war], die Galbraith mit Eifer und Takt spielte«. Maxwell, S. 420.
5 Siehe Kapitel 21.
6 Sie wurden zum Teil aus der Luft versorgt, aber in jenem steilen Gelände war es fast unmöglich, ausreichend flache Abwurfgebiete zu finden, auf denen Nachschub gelandet und gefunden werden konnte.
7 Durch die Schwäche der Inder beunruhigt, wandte sich der Premierminister von Bhutan, Schwager des Königs, mit der Bitte um Rat an mich. Ich empfahl ihm, sein Land öffentlich für neutral zu erklären, die indischen Truppen zu entwaffnen und ihnen dann die Rückkehr nach Indien zu gestatten.
8 Aufgrund höchst zweifelhafter Informationen sagte ich einen weiteren Vorstoß durch Sikkim voraus, zu welchem es dann nie kam und der, wie ich inzwischen annehme, auch nie in Erwägung gezogen wurde.
9 *Ambassador's Journal*, Boston 1969, S. 435.
10 Ebenda, S. 436. Die Chinesen nahmen die NEFA tatsächlich ein, bevor sie sich zurückzogen.
11 William Colby, *Honorable Men: My Life in the CIA*, New York 1978, S. 242.
12 Ich verfügte über einige Druckmittel: Die Inder hatten um die Zusicherung gebeten, daß wir intervenierten, falls sie von den Chinesen bombardiert würden, um Vergeltungsschläge gegen ihre Städte zu verhindern. Ich lehnte es ab, ihnen diese Zusicherung zu geben bzw. mich dafür einzusetzen.
13 Dies geschah in jenen Tagen, in denen man mit einer unmittelbar bevorstehenden Fallschirmjägerinvasion rechnete und ich mich dagegen wandte, zu Luftangriffen Zuflucht zu nehmen.
14 *Ambassardor's Journal*, S. 487.

28 Lyndon B. Johnson

1 Siehe Kapitel 1.
2 *Ambassador's Journal*, Boston 1969, S. 588 ff.
3 National Youth Administration: Im Rahmen des New Deal geschaffene Behörde zur Bekämpfung der Jugendarbeitslosigkeit. (Anm. d. Übers.)
4 Für Johnson war dieser Begriff ein sprachliches Ausdrucksmittel ohne stark herabsetzenden Beiton. Huey Long unterschied einmal zwischen der umgangssprachlichen und der beleidigenden Form. Verärgert über das Verhalten eines politischen Mitarbeiters sagte er: »Sie sind ein *son of a bitch*, und das ist nicht als Fluch gemeint, sondern ich spreche über Ihre Herkunft.«
5 Das letzte Mal hatte ich mit Sam Houston Johnson während des demokratischen Parteitags in Miami 1972 Kontakt. Er rief mich aus Texas an, um mir zu sagen, daß er Frances »Sissy« Farenthold, die liberal-

ste Kandidatin für das Amt des Vizepräsidenten, unterstützen wolle. Ich diktierte ihm ein Telegramm, das er an den Parteitag schickte, auf dem es dann vorgelesen wurde.

6 Jack Valenti erinnert sich auch an diesen Vergleich und gibt ihn in leicht abgewandelter Form wieder. *A Very Human President,* Norton, New York 1975, S. 251–252. Ein kleines Detail noch: Er meint, daß er es war, der mich aus Vermont herbeizitierte. In Wirklichkeit war es Francis Bator, wie letzterer mir auch bestätigte.

7 Ich erinnere wiederum jeden daran, die Freunde von Präsident Ford inbegriffen, daß Johnson bei seinen Charakterisierungen nie zugunsten der bloßen Wahrheit auf Deftigkeit verzichtete.

8 »Wealth and Poverty«, Rede vor dem Nationalen Ausschuß für Armutsgebiete, 13. Dezember 1963.

9 In seinen Memoiren, *The Vantage Point: Perspectives of the Presidency 1963–1969,* New York 1971, S. 72.

10 Office of Economic Opportunity: soviel wie »Büro für Chancengleichheit«. (Anm. d. Übers.)

11 Die Freedom-Delegation bestand im Gegensatz zur traditionell rein weißen Delegation Mississippis aus schwarzen und weißen Mitgliedern. (Anm. d. Übers.)

12 *A White House Diary,* New York 1970, S. 349.

13 Wörtliche Übersetzung:
O Gott, unsere Hilfe seit alters her
Und unsere Hoffnung für die Zukunft.
Du bist der erste auf Lyndons Liste
In unserem ewigen Heim.
Verballhornung eines bekannten Kirchenlieds von Isaac Watts (1674–1748); der Originaltext der Strophe lautet:
Our God, our help in ages past
Our hope for years to come,
Our shelter from the stormy blast,
And our eternal home.

14 Dafür, daß ich das Wort »langweilen« benutzte, gab es keine Rechtfertigung, und als Goldberg später davon erfuhr, war er zu Recht wütend. Johnson berichtet in seinen Memoiren, daß ich Arthur auch für das Sozialministerium als Ersatz für Anthony Celebrezze vorschlug (Lyndon Johnson, S. 543). Ich halte das für unwahrscheinlich.

15 Andere schickten Telegramme an den Präsidenten. Johnson wurde später mit der Bemerkung zitiert: »Das ist das erste Thema in der Geschichte, über das sich anscheinend alle amerikanischen Wirtschaftswissenschaftler einig sind.« *New York Times,* 8. Mai 1967.

16 Die hier erzählte Geschichte findet sich, mit kleinen Abweichungen im Detail, in seiner Autobiographie. *Democracy at Gunpoint: The Greek Front,* New York 1970, S. 27.

29 *Vietnam: Der Anfang*

1 Umnachtet *(benighted)* im Sinne von »von Dunkel oder von Dunkelheit überkommen« *(overtaken by dark or darkness)*, *American Heritage Dictionary of the English Language.*

2 Bei der gleichen Begegnung äußerte er, wie ich mir damals notierte, den Gedanken, daß es zwischen Vietnamesen und Chinesen größere Probleme geben könne als oberfächlich erkennbar oder mit der Kalten-Kriegs-Vision von der monolithischen Einheit der Kommunisten vereinbar war.

3 Als Harriman am Konferenzort eintraf, fand er sich an der Spitze einer riesigen, etwa 50 Mitglieder starken Delegation und an seiner Seite einen unbeugsamen Strategen des kalten Krieges als Stellvertreter. Er bat darum, den Mann durch den aufgeschlossenen William H. Sullivan zu ersetzen. Das Außenministerium wandte ein, daß Sullivan dem Rang nach viel zu niedrig stand. Harriman schöpfte aus seinem reichen, von mir mit Gewinn und Bewunderung beobachteten Erfahrungsschatz in bürokratischem Procedere und verringerte den Umfang seiner Delegation so lange, bis Sullivan der Ranghöchste war.

4 Hinsichtlich dessen damals ebenfalls große geopolitische Furcht vor irgendeiner Art kommunistischer Machtübernahme bestand.

5 Brief an den Präsidenten in *Ambassador's Journal*, Boston 1969, S. 107.

6 Brief an den Präsidenten in *Ambassador's Journal*, S. 154.

7 Brief an den Präsidenten in *Ambassador's Journal*, S. 211. Meine Anspielung auf Formosa war deshalb eine heikle Angelegenheit, weil ich mich für die Anerkennung Pekings und seine Aufnahme in die Vereinten Nationen nach der »Zwei-China-Formel« eingesetzt hatte.
Jeder sollte die an den Präsidenten der Vereinigten Staaten gerichteten Mitteilungen mit Vorsicht genießen. Sehr viel spricht dafür, daß er sie nie lesen wird. In meinem Fall lagen die Dinge möglicherweise etwas günstiger als sonst. Kennedy erwähnte meine Bemerkungen ziemlich häufig. Und ein paar Tage nach seinem Tod rief *Life* bei mir an, um mir mitzuteilen, daß er kurze Zeit vorher den Vorschlag gemacht hätte, sie zu sammeln und zu veröffentlichen, vermutlich als interessante Diskussionsbeiträge zur Asienpolitik. Ich legte gegen das Vorhaben ein Veto ein, da mir eine derartig übereilte Veröffentlichung geschmacklos erschien.

8 Boston 1971.

9 *The Pentagon Papers*, Bd. II, S. 121–122.

10 In späteren Jahren, als der Vietnamkrieg zu einem allumfassenden politischen Thema in Washington wurde, kursierte das Gerücht von einem Galbraith-Report, der zur gleichen Zeit mit dem Report der Taylor-Kommission entstanden sei und diesem widerspräche. Durch die Erwähnung meiner Botschaften hatte Kennedy zur Entstehung dieses Eindrucks beigetragen. Ich wurde wiederholt von Senator Wayne Morse gefragt, was der Bericht enthielte und ob er verfügbar sei. In diesem Zusammenhang ist eine Warnung davor angebracht, wie sehr

einen doch, selbst bei wichtigen Angelegenheiten, das Gedächtnis im Stich lassen kann. Ich erinnerte mich an den Bericht, den ich von Bangkok aus abgeschickt hatte und bei dem es, da er über die CIA an den Präsidenten ging, unmöglich erschien, daß irgendwelche Kopien ausgegraben werden könnten. Ich hatte keine Erinnerung daran, daß ich selbst eine Kopie behalten hatte. Wäre ich unter Eid gefragt worden, wie viele solcher Dokumente ich vorgelegt hätte, so hätte ich ohne Zögern den Meineid geschworen, daß es nur ein einziges Exemplar gab. Sowohl das zweite aus Neu-Delhi wie auch ein drittes, das ich später in Washington schrieb, hatte ich vergessen. Alle erschienen schließlich in den *Pentagon Papers*, die ich mit großem Interesse las. Denn inzwischen fragte ich mich bereits, wie sehr meine frühen Zweifel über unsere Intervention durch meine spätere, stärkere Überzeugung von der Unklugheit unseres Vorgehens in meiner Erinnerung aufgebauscht worden waren.

11 *The Pentagon Papers*, Bd. II, S. 122–124.

12 Die in Kürze Indien besuchen wollte, was mit einer Vielzahl von Public-Relations-Risiken verbunden war.

13 Harold Ross und James Thurber von *The New Yorker*.

14 Brief an den Präsidenten im *Ambassador's Journal*, S. 310–311.

15 Ebenda, S. 311–312.

16 Eine Kopie blieb bei meinen Tagebuchaufzeichnungen. Memorandum für den Präsidenten in *Ambassador's Journal*, S. 342–344.

17 *The Pentagon Papers*, Bd. II, S. 671–672. Der Leser wird bemerken, daß der Präsident mit Nachdruck als Autorität für eine Politik zitiert wird, die er in Wirklichkeit in Frage stellte.

18 *Ambassador's Journal*, S. 537.

30 Die Politik des vorsichtigen Widerstands

1 Ich habe keine Unterlagen, anhand derer sich das Datum feststellen ließe.

2 »A Moderate's View of Vietnam«. Obwohl ich mir nicht sicher bin, nehme ich an, es entstand auf Ersuchen Johnsons. Solche Ersuchen können ernst gemeint sein, stellen aber auch eine Methode zur Beendigung nicht sehr willkommener Gespräche dar. »Das ist interessant, Ken. Schreiben Sie mir doch ein Memorandum darüber.«

3 In seinem Buch *Robert Kennedy and His Times*, Boston 1979, erinnert sich Schlesinger an das Mittagessen und schreibt diese Bemerkung Goodwin zu. Nach meiner ziemlich zuverlässigen Erinnerung an diesen Anlaß und die Bemerkung zögere ich nicht, sie Schlesinger selbst zuzuschreiben.

4 Obwohl ich ein nachhaltiger Befürworter der Frauenrechte bin, habe ich mich gegen sprachliche Veränderungen ausgesprochen, die nominell einen gleichberechtigten Zugang zu öffentlichen Ämtern reflektieren. Ich vertrat die Ansicht, daß die darauf verwandte Energie und

Emotion besser in entsprechende Taten umgesetzt werden sollten. Außerdem haben die entstehenden Begriffe – *Chairperson, Congressperson, Policeperson* – den schrillen Beiklang jeder neuen Konstruktion. Meine Bemühungen schlugen fehl. Bei einer Rede in Manhattan – *Personhattan* – zugunsten einer Spendenaktion für Frauenrechte unter den Auspizien meiner hochintelligenten Freundin Gloria Steinem vertrat ich meinen Standpunkt. Es gelang mir nur knapp, aus der Halle zu entwischen.

5 ADA ist eine Föderation aus staatlichen Organisationen, die in Minnesota, Ohio, New York, Pennsylvania, Massachusetts und einer Anzahl anderer Nord- und Weststaaten über eine ganz beachtliche Anhängerschaft verfügen. Abgesehen davon, daß man sie für gefährlich radikal hält, ist sie im Süden und Südwesten weitgehend unbekannt.

6 Original: Internationals of the AFL-CIO. Die nordamerikanischen Gewerkschaften sind z. T. »international« organisiert, worunter jedoch meistens nur eine gemeinsame Organisation für Kanada und die USA gemeint ist. Der Begriff hat heute fast nur noch traditionelle Bedeutung. (Anm. d. Übers.)

7 1974 legte der Kongreßabgeordnete Jonathan B. Bingham aus New York einen Gesetzesantrag vor, der eine Verfassungsänderung zur Beseitigung dieses Hindernisses zum Ziel hatte. Der Antrag wurde weithin als eine Maßnahme angesehen, die es Henry Kissinger ermöglichen sollte, für die Präsidentschaft zu kandidieren. Es wurde jedoch darauf hingewiesen, daß auch ich durch ein solches Gesetz wählbar würde, und es gab alles andere als historische Anspielungen auf das »Kissinger-Galbraith-Amendment«. Im Sommer 1974, während die Debatte darüber noch im Gang war, wurde ich von der Stadt Newfane dazu herangezogen, in Vertretung des aus gravierenden und unerwarteten Gründen nicht abkömmlichen Spiro Agnew eine Rede auf der örtlichen Zweihundertjahrfeier zu halten. Reporter quetschten mich nach meiner Haltung zum Bingham-Amendment aus. Ich sprach mich deutlich dafür aus und sagte, es sei nicht unbedingt meine Absicht, Kissinger zu meinem Vizepräsidenten zu machen.

8 Eine ähnliche Überredungsreise unternahm, wie ich später erfuhr, auch Allard Lowenstein.

9 Ich wurde auf die Geschichte aufmerksam, weil mein Name routinemäßig unter den Telegrammen aus Indien stand und über dieses Geschäft auch einiges herauskam. Ich hatte von der Transaktion keine Kenntnis. Daß die Telegramme sich gegen diese besondere Großzügigkeit aussprachen, ersparte mir viel Kummer.

10 New York 1967.

11 Dean Rusk, *Winds of Freedom,* Boston 1962. Zitiert in *How to Get Out of Vietnam,* S. 13.

12 *How to Get Out of Vietnam,* S. 9–10.

13 Ebenda, S. 38.

14 Für Ersatzleute gibt es noch andere Gefahren. Im Jahr 1964 befand ich mich nach einer Rede in Robert Kennedys Senatswahlkampf eines

Vormittags schon auf dem Weg zum Flughafen, um zu meinen Seminaren in Harvard zurückzukehren. Stephen Smith, der Manager und Schwager des Kandidaten, rief an und bat mich inständigst, nach Long Island zu fahren, um dort vor einer großen Versammlung von Vorstadthausfrauen eine Rede zu halten. Kennedy schaffte es nicht mehr. Bei sorgfältiger Zeiteinteilung konnte ich die Rede halten und trotzdem noch rechtzeitig zu meinen Seminaren kommen. Im gleichen Augenblick, da ich aufs Podium trat, erschien dort Senator Claiborne Pell aus Rhode Island. Er war von irgend jemand anders aus der Wahlkampforganisation per Notruf herbeizitiert worden, um die gleiche Lücke zu füllen.

15 Siehe Kapitel 27.

31 Der Parteitag der Gewalt

1 Lyndon Johnson, *The Vantage Point: Perspectives of the Presidency 1963–1969,* New York 1971, S. 538.

2 *write-in:* Der Wähler muß den Namen des Kandidaten eigenhändig eintragen. (Anm. d. Übers.)

3 In Austin wurde ich vom Büro des Präsidenten in höchster Dringlichkeit aus einer Vorlesung gerufen, um im großen Hof der Universität vor einer dort versammelten, wütenden Menge zu sprechen. Die Studenten drohten damit, zum ungefähr anderthalb Kilometer entfernten Sitz der texanischen Regierung zu marschieren, und dies war mit dem Risiko einer Konfrontation mit der Nationalgarde verbunden. Ohne Notizen und ohne eine Chance, mir vorher etwas zurechtzulegen, schüttete ich mein Herz aus. Seid vernünftig. Laßt euch nicht dazu treiben, euch mit Bewaffneten anzulegen. Beim Abendessen in einem örtlichen Restaurant hörte ich meine Worte noch einmal im Radio, verbunden mit dem Kommentar, daß sie Blutvergießen verhindert hätten. Es gab wenige Aufgaben in meinem Leben, an die ich mit so wenig Selbstvertrauen herangegangen bin. Ich war von dem Resultat weniger überrascht als von der Tatsache, daß meine Unsicherheit nicht bemerkt worden war.

4 Und der nach dem Tode Kennedys wieder zurückkehrte und McCarthy hervorragende Dienste leistete.

5 *New York Times,* 21. August 1968.

6 In Chicago hatte ich zunächst eine Herausforderung zu überstehen, die mich in meinem eigenen Recht als Delegierter betraf. Mitglied in der Staatsdelegation war ich in jenem Jahr durch die Patronage Edward Kennedys geworden. Obwohl ich der auffälligste McCarthy-Mann Massachusetts' war, lag die Ursache für meine Schwierigkeiten nicht darin; das Abstimmungsergebnis der Delegation betrug schließlich, obwohl sie gefühlsmäßig der Parteileitung nahestand, 70 für McCarthy gegen 2 für Humphrey – eine sehr eindeutige Sache also. Mein Versäumnis lag bereits ein paar Jahre zurück. Ich hatte damals

Elliot Richardson, einen unbestrittenen Republikaner, in seiner Bemühung um den Posten des höchsten Justizbeamten von Massachusetts unterstützt, eine Verirrung, die Richardson bekannt gemacht hatte, indem er seinen Wahlsieg zumindest teilweise auf die Hilfe dreier alter Kennedy-Mitarbeiter zurückführte – auf Jerome B. Wiesner, ehedem wissenschaftlicher und technischer Berater John F. Kennedys und später Präsident des Massachusetts Institute of Technology, auf Edwin O. Reischauer, meinen Kollegen aus Harvard und vormaligen Botschafter in Japan, sowie auf mich selbst. Nun wurden Zweifel darüber laut, ob ein solcher Abweichler überhaupt ein Demokrat sei. Die tapfere Intervention meines Freundes Samuel Beer, eines Kollegen aus Harvard und ehemaligen Vorsitzenden der Americans for Democratic Action, sowie die Maurice A. Donahues, des Senatspräsidenten von Massachusetts, eines unbestrittenen Mannes der Parteiführung und Hüters der Kennedy-Interessen innerhalb der Delegation, rettete mich. Nachdem Donahue für mich gestimmt hatte, schlossen sich die anderen ihm an.

7 Ich war mir niemals vollkommen sicher, ob Gene auch noch sonst irgendwem von meiner Ernennung erzählt hatte. Es blieb mir selbst überlassen, meine dürftige Autorität so gut es ging bekanntzumachen.

32 *Die moderne Industriegesellschaft und danach*

1 Eine charmante Frau mit liberaler Grundeinstellung, die eine aktive Rolle im politischen Leben Virginias und Washingtons spielte. Sie war verheiratet mit dem Filmproduzenten und Filmarchivar George Stevens jr., der gleichfalls mit von der Partie war. Gloria Steinem hatte früher schon McGovern in unserem Hause kennengelernt und war 1968 in Chicago seine Pressesprecherin gewesen.

2 Boston 1963. Wie schon erwähnt, feierte das Buch die wissenschaftlichen psychometrischen Studien eines gewissen Dr. Herschel McLandress. Die gescheiteste Partie des Buches war vielleicht die gutdokumentierte Behauptung von Allston Wheat, einem McLandress-Protegé, daß Mannschaftssportarten Trainingsgelände und gesellschaftliche Grundlage für den Sozialismus sind. Sie überreden die Jugendlichen dazu, die individualistische Ethik zu unterdrücken, an ihre Statt die des Teams zu stellen und die Autorität des Mannschaftskapitäns oder des Trainers voll zu akzeptieren. Und dies geschieht mit Leuten in einem sehr anfälligen Alter. So haben sich der Sozialismus und der Mannschaftssportgeist gemeinsam entwickelt. Wheats aus dieser seiner Erkenntnis resultierender »Kreuzzug für den athletischen Individualismus« (Crusade for Athletic Individualism, CAI) wurde ins Leben gerufen, um der amerikanischen Jugend Baseball, Basketball und Football abzugewöhnen, er propagierte statt dessen Schwimmen, Laufen, Tennis-Einzel und andere individualistische Sportarten. Die Zeitschrift *Harper's*, in der ein Vorabdruck des Romans erschien, erhielt

eine Flut von Zuschriften. Einige Leserbriefschreiber äußerten Zweifel, andere wollten Mitglied in der CAI werden. Mehr noch verlangten, Baseball von der Liste der sozialistischen Sportarten zu streichen: »Wenn du draußen bist und der Ball auf dich zukommt, dann bist du alleine, mein Junge, ich sag's dir, mutterseelenalleine.«

3 Boston 1964. Siehe Kapitel 25.

4 Die Galbraiths gerieten – verdientermaßen, wie es den Anschein hat – vor ungefähr 500 Jahren ins Unglück und wurden von dem stärkeren, heroischeren und nahezu mit Gewißheit auch tugendhafteren Clan Donald übernommen. Die Geschichte des Galbraith-Clans, die mir einmal in Form eines Manuskripts begegnete, ist voller unwürdiger, schmutziger Verbrechen, und ein bedrückend großer Teil von ihr beruht auf Gerichtsunterlagen.

5 Er irrte sich. Unsere kanadische Bezeichnung entsprach einem früheren und völlig korrekten Gebrauch des Wortes. Als Dr. Johnson, eine durchaus kompetente Autorität, ins Schottische Hochland reiste, sprach er, wie Boswell berichtet, von den *Scotch.*

6 *The Scotch*, S. 13.

7 In den Jahren unmittelbar nach dem Zweiten Weltkrieg tat dies Paul Samuelson, indem er Keynes, die volkswirtschaftliche Gesamtrechnung – Bruttosozialprodukt, Nationaleinkommen und deren Komponenten – sowie den Gedanken einer makroökonomischen Wirtschaftssteuerung mit aufnahm. Er hatte damit Erfolg, blieb allerdings von heftigen Angriffen wegen seines Abweichens vom alten Glauben nicht verschont. Seither hat kein Lehrbuchautor mehr einen derartigen Mut gezeigt.

8 Eine meiner wichtigsten Quellen über Motivation und insbesondere Identifikation war Herbert Simon von der Carnegie-Mellon-University. 1978 gewann er den Nobelpreis in Wirtschaftswissenschaften für Ideen, auf die ich sehr dankbar zurückgriff.

9 Nach John Charles Walsham (Lord) Reith, Generaldirektor, Architekt und beherrschende Persönlichkeit der jungen BBC. Er war mürrisch, sehr groß und furchteinflößend – Winston Churchill nannte ihn einmal »that ›Wuthering Height‹«. (Anm. d. Übers.: Anspielung auf den Roman *Wuthering Heights* [Sturmhöhen] der englischen Schriftstellerin Emily Jane Brontë [1818–1848].) Ich verbrachte mit ihm Anfang der fünfziger Jahre einen Abend in King's House in Kingston, Jamaika, als Gast von Sir Hugh Foot, dem späteren Lord Caradon, der damals Gouverneur von Jamaica war. Reith verbrachte die erste Hälfte des Abends damit, den Sozialismus, und die zweite damit, den Kapitalismus zu verdammen. Bevor wir zu Bett gingen, fragte ich Sir Hugh, welches System Reith bevorzuge.
»Wissen Sie das nicht? Er will, daß die ganze Welt von der BBC regiert wird.«

10 Ich erinnere mich an einen überraschenden und herzlichen Anruf von Randolph Churchill, der mich unmittelbar nach der ersten Sendung im Studio erreichte.

11 Boston 1967; dt. *Die moderne Industriegesellschaft*, München-Zürich 1967, TB 1968.

12 Als ich diese Geschichte einige Jahre später Gideon Raphael, dem kürzlich pensionierten Generaldirektor des israelischen Außenministeriums, erzählte, wurde sie freilich bestritten. Raphael sagte, daß Ramses II. in Wirklichkeit besiegt worden sei, in seinen Erzählungen, die er nach seiner Rückkehr von sich gab, jedoch aus der Niederlage einen Sieg machte.

33 Letztes Kapitel

1 Die Professoren C. D. Broad und John Wisdom – Broad und Wisdom – waren berühmte Cambridger Philosophen.

2 Boston 1973.

3 *American Film*, Februar 1977, S. 6. Unter *»hair in the gate«* ist zu verstehen, daß man nach der Aufnahme an der Linse der Kamera oder sonstwo einen Defekt entdeckt hat. Die Aufnahme muß wiederholt werden. David Niven, der mir einige Tips für meine neue Karriere gab, hatte mich gewarnt: »Denken Sie daran: Wenn der Kameramann oder die Techniker Mist bauen, dann werden sie immer sagen ›There is a hair in the gate‹.« (»Da ist ein Haar im Verschluß.«)

4 Boston 1975.

5 Boston 1977.

6 Es gab noch zwei andere in diesen Jahren, *The Nature of Mass Poverty* (Harvard University Press, Cambridge 1979), das ich bereits erwähnt habe, und *Almost Everyone's Guide to Economics*, zusammen mit Nicole Salinger, Houghton Mifflin, Boston 1978. Eine Anthologie bereits veröffentlichter Artikel, *Annals of an Abiding Liberal*, Houghton Mifflin, Boston, erschien ebenfalls im Jahr 1979.

Register

Peter Glotz

Die Beweglichkeit des Tankers

Die Sozialdemokratie
zwischen Staat und neuen sozialen Bewegungen
280 Seiten

Dr. Peter Glotz (42), Bundesgeschäftsführer der SPD, gehört »zu der kleinen Familie von Politikern, die ein glückliches Gleichgewicht zwischen Aktion und Reflexion zu finden wissen« (Revue d'Allemagne). Davon zeugte vor zwei Jahren das politische Tagebuch 1976–1978 »Die Innenausstattung der Macht« – »Man muß es lesen« (Alexander Kluge); das tritt auch in dem neuen Buch deutlich hervor.

Glotz legt hier unmittelbar vor dem entscheidenden Münchener SPD-Bundesparteitag im April 1982 keinen Leitantrag und keine Wahlkampfplattform vor, sondern analysiert mit großer Sensibilität für Krisenerscheinungen in fünf Essays und einem Streitgespräch (mit dem früheren Berliner APO-Führer Tilman Fichter) die Situation der Zeit. Das Buch beschreibt die auseinanderfallenden Wertorientierungen großer Gruppen unserer Gesellschaft und fragt nach der Regierbarkeit von Industriestaaten mit stagnierender Ökonomie. Es zeigt die Zangenbewegung, durch die Reformparteien gegenwärtig eingeschlossen werden – durch den Neokonservatismus auf der einen und neue soziale Bewegungen auf der anderen Seite. Es versucht die »Partei neuen Typs« zu beschreiben, die in dieser Zangenbewegung überleben kann. Dabei zeigt sich Glotz ebenso als nüchterner Realist, vertraut mit den Mechanismen der Macht und den Grenzen ihrer Ausübung, wie als kämpferischer Moralist, der die »Bedeutung des ethisch-moralischen Moments in der Geschichte« gestärkt sehen möchte.

Wenn Glotz sich zum Thema »politische Identität« äußert, überschreiten seine vier Thesen die parteipolitischen Grenzen und zielen auf das Gemeinwesen als Ganzes. So ist »Die Beweglichkeit des Tankers« ein politisches Buch der ersten Kategorie; es überzeugt durch Intelligenz, verblüffende Unvoreingenommenheit, kalten Realismus und eine durchsichtig-präzise Sprache; es ruft ohne prophetisches Gehabe politische Freunde und politische Gegner zur – späten – Besinnung.